Das Buch

Indien hat auf V. S. Naipaul stets große Faszination ausgeübt. Der Nachkomme indischer Kontraktarbeiter auf Trinidad bereiste immer wieder das Land seiner Vorfahren und setzt sich in seinen Büchern mit dem Subkontinent auseinander. 1989 fuhr Naipaul kreuz und quer durch den Vielvölkerstaat, vom Süden des Landes bis hinauf nach Kaschmir. Er führte Gespräche mit Brahmanen, Hindus, Moslems und Sikhs, interviewte Politiker, Wissenschaftler, Geschäftsleute, Reiche und Arme, Unberührbare, Gauner und Terroristen. Aus all diesen Gesprächen und Beobachtungen entsteht das Bild eines Landes, das seit jeher von Religion durchdrungen war, nun aber Aufruhr und Aufbruch zeigt. Doch gerade darin zeichnet sich für Naipaul ein zentraler Wille ab, eine nationale Idee. »V. S. Naipaul gehört zu den bedeutendsten Erzählern des 20. Jahrhunderts«, schreibt Urs Schoettli in der ›Neuen Zürcher Zeitung‹. »Sein stofflich und sprachlich in orientalischer Breite angelegtes, intellektuell in okzidentaler Tiefe und Analyse verankertes Werk gehört zur Weltliteratur.«

Der Autor

Vidiadhar Suraiprasad Naipaul wurde am 17. August 1932 in Trinidad geboren und lebt seit 1950 in Großbritannien. Werke u. a.: ›Der mystische Masseur‹ (1957), ›Ein Haus für Mr. Biswas‹ (1961), ›Herr und Sklave‹ (1967), ›Guerillas‹ (1975), ›An der Biegung des großen Flusses‹ (1979), Romane; ›Eine islamische Reise. Unter den Gläubigen‹ (1982).

dtv drei kontinente

V. S. Naipaul:
Indien
Ein Land in Aufruhr

Deutsch von Karin Graf

Deutscher
Taschenbuch
Verlag

Von V. S. Naipaul
sind im Deutschen Taschenbuch Verlag erschienen:
An der Biegung des großen Flusses (11694)
Eine islamische Reise (11734)
In den alten Sklavenstaaten (11801)

Ungekürzte Ausgabe
Juni 1994
Deutscher Taschenbuch Verlag GmbH & Co. KG,
München
© 1990 V. S. Naipaul
Titel der englischen Originalausgabe:
›India. A Million Mutinies Now‹
(William Heinemann Limited, London 1990)
© 1992 der deutschsprachigen Ausgabe:
Verlag Kiepenheuer & Witsch, Köln
ISBN 3-462-02120-6
Umschlagtypographie: Celestino Piatti
Umschlagbild: Rotraut Susanne Berner
Satz: IBV Satz- und Datentechnik, Berlin
Druck und Bindung: C. H. Beck'sche Buchdruckerei,
Nördlingen
Printed in Germany · ISBN 3-423-11890-3

Inhalt

Wissenschaftliche Beratung: Dr. Tilak Chopra

1

Theater Bombay

Bombay besteht aus einer einzigen Menschenmasse. Doch als ich an jenem Morgen vom Flughafen in die Stadt fuhr, bekam ich langsam das Gefühl, daß die Menschenmasse auf dem Bürgersteig und der Straße sehr groß war und daß vielleicht etwas Ungewöhnliches vor sich ging.

Der Verkehr stadteinwärts kam wegen der Menschenmasse nur langsam voran. Wenn er an gewissen Kreuzungen durch Ampeln oder Polizisten oder beides zum Erliegen kam, wimmelte es auf den Bürgersteigen um so mehr, und ein solcher Sturzbach von Menschen ergoß sich über die Straße, in solch einem Gewoge von hellen, dünnen, leichten Kleidern, daß es aussah, als sei ein unsichtbares Schleusentor geöffnet worden und der Strom der Passanten würde sich, wenn es nicht wieder geschlossen würde, überall hin ausbreiten, bis die verbeulten roten Busse und gelbschwarzen Taxis fast still stehen würden, jedes Fahrzeug im Mittelpunkt eines menschlichen Strudels.

Auch im Taxi waren Abgase und Hitze und Getöse. Die Sonne stach; es gab kaum Luft; der Ruß von den Abgasen der Busse blieb an der Haut kleben. Für die Leute auf der Straße und dem Bürgersteig war es bestimmt schlimmer. Doch viele von ihnen sahen frisch gebadet aus, mit frischen Puja-Zeichen auf der Stirn; viele schienen ihre besten Kleider anzuhaben: vielleicht feierte die Bevölkerung von Bombay einen wichtigen neuen Tag.

Ich fragte den Fahrer, ob ein öffentlicher Feiertag sei. Er verstand meine Frage nicht, und ich ließ sie auf sich beruhen.

Bombay trat immer deutlicher hervor: auf jeder Seite der Straße Bombayer Wohnungen, Betongebäude, die in den oberen Stockwerken durch das Klima – exzessive Sonne, exzessiver Regen, exzessive Hitze – wie von Mehltau überzogen, in den unteren Stockwerken klebrig schmutzig waren wie von den Massen auf dem Bürgersteig. Es sah aus, als würde dieser menschliche Schmutz sich hocharbeiten, Gezeitenmarke um Gezeitenmarke, um dem Mehltau entgegenzukommen.

Die Geschäfte hatten, auch wenn sie klein, auch wenn sie schäbig waren, große, bunte Schilder, vielfarbig, erfindungsreich, professionell, das Werk eines Mannes mit Gefühl für lateinische und Sanskrit- (oder Devanagari-) Buchstaben. Oft war vor diesen Läden und unter diesen Schildern die nackte Erde; von Zeit zu Zeit konnte man bedrückt aussehende dunkle Menschen auf der Erde sitzen und essen sehen, denen alles außer ihrem Essen gleichgültig war.

An Reklametafeln hingen große Filmplakate, die sich in kleinerem Format an Laternenpfosten wiederholten. Gerade im Augenblick der Ankunft war es schwer, die Romantik, die die Plakate verhießen, mit den Menschen auf dem Boden in Beziehung zu bringen. Und noch schwerer war die englischsprachige Werbung für Banken und Fluggesellschaften und das 150jährige Jubiläum der ›Times of India‹ einzuordnen (»Gute Zeiten, Traurige Zeiten, Wechselnde Zeiten«): für den Fremden, nach einem Nachtflug gerade angekommen, war die von diesen Werbungen angekündigte Stadt ein beinahe unvorstellbares Destillat – ein ganz besonderer, schwerer Schnaps – von den Menschen, die zu sehen waren.

Die Menschenmasse löste sich nicht auf. Und dann sah ich, daß ein Gutteil der Menge auf der anderen Straßenseite eine lange Schlange von Menschen war, drei oder vier oder fünf Reihen tief. Die Schlange wuchs immer noch, und obwohl sie strekkenweise still zu stehen schien, bewegte sie sich doch sehr langsam. Mir wurde klar, daß ich schon seit geraumer Zeit an der Schlange vorbeigefahren war; sie war jetzt vielleicht schon eine Meile lang. An Straßenkreuzungen wurde sie unterbrochen: Polizisten in Khakiuniform hielten die Nebenstraßen frei.

Worauf warteten diese Leute? Wie groß war die Aussicht, daß sie bekamen, was sie wollten? Sie wirkten gelassen und zufrieden, trotz der Sonne und des braunen Abgasdunstes. Sie waren gut gekleidet, schlicht, auf indische Art. Die Leute, die sich anstellten, kamen beinahe angerannt; dann wurden sie geduldig; sie schienen bereit zu sein, lange zu warten. Den Anfang der Schlange hatte ich nicht mitbekommen. Ich wußte nicht, was sich dort befand. Ein Zirkus? Ich meinte, zuvor Plakate für ei nen Zirkus an der Straße gesehen zu haben. Ein öffentlicher Auftritt von Filmstars? Doch die Menschen in der Schlange zeigten nicht diese Erwartungshaltung. Es waren kleine, dunkle, geduldige Menschen, ernst, in ihren besten Kleidern; und mir fiel ein, daß es vorher irgendwo in der Reihe Flaggen und Embleme gegeben hatte.

Als ich in mein Hotel in der Innenstadt von Bombay kam, sagte man mir, daß es kein Feiertag sei. Und obwohl die Menschenmasse mir groß erschienen war und die Schlange bemerkenswert lang, so daß die Zeitungen sie eigentlich hätten erwähnen müssen, konnten die Hotelangestellten, mit denen ich sprach, mir nicht sagen, wofür die Leute angestanden haben könnten. Was für so viele Tausend irgendwo mitten in Bombay ein großes Ereignis war, hatte hier keine Wellen geschlagen.

Ich rief einen Bekannten an, einen Schriftsteller. Er wußte genauso wenig wie die Leute im Hotel. Er sagte, er sei an dem Morgen nicht ausgegangen; er sei zu Hause gewesen und habe einen Artikel für ›Debonair‹ geschrieben. Später, als er mit dem Artikel fertig war, rief er mich an. Er sagte, er habe zwei Theorien. Die erste sei, daß die Leute, die ich gesehen hatte, vielleicht um Telefonbücher angestanden hätten. Es habe Probleme mit der Ausgabe neuer Telefonbücher gegeben – Bombay blieb Bombay. Die zweite Theorie hatte er von seinem Dienstmädchen. Sie war nach meinem Anruf gekommen, und sie hatte ihm erzählt, daß an dem Tag der Geburtstag von Doktor Ambedkar sei und daß es in dem Vorort, durch den ich auf der Fahrt vom Flughafen gekommen war, eine riesige Feier gebe.

Doktor Ambedkar war der große Führer der Leute gewesen, die früher in Indien als die Unberührbaren bekannt waren. Er war für sie wichtiger als Mahatma Gandhi. Zu seiner Zeit war er geehrt und mächtig gewesen; er war Justizminister in der ersten Regierung des unabhängigen Indiens gewesen, und er hatte die indische Verfassung entworfen; doch er war bis zum Ende verbittert geblieben. Doktor Ambedkar hatte die Unberührbaren – die *harijans*, die Kinder Gottes, wie Gandhi sie nannte, und nun die Dalits, wie sie sich selbst nannten – aufgerufen, den Hinduismus aufzugeben, der sie versklavt habe, und sich dem Buddhismus zuzuwenden. Ehe dieser Gedanke sich verändern oder weiterentwickeln konnte, starb er 1956.

Aus den Kasten, für die Doktor Ambedkar sprach, war kein Führer von vergleichbarer Autorität oder Wertschätzung hervorgegangen. Er war ihr Führer geblieben, der Mann, den sie mehr als alle anderen verehrten, beinahe ihr Gott. In jedem Dalit-Haus, hatte man mir gesagt, gebe es ein Foto von Doktor Ambedkar. Das Foto hatte ich schon oft gesehen, und es war merkwürdig, daß man kein besseres Foto nahm. Die Ambedkar-Ikone glich einem grauen Paßfoto, in einem altmodischen Zeitungsdruckverfahren reproduziert: der Führer war auf eine Komposition schwarzer und weißer Punkte reduziert, erstarrt in einem für die Zeit zwischen 1940 und 1950 typischen Bild, ein rundlicher Mann mit unauffälligen Gesichtszügen, mit einer studentischen Brille und der halb der Kolonialzeit verhafteten Ehrbarkeit von Jackett und Krawatte. Jackett und Krawatte ergaben ein unwahrscheinlich heiliges Bild in Indien. Aber es war treffend, weil es sich gegen das Handgesponnene und das Lendentuch des Mahatma richtete.

Die Idee mit Doktor Ambedkar kam mir plausibler vor als die Idee mit den Telefonbüchern. Über den Leuten in der Schlange hatte in der Tat eine religiöse Stille gelegen. Sie waren wie Menschen, die Verdienste errangen, indem sie das Richtige taten. Die Idee mit Doktor Ambedkar gab den Flaggen und Emblemen, an die ich mich erinnerte, einen Sinn. Die Leute, die ich gesehen hatte, zollten ihrem Führer Tribut, ihrem Heiligen, ihrer Gottheit; und dadurch zollten sie auch sich Tribut.

Später an dem Tag sprach ich mit einem Vertreter des Hotels. Er fragte nach meinen Eindrücken von Bombay. Als ich ihm von der Menschenmasse wegen Ambedkar erzählte, war er einen Augenblick wie verblüfft. Er war um Worte verlegen. Dann brachen Gereiztheit und Widerwille durch seine tadellosen Hotelmanieren, und er sagte: »Mit diesem Land wird es immer schlimmer.«

Das war eine Abwandlung dessen, was ich schon oft über Indien gehört hatte. Indien habe sich verändert; es sei nicht mehr das anständige und stabile Land, das es einmal gewesen sei. Zur Zeit der Freiheitsbewegung hätten politische Aktivisten zu Ehren Gandhis, als Zeichen des Opfers und Dienstes, ihrer Identifikation mit den Armen Handgesponnenes getragen. Nun sei das Handgesponnene des Politikers ein Zeichen der Macht. Mit der Industrialisierung und dem Wirtschaftswachstum hätten die Leute alte Ehrfurcht vergessen. Die Menschen verehrten jetzt nur noch das Geld. Die großen Investitionen in die Entwicklung des Landes in den letzten drei oder vier Jahrzehnten hätten nur zu folgendem geführt: zu »Korruption«, zur »Kriminalisierung der Politik«. Mit dem Versuch, vorwärtszukommen, hätte Indien sich zugrunde gerichtet. Niemand könne sich nun mehr einer Sache sicher sein; alles sei im Fluß. Polizist, Dieb, Politiker: die Rollen seien austauschbar geworden. Und mit Geld – dem Geld, von dem die dichtgedrängten, häßlichen Wolkenkratzertürme Bombays zeugten – seien viele lang begrabene Besonderheiten freigelassen worden. Diese entzweienden kleineren Loyalitäten – der Region, Kaste und Sippe – kratzten nun die Oberfläche des indischen Lebens an.

Beispielsweise die Dalits. Wären sie immer noch bloß *harijans* des Mahatma, Kinder Gottes, Leute, für die man Gutes tun könnte, Zielscheibe von Gefühlen und vorübergehender Frömmigkeit, wäre durch ein Ereignis wie die Geburtstagsfeier für Ambedkar an dem Morgen niemand auf den Gedanken gekommen, dies sei eine Welt am Rande des Ruins. Doch die Leute, die einst als *harijans* bekannt gewesen waren, hatten eine gewisse Menge Geld, ein gewisses Maß an Bildung erhalten, und damit waren auch das Gruppengefühl und politisches Bewußtsein erwacht. Sie hatten aufgehört, Abstraktionen zu sein. Sie hatten begonnen, etwas für sich selbst zu tun. Sie waren Leute geworden, die Wert auf ihre Besonderheit legten, genauso wie die wohlhabenderen Gruppen in Indien Wert auf ihre Besonderheit legten.

Und die Besonderheit der Dalits war nicht einmal die wichtigste in der Stadt Bombay. Direkt vor dem Hotel stand das britische Monument, das »Gateway of India«: ein hoher prächtiger Torbogen, der an die Ankunft des Königs und Kaisers George V. 1911 in Indien erinnerte. Die imperialen Assoziationen, die man mit dem Bogen verband, waren nun in der poetischen Vorstellung vom Torweg aufgegangen; und auf dem gepflasterten offenen Terrain darum herum ging man nachmittags gern spazieren. Zu jeder Seite des imperialen Monuments waren einfache und ziemlich kleine Schilder aufgestellt, mit einem Wort in Devanagari-Schrift, Schwarz auf Weiß, das den Namen der Stadt als *Mumbai* und nicht Bombay wiedergab.

Diese *Mumbai*-Schilder zeugten von einem innenpolitischen Kampf. Bombay war eine kosmopolitische Stadt. Das war es von Anfang an gewesen, und so hatte es sich entwickelt; es hatte Menschen aus dem ganzen Subkontinent angezogen. Doch im unabhängigen Indien hatte Bombay sich im Staat Maharashtra gefunden; und nach 1960 hatte eine Regionalbewegung Maharashtras begonnen. Diese Bewegung wollte ein Maharashtra für die Maharashtris. Anfangs hatte sich die Feindseligkeit der Bewegung hauptsächlich gegen arme Einwanderer aus dem Süden Indiens gerichtet; doch auch andere hatten sich bedroht gefühlt. Die Bewegung war bekannt als Shiv Sena, die Armee Shivas, und führte ihren Namen zurück auf Shivaji, den kriegerischen Führer der Maharashtris im siebzehnten Jahrhundert. Die Presse war kritisch gewesen; sie nannte die Sena »faschistisch«. Doch die Sena war weiter gewachsen. Seit zwei Jahren hatte sie die Mehrheit im Stadtrat von Bombay.

Das Rathaus war im selbstbewußten neugotischen Stil des britischen Bombays gehalten. Ein breites, solides Treppenhaus mit einem viktorianischen Gitter unter einem polierten Geländerlauf aus Holz führte zum Ratssaal. Die Wände dort waren halbhoch mit schwerem rotbraunen Holz getäfelt, und die Tische und Stühle waren in Bögen und Halbkreisen um den Bürgermeistersessel aufgebaut. Die Stühle der Ratsherren waren grün gepolstert. Der Sessel des Bürgermeisters hatte jedoch einen safranfarbenen Bezug. Safran ist die Farbe der Hindus, und hier war es die Farbe der Shiv Sena. Safranfarbener Satin hing in dem gotischen Bogen unter der Galerie an einer Stirnwand des Saals. Vor dem safranfarbenen Satin stand eine bronzefarbene Büste von Shivaji; über der Büste, auf dem Satin, befanden sich ein rundes Schild und gekreuzte Schwerter, ebenfalls bronzefarben.

Hoch oben an der Wand hinter dem Bürgermeistersessel und über den gotischen Bögen (die aus grauen Marmorsäulen erwuchsen) hingen Porträts berühmter alter indischer Bürgermeister Bombays aus der Kolonialzeit. Die Männer auf den Porträts waren würdevoll; sie trugen Perücken oder Parsen-Kappen, Hindu-Turbane oder Moslem-Turbane. Die Würde dieser

Männer und der Nationalstolz, zu dem ihre Würde wohl einmal ermutigt hatte, waren nun verdrängt.

Der Ratssaal war auf seine Weise so perfekt, so selbstgewiß, seine architektonischen Einzelheiten so durchdacht, daß man sich kaum vorstellen konnte, daß durch das simple Safran der Sena alles für null und nichtig erklärt worden sei. Er ließ mich an die christliche Kathedrale in Nikosia auf Zypern denken, die von den Moslems übernommen, eines Großteils ihrer Ausstrahlung entledigt und mit Bannern mit Koransprüchen behängt worden war. Er ließ mich an die Maharashtris des siebzehnten Jahrhunderts denken, die in dem Vakuum zwischen den Moguln und den Briten bis nach Delhi oben im Norden und Bengalen im Osten einfielen und Maharashtri-Herrscher auf den Thron von Tanjore im tiefen Süden setzten.

Der Besucher, der vom Flughafen nach Bombay hereinkam, mochte bloß kleine dunkle Menschen in einer ununterscheidbaren Menge und Staub und Abgase sehen; mochte zwischen den Betonkasernen ein Gewirr behelfsmäßiger Hütten sehen und parasitische Unterkünfte, die diese Hütten hervorbrachten, eine Art von Abhängigkeit, die zur nächsten führte; mochte sehen, was ihm wie die unendliche Kleinheit des Menschen erschien. Doch hier im Ratssaal, mit all dem Safran und den gekreuzten Schwertern der Sena waren die Sinnbilder von Krieg und Eroberung.

Sie ließen den Unabhängigkeitskampf wie ein Zwischenspiel aussehen. Die Unabhängigkeit war wie eine Revolution über Indien gekommen; nun gab es innerhalb dieser Revolution viele Revolutionen. Was für Bombay galt, galt auch für andere Teile Indiens: für den Staat Andhra, für Tamil Nadu, Assam, den Punjab. Überall in Indien waren Dutzende von Besonderheiten, die durch ausländische Herrschaft oder durch Armut oder mangelnde Gelegenheit oder Kümmerlichkeit erstarrt gewesen waren, wieder in Fluß gekommen. Und es war leicht nachzuvollziehen, daß jemand wie der Mann im Hotel, der mit einer anderen Vorstellung von Indien und seiner Entwicklung aufgewachsen war, sich nun fremd und unsicher fühlte.

Ein ähnliches Gefühl der Fremdheit hatte ich selbst verspürt, als ich 1962 das erste Mal nach Indien kam. Es war eine besondere

Reise für mich: Ich kam als Nachfahre der im neunzehnten Jahrhundert als Kontraktarbeiter verpflichteten indischen Arbeitsemigranten. Solche Emigranten waren seit 1860 rekrutiert worden, hauptsächlich aus der östlichen Gangesebene, und dann von Sammelstellen in Kalkutta mit Fünf-Jahresverträgen zum Arbeiten auf Plantagen in verschiedenen Teilen des britischen Empire und auch sonstwo geschickt worden. Menschen wie meine Vorfahren waren auf die Fidji-Inseln im Pazifik gegangen; nach Mauritius im Indischen Ozean; Südafrika und in einige Hoheitsgebiete in der Karibik, besonders Guyana (Britisch-Guyana und Holländisch-Guyana) und Trinidad. Meine Vorfahren gingen nach Trinidad. Sie brachen, wie ich es mir ausgerechnet habe, irgendwann um 1880 auf.

Diese indischen Gruppen in fremden überseeischen Ländern waren gemischt. Sie bildeten jeweils ein Miniaturindien. Mit Hindus und Moslems und Menschen verschiedener Kasten. Sie waren unterprivilegiert, hatten keine Fürsprecher und keine politische Tradition. Sie waren durch Sprache und Kultur von den Menschen isoliert, unter denen sie lebten; sie waren auch von Indien selbst isoliert, das viele Wochen mit dem Dampfer von Trinidad und Guyana entfernt lag. Unter diesen besonderen Umständen entwickelten sie etwas, was sie in Indien sicher nie gehabt hatten: das Gefühl, zu einer indischen Gemeinschaft zu gehören. Dieses Gefühl der Gemeinschaft konnte sich über Religion und Kaste hinwegsetzen.

Genau diese Idee einer indischen Gemeinschaft entdeckte gegen Ende des letzten Jahrhunderts der dreißigjährige Gandhi – zu der Zeit fast noch ohne politische oder historische oder literarische Vorstellung –, als er nach Südafrika ging und für die indischen Emigranten dort zu arbeiten begann. Während seiner fünfzehn Jahre in Südafrika bildete sich bei Gandhi eine ganz Indien umfassende religiös-politische Mission heraus.

Ich wurde 1932 geboren, fünfzehn Jahre ehe Indien unabhängig wurde. Ich wuchs mit zwei Vorstellungen von Indien auf. Die erste – mit der ich mich nicht zu genau befassen wollte – galt der Art Land, aus dem meine Vorfahren gekommen waren. Wir waren ein bäuerliches Volk. Die meisten von uns arbeiteten auf Trinidad noch auf den kolonialen Zuckerplantagen, und die meisten von uns waren arm; viele von uns lebten in strohge-

14

deckten Lehmhütten. Die Auswanderung in die neue Welt, die uns aus den uralten, demütig hinnehmenden Traditionen des bäuerlichen Indiens herausgerissen hatte, hatte uns ehrgeizig gemacht; doch im kolonialen agrarwirtschaftlichen Trinidad gab es während der Depression wenig Möglichkeiten vorwärtszukommen. Inmitten dieser Armut und mit dem Gefühl, daß die Welt eine Art Gefängnis sei (überall waren Schranken gegen uns errichtet), wurde das Indien, aus dem meine Vorfahren ausgewandert waren, damit es ihnen besser gehe, in meiner Vorstellung ein höchst furchteinflößender Ort. Dieses Indien war privat und persönlich, jenseits des Indiens, von dem ich in Zeitungen und Büchern las. Dieses Indien oder die Beklemmung über das Land, aus dem wir kamen, war wie eine Neurose.

Es gab noch ein zweites Indien. Dieses zweite Indien glich das erste aus. Es war das Indien der Unabhängigkeitsbewegung, das Indien der großen Namen. Es war auch das Indien der großen Zivilisationen und der großen klassischen Vergangenheit. Es war das Indien, von dem wir uns trotz all der Schwierigkeiten unserer Lebensumstände unterstützt fühlten. Es war Teil unserer Identität, der Gruppenidentität, die wir entwickelt hatten und die im vielrassischen Trinidad eher eine rassische Identität geworden war.

Diese Identität nahm ich 1962 zu meinem ersten Besuch nach Indien mit. Und als ich dort ankam, stellte ich fest, daß sie in Indien nichts bedeutete. Die Idee einer indischen Gemeinschaft – in Wahrheit eine kontinentale Vorstellung von unserer indischen Identität – machte nur Sinn, wenn die Gemeinschaft sehr klein, eine Minorität, und isoliert war. In Indien, diesem reißenden Strom, mit seinen Abermillionen, wo Chaos und Sinnlosigkeit eine Bedrohung darstellten, war diese kontinentale Idee überhaupt kein Trost. Die Menschen mußten sich an kleinere Vorstellungen halten, wer und was sie waren; sie fanden Stabilität in den kleineren Gruppierungen von Region, Sippe, Kaste, Familie.

Es waren Gruppierungen, die ich kaum begreifen konnte. Sie hätten mir auf Trinidad überhaupt keinen Trost geboten, hätten keinen Ausgleich für das andere Indien geschaffen, das ich als Neurose in mir trug, das Indien der Armut und Niedergeschlagenheit, das man sich nicht vorzustellen wagte. Dieses Indien fand ich 1962; und mit der Vorstellung, die ich von einer indischen Identität hatte, konnte ich mich nicht damit aussöhnen. Die Armut auf den indischen Straßen und draußen auf dem Land war eine Schmach und eine Drohung, legte meine alte Neurose bloß. Zwei Generationen trennten mich von jener Armut; doch ich fühlte mich ihr näher als die meisten Inder, die ich kennenlernte.

1962 fand ich trotz Fünf-Jahres-Plan und allgemeinem Wahlrecht und Gerede von Sozialismus und dem Mann von der Straße, daß die indische Armut für die meisten Inder immer noch ein poetisches Konzept war, Anreiz zu Frömmigkeit und süßer Melancholie, Teil der Einzigartigkeit des Landes, seines von Gandhi bestimmten Antimaterialismus.

Ein Redakteur einer wöchentlich erscheinenden Wirtschaftszeitschrift, ein guter und engagierter Mann, der mir ein Freund wurde, sagte zu mir, als wir in Bombay über die Unberührbaren sprachen: »Haben Sie gesehen, wie schön manche unserer Unberührbaren sind?« Indien hatte dem Redakteur sein Leben lang am Herzen gelegen; es lag ihm daran, daß es den Unberührbaren besser ging; und er sprach mit äußerster Großzügigkeit.

Darin lag ein Paradox. Meine kontinentale Vorstellung von einer indischen Identität, mit den ständig bloßliegenden Nerven, hätte es mir schwer gemacht, in Indien sinnvolle Arbeit zu verrichten. Die Kasten- oder Gruppenstabilität, die die Inder hatten, die zielgerichtetere Sicht befähigte sie, ohne etwas von sich aufzugeben, unter Bedingungen, die anderen hoffnungslos erschienen wären, ihre Arbeit zu tun – bescheidene, verbessernde Dinge, nichts Revolutionäres. Das erlebte ich während vieler Wochen auf dem Lande, die ich mit jungen indischen Staatsbeamten verbrachte.

Viele Tausende, Millionen von Menschen hatten so über die Jahre gearbeitet, ohne jedes Gefühl von einem persönlichen Drama; das hatte sich in den vierzig Jahren seit der Unabhängigkeit zu einer immensen nationalen Anstrengung addiert. Die Ergebnisse jener Anstrengung waren nun zu sehen. Was überraschend aussah, war lange vorbereitet. Der gestiegene Wohlstand zeigte sich; die neue Zuversicht einst armer Menschen zeigte sich. Ein Aspekt jener Zuversicht war, daß neue Besonderheiten freigesetzt wurden, neue Identitäten, die für die Inder so beunruhigend waren wie die Identität von Kaste und Sippe und Region 1962 für mich gewesen war, als ich bloß als »Inder« nach Indien gekommen war.

Die Leute, die einst als Unberührbare bekannt waren, stellten sich über einen Kilometer auf einer verkehrsreichen Straße an, um ihren längst verstorbenen Heiligen, Doktor Ambedkar, zu ehren, der auf seiner Ikone Jackett und Krawatte im europäischen Stil trug. Diese Zurschaustellung von Stolz war neu. Man konnte sagen, sie sei etwas, wofür Gandhi und andere gearbeitet hatten; man konnte sagen, sie sei eine Rechtfertigung der Freiheitsbewegung. Doch sie konnte auch als Bedrohung der Stabilität aufgefaßt werden, die viele Inder als selbstverständlich hingenommen hatten; und ein Mann der Mittelschicht konnte automatisch das beklommene Gefühl haben, daß es mit dem Land immer schlimmer werde.

Die Börse in Bombay hatte einen Boom erlebt. Papu, ein neunundzwanzig Jahre alter Börsenmakler, hatte in den letzten fünf Jahren mehr verdient als sein Vater in seinem ganzen Arbeitsleben. Papus Vater war in der britischen Zeit, als Burma zu Britisch-Indien gehörte, nach Burma ausgewandert. Als Burma unabhängig wurde und aus dem Commonwealth austrat, war Papus Vater wie andere Inder ausgewiesen worden. In Indien hatte Papus Vater begonnen, auf eigenes Risiko mit Wertpapieren und Aktien zu handeln. Er las aufmerksam die Wirtschaftsseiten und verdiente einen bescheidenen Lebensunterhalt. »An der Börse«, sagte Papu, »schneidet man gut ab, wenn man in sieben von zehn Fällen Erfolg hat.« Papus Vater, ohne ordentliche Ausbildung, hatte gut abgeschnitten, soweit er es eben verstand.

Papu, besser ausgebildet und in einer weit größeren Ökonomie operierend, hatte selbst nach eigenen Maßstäben gut abgeschnitten. Die letzten fünf Jahre, hatte er gesagt, seien außergewöhnlich gut gewesen; und er habe das Gefühl, die nächsten zehn Jahre würden auch sehr gut.

Doch Papu war ängstlich geworden. Er wußte nicht, wohin die neue Aggressivität des indischen Wirtschaftslebens führen würde, und er war sich nicht sicher, wie weit er mit seinen stark ausgeprägten religiösen Gefühlen sich in das neue Schema würde einpassen können. Er fürchtete mittlerweile auch etwas, woran sein Vater nie gedacht hatte: im Alter von neunundzwanzig Jahren lebte Papu in Schrecken vor Revolution und Anarchie. Diese Furcht war teilweise eine Furcht vor persönlichem Verlust; aber auch Papus Religiosität führte dazu.

Papu kam aus einer Jaina-Familie. Die Jainas spalteten sich in vorbuddhistischer Zeit vom Hinduismus ab, und sie streben, wie sie es sehen, nach absoluter Reinheit. Sie essen kein Fleisch; sie essen keine Eier; sie vermeiden es, Lebewesen zu verletzen. Ein Jaina sollte jeden Morgen ein Bad nehmen, ein ungenähtes Tuch umlegen und barfuß zum Beten in den Tempel gehen. Und doch gelten die Jainas in Indien als geschickte Geschäftsleute.

Papus Büro war im Börsenviertel von Bombay. Von der Straße betrachtet konnte der Besucher dieses Viertel nicht ohne weiteres von anderen Vierteln im Zentrum von Bombay unterscheiden. Das Foyer des hohen Gebäudes, in dem sich Papus Büro befand, hatte etwas typisch Indisches: Man spürte, daß im Namen der Sauberkeit täglich jemand mit einem leicht schmierigen Lappen durch das Haus wischte und – so wie ein Götterbild täglich ein frisches Zeichen von Sandelholzpaste bekommt – den metallenen Scherengittertüren des Aufzuges noch etwas schwarzen Schmier hinzufügte. Jeder Aufzug hatte auf lieblos gemalten kleinen Schildern eine Nummer; und vor jedem Aufzug gab es eine kleine Zickzacklinie, so daß die Leute im Foyer ein Blumenmuster bildeten.

In dem oberen Stockwerk, in dem wir ausstiegen, zeigten die Wände noch immer Spuren des leicht schmierigen Lappens. Doch in der Lobby oben, die viel ruhiger war, machten die Leute sich offensichtlich im Gegensatz zu unten nichts daraus, gesehen zu werden oder Anstoß zu erregen und hatten krümeligen roten Betelsaft ausgespuckt, manchmal in eine Ecke, manchmal in voller Breitseite in hohen spritzenden Bögen gegen die Wände.

Auf diesen heruntergekommenen Flur folgte ein Büro. Schreibtische, Angestellte, Büroausstattung. An den Wänden hingen gerahmte bunte Bilder von Hindu-Gottheiten, und manche Bilder waren von einer Girlande umgeben. Papus Zimmer war ein kleiner Innenraum. Computerschirme schimmerten grün. An einer Wand hingen drei Bilder von Göttern nebeneinander. Ganz rechts die Göttin Durga auf ihrem Tiger; eine Girlande aus Ringelblumen über dem Glas.

18

Ich fragte Papu nach Durga. Er gab keine direkte Antwort. Er begann, von seinem Jaina-Glauben zu sprechen und wie der mit dem, was er tat, zusammenhing.

Er sagte: »Im Grunde fehlt uns der Killerinstinkt, den Geschäftsleute eigentlich haben sollten.«

Ich sagte: »Aber Sie schneiden so gut ab.«

»Wir sind Händler.« Diese Unterscheidung war ihm wichtig. »Der Killerinstinkt ist in der Industrie notwendig, nicht im Handel. Deshalb hat die Jaina-Gemeinschaft nichts mit Industrie zu tun. Wenn ich an der Börse handele und von einem Menschen kein Geld bekommen kann, würde ich keinen Typen von der Mafia anheuern, um es aus ihm herauszupressen. Das ist hier aber beispielsweise in der Bauindustrie so – wenn ich ein Bauunternehmer bin, muß ich Beziehungen zur Mafia haben.«

»Seit wann ist das so?«

»In den Städten nimmt es zu. Nach 1975« – der Zeit von Mrs. Gandhis Ausnahmezustand – »gaben alle Dons der Mafia den Schmuggel auf und gingen ins Baugeschäft. Sie ermutigen beispielsweise Leute, Land zu räumen, damit es bebaut werden kann.«

Viele Leute sprachen darüber. Es gehörte zur »Kriminalisierung« von Wirtschaft und Politik in Indien.

Papu sagte: »Es ist ein Problem. Ich weiß nicht, wie lange dies hier« – er wies auf sein eigenes Zimmer mit den Computern und dem Büro davor – »noch weitergeht. Im Augenblick schneiden wir gut ab. Wir sind Vegetarier, aber ich weiß nicht, wie lange wir noch weitermachen können, ohne hinauszugehen und zu kämpfen.«

Merkwürdig, daß die vegetarische Lebensweise gerade hier hervorgehoben wurde. Doch Vegetarismus war für Papus Glauben fundamental. In dem Durcheinander des Lebens, in dem alles in Fluß und ungewiß war, war der Vegetarismus, die Weigerung, unrein zu sein, etwas, an dem man sich festhalten konnte. Er war eine Übung in Willenskraft und Tugend, die einen vor Exzessen bewahrte, einschließlich des Exzesses »hinauszugehen und zu kämpfen«.

Papu war mittelgroß. Durch seine vegetarische Lebensweise und seinen Sport – unerwarteterweise Basketball – hatte er einen trainierten schlanken Körper. Papu war kräftig, ohne ausgesprochen muskulös zu sein; er erinnerte auf kuriose Weise an eine der glatten Marmorfiguren in der Bildhauerei der Jainas. Seine Augen waren gelassen; sein Gesicht war eckig und scharf geschnitten, seine Haut glatt und makellos.

Er meinte, wenn das Wesen des Handels sich ändere, wenn der Killerinstinkt hineinspiele, müßten die Jainas kämpfen oder aufgeben. Aus dem, was er sagte, klang heraus, daß die Jainas bisher lieber aufgegeben hatten. Sie hatten sich aus dem Baugeschäft zurückgezogen. Sowohl in Bombay als auch in Delhi hatten sie die Tätigkeit aufgegeben, bei denen sie Bargeld oder Wertsachen bei sich tragen mußten.

Er begann wieder von seinem Glauben zu sprechen, und als er – er nahm sich Zeit, um auf meine frühere Frage zurückzukommen – von der Göttin Durga sprach, sprach er von ihr nicht als einer Gottheit mit besonderen Attributen. Er sprach einfach als Gott von ihr.

»Immer, wenn etwas geschieht, muß ich an Gott denken. Anfang des Jahres habe ich meinen Vater verloren. Mein Vater starb an einem Herzinfarkt. Zu solch einer Zeit bekomme ich das Gefühl, daß es äußere Einflüsse gibt, an denen ich nichts ändern kann.

Ich benutze jetzt Computer, wie in den entwickelten Ländern. Es gibt Zeiten, da habe ich das Gefühl, daß ich auf dem Markt nur siegen kann, wenn ich mit diesen Entwicklungen Schritt halten kann. Aber dann – wenn so etwas passiert: der Tod meines Vaters –, dann habe ich das Gefühl, daß meine Intelligenz oder meine Aggression nichts wert sind. Hier bin ich, in diesem Geschäft. Ich sage Börsenbewegungen, Preisbewegungen voraus. Von dieser Arbeit kann man besessen sein, wie Sie wissen. Und dann plötzlich dieses Gefühl – daß ich mein Leben nicht voraussehen kann. Zu der Zeit habe ich das Gefühl, daß es so etwas wie Gott gibt, und ich sehne mich nach Glauben.

Im letzten Jahr hat mich dieses Gefühl jedesmal überkommen, wenn ich aufgeregt oder sehr traurig war. Früher hätte ich, wenn ich aufgeregt war, meine Aufregung zum Ausdruck gebracht. Man hätte sie sehen können. Aber jetzt weiß ich, daß am Ende des Tages nach der Aufregung etwas Trauriges passieren kann. Weshalb sich also aufregen?«

»Ich kann verstehen, daß ältere Menschen diese Gedanken hegen. Aber Sie sind nicht alt.«

»An der Börse von Bombay gibt es ein Sprichwort: ›Wie viele Diwalis hast du gesehen?‹« Diwali, das Lichterfest der Hindus. »Das ist so eine Art zu sagen: Wie alt bist du? Ich habe einen Freund, der eine Firma hat und erst dreißig ist, und er hat in den letzten fünf Jahren sehr großen Erfolg gehabt. Er ist mit zwei Einkommenssteuerprüfungen und mehreren Höhen und Tiefen fertig geworden. Dinge, für die mein Vater ein ganzes Leben gebraucht hätte, hat er in fünf Jahren getan. Deshalb sagen wir, daß es nicht auf die Anzahl der Diwalis ankommt, sondern auf die Anzahl der Knallfrösche, die man hat hochgehen lassen. Für mich gilt das gleiche, nicht nur im Geschäft, sondern auch im Leben. Ich gehe jeden Morgen in den Tempel. Im Grunde bete ich darum, bestimmte Gefühle kontrollieren zu können.«

»Kummer?« Ich dachte an seinen Vater.

Er hatte mich nicht richtig verstanden. Er meinte, ich hätte gesagt »Hunger«, und er sagte: »Hunger auf Geld und Furcht. Die beiden Gefühle, die mit meinem Geschäft zusammenhängen. Ich gehe in den Tempel, halte die Hände zusammen und warte fünf Minuten.«

»An wen wenden Sie sich, wenn Sie das tun?«

»Manchmal denkt man daran, wer die Welt beherrscht.«

»Sie denken nicht an eine bestimmte Gottheit?«

»Ist man Geschäftsmann, hat man das Bild der Göttin Lakshmi vor sich. Bei anderen Gelegenheiten kann es Saraswati sein. Lakshmi ist die Göttin des Reichtums, Saraswati die Göttin der Weisheit. Und wenn ich an die Kinder in den Slums denke, muß ich an Gott denken. Dann denke ich, daß ich aus einem bestimmten Leib kam – der Grund dafür, daß ich heute hier und nicht dort bin. Warum bin ich nun hier und nicht dort in den Slums? Nirgendwo in der herkömmlichen Schul- und Collegeausbildung bekam ich eine Antwort auf diese Frage. Die Antwort lautet: Gott. Diese Gedanken gehen mir ein paarmal am Tag durch den Kopf.«

»Hatte Ihr Vater diese Gedanken auch?«

»Mein Vater war ein Selfmademan. Er hat nie einen Universitätsabschluß gemacht. Er mußte sich mehr mit seiner Arbeit beschäftigen. Grundsätzlich denkt ein Mensch an diese Dinge nur, wenn Nahrung und Obdach gesichert sind. Obwohl mein Vater diese Gedanken gehabt haben muß, mußte er seine Pflichten gegenüber seiner Familie erfüllen. Ich bin in einem frühen Alter ein bißchen besser dran. Das ist einer der Gründe, warum mir diese Gedanken kommen.«

»Kann man ohne Aggression im Geschäftsleben erfolgreich sein?«

»Aggression schafft einen Teufelskreis. Ich möchte Ihnen ein Beispiel geben. Wir haben hier einen Mann namens Ambani. In ein paar Jahren wird er der größte Industrielle Indiens sein. Dieser Mann könnte Ihnen wirklich zeigen, wie man in Indien geschäftlich Erfolg hat. Er kann gut organisieren und gut Fäden ziehen. Das sind verschiedene Begriffe. Ein Organisator organisiert sein Geschäft, jemand, der die Fäden zieht, deichselt die Welt draußen. Ambani hat die Voraussicht und letzten Endes auch die Aggressivität. Wenn Sie ihn mit alten Industriellen wie Tata und Birla vergleichen, ist er eine Generation weiter. Birla hatte Lizenzen. Er schuf Industrien, er stellt Waren her. Dieser Ambani geht einen Schritt weiter. Er entwirft Taktiken für sich und verwirft sie wieder. Jetzt sieht er eine Nachfrage nach Polyester. Es glänzt und hält ewig. Es ist perfekt für Indien, wo die Leute sich nicht leisten können, viele Kleider zu kaufen. Also steigt er in Polyester ein und stellt sicher, daß niemand anders sich da engagiert. Danach macht er den nächsten Schritt – und stellt das Rohmaterial für Polyester her. Dann will er, daß andere Polyester herstellen, damit sie sein Rohmaterial verwenden können. Diese rückschauende Einbeziehung versetzt ihn in die Lage, die Textilindustrie in Indien zu kontrollieren. Polyester wird der größte Markt sein.

Wenn ich in Indien irgendwie Geschäfte machen will, müßte ich so etwas tun. Irgend etwas in der Richtung.

Aber es gibt noch eine andere Seite. Es gibt hier eine Firma namens Bajaj. Der zweitgrößte Hersteller von Motorrollern auf der Welt. Vor drei Jahren, als die Japaner in den indischen Markt eindrangen, dachten wir, daß Bajaj bald am Ende sein würde. Er hat nicht nur überlebt, sondern er ist größer geworden als alle anderen. Er hat in Harvard studiert. Aber die Familie ist konservativ, mit der ganzen Kultur und allen Konventionen der Inder. Sie haben eine Einkommenssteuer von siebenundneunzig Prozent und eine Erbschaftssteuer von achtzig Prozent überstanden, und trotzdem sind sie heute noch sehr groß. Das macht mich zuversichtlich, daß es noch funktionieren kann.«

Mit »es« meinte er die traditionelle indische Art, die Art, die sich anpaßte an »die ganze Kultur und alle Konventionen der Inder«.

Papu sagte: »Der entscheidende Punkt hier ist, daß Sie mich fragen, wie man ohne Aggressionen erfolgreich sein kann. Das Problem ist Disziplin. Ich finde, meine nicht-vegetarischen Freunde haben nicht die Disziplin und den Charakter wie wir Vegetarier. Als wir mit der vegetarischen Lebensweise anfingen, dachten wir nicht darüber nach. Aber wenn wir nun auf das Leben zurückschauen, finden wir, daß die Nicht-Vegetarier ein Problem haben.«

Papu hatte so etwas wie einen Plan für seine Zukunft. Die nächsten zehn Jahre wollte er arbeiten, die geschäftlichen Fähigkeiten ausüben, mit denen er begabt war. In diesen zehn Jahren wollte er so viel Geld verdienen, daß er den Rest seines Lebens davon leben konnte. Und dann wollte er sich sozialer Arbeit widmen. Aber er hatte Zweifel an seinem Plan. Besonders zweifelte er daran, wie weise oder wirkungsvoll es war, aufzugeben. Wenn er selbst ausstieg und soziale Arbeit tat, würde das nicht eine Verschwendung seines natürlichen Talents sein? Würde er seinem sozialen Anliegen nicht besser dienen, wenn er mit dem Geschäft weitermachte und seine Profite – die steigen würden – für etwas sozial Wertvolles ausgab?

Diese Gedanken beunruhigten ihn. Er war sich seiner Motive nicht sicher, und das beunruhigte ihn noch mehr. Er meinte, daß die Sorge, die er sich um die Armen machte, bei seinem Lebensstil im Augenblick nur »heuchlerisch« sei.

»Wenn ich sage, ich müßte eigentlich soziale Arbeit tun, warum sollte ich dann hier in einem klimatisierten Büro sitzen? Wenn mein Gefühl echt ist, sollte ich draußen im Slum arbeiten. Aber bis ich vierzig werde, muß ich vielleicht weiter wie ein Heuchler leben. Und dann werde ich tun, was ich will. Heutzutage erziele ich große Einnahmen aus allem, was ich investiere. Das gibt mir das Gefühl, daß ich mich mehr anstrengen müßte. Das gibt mir das Gefühl, daß ich kein Recht auf diesen Luxus habe.

Die früheren Jaina-Generationen bauten, wenn sie an soziale Arbeit dachten, Marmortempel. Wir halten das nicht gerade für angebracht, vielleicht, weil es bereits so viele Tempel gibt. Wir denken an Waisenhäuser und Krankenhäuser. Unsere Generation denkt mehr an Sozialarbeit als an Religion.«

»Haben Sie wirklich solche Angst vor der Armut, wie Sie sagen?«

»Ich bin mir sicher, daß es eine Revolution geben wird. In einer Generation oder in zwei. Die Ungleichheiten im Einkommen können nicht bleiben. Es schaudert mich jedesmal, wenn ich daran denke. Ich bin mir ganz sicher, daß der indische Geist religiös geprägt ist, fatalistisch. Trotz all der Bildung, die ich genossen habe, glaube ich, daß das Schicksal mich erwischen wird – ich komme dahin, ganz gleich was ich tue. Deshalb haben wir keine Revolution gehabt. Nun wird es mit den immer stärker werdenden Enttäuschungen eine Revolution geben, auch wenn die Leute religiös sind. Die Toleranz wird zu sehr überzogen.«

»Was meinen Sie, welche Form wird die Revolution haben?«

»*Keine*. Sie wird das totale Chaos sein.«

Für manche, wie die Shiv Sena, hatte die Revolution bereits begonnen. Nikhil, ein junger Zeitschriftenjournalist, den ich kennengelernt hatte, nahm mich eines Sonntagsmorgens mit zu einem Treffen mit einem »Bezirksvorsitzenden« der Sena im industriellen Vorort Thane. Die Sena hatte in Thane vierzig Gruppen – vierzig Gruppen in einem Vorort –, und jede Gruppe hatte einen Vorsitzenden wie Mr. Patil, den Mann, den wir besuchen wollten.

Thane lag mit dem Zug eine Stunde nach Norden von der Stadtmitte Bombays entfernt. Die Eisenbahnwagen waren breit und geräumig und auf das Wesentliche beschränkt, gebaut für die Hochleistung, die der Pendlerverkehr von Bombay ihnen abverlangte, ohne Schnickschnack, mit unverkleideten Metallstangen und Klammern und Drehscheiben. Ein geprägtes Metallschild in jedem Wagen teilte den Namen des Herstellers mit: Jessop & Co., Kalkutta, vormals britisch, jetzt indisch.

Wir fuhren vorbei an Mietskasernen, von Mehltau überzogen und schmutzig; an Morasten, Entwässerungsgräben; braunen Feldern; Staub, Kindern; und immer wieder den Hütten und lumpengedeckten Verschlägen, die sie hervorbrachten, indem der bereits existierende Schuppen oder Unterschlupf eine fertige Wand für die Neuankömmlinge bot, die Menschen, die Welle um Welle in einem fort nach Bombay kamen und manchmal in einer Nacht die Sanierungsanstrengungen von Jahren zunichte machten. Die Shiv Sena hatte anfangs ein Maharashtra für die Maharashtris verlangt. Sie hatte eine Kampagne gegen die Einwanderung nach Bombay aus anderen Staaten initiiert. Was man vom Zug aus sehen konnte, war Erklärung genug.

Selbst in Thane, eine Stunde entfernt, hatte man das Gefühl, daß Wohnraum unendlich wertvoll war. In einer von Arbeitern bewohnten Gasse in der Nähe des Bahnhofs – direkt hinter den bunten Ständen, manche mit Früchten, manche mit billigen Uhren, manche mit sonntäglichem Tand, glänzendem Flitterkram – kostete ein einfaches Appartment zweieinhalb Lakhs, 250 000 Rupien, ungefähr 10 000 Pfund.

Der Eingang zu Mr. Patils Haus ging von dieser Gasse ab, lag in einem Durchgang zwischen zwei zweistöckigen Häusern. Mr. Patil lebte oben in dem Haus rechts, einem alten Haus; das Haus links, an dem noch gebaut wurde und das unerwarteterweise architektonischen Stil aufwies, würde wirklich solide sein. Der Hof am Ende des Durchgangs ähnelte einem alten Hinterhof in Port of Spain mit geschäftigem Leben im Freien, wenn auch die zerbröckelnden Nebengebäude aus Backstein an der hinteren Mauer von der Beengtheit in Bombay und von Leuten zeugten, die mit sehr wenig Raum auskommen mußten.

Auf dem Grundstück oder dem Hof jenseits der hinteren Mauer und nicht weit von dieser Mauer war das verwitterte Betongehäuse eines ziemlich großen Hauses im Bau, das aussah, als sei es aufgegeben worden. Wäre das Gebäude fertig geworden, hätte es Mr. Patils Hof das Licht genommen; der Hof hätte eine beengte Atmosphäre gehabt. So, mit der offenen Rückseite, hatte man in Mr. Patils Hof merkwürdigerweise überhaupt nicht das Gefühl der Beengtheit, trotz der vielen Menschen und des allgemeinen Lärms – viele diffuse Geräusche, viele unterschiedliche Ereignisse, die zusammentrafen und rauschten wie das Meer.

Die Holztreppe zu Mr. Patils Stockwerk war steil (Platz sparend) und erforderte Vorsicht. Die Konstruktion war interessant, weil jede dicke Planke in die Seitenbretter eingelassen war. Auf der kleinen Veranda oder Galerie oben standen Schuhe und Pantoffeln, doch wir wurden nicht aufgefordert, die Schuhe auszuziehen.

Es war schon ein Besucher vor uns im Raum. Es war ein Polizeiinspektor in Khakiuniform, und er saß in einem Sessel neben Mr. Patil. Auch der Inspektor hatte nicht die Stiefel ausgezogen. Es waren ziemlich exquisite Stiefel, die sein persönliches Eigentum und nicht Teil der Polizeiuniform sein mußten. Sie waren knöchelhoch, aus weichem Leder, mit schönem Muster und Ziernähten, und ochsenblutfarben.

Der Inspektor war Ende Dreißig oder Anfang Vierzig. Er war ernst und ehrerbietig, aber auch voll Selbstachtung. Mr. Patil schaute finster drein; der finstere Blick konnte als Ausdruck seiner Autorität gedeutet werden. Er war klein und dicklich. Er war jung, Ende Zwanzig, und so wie er saß, trat sein Bäuchlein deutlich vor. Der Bauch sah neu aus, als lerne Mr. Patil noch, damit zu leben, wie auch mit der Feistheit der Schenkel, die seine Hose auffällig eng machte. Er war barfüßig in seinem Wohnzimmer. Das war üblich; aber es war auch Zeichen eines Privilegs: der örtliche Würdenträger, der zu Hause empfing.

Der Polizeiinspektor war an dem Sonntagmorgen gekommen, weil er die Sena um Hilfe bei einem lokalen »Frauenbelästigungs«-Problem bitten wollte. Die sexuelle Belästigung von Frauen in der Öffentlichkeit, manchmal verdeckt, manchmal absolut offen, war in ganz Indien ein Problem. Der besondere Vorfall, der dem Inspektor Sorgen machte, hatte dazu geführt, daß zwei Gruppen im Viertel in Kampfstellung zueinander gingen. Bei der Menge und Enge passierte es schnell, daß die Nerven durchgingen; es gab schnell Probleme.

Das Wohnzimmer war rosa gekalkt und hatte einen Terrazzofußboden. Seine Möblierung und Ausstattung entsprach, abgesehen von kleinen zeitgenössischen Einzelheiten, Räumen, die ich in meiner Kindheit auf Trinidad gekannt hatte, den Räumen von Menschen, die langsam das Gefühl bekamen, daß sie es zu etwas brachten und Selbstachtung entwickelten. Es gab einen Sony-Fernsehapparat mit Videorecorder. Eine gemusterte Spitzendecke lag auf dem Sony, und auf der Decke saß eine Puppe. An den rosa Wänden hingen Hibiskuszweige aus Plastik an einem Miniaturspalier aus Plastik. Ein Doppelbett nahm eine Ecke des Zimmers ein; zwei Polster in verblaßtem Rosa lagen symmetrisch angeordnet darauf; und ein paar Kleider von Mr. Patil hingen an einem Haken.

Mr. Patils Mutter saß auf dem Terrazzoboden im offenen Durchgang zur Linken. Der Raum dahinter mußte die Küche sein. Ich bildete mir ein, daß ein Geruch von Bratfisch aus dem Raum kam, aber ich konnte mich irren. Vielleicht aßen die Patils keinen Fisch; in Indien waren solche Kleinigkeiten wichtig und ernstzunehmende Kastenmerkmale. Auf jeden Fall roch es nach Kochen; und das mußte wohl eine kleine rot-braun getigerte Katze quer durchs Wohnzimmer zu dem Durchgang ziehen, wo Mr. Patils Mutter saß, während der Polizeiinspektor und Mr. Patil sich unterhielten. Die Katze war eine Überraschung: Ich hatte geglaubt, daß Inder sich nicht viel aus Katzen machten. Dies war eine indische Katze, mit magerem Hals und Gliedern, nur mit dickem Bauch, ausgehungerter und verwegener als die molligen Katzen in England.

Mr. Patils Mutter trug einen rot oder rosa gemusterten Sari, der um jedes Bein einzeln gewickelt war. Sie war sehr klein, mit viel schlaffem, welk aussehendem Fleisch, und sie trug eine Brille mit dicken Gläsern. Sie saß im Durchgang, um die Gesellschaft am Sonntagmorgen zu genießen; obwohl ihr Verhalten deutlich zeigte, daß sie sich nicht in die ernsten Geschäfte einmischen wollte, mit denen ihr Sohn sich vielleicht auseinanderzusetzen hatte.

Endlich erhob sich der ernste, beeindruckende Polizeiinspektor. Er sagte, er freue sich, daß Mr. Patil so viel Verständnis gezeigt habe. Beide Gruppen in der Angelegenheit der Frauenbelästigung hätten genügend Unterstützung, um echte Probleme in der Nachbarschaft zu schaffen, sagte er; und in solchen Fällen sei es Taktik der Polizei, zu versuchen, die Leute zu versöhnen. Dann ging er, und man hörte, wie er in seinen Stiefeln behutsam und leichtfüßig die steile Treppe hinunterging.

Mr. Patils Ausdruck wurde noch finsterer; er schloß den Mund und wartete darauf, was ich zu sagen hatte. Er sprach kein Englisch, nur Marathi. Nikhil übersetzte für mich. Ich sagte, ich wolle erst einmal alles über die Nachbarschaft und Mr. Patils Familie erfahren.

Mr. Patil sagte, seine Familie habe ihr ganzes Leben an diesem Ort, in dieser Nachbarschaft verbracht. Sein Vater habe vierzig Jahre an der Drehbank einer Fabrik in der Innenstadt von Bombay gearbeitet. Was stellte die Fabrik her? Weder Mr. Patil noch seine Mutter wußten es. Die Fabrik sei nun geschlossen, am Ende. Wichtig war, daß sein Vater festangestellt gewesen war. Deswegen habe die Familie, als die Kinder noch klein waren, keine Not gekannt. Not hätten sie als Familie erst kennengelernt, als der Vater 1975 starb. In Indien gab es keine Pensionen.

Mr. Patil hatte ein dunkles eckiges Gesicht. Er trug einen Schnurrbart. Sein Haar wurde dünn.

Nach dem Tod seines Vaters ging er arbeiten. Er fand eine Stelle in der Expedition einer Firma, die Transistoren herstellte. Eine Kusine hatte ihm von der Stelle erzählt. Sie arbeitete in der Fabrik; sie arbeitete tatsächlich noch immer dort. Er bekam nicht viel in der Expedition, dreihundert Rupien im Monat, für acht Stunden am Tag. Was er tun mußte, gefiel ihm nicht, aber es war Arbeit. Er schloß viele Freundschaften in der Fabrik; viele davon hatten gehalten.

Er hatte sich und seine Familie nie für arm gehalten. Er hatte sich nie für reich oder arm gehalten. Er hatte immer das Gefühl gehabt, daß er zur Mittelschicht gehörte – er benutzte das Wort im indischen Sinn. Und in dem, was er sagte, klang etwas von dem mit, was Papu, der Jaina-Börsenmakler, gesagt hatte: Ein Mann muß sich erst um Nahrung und Obdach kümmern, bevor er sich anderen Dingen zuwenden kann. So wie Papus Erfolg zu einer sozialen Betroffenheit geführt hatte, die sein größeren Belastungen ausgesetzter Vater nie gekannt hatte, so konnte diese Idee, auch wenn die Shiv Sena von der Unterprivilegiertheit der Maharashtris sprach, Menschen nur in den Sinn kommen, wenn sie wirklich nicht mehr absolut unterprivilegiert waren.

Wie war Mr. Patil, der hier aufgewachsen war, so ehrgeizig geworden? War er als Kind ehrgeizig gewesen? Das war er. Er wollte berühmt werden. Er wollte nicht durch etwas Bestimmtes berühmt werden; er wollte einfach berühmt werden. Eine Zeit lang meinte er, er würde gerne ein berühmter Kricketspieler werden. Aber nun hatte er keinen Ehrgeiz mehr in dieser Richtung; er hatte den Anspruch heruntergeschraubt. Er wollte einfach tun, was der Erste Führer der Partei von ihm verlangte.

Er war zehn Jahre alt gewesen, als er den Führer zum ersten Mal gesehen hatte. Er hatte ihn hier in der Nachbarschaft gesehen. Das mußte 1969 oder 1970 gewesen sein. Eines Tages hatte er ein Plakat gesehen, das einen Besuch des Vorsitzenden ankündigte. Damals hatte er noch nie von dem Vorsitzenden gehört: Die Sena war erst drei Jahre alt, und der Vorsitzende war noch nicht so berühmt wie später. Doch Mr. Patil fiel das Plakat auf, das den Besuch des Vorsitzenden ankündigte. Das war während des Ganpati-Festes. Und nun verbanden sich Religion und Sena-Politik in dem, was Mr. Patil erzählte.

Ganpati, Ganesha, der Elefantengott der Hindus, mit dem langen, freundlichen Rüssel, den glänzenden Augen und dem runden, zufriedenen Bauch wurde in Maharashtra verehrt. In der Familie Patil war er sehr wichtig: Die Familie hatte ein Bild von Ganpati im Haus. Jedes Jahr wurde Ganpati gefeiert. Das Fest dauerte neun Tage, und an jedem dieser Tage fand ein großartiges Ereignis statt. Als Junge ging Patil an allen neun Tagen hin; jedes Jahr.

Er sagte, in Nikhils Übersetzung des Marathi, und seine Mutter (die eine viel hellere Hautfarbe hatte als er) nickte, während er sprach: »Alles Gute, das mir widerfahren ist, ist mir durch die Gnade Ganpatis widerfahren. Jeden Monat widme ich einen Tag der Verehrung Ganpatis. Dann fahre ich einhundertzehn Kilometer, um in Ganpatis großem Tempel in Pali meine Andacht zu verrichten.«

An der Wand hinter dem Sony-Fernsehapparat hing ein Farbfoto oder Druck von Ganpati in Pali: der breite, umfangreiche Bauch der Gottheit in gewalttätigem, eindrucksvollem Rot – nicht gerade huldvoll.

Ich fragte, ob die Vorstellung von Ganpati als Glücksbringer in seiner Familie überliefert sei. Er sagte ja. Wann hatte er zum ersten Mal in seinem Leben Ganpati mit etwas Gutem in Verbindung gebracht?

Er kratzte sich das dünne Haar. Die rot-braun getigerte Katze saß nun unter dem Stuhl, auf dem der Polizeiinspektor gesessen hatte, und schaute sich unauffällig um. Mr. Patils Mutter, die auf dem Terrazzoboden im Durchgang saß, der ihr angestammter Sitzplatz zu sein schien, hob den Kopf, als denke auch sie an das erste Mal, als ihr Sohn von dem Gott gesegnet worden war; ihre dicken Brillengläser verursachten Lichtflecke über ihren Augen.

An der Wand über dem Bett mit den symmetrisch arrangierten Polstern war eine Neonröhre; in Indien wurden Neonröhren genommen, weil sie billig waren. In dieser Wand befanden sich zwei kleine Fenster. Bei einem Fenster waren die Eisenstangen vertikal eingesetzt, bei dem anderen – um der Abwechslung und des Stils willen – horizontal. Beide Fenster hatten die gleichen Vorhänge, und jeder Vorhang war an zwei Stellen mit einer Schleife gerafft.

Der kleine Raum mit den rosa Wänden war wirklich voller Dinge zum Anschauen: viele Gedanken, viel Stolz waren darauf verwandt worden. Es gab einen Schrank und einen schwarz gerahmten Glaskasten oder eine Vitrine, ungefähr ein Meter zwanzig hoch. Oben auf der Vitrine stand eine sehr große vielfarbige Kerze, das Gegenstück zu der Puppe auf dem Sony. Unter den Dingen auf den Borden waren ein Satz Trinkbecher aus rostfreiem Stahl und acht Porzellantassen mit Blumenmuster. Die Vitrine und die Dinge darin – einmal abgesehen von den Metallbechern – waren wie Dinge, die ich in meiner Kindheit gesehen hatte. Hier bildeten sie noch eine Art Ganzes: Mein Herz flog ihnen zu.

Schließlich sagte Mr. Patil: »Ich schwänzte die Schule. Ich strich herum, spielte Kricket. Schließlich wurde mir gesagt, daß ich von der Schule geschmissen würde. Also betete ich zu Ganpati. Ich war damals ungefähr fünfzehn oder sechzehn. Ich sagte Ganpati, wenn ich nicht von der Schule geschmissen würde, würde ich die Pilgerfahrt nach Pali machen. Und ich wurde nicht hinausgeschmissen. Die Direktorin änderte ihre Meinung. Als sie mich rief, sagte sie, sie würde mich diesmal bloß verwarnen.«

Nachdem er sich daran erinnert hatte, erinnerte er sich auch an andere Gelegenheiten, bei denen Ganpati Gnade gezeigt hatte. »Vor drei oder vier Jahren wurde meine Mutter krank. Hoher Blutdruck. Sie mußte ins Krankenhaus. Sie lag im Sauerstoffzelt. Sie konnte nicht sprechen. Ich fuhr nach Pali zum Ganpati-Tempel und opferte eine Girlande und eine Kokosnuß. Als ich zurückkam, ging es meiner Mutter viel besser.«

Und seine Mutter – die unter der Tür im Durchgang saß, nicht direkt auf dem Boden, wie ich gedacht hatte, sondern auf einem dünnen Holzbrett, vielleicht zwei Zentimeter hoch – legte die Handflächen aneinander, während ihr Sohn sprach, und sagte in Nikhils Übersetzung, daß sie ihre Hände in Dankbarkeit gegenüber Ganpati falte.

Selbst bei seiner Geburt spielte ein Element von Gnade und Segen eine Rolle. Das war 1959. In der Gegend gab es schlimme Unruhen. Leute warfen Steine. Es war nicht leicht, ein Taxi zu bekommen, doch seinem Vater gelang es, einen Taxifahrer zu finden, der versuchen wollte, Mrs. Patil ins Krankenhaus zu bringen. Das Taxi mußte fünf Kilometer durch die Unruhegebiete bis zum Regierungskrankenhaus fahren. Es kam dort sicher an, und gleich nachdem seine Mutter hineingegangen war, wurde sie entbunden.

Mutter und Sohn erzählten die Geschichte abwechselnd, und die Mutter, auf dem Boden sitzend, legte wieder die Handflächen aneinander und sagte, es sei Ganpatis Gnade gewesen.

Und dann, vor etwa zwei Jahren, war er in eine ernste Krise geraten. Die Krise betraf sein politisches Leben, und sie dauerte neun Tage. Das war eine sehr lange Zeit, wenn man unter Qualen lebt. Er pilgerte nach Pali und gelobte Ganpati, daß er, wenn er diese Krise meistere, hundertundeine Kokosnuß opfern würde.

War das nicht, als versuche man, etwas von dem Gott zu kaufen?

»Mein Glaube wurzelt in der Wirklichkeit. Es ist nicht meine Gewohnheit, hundertundeine Kokosnuß zu opfern und zu bitten, zum Premierminister von Indien gemacht zu werden.«

War dieser Glaube an Ganpati etwas tief in ihm, das immer da war? Oder hielt er, wenn er gebetet hatte, nach Zeichen der Gottheit Ausschau?

Er sagte in Nikhils Übersetzung: »Selbst wenn die Aussichten schlecht sind, höre ich eine innere Stimme. Ich vermute, man kann es Selbstvertrauen nennen.« Nikhil nannte das Marathi-Wort, das er für »Selbstvertrauen« benutzt hatte, *atma-vishwas*. Das war Ganpatis größte Gabe.

Ich sagte: »Wie haben Sie hundertundeine Kokosnuß zum Tempel geschafft?«

»Man kann sie direkt im Tempel kaufen.«

Er erzählte mir mehr von dem Ganpati-Fest. Jedes Jahr mußte man sich eine neue Nachbildung vom Bildermacher beschaffen. Man behielt das Abbild so lange zu Hause, wie man wollte, doch am Ende der Feierlichkeiten mußte man es wegwerfen oder versenken. In seiner Familie war es Tradition, die Figur eineinhalb Tage zu behalten; dann wurde sie zu einem See in der Nähe gebracht und versenkt. Seine Mutter hatte ihr Leben lang danach getrachtet, das Ganpati-Bildnis mit einer Musikkapelle vom Bildermacher nach Hause bringen zu lassen. Das letzte Mal hatte sie das tun können. Ihr anderer Sohn hatte eine sehr gute Stelle bekommen, und die Familie hatte eine Musikkapelle bestellt und die Figur nach Hause bringen lassen, dann hatten sie die Kapelle noch einmal kommen lassen, um die Figur aus dem Haus zum See zu bringen.

Bei diesen Erzählungen von Ganpati, von Tempeln und Pilgerfahrten und Gelübden und Opfergaben, begann ich eine Vorstellung von den Mysterien zu bekommen, die die Erde für Menschen wie die Patils bereit hielt, von dem Glanz, der manchmal ihre Tage überstrahlte, den Wundern, durch die sie gingen. Ihre Welt barg mehr, als man sah. Thane war ein industrieller Vorort. Doch das Land selbst war sehr alt; es war geheiligt; und die selben Leute konnten mit vielen verschiedenen Gefühlen ganz natürlich leben.

Bei diesem glückverheißenden Ganpati-Fest – direkt hier, in dieser Nachbarschaft, in diesen Gassen, durch die ich gegangen war und nur die Oberfläche der Dinge gesehen hatte – hatte Mr. Patil mit zehn Jahren das Plakat gesehen, das den Besuch des Vorsitzenden der Shiv Sena ankündigte. Er war zu der Versammlung gegangen, um sich den Vorsitzenden anzuschauen. Der Vorsitzende hatte damals eine eigene Wochenzeitschrift und war bekannter als Cartoon-Zeichner. Der junge Patil fand den Vorsitzenden, als er ihn sah, physisch nicht beeindruckend. Er sah einen dünnen Mann, mit Brille, in einem zugeknöpften langen Überrock. Doch sobald der Vorsitzende anfing zu sprechen, geriet das Blut des Jungen in Wallung. Die Rede des Vorsitzenden dauerte dreißig bis fünfunddreißig Minuten, und am Ende begannen Leute wie der junge Patil, dessen Blut beim Gedanken an all die Ungerechtigkeiten, die das wahre Volk von Maharashtra zu erdulden hatte, in Wallung geraten war, dem Vorsitzenden Beifall zuzurufen.

»Waren Sie nicht zu jung, um eine Rede über die Diskriminierung der Maharashtris zu verstehen?«

»Nein. Ich hatte schon immer viel darüber gehört, wie Moslems und Leute von außen den Maharashtris Ärger machten. Ich hörte es zu Hause und auf der Straße. Mein älterer Bruder erzählte mir immer davon.«

»Und Ihr Vater?«

»Er interessierte sich überhaupt nicht dafür.«

Der Vater hatte nicht die Sicherheit seiner Söhne. Es war wie bei Papus Vater.

Und obwohl der zehnjährige Junge danach lange keine großen Shiv Sena-Reden mehr hörte, begann er zu helfen, wenn die Partei Leute brauchte, um Plakate und Spruchbänder aufzuhängen. Später, als sein Vater gestorben war und er in der Transistorenfabrik arbeitete, begann er abends politisch für die Partei zu arbeiten. Mit dieser Parteiarbeit fuhr er auch noch fort, als er eine neue Stelle fand. Auf der neuen Stelle war er für den Export von Arbeitskräften nach Dubai und in den Mittleren Osten zuständig. Er bekam neunhundertfünfzig Rupien im Monat gegenüber den dreihundert in der Transistorenfabrik. Er betreute die Leute, die zum Einstellungsgespräch kamen.

Wollte er nicht selbst in den Mittleren Osten gehen, um Geld zu verdienen?

»Ich habe meine Abschlußprüfung in der Schule nicht bestanden. Wenn ich gegangen wäre, hätte ich niedere Arbeit verrichten müssen.«

»Sie fanden nichts Unrechtes dabei, Leute von hier in ein islamisches Land zu schicken?«

»Nicht alle Moslems sind Feinde.«

Seine Parteiarbeit zu der Zeit bestand darin, abends im Sena-Büro zu sitzen und sich die Beschwerden der Leute anzuhören. Die Sena sah immer in allem einen sozialen Aspekt. In der Hinsicht gab es viel zu tun. Leute brauchten Hilfe. Manche hatten nur vier Stunden am Tag Wasser. In manchen Häusern stieg das Wasser nicht höher als bis zum ersten Stock. Selbst nachdem er zum Bezirksvorsitzenden der Sena ernannt worden war – die

Ernennung war vor drei Jahren gekommen – machte er noch soziale Arbeit. Als wir ankamen, war beispielsweise eine Frau bei seiner Mutter in der Küche gewesen. Sie war gekommen, um sich über einen Wasseranschluß zu beschweren. Sie hatte jemandem tausend Rupien für den Anschluß gezahlt, und bis jetzt hatte sie weder Anschluß noch Wasser. Der Bezirksvorsitzende mußte sich für die Probleme des Volkes interessieren; das war politisch gut für die Partei.

War sein Blut immer noch in Wallung? Oder war er durch den Erfolg der Sena und seine eigene Position als Bezirksvorsitzender ruhiger geworden?

Sein Blut war immer noch in Wallung. »Ungefähr fünfundzwanzig Kilometer von hier ist ein Ort namens Bhiwandi. Wenn Indien ein Kricketspiel gegen Pakistan verlor, ließen die Moslems dort auf dem Marktplatz immer Feuerwerkskörper los. Als ich klein war, konnte ich nichts dagegen tun. Aber nun kann ich es nicht mehr ertragen. Es gab Gruppen von Moslems, die von Bhiwandi nach Thane herüberkamen. Die Ortsansässigen hier waren so voller Abneigung gegen diese Moslems, daß es 1982 zu Zusammenstößen kam; sie brachen die Geschäfte der Moslems auf und verkauften die Waren ans Volk. Sie verkauften Handtücher für zwei Rupien. Die Moslems haben jetzt ihre Geschäfte zurück, aber sie leben in Furcht. Die Shiv Sena ist sehr mächtig. Eins will ich Ihnen sagen: Die Moslems spenden sogar für die Shiv Sena.«

Nikhil sagte von sich aus: »Aber ist das nicht Erpressung?«

Mr. Patil sah das nicht so.

Ich wollte wissen – weil ich an seine Verehrung für Ganpati dachte –, was ihm wichtiger sei: Religion oder Politik? In Nikhils Marathi-Übersetzung wurde das zu: *dharma* oder *rajniti*?

Mr. Patil sagte: »*Dharma*.« Religion. Aber damit meinte er nicht den persönlichen Glauben an Ganpati, von dem er gesprochen hatte. Mit dem Erfolg und dem Wachstum der Sena war das Konzept der Sena gewachsen: die Religion, die Mr. Patil meinte, war der Hinduismus an sich. »Es gibt ein Komplott, den Hinduismus vom Angesicht der Erde zu tilgen.« Es war ein moslemisches Komplott, und deshalb war es absolut notwendig, den Hinduismus lebendig zu halten.

Zwei weitere magere indische Katzen waren ins Wohnzim-

mer gekommen – eine gescheckte und noch eine rot-braune –,
und sie gingen neugierig herum. Auch ein paar Freunde oder
Verwandte der Patils schauten herein, um zu hören, was Mr.
Patil seinen Besuchern zu sagen hatte.

Ich fragte, ob der Hinduismus lebendig gehalten werden
könne, wenn die indische Wirtschaft und Industrie weiterhin
so wüchsen wie bisher.

Er sah darin keinen Widerspruch. »Wenn Sie überleben wollen, müssen Sie Geld verdienen.«

»Das ist nicht die Einstellung Gandhis.«

»Ich verachte Gandhi. Er glaubte, daß man die andere
Wange hinhalten müsse. Ich glaube, daß Sie, wenn jemand Sie
schlägt, entweder die Kraft haben müssen, zu fragen, warum
Sie geschlagen wurden, oder zurückschlagen müssen. Ich
hasse die Idee der Nicht-Gewalttätigkeit.«

Das paßte zum Kriegerstolz der Marathen. Ich fragte mich,
ob er die Geschichte der Marathen gut kenne. Welche Vorstellungen von Geschichte kursierten in dieser Gegend, in diesen
schmalen Gassen? Wußte er, wann Shivaji gelebt hatte?

Er wußte es. Er sagte: »1630 bis 1680. Das weiß ich alles.
Shivaji rettete die Einwohner Maharashtras vor Greueln. Aber
dann kamen die Engländer, und sie fügten allen Greueln zu.«

Ich konnte die Stimmung am Ort hier insgesamt verstehen,
den Konflikt zwischen Hindus und Moslems. Aber ich fragte
mich, welche Bedeutung die Kasten in solch einem Industriegebiet haben würden, in dem die Leute so dicht beieinander
lebten. Wie waren die Beziehungen der Sena zu den Dalits?
Nach dem Wenigen, das ich gesehen hatte, hatten die Dalits
den Ansatz jenes Selbstvertrauens, des *atma-vishwas*, entwik-
kelt, das Teil von Ganpatis Gabe für Mr. Patil gewesen war.
Rührte das eine Saite an in ihm? Führte Besorgtheit um den
Hinduismus zu einem Gefühl der Solidarität mit ihnen?

Er war unnachgiebig. »Wir haben keine Differenzen mit ihnen. Sie halten sich nicht für Maharashtris oder Hindus. Es
sind Buddhisten.«

Waren sie nicht durch Kastenvorurteile aus dem Hinduismus vertrieben worden? Gab es kein Mitgefühl für sie? Als
Kind war sein Blut doch in Wallung geraten, als er seinen Vorsitzenden von der Diskriminierung der Maharashtris reden

hörte? Meinte er nicht, daß die Dalits Grund hätten, Ähnliches zu empfinden?

Das meinte er nicht. Der Zorn der Dalits sei etwas, wozu die Dalit-Führer und die Leute, die in Anlehnung an die Black Panthers der Vereinigten Staaten Dalit Panthers genannt wurden, aus politischen Gründen aufriefen. »Sie haben keinen Grund, zornig zu sein. Sie haben nicht so viel gelitten, wie sie behaupten. Und die gegenwärtigen Organisationen der Dalits stehen in Verbindung zu moslemischen Gruppen.«

Ich fragte Nikhil, ob das stimme. Er bejahte es. »Beide Gruppen, die Dalits und die Moslems, sind ihren Ursprüngen entfremdet. Und jemand meinte, es sei eine gute Idee, sie zusammenzubringen.«

Entfremdung: das war das allgegenwärtige Thema. Mr. Patil triumphierte nun; doch sein Blut war immer noch in Wallung. Selbst jetzt hatte er das Gefühl, daß seine Gruppe untergehen könne und andere bloß darauf warteten, auf ihnen herumzutrampeln. Es war, als fühle sich auf so engem, überfülltem Raum niemand zu Hause. Jeder hatte das Gefühl, daß der andere, die andere Gruppe lache; jeder lebte mit dem Gefühl der Belagerung.

Nun war es Zeit, mit Mr. Patil zum Sena-Büro zu gehen. Wir verabschiedeten uns von seiner Mutter; sie saß immer noch da, hob den Kopf, die Augen hinter den konzentrischen Kreisen ihrer dicken Brillengläser verloren, und legte wieder die Handflächen aneinander. Zusammen mit einigen der Leute, die gekommen waren, um Mr. Patil sprechen zu hören, gingen wir aus dem rosa gestrichenen Zimmer auf die Veranda, an den ausgezogenen Pantoffeln und Schuhen neben der Tür vorbei.

Wir gingen erst ans andere Ende der Veranda, um nach hinten hinaus zu schauen: auf die Backsteinschuppen an der rückwärtigen Wand, den verlassenen Rohbau nebenan, dessen rostige Eisenträger aus dem Beton ragten. Einer der Männer bei uns sagte auf Englisch: »Ohne Genehmigung.« Es gab also trotz des offensichtlichen Durcheinanders um uns herum so etwas wie städtische Verordnungen.

Wir gingen die steile Treppe zum Durchgang zwischen den beiden Häusern hinunter und dann ins Sonnenlicht der gepflasterten Gasse. Ein kleines Stück nach rechts war das örtliche

Sena-Büro. Mr. Patils Domäne. Es war wie eine Betonschachtel gebaut, ein Schuppen, der aus einem Raum bestand; doch von außen war er dekoriert wie ein Fort, mit feierlichen, äußerst simplen Zinnen oben, und der Wandanstrich täuschte graue Steinblöcke mit weißen Fugen vor. Dies war im Staub und Schmutz und Schutt der Gasse ziemlich verblüffend. Es sah aus wie eine Bühnenkulisse oder wie auf einem Kirmesplatz. Doch es war eine Erinnerung an die kriegerische Vergangenheit der Maharashtris. Die Vergangenheit war real; die gegenwärtige Macht und Organisation der Sena war real.

Beim Betreten von Mr. Patils Wohnzimmer waren wir nicht aufgefordert worden, die Schuhe auszuziehen, doch nun mußten wir sie ausziehen, ehe wir von der Gasse ins Sena-Büro traten: Dies war, auch wenn staubiger als sein Wohnzimmer, Mr. Patils wahres Heiligtum. Innen waren die Wände blau gestrichen. Der Boden war mit Steinfliesen ausgelegt – das Volk von Maharashtra baute schon immer geschickt mit Stein.

An der Stirnwand standen ein Schreibtisch und ein Stuhl mit hohem Rücken, wie ein Thron. Wir traten ein, und Mr. Patil ging geradewegs zu dem Stuhl mit dem hohen Rücken und setzte sich, als gehöre dies zum offiziellen Stil des Raumes. Vor dem Schreibtisch standen neun Klappstühle aus Metall; sie waren für Besucher und im gleichen Blau gestrichen wie die Wand. An der Wand hinter Mr. Patils Stuhl hing ein Bild von einem Tiger: Der Tiger war das Emblem der Sena. Das einzige andere Bild an der Wand war vom Vorsitzenden der Sena. Auf dem Schreibtisch stand eine bronzefarbene Büste von Shivaji, und auf einem Postament in der Ecke schräg gegenüber vom Schreibtisch stand eine ähnliche Büste. Die Büsten waren aus Gips, und jede hatte auf der Stirn ein frisches Zeichen von Sandelholzpaste, ein heiliges oder geheiligtes Zeichen. Neben der Tür befand sich ein hoher dunkelgrüner Eisenschrank, und beleuchtet wurde der Raum von einer Neonröhre. Eine Kuckucksuhr an einer Wand – an Mr. Patils Wohnzimmer erinnernd – war das einzige Schmuckstück in der kleinen Zelle.

Das Sena-Büro war eine Sena-Feste, und in Thane gab es vierzig dieser Art. In einer Hinsicht war es eine martialische Täuschung; in anderer war es völlig realistisch. Ständig gab es Bandenkämpfe in der Gegend. Manche Kämpfe wurden zwischen der Sena und den Dalits ausgetragen, besonders jenen Dalits, die sich Panthers nannten; aber es gab auch Kämpfe zwischen der Sena und Gruppierungen der Kongreßpartei. Die Kämpfe waren ernst, manchmal tödlich, wurden mit Schwertern und Molotow-Cocktails ausgetragen. Die Sena kämpfte auch, um ihre Anhänger vor Kriminellen und Mörder- und Erpresserbanden zu schützen. Manche Sena-Anhänger hatten Marktstände, wie wir sie auf dem Weg vom Bahnhof gesehen hatten; es gab immer Leute, die versuchten, Geld aus ihnen herauszupressen.

Als wir uns in dem Büro unterhielten, Mr. Patil zurückgelehnt auf seinem Stuhl mit dem hohen Rücken, Nikhil und ich auf unseren blauen Metallstühlen (deren Blau am Rand bis auf den Rost abgeschabt war) nach vorn gebeugt, war in der Gasse Getrampel zu hören. Es klang beinahe als nähere sich ein kleiner Tumult, etwas Aufsehenerregendes. Und im Sonnenlicht vor der Tür sahen wir eine Reihe junger Männer in Handschellen vorbeigehen, anscheinend mit einem Seil aneinandergefesselt, von Oberarm zu Oberarm gefesselt. Die Gefesselten gingen in Zweierreihen und wurden ohne Brüllerei oder Hast oder Grobheit von einem Trupp Polizisten in Khakiuniformen ab- oder angeführt.

Nikhil sagte: »Das ist gegen die Verfassung. So dürfen Menschen nicht gefesselt werden. Der Oberste Gerichtshof hat eine gerichtliche Verfügung erlassen.«

Die abgeführten Männer schienen sonntäglich gekleidet zu sein. Ihre Hemden waren sauber und modisch; ein Mann trug eins mit breiten schwarzen und silbernen Längsstreifen. Die Männer waren jung, alle schlank, manche dünn.

Der Mann, der über den Betonrohbau hinter Patils Haus gesagt hatte: »Ohne Genehmigung« – dieser Mann sagte nun wieder ein einziges Wort mit dem indischen bejahenden Kopfschütteln, um zu erklären, was wir gesehen hatten. Er sagte: »Ohne.«

Ohne was?

Eisenbahnfahrscheine – alle um mich herum wußten das, alle wollten es gern erklären.

Was hielt Mr. Patil von dem, was wir gesehen hatten?

Er nahm es auf die leichte Schulter. »Das kommt jeden Tag vor. Sie werden ins Gefängnis gebracht, und da müssen sie drei oder vier Tage bleiben. Manche sind arm. Aber manche tun es um des Nervenkitzels willen.«

Wir traten aus dem Büro auf die Gasse. Die Polizisten und ihre Gefangenen waren beinahe außer Sicht. Der kleine Tumult war vorüber; das Leben in der Gasse ging darüber hinweg.

In einem Kanal (oder etwas Schlimmerem) neben der Gasse sah ich, wie irgendein Tier das dunkle, grünbraune Wasser teilte. Ein Hund? Eine Kuh – eine der kleinen indischen Kuharten? Ein Kalb? Es war schwer, das dunkle Geschöpf im dunklen Wasser zu erkennen. Aber dann erhob sich eine runde Schnauze flach und rosa über die Wasseroberfläche: ein Schwein. Und jetzt, nachdem ich es einmal erkannt hatte, konnte ich davor auch eine Reihe kleiner schwarzweißer Ferkel in dem trüben Wasser paddeln und herumtollen sehen, deren unregelmäßige weiße Zeichnung aus der Ferne auf dem dunklen Kanal wie Licht oder Schaum ausgesehen hatte.

Der Mann, der gesagt hatte: »Ohne Genehmigung« und »Ohne«, sagte jetzt: »Dalit-Schweine.«

Was meinte er damit? Viele Inder, sowohl Hindus als auch Moslems, hielten das Schwein für unrein; manche konnten den Anblick des Tieres kaum ertragen. Wollten die Dalits provozieren – indem sie diese Schweine (die wenige sich anzufassen trauten) in einem dicht besiedelten Gebiet frei laufen ließen? Dem war nicht so. Der Mann, der gesagt hatte: »Dalit-Schweine«, sagte: »Die Dalits essen sie sonntags.« Die Schweine waren also nicht nur Teil des Andersseins der Dalits, sondern daß sie Schweine aßen, hatte auch etwas betont Feierliches. Der Mann fügte hinzu: »Sie verkaufen auch Schweine.«

Nur ein kleines Stück die Gasse hinauf – wo die Polizisten vorbeigegangen waren – spielten viele kleine Jungen mit einem alten, glatten, grauen Tennisball Kricket. Die Sena-Feste; die schlanken jungen Männer in ihren hübschen Hemden mit Handschellen und Seilen gefesselt; Kricket, der schicke Gentlemansport von der anderen Seite der Welt – hier war alles zu besichtigen. Und noch mehr wurde unschuldig zur Schau gestellt: Direkt unter der Oberfläche wucherten menschliche Gefühle und Bedürfnisse und Vorstellungen von Geheimnis und Ruhm.

An einer weißen Mauer irgendwo in der Nähe der Mohammed Ali Road in der Innenstadt von Bombay hatte ich diesen Slogan gemalt gesehen, in großen schwarzen Buchstaben: BEFREIT DIE MENSCHHEIT DURCH DEN ISLAM.

Die Mohammed Ali Road war berüchtigt. Es war die Hauptdurchgangsstraße des moslemischen Viertels in der Innenstadt von Bombay. Das Viertel wurde als »Ghetto« bezeichnet und war oft in den Nachrichten so beunruhigend geschildert, daß die Leute zu seiner Beschreibung gern Zeitungssprache verwendeten. Es war »unberechenbar«, ein »Krisenherd«; unter den Anwohnern dort konnten Unruhen ausbrechen und sich, wenn sie einmal begonnen hatten, wie ein Feuer ausbreiten.

Das Viertel war schrecklich überfüllt, voller Gerüche und Geräusche. Der braunschwarze Rauch von Autos, die mit Kerosin versetztes Benzin fuhren, war im Sonnenlicht wie heißer Nebel. Er verätzte die Haut und zerriß die Lungen. Er trug zu einem allgemeinen Gefühl von Beklemmung bei; und der Slogan über den Islam wirkte, durch den Rauch gesehen, wie ein Schrei. Die Buchstaben des Slogans waren so hoch wie die Mauer, auf die er gemalt war, und er war in englisch. Er war nicht für die Leute des Ghettos; er war für Außenseiter, Leute wie die von der Shiv Sena, die vielleicht Unruhe stiften wollten.

Nikhil kannte einen jungen Mann, der in der Gegend der Mohammed Ali Road wohnte. Der Name des jungen Mannes war Anwar. Eines frühen Abends nahm Anwar uns nach der Arbeit mit, damit wir sehen konnten, wo er wohnte. Anwar war sehr klein und zierlich, was an eine ererbte Gebrechlichkeit denken ließ. Aber zum Ausgleich war er von leidenschaftlichem moslemischen Glauben und großem Kampfesgeist.

Der frühabendliche Verkehr auf der Mohammed Ali Road verlief stockend. Die Läden und Bürgersteige waren genauso verstopft wie die Straße. Die elektrischen Lampen schufen den Effekt einer Decke oder eines Baldachins, schienen alles herunterzudrücken und verstärkten mit dem heißen Rauch das Gefühl von Menschenmengen und Verschleiß und einem Leben unter extremen Bedingungen. Im Taxi war es zu laut, um sich zu unterhalten.

Irgendwann stiegen wir aus und folgten Anwar aus dem Bereich der Lampen und dem Rauch in eine Gegend, in der plötzlich alles ganz klein war. Schmale Gassen führten in noch schmalere, und sie waren von kleinen, niedrigen Häusern gesäumt. Ein Stück weiter weg glitzerte und dröhnte die Mohammed Ali Road; doch hier waren die Lichter trüb, die Gassen voller Schatten und die Geräusche ringsum heimisch und gedämpft. Wir waren nicht in einem wilden Slum. Die Gassen waren gerade und gepflastert, und es gab - auch wenn der Maßstab sehr klein war – eine Regelmäßigkeit in Anordnung und Bauweise, die auf ein staatliches Bauprojekt schließen ließ. Anwar bestätigte das; wir waren in einer städtischen Siedlung.

Sein Haus nahm einen schmalen Abschnitt aus Maschendraht und Beton ein. Bis zu ungefähr einem Meter über dem Boden waren die Mauern des vorderen Raums aus Beton; darüber waren sie aus Maschendraht. Ein weißes, über den Maschendraht gespanntes Laken schirmte das vordere Zimmer von Anwars Haus auf der einen Seite von dem seines Nachbarn ab; der Sichtschutz war auf der Seite des Nachbarn. Anwars Haus, sein Abschnitt in der Reihe, war wahrscheinlich nicht mehr als drei Meter breit. Maschendraht und Beton waren blau gestrichen. Der vordere Raum war vielleicht zwei Meter tief. An einer Seite hatte das Haus einen Gang – wo Schuhe und Pantoffeln auf Regalen standen, die in die Betonmauer eingelassen waren. Dieser Gang führte in den in der Mitte gelegenen Hauptraum. Dahinter, sagte Anwar, sei die Küche.

Irgendwo oben in dem mittleren Raum war ein Schlafboden. Dieser Schlafboden war wichtig. Ohne ihn würden Häuser wie dieses nicht funktionieren; könnten nicht ganzen Familien Platz bieten. Das war das erste Mal, daß ich von den Schlafböden in Bombay hörte. In den folgenden Tagen hörte ich noch viel darüber; und ich begann zu begreifen, wie große Familien – nicht immer Slumbewohner oder Obdachlose – es schafften, in einem kleinen Zimmer zu leben. Nachts wechselten überall in Bombay die Wohnzimmer ihre Funktion; die verschiedenen Teile eines Hauses wie Anwars (insbesondere jener Hauptraum in der Mitte) wurden einfach zu Schlafplätzen. Ein Schlafboden nutzte den Raum, das Volumen eines Zimmers bis zum äußersten.

Wir hatten uns in der Gasse vor Anwars Haus unterhalten. Wir waren noch nicht ins Haus gegangen. Unser Gespräch ermunterte einen jungen Mann aus dem Nachbarhaus oder Nebenabschnitt herüberzukommen, um sich uns anzuschauen. Er war mittelgroß, gut gebaut und sauber gekleidet, wie zur Freizeit, in Unterhemd und Khaki-Shorts. Einen Augenblick lang war ich erstaunt, daß jemand mit normaler Größe und vernünftig gekleidet aus solch einem engen Raum herausgekommen sein sollte. Wir verstummten, als er kam und im trüben Dämmerlicht in der Gasse, auf seinem kleinen Territorium stehenblieb, ohne etwas zu sagen; und wie in dem Gefühl, es sei indiskret oder unhöflich von uns gewesen, im Freien über die Häuser der Siedlung zu sprechen, gingen wir dann, als wollten wir allein sein, in den mit Maschendraht umgebenen vorderen Raum von Anwars Haus. Der junge Mann kehrte in den vorderen Raum seines eigenen Hauses zurück und stand eine Weile dort herum. In dem trüben Licht konnte man ihn oder seinen größer und kleiner werdenden fahlen Schatten wie eine Figur in einem Puppenspiel gegen das weiße Laken sehen, das als Raumteiler oder Sichtschutz auf seiner Seite am Maschendraht befestigt war.

Jemand in Anwars Familie hatte Vorbereitungen für unseren Besuch getroffen. Über das Flechtbett im vorderen Zimmer war ein sauberes Laken gebreitet, aus Höflichkeit Nikhil und mir gegenüber. Auf Anwars Aufforderung hin setzten wir uns dort hin. Dann kam Anwars Vater aus dem mittleren Raum. Er war nun unser Gastgeber; und Anwar wurde geschickt, um kalte Limonade zu kaufen.

Anwars Vater, ein kleiner Mann, wenn auch nicht so klein wie Anwar, sah gebrechlich und kränklich aus; und ich dachte, daß die offensichtliche Hinfälligkeit des Sohnes zum Teil wohl vom Vater kam. Er war sehr dunkel, mit einem sehr dichten, silbernen Bart. Der Bart schien die einzige körperliche Eitelkeit zu sein, die der alte Mann sich gestattete: Der Bart war fachmännisch getrimmt und gekämmt, und er kräuselte sich und fiel glänzend und wellig herab. Und mehr als körperliche Eitelkeit sprach daraus: In Indien tragen unterschiedliche Gruppen unterschiedliche Barttrachten, und der spatenförmige Bart von Anwars Vater war ein Moslembart. Das war die deutliche Botschaft des Bartes.

Er sagte, er sei vierundsechzig. Und ehe Nikhil und ich etwas sagen konnten, sagte er, er wisse, daß er viel älter aussehe – und das stimmte: Ich hatte ihn für an die Achtzig gehalten. Europäer sähen nicht so alt aus wie die Inder, sagte er. Er wisse es; er habe einmal in einer italienischen Firma gearbeitet und siebzigjährige Europäer gesehen, die gesund aussahen und hart arbeiteten. Inder alterten so schnell wegen ihrer Lebensumstände. Hier hätten sie beispielsweise nicht nur Verkehrsabgase; sie hätten auch Fabrikabgase von einer Textilfabrik. Immerhin, er sei vierundsechzig. Das sei schon etwas; sein Vater sei mit vierzig gestorben.

Anwar kam mit ein paar Flaschen gekühlter Limonade zurück. Sie wurden feierlich angeboten, Flasche um Flasche. Wir tranken ein wenig – die Limonade war sehr süß und schien einen chemischen Beigeschmack zu haben – und versuchten, uns über allgemeine Dinge zu unterhalten, obwohl eigentlich zu viele Leute in dem Raum waren und Stimmen und Geräusche aus allen Richtungen zu uns drangen und der Zweck dieser weißen Abschirmung (die an der anderen Seite des Maschendrahts befestigt war) zweideutig zu werden begann, nicht nur freundlich.

Ich fragte den alten Mann, ob in der Siedlung gestohlen werde. Mir war in den Sinn gekommen, daß gerade die Offenheit des Lebens dort und die Gemeinsamkeit (wie in einer Kommune) den Leuten eine Art Schutz bieten könnte.

Der alte Mann sagte, es gebe jeden Tag Diebstähle. Und es gebe jeden Tag Streitigkeiten. Die Streitigkeiten seien schlimmer. Es würde viel wegen der Kinder gestritten. Leute schlügen die Kinder anderer Leute, und die Eltern würden wütend.

Er hatte jede Art von Druck ausgehalten. Anwar auch. Vielleicht – wenn man unter Umständen wie diesen überhaupt von einer Abstufung sprechen konnte – war es für Anwar noch schlimmer gewesen; er war sensibler, besser ausgebildet und mußte in der Welt draußen, in dem technischen Feld, das er sich ausgesucht hatte, härter kämpfen.

Als ich mit der Limonade herumspielte, Betrachtungen anstellte über die altmodischen Höflichkeiten von Vater und Sohn in jener Umgebung, die Menschlichkeit, die ihnen geblieben war, das ruhige Eingeständnis des alten Mannes, daß andere gesünder und kräftiger waren, bessere Lebensbedingungen hatten, begann ich Zuneigung zu ihnen zu verspüren. Ich hatte das Gefühl, daß ich, wäre ich an ihrer Stelle gewesen, an Bombay gebunden, an jenes Viertel, jene Häuserzeile, auch ein leidenschaftlicher Moslem gewesen wäre. Ich war in Trinidad als Mitglied der indischen Gemeinde aufgewachsen, als Mitglied einer Minorität, und ich wußte, daß man seiner Gemeinschaft, wenn man sie als klein empfand, nie entkommen konnte; je erbarmungsloser die Lage, desto mehr bestand man darauf, das zu sein, was man war.

Mit dem alten Mann als Gastgeber in dem vorderen Raum seines Hauses, in dem Drahtgehege, und mit Anwar als bloßem Sohn seines Vaters, konnten wir uns nur förmlich unterhalten. Ich hatte das Gefühl, daß man dort keine schwierigen Fragen verfolgen konnte. Wenn das Gespräch über die Teilzeitarbeit hinausgehen sollte, die der alte Mann glücklicherweise gefunden hatte, wenn Anwar ungezwungener und ohne Sorge, belauscht zu werden, reden sollte, mußten wir woanders hingehen.

Sachte, damit kein Mißgeschick passierte, legten wir unsere Limonadenflaschen auf die blaue Betonwand unter dem Maschendraht; und der alte Mann, der selbst ein bißchen unruhig geworden war, deutete das Zeichen wohl. Er hörte auf zu reden, machte eine Pause, und wir verabschiedeten uns.

Wir gingen wieder in die engen Gassen, wo trübe Lampen große Schatten warfen. Um die Ecke herum verrichtete ein Kind seine Notdurft in einem Lichtflecken. In irgendeinem vorderen Raum flickerte und flackerte ein großer Farbfernseher auf einem niedrigen Gestell, ohne daß jemand zusah. Anwar sagte, sie hätten in ihrem Haus keinen Fernseher. Sein Vater sage, Fernsehen sei gegen den Islam.

Wir kamen ans Ende der niedrigen Siedlung, und das richtige Bombay begann wieder. Jenseits einer Grenzgasse oder -straße stand ein großes Mietshaus. Dort war der Feind. Dies sei ein Shiv Sena-Haus, sagte Anwar. Wenn es Probleme gebe, würden die Leute, die in diesen Wohnungen lebten, Flaschen auf die Leute werfen, die unten lebten.

Hinter diesem Gebäude kamen wir zur dröhnenden Hauptstraße. Wir gingen in eine kleine Milchbar, die Anwar kannte: Leuchtstoffröhren, Keramikfliesen, grauer Marmor, ein Spülbecken, Glasbecher und rostfreier Stahl.

Ich sagte zu Anwar: »Das Leben zerrt also ständig an Ihren Nerven?«

Nikhil übersetzte die Antwort: »Es ruiniert seine Nerven.«

So ausgelaugt wie sein Vater, das dunkle Gesicht dünn und nervös, schlürfte er die Milch, die er bestellt hatte.

Er sagte, wobei Nikhil jetzt direkt für ihn übersetzte: »Diese Kinder. Es gibt Zusammenstöße zwischen Kindern, die sich in Blutfehden mit Erwachsenen verwandeln, und ich stehe dem hilflos gegenüber. Ständig gibt es Kämpfe zwischen Nachbarn. Wenn es um Hindus und Moslems geht – Hindus sind hier in der Minderzahl –, führt es zu allgemeinem Aufruhr. Bei Kricketspielen wird es sehr schlimm. Beim World Cup letztes Jahr – als die Kricketspiele den ganzen Tag dauerten – wurden die Leute wegen des Indien-Pakistan-Spiels nervös. Aber dann kamen weder Indien noch Pakistan ins Finale. Als Pakistan das erste Halbfinale gegen Australien verlor, drehten die Hindus durch, sie warfen mit Steinen und zertrümmerten die Asbestdächer der Hütten.«

Wie diese Kämpfe ihn quälten! Sowohl er als auch sein Vater hatten mit besonderer Abscheu von Kämpfen zwischen Nachbarn gesprochen, und ich fragte mich, ob sie von sich selbst gesprochen hatten. Ich versuchte es herauszufinden. Ich fragte ihn nach den Blutfehden – war seine Familie davon irgendwie betroffen?

Seine Antwort war unerwartet: »Meine Brüder stehen im Ruf, *goondas*, Ganoven zu sein. Sie sind keine guten Menschen. Deshalb überlegen es sich die Nachbarn zweimal, ehe sie etwas anzetteln.«

Ganoven-Brüder – sie würden sich aus irgendeinem Grund körperlich von Anwar und seinem Vater unterscheiden. Ganoven-Brüder, keine guten Menschen – und doch ermöglichten sie es Anwar, selbst kämpferisch zu sprechen –, beherbergte dieses kleine Haus sie alle?

Ich fragte Anwar: »Der Mann nebenan, der Mann, der herauskam, um uns anzuschauen – wie vertragen Sie sich mit ihm?«

»Er studiert an einem College außerhalb Bombays. Sie können sich die Brüder, die ich habe, kaum vorstellen – ich habe sechs Brüder, und mein Vater muß trotzdem noch arbeiten.«

Irgendein Riß ging hier durch die Familie. Vielleicht hatten die Brüder, von denen Anwar sprach, die Ganoven, eine andere Mutter.

Er sagte: »Ich betrachte sie nicht als meine Brüder.« Doch dann schwächte er das sofort ab. »Die Umgebung hat sie zu dem gemacht, was sie sind. Sie mußten Ganoven werden, um zu überleben. Ich will Ihnen mal eine Geschichte erzählen, wie tollkühn meine Brüder sind. Sie haben doch sicher kürzlich in den Zeitungen von dem Don gelesen, der neuer König der Unterwelt von Bombay geworden ist. Vor einiger Zeit, als dieser Don den Auftrag bekam, jemanden in der Nachbarschaft zu töten, kam er mit einem Spähtrupp in unser Viertel. Und – Sie werden es nicht glauben – einer meiner Brüder zettelte einen Streit mit ihm an.«

»Was für einen Mann mußte der Don töten?«

»Der Mann, den der Don töten mußte, vermittelte professionell Menschen in den Mittleren Osten – Export von Arbeitskraft –, und er mußte jemanden übers Ohr gehauen haben. Doch meine Brüder sahen den Don als jemanden, der ihnen in die Quere kam. Sie beleidigten und beschimpften sich, meine Brüder und der Don, und jede Seite sagte, sie würden sehen, was die andere täte. Meine Brüder beschafften sich einen Wagen, einen Ambassador, und packten ihn mit Waffen voll. Sie hatten vor, das Revier des Dons anzugreifen, doch jemand gab der Polizei einen Tip, und meine Brüder wurden geschnappt. Nach ein paar Tagen wurden sie freigelassen. Jemand hier zahlte die Kaution.«

»Ihre Brüder haben also Geld?«

»Sie verdienen Geld, und dann fangen sie an zu spielen.«

»Würden Sie sagen, daß auch sie ein nervenaufreibendes Leben haben?«

»Sie sind anders konstruiert als ich. Wenn sich die Gelegenheit ergibt, geben sie ihr Leben ohne nachzudenken hin. Es ist die Umgebung.«

In die Bemerkungen über seine Ganoven-Brüder, die bereit waren, ihr Leben hinzugeben, hatte sich jetzt etwas wie pervertierter Stolz geschlichen, wie vorhin, als er von der Angst gesprochen hatte, die seine Brüder bei den Nachbarn erregten.

Ich fragte ihn nach den Unruhen von 1984. Die Leute sprachen davon als einem furchtbaren Ereignis für Bombay, einem historischen Einschnitt.

Er schien in seine Milch zu pusten, wie um sie zu kühlen. Doch die Milch war nicht warm. Dieses ständige Auseinanderziehen der Lippen, dieses scheinbare Luftausstoßen war nur ein Trick der Muskeln seines mageren Gesichts, gehörte zur Nervosität seines Gesichts.

Er sagte: »Damals überkam mich der Wille zu kämpfen. Ich war im letzten Jahr vor dem Schulabschluß. In der Nähe des Marine Drive ist ein moslemischer Friedhof, den man an einem bestimmten Tag kurz vor dem Ramadan besuchen muß. Eine Gruppe aus meinem Viertel ging hin. Gegen zwei Uhr morgens kehrten wir zurück. Manche von uns trugen Käppchen, Moslemkäppchen. Wir kamen an einer Hochburg der Shiv Sena vorbei. Wir wurden mit Steinen beschmissen. Wir beschwerten uns bei ein paar Polizisten. Sie hörten nicht zu. Sie folgten uns sogar zwei Meilen weit. Sie dachten, wir seien die Unruhestifter. Das war das erste Anzeichen der Unruhen, das wir mitbekamen. Vor diesem Abend hatte es kein Anzeichen von irgendwelchen Unruhen gegeben. Tatsächlich war der wirkliche Konflikt sehr weit weg, ungefähr fünfundzwanzig Kilometer von hier.«

In der Milchbar wurde es immer schwieriger, zu verstehen, was Anwar sagte. Über den Verkehrslärm der Straße waren nun lamentierende Stimmen in der Bar selbst zu hören, indische Stimmen, darauf eingestellt, durch die meisten Geräusche von Mensch und Maschine zu dringen – und über allem das sich hebende und fallende Zikadengeräusch von Autohupen.

Anwar sagte: »Wir kamen gegen drei Uhr morgens wieder in dieses Viertel. Einige von uns bluteten von den Steinwürfen, und Leute fragten uns, was passiert sei. Ich muß noch sagen, daß Moslems in dieser Nacht, *Shab-e-baraat*, die ganze Nacht wach bleiben.

Am nächsten Tag hatte ich den Vorfall vergessen. Aber als ich mit einem Freund zu einem Haus hier in der Nähe ging, fand ich es voller Waffen. Das ging auf das Konto eines der großen Dons. Seine Männer hatten den Vorrat angelegt, um sich zu rächen. Kurz danach begann in der Gegend die Schießerei. Den ganzen Tag über herrschte Ausgangssperre, und dann wurden Versammlungen von mehr als fünf Leuten verboten. In der Siedlung selbst« – dem Viertel, in dem er wohnte – »machte die Polizei Razzien, um zu überprüfen, ob Leute Waffen hatten.«

Brachte die Polizei die Leute zur Ruhe?

»Ich habe kein Vertrauen zur Polizei. Ich will Ihnen was erzählen. Man darf hier keine Kühe öffentlich schlachten – man muß die Kühe in einen Schlachthof bringen. Aber man kann einen Polizisten bezahlen und eine Kuh öffentlich schlachten. Wenn beim Id-Fest Ziegen geopfert werden müssen, bringen die meisten Moslems ihre Ziegen zum Schlachthof, um sie dort schlachten zu lassen. Aber es gibt ein paar Raufbolde hier, die darauf bestehen, die Ziegen öffentlich zu schlachten. Es ist Machogehabe, um die Polizei herauszufordern. Wenn die Polizei kommt, sagen die Typen: ›Wenn Sie sich einmischen, kommen Sie hier nicht mehr lebendig raus.‹ «

Er war vom Thema der Unruhen 1984 abgekommen; er war auf das Thema der Ganoven zurückgegangen.

Ich sagte: »Regen diese Kämpfe mit der Polizei Sie auf?«

Er sagte mit einigem Ernst: »Es ist aufregend. Ich mag es. Es passiert, weil die Polizei die Moslems benachteiligt und die Moslems die Polizei verachten.«

»Aber wozu soll das Spielchen gut sein?«

Er gab keine direkte Antwort. Er sagte: »Es gibt sehr wenige vernünftige Menschen bei den Moslems.« Er buchstabierte das Urdu-Wort, das er mit »vernünftig« meinte: *samajhdar.* »Es gibt sehr wenig gebildete Moslems hier. Gebildete Menschen lassen sich nie in solche Streitereien hineinziehen.« Er schien seine Einstellung zu den Kämpfern leicht geändert zu haben.

»Es wird also einfach so weitergehen?«

Er sagte mit seiner merkwürdigen Mischung aus Melancholie und Unterwürfigkeit: »Ich sehe kein Ende. Ich sehe nicht, wie es enden könnte.«

»Wie wurden die Unruhen damals beendet?«

»Mrs. Gandhi kam und forderte die Leute auf, zu versuchen, die Dinge zu regeln. Aber die Dinge werden geregelt – und explodieren dann wieder.«

Ich dachte an die schmalen Gassen und die niedrigen Unterkünfte mit dem Maschendraht, mit Schlafböden unter den dünnen Asbestdächern. »Wie war das Leben während der Unruhen? Konnten die Leute schlafen?«

»Wenn es Unruhen gibt, kennt man keinen Schlaf. Man kann nicht schlafen. Es ist eine große Sünde, wenn ein Glaubensgenosse angegriffen wird und man nichts dagegen unternimmt.«

»Meinen Sie nicht, daß jemand wie Sie versuchen sollte, woanders zu leben?«

»Einen solchen Schritt kann ich nicht tun.« Ich hatte damit gerechnet, daß er das sagen würde. »Es gibt so viele Familienbande. Ein Moslem hat die Pflicht, diese Bande zu ehren.« Familie, Glaube, Gemeinschaft: sie ergaben ein Ganzes.

»Welchen Rat würden Sie einem jüngeren Bruder oder einem Heranwachsenden geben?«

Sein Rat lief nicht darauf hinaus, daß man weggehen oder ausbrechen sollte. Er war viel direkter. Es ging um das Überleben hier, an Ort und Stelle. »Ich würde ihm sagen, er solle sich wehren und rächen, wenn sein Gegenüber einen Fehler gemacht hat.«

»Fehler?«

»Wenn einer Sie beleidigt, beispielsweise.«

Beleidigungen, Streitigkeiten, Kämpfe innen und außen: das war die Welt, in der er lebte und für die er körperlich so schlecht gerüstet war.

Ich erwähnte den Spruch, den ich gesehen hatte: BEFREIT DIE MENSCHHEIT DURCH DEN ISLAM.

Er sagte: »Dem stimme ich völlig zu.«

»Wann haben Sie etwas über den Islam gelernt?« Wie konnte er so, wie er lebte, die Zeit dazu gehabt haben, die Zurückgezogenheit, die Ruhe?

»Ich habe bei meinen Eltern gelernt. Und ich habe den Koran gelesen.«

»So viele Menschen in Bombay haben das Gefühl, sie wüßten, wie man die Menschheit befreit.«

Er schien seine Einstellung zu ändern. »So ist nun einmal die Welt. Wenn Menschen sich in Gruppen zusammentun, wird jeder sagen, daß seine Gruppe besser ist als die anderen.«

Mir fiel wieder die Familie mit dem großen Farbfernseher in der Nachbarschaft ein. Ich fragte nach ihnen.

»Sie haben ein Geschäft, Konfektionskleider. Sie verdienen ein bißchen.«

Die Leute hatten ein Geschäft, verdienten Geld und lebten

doch hier: das war erneut Beweis für die allgemeine Meinung, daß man in Bombay bloß eine Unterkunft brauche. Wenn man einen Platz zum Schlafen hatte, irgendwo, auf einem Bürgersteig, in einer Hütte, in der Ecke eines Zimmers, konnte man Arbeit bekommen und Geld verdienen. Aber – gaben die Leute mit dem Fernsehapparat nicht ein wenig an?

Die Leute mit dem Fernsehen und der Schneiderei gäben nicht an, sagte Anwar. Doch meine Frage hatte etwas berührt. Er sagte: »Sie wissen, daß ihre Religion Fernsehen verbietet.« Dann, wie so oft, milderte Anwar, was er gesagt hatte, etwas ab. »Aber sie wollen nicht, daß ihre Kinder anderswohin gehen, um Fernsehen zu gucken, und dann weggeschickt werden. Das kann Probleme verursachen.«

»Warum, glauben Sie, sind so viele der Dons in Bombay Moslems?«

»Das habe ich bereits gesagt. Unter den Moslems gibt es wenige gebildete Menschen. Sie geraten schon auf die schiefe Bahn, wenn sie sehr jung sind.«

»Diese Dons, sind sie religiös?«

»Sie sind alle gläubige Anhänger des Islams.«

»Verteidiger des Glaubens?«

»Es ist unumgänglich, daß sie für den Islam kämpfen. Die Rolle ist widersprüchlich. Sie halten an ihren kriminellen Aktivitäten fest, aber gleichzeitig lesen sie den Koran und verrichten fünfmal am Tag die *namaaz*. Die Gemeinschaft bewundert diese Leute nicht. Aber die Leute sind begeistert davon, wie sich die Dons den durchschnittlichen Moslems gegenüber verhalten.«

»Sind sie die Krieger der Gemeinschaft?«

»Sie organisieren die *tanzeem-Allah-ho-akbar*, unseren Untergrund. Er wird von einem Don organisiert. Er wurde nach den Unruhen ins Leben gerufen. Wir halten Versammlungen ab und legen eine Strategie fest. Wir treffen uns jeden Monat, selbst wenn es keine Probleme gibt.«

»Was wird Ihrer Meinung nach aus den Kindern in Ihrer Siedlung?«

»Die Zukunft ist schrecklich für sie. All diese Kinder sehen ständig Morde, Überfälle.«

»Haben Sie Morde gesehen?«

»Yeh, yeh.« Es war eher eine indische denn amerikanische oder englische Bejahung, und sie wurde von einem Kopfschütteln auf indische Art begleitet.

Der Barbesitzer hatte begonnen, laut alle in der Bar über die Leute am anderen Ende anzusprechen – er meinte uns –, die zu lange einen Tisch besetzt hielten. Ich würde ihm eine hübsche Summe dalassen, aber das sollte er nicht vorher wissen. Ich saß mit dem Rücken zu ihm, und ich dachte, ich sollte mich besser nicht umdrehen, um ihn anzuschauen; ich dachte, wenn unsere Augen sich träfen, könnte seine Wut noch größer werden. Nikhil, der die ganze Zeit mit dem Gesicht zu ihm gesessen und gelegentlich über seine Stimmung berichtet hatte, bestellte *gulab jamun* für alle; und Anwar, der bereits zwei Becher Milch geleert hatte, begann – anscheinend die ganze Zeit darauf pustend – eine Portion jener mächtigen, in Sirup getränkten Milchspeise zu essen.

Er sagte: »Meinen ersten Mord sah ich mit zehn. Wir spielten Federball in der Siedlung. In der Nähe stand eine Hütte, und dort begannen zwei Männer sich zu streiten. Diese beiden Männer schliefen gewöhnlich nachts auf dem selben Handkarren. Sie waren beide um die dreißig. Sie hatten angefangen, sich zu streiten, und dann sah ich einen der Männer weglaufen. Wir schauten nach, und wir sahen, daß dem Mann auf dem Handkarren der Kopf beinahe ganz abgetrennt worden war. Er war nicht tot. Er lag noch im Todeskampf.«

»Was hatte er an?«

»Unterwäsche, Unterhose und Unterhemd. Und durch den Todeskampf kippte der Handkarren um.«

»Liefen Leute herbei?«

»Nur Kinder. Ungefähr sechs oder sieben. Und als der Körper zu Boden fiel, spritzte ein Blutstrahl auf uns. Ich bekam einen großen Schrecken.« Er begann zu lachen, während er seine Süßspeise aß und den dickflüssigen Sirup von dem Aluminiumlöffel saugte. Es war das erste Mal, daß er an diesem Abend lachte. »Wir waren noch Kinder. Es kam uns nicht in den Sinn, daß das eine Sache für die Polizei war. Unsere erste Reaktion war, uns die Blutflecken aus dem Hemd zu waschen.«

»Wie viele Morde haben Sie seitdem gesehen?«

»Zehn oder zwölf.«

»Warum lachen Sie?«

»Es gehört zu unserem Alltagsleben hier. Die Gründe für diese Morde sind äußerst nichtig. Eines Tages beispielsweise stießen zwei Männer mit ihren Schirmen zusammen. Der eine Mann schlug den anderen, und der lief in ein Haus und der Verfolger hinter ihm her. Ich unterhielt mich gerade mit einem Freund und beobachtete es. Der Verfolger zog ein Messer und tötete den anderen Mann, einfach so. Achtzig Prozent der Leute in dieser Gegend tragen Waffen.«

Der Barbesitzer war durch die Extrabestellung *gulab jamun* nicht zufriedengestellt; er beklagte sich weiterhin. Und als Anwar mit der Süßspeise fertig war, erhoben wir uns, um zu gehen. Meine Gedanken kehrten noch einmal zu den Leuten mit dem großen Fernsehapparat zurück.

»Die Leute mit dem Fernsehen – sind sie sehr religiös?«

»Sie sind gläubig. In mancher Hinsicht sind sie mehr und in anderer weniger religiös.«

»In welcher Hinsicht mehr?«

»Sie verrichten fünfmal am Tag die *namaaz*. Ich verrichte nur einmal die *namaaz*.«

Fünfmal am Tag formelle Gebete – und doch hatte dieser Glaube, so obsessiv er war, für Anwar und seinen Vater einen Makel.

»Können Sie sich vorstellen, ohne den Islam zu leben?«

»Nein.«

»Was bringt er Ihnen?«

»Brüderlichkeit. Brüderlichkeit in allem. Der Islam lehrt, andere nicht zu diskriminieren. Er hält die Leute dazu an, anderen zu helfen. Wenn ein Blinder über die Straße geht, hält der Moslem sich nicht damit auf, herauszufinden, welcher Glaubensgemeinschaft er angehört. Er hilft einfach.«

»Was, meinen Sie, wird aus Ihrer Siedlung?«

»Ich sehe keine Lösung.«

»Wird sie einfach so weiterbestehen? Glauben Sie wirklich, daß sie noch genau so sein wird, wenn Sie ins Alter Ihres Vaters kommen?«

»Ja.«

»Denken Sie nie daran, wegzugehen?«

»Im Augenblick habe ich nicht die Absicht.«

»Sind Sie Sunnit?«

Er sah überrascht aus. Er hatte nicht gedacht, daß ich etwas von den Sunniten wüßte. Für ihn war sein Glaube etwas Geheimes, etwas, über das Außenstehende eigentlich nicht Bescheid wissen konnten.

Ich wollte wissen, ob es in seiner Siedlung andere moslemische Gruppen oder Sekten gebe. Ich fragte, ob darunter Ismailiten oder Ahmedija seien. Er sagte, von diesen Gruppen habe er noch nie gehört. Gab es Schiiten?

»In der Siedlung gibt es keine Schiiten.«

»Ist das nicht merkwürdig?«

»Ich finde es nicht merkwürdig.«

Sein orthodoxer Glaube war das einzig Reine, woran er sich festhalten konnte. Ein Leben ohne ihn konnte er sich nicht vorstellen. Es war ein strenger Glaube. Er schloß Fernsehen aus; er ließ keinen Raum für Häresie. All die vielen Regeln und Feste und Verbote machten Anwars Welt erst vollständig. Nahm man eine Übung weg, war alles bedroht; alles könnte beginnen, sich aufzulösen. Für Moslems gehörte es sich beispielsweise, im Hocken zu pinkeln; und später hörte ich von einem Arbeitskollegen Anwars, daß Anwar darauf bestand, dies auch bei den modernen Pissoirbecken an seinem Arbeitsplatz zu tun, obwohl es ihm Schwierigkeiten bereitete.

Viele der Leute, die man auf den Straßen und in den Büros sah, lebten auf engem Raum. Aus kleinen Räumen kamen sie jeden Morgen frisch und sauber und munter. Ganze Familien, keine Slumbewohner oder Obdachlose, lebten in einem Zimmer; und unter Umständen wohnten sie eine Generation lang im selben Zimmer.

Mr. Raote war in so einer Familie aufgewachsen. Er war eins der ersten Mitglieder der Shiv Sena; er hatte zu den achtzehn Leuten, mehr waren es nicht, bei der ersten Shiv Sena-Versammlung 1966 gehört. Nun, nach dem Sieg der Sena bei den Kommunalwahlen, war er eine Autoritätsperson, Vorsitzender des Ständigen Ausschusses der Stadtverwaltung von Bombay. Er hatte ein eigenes kleines Büro in dem neugotischen Gebäude der Stadtverwaltung, mit Wartezimmer und Sekretär und gradlehnigen Stühlen für Leute mit Eingaben und Gesuchen. Doch die ersten achtundzwanzig Jahre seines Lebens hatte er in dem einen Zimmer gelebt, in dem er geboren war, im Bezirk Dadar, in Bombay.

In Dadar lebte Mr. Raote nun im obersten Stockwerk eines großen Wohnblocks, den er selbst gebaut hatte, nachdem er mit Mitte Dreißig Bauträger geworden war. Doch die Mietskaserne mit dem einen Zimmer, das über die Hälfte seines Lebens sein Heim gewesen war, konnte man noch zu Fuß erreichen, und er ging eines Morgens mit mir, um es mir zu zeigen.

Wir nahmen den Lift zum Erdgeschoß seines Hauses, betraten den sandigen Vorhof, gingen zwischen Geschäften mit modischen Schildern durch eine Passage im Haus nach hinten und von dort zur nächsten Hauptstraße. Mr. Raote war sehr bekannt; sein Spaziergang verursachte einen kleinen Aufruhr; die Leute waren respektvoll. Die Vergangenheit (und eine triumphale Rückkehr dorthin) war sicher nicht vielen Menschen so einfach am Ende eines kleinen Spaziergangs zugänglich.

Bald bogen wir vom Gehsteig der Hauptstraße in einen Hof mit einem alten zweistöckigen Gebäude ab. Wir gingen um das Haus herum und über die Treppe an der Seite des Hauses zu einer Veranda oder Galerie. Diese Veranda führte (wie die am Stockwerk darunter) um das ganze Gebäude, und der Fußboden war nach Maharashtra-Art mit Steinfliesen belegt. Die einzelnen Räume führten auf die Veranda. Mr. Raotes Familie hatte ein Zimmer an einer Verandaecke bewohnt.

Wir schauten vom Türeingang hinein und sahen neue Schreinerarbeiten und einen neuen Anstrich in Stil und Farbe unserer Zeit. »Es ist renoviert worden«, sagte Mr. Raote. Das Zimmer daneben war dunkler und einfacher; es ähnelte eher dem Zimmer, das Mr. Raote gekannt hatte. Es war ungefähr fünf Meter lang und etwas über drei Meter breit, mit einer Küche hinten und einem Boden zum Schlafen und für die Vorräte. Alle Räume auf diesem oberen Stockwerk hatten ein gemeinsames Bad mit Toilette.

Ehe wir losgingen, hatte Mr. Raote gesagt: »Mein Vater zwang uns zu lernen. Sie werden erkennen, wie schwierig das war, wenn Sie das Haus sehen.«

Und als ich nun auf der Veranda stand, über die er tausende Male gegangen und gelaufen war, und auf den Hof hinuntersah, den sich wohl alle Leute aus sämtlichen Zimmern im Haus geteilt hatten, fragte ich mich, wie man auf so kleinem Raum leben konnte, wie fünf Brüder und zwei Schwestern und Vater und Mutter zurechtgekommen waren. Wie schliefen und spielten die Kinder und bereiteten sich auf die Schule vor?

Mr. Raote sagte, daß sein Vater und seine Mutter die Kinder immer um vier Uhr morgens geweckt hätten. Zwischen vier und sieben machten sie ihre Freiübungen – Laufen, Liegestütze – und lernten. Sie mußten das alles vor sieben Uhr erledigt haben. Was machte es danach schwierig? Die vielen Menschen im Haus und im Hof, der Lärm? Mr. Raote sagte: »Die Atmosphäre.«

Als führender Mann der Shiv Sena stand Mr. Raote im Ruf, grob zu sein. Und er war ein bißchen grob zu mir gewesen, als ich in sein Büro geführt wurde, um ihm vorgestellt zu werden. Als er begriff, daß ich nicht Material für ein weiteres feindseliges Interview suchte, daß ich mich mehr für seinen Hintergrund und seine Entwicklung interessierte, änderte sich sein Verhalten. Er interessierte sich für seine Geschichte; er sah sich als Mann, der gekämpft hatte.

Nun sei er Vorsitzender des Ständigen Ausschusses der Stadtverwaltung, sagte er; doch zuerst sei er Angestellter bei der Stadtverwaltung gewesen, 1965, als er einundzwanzig war, und sein Gehalt damals habe 218 Rupien im Monat, sechzehn Pfund, betragen. Das erzählte er, sobald wir ernsthaft miteinander zu reden begannen. Und dann erzählte er noch etwas: Als Junge, sagte er, habe er seinem Vater geholfen, Särge zu machen.

Dieses Detail gefiel mir. Ihm auch. Er wollte den Rest der Geschichte erzählen. Er lud mich in seine Wohnung in Dadar ein, und eines frühen Morgens schickte er seinen Wagen, einen Ambassador, um mich abzuholen. Die Autofenster hatten die dunkle Tönung, die in Bombay modern geworden war; es gab zwei kleine Plastikventilatoren, die die Fahrt recht angenehm machten; und am Armaturenbrett war ein kleines Bild von Hanuman, dem Gott der Stärke.

Als ich in die Wohnung geführt wurde, verrichtete Mr. Raote noch seine Puja. Weil ich warten mußte, ging ich auf die Terrasse und betrachtete die Aussicht nach Norden und Süden, über ganz Bombay, das aus dieser Höhe unerwartet grün war.

Als Mr. Raote mit der Puja fertig war, ging ich ins Wohnzimmer, und er begann zu erzählen.

»Als ich geboren wurde, arbeitete mein Vater als Mechaniker beim All India Radio, AIR. Das war 1944. Er bekam dreihundert Rupien im Monat. Das reichte. Ich wuchs in dem Gedanken auf, daß ich zur unteren Mittelschicht gehörte. Wir kannten keinen Luxus, aber wir hatten genug zu essen. Wir aßen morgens immer eine Art von eingeweichten Weizenflocken, *satva*. Man wird sehr stark, wenn man das ißt. Die Zubereitung dauert zwei Stunden.

Bis zur elften Klasse war der Unterricht in Marathi. Dann ging ich aufs College. Ungefähr zu dieser Zeit wurde mein Vater bei AIR in den Ruhestand versetzt und wurde Gelegenheitsarbeiter. Sein Verdienst sank stark. Er verdiente fünfundsiebzig bis neunzig Rupien im Monat als Schreiner im Filmstudio und arbeitete dafür viele Stunden täglich.

Außerdem schreinerte er Särge. Manchmal begleitete ich ihn. Särge zu schreinern ist etwas sehr Spezielles. Es ist nicht leicht, die Krümmung an den Schultern hinzukriegen. Das Brett muß aus einem Stück sein; es darf nicht zersägt werden. Und man muß einen sehr guten Boden im Sarg haben, weil das ganze Gewicht der Leiche auf diesen Boden drückt. Wir bekamen vier Anna, eine Viertelrupie, für einen Kleinkindersarg. Zwölf Anna für einen Sarg mittlerer Größe. Für einen größeren Sarg, einen Meter achtzig oder zwei Meter, bekamen wir eineinviertel Rupie. Das war nur für die Arbeit. An einem Tag konnten wir fünf bis sechs Särge herstellen. Normalerweise machte man keine Särge. Es ist eine Beschäftigung für Kastenlose – nicht für Angehörige einer Kaste. Aber wir taten es um des Geldes willen.

Mein Vater wollte erleben, daß zumindest eins seiner Kinder Arzt wurde. Meine Schwester wurde zum naturwissenschaftlichen College zugelassen. Ich legte meine Zwischenprüfung ab. Meine erste Wahl war das Militär. Ich wollte Offizier werden, aber ich hatte keinen, der mich beriet. 1962 machte ich den Ausbildungskurs der indischen Marine und die Examen und alles mit. Aber ich war einen Monat zu alt, deshalb mußte ich wieder nach Hause gehen. Dann versuchte ich, Ingenieur zu werden. Es war schwer, in Bombay an einer Schule angenommen zu werden. Ich wurde in das Sholapur Polytechnikum aufgenommen – das ist weit weg von hier. Mein Vater sagte, er könne die Kosten nicht aufbringen, und das konnte er auch wirklich nicht. Sholapur hätte zweihundert Rupien im Monat gekostet. Deshalb mußte ich auch das aufgeben. Das war 1964. Im nächsten Jahr meldete ich mich beim staatlichen Arbeitsamt. Wir wohnten immer noch in diesem einen Zimmer. Ich besuchte Abendkurse am St. Xavier's Technical Institute.

Ich hatte also schon zwei oder drei Fehlschläge in meinem Leben erlitten – nicht zum Militär zu kommen, zu alt für die Marineausbildung zu sein und nicht auf eine Ingenieurschule aufgenommen zu werden. Das ist frustrierend in dem Alter. Es ist genau das Alter, in dem Jungen Ehrgeiz entwickeln können. Wenn sie keinen Ehrgeiz entwickeln, fangen sie an zu bummeln.

Meine Mutter und mein Vater unterstützten mich, und ich hatte immer die Absicht, es im Leben zu etwas zu bringen. Ich hatte das Selbstvertrauen dazu.«

Ich entsann mich an das, was Mr. Patil, der Shiv Sena-Vorsitzende in Thane, über Selbstvertrauen, *atma-vishwas*, gesagt hatte: Ganpati hatte es ihm gegeben. Ich fragte Mr. Raote, ob er meine, Ganpati habe ihm sein Selbstvertrauen gegeben.

Er sagte, er habe sein Selbstvertrauen von der Religion im allgemeinen bekommen, nicht von Ganpati im besonderen. »Er ist keine besondere Gottheit. In Indien beginnt alles mit Ganpati oder Ganesha. Keine hinduistische Puja fängt ohne ihn an. Wir haben unsere Religion von Kindheit an. Sie ist Leib und Seele unseres Lebens. Keine Hindu-Familie würde die morgendliche Puja aufgeben. Wir haben ein spezielles Gewand für die Puja. Die Religion hat uns zweifellos Selbstvertrauen gegeben. Sie hat unseren Charakter geprägt.

Jetzt kommen wir zum wichtigsten Aspekt meines Lebens. Ich habe Ihnen von meinen Fehlschlägen und Enttäuschungen erzählt, und wie ich aufgab und mich beim staatlichen Arbeitsamt meldete. 1965 nahm ich einen Job als Angestellter bei der Stadtverwaltung von Bombay an. Das Gehalt betrug zweihundertachtzehn Rupien. War das ein gutes Gehalt? Für den, der kein Einkommen hat, ist alles gut, was er verdient. Und mein Hauptehrgeiz zu der Zeit bestand darin, daß meine Schwester Ärztin werden sollte, wie es mein Vater wünschte. Wir sorgten dafür, daß sie zu einer medizinischen Hochschule zugelassen wurde. Und ihr wurden drei Stipendien angeboten – vom British Council, Tata und noch jemandem. Wir entschieden uns für Tata. Sie bezahlten die gesamte Studiengebühr. Die Bücher bekamen wir von anderen Leuten.«

Mrs. Raote war immer wieder einmal ins Wohnzimmer gekommen, ganz zurückhaltend. Jetzt kam sie lächelnd mit einem aufgeschlagenen Fotoalbum. Sie hatte uns über Religion reden hören, und sie wollte uns Fotos von einer religiösen Feier zeigen: die Überreichung der heiligen Schnur an einen ihrer Söhne. Das veranlaßte Mr. Raote, das ungenähte Baumwolltuch – malvenfarben, mit einer Borte in einer anderen Farbe – zu bringen, das er trug, wenn er die Puja verrichtete. Mrs. Raote war eine hellhäutige hübsche Frau; und wie so oft in indischen Häusern beeindruckte die schlichte und offenbar ungekünstelte Hingabe der Frau an ihren Mann.

Mrs. Raote zog sich zurück. Das aufgeschlagene Album blieb auf dem Sofa. Und Mr. Raote fuhr mit seiner Geschichte fort.

»Ich sollte hier noch etwas einfügen. 1962, drei Jahre ehe ich die Stelle bei der Stadtverwaltung antrat und ganz am Anfang meiner Zeit der Fehlschläge und Enttäuschungen, war ich auf eine Wochenzeitung namens *Marmik* gestoßen. Es war eine Comic-Wochenzeitschrift, die erste in Marathi. Sie wurde von Bal Thackeray herausgegeben. Er und sein Bruder und sein Vater machten die ganze Zeitschrift. *Marmik* hatte auf der Titelseite immer eine große Karikatur. Das fiel mir auf. Die Auflage der Zeitung betrug damals zirka fünfunddreißig- oder vierzigtausend.

Und jetzt, 1965, als meine Schwester auf der medizinischen Hochschule war und ich als Angestellter in der Stadtverwaltung arbeitete und mein Vater als Schreiner im Filmstudio, begann *Marmik* mich wirklich zu beschäftigen. Jede Woche behandelte die Zeitschrift die Ungerechtigkeiten, die in Bombay und Maharashtra an den Söhnen des Landes verübt wurden. Und ich merkte, daß mich das Gefühlsbetonte bei Bal Thackeray und seinem Vater, wie es in der Zeitschrift zum Ausdruck kam, ungeheuer anzog. Ich versuchte sogar, Bal Thackeray kennenzulernen. Er wohnte in Shivaji Park.«

Mr. Raote zeigte nach Westen, über ein grünes Gebiet: Bombay lag aus dieser Höhe klar und deutlich vor uns, vom Gateway of India und dem Fort im Süden bis zu den Hügeln und Vorstädten im Norden: Die große Stadt, die aus dieser Höhe all ihren Dreck hinter dem Grün der Bäume versteckt hielt, war nun wahrhaft in Mr. Raotes Besitz.

»Im Mai 1966 erschien in *Marmik* eine Ankündigung über die bevorstehende Gründung einer Jugendorganisation. Sie sollte Shiv Sena heißen. Ich begann, Bal Thackeray zu Hause zu besuchen. Tatsächlich wurde am 19. Juni 1966 in seinem Haus die Kokosnuß gebrochen.« Das Brechen einer Kokosnuß zu Beginn eines bedeutungsvollen Unternehmens ist bei den Hindus eine Art Puja oder religiöse Handlung. »Achtzehn Leute waren dort. Um acht Uhr zwanzig morgens.«

»War die Zeit von einem Pandit bestimmt?«

»Nein. Das ergab sich so. Ich war einer von den Achtzehn. Vier davon gehörten zu Bal Thackerays Familie: Bal Sahib, sein Vater, und seine beiden Brüder. Die erste Versammlung dauerte ungefähr eine halbe Stunde. Sie fand im Hauptraum ihres kleinen Hauses statt. Der Vater lebte in diesem Raum, weil er ein alter Mann war. Er schrieb alles auf einer Marathi-Schreibmaschine mit. Sie steht immer noch im Haus, als Andenken an ihn. Bal Thackerays Vater legte auch den Namen Shiv Sena fest.« Shivas Armee. »Dieser Name erschien uns natürlich und richtig. Wir verpflichteten uns auf der Versammlung, gegen die Ungerechtigkeiten zu kämpfen, die den Söhnen des Landes angetan wurden.

So begann die Sena. Bal Sahib hielt hier und da kleine Versammlungen ab. Vier Monate nach der Gründung der Sena kündigte er eine öffentliche Versammlung zum Thema Ungerechtigkeit an. Diese Versammlung wurde am 30. Oktober 1966 abgehalten. Sie fand ungeheuren Zulauf. Vier bis fünf Lakh.« Zwischen vier- und fünfhunderttausend Menschen. »Und eine Reihe *gymnasien* in der Stadt begannen, sich dafür zu interessieren.«

Was war das, ein *gymnasium?* Ich hatte noch nie davon gehört.

»Das *gymnasium* ist in Maharashtra eine Institution. Mein Vater war zu arm, uns in ein *gymnasium* zu schicken. Doch wie ich Ihnen schon sagte, er zwang uns jeden Morgen zu laufen und Gymnastik zu machen. Das *gymnasium* ist in Maharashtra eine Institution seit der Zeit unseres großen Heiligen, Ramdas Swami. Er war der Guru von Shivaji.« Shivaji, der Kriegerkönig der Marathen im siebzehnten Jahrhundert, der Begründer des militärischen Ruhms der Marathen. »Ramdas war ein sehr praktisch ausgerichteter Guru. Er verkündete, daß man Sport treiben und seinen Körper gesund halten sollte. Einer von Ramdas' berühmten Sprüchen lautet: ›Rede nicht. Handele.‹ «

Und jetzt kam wieder Mrs. Raote zu uns, diesmal mit einem dicken Buch in Marathi. Es war ein Buch mit Ramdas' Versen, eine gut gedruckte moderne Ausgabe mit Schutzumschlag. Das veranlaßte Mr. Raote, noch ein paar dicke Marathi-Bücher zu bringen: Verse anderer klassischer Lehrer der Marathen, Gñanadeva, Tukaram, Eknath. Diese Namen waren mir so gut wie nicht bekannt. Die Bücher sahen alle neu aus und waren schön gedruckt und hergestellt; aber sie waren zu schwer, um sie bequem in der Hand zu halten, und ich hatte das Gefühl, daß sie eher geheiligte Haushaltsgegenstände waren als Bücher, die man tatsächlich las. Sie wurden mir eins nach dem anderen gegeben, und ich behielt sie eine Weile und gab sie dann zurück. Sie wurden dann neben das aufgeschlagene Fotoalbum gelegt, das Schnappschüsse von Mr. Raote in seinem Puja-Tuch bei der Überreichung der heiligen Schnur an seinen Sohn zeigte.

Ich fragte mich, wie die Leute unter den Lebensumständen Bombays, unter denen Mr. Raote aufgewachsen war, eine Beziehung zu ihren heiligen Büchern aufrecht erhalten hatten.

Er sagte, das sei völlig unproblematisch gewesen. »In einem traditionellen Haushalt in Maharashtra sagten die Familienältesten jeden Morgen und Abend *shlokas* oder Verse aus den Schriften der berühmten Gurus auf, so daß ein Kind, ob es nun die Texte gelesen hatte oder nicht, sich ihrer bewußt war. Heutzutage macht man das mit Kassetten.«

In Mr. Raotes Wohnzimmer war ein kleines Regal mit solchen Kassetten in einer Ecke, die den dort aufgestellten Gegenständen nach eine Art heiliger Ecke zu sein schien.

Er sagte: »Maharashtra ist ein Land der Heiligen.« Er spielte ein Stück von einer Kassette mit einer Art Sprechgesang von Ramdas' Versen – und der Rhythmus vesetzte mich über vierzig Jahre zurück zu den Ramayana-Gesängen, die ich in meiner

Kindheit gehört hatte. Ramdas' Verse hätten wegen ihres Rhythmus überdauert, sagte Mr. Raote. »Ramdas' *shlokas* haben einen speziellen, schlichten, gleichbleibenden Rhythmus.« Sie seien nicht musikalisch um der Musikalität willen. »Sie wenden sich an das Denken und Fühlen. Jeder Maharashtri, auch wenn er in einer Hüttensiedlung lebt, hat Kultur.«

Er hielt die Kassette an und kehrte zur Geschichte von den Anfangstagen der Shiv Sena zurück. Die Sena, die Armee des Landes der Heiligen, hatte schnell Erfolg gehabt. Doch während die Sena wuchs, verschlechterten sich Mr. Raotes persönliche Lebensumstände. Zwischen der Gründung der Sena im Juni 1966 und der großen öffentlichen Versammlung vier Monate später, die sie als Machtfaktor in Bombay etablierte, starb Mr. Raotes Vater.

»Jetzt lag die ganze Verantwortung für die Familie auf meinen Schultern, und ich mußte weiter als Angestellter in der Stadtverwaltung arbeiten. Ich habe Ihnen ja schon gesagt, daß meine erste Wahl das Militär gewesen war, und diesmal bewarb ich mich für einen Tauglichkeitstest bei der Luftwaffe. Die Vorprüfung in Bombay bestand ich. Von fünfzehnhundert in meinem Bezirk wurden nur zwölf für ein weiteres Interview in Bangalore ausgewählt. Ich war einer der zwölf. Ich fuhr nach Bangalore, und ich bestand alle Tauglichkeitstests der Luftwaffe. Doch den heikelsten – den Maschinentest – bestand ich nicht. Zu diesem Test gehörte, daß man hundert Fragen in fünf Minuten beantwortete. Die Geschwindigkeit der Fragen verwirrte mich. Ich wußte nicht, wie man vorgehen mußte. Um hundert Fragen in fünf Minuten beantworten zu können, muß man üben. Heute gibt es Schulen, die Leute auf solche Prüfungen vorbereiten. Aber damals nicht. Und dieses Versagen kam zu meiner Enttäuschung dazu, daß ich in der Stadtverwaltung dienen mußte, auch wenn ich überhaupt kein Interesse an diesem Dienst hatte.«

Der Gebrauch des Wortes »Dienst« war mir schon bei anderen Leuten in Indien aufgefallen. In einer Hinsicht bezog es sich auf den »Verwaltungsdienst«, in anderer Hinsicht bezog es sich auf den altmodischen englischen Gebrauch des Wortes »Dienst« im Sinne einer Dienstbotenstellung. In Indien lag die Bedeutung des Wortes irgendwo dazwischen. »Dienst« stand in Indien für Anstellung; aber es hieß immer, für jemand anders zu arbeiten, für Lohn zu arbeiten, abhängig zu sein. (Mr. Patil in Thane hatte beispielsweise, als er von seinem Vater sprach, der vierzig Jahre an der Drehbank einer Fabrik gearbeitet hatte, gesagt, sein Vater sei »im Dienst« gewesen.)

»Doch ich mußte in der Stadtverwaltung Dienst tun, bis meine Schwester ihren Abschluß als Ärztin hatte. Und 1968 heiratete ich. Mein Schwiegervater und meine Schwiegermutter zwangen mich zu heiraten. Ich besuchte Abendkurse am St. Xavier's Technical Institute, und ich hätte lieber erst nach Abschluß meiner Studien geheiratet. Es war eine Liebesheirat. Wir gehörten verschiedenen Kasten an. Ich gab damals Unterricht. Sie war eine meiner Studentinnen. So entstand diese Liebe.« Daß er Unterricht gab, war unerwartet, doch eine andere Seite des Stadtverwaltungsangestellten. »Sie lebte da drüben in dem Haus.«

Vom obersten Stockwerk des Wohnblocks, in dem wir uns befanden, zeigte er auf ein Viertel aus Grün und Dächern in der Nähe: Bombay war von hier oben eine riesige Stadt, doch die Bereiche, in denen er sich bewegt hatte, waren immer klein, dorfähnlich gewesen.

»Beide Seiten widersetzten sich unserer Verbindung. Die Kasten waren verschieden, aber nicht sehr. Die Kaste war nicht der Grund für den Widerstand. In unserer Familie wollte man keine Liebesheirat. Nach unserer Tradition werden Ehen arrangiert. Bei ihr war es das gleiche. Also zwangen mich meine Schwiegereltern oder die Leute, die meine Schwiegereltern wurden, zu heiraten. Und die Ehe wurde eine weitere Belastung.

Um diese Belastung zu verringern, bat ich meine Frau, ihr Studium aufzugeben und in den Dienst zu gehen. Sie gab ihr Studium auf und wurde Telefonistin. Ein Regierungsjob, in einem Ministerium. Sie verdiente zwischen 170 und 180 Rupien im Monat, ungefähr neun Pfund nach der Abwertung der Rupie. Das war 1969. 1970 bekamen wir ein Kind. Doch da meine Frau im Dienst war, beunruhigte mich das nicht so sehr.

Dann endlich, 1972, machte meine Schwester ihren Doktor. Sie rief mich eines Tages um zwölf Uhr mittags an, um mir mitzuteilen, daß sie bestanden hatte. Und am selben Tag kündigte ich bei der Stadtverwaltung. Acht Jahre war ich im Dienst gewesen – während meine Schwester Ärztin wurde, wie mein Vater es gewollt hatte. An dem Tag, an dem sie fertig war, kündigte ich. Ich hatte keinen anderen Job, aber ich kündigte. Wir hatten nur den Job meiner Frau. Ihr Job im Ministerium war befristet gewesen, doch dann bekam sie glücklicherweise eine Stelle als Telefonistin in der Stadtverwaltung. Es war Zufall, daß sie bei der Stadtverwaltung anfing, als ich aufhörte.«

In den letzten Jahren seines Dienstes hatte Mr. Raote gleichzeitig ein Leben bei der Sena gehabt. Mit der Sena war es aufwärts gegangen, sie hatte allmählich Erfolg, wurde gefürchtet. 1968 hatte sie über ein Drittel der Sitze im Stadtrat gewonnen. Sie hatte einen Propagandafeldzug über die Grenzen von Maharashtra gestartet; sie hatte zu einem Streik aufgerufen, der ganz Bombay vier Tage lang gelähmt hatte. Besonders Einwanderer aus Südindien hatten die Sena zu fürchten gelernt. Und Dadar, wo wir uns befanden – mit Blick über den Shivaji Park, in dessen Nähe Bal Thackerays Haus war, und auf die zweistöckige Mietskaserne, in der Mr. Raote und seine Familie damals noch in einem Zimmer gewohnt hatten –, Dadar war, wie Mr. Raote sagte, »das Epizentrum« des Shiv Sena-Erdbebens gewesen.

Unter einem anderen Gesichtspunkt hatte ich selbst eine Erinnerung an jene Anfangszeit der Sena. Es war 1967, ein Jahr nach Gründung der Sena. Ich hatte einen mir bekannten Parsen besucht. Er war ein »Boxwallah«, wie man damals sagte. Ein Boxwallah war ein leitender Angestellter einer großen Firma, gewöhnlich jemand mit ausländischen Geschäftsverbindungen; und in jenen Tagen, vor dem indischen Industrieboom, ein Boxwallah zu sein, hieß abgesichert zu sein, über allem zu stehen. Mein Bekannter hatte eine Frau aus einer angesehenen Hindu-Familie geheiratet; und es war überraschend, von Leuten, die vom alltäglichen Streß des indischen Lebens nicht betroffen sein sollten, zu hören, daß sie beide durch diese Mischehe physischen Attacken der Sena in ihrem Viertel ausgesetzt waren.

Es war Abend; wir waren hoch oben; unten in den Hüttenstädten brannten Lichter, manche fahl und gelb. Meine Einstellung zu Bombay begann sich zu ändern: Die »Armen«, die Leute dort unten, gewannen Individualität und hatten begonnen, ihre Forderungen an die Stadt zu stellen; Mitleid (oder Wut oder Ekel über ihre Lebensumstände) genügte nicht mehr als Reaktion. Mein Bekannter – er sprach 1977 mit ähnlicher Leidenschaft wie ich sie diesmal bei Papu, dem jungen Jaina-Börsenmakler antraf – sagte über die Gefahren eines Angriffs von seiten des Pöbels: »Ich versuche, mir keine Gedanken darüber zu machen. Ich sage mir, wenn ich merken sollte, daß so etwas losgeht, muß ich denken, es sei wie ein schlimmer Verkehrsunfall.«

Zu der Zeit, 1967, und auch noch jahrelang danach hatte Mr. Raote, einer der ersten Achtzehn der Sena, noch als Angestellter bei der Stadtverwaltung gearbeitet. Sein Gehalt war im Laufe von acht Jahren von 218 Rupien auf 272 Rupien und 50 Paisa (hundert Paisa sind eine Rupie) gestiegen; er war in überfüllten Vorortzügen hin und her gefahren zwischen dem neugotischen Gebäude, in dem er arbeitete, und der Mietskaserne in Dadar, wo er geboren worden war und wo er immer noch lebte, in ein und demselben Zimmer: Mit dem Schmerz um seinen Vater, dem hochgestochenen Ehrgeiz für seine Schwester, seiner eigenen Enttäuschung darüber, weder Offizier, noch Ingenieur oder etwas in der indischen Flotte zu sein, hatte er sein Angestelltendasein in der Stadtverwaltung, seinen »Dienst« täglich als Erniedrigung empfunden.

Niemand kannte ihn außerhalb dieses Bereiches. Doch als die Sena wuchs, machte er in der Sena Karriere. Die ganze Zeit, die er neben der Arbeit erübrigen konnte, widmete er der Sena. Er meinte, er habe damals für die Stadtverwaltung und die Sena zusammen zwanzig Stunden am Tag gearbeitet. Schließlich leitete er zweiundzwanzig Sena-Gruppen in Zentral-Bombay; er wurde vertraut mit den obersten Führern; die Wahlorganisation der Sena wurde ihm übertragen. Er begann bekannt zu werden; sein Name begann in den Zeitungen zu erscheinen.

Doch als er 1972 bei der Stadtverwaltung kündigte, hatten sie nur das Telefonistinnengehalt seiner Frau. Dann schien er Glück zu haben. Nur zwei Tage, nachdem er die Stadtverwaltung verlassen hatte, fand er eine Stelle als Betriebskontrolleur in der Rohrbrunnen-Abteilung einer der angesehensten indischen Maschinenbaufirmen. Sein Gehalt sollte 750 Rupien im Monat betragen, beinahe dreimal soviel wie das, was er bei der Stadtverwaltung bekommen hatte. Das war ein großes Glück, aber es hielt nicht lange an. Sein Ruf als Sena-Mann brachte ihn zu Fall.

Die Arbeiter aus Maharashtra behandelten ihn zunehmend eher als Sena-Funktionär denn als Betriebskontrolleur. Sie wollten, daß er eine Gewerkschaft gründete. Diese Umtriebe konnten der Geschäftsleitung nicht verborgen bleiben. Der Geschäftsführer war ein alter Armeeoffizier: genau der Mann, der Mr. Raote gern gewesen wäre – und begann ihn auszufragen. War er als Arbeitskraft oder als Aktivist gekommen?

Mr. Raote konnte die Fragen nicht aushalten. »Ich bin ein hitzköpfiger Mann. Ich kündigte am selben Tag. Ich war einen Monat und zweiundzwanzig Tage bei der Firma gewesen.«

Hier hielt Mr. Raote inne. Er kam nun zu dem Teil seiner Geschichte, der ihm besonders am Herzen lag; der Periode seines Lebens, über die er mich sofort hatte informieren wollen, sowie er in seinem Büro in der Stadtverwaltung beschlossen hatte, ernsthaft mit mir zu reden.

Deshalb hielt er nun inne, als er nach seiner morgendlichen Puja zu Hause saß, das Fotoalbum und die geheiligten Marathi-Bücher aufgeschlagen auf dem Sofa. Dann sagte er: »Damals fing meine Hungerzeit an. Das war meine schwierigste Zeit.«

Obwohl es die Zeit war, in der er in der Sena zu Ruhm kam.

»Ich begann nun ganz für die Sena zu arbeiten. Meine Frau ernährte die Familie mit dem, was sie verdiente. Und nun – da es eine Liebesheirat war – begann der Ärger in unserer Familie. Meine Mutter und meine Frau vertrugen sich nicht.«

Ob nun aus einer Liebesheirat oder einer arrangierten Ehe erwachsend, das war der ewige Konflikt des Familienlebens der Hindus, eine ritualisierte Form des Schicksals von Frauen, wie Heirat oder Kindergebären oder Witwenschaft. Von einer Schwiegermutter gequält zu werden, gehörte zu den Prüfungen einer jungen Frau, beinahe zum Erwachsenwerden. Irgendwie überstand es die junge Frau; und dann wurde sie eines Tages selbst Schwiegermutter und konnte ihre eigene Schwiegertochter quälen, um das Leben abzurunden, um Schmerz und Freude auszugleichen.

»Schließlich beschloß ich auszuziehen.« Endlich aus dem Zimmer am Ende der Galerie oben auszuziehen. »Ich ging mit

Frau und Kindern. Wir kamen bei meiner Schwiegermutter unter.«

Das war nicht weit entfernt. Wie die Mietskaserne, die er verlassen hatte, konnte man das Haus, in das er einzog, von der Wohnung aus sehen, wo wir uns aufhielten. Später zeigte er mir beide Häuser von der Dachterrasse aus: das Drama kleiner Räume und kurzer Entfernungen, wo die Schauplätze später immer noch zugänglich sind, nie wirklich aus dem Blickfeld verschwinden und vielleicht aus diesem Grund (wie Bühnenbilder) von den Gefühlen gereinigt werden, die sie einmal enthielten.

»Wenn meine Schwiegermutter mir zu essen gab, hatte ich zu essen. Wenn sie mir nichts zu essen gab, hungerte ich an dem Tag. Damals hatte ich keinen Penny in der Tasche, nicht einmal für eine Zigarette. Aber weil ich ein stolzer Mensch bin, bin ich nie vor jemandem für etwas in die Knie gegangen. Lieber hungerte ich. Und es war eine Hungerzeit für mich. Seit dieser Zeit, wissen Sie, esse ich nur einmal am Tag. Abends. Morgens esse ich nie etwas. Ich trinke nur Kaffee.

Einer meiner Onkel mütterlicherseits besuchte mich damals oft. Zwei- oder dreimal die Woche. Er war absolut arm, aber er lud mich immer in ein Hotel ein.« Das Wort »Hotel«, wie Mr. Raote es benutzte und aussprach, *ho-tal*, klang mehr wie ein Marathi- oder Hindi-Wort als ein englisches und bedeutete Restaurant, ein einfaches, gewöhnlich. »Er spendierte mir eine Mahlzeit. Bescheidenes Essen. Und eine Tasse Tee und eine Zigarette.

Eines Tages kam mein Schwiegervater nicht nach Hause. Er kam auch am nächsten Tag nicht. Wir suchten ihn lange. Nach vier Tagen kam er von sich aus zurück. Wir trafen ihn auf der Straße. Er hatte einen Verkehrsunfall gehabt, und er war gerade aus dem Krankenhaus entlassen worden. Danach wurde er ›psychiatrisch‹. Er belästigte immer alle. Deshalb konnte ich tagsüber nicht in die Wohnung meiner Schwiegermutter. Ich war völlig heimatlos. Ich ging nur zum Schlafen in die Wohnung meiner Schwiegermutter.

Dann bot mir eines Tages ein Freund meines Schwiegervaters eine Wohnung in Ost-Dadar an. Wir zogen hin, und dort wurde mein zweiter Sohn geboren. Meine Frau war in dieser entsa-

gungsvollen Zeit schwanger gewesen. In Ost-Dadar ließ ich
mich häuslich nieder. Ich führte ein friedliches Leben. Ich kam
immer um elf Uhr abends, nach meiner Arbeit für die Sena, nach
Hause. Das war 1973–74.

Dieser Lebensabschnitt dauerte vier Jahre. Ich ging immer ki-
lometerweit zu den Sena-Versammlungen. Damals beschwerte
ich mich nie. Als ich später in den Stadtrat gewählt wurde und
dort öffentlich zu sprechen begann, kam alles, was ich in die Reden hineinlegte, aus diesen Jahren, von denen ich Ihnen erzählt
habe.«

Was hatte ihn gestützt? Hatte er sich »geleitet« gefühlt?

Er hatte sich geleitet gefühlt. Er hatte einen Guru. In jener
Ecke, die ich für die heilige Ecke des Wohnzimmers gehalten
hatte, befand sich – nicht weit von dem kleinen Regal mit den
Erbauungskassetten – ein großes, vielleicht überlebensgroßes
Bild eines gutaussehenden bärtigen Mannes, nur das Gesicht.
Ich hatte das Bild gesehen, als ich hereingekommen war; doch
da ich das Gefühl gehabt hatte, daß die Ecke heilig und privat
sei, hatte ich mir das Bild nicht genauer angeschaut. Dieser
Mann – der auf dem Bild Züge von beinahe unnatürlicher Regelmäßigkeit und Schönheit hatte – war Mr. Raotes Guru gewesen.

Und über Religion wollte Mr. Raote nun, gegen Ende des
Morgens, sprechen. Er führte mich in seinen Puja-Raum, der neben dem Wohnzimmer lag. Der Schrein war eine tiefe, brust-
hohe Nische in einer Wand. Die Abbilder waren mit frischen
Blumen geschmückt; oben stand eine Kokosnuß mit einem Bü-
schel Wurzelfasern oder Koir. Ganz hinten in der Nische hing,
in die Rückwand eingepaßt, ein weiteres Bild des Gurus, vielleicht zurechtgeschnitten, damit es auf die Fläche paßte, doch
dem Bild im Wohnzimmer ähnlich: der Gläubige und der
Schrein waren immer im Blickfeld des Gurus. Jeden Morgen
wurden frische Blumen vor den Schrein gestellt; die Kokosnuß
wurde jeden Monat ausgewechselt. Mr. Raote verbrachte jeden
Morgen eineinhalb Stunden mit der Puja. Er saß dabei auf einem Hirschfell. Dann wurde das Fell zusammengerollt und auf
ein hohes Regal gelegt.

Als ich ein paar Tage später Mr. Raote noch einmal in seiner
Wohnung besuchte, erfuhr ich den Rest seiner Geschichte.

Gegen Ende der vierjährigen Hungerzeit hatte er plötzlich Glück. In der Garage eines Freundes, direkt hier in Dadar, begann er, Möbel zu schreinern. Es war eine neue Wendung für ihn; doch er war kein absoluter Anfänger. In der Schule hatte er Holzwerken und Möbelschreinerei als Spezialfach in Technik gehabt. Nun begann er in der Garage des Freundes Sofas, Tische und Stühle zu bauen; und er verkaufte die Stücke, die er gemacht hatte. Er entdeckte, daß er Talent hatte.

Viele der Möbelstücke in seiner Wohnung hatte er selbst gemacht. An der Wand stand ein besonderer Tisch, den er entworfen hatte. Er war wie ein englischer Klapptisch, mit zwei Klappen auf jeder Seite einer Mittelplatte. Doch bei diesem Entwurf war das Mittelbrett nicht breiter als ungefähr zwanzig Zentimeter und deshalb ideal für die kleinen, vielfach genutzten Räume der Wohnungen in Bombay. Der Entwurf fand Gefallen; er wurde von allen führenden Möbelherstellern in Bombay übernommen. Außerdem spezialisierte Mr. Raote sich auf Schreibtischeinheiten, die sich als Raumteiler auseinanderklappen ließen. Alle Stücke, die er machte, hatte er sich selbst ausgedacht: Die Ideen flogen ihm bloß so zu. »In dem Augenblick, in dem ich im Möbelgeschäft anfing, fielen mir diese Dinge ein.« Er machte auch Türen. Er hatte alle Türen in seiner Wohnung geschreinert und all die Zierarchitrave aus Teakholz entworfen und geschreinert. Die Wohnung war ein besonderer Triumph für ihn, Beweis für seinen Erfolg und Demonstration seiner Begabung. Vieles darin hatte ich für selbstverständlich gehalten und begann es erst jetzt, mit seiner Hilfe, zu sehen.

Sein Erfolg wuchs. Er begann, als Subunternehmer Schreinerarbeiten für große Gebäude durchzuführen; und dann wollte er selbst ins Baugeschäft einsteigen. Zwei Jahre nachdem er angefangen hatte, Möbel herzustellen, errichtete er sein erstes großes Haus mit einer Partnerfirma. Auch wenn ihm sein Weg lang vorgekommen war, war er damals erst dreiunddreißig. Seitdem hatte er fünfzehn oder sechzehn große Projekte ausgeführt.

»Doch trotz all meiner Geschäfte habe ich als Mitglied der Shiv Sena versucht, für die mittelständischen Maharashtris zu sorgen. Anstatt als Bauunternehmer Multimillionär zu werden, folge ich lieber dem Pfad des Vorsitzenden, folge den Prinzipien, die er festgelegt hat.«

Diese Hingabe an die Shiv Sena und ihren Vorsitzenden war wie eine Form der Religiosität von Mr. Raote. Er hatte immer Mut und Selbstvertrauen gehabt, die Gabe der Religion, den *atma-vishwas*, von dem Mr. Patil in Thane gesprochen hatte.

»Ob es aufwärts oder abwärts mit mir ging, ganz gleich, welche Probleme ich hatte, ich habe ihnen unerschrocken ins Gesicht geschaut, ob als Geschäftsmann oder Sozialarbeiter oder Familienoberhaupt. Bis zu meiner Zeit im College hatte ich meinen Vater, der mich weiterbrachte. Dann, 1964, stieß ich auf den großen Heiligen, der seinen Ashram in Alibagh errichtet hatte.«

Dies war der Guru, dessen Bild in der Ecke des Wohnzimmers und hinten im Schrein des Puja-Raums war. Mr. Raote war, wie er jetzt sagte, in jenem Jahr mit ihm in Berührung gekommen, in dem er die große Enttäuschung erlebt hatte, nicht das Polytechnikum in Sholapur besuchen zu können.

»Ich suchte ihn immer auf, um seinen Segen zu bekommen. Ich bat ihn nie um etwas. Ich ging nur wegen seines Segens, um ihm zu dienen, weil er ein Heiliger war, und ich habe das Gefühl, er änderte mein ganzes Leben. Er starb 1968. Aber ich habe das Gefühl, er gibt mir immer noch seinen Segen, wenn ich ihn brauche. Auch wenn er nicht physisch, leibhaftig hier ist, ist er für mich und meine Familie doch immer anwesend. Sehen Sie«, sagte Mr. Raote und führte mich zur Wohnungstür aus Teakholz, »meine Tür ist nicht verriegelt. Sie ist immer offen.«

Ich hatte Mr. Raote gerade noch abgepaßt, um das Ende seiner Geschichte zu hören. Obwohl er mir, als wir uns verabschiedet hatten, nichts davon erzählt hatte, stellte sich jetzt heraus, daß ich ihn an diesem zweiten Morgen genau an dem Tag erwischte, an dem er für neun Tage in seinen Ashram reiste. Er fuhr alleine, ohne seine Frau.

»Ich fahre jedes Jahr hin, ganz gewiß. An diesen neun Tagen meines Jahres kann ich mich niemandem sonst widmen.«

Er hatte andere Pilgerfahrten unternommen. Er und seine Frau waren sechsmal in der Höhle von Amarnath in Kaschmir gewesen, über viertausend Meter hoch im Himalaya, wo sich –

eins der antiken Wunder Indiens – jedes Jahr im Sommer ein Eisphallus formte, Symbol Shivas, der mit dem Mond größer und kleiner wurde.

Er sagte: »Ich liebe diesen Ort im Himalaya.«

Der weltlich ausgerichtete Mann, der Offizier und Ingenieur werden wollte, der Sena-Arbeiter, der gläubige Hindu: Er hatte drei Eigenschaften, die eine Kette aus Glauben und Handeln ergaben.

Papu, der junge Jaina-Börsenmakler, sagte, als er von der Shiv Sena, einem der vielen bedrohlichen Elemente um ihn herum, sprach: »All unsere Probleme sind ökonomischer Natur. Wir hätten keine Probleme, wenn wir keine ökonomischen Probleme hätten.«

An dem Nachmittag brachte er mich – nachdem die Börse geschlossen hatte – nach Hause, um mir zu zeigen, wo er lebte und besonders den Slum, von dem er umgeben war. Dharavi, so hieß der Slum, war berühmt. Es gab Leute in Bombay, die mit einem gewissen Stolz behaupteten, es sei der größte Slum Asiens.

Wir fuhren in einem gelbschwarzen Taxi, kamen nur langsam voran: Sonnenlicht und Menschenmassen und dröhnende Hupen, schwarze Wolken von den heißen Auspuffgasen der Busse, auf der Haut klebender Ruß. Und dann, mitten darin, ein Eindruck von Reinheit: eine Gruppe dünner Jungen in weißen Lendentüchern ging rasch auf der anderen Straßenseite vorbei.

Die Jungen seien Jainas, sagte Papu, *munis*, Aspiranten auf ein religiöses Leben und höchstwahrscheinlich Schüler eines Gurus.

Munis hatten keine feste Bleibe; sie mußten von Ort zu Ort ziehen und von Almosen leben. Es gab zu Tempeln gehörende Unterkünfte, wo sie eine Nacht verbringen konnten; sie bettelten an Jaina-Häusern um Essen.

Woher wußten sie, daß ein Haus ein Jaina-Haus war?

»Normalerweise ist am Eingang ein Brett oder ein Emblem oder auch eine Kachel. Heutzutage kann man sogar Sticker bekommen. Doch gewöhnlich haben die jungen *munis* einen Begleiter. Er führt sie herum und zeigt ihnen die Häuser. Es heißt, der Zweck der Übung sei, das Ego unter Kontrolle zu bringen. Im Jainismus ist Wissen äußerst wichtig. Von einem Brahmanen wird erwartet, daß er sehr intellektuell ist; er ist die Persönlichkeit, auf die jeder hört. Um so zu werden, gehen die *munis* herum und betteln um Essen. Um Wissen zu erlangen, müssen sie zunächst das Ego unter Kontrolle bringen.«

Doch diese Rituale und Traditionen kamen aus einer geruhsameren Zeit. Dienten sie überhaupt ihrem Zweck, wenn sie nun in den Straßen Bombays vollzogen wurden?

Papu war der Meinung, daß Rituale in einem fort angepaßt werden müßten. Jainas sollten beispielsweise jeden Morgen baden und barfuß in einem ungenähten Gewand zum Tempel gehen. Viele Jainas in Bombay konnten das noch; Papus Mutter tat es in dem Viertel, in dem sie und Papu wohnten. Doch Papu selbst konnte es nicht. Er konnte zwar nach dem Bad in den Tempel gehen, aber er konnte nicht barfuß gehen und nicht in einem ungenähten Gewand, weil er heutzutage auf dem Weg zur Arbeit in den Tempel ging. Ich erzählte ihm von meinem Besuch in dem moslemischen Viertel und meiner Unterhaltung mit Anwar.

Er sagte: »Aggression kann kreativ gemacht werden. Wir spielten immer Basketball mit einer moslemischen Mannschaft aus dem Viertel. Die Aggression der moslemischen Jungen machte sie zu guten Basketballspielern. Sie gab ihnen den Killerinstinkt.« Den Killerinstinkt, den Papu im indischen Industriellen sah, den aber Händler wie er noch nicht hatten. »Wenn ich sie schlage, schlagen sie zurück, und sie spielen auf Gewinn. Während ich zufrieden über ein gutes Spiel nach Hause komme. Wenn sie mich schlagen, würde ich nicht zurückschlagen. Ich würde mich wahrscheinlich beschweren, das ist alles.«

Er sprach noch einmal von seinem Wunsch, sich mit vierzig zur Ruhe zu setzen, um soziale Arbeit zu leisten. Aus dem, was er vorher gesagt hatte, wußte ich, daß er Zweifel an der Idee hatte, besonders an der möglichen Vergeudung seines von Gott geschenkten Talentes, das, wenn er es richtig nutzte, vielleicht der sozialen Arbeit mehr Geld bringen könnte. Nun – im Taxi, in dem Staub und der Hitze des Nachmittags, am Ende seines Arbeitstags – schienen ihn Zweifel überfallen und erschöpft zu haben. Er war sich nicht einmal mehr sicher über den Wert der sozialen Arbeit, die er sonntags morgens unter den Slumbewohnern in seinem Viertel verrichtete.

»Jeden Sonntag verteilt eine Gruppe, meistens Jainas, Essen an die Slumbewohner. Wir haben Essen für vielleicht fünfhundert. Wir fangen gegen zehn Uhr dreißig morgens an. Für viele Leute, die von uns Essen bekommen, ist das vielleicht die einzige richtige Mahlzeit in der Woche. Sie existieren vielleicht davon. Ich tue das, um ihnen zu helfen – daran kann kein Zweifel bestehen. Aber es erleichtert auch die Schuldgefühle, die ich immer habe. Was auch immer ich für sie tue, ich weiß, daß dem Grenzen gesetzt sind. Vielleicht sollte ich versuchen, ihnen zu helfen, sich selbst zu helfen. Mein Vater hatte folgendes Konzept: ›Ich würde ihnen gern beibringen zu fischen, ihnen aber nicht Fisch geben.‹ Wenn ich ihnen eine ordentliche Mahlzeit gebe, dann hat es sich damit. Ich glaube, ich hätte gern – auch wenn es bedeutet, daß ich nur fünf Kindern anstatt fünfhundert helfe –, daß die fünf, denen ich helfe, in der Lage wären, sich ihren Lebensunterhalt zu verdienen.«

Er war besessen von der Idee der Wohltätigkeit, von dem, was er mit seinen Gaben für andere tun könnte. Wohltätigkeit war wie ein Ausdruck des religiösen Lebens, des weisen Lebens, des reinen Lebens.

Schließlich kamen wir nach Sion. So hieß das Viertel, in dem er wohnte. Er bat den Fahrer, uns durch das *quartier* zu fahren. Seine Stimmung, die schon während der Fahrt gedrückt gewesen war, wurde noch gedrückter. Er sprach von Prostitution und Verzweiflung in den Hintergassen, doch er sah sich die Gegend, durch die wir fuhren, nicht an. Das »Quartier« waren jedoch nur Wohnkasernen, Unterkünfte für Regierungsangestellte. Für die Stadtentwicklung war es deprimierend – indische Architektur, wie sie unwissender und unmenschlicher nicht sein konnte, Betonblock um Betonblock in vernarbtem, ödem Land, das stellenweise aussah wie eine Müllkippe –, aber es war nicht der Slum, auf den ich mich innerlich vorbereitet hatte.

Der Slum, der berüchtigte, lag in Wirklichkeit auf der anderen Seite von Sion. Papu hatte jedoch aufgehört, davon zu reden. Und obwohl es Papus Idee gewesen war, mir den Slum zu zeigen, bekam ich langsam das Gefühl, daß seine Stimmung während der Fahrt umgeschlagen war und er jetzt nicht damit konfrontiert werden wollte.

Wir fuhren zu der Straße, in der er wohnte. Sie lag im bürgerlichen Bezirk von Sion, ein Stück weg vom *quartier* und auf der anderen Seite einer Durchfahrtsstraße. Sie sah aus wie eine wohlhabende und etablierte Straße; es gab hohe Bäume; und gut gekleidete Männer und Frauen; Büroangestellte warteten auf Busse. Die Wohnung, die Papu in dieser Straße gekauft hatte, hatte umgerechnet 100 000 Pfund gekostet – dabei waren wir eine Stunde von der Stadtmitte Bombays entfernt und nahe einem sehr großen Slum. Das vermittelte einen Eindruck von dem, was hier mit den Immobilienpreisen geschehen war. Es erklärte, warum das größte Problem für die meisten Leute in Bombay das Problem war, Platz zu finden, einen Platz zum Wohnen, einen Platz zum Schlafen; und warum die Hütten und Buden und Lumpenkonstruktionen so viele Ecken und Winkel der Stadt füllten.

Der sandige Hof von Papus Wohnblock war gefegt und sauber und leer. In einer anderen Stadt hätte er öde wirken können, hier aber war er auffällig sauber, auffällig leer; und es war, als sei die Leere des Hofes Ausdruck seiner Sauberkeit.

Papu sagte: »Dies ist ein ko-operatives Haus. Das heißt, die Bewohner hier sind Vegetarier. Die Leute in dem anderen Haus« – dem Nachbarhaus, von der Architektur her ähnlich – »sind zum Teil Vegetarier und zum Teil Nicht-Vegetarier. Der Immobilienwert hier ist höher, weil dies ein vegetarisches Haus ist. Wenn man Fisch kocht, riecht man das. Wenn ein Nicht-Vegetarier in einem Haus wohnt, sieht man manchmal ein paar Tage lang im Hof eine angebundene Ziege. Wenn man dann eines Tages die Ziege nicht mehr sieht, weiß man, daß sie geschlachtet und gegessen worden ist. Doch für die jungen Leute in unserer Gemeinschaft ändert sich das. Wenn sie hinausgehen, haben sie das Gefühl, daß der Rest der Welt Fleisch ißt, und sie kommen sich dann schwach, unmännlich vor. Jeder versucht, die Dinge so zu ändern, daß sie ihm passen.« Das war es also, was Papu von Ritualen dachte: sie wurden in einem fort angepaßt.

Wir fuhren in dem altmodischen Aufzug zu seiner Wohnung. Er zeigte mir den auffälligen Jaina-Sticker über seiner Eingangstür und die Hindu-Zeichen an den Türen anderer Wohnungen. Sein Wohnzimmer, das auf die Straße und auf die Schule gegenüber blickte, war groß und sparsam möbliert. Es war wie aus einem Guß mit dem Hof: die Leere des Raums war wie Luxus. Die Wände waren sauber, der Terrazzoboden glänzte.

Ich fragte wegen meiner Schuhe. Er sagte, es sei nicht nötig, sie auszuziehen. Doch später sagte er etwas, was mir das Gefühl gab, daß ich sie hätte ausziehen sollen, ohne zu fragen. Wir redeten über rituelle Handlungen; und er sagte, ein Freund aus dem Punjab habe gesagt, daß der Fußboden des Wohnzimmers, in dem wir saßen, wirklich ein Fußboden sei, über den man barfuß gehen könne. Damit meinte der Freund, daß das Ritual des Schuheausziehens – ehe man beispielsweise einen Tempel betrat – normalerweise bedeutete, daß man auf Schmutz ging und sich die sauberen Füße im Namen einer rituellen Sauberkeit schmutzig machte.

Papu sagte: »Ich mag die Idee der Reinheit. Ich mag sie als Lebensart.«

Seine Mutter kam und wurde vorgestellt: eine ernste, schweigsame Dame, die einen Teil ihres Lebens in Burma verbracht hatte, bis die Inder nach der Unabhängigkeit des Landes ausgewiesen worden waren. Sie legte die Handflächen zum Hindu-Gruß zusammen – und ich entsann mich, daß sie jeden Morgen barfuß zu ihrem Tempel ging.

»In Indien dringt Religion in jeden Tätigkeitsbereich ein«, sagte Papu. Er öffnete eine Schublade. »Dies sind Firmenberichte.« Er zog einen heraus. »Dies ist der Jahresbericht einer südindischen Firma.« Er zeigte die Fotos vorn auf dem Bericht. Sie waren vom Besuch eines heiligen Mannes bei der Geschäftsführung der Firma und zeigten ihn inmitten des Aufsichtsrates, und alle Direktoren standen nackt bis zur Taille und im Puja-Gewand da.

»Das ist einer der produktivsten Zementhersteller im Land«, sagte Papu. »Wir haben immer die Vorstellung im Hinterkopf, daß es uns keineswegs schadet, der Religion oder Ritualen zu folgen. Weshalb also nicht? Der Schwiegervater eines Freundes sagte mir einmal, daß man, um in einer bestimmten Sache Erfolg zu haben, jeden Tag eine Kuh mit bestimmten Dingen füttern müsse. Sagen wir, Weizen. Füttere täglich eine Kuh mit Weizen. Nun, wenn ich in einem Abschnitt meines Lebens auf ein Ziel zuarbeite, will ich doch nichts unversucht lassen. Und ich weiß, daß ich mir nicht schade, wenn ich diese Dinge mache. Weshalb sie also nicht tun?

In Bombay gibt es bestimmte Stätten der Andacht – Tempel, Moscheen, sogar Kirchen –, in die die Leute an bestimmten Tagen gehen. Dienstags gehen sie zum Siddhi Vinayak Tempel, der Ganesha geweiht ist. Wieso dienstags? Niemand weiß es wirklich, doch alle Leute dort tun es wahrscheinlich aus demselben Grund und nach demselben Prinzip: warum nicht?«

»Ist das eine materialistische Haltung?«

»Gewiß. Neunzig Prozent von uns rufen Gott an, wenn wir etwas brauchen. Es gibt hier eine Kirche, in die Hindus gehen. Sie glauben daran, aber es ist nicht ihre Religion. Wie kann man in eine Kirche gehen, wenn man Hindu ist?«

Auf dem durchhängenden mittleren Bord des Wandregals lag ein Exemplar der Zeitschrift ›Fortune‹ und ein Buch, ›Grundlagen der Investition‹. Papu war sich dieser Widersprüchlichkeit bewußt: diese praktischen Bücher und Zeitschriften, sein Jaina-Glaube, sein Bedürfnis nach allumfassender Reinheit, seine Umgebung, die anderen Religionen um ihn herum.

Tee und Gebäck wurden gebracht, auf kleinen Tabletts aus rostfreiem Stahl. Es war eine Jaina-Mahlzeit, vegetarisch, nichts mit Eiern Zubereitetes. Es gab Puri und Fettgebackenes aus Mehl und gemahlenen Linsen.

Ich dachte, Papu hätte die Idee aufgegeben, den großen Slum von Dharavi zu besuchen. Doch im Wohnzimmer seiner Wohnung hatte sich seine Laune gebessert, und nach dem Tee führte er mich in ein nach hinten gelegenes Zimmer, um mir die Aussicht zu zeigen. Der Slum war näher, als ich gedacht hatte. Er lag direkt hinter den Eisenbahngeleisen, die an der Rückseite der Straße von Papus Haus verliefen. Papus bürgerliches Viertel, das so etabliert aussah, wenn man in die Straße kam, lag eingezwängt auf einem schmalen Streifen zwischen dem *quartier* und dem großen Slum.

Er sagte über den Slum: »Sie würden den Gestank nicht aushalten.«

Kurz darauf sagte er mit der Entschlossenheit und Abruptheit, mit der Leute in schlechtes Wetter hinausgehen, wir sollten uns aufmachen.

Wir brachen zu Fuß auf. Der Slum war nur ein kurzes Stück

entfernt. Wir begannen die geschäftig wimmelnde, staubige Eisenbahnbrücke zu überqueren. Der Nachmittagsverkehr war hektisch. Wir hatten kaum die höchste Stelle der Eisenbahnbrücke hinter uns, als Papu, dem ein wenig von seiner Entschlußkraft verlorengegangen war, sagte, wir sollten ein Taxi nehmen.

Um die Ausdehnung des Slums zu betonen, sagte er: »Schauen Sie! Von hier bis da kein einziges hohes Gebäude.« Es war gut von oben zu betrachten. Wenn man sich auf Straßenebene bewegte, hätte man die Ausdehnung der flachen, schartigen Ebene nicht erkennen können, die von weit entfernten Türmen eingegrenzt wurde.

Und dann, im Handumdrehen, bewegten wir uns am Rand des Slums, so plötzlich, so offensichtlich, so überwältigend, es war wie etwas Inszeniertes, eine Filmkulisse, in der Leute ihre Rollen als Slumbewohner spielten. Rücken an Rücken und Seite an Seite gebaute Hütten und Schuppen, ein allgemeiner Eindruck von Schwarz und Grau und Schlamm, schmale, vernachlässigte Gassen, die sich wanden, bis man sie aus dem Blick verlor; dann eine aufgebrochene Seite der Hauptstraße; dann schwarzer Schlamm, wo Männer und Frauen und Kinder am Rand eines schwarzen Sees ihre Notdurft verrichteten, Sumpf und Kloake, mit einem höllisch öligen Glanz.

Der Gestank war kaum erträglich; aber er mußte ausgehalten werden. Das Taxi kam in einem Verkehrsstau zum Stehen. Der Stau wurde von einer Reihe beladener Lastwagen auf der anderen Straßenseite verursacht. Der Slum von Dharavi war auch eine Art Industriegebiet, mit vielen illegalen Unternehmen, Lederfabriken und chemischen Werken darunter, die in einem kontrollierbaren Stadtgebiet nicht erlaubt gewesen wären.

Benzin- und Kerosinabgase verstärkten den Gestank noch. In diesem Gestank arbeiteten viele Menschen mit nackten Armen und taten etwas, was ich noch nie zuvor gesehen hatte: Sie packten Stoffabfälle und Pappkartonreste ein oder aus, arbeiteten in einem grauweißen Staub, der sich wie Schnee auf dem Boden häufte und die Geräusche von Händen und Füßen dämpfte; sie arbeiteten direkt an der Straße oder in kleinen Hütten: Lumpensammeln in großem Stil.

Papu sagte, er komme hier kaum je vorbei. Im Taxi saß er vom

Slum abgewandt. Er schaute zur anderen Straßenseite, wo die beladenen Laster im Leerlauf tuckernd standen und wo in der Ferne am Meer die Wohnblocks des bürgerlichen Viertels waren.

Der Verkehr kam wieder in Bewegung. Irgendwann einmal sagte Papu: »Dies ist der moslemische Teil. Man wird Ihnen sagen, daß die Moslems hier Fundamentalisten seien. Aber meinen Sie nicht, Sie könnten diese Leute dazu bringen, für alles zu kämpfen, was Sie ihnen sagen?«

Der Gestank nach Tierhäuten und Exkrementen und Sumpf und Chemikalien und Benzinabgasen, der Staub der Stoffabfälle, der bernsteinfarbene Dunst der Lastwagenabgase, durch die schräg die Nachmittagssonne fiel – was für eine Erleichterung, dies hinter sich zu lassen und in das andere Bombay zu kommen, das Bombay, das man kannte und an das sich zu gewöhnen man soviel Zeit gebraucht hatte, das Bombay der gepflasterten Straßen und Busse und Menschen in leichten Kleidern.

Es war schwer genug gewesen, an dem Viertel entlangzufahren. Noch schwerer war es, sich vorzustellen, wie es war, dort zu leben. Und doch lebten dort Menschen mit dem Gestank und der schrecklichen Luft und verfolgten ihren Lebensweg. Selbst Rechtsanwälte lebten dort, wurde mir gesagt. Stank es nur an der Peripherie von dem irisierenden schwarzen See nach Exkrementen? Nein; dieser Gestank ziehe sich durch ganz Dharavi. Noch erstaunlicher war es, in einer Zeitschrift in Bombay einen Artikel über Papus Vorort Sion zu lesen, in dem der Slum Dharavi beinahe als bohemehaftes Charakteristikum der Gegend beschrieben wurde, etwas, das der Fadheit des bürgerlichen Lebens Würze verlieh. Offenbar manipulierte Bombay seine Bewohner in mancher Hinsicht.

Einige Zeit später konnte ich nicht einmal einen Blick auf Dharavi werfen, als ich im Taxi zum Inlandflughafen Santa Cruz fuhr. Der Taxifahrer – ein Moslem aus Haiderabad, erfüllt von Selbstachtung, voller Nervosität über das Leben in Bombay und Furcht unterzugehen, mit Plänen, bald wieder nach Hause zurückzukehren, und gleichzeitig penibel auf sein Auto und seine Kleidung bedacht –, der Taxifahrer zeigte mir die Wohnblocks auf einer Seite der Flughafenstraße, wo Slumbewohner umgesiedelt worden waren. In der anderen Richtung zeigte er mir das Sumpfland, auf dem Dharavi entstanden war, und weiter weg die niedrige schwarze Silhouette des berühmten Slums.

Von hier aus gesehen wirkte Dharavi künstlich, überflüssig sogar für Bombay: Es durfte existieren, weil es, wie Leute sagten, eine Stimmenreserve war, eine Haßreserve, etwas, worauf viele Leute zurückgriffen. All die widersprüchlichen Strömungen Bombays gab es auch dort; all die neuen Besonderheiten verschärften sich dort. Und doch lebten Menschen dort, dieser zusätzlichen Ausbeutung unterworfen, weil man in Bombay, wenn man einmal eine Bleibe hatte, Geld verdienen konnte.

Und Menschen konnten durch die Umstände geprägt werden, unter denen sie lebten. Wie Tiere durch die Bedingungen geprägt werden konnten, unter denen sie aufgezogen wurden: wie Hühner, die (um eine vierzig Jahre alte Erinnerung an Trinidad heraufzubeschwören) in einem kleinen Käfig gehalten wurden, nicht mehr laufen konnten, wenn sie freigelassen wurden, und halb hüpften, halb flogen, wie sie es in ihrem Käfig getan hatten. So gewöhnten Menschen, die in den kleinen Räumen von Bombays Behausungen lebten, sich an diese Räume; gewöhnten sich an das gemeinschaftliche Leben in diesen Räumen und würden das andere Leben, ein Leben in Zurückgezogenheit emotional verstörend finden.

Mr. Ghate war ein hoher Funktionär der Sena. Er war in der Gegend der Textilfabriken aufgewachsen, in einem Zimmer in einem *chawl* oder einer Mietskaserne für Spinnereiarbeiter; und er lebte immer noch in einem *chawl*, auch wenn es ihm als Mann von Rang offenstand, in einer besseren Unterkunft in einer besseren Gegend zu leben. Er hatte das vor ein paar Jahren einmal versucht, aber es war schlecht ausgegangen. Seine Frau hatte in der vergleichsweisen Zurückgezogenheit und Geräumigkeit der in sich geschlossenen Wohnung gelitten, in die sie gezogen waren. Dies war mehr als Launenhaftigkeit; sie war ernsthaft verstört gewesen. Mr. Ghate war wieder in einen *chawl* gezogen, in die beiden Räume, die er jetzt gemietet hatte, zurück zu dem Gefühl, von vielen Menschen und den Geräuschen des Lebens umgeben zu sein; und er war wieder glücklich.

Ich besuchte Mr. Ghates *chawl* in Begleitung von Charu, einem jungen Brahmanen aus Maharashtra. Ohne Charu wäre ich wahrscheinlich nicht von Mr. Ghate empfangen worden. Mr. Ghate, sagte Charu, sei einer der »Unbändigen« der Sena; und »unbändig« war Charus brahmanischer Ausdruck für rücksichtslos und aggressiv.

Mr. Ghate lebte ganz oben in seiner Mietskaserne. Ohne Charu hätte ich es, glaube ich, nicht einmal bis ins Treppenhaus des Hauses geschafft – so entmutigt, so nah dem Ersticken und Erbrechen war ich von dem Geruch am Eingang mit dem nassen, zerfetzten Abfall und den nach Nahrung suchenden Katzen und ihren Jungen auf einer kleinen Veranda und dann, in dem plötzlich dunklen Flur, von dem schweren warmen Geruch nach verstopften Abflußrohren, der mir die Kehle zuschnürte. Charu mit dem Pflichtgefühl eines Brahmanen, mit dem Gefühl, daß eine Verabredung eingehalten werden müsse, führte mich immer weiter (sich ständig nach mir umsehend und mir manchmal eine Hand hinhaltend, wie ein Vater, der sein Kind zum ersten Mal vom Strand ins Meer führt) die *chawl*-Treppe hinauf, an offenen Türen vorbei, die Einblicke in Wohnräume von Familien gestatteten.

Heiße Luft müßte eigentlich hochsteigen; doch im oberen Stockwerk war die Luft frischer. Ein Tigeremblem an einer Tür, das Emblem der Shiv Sena, kennzeichnete Mr. Ghates Zimmer oder Wohnung. Sie überblickte die Hauptstraße. Die kleinen Fenster, Milchglas in grün gestrichenen Rahmen, standen hinter einem Einbruchschutz aus Maschendraht offen; die Verkehrsabgase, die sie hereinließen, waren direkt erfrischend.

Mr. Ghate hatte zwei kleine Zimmer. Eines, hinter einem Durchgang mit Vorhang, war die Küche. Das Zimmer, in dem wir empfangen wurden und in dem nachts wohl Leute schliefen, fungierte tagsüber auch als eine Art Büro der Sena. Es war voller Akten. Sie standen in einem Einbauschrank an der Seitenwand – ein unerwartet moderner Zug. An der anderen Wand hing zwischen anderen Dekorationen ein Plakat, ursprünglich vielleicht von einer Ölgesellschaft, mit einem Farbfoto von einem Tiger und den englischen Worten: *Man sieht viel – wenn man aufpaßt.*

Mr. Ghates Vater war Arbeiter in einer Textilfabrik gewesen. Er hatte vierhundert Rupien im Monat verdient, ein wenig über dreißig Pfund. Die Familie war groß gewesen, fünf Brüder und zwei Schwestern. Es waren vier Schwestern gewesen, doch zwei waren gestorben. Das eine Zimmer, in dem sie alle gewohnt hatten, war ein normaler *chawl*-Raum, etwas über drei Meter mal drei Meter groß; und das hatte gereicht, als sie Kinder waren. Morgens bekamen sie bloß Tee zum Frühstück, nichts Warmes. Von sieben Uhr morgens bis ein Uhr mittags waren die Kinder in der Schule. Das bedeutete, daß Mr. Ghates Vater für jeweils einen Monat morgens Platz für sich allein hatte. Mr. Ghates Vater war Schichtarbeiter in der Textilfabrik; die Schicht änderte sich jeden Monat.

Ich erinnerte mich an das, was Mr. Raote über die Kultur gesagt hatte, die jeder Maharashtri habe, und ich fragte Mr. Ghate, ob er als Kind in ein *gymnasium* gegangen sei. Er sagte nein; aber die Frage bedeutete ihm etwas, denn er setzte sofort hinzu, daß er Sport getrieben habe. Ich fragte nach Religion. Wie hatte er, in einem *chawl* aufwachsend, etwas über Religion und die Lehren der Heiligen erfahren? Er sagte, er selbst sei nicht religiös – es hatte also so etwas wie einen Bruch mit der Vergangenheit gegeben. Aber, sagte er, sein Vater habe zu Hause die Puja verrichtet; auch wenn weder Vater noch Mutter gebildet gewesen seien und die Familie, bis er aufs College ging, nie ein Buch besessen habe.

Das klang nach einem aufs Wesentliche beschränkten Leben, einem schweren Leben. Doch alle hatten sich durchgeschlagen. Das änderte sich, als er heiratete. Seine Frau verließ den *chawl* ihrer Familie und zog in Mr. Ghates *chawl*; dann kam ein Kind. Es kam die Zeit, wo mehr als zehn Menschen in dem etwas über drei mal drei Meter großen Raum lebten. Es gab »Meinungsverschiedenheiten« und ständigen Streit. Deshalb war Mr. Ghate mit Frau und Kind in eine Werkswohnung gezogen, eine in sich geschlossene Wohnung in einem Mietshaus – in einem Vorort, der mit dem Zug dreißig oder vierzig Minuten entfernt war.

Das hätte ein neues Leben bedeuten sollen – die Entfernung von der Familie, ein Ende des Streits und Platz: nach zehn Quadratmetern für zehn Leute im *chawl* hatten sie in der neuen Wohnung nun dreißig Quadratmeter für drei Leute. Doch es hatte zu Unglück geführt. Mr. Ghates Frau hatte ihr Leben in einem *chawl* verbracht. Nun, da sie den größten Teil des Tages in ihren abgeschlossenen dreißig Quadratmetern allein blieb, ohne jemanden zu sehen, ohne mit jemandem reden zu können, hatte sie sich gefürchtet. Sie hatte ernstlich an Platzangst zu leiden angefangen und war einem Nervenzusammenbruch nahe gewesen.

Deshalb waren sie in die Gegend der Spinnerei zurückgezogen, wo sie aufgewachsen waren, und Mr. Ghate hatte das Glück gehabt, eine Wohnung in einem *chawl* zu finden. Eine Zweizimmerwohnung, wie er sie jetzt hatte, hieß in Bombay eine »Einzimmer-Küche«. Der Hauptraum war tatsächlich ein wenig größer als der übliche etwas über drei mal drei Meter große *chawl*-Raum. Sie lebten jetzt zu fünft dort, und es gab kein Platzproblem.

Er hatte die Räume 1985 gekauft, und beim Kauf verfuhr man folgendermaßen. Die *chawls*, viele von ihnen Jahrzehnte alt, noch aus den Anfängen der industriellen Revolution in Indien, gehörten ursprünglich zu Textilfabriken und sollten Arbeiter beherbergen. Eigentlich gehörten die *chawls* noch den Fabrikbesitzern; doch wegen der Mieterschutzgesetze kümmerten sich die Besitzer nicht mehr um die *chawls*, hatten sie im Grunde aufgegeben; und Mietern stand es nunmehr frei, den Mietvertrag für die Räume, die sie bewohnten, zu verkaufen. Ein Käufer zahlte dem derzeitigen Mieter einen Abstand, und dann zahlte der Käufer dem Fabrikbesitzer Miete. 1985 hatte Mr. Ghate für seine beiden Räume einen Abstand von 35 000 Rupien bezahlt. Ungefähr 1400 Pfund. Doch nun zahlte er dem Fabrikbesitzer nur zwölf Rupien Miete im Monat, fünfzig Pence – zweifelsohne der Grund, warum die Besitzer der Textilfabriken sich nicht mehr um die *chawls* kümmerten.

Mr. Ghate genoß nun Mieterschutz; er sagte, er könne auf immer und ewig in seinen beiden Räumen bleiben. Und so wie er redete, hatte er das auch vor, nachdem er einmal versucht hatte auszubrechen. Nicht alle seien wie er, sagte er. Viele, die nicht die Mittel hätten, träumten davon, in eine Wohnung zu ziehen. Er habe die Mittel, er könne ein Darlehen von der Bank bekommen, aber er sei vollkommen glücklich da, wo er sei.

Als ich mich in der frischeren Luft seines Zimmers erholte, begann ich es ein wenig mit seinen Augen zu sehen. Ich bemerkte die Annehmlichkeiten. Es gab einen Deckenventilator;

es gab eine stabile Trittleiter, mit der man zum Schlafboden hochklettern konnte. Unter dem Boden war ein Abstellplatz mit verschiedenen praktischen Dingen: ein Kleiderschrank, ein Holzhocker, ein Kleiderständer (an dem gerade Handtücher hingen), ein Gartenschlauch und ein Treteimer aus blauem Plastik für den Abfall. Der Abstellplatz war hinter Mr. Ghates Rükken, in der Nähe des offenen Fensters. Der vordere Bereich des Zimmers war eher der offizielle Büroteil, und dort befand sich der große Einbauschrank. Mr. Ghate sagte, als wolle er sich für die Extravaganz entschuldigen, daß er den Schrank letztes Jahr gekauft habe, weil er durch seine Arbeit für die Sena so viele Papiere habe.

Hinter der Glastür des Schranks waren nicht nur Akten. Auf dem Bord ganz oben standen Becher und Teller aus Plastik und rostfreiem Stahl. Auf anderen Borden standen Fotos und eine goldfarbene Plakette mit dem Wahlspruch der Sena auf Marathi, von dem ich gehört hatte: *Sag es mit Stolz: »Ich bin ein Hindu«.* Da sie zunehmend an Macht gewann, wollte die Sena weniger regionalistisch sein. Sie wandte sich jetzt an ein allgemeineres Hindu-Empfinden, und manche Leute fanden das genauso beunruhigend wie den früheren Ruf nach einem Maharashtra für die Maharashtris.

Ich wollte noch ein bißchen über das Leben im *chawl* hören. Charu und Mr. Ghate unterhielten sich eine Weile in Marathi, und dann faßte Charu zusammen.

»Das Leben hier gefällt ihm. Er ist in dieser Atmosphäre aufgewachsen. Er hat nicht das Gefühl, daß ein größeres Zimmer oder eine Wohnung für ihn einen Unterschied machen würde. Er beneidet andere Leute nicht um ihren Reichtum oder haßt sie deswegen. Er schätzt Leute allein aufgrund ihrer Gesinnung.«

»Was gefällt ihm an dem Leben hier?«

Als er mit Charu Marathi sprach und die Vorteile des Lebens im *chawl* beschrieb, schien Mr. Ghate in Begeisterung zu geraten.

Charu sagte für ihn: »In einem *chawl* weiß man immer, was los ist. Man weiß, was in allen anderen Familien passiert. Man hört alles, man sieht alles. Die Menschen verbringen ihr Leben zusammen, nehmen Teil an den Problemen der anderen. In einer Wohnung gibt es kein *Leben*.«

In diesem *chawl* war eine Menge Leben. Allein in dem oberen Stockwerk, in dem wir uns befanden, gab es vierzig Zimmer. Für diese vierzig Zimmer standen fünf Toiletten zur Verfügung. Ständig sah man Menschen.

»Will er sich nicht einmal zurückziehen?«

Charu antwortete mit Nachdruck. »*Er will sich überhaupt nicht zurückziehen. Er sagt, daß die, die zurückgezogen leben wollen, ja in ein Mietshaus ziehen können.*« Nach dem, was er vorher über Leute gesagt hatte, die nicht die Mittel hatten, aber in ein Mietshaus ziehen wollten, klang das recht scharf. »Wenn man Zurückgezogenheit zum Lesen und Schreiben braucht, dann kann man das hier nach ein Uhr morgens immer haben.«

»Bleibt er oft auf?«

»Ja. Oft liest er bis halb drei, drei Uhr morgens. Sonst gibt es hier keine Gelegenheit, zu lesen und zu schreiben.«

»Meint er nicht, daß man sich besser bilden könnte, wenn man sich ein bißchen mehr zurückziehen kann?«

»Die jeweilige Intelligenz oder die Lektüre, die man schafft, hängt nicht davon ab, ob man in einem Mietshaus oder einem *chawl* wohnt. Es ist mehr die eigene Neigung – die Haltung, der Charakter, den man hat.« Und er erwähnte einen berühmten Fall, nämlich daß neulich ein Junge aus einem Slum hier in der Gegend im Staatsexamen als Bester in Maharashtra abgeschnitten habe.

»Sollte er seinen Anhängern nicht ein besseres Leben in Aussicht stellen?«

Die Antwort in Charus wörtlicher Übersetzung war scharf. »Ich möchte niemandem zu einem Luxusleben verhelfen. Dies ist ein Arbeiterviertel.«

»Will er, daß die Leute Textilarbeiter bleiben?«

Die Frage wurde in der Übersetzung ein wenig anders formuliert. Charu schien sie persönlich gestellt zu haben, und er bekam eine persönliche Antwort.

»Er selbst hat eine Stelle bei einer Bank. Ein Bruder arbeitet bei einer Behörde. Ein anderer, jüngerer Bruder arbeitet in einer Textilfabrik. Aber dieser Bruder hat keine gute Schulbildung; er hatte nicht die intellektuellen Fähigkeiten dazu. Dieser Bruder bekommt nun 1000 Rupien im Monat. Das ist kein guter Lohn. Um in Bombay zufriedenstellend leben zu können, braucht man mindestens 2000 Rupien.«

Ich versuchte, meine Frage noch einmal anders zu stellen. »Welche Ziele hat er sich für die Menschen in diesem *chawl* gesteckt?«

Wieder traf ich nicht den Punkt. Die Frage schien als Frage nach der Zukunft des *chawls* übermittelt worden zu sein, und Mr. Ghate ließ sich darüber aus.

»Dieser *chawl* ist neunzig Jahre alt. Er ist solide gebaut, und er wird weitere fünfzig Jahre halten. Aber ich habe meine Zweifel, was seine Zukunft betrifft. Die Familien hier sind arm. Wenn dieser *chawl* kaputt geht, sind sie nicht in der Lage, ihn zu reparieren oder anderswo Wohnungen zu kaufen. Sie müssen Bombay verlassen, wenn etwas mit diesem *chawl* geschieht.«

An der Wand hinter seinem Rücken, direkt unterhalb des Schlafbodens, hingen Sena-Bilder und -Embleme. Neben dem Plakat mit dem Tiger befand sich eine große bronzefarbene Plakette von Ganesha vor einem safranfarbenen Hintergrund und ein gerahmtes Bild von der Krönung Shivajis: eine Vorstellung von Macht und Glanz und Glitzer wie aus dem indischen Kino.

Diese Vorstellung war für Mr. Ghate sicher bedeutungsvoll. Ich fragte mich, wie sie sich mit der Arbeit vertrug, die er für die Sena tat, und den Lebensbedingungen des *chawl*. Wenn er den *chawl* betrachtete, was sah er dann wirklich? Wer verwaltete jetzt den *chawl* und reinigte das Gemeinschaftseigentum?

Mr. Ghate sagte, die Mieter selbst putzten den *chawl*. Ich fragte, warum sie nichts gegen die verstopften Abflußrohre und den faulenden Abfall im Eingang unternommen hätten.

Er sagte: »Bombay wird nie schön sein. Gewisse Mängel gehören einfach zur Stadt. Die Rohre wurden vor einiger Zeit gereinigt, doch jetzt sind sie wieder verstopft. Es gibt auch Probleme mit den Menschen. *Keine Bürgerverantwortung.*« Die letzten Worte waren auf englisch.

Müßte die Sena mit ihrer besonderen Gesellschaftsphilosophie daran nicht etwas ändern?

»Es ist ein unumgängliches Problem. Man muß bei den Kindern anfangen. Es ist kein ökonomisches Problem. Diese Leute werfen Abfall aus dem Fenster.«

Ich fragte nach seiner Vorgeschichte. Seine Familie komme

aus einem Dorf nahe Goa, sagte er. Er habe noch Verwandte dort, und sie kämen jedes Jahr für zehn oder fünfzehn Tage. Sie fühlten sich von Bombay angezogen und würden gerne dort wohnen. Aber sie wüßten, daß es schwer sei, in der Stadt gut zu leben, und deshalb gingen sie zurück.

In der Küche, hinter dem Durchgang mit dem Vorhang, waren Frauenstimmen zu hören. Mrs. Ghate, die die ganze Zeit in der Küche gewesen war, zog den Vorhang zurück und sagte, irgendwo im *chawl* sei ein Unfall passiert. Eine alte Frau sei gerade mit der Nachricht gekommen und wollte wissen, ob Mr. Ghate zu sprechen sei.

Er sagte, ja. Die alte Frau war ein bißchen hysterisch. Sie stand in der Tür und sagte unter Tränen, daß zwei Kinder in ihrem Raum sich verbrannt hätten. Der Vater der Kinder sei in der Fabrik, und es sei niemand da, der helfen könne.

Mr. Ghate sagte spontan, er würde die Kinder in seinem Auto ins Krankenhaus bringen. Er eilte hinaus, um das zu erledigen, und Charu und ich blieben allein zurück.

Charu erzählte mir noch etwas vom gemeinschaftlichen Leben der Menschen in Bombay. Er sagte, die Liebe zum gemeinschaftlichen Leben rühre vom Leben in der Großfamilie her: einem ausgefüllten Leben mit beständig vielen Menschen und wechselnden leidenschaftlichen Beziehungen zwischen den verschiedenen Gruppen oder Fraktionen. Charu sagte, seine Frau, die gerade eine Magisterarbeit über Kinderentwicklung schreibe, könne nicht lesen, wenn sie allein sei; sie lese lieber, wenn in der Nähe jemand redete. Selbst jetzt bleibe seine Frau um der Gesellschaft, der Wärme, der ständigen Beruhigung durch menschliche Stimmen willen gern bei ihrer Familie in ihrer alten Wohnung.

Seit Mrs. Ghate den Vorhang zur Küche zurückgezogen hatte, war er offen geblieben. Ich konnte sehen, daß in der Küche eine Puja-Kiste stand, etwas ganz Schlichtes, nichts im Vergleich zu Mr. Raotes in die Wand eingelassenen Schrein. Mr. Ghate hatte gesagt, er sei nicht religiös; die Puja-Kiste in der Küche mußte für seine Frau sein.

Als er zurückkehrte, sah Mr. Ghate besorgt aus. Er hatte die Kinder ins Krankenhaus gebracht. Doch nun machte er sich Sorgen um seine Frau. Sie bekam leicht Depressionen. Sie kannte die betroffene Familie, und der Unfall der beiden Kinder wirkte sich bereits schlecht auf sie aus.

Immerhin zeigte der Vorfall, wie wichtig es für die Sena war, einen Repräsentanten an einem Ort wie dem *chawl* zu haben. Die Sena war für ihre soziale Arbeit bekannt, und die Leute hatten das Gefühl, daß sie sich an Mr. Ghate wenden konnten.

Ich fragte, ob das gemeinschaftliche Leben im *chawl* und anderen dicht besiedelten Bezirken die Bildung einer politischen Organisation erleichterte.

»Der *chawl* ist wie eine sehr große Familie. Der Bezirk ist eine noch größere Familie.«

Und andere Gruppen konnten auch leicht organisiert werden?

Er gab keine Antwort.

Er war ein strenger, düsterer Mensch. Die Sorge um seine Frau, die er so offen zum Ausdruck brachte, schien seine einzige weiche Stelle zu sein. Er hatte 1970 geheiratet. Damals war er einundzwanzig und seine Frau achtzehn gewesen. Die Liebesgeschichte, die er zu erzählen hatte, ähnelte in mancher Hinsicht der von Mr. Raote im weit entfernten Dadar. Das Mädchen, das später seine Frau wurde, lebte in einem anderen *chawl*. Anfangs ging er in jenen *chawl*, um einem Freund Nachhilfeunterricht in Mathematik zu geben. Er hatte die Familie des Mädchens kennengelernt; er hatte begonnen, dem Mädchen ebenfalls Stunden zu geben; Zuneigung hatte sich entwickelt.

Der Vater des Mädchens war Lehrer. (Mr. Ghates Vater, der Textilarbeiter, hatte nie ein Buch besessen.) Es gefiel ihm nicht, daß Mr. Ghate vom Polytechnikum abging. Zu der Zeit stand die Shiv Sena außerdem im Ruf, verbrecherisch und gewalttätig zu sein. Die Familie des Mädchens hielt Mr. Ghate für einen Müßiggänger. Der Widerstand der Familie gegen Mr. Ghate hatte seine Frau erstmals in Depressionen gestürzt.

Mr. Ghate sagte: »Sie ist äußerst sensibel.«

Eines Tages saßen sie, Mr. Ghate und das Mädchen, zusammen in einem Hotel. Einem *ho-tal*, einem einfachen Restaurant. Die Schwestern des Mädchens und ihr Bruder sahen sie. Mr. Ghate meinte, daß es danach schwer für das Mädchen sein würde, in die Wohnung der Familie zurückzukehren. Also brachte er sie zur Wohnung eines Onkels in einem Wohnblock.

Am nächsten Tag heirateten sie. Das war nicht seine Absicht gewesen, als er das Mädchen zu seinem Onkel gebracht hatte. Doch für ihn war es das einzige, was er tun konnte; er ganz allein beschloß zu heiraten. Die Ehe wurde nach vedischem Ritus vollzogen, einfacher als die traditionellen Hochzeitsrituale der Hindus.

Seine Heirat war also eine Liebesheirat gewesen. Waren andere Familienmitglieder seinem Beispiel gefolgt?

Er sagte, eine Schwester habe vor rund einem Jahr aus Liebe geheiratet.

»Das kommt immer öfter vor, nicht?«

»Ja.« Doch dann wurde er trotz der romantischen Geschichte seiner eigenen Ehe streng. Er war eindeutig unglücklich über die Heirat seiner Schwester. »Aus Liebe geschlossene Ehen halten nicht, wenn nicht ein geistiges Verständnis damit einhergeht. Eine Ehe überdauert nicht, wenn sie auf körperlicher Anziehung beruht.«

»Gab es Widerstand gegen die Liebesheirat ihrer Schwester?«

Seine Antwort war doppeldeutig. »Es gab keinen Widerstand. Sie heiratete rein aufgrund körperlicher Anziehung.«

»Was ist der Mann von Beruf?«

»Ayurvedischer Arzt.« *Ayurveda*, die traditionelle Heilkunst der Hindus.

»Wohlhabend?«

»Relativ, aber nicht unabhängig. Deshalb wollte ich, daß meine Schwester arbeitet. Sie wohnen in Sion. Erst neulich habe ich ihr eine Stelle beschafft.«

Sion war das Viertel, in dem Papu wohnte. War Sion ein Euphemismus für Dharavi, den Slum?

Ich fragte: »Wohnen sie in dem *quartier* in Sion?«

»Sie wohnen in einem richtigen Wohnblock. Aber ich weiß es nicht genau. Ich habe jetzt keinen Kontakt mehr zu meiner Schwester. Ich habe ihr eine Arbeit besorgt, und mehr will ich von ihr nicht wissen.«

»Warum?«

»Der Junge steht nicht auf eigenen Füßen.«

»Wieviel verdient sie mit ihrer Tätigkeit? Der Arbeit, die Sie ihr beschafft haben.«

»Ungefähr 900 Rupien.«

»Und Sie wollen nicht nachsehen, wie sie zurechtkommt?«

»Nein, nein. Ich habe ihr eine Arbeit beschafft. Sie haben ein Kind. Aber nein. Meine Schwester hat nicht die gleiche Wellenlänge wie ich, und das gefällt mir nicht. Sie hat einen ordinären Lebensstil. Sie hat ordinäre Erwartungen. In ihren Augen bin ich nicht allzu gebildet. Aber ich glaube, daß ich mit meiner Art zu denken meiner Schwester überlegen bin. Sie denkt: Man muß seinen eigenen Block haben. Man muß viel Geld haben. Aber sie hat nicht die Fähigkeit dazu.«

Charu hatte das übersetzt, und ich war mir nicht sicher, was Mr. Ghate meinte. Er hatte vorher gesagt, er schätze Menschen nur wegen ihrer Gesinnung, und vielleicht wollte er jetzt sagen, daß der materielle Ehrgeiz seiner Schwester ihre Bildung überstieg und sie lächerlich machte.

»Und sie kann sich nicht auf andere einstellen«, sagte Mr. Ghate. »Meine Frau ist anpassungsfähig. Aber meine Schwester kann sich nicht auf meine Frau einstellen.« Vielleicht lag da das Problem.

»Sieht Ihre Schwester gut aus? Ist sie hübsch?«

»*Nicht wirklich.*« Er sagte das auf englisch. Mit bejahendem indischen Kopfschütteln setzte er wiederum auf englisch hinzu: »*Es geht.*« Dann bekräftigte er seinen Standpunkt. »Mir liegt nicht viel an Blutsverwandtschaft. Meine Verwandten haben mir nie geholfen. Nur meine Freunde haben mir geholfen. Jetzt, wo ich einen Namen und eine Stellung habe, kommen viele Verwandte zu mir. Aber ich beachte sie kaum.«

»Warum sagen Sie, der Ehrgeiz Ihrer Schwester sei ordinär?« Er gab keine Antwort.

Ich wandte mich direkt an Charu: »Sollte er als Sena-Mann nicht Leute seinesgleichen dazu ermutigen, ehrgeizig zu sein?«

Charu und Mr. Ghate redeten, und Charu gab Mr. Ghates Antwort wider. »Es ist wichtig, daß ein Mensch weiß, ob er sich wirklich eignet, für dieses oder jenes Ehrgeiz zu entwickeln. Ständig kommen Leute zu mir und bitten um Hilfe. Aber ich glaube nicht, daß sie ein Recht auf Hilfe haben. Sie sollten ihrer würdig sein.«

Ich fragte ihn nach dem Tigerplakat an der Wand. Er sagte, ein Freund habe es ihm geschenkt. Er las die englischen Worte vor: »Man sieht viel – wenn man aufpaßt.« Er sprach die Worte unbeholfen, gebrochen aus, schien sie jedoch mit einer besonderen, ja mysteriösen Bedeutung zu betrachten. Ich fragte nach der Krönung oder dem Darbar Shivajis auf dem anderen Bild. In welchem Jahr war das gewesen? Er wußte es nicht.

Seine Schwester hatte versucht auszubrechen. Er hatte ihr nicht vergeben, weder für das, noch für die Liebesheirat, die er bei sich für einen Beweis seiner Kraft und seines Charakters hielt. Er war ein unnachgiebiger Mensch, geprägt von dem Leben im *chawl*, von dem er sich nun nie mehr lösen konnte. Vielleicht hatte er, in seinem Sena-Stolz, in dem er verankert war, das Gefühl, daß seine Schwester – neben allem anderen – alte Vorstellungen von Ehre und Schicklichkeit verletzt hatte.

Vielleicht würde die Schwester es schaffen; vielleicht würde sie fähig sein, auf eigenen Füßen zu stehen, ohne die Unterstützung von Familie und Sippe und Kaste. Aber auf diese Weise fielen zweifelsohne in Bombay Leute durch die Maschen des Netzes in den Abgrund, und manche – die, die Glück hatten – landeten wieder an Orten wie Dharavi, nicht weit von da, wo das Mädchen mit dem Ehrgeiz, der in den Augen ihres Bruders so lächerlich war und Probleme nach sich zog, nun eine Wohnung »in einem richtigen Wohnblock« hatte, mit größter Wahrscheinlichkeit in so einem charakterlosen *quartier*, das Papu vor ein paar Tagen so trübsinnig gestimmt hatte.

Leute, die man traf, und Kolumnisten der Zeitungen sagten, die indische Gesellschaft werde »kriminalisiert«. Damit war gemeint, daß angesichts all der Frustrationen in Indien politische Parteien und Geschäftsleute die Dienste von Gangstern in Anspruch nahmen, um etwas erledigt zu bekommen oder Dinge zu beschleunigen: um Parteienwechsel zu verhindern, um zu politischen Spenden anzuregen; um die Zahlung von Schulden durchzusetzen oder die Einhaltung eines mündlich abgeschlossenen Schwarzgeldvertrages zu erzwingen.

Verbrechen lohnte sich. Wie Politiker kämpften die Banden um Territorium, und die Bandenkriege in Bombay machten Schlagzeilen. Die Zeitungen und Zeitschriften brachten Artikel über die Kämpfe, die Berichten über die undurchsichtigen politischen Streitereien in vielen Staaten der indischen Union glichen. Sie waren undurchsichtig, weil die Politik undurchsichtig war: es gab weder Prinzipien noch Parteiprogramme, es gab nur Persönlichkeiten. Leute hatten entweder Feinde oder Verbündete, und die Beziehungen von Gangstern und Politikern änderten sich ständig. Wie in der Politik ging es bei den Morden in den überfüllten Straßen Bombays um Macht und Führungsanspruch. Und sowie der Wirbel sich gelegt hatte, wetteiferten die Zeitungen und Zeitschriften miteinander, um Porträts des Don herauszubringen, der als König der Unterwelt von Bombay hervortrat.

Auch noch in anderer Hinsicht war der Don wie ein Politiker: über ihn wurde soviel geschrieben, er wurde so oft interviewt (obwohl er außerhalb Indiens residierte, im Golf, in Dubai), daß alle Artikel über ihn zu einem einzigen verschmolzen. Wie viele Leute im Licht der Öffentlichkeit, war der Don zu seinem Zeitungsporträt geworden; er hatte nichts Neues mitzuteilen.

Ich meinte, ich solle besser jemanden auf einer unteren Stufe treffen, nicht einen mit dem Status eines Don, sondern einen, der nicht so oft interviewt worden war, der seine Erfahrung noch nicht in diesem Ausmaß formalisiert und vielleicht noch etwas zu sagen hatte. Ich glaubte eigentlich nicht, daß solch ein Treffen arrangiert werden könne – ich war ein Besucher auf der Durchreise, der nichts zu bieten hatte –, doch die Gangster Bombays liebten Publicity und besonders Leute, die Englisch schrieben. Sie wollten auch im Ausland bekannt werden.

Meine Kontaktperson war Ajit. Eines späten Nachmittags nahmen wir ein Taxi hinaus nach Dadar; eine Strecke, die ich gut kennenlernte. Nachdem wir ausgestiegen waren, gingen wir ein Stück durch die am späten Nachmittag entspannte Menge zu einem Paan-Laden neben einem Kino. Dort warteten wir eine Weile unter den Kinogängern, bis uns jemand grüßte; und dann kam jemand anderes. Dem zweiten Mann folgten wir. Wir bogen in verschiedene reich aussehende Wohnstraßen ein, traten schließlich durch eine Seitentür in ein von Bäumen beschattetes Haus und verloren, als wir hineingingen, den letzten Rest von Tageslicht.

Es war ein neues Wohnhaus. Die Wohnung im Erdgeschoß, in die wir kamen, war auf indisch bürgerliche Art gut eingerichtet, wie aus dem Möbelgeschäft. Und es war merkwürdig, dort zwischen diesen femininen Möbeln und in einem sehr trüben elektrischen Deckenlicht, in einer Atmosphäre, die noch von indischer Wohlanständigkeit zeugte (die Schuhe wurden am Eingang ausgezogen und hinter der Tür stehengelassen), in indische Gesichter zu schauen, die mich auf indische Weise höflich willkommen hießen, und von indisch-englischen Stimmen, die den Augenblick des Auftritts genossen, zu hören, daß ich unter Gangstern sei.

Ungefähr sechs oder sieben Männer waren in dem kleinen Wohnzimmer. Junge Männer, Ende Zwanzig, und bis auf den Anführer, der jetzt das Gespräch begann, hatten sie alle Gesichter, die man eher bei Universitätslehrern oder Bankangestellten erwartet hätte. Die meisten Männer standen, als wir eintraten, und sie blieben stehen.

Der Anführer saß allein auf einem prallen, zu stark gepolsterten Sofa. Wie ein huldvoller Prinz, der eine Gunst erwies, forderte er mich auf, mich neben ihn zu setzen. Er war dunkel, mit einem schön geformten Mund mit voller, geschwungener Unterlippe und hervorstehenden Augen mit deutlich betonten Augenlidern – Züge, wie sie die Künstler mancher Rajputen-Höfe hervorhoben.

Ich wußte nicht, worüber ich mit ihm reden sollte. Ich hatte erwartet, einen Mann allein zu treffen; ich hatte nicht ein Zimmer voller Männer erwartet. Außerdem verwirrte mich, daß das Tageslicht so plötzlich verschwunden und durch eine trübe Glühbirne an der Decke ersetzt worden war, die mich angestrengt starren ließ und physisch irritierte.

Ich hatte gehofft, daß ich bei jedem Gespräch, das ich führte, die Dinge langsam angehen könne, mich dem Thema Verbrechen und Verbrecherbanden vorsichtig nähern und dabei auf mein Material stoßen würde. Doch aus dem, was der Anführer sagte, wurde klar, daß er *in medias res* gehen wollte. Er wollte ohne Umschweife über den Bandenkrieg reden, der sich abspielte, und die Ansprüche für seine Bande abstecken. Doch ich wußte sehr wenig über die Banden von Bombay. Ich wußte nichts über die einzelnen Personen und die Rivalitäten und berühmten Schlachten; und ich konnte die Einleitung, die der Anführer mir bot, nicht nutzen.

Schließlich schien er mein Problem zu verstehen. Er mußte

enttäuscht gewesen sein, aber er zeigte es nicht. Statt dessen begann er, mir bei der Anfängerstory zu helfen, die ich, wie er annehmen mußte, schrieb. Er sagte, er wisse, daß ihn früher oder später die Kugel eines Polizisten töten würde. Ich hatte das Gefühl, er wollte zitiert werden. Und dann erzählte er mir, welche Verbrechen seine Gruppe verübte, als führe er einen unerfahrenen Reporter in das sensationelle Material ein, das, wie er annahm, solch ein Reporter brauchte.

Unter anderem boten sie Schutz an; in der Hinsicht »arbeiteten sie mit« Standinhabern. Sie spielten das Hütchenspiel. Kürzlich hatten sie Neuland betreten: Sie hatten für eine politische Partei eine Entführung organisiert, den Studentenführer einer anderen Partei zur Zeit der Studentenparlamentswahlen gekidnappt und festgehalten. Ein profitträchtiges Geschäft mit steigender Tendenz für sie war, Leute dazu zu bringen, Häuser mit kontrollierten Mieten aufzugeben und Land und Häuser für eine neue Nutzung freizumachen. Dann machten sie noch »Barren«-Arbeit – stahlen eingeschmolzene Goldbarren, in denen die Leute gerne ihr Schwarzgeld anlegten. Das Schöne daran war, daß jemand, der seine Barren einbüßte, keine Anklage erheben konnte. Das Barren-Geschäft war ein gutes Geschäft; man brauchte bloß Informationen, und gute Informationen konnte man von der Polizei bekommen. Früher, als sie jünger waren und in Bombay noch nicht so viel Geld in Umlauf war, hatten sie auf dem Schwarzmarkt mit Eintrittskarten gehandelt. Ein nettes kleines Geschäft eigentlich: Man kaufte alle Plätze für einen beliebten Film und ließ sie von Schleppern für Höchstpreise verkaufen. Aber das war früher; jetzt lohnte es sich nicht mehr für sie. Das einzige, was sie nicht taten, war Töten auf Auftrag; sie konnten nicht einen Menschen töten, gegen den sie nichts hatten.

Er benahm sich ganz vertraulich. Er beugte sich auf dem zu stark gepolsterten Sofa zu mir vor und redete, ohne die Stimme zu erheben. Er war wie ein Geschäftsmann, der seine Dienstleistungen umriß, einen Kostenvoranschlag lieferte. Er machte keine großen Bewegungen oder Gesten; sein Ton war gleichmäßig; die Energie und die Unstetigkeit lagen bloß in den Augen.

Die anderen Männer standen nicht still. Sie gingen die ganze Zeit umher, schauten auch einmal durch das eisenvergitterte

Fenster: Das Licht der Straßenlampe fiel jetzt direkt auf die Bäume davor. Jemand pfiff zwei- oder dreimal. Dann – indische Höflichkeit – kam ein Mann mit kalten Colagetränken für die Besucher.

Der Anführer – mit dem dunklen, vollkommenen Gesicht– beunruhigte mich langsam. Er spielte natürlich: Die körperliche Unbeweglichkeit, sein ruhiges, vertrauliches Benehmen, das Fehlen von Gestik waren einstudiert. Doch auch wenn seine Worte humorvoll klangen, wollte er nicht humorvoll sein; er meinte, was er sagte; er glaubte an Macht und körperliche Autorität.

Und noch ein Mann im Raum begann mich zu beunruhigen. Er war stehengeblieben, wachsam, schaute manchmal aus dem Fenster. Er hatte eine verbundene Hand. Erst hatte ich Anstand und indische Zivilisation in seinem Gesicht gesehen; doch dann wirkte er zunehmend leer, und es fiel mir immer schwerer, es zu deuten. Er war ein Brahmane oder aus einer Kaste nicht weit darunter, der auf die schiefe Bahn geraten war.

Die Hand sei verbunden, hörte ich nun, weil ihm jemand aus einer anderen Bande eins mit dem Messer verpaßt habe: Teil des gegenwärtigen Bandenkriegs. Während der Anführer von dem Angriff erzählte, begann der Mann, den Verband abzuwickeln, um die entsetzliche Wunde, die verkrümmten Finger zu zeigen: Wie stark der Wille auch war, Fleisch war nur Fleisch.

»Es ist alles in Ordnung«, sagte der Anführer in seiner gleichmütigen Art. »Es ist alles in Ordnung mit Vithal. Diese Hand kann noch ein Messer halten.«

Und ich sollte nicht weggehen und mir über die Wunde Gedanken machen: Der Hieb war bereits gerächt. Der Anführer selbst hatte ihn gerächt. Er hatte in einem Restaurant in der Nachbarschaft gesessen – nicht einmal *ho-tal*, sondern einem richtigen Restaurant, einem berühmten, in dem Gangster verkehrten –, als er den Messerstecher draußen in einem Auto sah. Er war aus dem Restaurant gelaufen und hatte – einfach so, ohne an die Konsequenzen zu denken – auf den Messerstecher im Auto gefeuert. Der war auf die Knie gefallen und hatte geweint und die Füße des Anführers umklammert und um sein Leben gebettelt. (So wurde die Geschichte erzählt: In einem Augenblick war der Messerstecher im Auto, im nächsten draußen.)

Der Anführer hatte dann das Gewehr gegen ein Messer getauscht (um der Geschichte, so wie sie erzählt wurde, Logik zu geben) und mit dem Messer in die Schultern des knienden Messerstechers gestochen, ihm mehrere, nicht allzu tiefe Stiche versetzt und gesagt: »Du weinst. Jetzt muß ich dich nicht mehr töten. Du weinst und umfängst meine Knie. Warum sollte ich dich töten?«

Als der Anführer die Geschichte erzählte, wiederholte er diese Worte zwei- oder dreimal. Bis dahin hatte er nicht viel gestikuliert; doch nun stellte er die kleinen, hin und her hüpfenden Stiche in die Schulter des Knienden dar.

Der Augenblick der Rache, als der Messerstecher die Füße des Anführers umfangen hatte, war ein großer Augenblick für die Bande. Vithal und ein anderer Mann bekräftigten, was der Anführer sagte, und sie und andere hoben diese Episoden hervor. Der Messerstecher war nach diesem Vorfall kein Mann mehr. Er war lächerlich geworden; niemand fürchtete sich mehr vor ihm; er mußte aus seiner Bande ausgestoßen werden und war nun ein Niemand in Bombay, den keiner aufnehmen wollte.

»Mit Vithal ist alles in Ordnung«, sagte der Anführer. »Die Hand ist in Ordnung. Sie kann ein Messer führen.« Und dann, als seien wir Kollegen und spreche er andeutungsreich von Dingen, die wir beide kannten (aber auch um eine Lücke in seiner Geschichte zu füllen), sagte er: »Ich mag Messer. Sie sind sicherer. Mit einem Gewehr kann man nicht sicher sein. Man feuert, man denkt, der Mann ist tot, aber die Kugel prallt von der Rippe ab.«

Er erzählte, wie sie einmal Weihnachten bei einer Beerdigung eine gegnerische Bande überfallen hatten. Sie waren mit Messern über sie hergefallen. Sie hatten die anderen überrascht, und sie hatten viel Schaden angerichtet, ehe die anderen Trauergäste auch nur wußten, was los war.

Am Anfang hatte mich – abgesehen von dem Licht und der Anzahl der Menschen im Raum – auch aus der Fassung gebracht, daß ich, vielleicht aufgrund eines Mißverständnisses mit Ajit, geglaubt hatte, ich würde mich unter Moslems befinden. Ich hatte angefangen, mit ihnen zu reden, als ob sie Moslems seien und dann herausgefunden, daß es Hindus waren mit dem ihnen eigenen Zusammengehörigkeitsgefühl.

Bis jetzt hatte der Anführer am meisten geredet. Doch als ich mich nach den Moslems in den Banden erkundigte, sagte Vithal, er traue den Moslems in der eigenen Bande nicht und arbeite lieber nicht mit ihnen. Die Moslem-Gangster kämen aus armen Vierteln. Sie, die Leute im Raum, seien Menschen aus dem Mittelstand. Sie kämen aus dem bürgerlichen Viertel Dadar, so wie auch die großen indischen Krickettspieler, Gavaskar, Patil, Shastri. Vithal, der seine verstümmelte Hand langsam wieder verband und sie ohne offensichtliche Gemütsbewegung betrachtete, sagte, als mache er einen alten Witz: »Es hat etwas mit dem Wasser zu tun.«

Die Moslems wendeten sich dem Verbrechen zu, sagten Vithal und die anderen, weil ihre Werte nicht so hoch seien. Die Moslems hätten mehr als eine Frau und sehr große Familien. Und in einer merkwürdigen Umkehrung von Stolz sagten die Männer im Raum, daß die Moslem-Gangster für die moslemische Gemeinschaft Helden seien, Hindu-Gangster wie sie selbst aber *Ausgestoßene*.

Wenn auch Ausgestoßene, waren sie doch religiös. Sie fühlten sich von der Gottheit eines Tempels, Santoshi Mata, geschützt. Sie war eine Erscheinungsweise von Durga oder Kali, der Göttin der Macht.

Der Anführer sagte vollkommen ernst: »Sie ist die Göttin des Sieges vom Guten über das Böse.«

Sie waren religiöse Menschen: Das wollten sie klargestellt haben. Beispielsweise war es ihre Politik, nie etwas den Armen zuzufügen.

Der Anführer sagte: »Wenn man das tut, verfluchen einen die Armen. Und der Fluch der Armen kann großen Schaden anrichten.«

Sie schliefen jede Nacht an einem anderen Ort; sie hatten ihre sicheren Häuser wie dieses, in dem wir jetzt waren. Keiner wußte, wo der andere schlief. Sie trafen sich jeden Tag an verschiedenen Orten. Sie hatten Mittel und Wege, sich miteinander in Verbindung zu setzen. Jeden Tag, wenn sie aufstanden, warteten sie auf Nachrichten über den Bandenkrieg, über den Ausgang gewisser Aufträge. Und der Anführer sagte, er habe vor kurzem geheiratet. Das Mädchen sei von der Pracht und der Extravaganz dieses Lebens geblendet gewesen.

Ehe wir gingen, bat der Anführer Ajit um fünfzehn Exemplare einer Zeitung bestimmten Datums. Ein Artikel über ihn oder ein Artikel, in dem er erwähnt werde, stehe in der Ausgabe, die er haben wollte.

Solche Publicity, solche Anerkennungen waren ihm kostbar; das war seine Verbindung zur Außenwelt. Als ein von den Hindus Geächteter, immer noch tief in seinem Glauben verankert, seine hinduistische Gemeinschaft zum Teil immer noch Mittelpunkt seines Stolzes, war er in Wirklichkeit ein Verlorener. Die Lage war hoffnungslos für ihn und Vithal und viele der anderen. Sie konnten sich nicht aus dem Leben zurückziehen; sie konnten sich nicht verstecken. Um das zu tun, müßten sie weit fortgehen, auf die andere Seite Indiens, wo sie außer Reichweite der Banden wären. Sie alle hatten etwas auf dem Kerbholz. Was der Anführer für sich prophezeit hatte, galt für sie alle: sie alle würde die Kugel eines Polizisten töten.

Es war früher Abend, als Ajit und ich wieder auf die Straße traten. Das Licht der Straßenlaternen in dem Wohngebiet fiel gelb auf Bäume und warf vielfältige Schatten. Die gut bestückten Läden und Stände auf den Hauptstraßen waren hell erleuchtet. Wie wir gehört hatten, standen manche der Stände unter Schutz; das gab der Szenerie einen völlig neuen Anstrich.

Die Männer, bei denen wir gewesen waren, hatten beinahe eine vom Kino bestimmte Vorstellung von ihren Rollen und ahmten vielleicht bestimmte Filmstars nach. Solange sie redeten und man mit ihnen zusammen war, fiel es schwer, wirklich zu glauben, was sie sagten; es erinnerte zu sehr an Filme oder Bücher über Banden und Verbrechen und Mord. Sie hatten geprahlt. Doch Ajit zufolge stimmte vieles von dem, was sie sagten. Die Männer in dem Zimmer hatten acht Morde zu verantworten. Vithal mit der kaputten Hand war besonders gefährlich.

Und sie alle waren zum Untergang verdammt. Die Gangster an der Spitze, die Männer, die die Zeitungen und Zeitschriften Dons nannten, konnten berühmte Personen des öffentlichen Lebens sein, konnten von politischen Parteien und Filmleuten hofiert werden, konnten ihr Geld in Filmproduktionen stecken, konnten vom Glamour Bombays aufgesogen werden.

Doch die Männer unter ihnen, die Männer in der Mitte, wie die Männer, die wir besucht hatten, waren zum Untergang verdammt.

Schon als Kinder waren sie dem kriminellen Leben verfallen. Als Kinder, sagte Ajit, seien sie vom Glanz und Ruhm der berühmten Verbrecher in ihrem Bezirk angezogen worden, die vielleicht im Restaurant aßen, ohne zu bezahlen, die vielleicht an einem Obststand stehenblieben und eine Frucht auswählten und ohne zu bezahlen weitergingen: stilvolle Gesten. Es war eine für Bombay typische Vorstellung von Stil, für die diese Männer ihr Leben weggeworfen hatten: eine Vorstellung von Stil, die für den Außenseiter etwas Pathetisches hatte, ein Stil, der wie ein Ausdruck des Stresses und der Nervosität der Stadt ohne Raum war: Stil, ein menschliches Bedürfnis, das Anwar in seiner Siedlung empfand und Mr. Ghates Schwester in ihrem *chawl* empfunden hatte.

Die Gangster brachten Opfer im Tempel von Santoshi Mata dar. Mr. Ghates Schwester hatte einen ayurvedischen Arzt geheiratet, jemanden, der über traditionelles Wissen verfügte. Ihre Familie hatte sie daraufhin verstoßen, weil sie sich gegen die Bräuche gewandt hatte und eine Liebesehe eingegangen war. Ganz gleich, wie sehr sie in der Stadt geändert werden mußten, die Rituale der Vergangenheit hafteten noch vielen Menschen an, und in Bombay herrschte Bedarf an Männern, die die Rituale kannten.

Deshalb war der Pujari, ein Mann, der die Puja professionell verrichtete, nach Bombay gekommen. Er kam aus dem Staat im Süden von Maharashtra. Er gehörte zu der Priestergemeinschaft der Chitrapur-Saraswat-Brahmanen. Genauer gesagt, er gehörte zu einer der sieben Priesterfamilien, die einem berühmten Tempel verbunden waren, in dem seit über dreihundert Jahren eine Gottheit verehrt wurde.

Man konnte sagen, der Pujari war in einem Ashram aufgewachsen. Der Vater des Pujari war Pujari gewesen und davor dessen Vater – das reichte so weit, wie der Pujari seine Vorfahren zurückverfolgen konnte. Der Pujari hatte im Alter von zehn Jahren seinen Vater verloren. Doch da es eine Großfamilie gewesen war, war der zehnjährige Junge von den Brüdern seines Vaters in Ritualen und heiligen Texten unterwiesen worden.

Zu einer Priesterfamilie zu gehören hieß, in der Gemeinschaft geachtet zu sein, aber es hieß nicht, Geld zu haben. Pujaris, die Tempeln verbunden waren, hatten sehr wenig Bargeld, und der Junge war nie in Ferien gefahren. Seine Kindheit hatte er beinahe vollständig im Tempel verbracht, und dort hatte er nur religiöse Dinge gelernt. Gegen Ende seiner Lehrzeit war in der Stadt ein weltliches modernes College gegründet worden, doch der Pujari war nur ein Jahr dorthin gegangen. Er hatte also kaum moderne Schulbildung erhalten; und als er anfangen mußte, sich seinen Lebensunterhalt zu verdienen, konnte er keine moderne Arbeit verrichten.

Wie sein Vater und Großvater konnte er nur Pujari sein. Das war schwer. Die sieben Priesterfamilien – Großfamilien – hatten viele Pujaris hervorgebracht, und es gab einfach nicht genügend Arbeit für alle am Ort. Das wurde noch schlimmer, weil viele Angehörige der örtlichen Saraswat-Brahmanenfamilien nach Bombay abgewandert waren.

Der junge Pujari beschloß, ihnen zu folgen, um zu sehen, ob er sein Glück in Bombay finden konnte. Bombay war eine abweisende Stadt, doch der Pujari hatte Glück. Er hatte eine Tante in der Stadt, und er konnte ein Jahr bei ihr wohnen. Das konnte jedoch nicht als endgültige Lösung betrachtet werden, weil die Tante einen Sohn im heiratsfähigen Alter hatte; dieser Sohn würde seine Braut nach Hause bringen, wenn er heiratete, und der Pujari würde woanders hingehen müssen. Immerhin hatte er vorübergehend eine Bleibe.

Und es gab auch Arbeit. Da der Tempel, von dem der Pujari kam, in der Gemeinschaft berühmt war und sogar die Familie des Pujari Leuten bekannt war, die zu dem Tempel gepilgert waren, und es in Bombay Leute gab, die den Pujari als Kind gekannt hatten, kam es gar nicht soweit, daß er – wie etwa ein neuer Rechtsanwalt, der auf einen Auftrag wartete – sich herumtreiben und auf Leute warten mußte, damit sie kämen und ihn bäten, die Riten zu vollziehen, um eine neue Wohnung zu segnen oder sie von früheren Geistern zu säubern. Sobald er in der großen Stadt angekommen war, begann er, kleine Pujas zu verrichten.

Er war damals ein schüchterner junger Mann von vierundzwanzig, noch mit ländlichen und vom Tempel geprägten Umgangsformen. Wenn er in der Anfangszeit Puja für Leute verrichtete und sie fragten, wie hoch die Gebühr sei, wischte er das Thema Geld beiseite und sagte, er würde es ihnen überlassen. Die Leute nutzten das aus, doch anfangs wußte er das nicht. Als er merkte, was los war, beschloß er, die Gebühren festzulegen. Als er die Bezahlung den Leuten überließ, gaben sie ihm manchmal nur 350 Rupien für eine Hochzeit – und das hieß, sechs Stunden lang ununterbrochen Verse aufzusagen und dabei die ganze Zeit komplizierte Dinge zu tun. Heutzutage betrug der Festpreis für eine Hochzeit 1000 Rupien, und niemand beklagte sich.

So wurde der Pujari in Bombay heimisch, gewann seinen Kundenkreis und konnte, als der Sohn seiner Tante nach einem Jahr tatsächlich heiratete, ausziehen, ohne in Bedrängnis zu geraten. Er wurde ein »zahlender Gast«. Das war eine für Bombay typische Lebensweise: es bedeutete, daß er in der Wohnung von jemandem, in einem Zimmer oder Schlafboden Platz zum Schlafen mietete. Das reichte ihm.

Er entdeckte, daß er als professioneller Pujari in Bombay gewisse Vorteile hatte. Es gab insgesamt fünf Pujaris in der Gemeinschaft in Bombay. Zwei waren älter; ein dritter hatte den Beruf in Bombay bei seinem Vater erlernt. Der junge Pujari, sozusagen noch frisch von der Quelle des Tempels, sprach besonders die altmodischen oder konservativen Leute an. Nur ein Pujari war noch jünger.

Es gab noch einen sechsten Pujari in Bombay, aber der war so berühmt und etabliert, so großartig, seine Methoden waren so modern, daß er einer ganz anderen Kategorie zugeordnet werden konnte. Dieser Pujari hatte das alte Ritual der Geschwindigkeit des Lebens in Bombay so angepaßt, daß er die vollständigen Hochzeitsverse – die normalerweise sechs Stunden dauerten – in dreieinhalb Stunden aufsagen konnte. Dieser Pujari war dreiundsechzig Jahre alt und wegen seiner Geschwindigkeit bei den Versen als »der elektrische Pujari« bekannt. Dieser Mann hatte auch bestimmte Pujas auf Kassette aufgenommen – die Verse, die im Zusammenhang mit der Puja standen – und verkaufte sie an die Gemeinschaft im Ausland, hauptsächlich in verschiedenen Ölstaaten am Persischen Golf. Es hieß, er verlange tausend Rupien für eine Hochzeitskassette und die entsprechende Summe für kürzere Pujas. Er war so erfolgreich gewesen, daß er und seine Frau (eine Bankangestellte) – wie man erzählte – einen langen Urlaub in London und in den Vereinigten Staaten gemacht hatten; selbst auf dieser Reise – Erfolg zieht Erfolg an – hatte der elektrische Pujari drei Ehen und drei Übergaben der Heiligen Schnur vollzogen. Er war mittlerweile in Bombay so wichtig geworden, daß er ein Shiv Sena-Wortführer geworden war und Geld in einen Film auf Marathi gesteckt hatte.

Über den elektrischen Pujari sagte der junge Pujari: »Er ist ein Mann voller Tatendrang.« Doch mit diesem alten Hasen wollte der junge Pujari nicht konkurrieren. Er wollte keine Pujakassetten aufnehmen. Er war zufrieden, alles so altmodisch zu machen, wie er es tat. Er meinte, es gebe Leute, die das schätzten. Wegen des Verkehrs in Bombay – er verbrachte täglich Stunden damit, bloß von einem Ort zum anderen zu kommen – konnte er nicht mehr als drei Pujas am Tag verrichten, und das reichte ihm.

Im Schnitt verdiente er 1000 Rupien im Monat (im Schnitt: es gab nicht jeden Monat Hochzeiten), und er war zufrieden. Außerdem wurde ihm Essen geschenkt: der Reis und die Kokosnüsse und Früchte und Hülsenfrüchte, die man bei der Puja als geweihte Opfergaben brauchte: ein Teil der überreichten Gaben, die der Gläubige zur Verfügung stellte, wurde für das Ritual gebraucht, der Rest dem Pujari mitgegeben. Indem er täglich von Haus zu Haus ging (und im straßenverkehrsgeplagten Bombay ein ähnliches Leben führte wie die Jaina-*munis*, die Essen in den Heimen der Gläubigen fanden), mußte es so dem Pujari vorkommen, als sei die Welt nach den Entbehrungen des weit entfernten Tempels wieder in sich geschlossen.

Er war ein kleiner, sogar zierlicher Mann von dreißig, knapp über ein Meter fünfzig groß. Er hatte ein hübsches Gesicht mit einem kleinen Schnurrbart und der bleichen Haut seiner Gemeinschaft, und er kleidete sich in Weiß. Sein Dhoti hatte eine hellbraune Borte. Er trug eine Kette aus Sandelholzperlen, und für sein Hab und Gut hatte er eine weiße Einkaufstasche aus Nylon. Seine Stimme war so sanft wie sein Lächeln und seine

Augen. Er war der Inbegriff des gelassenen und milden Brahmanen: Er sah so zufrieden und ungekünstelt aus, wie er es von sich behauptete.

Seine Erzählungen von der Puja und den geschenkten Lebensmitteln – und dieser Beutel oder Sack aus Nylon, in dem er zweifelsohne die Opfergaben mitnahm – weckten Erinnerungen in mir. Als ich ein Kind war, hatte es in der Familie meiner Großmutter auf Trinidad so viele Pujas gegeben, so viele rituelle Lesungen aus den Schriften und den Epen. Sie hatten uns nicht so sehr eine Vorstellung von dem vermittelt, was wir waren, sondern die Vorstellung, daß wir in Trinidad Außenseiter waren. Diese Lesungen – die manchmal Tage dauerten – fanden in einer Sprache statt, die ich nicht verstand. Ich erinnerte sie als Feiertage, unterbrochen – an gewissen Abschnitten des Rituals, wenn geklärte Butter und Rohrzucker das Opferfeuer speisten und süßten – vom Läuten der Glocken, dem Blasen der Tritonshörner, dem Spiel der Zymbeln.

Durch diese Veranstaltungen hatte sich in mir die Vorstellung festgesetzt, daß die Pandits privilegiert seien. Sie waren die Hauptdarsteller bei diesen Veranstaltungen, und es wurde alles getan, um sie zu verwöhnen. Die besten Decken oder Laken wurden für sie ausgebreitet; das beste Essen wurde für sie verwahrt und ihnen am Ende zeremoniell serviert. Anschließend, wenn der religiöse Moment vorüber, sozusagen zu Asche geworden war und die Pandits nicht mehr agierten, blieb es ihr Privileg, diskret hinzugehen und die Münzen einzusammeln, die man auf das geweihte Feuer auf dem geschmückten Schrein geworfen hatte, und ebenso die Münzen, die auf den Messingteller mit brennendem Kampfer – Sinnbild des geweihten Feuers – geworfen worden waren. Der Teller war unter den Leuten weitergegeben worden, die der Zeremonie beiwohnten: Man warf seine Münze darauf, fuhr mit den Fingern durch die Kampferflamme und führte die Finger an die Stirn.

Für mich waren das weit zurückliegende Erinnerungen, beinahe aus einem anderen Leben. Und hier waren sie unversehrt, in einer unwahrscheinlichen Umgebung. Ich lernte den Pujari in Nandinis Wohnung kennen. Nandini war eine Journalistin, die für eine Werbezeitschrift arbeitete. Sie kam aus der Gemeinde des Pujari. Sie selbst glaubte nicht an Rituale und brauchte sie nicht, doch zu gewissen Anlässen schien der Pujari immer noch von ihrer Familie geholt zu werden. Die Wohnung war in der Gegend von Dadar. Es war eine Wohnung in einem Block – vier Stockwerke, zehn Wohnungen auf jedem Stockwerk –, und wir befanden uns ziemlich hoch oben: für Bombay eine respektable bürgerliche Wohnung: Veranda, ein Raum vorn, ein Raum hinten.

Mit der Erinnerung an die Erregung, die ich als Kind bei der Vorstellung empfunden hatte, daß Geld aus der warmen Asche des Schreins geharkt wurde und die Münzen noch warm von dem Teller mit brennendem Kampfer weggenommen wurden, fragte ich den Pujari, ob die Leute seiner Gemeinschaft Geld auf den Teller mit brennendem Kampfer legten. Er sagte, den Brauch gebe es in seiner Gemeinschaft nicht. Doch manchmal legten Leute von außerhalb Geld auf den Teller, wenn das geweihte Feuer weitergereicht wurde, und dann folgten sogar Leute aus der Gemeinschaft, die nicht das Gesicht verlieren wollten, diesem Beispiel – und das ganze Geld gehörte ihm.

Er erzählte mir von der Gottheit in dem Tempel mit angeschlossenem Ashram, dem *math*, in dem er aufgewachsen war. Die Gottheit dort war der Bhavani Shankar. Wer war das? Der Freund des Gottes Shiva. Was waren seine Attribute? Der Pujari benahm sich, als stelle ich ihn auf die Probe. Bhavani Shankar, sagte er, sei eine Reinkarnation von Yama, dem Gott des Todes.

Er sagte: »Man betet zu ihm, damit die Seele in Frieden ruht.«
»Ist das nicht eine christliche Idee?«

Es war nicht die christliche Idee; die christliche Idee schien er nicht zu kennen. Er redete in seiner sanften Art weiter, lächelnd und mit strahlenden Augen, und Nandini dolmetschte.

»Unsere Gemeinschaft glaubt an die Seele, den *atman*, der eins wird mit dem Herrn.« Und beinahe sofort skizzierte er – er war ein Pujari, einer, der Rituale vollzog, und nicht ein Guru oder Philosoph oder Theologe – und wieder so, als habe er das Gefühl, er werde geprüft, das Ritual, das nach einem Todesfall vollzogen werden mußte. »Am vierzehnten Tag nach dem Tod eines Menschen hält man eine Zeremonie ab, zu der man alle möglichen Speisen bereiten muß – zu den Gerichten, die der Tote gern aß, noch bestimmte zusätzliche –, und man verrichtet

102

eine feierliche Puja. Nach der Puja stellt man alle Speisen auf ein Platanenblatt und läßt es im Freien liegen. Man erwartet, daß eine Krähe kommt und an dem pickt, was auf dem Platanenblatt ausgebreitet ist« – indische Krähen sind räuberisch und flink und wachsam –, »und das nehmen wir als Symbol für die Seele, die im Unendlichen aufgeht.«

So etwas hatte er im Tempel gelernt. Es war ein umfassendes Studium. Es gab Rituale beim Tod; es gab Rituale bei der Geburt.

»Es gibt eine Wiegenzeremonie. Man muß dann im *Panchang* nachschlagen. Das ist ein antiker Text; er ist jetzt in verschiedenen indischen Sprachen gedruckt. Zu diesem Text greift man, um ein Horoskop zu erstellen und einen Namen zu finden. Das ist ein bei den Hindus üblicher Brauch. Er beschränkt sich nicht auf unsere Gemeinschaft. Ich mußte das lernen, und ich mußte die Einzelheiten aller anderen Zeremonien lernen. Nehmen wir an, Sie ziehen in eine neue Wohnung. Sie müssen die Geister austreiben, die dort sind. Die neue Wohnung sollte rein sein. Um das zu schaffen, muß man eine ziemlich feierliche Puja verrichten. Wenn ein Kind acht Jahre ist, wird in einer Zeremonie die heilige Schnur überreicht. Und dann gibt es natürlich noch die Hochzeitszeremonie – sechs Stunden, in denen der Pujari die ganze Zeit singt.«

Ich wollte wissen, ob die Einzelheiten der Rituale genau feststanden oder ob die Pujaris sich stritten – wie sich vor langer Zeit die Pandits auf Trinidad gestritten hatten, manchmal über kleine Dinge: beispielsweise die korrekte Form der Hindu-Begrüßung.

Der Pujari sagte: »In letzter Zeit haben die Pujaris Kürzungen vorgenommen, besonders bei der Hochzeitszeremonie. Sie halten eine sechsstündige Zeremonie für zu lang.« Er mochte die Kürzungen nicht. »Das hat keinen Sinn. Ich habe das Gefühl, wenn man einmal anfängt zu kürzen, geht alles den Bach hinunter.«

Das war ein weiteres Problem. Wieviel von dieser komplizierten Hindu-Theorie – die sich über Jahrtausende Schicht um Schicht entwickelt hatte – war in Bombay bereits den Bach hinuntergegangen? Für mich waren auf Trinidad, nur zwei Generationen von Indien entfernt – auch wenn die Hindu-Epen noch eine Bedeutung hatten – bereits ganze Abschnitte der Hindu-

Theorie verloren; später sollten Teile davon zurückerobert werden, doch nur als Kunstgeschichte. Ohne ihre Umgebung und ihren Humus schien die hinduistische Theologie zu verfliegen, wie sie nach Jahrhunderten aus den Kulturen Javas und Kambodschas und Siams verflogen war: unwiderruflich verloren waren nun die Gefühle und die Verästelungen des Glaubens, die zur Erbauung von Angkor Wat geführt hatten.

Der Pujari sagte, er gebe sich immer Mühe, die Verse zu erklären, die er singe. Er hatte auch ein paar Bücher gekauft, die der Arya Samaj veröffentlicht hatte – die reformerische Hindu-Bewegung, die Anfang des Jahrhunderts aktiver gewesen war als jetzt. Die Arya Samaj-Bücher erklärten die Bedeutung einiger Zeremonien, die der Pujari vollzog, und halfen ihm, sie den Gläubigen zu erklären.

Hatte er selbst manchmal Probleme mit der Theologie?

»Ich bin damit aufgewachsen. Sie ist Teil von mir.«

»Bhavani Shankar. Freund von Shiva, Reinkarnation von Yama. Das sind an sich schon schwierige Vorstellungen. Wenn Sie sie zusammenbringen, werden sie noch schwieriger.«

Er sagte noch einmal: »Man betet zu Bhavani Shankar, damit die Seele eins wird mit Gott.« Dann sprach er von den verschiedenen Gottheiten und sagte: »Jeder hat seinen eigenen Weg, Gott zu verstehen. In unserem *math* haben wir ihm die Erscheinungsweise von Bhavani Shankar gegeben. Den *math* gibt es schon seit dreihundert Jahren, und die Gottheit ist seit Jahrhunderten da.«

»Ist die Gottheit dort sehr viel anders als Ganpati in Pali?« Der Glücksbringer, der Zuversicht schenkte, war Mr. Patils Gottheit.

Der Pujari sagte: »In meinen Augen sind alle Gottheiten gleich. Eigentlich mag ich von allen Gottheiten Ganpati am liebsten, weil Ganpati der Gott der Gelehrsamkeit ist.«

»Ist das nicht Saraswati?«

»Ganpatis anderer Name ist Vidyadhiraj. Der Gott der Weisheit. Wenn es um Gott geht, lernt man nie aus. Man dringt tiefer ein, und man bekommt immer mehr. Wenn man einmal in dem Beruf steckt, hat man keine Lust mehr, ihn aufzugeben. Er ist mein Lebensunterhalt, aber gleichzeitig setze ich durch ihn meine Suche nach Wissen fort. Mein Glaube hat sich über die

Jahre aufgebaut, er ist so stark, daß es nicht das gleiche wäre, wenn ich jetzt etwas anderes täte, beispielsweise in einer Bank arbeitete.«

Der jüngere Bruder des Pujari arbeitete in einer Bank. Dieser Bruder war ebenfalls als Pujari ausgebildet worden, aber er war auch auf das örtliche College gegangen. Das gehe jetzt so mit jungen Männern des Pujari-Standes, sagte der Pujari. Sie wendeten sich von ihrer traditionellen Arbeit ab. Ein Mann beispielsweise, ein ordentlich ausgebildeter Pujari vom Tempel, sei Buchhalter in einem Hotel in Bombay in der Nähe des Flughafens. Die jüngere Generation wolle den Beruf nicht ausüben. Der Pujari machte seinem Bruder keinen Vorwurf, weil er in einer Bank arbeitete. Nicht alle hätten den gleichen Glauben; und selbst wenn sein Bruder beschlossen hätte, als Pujari nach Bombay zu kommen, hätte er große Schwierigkeiten gehabt, eine Unterkunft zu finden.

»Wieviel verdient Ihr Bruder bei der Bank?«

»1200 Rupien im Monat.«

»Ungefähr so viel wie Sie.« Und vielleicht ein gut Teil weniger, wenn man die täglichen Geschenke, Lebensmittel und andere Dinge wie Kleidungsstoff für den Pujari in Betracht zog.

Anfangs, sagte der Pujari, habe es ihn deprimiert und bekümmert, daß er nicht die Chance gehabt habe, richtig auf dem modernen College in seiner Tempelstadt zu studieren. Er habe immer das Gefühl gehabt, es würde ihm schwerfallen, sich den Lebensunterhalt zu verdienen. Aber nun mache er sich keine Sorgen mehr über die Ausbildung, die er nicht bekommen habe, besonders jetzt, da er beinahe genauso viel verdiene wie sein jüngerer Bruder, der das College abgeschlossen habe und bei einer Bank gelandet sei. Manchmal rieten ihm wohlgesonnene Menschen, er solle noch an etwas Zusätzliches, eine moderne Beschäftigung denken, für alle Fälle. Selbst wenn er fast so viel verdiene wie sein Bruder, sei das in Bombay nicht gerade viel.

»Aber«, sagte der Pujari, »das erste, wonach die Leute fragen, wenn man sich um eine Stelle bewirbt, ist ›Haben Sie einen Abschluß? Haben Sie diesen Kurs oder jenen Kurs belegt? Haben Sie Berufserfahrung?‹ Also ist es das Beste für mich, in meinem Beruf weiterzumachen.«

»Sie reden, als hätten Sie sich nach anderer Arbeit umgeschaut.«

»Das habe ich nicht. Aber ich habe viele Leute mit Collegeabschluß zu Hause herumsitzen sehen, weil sie keine Anstellung haben.«

Selbst wenn er nicht an einen zusätzlichen Beruf denken wollte, mußte ihm doch durch den Kopf gegangen sein, daß das Herumfahren in Bombay immer schlimmer werden und er immer länger brauchen würde, um von einer Puja zur nächsten zu kommen. Sollte er also deshalb nicht zur Absicherung seiner Zukunft an etwas Ähnliches denken wie der elektrische Pujari?

Er redete, als habe er darüber nachgedacht. »Davon halte ich nichts.« Er meinte, eigene Pujakassetten herzustellen. »Man ist zu beschäftigt damit, alles nur schnell vor- und rückwärts laufen zu lassen. Die Konzentration wird gestört. Der ganze Sinn der Puja ist weg.«

Ich sagte, in einem Tempel mit angeschlossenem Ashram könne ein Pujari arm sein, ohne seine Würde zu verlieren. Selbst jetzt spielte es wahrscheinlich in Bombay keine Rolle, wenn man ein armer Pujari war. Würde es immer so sein? Bombay veränderte sich ständig; es war jetzt viel mehr Geld im Umlauf. Bestand nicht das Risiko, daß er als armer Pujari in der Achtung der Leute sinken könne?

»Sollen andere materiellen Reichtum haben. Ich habe meinen Seelenfrieden.« In Wirklichkeit, sagte er lächelnd, gehe es ihm nicht schlecht. Er sei kein »zahlender Gast« mehr. Er habe gerade eine eigene Wohnung gekauft, eine »Einzimmer-Küche«, wie es in Bombay hieß, eine Wohnung wie die, in der wir uns unterhielten. Knapp vierzig Quadratmeter, 75000 Rupien.

Ich überschlug das. Er war seit sechs Jahren in Bombay, und er sagte, er verdiene 1000 Rupien im Monat. Die Wohnung kostete also mehr als sein gesamter Verdienst in den sechs Jahren. Hatte er eine Hypothek?

Er sagte mit seinem zarten Lächeln: »Nein. Ersparnisse.«

Ersparnisse! Er hatte also mehr oder weniger von den Geschenken gelebt, die er als Pujari bekam, und kaum etwas von dem ausgegeben, was er an Gebühren für die Pujas einnahm.

Er sagte: »Ich zahle in Raten. Weil ich Pujari bin, hat mir der Verkäufer Sonderkonditionen gegeben. Er kommt aus meiner Gemeinschaft.«

»Nicht viele Menschen haben in Bombay solch ein Glück.«

Er sagte schlicht: »Ich nehme das als Gottesgeschenk.«

Es stellte sich heraus, daß er nun sogar ans Heiraten dachte. Es würde für die Frau, die er heiratete, nicht leicht werden, da er den ganzen Tag unterwegs sein würde, um seine Pujas zu verrichten. Deshalb meinte er, wäre es schön, wenn er eine *berufstätige Frau* finden könne – er nahm die englischen Worte –, denn das würde natürlich bei den Unkosten und all den Dingen des Lebens helfen, über die ich mir solche Gedanken zu machen schien.

Gab es Vergnügungen für ihn?

Das war keine gute Frage. Für ihn gab es keine Trennung zwischen Arbeit und Vergnügen. Er war Pujari; er diente Gott; das hatte nichts mit Arbeit und Arbeitszeit zu tun. Trotzdem zwang er sich nachzudenken. Und seine sanften schwarzen Augen strahlten und lächelten dabei. Vergnügungen – was könnte als Vergnügungen gelten?

Er sagte: »Ich dekoriere gerne den Schrein.«

Er sah immer nach innen. Doch – wir befanden uns in Bombay, einer Stadt mit vielen Glaubensrichtungen und Rassen und Konflikten. Wie sah er die Stadt? Was empfand er beispielsweise, wenn er die Touristen am Gateway of India und am Taj Mahal Hotel sah? Was hielt er von der Masse, von den Leuten, zwischen denen er – in seinem Pujari-Gewand – ganz sicher auffiel?

»Das berührt mich nicht. Ich habe meine Arbeit. Die hält mich beschäftigt. Ich habe keine Zeit, Besuche zu machen. Ich habe keine Zeit, mich umzuschauen.«

Er war seit sechs Jahren in Bombay und würde, soweit er es voraussehen konnte, dableiben. Doch die einzige Person, zu der er immer noch aufsah und die er verehrte, war das Oberhaupt der Chitrapur-Saraswat-Brahmanen-Gemeinschaft.

Er schaute nach innen und war gelassen; er schloß den Rest der Welt aus. Oder, wie man auch sagen konnte, er überließ es anderen, die Welt in Gang zu halten. Das war nicht die Weltsicht, die seine Mitmenschen in der Gemeinschaft hatten (von

denen manche am Golf, unter Moslems, lebten). Doch diese
Sicht machte ihn zu einem guten Pujari.

Subroto – der aus Bengalen kam und in Bombay in der Art-
Abteilung einer Werbeagentur arbeitete, sich aber damit abge-
funden hatte, daß er als »zahlender Gast« in der Stadt lebte,
weil es seine Mittel bei weitem überstieg, eine Wohnung zu
kaufen oder zu mieten –, Subroto nahm mich eines Nachmittags mit zu einem Freund, einem Drehbuchautor, dem es
dreckig ging. Dreckig in Bombay bedeutete dreckig. Für den
Drehbuchautor bedeutete es, beinahe so tief wie sein potenti-
elles Publikum gesunken zu sein, die Leute, die (wie der Autor selbst sagen sollte) die nach Schweiß stinkenden, baufälligen Kinos füllten und Erlösung erhoffend auf die Leinwand
schauten.
Der Autor lebte in einem Wohnblock in Mahim mitten in
Bombay, in der Nähe eines Gemüsemarktes, von dem faulig
warme Gerüche herüberwehten. In diesem Wohnblock waren
wie in Nandinis Wohnblock zehn Wohnungen auf einem
Stockwerk; doch der Block war nicht so gepflegt wie Nandinis. Als Subroto und ich die Betontreppe hinaufgingen, konnten wir durch offene Türen das Durcheinander kleiner Zimmer erblicken und manchmal Gestalten, die sich zum Mit-
tagsschlaf auf Betten oder dem Fußboden ausgestreckt hatten;
und mit meiner Phantasie war ich – in der allgemeinen Atmosphäre des Hauses – sofort bereit, düstere Tableaus aus diesen
Figuren und Stellungen zu entwerfen.
Wir erreichten das Stockwerk, zu dem wir wollten, und
folgten einer Veranda oder Galerie, gleißend in der Nachmittagssonne, wo sie in einen frisch gestrichenen und beinahe
unmöblierten Raum führte. In diesem Raum, erfüllt von
schräg einfallendem Sonnenlicht und Schatten, standen an
sich gegenüberliegenden Wänden zwei Betten, zwei Klappstühle und an einer Wand drei Flechtarbeiten als Schmuck,
wie man ihn sich schlichter nicht vorstellen konnte, ein
Hauch von Heim, vielleicht ein Hauch von Bengalen. In dieser Umgebung mit den klaren und deutlichen Details, den Details einer nahezu improvisierten Kulisse, stand mein Gastgeber, der Autor, ein großer Mann in weißer bengalischer

108

Kleidung, ein Mann in den Vierzigern, gut aussehend, ironisch, die unterdrückte Wut gerade noch spürbar, ein Mann, der mir sofort sympathisch war.

Wenig später erkannte ich, daß der Raum, schlicht und ordentlich, wahrscheinlich extra für unseren Besuch hergerichtet worden war. Er war das einzige Zimmer der Wohnung. Zwei Menschen lebten und schliefen in diesem Zimmer. Hinter einem Durchgang mit Vorhang schloß sich eine Küchenecke an.

Der Autor sagte: »Studiert habe ich in Kalkutta. Dorthin kehre ich immer wieder zurück. Das ist meine geistige Heimat. Dort fühle ich mich wohl. Dort habe ich das Gefühl, daß ständig etwas los ist, und dort habe ich auch den Ehrgeiz entwickelt, Drehbuchautor zu werden. Es ist schwierig, als Drehbuchautor zu überleben - das wußte ich, und elf Jahre lang war ich Rechnungsführer. Das war zu der Zeit, in der man sich bemühte, Indien zu einer großen Industrienation zu machen. Damals wurde in allen Teilen des Landes viel gebaut, und als Rechnungsführer in der Bauindustrie wurde ich von einem Ort an den anderen versetzt, reiste durch das ganze Land und hielt mich oft in wilden, unbewohnten Gegenden auf. Ich wurde ein Nomade und bin es geblieben.

Eines schönen Tages stand ich einfach auf und schmiß meinen Job hin. Das war hier in Bombay. Ich war mit meiner Firma nach Bombay gekommen. Bombay wurde damals, Ende der sechziger Jahre, gerade eine richtige Industriestadt. Und ich schmiß meinen Job hier hin und mischte im Theaterbetrieb mit. Als ich in der Bauindustrie beschäftigt gewesen war, hatte ich in meiner Freizeit immer viel gelesen; in manchen Gegenden hatte man sonst nichts zu tun. Und als ich nach Bombay kam, stellte sich heraus, daß viele der Freunde, die ich hier hatte, Leute, die ich anderswo kennengelernt hatte, Theaterleute waren.

In den siebziger Jahren wurden viele Theaterleute Filmleute. Es gab eine Filmfinanzierungsgesellschaft der Regierung. Man brauchte das Geld nur abzurufen. Also schnappten sich viele meiner Freunde das Geld, schlossen sich dem Trend an, und es wurden viele gute Filme gemacht. Doch dann fanden diese guten Filme keinen Verleih. Sie wurden in Seminaren gezeigt, sie wurden auf Festivals gezeigt, und viele lange Artikel wurden darüber geschrieben. Doch unglückseligerweise waren die Filme nie richtig zu sehen, weil sie keinen Verleih hatten.

Ich will Ihnen erzählen, wie ich mich durchschlug, als ich die Baufirma verließ. Ich wohnte mit zwei Freunden auf dem Dach eines Hochhauses, unter dem Wassertank. Wir bestachen den Nachtwächter. So lebten wir ein Jahr lang. Die beste Aussicht in der Stadt, und das kostenlos. Das war 1969. Ich war siebenundzwanzig. Das einzige, was wir uns leisten konnten, war selbstgebrannter Schnaps vom Land. Wir hatten folgendes mit dem Nachtwächter ausgehandelt: an einem Abend brachten wir eine Flasche mit und am nächsten Abend er. Das Resultat war, daß wir da oben zu Säufern wurden. Uns blieb nichts anderes übrig. Der Nachtwächter gab uns keinen einzigen Abend frei – das gehörte zu der Abmachung.

Der Nachtwächter kam aus Nepal, und er erzählte uns fürchterliche Geschichten über Nepal. Er erzählte uns, daß er 27 Tage gelaufen war, um von seinem Dorf zur indischen Grenze zu kommen, und daß er während dieser 27 Tage gehungert hatte. Er war hergekommen, um Arbeit zu finden, und als er seine erste Lohntüte bekam, ging er in ein Restaurant und aß so viel, daß er Durchfall bekam. Wenn er betrunken wurde, sagte er immer: ›Alle sollten erschossen werden!‹ Und wir stimmten ihm zu.

Wir dachten uns Geschichten aus, versuchten Drehbücher zu schreiben. Dann bekam einer unserer Freunde etwas Geld. Und er machte einen Film. Drei von uns hatten am Drehbuch mitgearbeitet, und als der Film herauskam, stand mein Name nicht im Nachspann. Das war meine erste Lektion beim Autorenkino. Wir waren sehr emotional und töricht. Anstatt den Regisseur kräftig zu verprügeln, sagten wir: ›Ich werde nie wieder mit dir arbeiten.‹ Was ihm recht war.

Ich will Ihnen erzählen, wie ich zum kommerziellen Kino kam.

Zu der Zeit wanderten im Punjab ganze Dörfer aus. Viele Leute wurden nach England geschmuggelt. Sehr wenige davon hatten gültige Pässe und dergleichen. Ein sehr berühmter Schauspieler aus dem kommerziellen Filmbetrieb sagte, er wolle einen Film über diese indischen Emigranten machen. Der Schauspieler war sehr berühmt. Genauer gesagt, er war auf dem Zenit seiner Karriere.

Zu der Zeit hatte ich das Dach des Hochhauses und den Nachtwächter aus Nepal verlassen und wohnte in einer Pension. Zu zweit teilten wir uns ein Zimmer. Damals hatten wir nie ein Zimmer für uns allein. Mein Freund arbeitete für diesen berühmten Schauspieler, und dieser Schauspieler suchte einen aufgeweckten jungen Mann. Das ist noch etwas, was man lernt: sie suchen *immer* einen aufgeweckten jungen Mann. Anscheinend war ich genau der Richtige. Ich war jung genug, und der berühmte Mann meinte, ich sei aufgeweckt genug.

Die einzige andere Möglichkeit, die ich damals hatte, war, in die Bauindustrie zurückzukehren. Damals wurde der Golf erschlossen, und meine alte Firma drohte, mich zum Golf zu schicken. Tatsächlich hatte ich immer noch einen Vertrag mit der Firma und hatte auch einen gehabt, als ich sie verlassen hatte – für diese große Freiheit, ein Autor zu sein.

Dem Schauspieler wurde also Bescheid gesagt, und der große Mann schickte nach mir. Sein Büro war in Santa Cruz, in der Nähe des Flughafens. Santa Cruz war teilweise reich, teilweise ein Slum. Das Büro des Schauspielers war Teil des Slums geworden. In den dreißig Jahren, in denen er dort sein Büro hatte, war alles Grün verschwunden und der Slum gekommen. Rundherum Slum und in der Mitte dieses baufällige Bürogebäude. Doch ich stellte fest, daß das Innere des Gebäudes nichts mit der Umgebung zu tun hatte – es war luxuriös, mit Teppichen und einer zentralen Klimaanlage. Es hatte überhaupt nichts mit der Umgebung zu tun. Ich war in die Traumfabrik gekommen.

Das Büro war riesig – kolossal. Ich mußte durch zwei Räume, um zum Privatzimmer des Schauspielers zu kommen. Auch das war riesig. Am meisten beeindruckten mich die Bücher an den Wänden. Diese Ausgaben von den Nobelpreisträgern in dreißig Bänden. An der anderen Wand stand die ›Encyclopaedia Britannica‹, und es gab schöne Globen und teure *coffee-table* über Tiere und Blumen. Und wieder an einer anderen Wand standen die Drehbücher aller sogenannten Filmklassiker des Westens. Direkt über seinem Kopf, um genau zu sein.

Er fing an, von diesem Film über die indischen Emigranten zu erzählen. Er skizzierte mir kurz die Handlung. Ich sagte –«

Ich unterbrach den Autor, um zu fragen: »Wie war die Handlung?«

»Zwei Zeilen. Bloß zwei Zeilen. Ich sagte: ›Das ist eine ganz glänzende Idee.‹ Er sah mich mit funkelnden Augen an und sagte: ›Das ist eine sehr intelligente Bemerkung, die Sie da machen.‹

Ich will Ihnen noch ein bißchen über diesen berühmten Schauspieler erzählen. Er war ewig jung. Er *ist* ewig jung. Er war damals ungefähr fünfzig, vielleicht einundfünfzig, zweiundfünfzig.

›So‹, sagte er. ›Dann wollen‹ wir mal überlegen, wer das spielen kann.‹ «

Ich fragte: »Das wollte er sofort festlegen?«

»Auf der Stelle. Das war meine erste Lektion in diesem neuen Studiengang. Wie man ein Drehbuch für einen kommerziellen Film schreibt.

Ich war sehr aufgeregt. Ich dachte, es sei das Größte, was mir geschehen könne, als ich mir den Weg zurück durch den Slum draußen bahnte. Ich ging in meine Pension zurück. Sie lag mitten in einem der häßlichsten Slums in Bombay, einem der häßlichsten der sogenannten Fischerdörfer. An dem Abend machte ich buchstäblich die Nacht zum Tag. Glücklicherweise kam mein Zimmergenosse aus dem Punjab. Er wußte, wie die Emigranten waren, und er erzählte mir etwas von ihren Eigenschaften. Ich schrieb ein paar Szenen.

Am nächsten Tag brachte ich sie in das Büro. Der Schauspieler las die Szenen in meinem Beisein – vier Szenen auf sieben Seiten –, klatschte in die Hände und sagte: ›Das ist wunderbar! Lassen Sie mich nur diese Seiten anschauen. Ich arbeite ein paar Zeilen aus, und wir reden morgen darüber.‹

Der nächste Tag kam, und er sagte: ›Ich habe mir alles ausgedacht.‹ Und erzählte mir drei Stunden lang eine Geschichte – die Geschichte des Films, an dem wir angeblich arbeiten sollten. Es war eine entsetzliche Erfahrung. Die Geschichte hatte nichts mit dem Dorf oder den Erniedrigungen der Emigranten zu tun. Sie war wie jede andere kommerzielle Geschichte – es ging um Spione und Schießereien und Banden. Es war wirklich entsetzlich.

Also schaute ich ihn bloß an. Und in dem Augenblick schoß mir durch den Kopf: ›Wenn ich ihm sage, es sei eine sehr gute Geschichte, dann habe ich den Job.‹ Also sagte ich ihm: ›Das ist eine sehr gute Geschichte.‹ Und er zahlte mir auf der Stelle einen Vorschuß. Ein Vertrag wurde gemacht. Er war recht günstig für mich. Der Schauspieler gab mir an dem Morgen 5001 Rupien. Diese Extra-Rupie ist ein indischer Brauch. Selbst wenn es um eine Million geht, gibt man Ihnen diese eine zusätzliche Rupie. Sie soll Glück bringen. Obwohl ich eigentlich denke, daß diese eine Rupie mein Lohn dafür war, daß ich gesagt hatte, es sei eine gute Geschichte, und die anderen 5000 Rupien für das Glück, daß ich den guten Einfall gehabt hatte, es zu sagen. Also dachte ich: ›Sag einfach weiter, es ist eine gute Geschichte.‹

Es dauerte zwei Jahre, den Film herzustellen. Und ich schrieb nichts. Nicht eine einzige Zeile. Ich schwöre Ihnen bei allem, was Sie wollen, daß ich nicht eine einzige Zeile schrieb. Ich hörte einfach jeden zweiten Tag seinem Quatsch zu und sagte immer weiter: ›Wunderbar!‹

Ich verdiente 10 000 Rupien im Monat fürs Jasagen. Das sagten auch alle anderen zu ihm. Dieser große Mann lebte in einer sehr merkwürdigen Welt. Wenn man ein Star ist, lebt man in einer sehr merkwürdigen Welt. Man stellt eine Welt her, in der alle immer Ja zu allem sagen, was man sagt. Wer Nein sagt, verschwindet aus dieser Welt. Für immer. Die Zurückweisung ist wie Jehovas Rache oder so was. Die Stars leben in dieser Welt, und sie verlieren die Verbindung zur Realität, zum Publikum, zum Geschmack des Publikums. Deshalb kommen auch so viele Filme nicht an. Und wenn die Filme nicht laufen, gibt es immer einen Sündenbock.

Er rief mich angeblich immer zu einer Drehbuchbesprechung in sein Büro, und ich hörte zu, wie er über die wunderbaren Filme sprach, die er machen würde. Die Köpfe dieser Leute sind wie ein überkochender Kessel. Ich hörte ihm zwischen zwei und sieben, acht Stunden lang zu. Das ging zwei Jahre so.

Der Film kam heraus. Mein Name stand im Abspann, aber ich hatte nichts geschrieben, ich schwöre es Ihnen. Es gab nämlich gar kein *geschriebenes* Drehbuch. Das hatte ich gelernt: daß Filme aus zufälligen Bruchstücken gemacht werden können, Bruchstücken von Unterhaltungen. Tatsächlich sah man auf einen Autor hinab. Ein Drehbuchautor mußte *reden* – er mußte die Szenen erzählen und nicht schreiben. So daß sie ein *Gefühl* für die Szenen entwickeln konnten, ohne lesen zu müssen.

Denn in der Filmwelt liest *niemand.* Der Drehbuchautor ist außen vor.

Sie *reden* über Geschichten. Sie reden über Szenen. Wenn man eine Szene schreibt, drehen sie sie anders. Sie ändern beim Drehen, beim Schneiden. Und alle Schauspieler hier bilden sich ein, Autoren zu sein. Wenn ein Schauspieler daherkommt und Durchsetzungskraft hat, kann er eine Rolle ändern.

Das war 1972. Ich war dreißig, und alle hielten mich für einen brillanten jungen Mann. Bis der Film herauskam. Und durchfiel. Er lief überhaupt nicht. Und ich lernte eine weitere Lektion: wenn der Film nicht läuft, ist unweigerlich der Autor schuld.«

»Wieviel war für den Film ausgegeben worden?«

»Beinahe neun Millionen Rupien. Es war phantastisch. Für die Dorfszenen wurden riesige Häuser gebaut. Häuser, in denen nicht einmal Maharajas wohnen würden, und diese Häuser sollten die Dorfhütten sein. Der Held war ein arbeitsloser Dorfjugendlicher. Die Kleider, die er im Film trug, waren für Tausende von Rupien mit der Hand genäht worden. Und er stand da in diesen herrlichen Kleidern, und Arbeitgeber sagten zu ihm: ›Keine Arbeit für dich.‹ Der Mann, der das sagte – der den Arbeitgeber, einen Fabrikbesitzer, spielte –, war ein Komparse, der zu der Zeit 30 Rupien am Tag verdiente. Und er trug seine eigenen schäbigen Kleider – weil man für einen Komparsen keine Kleider beschafft.

Ich haßte jeden Augenblick der Filmarbeit. Ich haßte mich, weil ich es tat.«

Ich sagte zu dem Autor: »Aber Sie wußten doch, wie Hindi-Filme sind.«

»Ja und nein. Ich habe Hindi-Filme gesehen, aber ich wußte nicht, wie sie in Wirklichkeit gemacht wurden. Und sie werden immer noch genauso gemacht. Wie kann das anders sein? Niemand, der einen Film machte, hat je eine Kinovorführung mit Publikum besucht. Damals hatten sie diese privaten Vorführkinos. Sie sahen den Film nie zusammen mit dem verschwitzten Publikum. Die Hallen sind schrecklich. In der Werbung heißt es, sie hätten Klimaanlagen. Doch oft funktioniert die Klimaanlage nicht, und es ist heiß und feucht und schweißtreibend und rammelvoll.

Ich nahm also die Schuld auf mich und verließ Bombay. Ich

trieb mich eine Weile herum, meistens in Kalkutta und Bengalen. Ich wollte überhaupt nicht mehr zur Filmindustrie zurück.

Aber es ist schwer, die Filmindustrie aufzugeben. Ein Freund wollte einen Film in Bombay drehen. Also kam ich zurück und fing wieder an. Damals hatte ich den Ruf, ein sehr guter Drehbuchautor zu sein, ohne je ein Drehbuch geschrieben zu haben. Viele Projekte, an denen ich gearbeitet hatte, waren im Ideenstadium steckengeblieben, und Ideen können glänzend sein. Dann wollte dieser Freund, der vier Fehlschläge hinter sich hatte, einen schnellen, billigen Film machen. Er wollte ihn bloß machen, um zu überleben – einen Film, den wir schnell herstellen konnten.

Es gab eine bekannte Schauspielerin, die der Gruppe wohlgesonnen war. Wir dachten, wir könnten ihren Namen zu Geld machen. Also fingen wir an zu drehen, ohne zu wissen, wo das Geld für den nächsten Tag herkommen würde. Nach acht Tagen ging das Geld aus, und die Dreharbeiten wurden unterbrochen. Wir wußten nicht, was wir tun sollten. Dann – man glaubt es kaum – kam ein Mann und sagte, er wolle den Film sponsern. Er handelte im Auftrag von jemandem, und ich glaube tatsächlich, daß wir die Unterstützung bekamen, weil die Person, für die dieser Mann handelte, die Story des Films mochte.

Es war die Geschichte vom Ehebruch eines Mannes. In Hindi-Filmen wird dieses Thema gewöhnlich so abgehandelt, daß der Ehemann am Ende, nach der Affäre, weint und zu seiner Frau zurückkehrt, und sie weint auch und nimmt ihn wieder auf. In unserem Fall schickte die Frau, als der ehebrecherische Mann weinend zu ihr zurückkam, den Mann fort. Das war die Geschichte, und aus irgendeinem Grunde gefiel sie jemandem, und er wollte sie unterstützen.

Der Film wurde gemacht. Er lief gut – zu unserer Überraschung und auch zur Überraschung aller anderen. Am Schluß des Films, wenn die Frau den Mann hinauswirft, standen Frauen auf und klatschten. Das war nicht nur in Bombay so, sondern auch in einigen kleineren Städten.

Wir machten noch zwei Filme. Beide waren große Erfolge. Wir wurden sogar ziemlich berühmt. Und dann wollte mein Freund den Ruhm in bare Münze umwandeln – er wollte Filme mit einem großen Budget machen. Angebote hatten wir.

Also zurück zum Ausgangspunkt. Zum kommerziellen Kino – zur Jasagerei zu allem, was Verleih und Stars sagten. Und dabei hatten wir damals die Durchsetzungskraft, weiter gute Filme zu machen.

Ich gab also auf und verließ Bombay wieder. Aber eins müssen Sie wissen. Ein Drehbuchautor gewöhnt sich daran, mit einem bestimmten Regisseur zusammenzuarbeiten. Er kennt den Stil des Regisseurs, und der Regisseur kennt die Art des Autors. Nach so einer Beziehung ist es für einen Autor nicht leicht, sich mit einem anderen Regisseur zusammenzutun.

Nach vier Jahren kam ich also wieder zurück – um mit eben dem Mann zusammenzuarbeiten, der inzwischen vier weitere Fehlschläge erlebt hatte. Viel größere Fehlschläge als die vier, die er gehabt hatte, als wir uns trafen und den Schnellschuß machten. Und jetzt bin ich seit einem Jahr hier.

Wie es mir in den vier Jahren dazwischen ergangen ist? Ich habe gehungert. Ich habe Gelegenheitsarbeiten erledigt. Ghost-writing. Ich habe mich für Projekte engagiert, die nicht realisiert wurden. Und hier bin ich wieder. Und während ich hungerte, habe ich geheiratet – ich dachte, es sei genau die richtige Zeit.«

Seine schweigsame bengalische Frau, in einem frischen grünen Sari, brachte Tee aus der Kochnische hinter dem Vorhang – wo sie die meiste Zeit gewesen war –, und sie deckte zum Tee auf einem kleinen Beistelltisch. Subroto lag auf einem der Betten – sonst gab es keinen Platz in dem Zimmer.

Ich bat den Autor, die Wohnung zu beschreiben, in der wir uns befanden.

Er sagte: »Wir sind in einer Wohnung in Mahim. Es ist eine Mietwohnung, in einem der für Bombay üblichen vierstöckigen Wohnblocks. Wir haben ein Zimmer. Es ist knapp zehn Quadratmeter groß; ist eine sogenannte Einzimmer-Küche-Wohnung.«

Er stand auf und reckte – in seiner lockeren Baumwolltunika – beide Arme hoch und sah zur Decke. Diese Geste füllte das kleine Zimmer.

Er sagte: »Dies ist mein Raum. Dies ist mein einziger Raum unter der Sonne.«

Der Raum ging nach Westen. Er war lichtdurchflutet. Es

blendete so von der Veranda, daß Subroto einmal sogar die Tür zumachen wollte.

Der Autor sagte: »Im Augenblick arbeite ich an drei Filmen. In Indien ist es sehr schwer, mit einem Film zu überleben. Diesmal habe ich entdeckt, daß sie, auch wenn sie dem Drehbuch nicht folgen, mehr Respekt davor haben. Ich hoffe, es bleibt dabei.«

»Glauben Sie, daß Sie jetzt ein besserer Autor sind als zu Beginn?«

»Als ich anfing, hatte ich große Vorstellungen davon, was ein Drehbuchautor sein sollte. Ich irrte mich. Ich dachte, ein Drehbuch sei etwas Ähnliches wie ein Roman oder ein Stück. Eigentlich dachte ich, es sei ein Roman, der zu einem Stück umgearbeitet würde. Inzwischen ist mir klar geworden, daß ein Drehbuchautor viel über Filmtechnik wissen muß – ihre Beschränkungen beispielsweise und wann man ganz ohne Worte auskommen kann. Ein Drehbuchautor muß *visuell* schreiben. Der Drehbuchautor ist in Wirklichkeit das Bindeglied zwischen allen beim Filmemachen beteiligten Handwerkern, und ich verstehe auch die Schauspieler als Handwerker. Vieles an einem Drehbuch ist in einer technischen Kurzschrift gehalten – es ist viel besser, wenn man so schreibt. Die Techniker verstehen die Kurzschrift. Sie verstehen sie gefühlsmäßig. Der Kameramann versteht nicht nur das Visuelle an einer Nahaufnahme, sondern auch das Gefühl, das darin steckt. Für den Laien ist diese Art zu schreiben vielleicht langweilig – wie das Betrachten eines Brückenentwurfs, aber für einen Ingenieur ist dieser Entwurf voller Bedeutung. Ein Drehbuchautor sollte eigentlich diese Seite der Technik beherrschen. Sonst vergeudet er seine und die Zeit anderer Leute. Der Beitrag des Drehbuchautors besteht eigentlich darin, eine konzeptionelle Vision des ganzen Films zu liefern – denn die Techniker können nur eine Einstellung nach der anderen drehen. Im Grunde machen Regisseur und Autor als Team einen Film.

Ich bin jetzt also seit einem Jahr wieder hier. Die ersten sechs Monate waren schwer. Die Leute waren gleichgültig, weil ich den Club verlassen hatte.«

»Wenn Sie jetzt auf Ihre erste Erfahrung zurückschauen, die mit dem Filmschauspieler, meinen Sie dann nicht, es spreche etwas dafür, daß ein Film erzählt wird – so wie der Schauspieler es immer tat?«

Der Autor war unversöhnlich. »Das ist der Feind. Diese lasche Haltung – das ist der Feind.« Er machte einen Gedankensprung und sagte: »Diesmal verdiene ich, glaube ich, Geld. Für den nächsten Monat habe ich durch die Filmarbeit, die ich gemacht habe, genug. Im Augenblick zahle ich Schulden ab.«

»Welche Leute im Filmgeschäft sind denn nett?«

»Alle und niemand. Das Filmgeschäft ist völlig erfolgsorientiert. Man betet Erfolg an. Und der Erfolg ist sehr konkret, wissen Sie. Ein Film wird freitags vorgestellt, und montags kennt man sein Schicksal. Man kennt die Besucherzahlen. Daran ist nichts Abstraktes. Es ist alles in beinharten Zahlen da. Und wenn der Film läuft, sind die Leute sehr nett zu einem.«

Am Anfang hatte ich den Eindruck gehabt, daß er voller Wut war, mit einer Ironie, die manchmal drohte, in Bitterkeit und Selbstmitleid umzuschlagen. Doch beim Reden war er weicher geworden. Als er über das Schreiben für den Film sprach, war er nachdenklich geworden, hatte sich zu den richtigen Worten vorgearbeitet und schien sogar mit sich in Einklang zu sein.

Ich hatte das Gefühl, daß sich seine Haltung zur Filmindustrie geändert haben könnte.

Er sagte: »Ich bin ihr gegenüber weniger zynisch.«

Ich sagte: »Das kann daran liegen, daß Sie ein neues Gefühl für die Kunst haben.«

»Leute machen schlechte oder gute Filme. Aber man kann nicht sagen, daß es nicht so etwas wie Drehbuchschreiben gibt. Das gibt es nämlich wohl. Und man lernt, daß das Leben weitergeht. So etwas wie Versagen im Leben gibt es nicht. Man versagt an einer bestimmten Stelle. Das Glück eines Künstlers ist es, nicht über Erfolg oder Versagen nachzudenken, sondern einfach weiterzumachen.«

Ich fragte nach seiner Arbeitsweise.

»Wir mieten für fünf oder sieben Tage ein Hotelzimmer. Und wir reden über den Film. Dann bleibe ich allein und habe vier oder sechs Wochen Zeit, um das Treatment zu schreiben – im Grunde genommen die Szenen ohne Dialoge. Und dann treffen wir uns noch einmal für drei Tage. Und dann bleibe ich wieder allein. Diesmal schreibe ich die Dialoge, das dauert ungefähr zwei Wochen.«

Dann sagte er etwas, was mich zu der Überlegung brachte, ob er im Gegensatz zu seiner Behauptung, diesmal Geld zu verdienen, nicht zu einem Teil den Gedanken aufgegeben habe, noch einmal im Kino Erfolg zu haben. Er sagte, er denke daran, richtig zu schreiben, Prosa, für die Printmedien. Und er wollte wissen, ob er mir etwas, was er geschrieben hatte oder schreiben würde, zuschicken könne.

Ich sagte, mein Urteil würde wertlos sein. Ich hätte mein ganzes Leben als Erwachsener dem Schreiben gewidmet; ich hätte jeden Tag darüber nachgedacht. Ich schreibe und mache auf meine Weise Erfahrungen; beides sei miteinander verbunden. Mein Urteil sei nur gut für mich.

Er lächelte. »Meine Urteile über die Drehbücher anderer sind auch wertlos.«

Kurz danach gingen Subroto und ich. Wir gingen die schmale, sich windende Treppe nach unten, an einer Seite eine halbhohe Mauer, der Beton glänzend abgewetzt. Wieder sahen wir durch offene Türen das Leben in einzelnen Räumen: die Menschen und die vielen Kleidungsstücke, die man in diesen kleinen Räumen nicht weglegen oder -hängen konnte. Die Gerüche aus den Räumen wurden weiter unten stärker, der Schmutz war deutlicher zu sehen.

Als wir in den hellen staubigen Hof hinaustraten, rief von oben jemand, und wir sahen hoch oben den Autor und seine Frau im grünen Sari, die von ihrem Balkon auf uns herunterschauten, einem der vierzig Balkons des Wohnblocks: wie Theaterlogen von da, wo wir standen. Die Sonne schien ihnen auf Kopf und Gesicht. Wie Menschen, die plötzlich ausgelassen sind, lächelten sie beide und winkten.

Am Ende des staubigen Hofs stand ein Baum etwas erhöht in einen Betonrand eingemauert. Auf dem Wall befand sich, gegen den Baumstamm gelehnt, eine kleine schwarze Statue mit einer Girlande aus Ringelblumen, und ein Mann schien über sie zu wachen. Die Statue wurde noch als Gottheit verehrt, und sie hatte frische heilige Zeichen aus Sandelholzpaste auf der Stirn. Wir gingen daran vorbei und standen auf der staubigen Straße.

Wir gingen zum Bahnhof von Dadar. Es war nur ein kurzer Weg, und Subroto entschuldigte sich mehr als einmal dafür, daß er kein Taxi nahm. Vor dem Gemüsemarkt, wo es faulig roch, hoben Jungen mit bloßen Händen nassen Gemüseabfall in Laster von Ashok Leyland, in denen der Müll gleich zusammengepreßt wurde. Der Bahnhof von Dadar – mit seinen hohen, düsteren Bahnsteigen, seiner Menschenmenge, den hallenden Geräuschen der Menge, den Ständen, den jungen und älteren Schuhputzern, dem langsam brennenden Seil, das um eine Metallsäule gebunden war, damit Leute sich dort die Zigaretten anzünden konnten – vermittelte die Atmosphäre der Großstadt: als hätten Züge und die ständige Bewegung von Menschen an sich die Kraft, Erregung zu erzeugen.

Ich fragte Subroto: »Glauben Sie, daß er es diesmal schafft?«

»Er schafft es nicht.«

Wir überquerten die Fußgängerbrücke zum Bahnsteig auf der anderen Seite der Gleise. Alles an dieser Fußgängerbrücke war abgenutzt, ohne erkennbare Farbe. Der Staub von Jahren schien das Metall zersetzt und stumpf gemacht zu haben und ins Innere jedes Holzstückes eingedrungen zu sein.

Subroto sagte: »Er ist nicht positiv.«

Damit meinte Subroto, daß der Autor im Gegensatz zu dem, was er über das Geldverdienen gesagt hatte, so war, wie er immer gewesen war: Er wollte nicht wirklich Geld oder Besitztümer. Selbst wenn der Autor sich durch die Ehe geändert hätte, sagte Subroto, arbeite sein alter Ruf nun gegen ihn. Er habe die Leute im Geschäft zu verächtlich behandelt; er habe sich zu viele Feinde gemacht. Es gebe einen einflußreichen Mann, einflußreich in Film und Politik, eine Figur mit zwei oder drei Seiten, wie sie jetzt im öffentlichen Leben Indiens in Erscheinung trat, der von dem Autor ein Treatment zu einer speziellen Geschichte hätte haben wollen. Der Autor, sagte Subroto, habe die Inhaltsangabe im Büro des großen Mannes gelesen und dann die Seiten in einem Wutanfall über den Antrag, an einem solchen Unsinn arbeiten zu sollen, dem großen Mann buchstäblich ins Gesicht geworfen.

Die ganze Fahrt zurück in die Innenstadt von Bombay erzählte Subroto, das metallische Klappern der großen offenen Wagen übertönend, von Kunst und Design und der Arbeit, die er zu tun hoffte. Er lebte nur als »zahlender Gast« in Bombay; er glaubte nicht, daß sich das je ändern würde. Doch sein Redefluß über seine Berufung und das, was er tun könnte, war ohne Eigeninteresse; was er über die Weltfremdheit des Autors sagte, schien auch auf ihn zuzutreffen.

Die Baracken und Hütten neben der Eisenbahn flogen vorbei; das staubige Licht wurde golden. Ich dachte an Subroto, und ich dachte an den Autor in seiner Wohnung. Solch eine Umgebung für einen Mann, der mit so vollem Herzen und solchem Verstand von seinem Handwerk redete, der seine künstlerische Erfahrung so verfeinerte: solch ein Mißverhältnis zwischen Träumen und Umgebung. Das war mir schon am ersten Morgen in Bombay aufgefallen, als ich auf der einen Straßenseite die lange, geduldige Menschenschlange gesehen hatte, die darauf wartete, Dr. Ambedkar zu ehren, und auf der anderen Straßenseite an Laternenpfosten die kleinen, sich ständig wiederholenden Plakate für einen neuen Film, ein Produkt des kommerziellen Kinos in Bombay.

Ich hatte vage vor ein paar Jahren schon einmal von den Dalit Panthern gehört. Ich wußte kaum mehr von ihnen als den Namen, der von den Schwarzen Panthern der Vereinigten Staaten übernommen worden war. Es war eine romantische Anleihe; sie ermunterte zu dem – zu simplen – Glauben, daß die Dalits (oder Kastenlosen oder *harijans* oder Unberührbaren, um die verletzende Nomenklatur durch ihre Geschichte zurückzuverfolgen) in Indien das seien, was die Schwarzen in den Vereinigten Staaten waren.

Nun hörte ich von Charu auf unseren vielen Taxifahrten kreuz und quer durch Bombay etwas über den Mann, der die Dalit Panther gegründet hatte. Es war Namdeo Dhasal; in Bombay war er gleichermaßen als Dalit-Dichter bekannt. Er war schätzungsweise siebenundvierzig, kannte aber sein exaktes Geburtsjahr nicht. Er war in einem Dorf rund hundert Meilen landeinwärts geboren und vor dreißig Jahren nach Bombay gezogen. Lange hatte er im Hurenviertel zwischen Verbrechern und Prostituierten gelebt. Golpitha hieß jenes Viertel, und so hieß auch Namdeos erster Lyrikband, in Marathi geschrieben und 1974 veröffentlicht, als er vielleicht siebenundzwanzig war. Im selben Jahr hatte Namdeo die Dalit Panther gegründet, und sofort war er in Bombay zu einem Politiker von Rang geworden.

Die Lyrik war überraschend für mich. Es überraschte, daß es in den beengten Räumen Bombays, mit den Menschenmassen und dem hektischen Getriebe eine lebendige Marathi-Literatur gab, mit der ganzen hochstehenden sozialen Organisation, die solch eine Literatur brauchte: der Existenz von Verlegern, Druckern, Buchhändlern, Kritikern, Käufern. Es überraschte mich genauso wie die Vorstellung von dem *gymnasium* Maharashtras, als ich von Mr. Raote darüber gehört hatte.

Namdeo war nicht der erste Dalit, der schrieb. Es hatte schon früher Marathi-Stimmen von ganz unten gegeben. Aber sie hatten in überliefertem, literarischem Marathi geschrieben. Namdeos außerordentliche Originalität bestand darin, daß er ganz natürlich geschrieben und Worte und Ausdrücke gebraucht hatte, die Dalits gebrauchten, und sonst niemand. In seinem ersten Lyrikband hatte er eindeutig in der Sprache des Hurenviertels von Bombay geschrieben. Das war eine Sensation gewesen; er war gelobt und verdammt worden.

Charu, der ein Maharashtri-Brahmane und in der Marathi-Literatur sehr belesen war, sagte, daß es in Namdeos Gedichten eine Reihe von Worten gebe, die er nicht verstehen könne. Er gab mir eine Übersetzung eines Gedichts mit dem Titel »Die Straße zum Heiligtum« aus Namdeos erstem Band.

Ich wurde geboren, als die Sonne sank
und langsam verlosch
in der Umarmung der Nacht.
Ich wurde geboren auf einem Pfad
in einem Lumpen

[Und das »ungehörige« Dalit-Wort für »Lumpen« war *chilbut*.]

Am Tag meiner Geburt wurde ich eine Waise.
Die, die mich gebar, ging zu Gott.
Ich war diesen Geist leid
der mich auf dem Pfad heimsuchte.

Ich brauchte die längste Zeit meines Lebens
die Dunkelheit aus jenem Sari zu waschen.

[Doch für »Sari« nahm er kein gewähltes Wort, sondern *lug-gude*; es bezeichnet die Art, in der Dorffrauen die Saris binden, die den Stoff einzeln um jedes Bein wickeln und damit eine Art Sari-Hose schaffen.]

Ich wuchs auf wie ein Mensch, der
seinen Antrieb verloren hat.
Ich aß Scheiße und wuchs.
Gib mir fünf Paise, gib mir fünf Paise.

[Eine Rupie hat hundert Paise.]

Und nimm fünf Flüche zum Dank.
Ich bin unterwegs zum Heiligtum.

Selbst in dieser Rohübersetzung, die Charu in einer vollen und lauten Hotelhalle improvisiert hatte, bewegte das Gedicht. Charu war noch viel bewegter. Er sagte, diese Stimme sei in Marathi absolut neu; und er erzählte mir, daß Vijay Tendulkar, der zeitgenössische Marathi-Theaterautor, Namdeo mit Tukaram verglichen habe, dem Dichter und Heiligen des 16. Jahrhunderts aus Maharashtra, von dem ich zum ersten Mal bei Mr. Raote gehört hatte.

In dem Gedicht, das Charu übersetzt hatte, waren die miteinander vermischten Andeutungen von Sex und Erniedrigung hart und desavouierend, und die Vorstellungen von Unberührbarkeit und käuflichem Sex, Geburt und Lumpen, die zusammentrafen, wirkten wie ein Angriff. Genau diese Leidenschaft hatte Namdeo in seine Politik und bei den Dalit Panthern eingebracht.

Doch der Name, von den Schwarzen Panthern übernommen, war wie eine Vorahnung dessen, was kommen sollte. Wie die Schwarzen Panther begann sich die Dalit-Bewegung, als sie Erfolg hatte, aufzuspalten. Diese Stufe der Leidenschaft konnte nicht aufrechterhalten werden; viele waren versucht, ihren Frieden mit der Gesellschaft im weiteren Sinne zu schließen. Und obwohl Namdeo berühmt und hofiert wurde, begann er, Anhänger zu verlieren. Bald begann sogar sein literarischer Ruhm zu schwinden. Er hatte viel gearbeitet; neben seinen Gedichten hatte er zwei Romane geschrieben; doch sein letztes Buch war 1981, vor sieben Jahren, veröffentlicht worden. Jetzt schrieb er nicht mehr viel; und er hatte sich eine zehrende Krankheit zugezogen.

Er hatte kein Telefon. Doch Charu wußte, wo sein Haus war, und eines Nachmittags fuhren wir hin, um eine Nachricht für ihn zu hinterlassen. Das Haus war nicht weit entfernt von Golpitha, dem Viertel, über das Namdeo geschrieben hatte. Es war aber ein richtiges Haus, keine Wohnung, und es stand in einer einigermaßen breiten und sauberen Gasse. Direkt gegenüber von der Eingangstür des Hauses war ein alter offener Jeep geparkt oder für immer dort abgestellt, der jetzt geheimnisvoll ausblich, die Reifen platt und leer, das Chassis ein Gerippe, aber noch immer komplett.

Charu rief von der Gasse. Nach einer Weile öffnete eine dunkle junge Frau mit glänzenden Augen und zarten Gesichtszügen einen Flügel der Haustür. Sie und Charu sprachen in Marathi miteinander, und wir gingen die Betonstufen hinauf, die gegen die vordere Hauswand gesetzt waren und direkt von der Gasse zur Eingangstür führten.

Der Raum, in den wir traten, war so breit wie das Haus. Es war der Hauptraum des Hauses. Die Wände waren fliederfarben und gerade frisch gestrichen, mit einem durchsichtig glänzenden Lack überzogen. Es gab weiß gestrichene Rattansessel mit dunkelgrünen Kissen; und von einem der soliden Deckenbalken hing an einer Kette ein Korbsessel. Auffallend dieser Hängesessel, ein Hauch von Luxus; eine rundliche junge Frau in einem blauen Georgette-Sari, eine Besucherin, saß darin, die Füße auf dem Boden, und stieß sich immer wieder bedächtig ab.

Die dunkle Frau, die uns begrüßt hatte, war Mallika, Namdeos Frau. Sie war mit einer Art langem Bauernrock aus dünnem leichten Stoff stilvoll gekleidet. Der Rock schwang um die kleinen nackten Füße, als sie über den Terrazzoboden ging, und ihre helle Marathi-Stimme füllte den Raum, als sie Charu und mich begrüßte.

An einer Wand hing ein großes Farbfoto von einem weißen

Baby. An einer anderen Wand hingen kleine farbige Schnappschüsse von Namdeo: mit vollen Wangen, einem kleinen Bauch, doch einem immer noch ausdrucksstarken Gesicht. An der gegenüberliegenden Wand hing ein Foto von Mallikas Vater. Er war ein berühmter Folklore-Sänger gewesen, Mitglied der Kommunistischen Partei und Moslem. Eine kleine rote Fahne hing an der Stirnwand des Zimmers hinter dem Fernsehapparat, nicht weit von dem gerahmten berühmten grauen Foto von Dr. Ambedkar in Jackett und Krawatte.

Die Frau in dem blauen Sari im Korbsessel war uns nicht vorgestellt worden. Wir hatten kein Wort mit ihr gewechselt; und sie, wie zuvor für sich und offenbar ganz zufrieden, hatte weiter mit kleinen Bewegungen der Füße den Sessel vor und zurückgeschaukelt. Nun stand sie ohne jemanden zu stören auf und ging aus dem Zimmer.

Dann ging Mallika selbst mit schwingendem Rock tiefer ins Haus hinein und brachte uns nach einer Weile Tee auf einer Art geflochtenem Tablett, sehr hübsch. Ich begann zu verstehen, daß kaum etwas von dem, was Mallika tat, zufällig war, daß sie bei allem, was sie tat oder beeinflussen konnte, auf Schönheit oder Eleganz aus war: in ihrer Kleidung, ihrem Gang, den Farben des Zimmers, dem großen Farbfoto von dem weißen Baby und sogar ihren Hunden, einem Paar weißer flauschiger, gebürsteter Spitze, ein wenig matt von der Hitze Bombays, sie hatte sie vor vier Jahren gekauft, weil sie so hübsch waren.

Wir hinterließen unsere Telefonnummern. Sie sagte, sie würde Namdeo bitten, sich mit uns in Verbindung zu setzen. Dann, ganz abrupt, ohne daß man sich entsprechend darauf eingestellt hätte, hatten wir das Zimmer oder die Diele verlassen und standen wieder in der Gasse, wo der aufgegebene Jeep schwer auf seinen verrottenden Reifen lag. Und am Ende der kurzen Gasse waren wir wieder in einem vertrauteren Bombay.

Charu erzählte mir später, daß die Geschichte dieser Ehe – Mallikas und Namdeos – berühmt war. Mallika hatte eine Autobiographie auf Marathi geschrieben, *Ich will mich zerstören*, und das Buch war ein Bestseller geworden. Für Marathi bedeutete das zehntausend verkaufte Exemplare.

Mallikas Buch war nicht nur eine Liebesgeschichte, sondern auch eine Geschichte von Enttäuschung und Schmerz. Kurz nachdem sie und Namdeo geheiratet hatten, war es mit den Dalit Panthern bergab gegangen, und Namdeos Verhalten hatte sich verändert. Sie hatte gelitten. Sie war mit schockierenden Dingen konfrontiert worden. Namdeo hatte eine Geschlechtskrankheit; er ging weiterhin zu Frauen aus dem Prostituiertenviertel. Aber sie war an Namdeo gebunden, durch das Kind, das sie hatten, und durch ihre Liebe zu ihm. Sie verfocht leidenschaftlich die Freiheit der Frauen; doch in ihrem eigenen Leben hatte sie durch ihre Liebe zu Namdeo einiges von ihrer Unabhängigkeit eingebüßt. Nach zehn Jahren der Liebe und der Qual hatte sie ihr Buch geschrieben.

Das Buch war sexuell frei; und obwohl diese Art Literatur bei Marathi-Schriftstellerinnen nicht unbekannt war, hatte Mallikas Buch eine Sensation verursacht, weil es die Kastengefühle vieler Leute verletzte. Denn obwohl Mallikas Vater Moslem gewesen war, war ihre Mutter doch eine Hindu-Frau, aus einer Kaste direkt unter der Brahmanen-Kaste; und Mallikas Geschichte von ihrer Liebe zu Namdeo und ihrem späteren turbulenten Leben mit ihm erregte und verletzte manche Leute.

Es kam keine Nachricht von Namdeo, und eines Vormittags fuhren Charu und ich noch einmal zu seinem Haus. Mallika war nicht da, doch ließ uns jemand ein. Ehe wir eine Nachricht hinterlassen konnten, kam Mallika. Sie war einkaufen gewesen und trug einen hellen Chiffon-Sari, mit einem kleinen rostroten Motiv auf Weiß, der sie umwogte; und in den Händen hielt sie, beinahe als Teil des Kleides, ein paar Rüben oder Möhren in Grün: das Gemüse sah in ihren Händen wie Embleme in einem italienischen Renaissancegemälde aus.

Und dann erschien Namdeo selbst, mit einem Freund. Namdeo war kräftig, untersetzt, dunkel, unerwartet onkelhaft. In einer Menge wäre er nicht aufgefallen. Eine Andeutung von Durchsetzungsvermögen sah ich nur in den Augen und an der Stirn; aber das konnte daran liegen, daß ich wußte, wer er war. Es fiel schwer, den Dichter oder einen Panther in ihm zu sehen. Er war merkwürdig friedfertig; es war, als sei sein inneres Feuer ausgebrannt. Und dann fiel mir ein, was Charu über seine Krankheit gesagt hatte. Seine Krankheit, dieser andere äußere Feind, hatte ihn schließlich geschwächt und ihm das umgängliche, leutselige und doch irgendwie distanzierte Verhalten gegeben, mit dem er uns begegnete.

Er sprach kein Englisch. Ja, sagte er zu Charu in Marathi, er würde uns gerne treffen. Morgen. Ja, zum Mittagessen. Nein? Nun, dann nach dem Mittagessen. Von zwei bis fünf. Kommen Sie dann.

Er ging mit dem Mann, der mit ihm gekommen war, ins Haus, und Charu und ich verabschiedeten uns von Mallika. Dieses Treffen zu arrangieren schien nun, da wir Namdeo getroffen hatten, leicht zu sein. Doch Charu meinte, es sei zu leicht gewesen. Er hatte seine Zweifel wegen der Verabredung. Und später erfuhr ich - von anderen Leuten –, daß Dalits einen schlechten Ruf hatten, was Pünktlichkeit und Verabredungen betraf.

Und es war so, wie Charu befürchtet hatte. Als wir am nächsten Tag zu dem Haus kamen, war Namdeo nicht da. Das teilte uns Mallika mit, als wir die Betonstufen von der Gasse in das Zimmer oder die Diele heraufkamen. Und so wie wir beim ersten Mal, als wir da waren, der jungen Frau in dem Korbsessel nicht vorgestellt worden waren, so wurde auch jetzt jemand im Zimmer nicht erwähnt: eine dünne dunkle Frau, die auf einer Matte auf dem Fußboden schlief, einfach so.

Wir folgten Mallika in die Küche hinten und dann durch eine Seitentür in ein kleines Zimmer an der Seite des Hauses. Das Zimmer hatte ein hohes Fenster, das tief in die Wand eingelassen und mit Eisenstäben vergittert war. Mallika hatte es für unser Treffen mit Namdeo vorbereitet. Es enthielt zwei der gestrichenen Rattansessel, einen Tisch mit Tischtuch und in einer Ecke eine altmodische hübsche elektrische Tischlampe aus bronzefarbenem Metall. Sie hatte die Form einer Frau in lose drapiertem Gewand, die eine Fackel hielt.

Während wir dort auf Namdeo warteten, unterhielt ich mich mit Mallika. Ich fragte sie über das Haus aus. Ich konnte sehen, daß es ungewöhnlich war, aber ich hatte das Gefühl, daß ich es nicht richtig einschätzen konnte. Ich brachte zu viele Vorstellungen von außen mit. Ich bat sie, mir das Haus zu beschreiben, damit ich es so sehen könnte, wie die Leute in dem Viertel es vielleicht sahen.

Etwas von dem, worauf ich hinauswollte, ging durch die Übersetzung verloren, und Mallika sagte: »Dies ist mein Elternhaus.« Also das Haus von einem der berühmtesten Folklore-Sänger in Maharashtra, das Haus eines erfolgreichen Mannes. »Es ist das Haus, in dem ich aufgewachsen bin. Es ist schön, in einem Haus zu wohnen, in dem man seit seiner Kindheit lebt.«

Sie und Namdeo hatten es renoviert. Sie strichen das Haus alle zwei Jahre. Das Viertel war ein Arbeiterviertel; aber es lebten auch Angehörige der Mittelschicht in der Straße. Sie kannte alle dort. Als ihr Vater noch lebte, war ihre Familie verehrt worden.

Aber ihre Eltern hatten eine Mischehe geführt. Ihr Vater war Moslem, ihre Mutter eine Hindu-Frau. Hatte das Probleme geschaffen?

»Ich wußte nicht, daß mein Vater Moslem war. Meine Mutter war eine Pathari Prabhu. Direkt unter den Brahmanen. Die Patharis essen Fisch. Pathari Prabhus sind die Ureinwohner Bombays, und deshalb essen sie Fisch.« Das heißt, sie aßen, obwohl sie beinahe Brahmanen waren, Fisch, weil sie ein Küstenvolk waren.

Über die Pathari Prabhus hatte sie etwas erfahren, wenn sie die Mutter ihrer Mutter besucht hatte. Sie hatte sich nicht besonders für die Verwandten ihrer Mutter interessiert; sie hatte sich nicht die Mühe gegeben, Nachforschungen über sie anzustellen, weil sie eben die Leute waren, die sie waren. Was sie über diese Seite ihrer Herkunft wußte, war mehr ein »passives Wissen«, das sie mitbekommen hatte, als sie heranwuchs.

Ich fragte sie nach ihrem Buch. Hatte sie gewollt, daß es so kühn war, wie es geworden war?

»Daran habe ich nicht gedacht. Es war einfach notwendig für mich, dieses Buch zu schreiben. Ich hatte keine andere Wahl. Es war mir nicht möglich, die eine Seite meines Lebens von der anderen zu trennen.«

Sie trug einen leichten, dünnen Sari, mit einem schlichten Muster auf Rosa. Sie saß in einem der weiß gestrichenen Rattansessel. In dem Zimmer stand ein Stahlschrank, olivgrün, mit einem langen Spiegel an einer Tür – ein Schrank, wie ich ihn in Bombay schon öfter gesehen hatte. Oben auf dem Schrank stand ein dunkel gewordener kleiner Globus. Das

Mauerwerk oder der Gips der Fensterbank war gefällig abge-
schrägt: die glänzende Farbglasur der Schräge weckte in mir
den Wunsch, mit der Hand darüber zu fahren.

In ihrem Buch – von dem Charu mir in großer Eile Teile übersetzt hatte, ehe wir hergekommen waren – hatte Mallika über
ihre Liebe zu Namdeo gesagt, daß sie bei dem Gedanken, ihn zu
verlassen, »eine Leere« verspüre. Ich sagte ihr, daß mich das ergriffen habe.

Sie sagte: »Selbst jetzt noch liebe ich Namdeo und bin bereit,
ihm alles zu geben. Auch wenn er negative Seiten hat. Durch
unsere Beziehung zieht sich eine Art Faden. Selbst wenn ich ihn
nicht begehre, begehre ich ihn. Selbst jetzt noch würde ich alles
für ihn unterdrücken, was gut, was schöpferisch in mir ist. Ich
weiß, daß er aus meinem Leben verschwinden wird, wenn ich
bestimmte Dinge tue. Das will ich nicht. Dann ist da mein Kind.
Es ist eine Art tragisches Dreieck. Ich liebe Namdeo. Das Kind
liebt mich. Namdeo liebt das Kind.« Das Kind war dreizehn.

Das Buch war nicht schmeichelhaft für Namdeo gewesen. Einige Leute meinten, es habe ihm politisch sogar geschadet.
Hatte Namdeo das Buch gelesen, während sie es schrieb?

»Wenn ich das Buch nicht geschrieben hätte, wäre ich verrückt geworden. Namdeo hat es nicht gelesen. Meine Gedichte
hat er immer gelesen. Aber meine Prosa wollte er nicht lesen.
Ich habe ihm das Manuskript gezeigt, aber er hat es nicht gelesen. Er hat das Buch erst gelesen, als es veröffentlicht war. Aber
ich muß sagen, daß er da schon seit einem Jahr nervenkrank
war.«

Sie war kleiner, als ihre aufrechte Haltung und ihre Hüften
vermuten ließen. Ihre dunklen Arme waren schlank, sogar
dünn. Zwischen den nachgezogenen Augenbrauen hatte sie einen großen roten Punkt. Am rechten Handgelenk trug sie eine
Armbanduhr und einen Armreif und acht oder neun dünne Silberreifen am linken Arm.

»Er hat nichts über das Buch gesagt, aber sein Verhalten hat
sich geändert. Bis heute hat er das Buch mir gegenüber nicht erwähnt. Aber ich weiß, daß er mein Buch verteidigt hat, wenn andere ihm sagten, er solle eine Erwiderung darauf schreiben. Er
argumentiert, daß die Frau, die all diese ganzen Jahre mit ihm
gelebt und alles durch ihre bürgerliche Sicht wahrgenommen

hat« – hier war er, der gesellschaftliche Kommentar, der Kommentar zu ihrem Elternhaus vielleicht, der Kommentar dazu, wie Mallika sich in ihrer Beziehung zu Namdeo sah und wie er sie sah –, »er argumentiert, daß diese Frau jedes Recht hat, zum Ausdruck zu bringen, was sie über die Ehe denkt.«

Nun, sagte Mallika, sei ein bißchen von der früheren Beziehung, als sie sich in ihn verliebte, wiederbelebt worden. Er sei noch wegen seiner Krankheit in Behandlung, und er habe aufgehört zu trinken. Sein Trinken habe viele Zusammenstöße zwischen ihnen verursacht, und dann habe er sie geschlagen. Aber sie habe das Gefühl, vieles davon sei seiner politischen Frustration zuzuschreiben gewesen, weil er den schnellen Verfall der von ihm gegründeten Dalit-Bewegung habe mitansehen müssen.

Ihr Verständnis machte es nicht weniger schwer für sie. »Ich wurde wütend. Ich weinte. Ich brüllte. Ich fand es absolut demütigend. Ich liebte den Mann, aber ich hätte nie gedacht, daß mein Leben so entwürdigend würde – nachdem ich mich gegen alle gestellt und ihn geheiratet hatte. Gerade weil ich mich gegen alle gestellt hatte, hatte ich das Gefühl, ich könne die Ehe nicht einfach aufgeben und den Leuten sagen, was für ein Fehler sie gewesen war. Ich hatte auch das Gefühl, daß ich sie ewig und immer aushalten müßte, wenn ich den Mund hielte, und das entsprach nicht meiner Natur. Jeder reagiert auf seine Situation in einer Art und Weise, die ihm entspricht, und ich begann zu schreiben.

Ich schrieb das Buch in einem Zug, in einem Monat. Manchmal schrieb ich in dem vorderen Zimmer und manchmal hier, an diesem Tisch. Manchmal schrieb ich auch in der Küche.« Durch die Türöffnung sah man die Küche, mit einer Tür rechts, die in das vordere Zimmer oder die Diele führte. »Es gab keine feste Zeit zum Schreiben. Ich schrieb, wann immer ich konnte.«

»War Namdeo zu Hause, wenn Sie schrieben?«

»Er war sehr viel zu Hause.«

»Hatte er eine Ahnung, was Sie da schrieben? Waren Sie nicht nervös?«

»Ich wußte nicht, was er tun würde. Ich dachte, er würde mich verprügeln oder hinauswerfen und vor Gericht gehen.« Um das Sorgerecht für ihr Kind zu bekommen. »Ich meine, eine

Mutter sollte ein Recht auf ihr Kind haben. Aber nach indischem Gesetz kann der Vater das Sorgerecht für das Kind bekommen, wenn es über sieben ist. Selbst wenn ich wegginge, hätte ich keine Garantie, daß Namdeo nicht eines Tages kommen und mir das Kind wegnehmen würde.«

In gut der Hälfte des Buches, das sie unter diesen quälenden Umständen geschrieben hatte, durchlebte sie erneut den Anfang ihrer Liebe zu Namdeo.

Diese Liebe hatte vor vierzehn Jahren begonnen. Mallika war sechzehn, und sie war in den Ferienort Lonavala, zwischen Bombay und Poona gefahren, um dort zu lernen. Sie war mit ihrem Schwager Anil, der linke Tendenzen hatte, und einem berühmten Marathi-Schauspieler und Regisseur gefahren. Anil schrieb ein Drehbuch.

Am vierten oder fünften Tag dieses Intermezzos in Lonavala tauchte Namdeo auf. Er traf eines Abends spät mit einem anderen Mann aus der Dalit-Bewegung ein. Mallika kannte Namdeo bereits. Sie hatte ihn in ihrem Elternhaus kennengelernt – dem Haus, in dem wir jetzt waren. Namdeo benutzte das Haus immer als Versteck. Das war 1974, als die Dalit-Bewegung auf dem Höhepunkt war und es in Bombay im Bezirk Worli Unruhen gab.

»Er hatte mich nie viel beachtet. Das überraschte mich, denn die Jungen hier fanden mich attraktiv. Aber er beachtete mich nie. Ich las seine Gedichte, und mir wurde klar, daß er linke Tendenzen hatte. Ich gab ihm meine Gedichte zu lesen.

Und nun kam er nach Lonavala. Zu der Zeit war die Stimmung in Lonavala sehr gefühlsbetont, es herrschte eine Vor-Monsun-Stimmung. Es sah aus, als würde es gleich regnen, aber es regnete nie. Wir waren uns ziemlich ähnlich. Er mochte Regen, und ich mochte Regen. Er mochte Gedichte, und ich mochte Gedichte. Unsere literarischen Urteile stimmten mehr oder weniger überein, und selbst jetzt haben wir in der Literatur vieles gemeinsam. Ich war in dem Alter, in dem man sich wirklich in jemanden verliebt.«

Sie lachte. Und als ich sagte, ich hätte das Gefühl, diese Zeit in Lonavala sei für sie immer noch romantisch, lachte sie wieder und hob die dünnen Arme mit den dünnen Armreifen und klatschte in die Hände.

»Dann sprach er von Politik und wie die Polizei ihn quälte und schlug, und ich fand das sehr aufregend. Ich spürte, daß ich ihm nahe sein wollte. Das war nicht sexuell. Ich empfand Mitleid. Ich hatte das Bedürfnis, ihm die Hand auf den Kopf zu legen.«

»Sie hatten dem Mann gegenüber keine Kastenbedenken?«

»Ich hatte keine Kastenvorurteile. Ich wußte nicht, welcher Kaste er angehörte, und ich fand nicht, daß es wichtig sei, das zu wissen.«

Vielleicht hatte ihr kommunistischer Vater, der Folklore-Sänger, sie so erzogen. Dabei würde bei allem, was Namdeo tat, die Kaste eine Rolle gespielt haben. Er war ein Kastenführer, und von der Kaste kam er nicht los. Im Haus hatte am Nachmittag in dem vorderen Zimmer oder der Diele, die Mallika mit so viel Sorgfalt eingerichtet hatte, eine dünne dunkle Frau in dunklen Kleidern auf einer Matte geschlafen. Diese Frau, erfuhr ich jetzt von Mallika, war Namdeos Mutter.

»Sie ist siebzig. Wegen Namdeos Politik und dem Auf und Ab seiner Laufbahn hat sie einen Nervenzusammenbruch erlitten. Namdeo war ihr einziger Sohn. Sie hatte schon damals, in den Siebzigern, als die Bewegung auf dem Höhepunkt war, Angst, daß jemand ihn zusammenschlagen oder töten würde. Immer wenn sie das Fernsehen anmachte, hatte sie das Gefühl, jemand würde diese Nachricht verlesen. Dieser Druck lastete immer auf ihr und führte zum Zusammenbruch.«

Aber – um auf das frühere Thema zurückzukommen – Tatsache war, daß Mallika Namdeo gegenüber mit sechzehn kein Kastendenken kannte.

»Praktisch alle in Lonavala wußten, daß wir uns nahe kamen. Wir waren ungefähr fünfzehn Tage zusammen. Anil, mein Schwager, scherzte darüber. Er fragte mich auch eines Tages, ob ich Namdeo mochte, und er sagte, wir würden recht gut zueinander passen. Deshalb rief ich ihn noch an dem Abend, nachdem wir zusammen im Bungalow gegessen hatten – es hatte noch nicht angefangen zu regnen, aber es war kühl: Lonavala ist kühl –, in ein Zimmer weiter drinnen im Haus, weg von den Leuten, die draußen saßen, und sagte zu ihm: ›Was hältst du von mir?‹ Und er sagte: ›Möchtest du, daß ich es in Worten ausdrücke?‹«

Sie hob die Hände, und die acht oder neun dünnen Silberreifen rutschten den Arm hinunter.

»Danach sprach mein Schwager mit ihm. Er stellte ihm ein paar Fragen zu seinem Hintergrund und seinen Gefühlen. Das gefiel Namdeo nicht. Mein Schwager sagte ihm, daß ich zum Lernen nach Lonavala gekommen sei. ›Seit du hier bist, hat sie kein einziges Wort mehr gelesen. Sie ist immer noch auf Seite 153.‹ «

»Was für ein Buch war das?«

»Ein Geschichtsbuch. Also sagte mein Schwager zu Namdeo: ›Du fährst besser ab.‹ Am nächsten Tag verschwand Namdeo.«

Aber hatte ihr Schwager Namdeo nicht ermutigt? Ja, sagte Mallika; ihr Schwager habe auch, als er mit Namdeo über dessen Absichten gesprochen habe, nicht zornig oder zurechtweisend gesprochen; er habe nur in aller Form gesprochen. Namdeo jedoch habe es überhaupt nicht gemocht, Fragen gestellt zu bekommen; deshalb sei er gebeten worden abzureisen.

»Ehe Namdeo Lonavala verließ, nahm er meine Hand. Er nannte mich ›Genossin‹ und grüßte mich mit dem ›roten Salaam‹, dem kommunistischen Gruß. Das fand ich aufregend. Ehe er ging, nahm er etwas von mir auf Kassette auf – ein Lied, das ich Tag und Nacht sang. Später hörte ich, daß er diese Kassette seinen Freunden in Bombay vorspielte.«

Vier Monate später heirateten sie. Nach der Schulmädchenromanze war ihr die sexuelle Seite der Ehe unangenehm gewesen. Das war eins der Dinge, über die sie in ihrem Buch offen geschrieben hatte. »Das Vergnügen kam erst, als die Routine begann. Erst da begann ich, Spaß daran zu haben. Der psychologische Druck nahm mit der Erfahrung ab.« Sie hatte keine Vorstellung vom sexuellen Geben und Nehmen in einer Beziehung gehabt. Und es verwunderte sie, es verzückte sie, daß sie in der Lage war, ihren Körper und sich jemandem zu schenken, den sie liebte. Sie schrieb darüber in ihrem Buch, und die Leute reagierten ganz unterschiedlich auf ihre Offenheit. Manche bewunderten sie zutiefst; manche beschimpften sie.

Die Ehe selbst war beinahe von Anfang an noch einer weiteren Belastung ausgesetzt. »Keine zwei Monate nach unserer Hochzeit begann die Panther-Bewegung auseinanderzubrechen. Dalits wohnen in kleinen Siedlungen und Nischen, kleinen Gruppen. Jede Nische und Siedlung schaffte sich einen eigenen Führer an, und in diesen Siedlungen begann man, Namdeo zu verleumden. Seine Heirat mit mir vergrößerte noch seine Probleme. Ich war die Tochter eines bekannten Kommunisten, und die Dalits mögen keine Kommunisten. Der Grund dafür ist einfach. Dr. Ambedkar, der Held der Dalits, lehnte den Kommunismus ab. Jeder Dalit hat Dr. Ambedkars Foto im Haus. Deshalb haßten die Dalits Kommunisten.

Im nächsten Jahr, 1975, kam der Ausnahmezustand. Es gab zirka 350 Gerichtsprozesse gegen die Dalit Panther – Reden, Kämpfe und so weiter. Die Regierung ließ all diese Anklagen fallen, als die Panther für den Ausnahmezustand waren. Das war Namdeo eigentlich nicht. Und auch wenn er nie etwas darüber sagte, habe ich doch das Gefühl, daß er damals begann, sich kompromittiert zu fühlen. Doch damals brauchte auch ich ihn am nötigsten – im Juli jenes Jahres bekam ich mein Kind. Ich brauchte Namdeo, und ich fühlte mich von ihm vernachlässigt.«

»Wegen des politischen Drucks?«

»Wegen seiner Rückschläge und Enttäuschungen. Das trug dazu bei, ihn mir zu entfremden. Sein politisches Leben wirkte sich auf sein Privatleben aus.«

»Finden Sie ihn noch attraktiv?«

»Seitdem ist viel Wasser den Ganges hinuntergeflossen, aber wenn er jetzt in dieses Zimmer träte, würde ich mich wieder wie ein junges Mädchen fühlen. Ich würde mich fühlen, als hätte ich mich gerade erst in ihn verliebt. Daran hat sich eigentlich nichts geändert. Es gibt viele Männer, die körperlich vielleicht attraktiver oder ihm intellektuell überlegen sind. Aber ich begehre sie nicht.«

Ich fragte sie nach dem »Fünf-Sterne-Leben«, das – seinen Kritikern zufolge – Namdeo als Dalit Panther, einem Mann, der Schlagzeilen machte, zugefallen war.

Mallika sagte: »Der Niedergang begann sofort mit dem Ausnahmezustand.«

Namdeos Mutter hatte sich von ihrer Matte im vorderen Raum erhoben. Durch die Türöffnung sah ich sie in der Küche, eine dünne dunkle Gestalt in dunkler Kleidung, die sich schweigend wie ein Schatten bewegte.

Malika sagte: »Namdeo ist der geborene Politiker. Wenn er sich morgen entschlösse, seine Autobiographie zu schreiben, würde darin nur eine Seite über mich sein. Deshalb wirkt das politische Auf und Ab auf sein Privatleben zurück. Dies ist eine der Fragen, die ich in meinem Buch stellte. Warum sollte mich das berühren? Warum hilft er mir nicht mit meinem Leben?

Nach dem Ausnahmezustand wurde er unberechenbar. Seine Freunde aus der Unterwelt begannen, ihm Geld zu geben. An einem Tag hatte er 10 000 Rupien, am nächsten keine einzige. Und eins war uns beiden gemeinsam – Geld lief uns durch die Finger. Namdeo sagte immer, es sei bürgerlich, Geld auf der Bank zu haben. Also gab er alles, was er hatte, aus – für ein gutes Leben.«

Seit 1975, nur rund ein Jahr nach ihrer Blütezeit (und rund ein Jahr nach Mallikas Romanze in Lonavala) zerfiel die Dalit-Bewegung. Die Bewegung zersplitterte immer mehr, und es gab Beschuldigungen und Zurückweisungen, daß Geld von verschiedenen Leuten aus verschiedenen Quellen angenommen worden sei. Das Resultat war, daß die Dalits den Glauben an die Menschen verloren, die ihre Führer gewesen waren.

Mittlerweile war es fünf Uhr. Wir waren seit drei Stunden bei Mallika. Und in diesem Augenblick – in dem unser Treffen vorbei gewesen wäre, wenn er da gewesen wäre – erschien Namdeo. Seine Mutter war noch immer in der Küche.

Und es war, wie Mallika gesagt hatte: Namdeo war im Haus; sie war sich seiner Anwesenheit bewußt; ihre Gedanken galten ihm. Sie sprach nur noch mit halber Konzentration zu uns – äußerte fromme Lügen über die Dalit-Bewegung –, doch dann fing sie sich wieder.

Ich fragte nach den gewalttätigen sexuellen Bildern in manchen von Namdeos Gedichten, der Vermischung von Sex und Exkrementen und Erniedrigung. Als sie Namdeo geheiratet hatte, hatte sie nur an die Romantik gedacht; selbst die sexuelle Seite der Ehe hatte sie schockiert. Hatte sie nach dem ersten Schock denn alles hingenommen? War sie nicht immer noch irritiert, zumindest ein bißchen, von gewissen Dingen in Namdeos Gedichten?

Nein, sie sei überhaupt nicht irritiert. Was sie empfinde, mehr als Schrecken über manche Wörter und Bilder, sei Namdeos große Kraft als Dichter. »Es ist ganz wahre und reine Lyrik. Es ist nicht bloß eine Imitation. Ich halte ihn für einen der größten Dichter in Marathi. Es gab bei uns Leute, die die Richtung der Dichtung verändert haben. Er ist einer von ihnen. *Er ist ein Meilenstein.*« Die letzten Worte sagte sie auf englisch.

Namdeo kam aus der Küche in das kleine Zimmer, in dem wir saßen. Er trug seine Brille auf der Stirn. Er lächelte und war höflich. Er erwähnte mit keinem Wort das Treffen, zu dem er nicht erschienen war. Er sagte nur, daß Leute auf ihn warteten und er nicht bleiben könne, um sich mit uns zu unterhalten.

An dem Tag war er von seiner politischen Arbeit in Anspruch genommen. Er organisiere eine Demonstration von Prostituierten im Bezirk Golpitha, sagte er. Er zeigte die Schwarzweißplakate, die er gerade in der Druckerei abgeholt hatte. Er fragte, ob ich nicht mit zu der Demonstration kommen würde. Ich sagte ja. Er gab mir ein Plakat, und wir verabredeten, uns am Tag nach der Demonstration hier im Haus zu treffen, wenn er mehr Zeit haben würde. Und dann war er verschwunden.

Ich fragte Mallika: »Zeigt er Ihnen seine Gedichte?«

»Wenn er hier etwas schreibt, zeigt er es mir. Wenn er anderswo schreibt, zeigt er es der Person, die gerade in seiner Nähe ist, ganz gleich, ob diese Person etwas von Lyrik versteht oder nicht.«

All die Schrecken ihrer Beziehung zu Namdeo schienen nun in der Vergangenheit zu liegen – beispielsweise die Entdeckung im ersten Jahr ihrer Ehe, daß er eine Geschlechtskrankheit hatte. Sie hatte darüber und auch über andere Entdeckungen geschrieben, die sie gemacht hatte. Sie lebte jetzt gelassener mit den Dingen, über die sie geschrieben hatte; und sie meinte, ihr Leben mit Namdeo könne immer so weiterlaufen, wie es jetzt war: »Wie in einer bürgerlichen Familie.« Außerdem war sie nicht in der Position, etwas Radikales zu tun: Sie mußte immer an ihr Kind denken.

»Ich möchte, daß das Kind mein Freund wird. Ich möchte nicht, daß das Kind aufwächst wie sein Vater – mit all den schlechten Seiten.«

»Was für schlechte Seiten?«

»Die Wutanfälle, das Fluchen. Die Bewegung ist immer das

Erste, woran Namdeo denkt. Ganz gleich, wie unsere Beziehung ist, er wird seine Verbindung zur Bewegung nie abbrechen.«

Die Bewegung war nun in eine Sackgasse geraten. Die Leute trafen sich vielleicht noch zu bestimmten Anlässen; sie riefen vielleicht noch Slogans und marschierten. Aber sie hatten keine Richtung und kein Ziel mehr.

Ich erzählte ihr von der langen Menschenschlange, die ich auf der Fahrt vom Flughafen gesehen hatte. In welcher Stimmung waren die Leute wohl gewesen, während sie darauf warteten, dem lang verstorbenen Ambedkar Ehre zu erweisen?

»Aufgewühlt. Die Dalits opfern alles und jeden für Ambedkar. Er ist kein zusätzlicher Gott für sie. Er ist Gott. Sie würden ihre Frau abschlachten. Alles für Ambedkar.«

Charu setzte von sich aus hinzu: »Wie Christus für die Christen.«

Mallika stimmte dem zu.

Ich fragte, ob sie sich während dieser Jahre auf einen religiösen Glauben gestützt habe.

»Immer wenn es schlimm wurde, wandte ich mich mir selbst zu.«

»Kein Glaube?«

»Ich glaube an mich selbst. Ich glaube nur an meine eigene Existenz.«

Der erste Teil von Mallikas Buch hatte (in Charus mündlicher Übersetzung) geendet: »Das männliche Ego ist das Entsetzlichste in unserer gegenwärtigen Gesellschaft. Frauen finden auch noch Freude daran, dem Vorschub zu leisten. Das erinnert mich an eine Geschichte, in der der Baum selbst seinen Ast einem Holzfäller gab, der nur das Blatt einer Axt und keinen Stiel hatte. Ich glaube nicht, daß ich für jemanden mit Namen Namdeo mein ganzes Leben aufgeben sollte.« Doch das Buch stellte auch dar, wie besessen sie von dem Mann und seiner Dichtung und seiner Sache war und wie sich daraus der Verlust ihrer Freiheit ergab. Der zweite Teil des Buches endete: »Dies ist die Reise eines besiegten Geistes.« Und obwohl sie das, was sie getan hatte, für einen Mann getan hatte, war sie immer allein gewesen. »Niemand hat mich begleitet.«

Charu und ich machten uns zum Gehen fertig. Und nun hatten viele Einzelheiten des Hauses eine tiefere Bedeutung: die

Fotos von Mallikas Vater und Mutter, die farbigen Schnappschüsse von Namdeo, die rote Fahne (von Mallikas Sohn gemacht) im vorderen Raum, die dunkle, schattenhafte, schweigende Gestalt von Namdeos Mutter, die vor vielen Jahren zusammengebrochen war (und bald sterben würde), Namdeos gerahmtes Zertifikat vom russischen Kulturinstitut in Bombay, das ikonenähnliche Bild von Dr. Ambedkar, das Plakat für die Prostituiertenversammlung, die Namdeo plante. An einer Wand, über dem sehr großen Farbfoto eines weißen Babys (Mallika sagte, sie möge das Bild einfach gern) hing eine gerahmte Zeichnung von ihrem Sohn: braune Felsen, schwarze Findlinge, rote Sonne, schwarze Vögel. Im Auf und Ab der braunen Kreidestriche, die den Felsen Volumen und Körperhaftigkeit gegeben hatte, hatte ich eine große Sensibilität gesehen und das Bild für einen zeitgenössischen chinesischen Druck gehalten.

Die Prostituiertenversammlung, die Namdeo in Golpitha organisierte, sollte am Dienstag sein. Am Sonntag stand in einer Zeitung eine Notiz, daß ich der »Hauptgast« bei der Versammlung sein würde. Andere Zeitungen übernahmen die Notiz am Tag danach; und obwohl Bekannte in Bombay begannen, mich anzurufen, manche besorgt, manche belustigt, hielt ich die Zeitungsgeschichte für bedeutungslos. Ich dachte, Mißverständnisse oder Übertreibungen dieser Art würden sich von selbst lösen.

Da sich Namdeo so geschäftig gegeben hatte und das schwarzweiße Dalit Panther-Plakat so ernst aussah, hatte ich damit gerechnet, daß die Versammlung ein ziemlich großes Ereignis sein würde. Aber als Charu und ich hinkamen, fanden wir kaum etwas vor. Über manchen Gassen hingen Dalit Panther-Spruchbänder; viele Polizisten und Polizeiwagen standen herum; aber es schien kein besonderer Aufruhr zu herrschen.

Wir waren früh hingegangen, um etwas von der Atmosphäre des Prostituiertenviertels mitzubekommen. Wir gingen in den schmalen Gassen spazieren: die Lichter, die Schilder, die Buden, die Leute draußen, die auf Flechtbetten am Rand der Gassen im Schatten saßen; die nassen Abfallhaufen, der Geruch der Gosse; Prostituierte und ihre »Madames« und Freier und Geldverleiher waren alle Teil derselben Szene, der Mischung aus Sex und Unschuld und Erniedrigung, so unterminierend wie in Namdeos Gedichten, die dieses Viertel inspiriert hatte.

Der abendliche Betrieb des Viertels hatte eingesetzt. Die Aussicht auf Namdeos Dalit Panther-Versammlung – Protest gegen das, was zu sehen war – verursachte kaum eine Erschütterung. Die Versammlung sollte am Ende einer der Gassen stattfinden, die dunkel waren und ohne Verkehr, doch sehr betriebsam, nur in der Mitte zwischen den Buden und Ständen und Flechtbetten hatte man Platz zum Gehen. Im hellen Licht am Ende einer Gasse saßen auf einer Plattform, die mit weißen Laken bedeckt war, Musiker und spielten ländliche Melodien.

Niemand schien ihnen zuzuhören. Doch als Charu und ich näher kamen, traten Männer mit Kameras und Männer und Frauen, die Charu als Zeitungsreporter erkannte, aus den Schatten. Und Charu und ich begriffen, daß, soweit es die Zeitungen betraf, wir die Geschichte des Abends waren.

Ich meinte, wir sollten gehen. Charu und ich drehten uns um und gingen zum anderen Ende der Gasse zurück. Die Zeitungsleute folgten uns. Als wir zum Ende der Gasse und in die Nähe einer helleren Hauptstraße kamen, sagte Charu, es wäre falsch, einfach so wegzugehen. Wir würden uns die Zeitungsleute, die ihren Abend für dieses Ereignis hingegeben hatten, zu Feinden machen; sie könnten feindselige Geschichten schreiben. Er meinte, es sei besser, wenn er mit den Zeitungsleuten redete – er kannte sie: manche waren seine Freunde – und ihnen die Sache erklärte.

Er führte mich zu einem Zigarettenkiosk und bat mich, dort stehenzubleiben und auf ihn zu warten. Er ging wieder die Gasse hinunter und war bald in der Dunkelheit und der Menge verschwunden. Doch die Fotografen gingen nicht. Sie blieben ein paar Meter von mir entfernt stehen und behielten mich im Auge (für den Fall, daß ich versuchte wegzulaufen), während die Musiker, deren weiße Plattform hell und fern am Ende der dunklen Gasse zu sehen war, ihre wiegenden ländlichen Rhythmen spielten. Plötzlich machte ein Fotograf ein Bild; und auf dieses Blitzlicht hin begannen alle Fotografen wie wild abzudrücken und zu blitzen, und um mich herum knallte es wie von fehlgezündeten Feuerwerkskörpern.

Schließlich kam Charu wieder. Er brachte Neuigkeiten mit. Namdeo sei eingetroffen, und – ganz ungewöhnlich – Mallika sei bei ihm. Es sei jetzt wichtig, daß ich hingehe und eine Weile bei ihnen bleibe, sagte Charu. Wenn ich das nicht tue, hätten sie vielleicht das Gefühl, ich ließe sie im Stich. Bereits jetzt, sagte Charu, baue sich, auch wenn ich es nicht merke und den Grund dafür nicht verstehen könne, ein gewisses Maß an feindseligen Kastengefühlen bei den Anwohnern der Gasse auf, die unser Kommen und Gehen beobachtet hätten. Es bedürfe nur eines kleinen Funkens, und der Ärger würde sich entladen. Und noch einen Grund gebe es, sagte Charu, weshalb ich zu Namdeo und Mallika gehen solle. Mallika habe sich nach all der Zeit, die sie mir gewidmet habe, außerdem noch die Mühe gemacht, mir einen langen Brief auf Marathi zu schreiben; sie habe ihm den Brief gegeben, damit er ihn mir überreiche.

Eine ausgerollte mit Stoff bedeckte Matte, eine Art roter Teppich, lag in der Mitte der nassen, schmutzigen Gasse. Darüber gingen wir jetzt zurück zu den Musikern, die weiterspielten. Wir traten in einen kleinen Raum ein.

Dort waren Mallika, die uns lächelnd, in einem frischen Sari herzlich begrüßte, und Namdeo. Ich war froh, sie zu sehen, froh, daß Charu mich überredet hatte, zurückzukehren. Frauen des Viertels behingen mich mit Blumenkränzen. Genau das wollten die Fotografen; und diese glücklichen Bilder – anstelle der ohne Erlaubnis in der dunklen Gasse aufgenommenen – kamen am nächsten Tag in die Zeitungen.

Auf dem Rückweg im Taxi übersetzte Charu Mallikas Brief: viele große Bögen in einer schönen, stilvollen Schrift. Sie war besorgt, daß ich die beiden Seiten ihrer Gefühle vielleicht nicht verstanden hätte: ihre Liebe zur Freiheit, ihre Liebe zu Namdeo. Doch im Grunde hatte sie bei unserem Treffen alles gesagt.

Am nächsten Tag besuchten wir Namdeo zu Hause. Das hatten wir vor einigen Tagen so verabredet. Doch Charu war nervös und sogar beunruhigt. Wir seien nicht zu Namdeos Versammlung geblieben; er könnte das Gefühl haben, wir hätten ihn im Stich gelassen. Er könnte das Gefühl haben, wir hätten ihm politisch geschadet, und man könne nicht wissen, wozu er imstande sei. Er sei ein unberechenbarer Mann.

Als wir hinkamen, teilte Mallika uns mit, Namdeo sei da. Er

sei drin und esse. Er kam heraus und begrüßte uns und ging sofort wieder hinein. Wir sahen alle Zeitungen vom Tag im vorderen Raum: sie waren aufgeschlagen und durchgesehen worden. Ich hatte die Geschichten zu den Fotos nicht gelesen. Charu hatte es getan; und aus dem Wunsch heraus, Eintracht zu stiften (und mich zu tadeln, weil ich Namdeos Einladung zum Mittagessen nicht angenommen hatte, als er sie vor ein paar Tagen ausgesprochen hatte), ließ er sich auf Mallikas Einladung hin nieder und vertilgte, von Mallika bedient, ein riesiges Mahl im vorderen Raum. Er aß alles, was sie ihm vorsetzte, und dann bat er um mehr.

Doch Charu war allzu nervös gewesen. Mallika war glücklich über den Verlauf des Abends. Sie wollte mich sogar wissen lassen, daß die Musiker bei der Versammlung zur Folklore-Gruppe ihres Vaters gehört hatten. Namdeo war sehr glücklich. Er aß hinten, aber das bedeutete nichts. Als das Essen vorüber war, Charus im vorderen und Namdeos im hinteren Raum, trafen wir uns alle in völligem Einvernehmen in dem hinteren Zimmer mit dem olivgrünen Metallschrank mit dem hohen Spiegel und der bronzefarbenen Tischlampe; und Namdeo machte deutlich, daß er, wie versprochen, bereit sei, mir den ganzen Nachmittag zu widmen.

Trotzdem wollte ich, weil ich Charus Worte im Kopf hatte, nicht direkt mit der Prostituiertenversammlung anfangen. Ich dachte, ich sollte mit seiner Dichtung beginnen. Ich sprach mit ihm über das frühe Gedicht, das Charu für mich übersetzt hatte: ›Der Weg zum Heiligtum‹. Ich fragte nach der sexuellen Gewalt dieses Gedichts und anderer, späterer Gedichte, die ich kennengelernt hatte.

Er antwortete sehr ausführlich. Charu ließ Namdeo, vielleicht aus anhaltender Nervosität und vielleicht auch aus Interesse an literarischen Dingen, lange reden, ehe er übersetzte oder zusammenfaßte; und Namdeo sprach langsam, überlegt.

Mitten in Namdeos Marathi bekam ich die englischen Worte für *nicht sexuell* mit. Er sagte, ›Der Weg zum Heiligtum‹ sei nicht eines seiner besten Gedichte. Er interpretierte das Gedicht für mich. Der Dichter sei wie eine Waise im Land seiner Geburt. Das Heiligtum, zu dem der Dichter gehe, sei eine reale Stätte, eine berühmte Moschee am Strand von Bombay; doch

Bombay sei eine kosmopolitische Stadt und das Heiligtum von der Pilgerfahrt des Dichters könne jeder heilige Ort der Stadt sein. Die ›Dunkelheit im Sari‹ und ›Der Geist auf dem Pfad‹ seien das gesellschaftliche System, in das der Dichter hineingeboren sei. Die Dunkelheit im Sari sei kein sexuelles Bild – selbst die niedrigste Frau habe ihren Ehrenkodex. Die Dunkelheit im Sari bedeute Unwissenheit: der Dichter habe einen großen Teil seines Lebens damit verbracht, diese Dunkelheit, diese Unwissenheit abzuwaschen.

Doch er habe bessere Gedichte geschrieben. Er wünschte, ich hätte ein paar davon kennengelernt. Er habe ein Gedicht über Wasser geschrieben. Es sei ein ziemlich bekanntes Gedicht.

Wasser ist überliefertes Kastenvorurteil...

Die Idee mit dem Wasser war ihm wichtig. Er verwies mehrmals darauf. Sie stammte aus seiner Erinnerung an die absolute Unberührbarkeit, die in dem Dorf bei Poona herrschte, in dem er aufgewachsen war. Die höheren Kasten benutzten den Fluß stromaufwärts; die Unberührbaren benutzten den Fluß stromabwärts; und die höheren Kasten benutzten den Fluß zuerst.

Er erinnerte sich an etwas, das sich zugetragen hatte, als er in der zweiten Klasse war. Die Dorfkinder hatten keine Kastenvorurteile; sie spielten zusammen. Eines Tages badete er mit ein paar Jungen aus höheren Kasten in einem Teich. Der Wächter entdeckte ihn und warf mit Steinen nach ihm. Er hatte den Teich verunreinigt. Er wurde gejagt und mit Steinen beworfen. Blutend lief er zu seiner Siedlung und versteckte sich dort. Seine Mutter bekam Schelte, und später verprügelte seine Mutter ihn, weil er den Teich verunreinigt und Verdruß verursacht hatte.

Er meinte, er sei 1940 geboren, aber er war sich nicht sicher. Selbst in der Schule – das mußte 1951 oder 1952 gewesen sein – mußten die Jungen aus sehr niedrigen Kasten vor dem Schulzimmer sitzen. Sie durften keine Wasserquelle benutzen; Wasser mußte ihnen in die hohle Hand gegossen werden. Ein Lehrer durfte ein solches Kind nicht anrühren. Wenn ein Lehrer ein Kind aus niedriger Kaste bestrafen wollte, warf er etwas nach ihm.

Namdeos Familie gehörte den Mahars an. Sie lebten in einer

Großfamilie: Die Frauen und Kinder von drei Brüdern, insgesamt fünfundzwanzig Menschen, lebten in einem Haus. Namdeos Vater wohnte nicht in dem Haus; er war nach Bombay abgewandert und hatte die Familie zurückgelassen. Die Familie hatte Land. Sie lebte von der Landwirtschaft und den traditionellen Pflichten ihrer Kaste.

Während Namdeo von den traditionellen Pflichten der Mahars in seinem Dorf erzählte, gesellte sich in dem kleinen hinteren Zimmer ein Mann zu uns, den ich zuvor schon im Haus gesehen hatte, einer dieser stummen Leute, die nicht vorgestellt, nicht erklärt wurden und im Haus kommen und gehen zu dürfen schienen. Dieser kleine dunkle Mann, mit einem üppigen Schnurrbart und einer orangefarbenen Tunika, stand nun neben Namdeos Sessel, hörte mit gespannter Aufmerksamkeit zu und schüttelte feierlich bestätigend den Kopf, als Namdeo von den Pflichten der Mahars sprach.

Mahars mußten Leute zum Finanzamt bestellen. Das war eine amtliche Pflicht, für die Regierung, und früher konnte das heißen, daß man bei jedem Wetter weite Strecken zurücklegen mußte. Andere Pflichten waren traditioneller. Wenn jemand im Dorf starb, wurden die Mahars mit der Aufgabe betraut, alle Verwandten des Verstorbenen zu informieren. Mahars bestatteten auch die Leichen. Dafür bekamen die Mahars dreimal im Jahr von den Dorfbewohnern der höheren Kasten eine Getreidezuteilung.

Der Freund des Hauses schüttelte feierlich den Kopf und starrte auf einen Punkt über dem Fußboden, so daß es schien, als erinnere der Freund des Hauses sich, während Namdeo sprach, sehnsüchtig an die alten Sitten.

Jetzt wiederholte er: »Dreimal im Jahr.«

Mahars hatten noch ein weiteres Vorrecht. Dieses war wie ein tägliches Ritual, und Namdeo sprach lange darüber, während der Freund des Hauses zuhörte und zu Boden schaute und den Kopf schüttelte.

Mahars, sagte Namdeo, hätten das Recht, jeden Tag bei den Häusern der Angehörigen höherer Kasten anzuklopfen und um Brot zu bitten. Gab es zehn Mahar-Haushalte in einem Dorf, teilten sie die Haushalte der höheren Kasten unter sich auf, und jeder Mahar-Haushalt bekam bestimmte Haushalte zugewiesen, bei denen er anklopfen mußte. Der Mahar, der diese Aufgabe hatte, verließ frühmorgens sein Haus mit einem Flecht- oder Metallkorb auf dem Kopf. Wenn er zu dem höher gestellten Haushalt kam, erwies er seine Ehrerbietung und bat um Brot. Wenn er zweimal um Brot bat und das Brot nicht gegeben wurde, hatte der Mahar das Recht, es unbedingt zu verlangen. Das machten die Mahars jeden Morgen. Und die Angehörigen der höheren Kasten gaben Brot, ließen es in den Korb fallen, ohne diesen zu berühren.

»Ohne zu berühren«, sagte der Freund.

So funktionierte das Kastensystem vor 1955, als es noch dominierend war. Danach begann es auseinanderzubrechen. Anstelle von Getreide und bestimmten Rechten konnte man den Mahars für das, was sie taten, Geld anbieten; aber manchmal wurde ihnen gar nichts angeboten. Während also ihre Pflichten im Dorf die gleichen blieben, wurden bestimmte Rechte, die sie hatten, abgebaut. Ambedkar war damals mächtig; und die Mahars und andere Angehörige niederer Kasten begannen, politische Forderungen zu stellen.

Unter diesen waren die Mahars die einzigen in der Gegend, die Land besitzen durften. Deshalb hatte Namdeos Familie auch Land und verdiente mit der Landwirtschaft ein wenig Geld. Zu diesem Recht der Mahars auf Landbesitz war es aus einem interessanten Grund gekommen.

Es war einmal ein Raja von Bidar. Der wollte seine Tochter an einen bestimmten Ort schicken. Die Mahars trugen traditionell den Palankin, und der Raja befahl den örtlichen Mahars, seine Tochter dorthin zu bringen, wohin sie wollte. Die Mahars begriffen die Bedeutung ihres Auftrags, und aus Vorsicht kastrierten sie sich selbst, um einen Unfall oder ein Mißverständnis zu vermeiden, bevor sie sich auf die Reise machten. Die Feinde des Rajas begannen, das Gerücht zu verbreiten, daß die Tochter des Rajas von den Mahars mißbraucht worden sei. Der Raja befahl die Mahars zu sich und verhörte sie. Sie entblößten sich vor ihm und sagten, daß sie sich kastriert hatten, ehe sie die Prinzessin trugen. Der Raja war so erfreut, daß er den Mahars Land schenkte. So kam es, daß die Mahars die einzigen Unberührbaren in der Gegend waren, die Land besaßen.

Namdeo schien die romantische Geschichte Freude zu machen; genauso wie er vorher, von seinem Freund ermuntert, anscheinend mit so etwas wie Wehmut die Kastenvorurteile seines Dorfes aufgezählt hatte. Ich bat Charu, ihn wegen dieser Wehmut zu fragen: Ich dachte, ich hätte vielleicht etwas nicht mitbekommen.

Namdeo sprach lange, und sein Freund in der orangefarbenen Tunika pflichtete ihm bei.

Schließlich berichtete Charu: »Er ist sich des Leids, das er erlitten hat, völlig bewußt. Aber in ihm steckt auch ein Dichter und Schriftsteller, und als Dichter und Schriftsteller möchte er seine Wurzeln finden. Leid hat immer zu seiner Seelenbefindlichkeit gehört. Früher kam es nicht in Frage, sich zu beklagen. Man war ein Mahar, man tat seine Pflicht, und damit hatte es sich.«

Es gab nicht nur Leid für ihn im Dorf. Der Dorflehrer hatte die Vorurteile seiner Kaste, und er vernachlässigte Namdeo. Doch durch diese Vernachlässigung hatte Namdeo als Kind ein bißchen Freiheit. Er hütete gern das Vieh auf der Weide; er ging im Fluß schwimmen.

1958, als er siebzehn oder achtzehn und in der vierten Klasse war, verließ er sein Dorf und kam nach Bombay. Er erinnerte sich, daß *Mutter Indien* mit der Schauspielerin Nargis in den Kinos lief. Er wohnte in einem Slumviertel bei einem Onkel, der zwei Zimmer in einem *chawl* hatte. Der *chawl* hieß »Dhor Chawl« nach der Dhor-Kaste, einer Kaste, die totes Vieh beiseiteschaffte und in den Gerbereien arbeitete. Nur Angehörige dieser Kaste lebten in dem *chawl*. Namdeo hatte also die Kaste nicht in seinem Dorf zurückgelassen, die Kaste folgte ihm nach Bombay.

Er ging nicht arbeiten. Er ging zur Schule. In der Dorfschule hatte er in der vierten Klasse versagt; in Bombay schaffte er die gleiche Klasse als Bester. Damals begann er auch Gedichte zu schreiben.

All seine Gedichte schrieb er direkt, »aus einem Guß«. Er hatte über Bob Dylan und Eldridge Cleaver gelesen. Und er hatte ein paar schwarze Dichter gelesen; und LeRoi Jones. Er hatte sie auf englisch gelesen. Er verstand Englisch, wenn er es auch nicht sprechen konnte. Es gab keinen direkten Einfluß, aber er war sich dieser Dichter bewußt. Er kannte auch Allen

Ginsberg, Rimbaud, Rilke, Baudelaire, Lorca, die letzten vier in englischer Übersetzung. Er hatte alle bedeutenderen Dichter der Mitte des 20. Jahrhunderts gelesen.

Und obwohl seine Laufbahn aus der Ferne betrachtet der Laufbahn einer Reihe von Black Power-Leuten in den Vereinigten Staaten zu ähneln schien – er war jemand geworden, über den Zeitungen und Zeitschriften schrieben, und am Ende berühmter als seine Sache –, hatte ich doch, als ich in diesem kleinen Zimmer seines Hauses in Bombay mit ihm sprach, das Gefühl, daß er der Gefangene einer indischen Vergangenheit war, die niemand außerhalb wirklich verstehen konnte. Für ihn war es schwerer gewesen, auszubrechen, die Vergangenheit zurückzuweisen als für die Schwarzen in den Vereinigten Staaten. Und nun war Namdeo wieder, wenn auch auf andere Weise, ein Gefangener Indiens mit seiner Vielzahl von Bewegungen und verzweifelten Bedürfnissen; er konnte leicht wieder untergehen. Ihm war es nicht wirklich möglich, wie vielleicht einem schwarzen Aktivisten in den Vereinigten Staaten, sich in ein müßiges Leben zurückzuziehen.

Ich fragte, ob er nun mehr Dichter als Politiker sei.

»Die Rollen lassen sich nicht wirklich trennen. Ich bin gegen das Kastensystem. Das bringe ich in meiner Politik und in meinen Gedichten zum Ausdruck. Dichten ist politisches Handeln. Politik ist Teil meiner Dichtung.«

Erst jetzt, meinte ich, könnte ich auf das Abenteuer des vergangenen Abends anspielen.

»Werden Sie weiter mit den Prostituierten arbeiten?«

»Ich werde weiter an verschiedenen Problemen arbeiten. Prostitution ist ein maßgebliches Problem.«

»Gibt es Dalits, die eifersüchtig auf Sie sind?«

»Man ist eifersüchtig auf mich. Es wird behauptet, ich sei ein Kommunist.«

Als er herausgekommen war, um uns zu begrüßen, und dann wieder hineingegangen war, um weiter zu essen, hatte er salopp gekleidet gewirkt, ein Mann zu Hause, in einem bräunlichen Hemd und einem bunten Dhoti. In Wirklichkeit war er sorgfältig gekleidet. Das Hemd war elegant, rehfarben, dick und mit Struktur; und sein Dhoti hatte ein Karomuster. Namdeo paßte in den Raum mit den lasurüberzogenen Wänden und den Plastikblumen in einer Vase auf dem Fensterbrett vor den vertikalen Eisenstangen: Mallikas Geschmack war zu spüren.

Ich sagte: »Mallika meint, Ihre Dichtung sei ein Meilenstein.«

»Ich bin immer überrascht, wenn Leute so etwas sagen. Die Marathi-Literatur ist so arm. Es gab schöne Gedichte wie die von Tukaram, und dann kam Hunderte von Jahren nichts.«

Sein Leben spielte sich unter den Augen der Öffentlichkeit ab. War es ihm möglich, Gedichte zu schreiben, wenn er solch ein öffentliches Leben führte?

Er verstand die Frage falsch. »Das stört mich nicht wirklich. Ich erwarte nicht, gelobt zu werden.«

»Mallika sagte, Sie hätten ihr Recht auf Veröffentlichung ihres Buches verteidigt.«

Er ging nicht direkt darauf ein. »Das ist ein Konflikt zwischen zwei Kulturen, zwei Milieus. Mallikas Mutter war eine traditionelle Hindu-Frau. Obwohl ihr Vater Moslem war, war ihre Kultur die traditionelle Hindu-Kultur der Mittelschicht.«

»Sie haben ihr Buch verteidigt.«

»Ihr Buch hat mir geschadet, das stimmt. Mein Image war das eines progressiven Menschen, und Mallikas Darstellung hat mir geschadet. Aber Mallika hat recht. Ich bin immer ein Gefolgsmann Ambedkars gewesen. Das ist Teil meiner Existenz, und ich bin der Meinung, daß Mallika ein Recht hat zu sagen, was sie über ihren Mann denkt.«

Dann begann er sich zu erklären, ohne auf Fragen von mir zu warten, und von Dingen zu sprechen, die ich vielleicht über ihn gehört hatte oder über ihn wissen wollte.

»Mein politischer Aufstieg begann 1971/72. Davor lebte ich in der Gegend von Kanthipura in der Unterwelt. An Geld war leicht heranzukommen. Es war ein Prostituiertenviertel, voll Unwissenheit und Verbrechen und Grausamkeit. Es ist ein grausames Viertel, und das hatte seine Auswirkungen auf mich. Es beeinflußte meinen Charakter ungeheuer. Wenn man jung ist, ist man hart im Nehmen und kämpferisch. Die Energie, die man hat, kann einen auf einen richtigen oder einen falschen Weg führen. Hätte ich nicht meine besondere Vergangenheit gehabt und hätte ich nicht von Ambedkars Bewegung gewußt, wäre ich vielleicht einer der großen Männer der Unterwelt geworden und nicht in die Politik gegangen. Weil ich aber auf diese Weise aufgewachsen bin, war ich voller Zorn und bei der geringsten Provokation bereit zu kämpfen. Manche Kämpfe, in die ich verwickelt wurde, kamen einem Mord nahe. Alle in der Unterwelt von Bombay kannten mich.«

Der Nachmittag war vergangen; es dämmerte bereits. Unser Gespräch hatte lange gedauert, weil Namdeo immer lange gesprochen hatte und ich auf Charus Übersetzung oder Zusammenfassung warten mußte. Ich war müde. Charu war müde, und er hatte das Gastspiel des russischen Zirkus verpaßt, in das er an dem Abend seine Frau hatte ausführen wollen. Ich stand auf, um zu gehen. Doch Namdeo wollte nichts davon wissen.

Er sagte: »Sie haben mich nicht nach meinem persönlichen Leben gefragt.«

Und dann, wie ein Mann, der tat, was von ihm erwartet wurde, und alles bieten wollte, sprach er von den Dingen, die die Leute über ihn erzählten und manchmal gegen ihn verwendeten.

»Ich war Taxifahrer. Von 1967 bis 1971. Ich ging mit Prostituierten. Ich habe alle möglichen Laster ausprobiert. *Jetzt bin ich viel zu normal und ehrbar.*« Der letzte Satz war in Englisch. »Selbst nach meiner Heirat ging ich manchmal noch zu Prostituierten. Als die Dalit Panther sich spalteten, begann ich schwer zu trinken. Ich gründete die Panther, und dann brachten sie mich in die Minderheit. Das war ein schwerer Schlag. Es macht mich immer noch traurig.«

»Warum, meinen Sie, haben Sie Ihre Macht verloren?«

»Ich war meiner Zeit voraus. Ich versuchte, den Begriff Dalit weiter zu fassen – um alle Unterdrückten aufzunehmen, nicht bloß die aus den niederen Kasten. Wenn man die Unberührbarkeit wirklich aufheben will, muß man eine Massenbewegung haben. Ich wollte mich der Masse anschließen. Deshalb wollte ich den Begriff Dalit weiter fassen. Doch die Reaktionäre unter den Dalits wollen sich nicht der Masse anschließen. Ihrem Empfinden nach muß man, um die Gefühle einer Gemeinschaft aufzubrechen, selbst in einer Gemeinschaft sein. Und diese Leute brachten mich in die Minderheit.«

Dann kam seine Krankheit. Das war 1981; in dem Jahr hatte er auch sein letztes Buch veröffentlicht. Er hatte gelassen, offen über sein Leben und seine Fehlschläge gesprochen, während der Freund des Hauses mit dem üppigen Schnurrbart und der orange- oder safranfarbenen Tunika (die immer mehr wie eine Art religiöses Gewand aussah) zugehört und auf einen Punkt über dem Fußboden geschaut und von Zeit zu Zeit bestätigend den Kopf geschüttelt hatte. Und nun sprach Namdeo genauso von seiner Krankheit. Es war, als habe er sich von seinem Leben gelöst und betrachte es aus der Ferne. Er war nicht mehr auf Lob oder Zustimmung aus: Er sprach von Mallikas Recht, ihr kritisches Buch zu veröffentlichen, als sei ihm die andere Möglichkeit, Wut und Unterdrückung, nie in den Sinn gekommen.

Er hatte von seiner eigenen früheren Gewalttätigkeit gesprochen. Doch nun war er ruhig: vielleicht letzten Endes doch etwas, was er von der Hindu-Kultur um sich herum geerbt hatte.

»Was bedeutet Ambedkar den Dalits?«

»Es gab eine Zeit, in der wir wie Tiere behandelt wurden. Nun leben wir wie Menschen. Das alles ist Ambedkar zu verdanken.«

So wie in dem Haus mit den lasierten fliederfarbenen Wänden und den weiß gestrichenen Rattansesseln eine tiefere Bedeutung gesehen werden konnte, so war auch ein tieferes Verständnis der langen, geduldigen Schlange dunkler Männer und Frauen möglich, am Morgen meiner Ankunft auf der einen Straßenseite: Nicht nur die Armen Indiens, sondern ein Ausdruck der alten inneren Grausamkeit dieser Armut: Leute ganz unten, emotionsgeladen, ohne politische Absichten in diesem Augenblick, Leute, die einfach ihre Zurückweisung zurückwiesen.

2

Die Geschichte des Sekretärs

Eindrücke vom Indischen Jahrhundert

Eines Tages sagte Nikhil: »Ich kenne hier einen Mann namens Rajan. Er ist der Privatsekretär eines einflußreichen Politikers und Geschäftsmannes. Er sagt, er habe Sie 1962 in Kalkutta kennengelernt.«

Ich konnte mich nicht erinnern, und ich erinnerte mich selbst dann nicht, als Nikhil mich eines Nachmittags zu Rajans Büro brachte. Rajan war ein kleiner, untersetzter Mann aus dem Süden mit einem eckigen dunklen Gesicht. Sein Büro – oder die Zimmerflucht, zu der es gehörte – war eins der geräumigsten und elegantesten, die ich in Bombay gesehen hatte. Es war im internationalen Stil gehalten, in kühlen, neutralen Farben, und es hatte eine phantastische Klimaanlage. Rajan hatte in diesem Büro offensichtlich etwas zu sagen. Er trug einen rehfarbenen, kurzärmeligen Mao-Anzug, der als offizielle indische Kleidung hätte durchgehen können.

Er sagte: »Sie kamen 1962, während oder direkt nach dem indisch-chinesischen Krieg nach Kalkutta. Sie waren mit ein paar Filmleuten zusammen. Damals interessierte ich mich sehr für Film und Kunst – es war die hoffnungsvollste Zeit meines Lebens. Jemand von der Filmgesellschaft stellte mich Ihnen gegen Ende des Abends vor. Ich sollte Sie ins Gästehaus des Pharmakonzerns zurückbringen, wo Sie wohnten.«

Der schmerzliche Krieg im Hintergrund, das Gemisch aus Dunst und Herbstnebel in Kalkutta, die kleinen, von der Decke beleuchteten Räume der Filmgesellschaft, vollgestopft mit alten Büromöbeln: ein oder zwei Augenblicke des längst entschwundenen Abends tauchten langsam auf. Doch es waren bloß Eindrücke, nichts Konkretes. Und an das Ende des Abends erinnerte ich mich gar nicht.

»Ich war zweiundzwanzig«, sagte Rajan. »Ich arbeitete in

einer Werbeagentur. Ich war Büroangestellter. Mein Gehalt betrug 315 Rupien im Monat. Man hatte mir zu verstehen gegeben, daß ich stellvertretender Geschäftsleiter für die Kundenwerbung werden sollte, aber das sollte nicht sein.« 315 Rupien, 24 Pfund im Monat.

»Wann haben Sie Kalkutta verlassen?«

»Das ist eine lange Geschichte«, sagte Rajan.

Und später an dem Nachmittag – als wir vor dem Clubhaus im Brabourne Stadium, dem alten internationalen Kricketplatz von Bombay, saßen und Tee tranken und den jungen Kricketspielern beim Üben am Netz zusahen (am anderen Ende des Geländes war die hohe, mit Gerüsten versehene Rückwand der großen Bühne, die für die russische Eiskunstlauf-Revue im Rahmen des gerade laufenden russischen Festivals gebaut wurde) – und noch an einem anderen Tag, in einem Hotelzimmer, nicht weit von seinem Büro, gleich nach der Arbeit und bis spät in die Nacht, erzählte Rajan mir seine Geschichte.

»Ich wurde 1940 in Kalkutta geboren. Unsere Familie kam aus dem Süden, aus der Provinz Madras, wie sie zur Zeit der Briten hieß, dem heutigen Tamil Nadu. Mein Großvater war ein kleiner Beamter an einem Gerichtshof in der Nähe der Stadt Tanjore. Er wurde von den Leuten um seiner Aufrichtigkeit und seiner Zivilcourage willen geachtet. Zivilcourage in dem Sinn, daß er, wenn ein Unrecht geschah oder jemand ihn aufforderte, etwas zu tun, das er nicht gutheißen konnte, heftig reagierte oder in einer anderen ihm gemäßen Form ablehnte.

Ein Brite war sein Vorgesetzter. Er wollte, daß mein Großvater in einem Prozeß als Zeuge auftrat und etwas Unwahres sagte. Ich weiß nur, daß die Sache in einem Spektakel endete und mein Großvater seinen Schuh auszog und den Briten schlug. Ihm war klar, daß das Leben in Tanjore danach schwierig werden würde. Er beschloß, mit seinem einzigen Sohn, der damals noch zur Schule ging, nach Norden abzuwandern. Das muß Anfang des Jahrhunderts, zwischen 1900 und 1905 gewesen sein. Er wählte Kalkutta als Wohnort, das Hauptquartier der Briten. Dort konnte er seinen Lebensunterhalt verdienen und einigermaßen sein Leben fristen.

In Kalkutta wohnte er bei einem Freund oder entfernten Verwandten, bis er auf eigenen Füßen stehen konnte. Er brachte seinen Sohn dazu, Stenografie zu lernen. Südinder, Brahmanen besonders, lernten Englisch leichter, weil sie mehr damit in Berührung kamen, und sie bekamen Jobs als Sekretäre, Stenografen oder sogar -typisten. Das waren zur Zeit der Briten wahrscheinlich die häufigsten Berufe für die südindischen oder tamilischen Brahmanen – und das ist erst in den letzten Jahren anders geworden. Als Stand betrachtet, arbeiteten die südindischen Brahmanen ansonsten als Lehrer oder Priester oder kleine Angestellte. Oder wenn sie Glück hatten, bekamen sie Arbeit in einer Regierungsbehörde. Das war zu der Zeit, in der ein Regierungsjob für zehn Rupien im Monat hochgeschätzt war – danach trachtete die Mehrzahl der tamilischen Brahmanen, die ein wenig Schulbildung hatten, am meisten. Und ziemlich viele von ihnen wanderten in den Norden aus, in die großen Städte, Bombay, Kalkutta, Delhi.

Mein Großvater ließ sich dann in Howrah nieder, auf der anderen Flußseite von Kalkutta-City. In einem dieser für Kalkutta typischen bürgerlichen Wohnhäuser – einem *pakka*-Haus, einem richtigen Haus, nicht einem *kaccha*-Haus, einem halbfertigen und improvisierten, und es stand in einer respektablen, bürgerlichen Gegend. Diese Häuser konnte man mieten. Es war eine Gegend, in der noch andere Leute aus dem Süden wohnten, die auch abgewandert waren, und es gab ihnen Sicherheit, unter ihresgleichen zu leben. Damals bestanden in Kalkutta keine Ressentiments gegen Südinder – die Zeiten waren damals anders. Genauer gesagt, waren die Südinder bei den Bengalen gut angesehen. Heute ist das ganz anders. Seit den sechziger Jahren dieses Jahrhunderts haben Südinder in Kalkutta das Gefühl, nicht dazuzugehören, obwohl sie schon seit Jahrzehnten da sind. Das ist vielleicht ein Grund, warum ich aus Kalkutta weggegangen und nach Bombay gezogen bin – doch das war viele Jahre später.

Mein Vater wurde Stenograf, als er siebzehn oder achtzehn war. Das muß um 1900 gewesen sein, und er hat wahrscheinlich für eine britische Firma gearbeitet. Er war ein tüchtiger Stenograf, und er hat mir erzählt, daß er zweimal den Regierungspreis für Schnellschreiben in Höhe von 50 Rupien in englischer Stenografie und in Maschineschreiben bekommen habe. Er lebte weiter in Howrah, in der Wohnung meines Großvaters, die Teil eines großen Wohnhauses war. In Kalkutta gab es so etwas wie Etagenwohnungen oder Apartments oder Mietshäuser nicht. Es gab nur Teile von Häusern – in denen der Vermieter einen Teil des Hauses bewohnte und den Rest mit kleinen Umbauten hier und da vermietete.

Innerhalb von ein paar Jahren verstarben sowohl mein Großvater als auch meine Großmutter, ohne viel Geld oder Besitz zu hinterlassen. Doch mit den Jahren bekam mein Vater immer bessere Stellen. Es kam eine Phase, zwischen 1915 und 1925, in der er recht gut bezahlt wurde. Er hatte nicht nur genug Geld, um bequem für seine Familie zu sorgen, sondern auch um ein paar Statussymbole wie Pferde und Kutschen zu erwerben. Er hatte ein paar arabische Vollblüter, die von moslemischen Kutschern versorgt wurden. Wieso moslemisch? Damals machten sie meistens diese Arbeiten. Damals hatten Hindus nichts dagegen, daß Moslems in gewissen Vertrauensstellungen waren.

Ich selbst kann mich an diese Periode im Leben meines Vaters nicht erinnern. Es sind alles Geschichten, die mir meine älteste Schwester erzählt hat, ohne daß ich danach fragte. Und die auch Leute erzählten, die meinen Vater genau kannten. Manche von ihnen äußerten Dinge wie: ›Selten haben Südinder in Kalkutta mit solchem Status oder Stil gelebt wie dein Vater.‹ Als ich noch ein Kind war, dreizehn, vierzehn, fünfzehn, als ich noch zur Schule ging, hörte ich so etwas, wenn ich ihnen bei gesellschaftlichen Zusammenkünften begegnete. Dann redete man von jemandem, der es im Leben zu etwas gebracht hatte, oder von jemandem, der versagt hatte, und man redete von Vaters vergangener Glanzzeit. Wenn ich diese Geschichten hörte, empfand ich eine Mischung aus Stolz und Trauer.

Mein Vater gewöhnte sich in der Zeit, in der es ihm gut ging, an, sich britisch zu kleiden – mit Zylinder, Anzug, Weste, zweifarbigen Schuhen, Krawatte, allem. Und in seiner Freizeit spielte er Tennis. Er gründete einen Tennisclub in der Nähe seines Hauses. Als Südinder gab er nicht viel zum Leben aus. Alle Südinder oder tamilischen Brahmanen in jener Zeit waren natürlich ausnahmslos Vegetarier. 200 Rupien im Monat waren also ein ansehnliches Gehalt. Eine durchschnittliche Familie konnte mit 30 oder 40 Rupien auskommen.

Er war ein tief religiöser Mensch wie die meisten südindi-

schen Brahmanen. Abgesehen vom Tennis verbrachte er seine
Zeit mit Pujas und *bhajans*, religiösen Liedern. Er war ziemlich
bekannt dafür, daß er so gut Bhajans singen konnte. Er wurde
ein Führer der Gemeinschaft im Viertel. Mit folgendem Resultat: Er ließ Neuzuwanderer aus dem Süden, junge Männer, die
ein Auskommen suchten, in seinem Haus wohnen. Er kleidete
und ernährte sie und brachte ihnen Stenografie und Schreibmaschine bei. Es gab beinahe so etwas wie einen regelmäßigen
Stenokurs in unserem Haus. Und er half ihnen, Arbeit bei
britischen Firmen zu bekommen.

Mein Vater achtete die Briten. Weil er mit den Briten auskam
und die englische Sprache liebte, betrachtete er sie wahrscheinlich nicht nur als hassenswertes Volk. Er interessierte sich nie
für Politik.

Mein Vater war dreimal verheiratet. Er verlor seine erste Frau
und heiratete dann ein zweites Mal, damit seine zweite Frau
sich um seine ersten beiden Kinder kümmern konnte. Als seine
zweite Frau starb und ihrerseits zwei oder drei Kinder hinterließ, zwangen seine Verwandten ihn, ein drittes Mal zu heiraten. In jenen Tagen waren solche Ehen nicht schwierig zu be-
werkstelligen. Obwohl sie mittellos waren, hatten die tamilischen Brahmanen immer eine große Nachkommenschaft. Sie
gaben ihre Töchter gerne jedem, der sie heiraten wollte, solange
sie sich der grundlegenden Dinge sicher waren – daß der Mann
zur selben Gemeinschaft gehörte und fähig war, Frau und Kinder zu unterhalten.

1935, als mein Vater zum dritten Mal heiratete, war er vier-
undvierzig. Seine dritte Frau, meine Mutter, war achtzehn. 1937
wurde ein Kind geboren, ein Junge, der aber kaum sechs Monate lebte, größtenteils weil meine Mutter so kränklich war. Ich
wurde 1940 geboren.

Zu der Zeit hatte mein Vater seine ersten beiden Töchter verheiratet, aber noch eine Tochter, die verheiratet werden mußte.
Außerdem hatte er einen Sohn aus der zweiten Ehe, der noch
zur Schule ging. Das war in den unsicheren Kriegsjahren. Mein
Vater war zu der Zeit Aufseher in einem Godown oder Lager-
haus. Es war eine verantwortungsvolle Stelle – die meisten Sachen in dem Godown waren importiert. Der Godown gehörte
der japanischen Firma Mitsui. Mein Vater hatte die Stelle bei

den Japanern 1936 angetreten, nachdem er meine Mutter geheiratet hatte. Und er behielt die Stelle, bis die japanischen Unternehmen in Indien wegen des Kriegs geschlossen wurden. Als das geschah, wechselte mein Vater zur neu geschaffenen Regierungsbehörde DGMP, Directorate-General of Munitions and Production, die Aufsichtsbehörde über Waffen und Munition.

Als der Krieg zu Ende war, gab mein Vater diese Stelle auf. Um ungefähr diese Zeit wurde Mahatma Gandhis Unabhängigkeitsbewegung eine ernstzunehmende Größe, und auch die Moslems gerieten in heftigen Aufruhr. 1946 gab es in Kalkutta schlimme Unruhen zwischen Hindus und Moslems.

Doch noch davor war meine Mutter ernsthaft krank geworden. Als meine Mutter dem Sterben nahe war, bat sie meine ältere Stiefschwester – die einen ehemaligen Armeeangehörigen geheiratet hatte –, mich aufzuziehen. Als meine Stiefschwester und ihr Mann Kalkutta verließen, ging ich also mit ihnen. Ich war sechs. Einen Monat später starb meine Mutter.

Beinahe zur gleichen Zeit ereigneten sich in Kalkutta die großen Unruhen zwischen Hindus und Moslems. Während der Unruhen wurde das Haus, in dem wir gewohnt hatten, abgebrannt. Wir hatten Howrah schon lange verlassen und waren in die Innenstadt gezogen. Als mein Vater bei Kriegsende seinen Job beim DGMP verlor, waren wir in eine Einzimmer-Mietwohnung in einem großen Gebäude gezogen. Dieses Gebäude wurde während der Unruhen angezündet und brannte nieder – mit dem Zimmer, in dem meine Mutter gestorben war und in dem wir beinahe alles untergebracht hatten, das uns gehörte.

Während der Unruhen wurde mein Vater gezwungen, in einen Jeep zu steigen und alles zurückzulassen. Er mußte alles, was er hatte, zahlen, um sich zu retten, mehrere tausend Rupien. Er mußte das den Leuten zahlen, die ihn mitnahmen. Sie setzten ihn und andere in dieser Situation am Bahnhof Howrah ab und überließen es ihnen, Züge zu ihren Zielorten außerhalb der Stadt zu finden.

Ich war bei meiner Schwester und ihrem Mann, weit weg, wo der Mann meiner Schwester als Verpflegungsinspektor für die Staatsregierung arbeitete. Er war 1945 aus der Armee, Auchinlecks Armee, entlassen worden. Er war einer der vom Vizekönig durch Patent bestellten Offiziere gewesen, und als er aus der

Armee ausschied, hatte er den Rang eines *jamadar*. Diese Leute waren vor dem Krieg eingezogen worden, zu einer Zeit, als die Briten das Gefühl hatten, daß sie sich bald im Krieg befinden würden. Als Kind bewunderte ich ihn. Ich freute mich darauf, ihn zu sehen. In meinen Augen war er ein Held. Er war immer herausgeputzt. Er hatte viele Geschenke für uns – Süßigkeiten, Vorräte aus Kantinenbeständen. Das Einzige, was ich an ihm nicht mochte, war das Rauchen.

Mir wurde klar, was meinem Vater in Kalkutta widerfuhr. Ich sah die Fotos in den Zeitungen, und Leute sprachen von Greueltaten. Diese Zeitspanne – in der ich meine Mutter über Monate langsam in einem Zimmer hatte sterben sehen, während mein alter Vater sie pflegte und ich dann in die Obhut meiner Schwester gegeben wurde und mit ihr und ihrem Mann an einen ganz neuen Ort zog, auf der anderen Seite Indiens, wo die Leute eine andere Sprache sprachen, Marathi, das ich nicht verstand –, diese Zeitspanne versetzte mich vorübergehend in einen Zustand äußerster Betrübnis und Depression.

Ich sehe es jetzt als Depression. Damals saß ich einfach vor dem Haus, auf der Treppe, hockte einfach da, den Kopf auf die Arme gestützt, saß den ganzen Tag allein auf der Treppe vor dem Haus meiner Stiefschwester. Stunden verbrachte ich so, verwirrt, ohne zu wissen, was ich denken sollte.

Eines Morgens tauchte plötzlich mein Vater auf, und ich glaube, er schenkte mich dem Leben wieder. Dann reiste er wieder ab, mit dem Versprechen, mich zu ihm zu holen, wenn sich alles beruhigt hätte. Das war kurz vor der Unabhängigkeit.

Mein Schwager fing an, die Arbeit zu schwänzen. Er ging einfach und blieb wochenlang weg, ohne uns zu sagen, wohin er ging. Meine Schwester schrieb an meinen Vater und bat ihn um Hilfe. Doch mein Vater mußte sich erst um sich selbst kümmern. Er war damals beinahe 55. Nach mehreren Umzügen mit meiner Schwester und ihrem Mann – der weiter die Arbeitsstellen wechselte und jede Stelle wieder aufgab, wie er es schon vorher getan hatte – kam mein Vater und holte mich und meine Schwester nach Kalkutta, wo er endlich eine Wohnung gefunden hatte. Er hatte auch eine Arbeit in einem Importunternehmen gefunden. Das war im Januar 1948, in dem Monat, in dem Mahatma Gandhi umkam.

Ich lebte einige Zeit bei meinem Vater. Dann kam meine Großmutter und holte mich in ihr Dorf im Süden zurück und schickte mich dort in eine Schule. Aber das Dorfleben gefiel mir nicht, und 1950 kehrte ich zu meinem Vater nach Kalkutta zurück. Er begann, mich zu Hause zu erziehen. Erst 1952, als ich elf war, wurde ich wirklich eingeschult. Mein Vater konnte nicht mit mir kommen. Deshalb ging ich allein zur Schule und sorgte dafür, daß ich nach einem Test in die Klasse acht aufgenommen wurde.

Mein Vater brachte mir hauptsächlich Englisch bei. Anderen Fächern maß er nicht so viel Bedeutung bei. Weil er die englische Sprache liebte und weil er nun alt war, ließ er mich aus den Leitartikeln des ›Statesman‹ vorlesen, auch wenn ich dem, was ich las, oft nicht folgen konnte. Er befahl mir, die schwierigen Wörter und Redensarten zu unterstreichen und ließ mich als Hausarbeit für den Nachmittag die Bedeutungen niederschreiben.

Das Einkommen meines Vaters war gesunken, und wir lebten nun in einer Gegend, wo die Mieten niedrig waren. Hier lebten ein paar übrig gebliebene Briten in den Herrenhäusern um uns herum, eine recht große Zahl Moslems und eine genauso große Zahl Anglo-Inder und Christen. Die ganze Familie – wir waren nun zu sechst: mein Vater, mein Stiefbruder, meine Stiefschwester, ihre beiden Kinder und ich – hatte einen einzigen sehr großen Raum. Ungefähr sieben mal fünf oder sechs. Den Wasserhahn und die Toilette mußten wir mit allen anderen teilen.

In dieser Gegend gab es nur wenige Südinder. Die Familie paßte nicht richtig dorthin. Deshalb beschloß mein Vater, an einen Ort zu ziehen, wo der Umgang mit anderen leichter und meine Schule näher sein würde. Ich war auf einer südindischen Schule.

Dorthin ging ich drei Jahre lang. Jedes Jahr zur Examenszeit hatte ich Probleme mit verschiedenen kleineren Erkrankungen, und eigentlich wurde ich nur aufgrund meiner im allgemeinen guten Leistung von einer Klasse in die nächste versetzt.

Wir waren in eine Wohnung mit drei Zimmern gezogen. Mein Bruder verdiente mittlerweile.

Ich schloß die Schule im März 1955 ab. Zwei Monate später starb mein Vater bei einem Verkehrsunfall in der Nähe unseres

Hauses. Mein Vater stand immer früh auf. Er war zum Markt gegangen, um Blumen für die Morgenpuja zu kaufen; und als er zurückkehrte, raste ein Motorrad mit drei Leuten auf der falschen Straßenseite auf ihn, und er stürzte bewußtlos hin. Wir fanden ihn in einer Blutlache; das Gemüse und die Blumen, die er gekauft hatte, lagen um ihn herum verstreut.

Wir brachten ihn mit einem Taxi ins Krankenhaus, zusammen mit einem der Männer von dem Motorrad; die beiden anderen waren verschwunden. Dieser Mann war nicht verletzt. Er tat nur so; und als er sah, daß es bloß mein Bruder und ich waren, die unseren Vater hielten, öffnete er an einer Straßenecke die Taxitür und lief weg. Mein Vater lag drei Tage im Krankenhaus. Drei schmerzliche Tage. Er kam nie wieder zu Bewußtsein. Er verschied.

Jetzt mußte die ganze Familie vom Einkommen meines Bruders leben, 50 Rupien, vierzehn Pfund, im Monat. Er arbeitete als Sekretär bei einem britischen Fabrikdirektor, und die Fabrik lag in einem Vorort. Wir mußten also die Dreizimmerwohnung verlassen. Wir zogen in eine kleinere Wohnung näher bei der Fabrik meines Bruders.

Ich konnte nicht daran denken, aufs College zu gehen. Ich wollte meinem Bruder nicht zur Last fallen. Und auf jeden Fall wollte ich unabhängig sein. Deshalb beschloß ich, das Naheliegendste zu lernen – erst einmal Maschineschreiben. Nicht weit von unserer neuen Wohnung war eine Schule, wo man Maschineschreiben lernen konnte. Die Gebühr betrug vier Rupien im Monat. Am Anfang bezahlte mein Bruder das, doch dann konnte ich genug Geld verdienen, um die Gebühren selbst zu zahlen. Ich erledigte hier und da Schreibarbeiten im Institut. Ich war willens, jede Art von Beschäftigung anzunehmen, aber das war nicht leicht. Oft lief ich zehn oder zwölf Meilen, um einen Freund aufzusuchen, weil ich hoffte, mit seiner Hilfe einen Job zu finden. Ich war ungefähr sechzehn zu der Zeit.«

Rajan, wenn auch kräftig, war ein kleiner Mann. Ich fragte mich, in welcher körperlichen Verfassung er zu der Zeit war, von der er sprach.

Ich fragte ihn: »Fühlten Sie sich stark oder schwach?«

»Ich fühlte mich körperlich nie kräftig genug. Doch die Entschlossenheit, unabhängig zu sein, trug mich. Ich sage Ihnen, was ich eines Tages tat. Ich wandte mich an einen Briten in der Fabrik meines Bruders. Er sagte: ›Du bist zu jung. Du solltest noch zur Schule gehen.‹ Jemand anders, an den ich mich wandte, sagte: ›Du hast ja noch nicht einmal einen Schnäuzer.‹ Einen Schnurrbart.

Ich erlitt Anfälle von Trübsinn und Melancholie. Es war beinahe wie damals, als ich immer auf der Treppe vor dem Haus meiner Schwester saß. Oft dachte ich daran, meinem Leben ein Ende zu machen. Es gab die Stadtbahn. Und es gab immer noch den Hugli. Doch durch den Rat eines engen Freundes besann ich mich anders.

Ich hatte keine Jugend. Ich sprang direkt von der Kindheit ins Erwachsenendasein. Und ich war unterernährt. Nach dem Tod meines Vaters war unser Essen schlechter geworden, weil mein Bruder mit seinem mageren Einkommen so viele Menschen ernähren mußte. Zu meinem nicht gerade glücklichen Leben in dieser Zeit kam die schlechte Beziehung zu meinem Stiefbruder, der uns alle unterstützte. Wir hatten uns noch nie verstanden. Er war beinahe neun Jahre älter als ich, und er verprügelte mich immer schrecklich. Bei einer dieser Gelegenheiten, als er mich so schlimm zurichtete, kam ich auf den Gedanken, mir das Leben zu nehmen.

Im nächsten Jahr, 1957, wurde alles etwas freundlicher, als ich zufällig einen Freund traf, der sagte, er könne mir eine Arbeit in einem Marwari-Unternehmen besorgen. Die Marwaris traten in Kalkutta an die Stelle der Briten und waren damals die größten Geschäftsleute in der Stadt – sie sind es immer noch. Sie übernahmen die Jute-Spinnereien, die Teeplantagen, die Kohlebergwerke und so weiter.

Ich bekam dann in einem dieser Familienunternehmen Arbeit als Stenotypist. Das Gehalt betrug 90 Rupien im Monat, sieben Pfund. Ich konnte mir gerade eine zweite Hose und ein Hemd kaufen. Die Fahrt zum Büro und zurück war lang. In diesem Monat brauchte ich nicht mehr als zehn Rupien für mich und gab den Rest meinem Bruder als Beitrag zu den Familienkosten. Ich fuhr mit einem Zug Zweiter Klasse. Ich ging nicht ins Kino. Ich gab nicht mehr als zwei Anna, ein Achtel einer Rupie, einen Penny, fürs Mittagessen aus.

Einen Monat nachdem ich angefangen hatte, wurde ich zu einem der Direktoren bestellt. Ich hatte das Durchschlagpapier falsch eingespannt, als ich eine Rechnung tippte. Ich wurde gefeuert. Zum Glück traf ich innerhalb von sieben Tagen einen anderen Freund – wir fuhren mit derselben Straßenbahn –, und er brachte mich zu einem anderen Arbeitgeber. Auch ein Marwari. Er interviewte mich in seinem Haus. Seine Firma war ein Zeitungsunternehmen, das heute das größte Indiens ist.

Ich sollte in ihrer gerade aufgemachten Anzeigenabteilung arbeiten. Ich tippte die Werbeanzeigen. Ich bekam 125 Rupien. Es ging mir also etwas besser. Ich steuerte ganze hundert Rupien zum Haushalt bei und gab fünfundzwanzig Rupien für mich aus, einschließlich der Unterrichtsgebühren in einer Abendschule, bei der ich mich für einen Kurs in Zwischenhandel angemeldet hatte.

Wir konnten es uns nun leisten, in unser altes Viertel in Südkalkutta zurückzuziehen. Wir teilten uns eine Wohnung zu zwei Familien. Meine Beziehung zu meinem Bruder änderte sich nicht. Immerhin hatte er aufgehört, mich zu schlagen, nachdem ich ihm eines Tages eine Ohrfeige zurückgegeben hatte.

Bei der Zeitungsgesellschaft blieb ich ein Jahr. Dann ging ich für ein Gehalt von zehn Rupien am Tag zu Lipton's. Der Direktor dort empfahl mich seiner eigenen Werbeagentur, und sechs Jahre lang, von 1958 bis 1964, arbeitete ich dort. Zu der Zeit traf ich Sie. Es war eine gute Zeit für mich. Ich war Mitglied im British Council. Weil ich die englische Sprache so liebte, zogen mich Leute an, die in der englischen Sprache bewandert waren – Journalisten, Filmemacher, Werbetexter und überhaupt Werbeleute.

Die Werbebranche gefiel mir. Sie war anders. Sie brachte mich zum Nachdenken. Es gab keinen Alltagstrott. Meine anderen Jobs waren bloß Routine gewesen. Besonders die Leute in diesen Berufen gefielen mir – die Künstler, die mit der Kundenwerbung betrauten Geschäftsführer, die Drucker, die Werbetexter. Ich fing in der Werbeagentur mit 270 Rupien an. Der Seniorchef mochte mein Englisch, und ich arbeitete für ihn. Er schätzte das Interesse, das ich an der Arbeit zeigte. Er beförderte mich, und ich assistierte ihm bei verschiedenen Kampagnen. Bald gab er mir zu verstehen, daß ich stellvertretender Geschäftsleiter für Kundenbetreuung werden sollte. Ich kam auch mit anderen Leuten in der Firma gut aus, weil ich der Jüngste von allen war und mich fließend in Bengali mit ihnen unterhalten konnte. Bengalen schätzten das. Ich bekam eine jährliche Zulage von fünfzehn Rupien. 1964 bekam ich 330 Rupien. Man versprach mir die Beförderung zum stellvertretenden Geschäftsleiter für Kundenwerbung. Und als sie nicht kam, kündigte ich schließlich verärgert.

Ich wurde Assistent eines Werbe- und Kurzfilmproduzenten, der mich ins Herz geschlossen hatte. Ich lernte das Einmaleins der Filmherstellung. Er zahlte mir 350 Rupien. Ich drehte sogar selbständig bestimmte Einstellungen. Doch der Krieg mit Pakistan 1965 machte der Filmgesellschaft den Garaus, und ich mußte einen anderen Job finden. In dieser Zeit lernte ich wichtige Leute in der kreativen Welt von Kalkutta kennen. Das machte mich sehr glücklich. Ich dachte immer, daß ich einen Drang zum Schöpferischen in mir hätte, der keinen Ausdruck gefunden hatte, weil ich kein geregeltes Leben und keine richtige Grundlage hatte.

Jemand sagte mir, ich solle nach England gehen. Deshalb nahm ich eine Stelle bei Air India an, damit ich umsonst nach England fliegen konnte. Am Ende meines ersten Jahres besuchte ich England. Doch wegen des wiederkehrenden Familienproblems mit meiner Stiefschwester und ihrem Mann mußte ich zurückkehren. Am Ende meines zweiten Jahrs bei Air India machte ich eine Reise in die Vereinigten Staaten.

Bei Air India verdiente ich 350 Rupien. Das war zu wenig – die Rupie war 1967 abgewertet worden. Ich mußte sogar einen Teilzeitjob für abends annehmen. Schließlich bewarb ich mich auf die Anzeige einer Industriefirma. Aufgrund meiner Erfahrung bekam ich eine Stelle im Geschäftsleitungsbereich, für dreimal soviel Geld wie bei Air India. Bald beförderten die Direktoren mich und unterstellten mir eine Einkaufsabteilung.

So fand ich mich nach all den Jahren auf der anderen Seite. Doch ich konnte mich nicht völlig mit dem Management identifizieren, weil ich nur zu gut wußte, wie das Leben für die anderen war. Aber dann wurde die politische Situation in Bengalen unruhig. Die Arbeiter wurden aufsässig. Die Linken hatten die Gewerkschaften und den Staat mehr oder weniger unter Kontrolle. Und die materiellen Verhältnisse der Stadt verschlechterten sich zusehends. Immer mehr Firmen gerieten unter die Kontrolle der Marwari-Kapitalisten. Und 1973 kam dann die Ölkrise. Mir unterstand die Ölbeschaffung für die Fabrik. Ich machte wirklich eine schlimme Zeit durch. Dazu kamen die Stromknappheit, die Transportschwierigkeiten und die Militanz der Arbeiter, mit denen ich als Angehöriger der Geschäftsführung zurechtkommen mußte. Man könnte sagen, ich hätte den richtigen Job zur falschen Zeit gefunden. Ich haßte es, morgens zur Arbeit zu gehen.

Ende 1973 kündigte ich – die Probleme mit der Arbeit, die Lebensbedingungen in Kalkutta. Dies alles zwang mich, Kalkutta zu verlassen. Als Alternative fiel mir nur Bombay ein, weil diese Stadt mich früher auf meinen gelegentlichen Reisen dorthin – durch meine Arbeit bei Air India – mit ihrer Weltläufigkeit und ihren Chancen beeindruckt hatte.

Ohne also eine Arbeit in Aussicht zu haben, zog ich mit meinen geringen Ersparnissen nach Bombay. In Bombay wohnte ich bei einem Verwandten in meinem Alter, der in einem weit außerhalb gelegenen Vorort ein Fotostudio hatte. Er hatte kein Zimmer. Ich lebte deshalb im Studio und teilte die allgemeine Toilette mit anderen Mietern des Gebäudes und wusch mich in einer freien Ecke. Wir sammelten immer Wasser für fotografische Zwecke, und damit badete ich.

Ich schlief in einer Art Dachboden, den ich für mich gemacht hatte. Er hatte ungefähr zwei- oder dreimal die Größe eines durchschnittlichen Sarges. Er war direkt unter dem Dach und über der falschen Decke im vorderen Teil des Geschäftes. Ich kletterte hinein, indem ich die Gitterstäbe des Fensters als Trittleiter nahm und rutschte dann in die kleine Öffnung. Ich fand es bequem. Die Luft kam durch die Öffnung um den Rolladenkasten. Oft hielt ich diesen kleinen Dachboden für den gemütlichsten Platz zum Lesen und Schreiben – Briefe, nicht Artikel.

Ich verdiente ein wenig, als ich anfing, im Studio zu arbeiten. Das meiste schickte ich an meine Verwandten nach Kalkutta, weil die vier Kinder meiner Schwester heranwuchsen und mein Stiefbruder nun für seine eigene Familie sorgen mußte.

Anfangs dachte ich, ich könne das Fotogeschäft gemeinsam mit meinem Verwandten aufbauen, denn ich verstand als Amateur etwas von Fotografie. Doch nach einer Weile, als meine Ersparnisse aufgebraucht waren, stellte sich mein Verwandter nicht gerade als hilfreich heraus. Wenn ich Geld brauchte, gab er keins, und als ich um das Geld bat, das ich bereits für das Studio ausgegeben hatte, wollte er es nicht wiedergeben.

Die Beziehung war also angespannt, auch wenn ich weiterhin hilflos dort wohnen blieb, in meiner kleinen Nische schlief und las, weil Unterkunft jeder Art ein echtes Problem in Bombay war. Als die Lage immer schlimmer wurde, beschloß ich, jeden Gedanken an ein Fotogeschäft aufzugeben und mich nicht mehr auf meinen Verwandten zu verlassen.

Als erstes gab ich eine Kleinanzeige in der ›Times of India‹ auf. Das muß mich rund vierzehn oder fünfzehn Rupien gekostet haben – die Zeitung räumte Arbeitssuchenden Sonderraten ein. Ich bekam vierzig Antworten.

Meine Anzeige lautete ungefähr folgendermaßen: »Südindischer Sekretär mit über zehnjähriger Erfahrung, fehlerfreies Englisch, sucht interessante Position in Werbung, Public Relations, Reisebranche und so weiter.« Ich machte eine Rangliste der Antworten, indem ich auf Firmen, die in den Vorstädten entlang der Central Railway lagen, besonders Fabriken, nicht reagierte. Die Fahrbedingungen dorthin waren problematisch; ich hätte auf halber Strecke von da, wo ich bei meinem Verwandten wohnte, umsteigen müssen – und das waren schon anderthalb Stunden Fahrt mit der Western Railway.

Ich beschloß, nur zu vier Vorstellungsgesprächen zu gehen, die alle um den Victoria Bahnhof in Churchgate und eher in Büros als in Fabriken oder Werkstätten stattfinden sollten. Am ersten Tag geschah nichts. Aus verschiedenen Gründen nahm ich keines der Stellenangebote an – Gehalt, Büroatmosphäre, der Interviewer selbst. Um die Wahrheit zu sagen, gab ich einem Interviewer eine Abfuhr, als er eine völlig absurde Frage stellte. ›Warum haben Sie Kalkutta nach all den Jahren verlassen? Diese schönen Frauen dort – Sie hätten zumindest wegen der *rasgolla*-ähnlichen Frauen dort bleiben sollen.‹ Ich hielt das für zu frauenfeindlich. Wahrscheinlich fand er, ich sei überqualifiziert. Es war eine Handelsgesellschaft, und er war so ein ungeschlachter Typ, der plötzlich zu Geld gekommen war.

Die vier Vorstellungsgespräche, zu denen ich mich verabredet hatte, sollten zwei Tage dauern. Zwei am Tag. Am Ende des ersten Tages war ich ziemlich verzweifelt. Ich wollte nicht nach Kalkutta zurückkehren. Andererseits wollte ich mein Leben nicht noch erbärmlicher machen, indem ich ohne Geld weiterhin bei meinem Verwandten lebte. Deshalb beschloß ich, daß ich, wenn ich am nächsten Tag keine Arbeit bekäme, nach Kalkutta zurückkehren müßte, von wo meine Schwester mir weiterhin beharrlich geschrieben hatte.

Am folgenden Tag fuhr ich die ganze Strecke vom Fotostudio nach Churchgate. Als ich im Bahnhof von Churchgate ankam, ging ich ins Restaurant Satkar gegenüber dem Bahnhof. Auf dem Schild stand: ›Tee- und Snackbar‹. Ich bestellte mir eine Idli und einen Kaffee – Idli kostete ungefähr 60 Paise und Kaffee 40 –, denn ich dachte, mehr könnte ich mir nicht leisten, weil ich beinahe blank war.

Während ich den Kaffee trank, schaute ich meine Papiere durch, die Briefe von den Firmen, die ich aufgelistet hatte, um zu sehen, wen ich noch aufsuchen mußte. Und da fand ich dieses Angebot von einem Mann, der sich einfach als ›Stadtrat‹ beschrieb. Seine Adresse war in der ›A‹ Road. Ich fragte den Kellner, wo ›A‹ Road sei. Er sagte: ›Sie sind in genau der Straße.‹ Ich fand heraus, daß die Adresse, die der Stadtrat mir gegeben hatte, nur einen Steinwurf entfernt war.

Ich ging dahin und entdeckte, daß es ein Büro in einem Wohnhaus war. Nachdem ich eine Weile gewartet hatte, kam ein Herr herein. Damit sah ich das erste Mal den Mann, für den ich die nächsten vierzehn Jahre arbeiten sollte. Er war ein großer Mann – nein, durchschnittlich, ein Meter fünfundsiebzig, ein Meter siebenundsiebzig. Sehr hell, nicht schwer gebaut. Er sah sehr gepflegt, gut gekleidet aus.

Er führte mich in sein Büro und fragte mich nach einer sehr kurzen Unterhaltung, fünfzehn Minuten, ohne Umschweife, ob ich bei ihm anfangen wolle. Obwohl ich sogleich von dem Mann beeindruckt war, von seiner Schnelligkeit und raschen Entscheidungskraft, nahm ich sein Angebot nicht sofort an, weil ich über das Gehaltsangebot nachdenken mußte, das er gemacht hatte, 900 Rupien. Doch er machte kein Geheimnis daraus, daß er mich unbedingt einstellen wollte. Es sah beinahe so aus, als habe er meine Situation erraten, entschieden, wieviel ich bekommen sollte und mir ein Angebot gemacht. Bis heute weiß ich nicht, ob er viel über mich weiß, meinen Hintergrund, mein Leben außerhalb des Büros.

Er bat mich, ihn rückzurufen, sowie ich mich entschlossen habe, und er sagte, er hoffe, nicht zu lange warten zu müssen, denn er sei sicher, daß ich genau der Mann sei, den er suche. Ich ging zurück in das Restaurant – jetzt war ein anderer Kellner da – und kam, nachdem ich die Situation erwogen hatte, eigentlich zu dem Schluß, daß ein Job in der Hand besser sei als gar nichts. Am nächsten Tag rief ich ihn an und fing am folgenden Montag an.

Als ich die Stelle bekam, bemühte sich mein Verwandter in dem Fotostudio, unsere Beziehung zu kitten. Aber ich wollte nicht. Ich blieb noch drei Monate in der Nische in dem Studio. Dann zog ich als zahlender Gast bei verschiedenen Familien von Haus zu Haus – mit anderen Problemen, allen möglichen. Ich hatte einen Koffer mit Kleidern und einen mit Büchern und Krimskrams. Zwei Koffer mit Besitztümern – das war alles, was ich besaß.

Durch die Arbeit für meinen Chef begann ich, wichtige Leute kennenzulernen. Ich genoß es. Er war ein Kommunalpolitiker, und ich konnte sehen, daß er ein ehrgeiziger Mensch war. Ich dachte, ich würde Gelegenheit haben, mit ihm aufzusteigen. Und tatsächlich hat er es auf allen möglichen Gebieten zu etwas gebracht. Er ist jetzt berühmter und mächtiger und reicher als damals, als ich bei ihm anfing.

Leute, die dienstlich mit mir zu tun haben, könnten sagen, ich sei mit ihm aufgestiegen. Doch für mein Gefühl ist es nicht so, wie ich es erhofft hatte. Während ich hier arbeitete, führte ich weiter ein nomadisches Leben als zahlender Gast mit meinen beiden Koffern, bis ich eine sehr nette Familie kennenlernte – kaum vorzustellen in einer Stadt wie Bombay –, die so großzügig war, mir ein Zimmer ganz für mich allein anzubieten, wenn auch in einem alten Haus. Das war 1980. Ich war vierzig Jahre alt. In dem Alter hatte ich zum ersten Mal in meinem Leben ein Zimmer für mich allein. Das war traumhaft in einer Stadt wie Bombay, wo Leute auf dem Bürgersteig und in den Abflußrohren schlafen müssen – und es war vielleicht das Beste, was mir widerfahren ist.

Bis vor drei Jahren lebte ich von dieser Mildtätigkeit, in einem Einzelzimmer in diesem alten Haus mit einer Gemeinschaftstoilette, die sich vierzig Leute teilten. Damals konnte ich nicht ans Heiraten denken. Mit meinem Gehalt, wenn auch sehr gut für die Verhältnisse in Bombay, hätte ich mir keine Unterkunft irgendeiner Art kaufen können. Doch seitdem habe ich gegen alle Wahrscheinlichkeiten Glück gehabt und konnte mir eine Wohnung oder ein Apartment kaufen.

Und dann hatte ein Freund von mir das Gefühl, ich müsse einen Hausstand gründen. Dieser Freund wußte, daß ich meine Verantwortlichkeiten gegenüber der Familie meiner Schwester erfüllt hatte. Er gab in einer Zeitung eine Heiratsanzeige für mich auf. Die Kleinanzeige hatte mir schon einmal etwas gebracht, und jetzt kam wieder die Kleinanzeige in mein Leben und änderte den Lauf der Dinge für mich.

Unter den Leuten, die auf die Anzeige reagierten, die mein Freund für mich aufgegeben hatte, war mein künftiger Schwiegervater. Ich hatte in der Anzeige meinen Hintergrund und mein Alter angegeben. Ich hatte nichts verschwiegen. Ich sagte, ich wolle eine Dame, die sich auf ein einfaches Leben freue. Ich bekam ungefähr neunzig Antworten, vielleicht hundert. Sie kamen aus den verschiedensten Teilen Indiens. Ich glaube, ich bekam so viele Antworten, weil ich in der Anzeige gesagt hatte: ›Kaste, Glaube, Witwe, Geschiedene kein Hindernis.‹ Ich wollte jedoch eine Dame, die bereits in Bombay lebte, weil das viele Probleme regeln würde. Das Leben in Bombay ist so schwer – es gibt Sprachprobleme für Leute, die nicht Hindi können –, und mit den Transportmitteln hapert es, und überhaupt ist es kein leichtes Leben hier. Man kann sich nicht leicht eingewöhnen.

Nach ungefähr einer halben Stunde mit meinem künftigen Schwiegervater war er imstande, meinen Charakter in seinen Grundzügen zu verstehen. Wir trafen uns in der Cafeteria des Ritz. Er war in mein Büro gekommen, aber ich hatte ihn dort ein paar Stunden lang warten lassen müssen, diesen siebzigjährigen Mann, weil ich zu tun hatte, als er kam. Er ist aus Kerala, aber ein Brahmane. Ein Mann von mittlerer Größe, kahl, mit leiser Stimme, mit dem Merkmal ausgeprägter Geduld in Mimik und Betragen. Er ist ein pensionierter Elektroingenieur, der bei einem Unternehmen der öffentlichen Hand für den Einkauf verantwortlich war – er hatte mitgeholfen, Indien zu industrialisieren. Er war durchs ganze Land gereist, und seine Kinder waren liberal.

Ungefähr eine Woche nach diesem Treffen ging ich gegen halb elf abends, nach einem vollen Arbeitstag, zu ihrem Haus. Sie schlief schon. Ihr Vater weckte sie. Ich sprach mit ihr. Sie arbeitete seit zehn Jahren für eine verstaatlichte Bank, interessierte sich für Yoga und war nicht sehr gesprächig. Sie sah durchschnittlich aus. Sie war nicht dick, aber weil sie sehr klein war, sah sie auch nicht gerade dünn aus. Sie war knapp ein Meter fünfzig. Sie trug eine Brille.

Und nachdem wir uns mehr oder weniger durch ihren Vater und ihre Mutter unterhalten hatten, meinte ich, ich solle sie noch einmal treffen, damit sie in einem privaten Gespräch frei heraus sprechen könne, ohne ihre Eltern. Nach drei Tagen traf ich sie noch einmal in der Wohnung ihrer Kusine. Diese Kusine schätzte meine Haltung und traf entsprechende Vorkehrungen, damit wir alleine waren und so weiter. Bei einer Tasse Kaffee unterhielten wir uns etwas über eine halbe Stunde – sie war von der Bank gekommen. Sie zog sich nicht gut an. Ich hatte den Eindruck, sie machte sich keine Gedanken über ihre Kleidung.

Nach drei Tagen rief ich sie im Büro an, und diesmal trafen wir uns in einem Restaurant. Und im großen und ganzen kamen wir überein, daß wir heiraten sollten. Wir heirateten innerhalb von vierzig Tagen. Ich wollte eine standesamtliche Trauung – keine Mitgift, kein Geben, kein Nehmen; kein Gedränge mit Verwandten und Freunden; keine Party, kein Festessen, keine Geschenke. Aber die Familie wollte die standesamtliche Trauung nicht. Also bat ich meinen Vetter, daß er das Ritual vollzog. Ich selbst war völlig areligiös; ich hatte mich nie besonders angestrengt, um die Theologie oder Prinzipien des Hinduismus zu verstehen.

Ich bin froh, daß ich endlich einen Sinn im Leben sehe, nun, da ich eine eigene Familie habe. Ich habe mein bis dahin so ungefestigtes Leben beendet. Ich habe geheiratet, als ich fünfundvierzig war. Meine Frau war neununddreißig. Wir beide mußten lange auf diese Gnade warten. Und Gott hat uns noch zusätzlich mit dem Glück gesegnet, daß wir – so spät noch – ein Kind bekommen haben.

Ich habe immer noch das Gefühl, daß ich es zu viel mehr hätte bringen können, wenn ich ein wenig mehr Verständnis erfahren hätte. Oder vielleicht in einem anderen Land. Was mich die ganze Zeit verfolgt, ist das Gefühl, daß ich dazu verdammt bin, nicht höher aufsteigen zu können, als ich es bisher getan habe. Selbst in dieser Stelle bin ich wie eine Schiffsleiter. Das Meer steigt, das Schiff steigt, und die Leiter steigt mit. Doch die Leiter allein kann nicht steigen. Ich kann mich nicht unabhängig von meinem Arbeitgeber machen und im Leben aufsteigen.

Und doch habe ich im positiven Sinne ein Gefühl der Erfüllung. Als mein Vater starb, hatten wir beinahe keinen Penny, obwohl es uns früher einmal gut gegangen war. In meiner Kindheit zog meine Schwester mich auf. Und als mein Schwager sie verließ, war ich an der Reihe, mich um sie zu kümmern und ihre Kinder aufzuziehen. Ich habe es geschafft. Heute sind sie gut versorgt. Ich betrachte sie als Symbole für das, was ich erreicht habe.

Doch ich dachte auch immer, ich würde irgendwie ein schöpferischer Mensch sein – wie die Menschen, die ich in Kalkutta kannte, als ich Sie 1962 zum ersten Mal traf. Doch diese Art Leben und diese Gemeinschaft hat sich mir immer entzogen. Ich habe als Sekretär angefangen und bin immer noch Sekretär und werde wahrscheinlich als Sekretär aufhören. Ich bin nicht über das hinausgekommen, was mein Vater und Großvater zu Beginn des Jahrhunderts erreichen konnten. Der einzige Trost ist, daß ich selbst als Sekretär nicht so schlecht dran bin wie die meisten Sekretäre. Und vielleicht glaube ich gar nicht mehr, daß ich bloß ein Sekretär bin.«

3

Ausbrechen

Sowie ich zum Flughafen Santa Cruz kam, Bombays Flughafen
für Inlandflüge, kam ich mir wie ein Flüchtling vor. Vor dem
Eingang drängte sich eine Menschenmasse; und halb kriminelle
junge Männer aus der Umgebung versuchten, den Passagieren
Geld zu entlocken, wenn sie das Gepäck die paar Meter vom
Taxi bis zum Eingang trugen.

Polizisten schützten den Eingang vor den jungen Männern;
doch den Leuten draußen schienen sie keinen Schutz zu bieten,
auch wenn sie beinahe an der Tür waren; und die jungen Männer, die das begriffen, stürzten sich zu zweit oder dritt auf
Ankömmlinge, fielen rufend und schreiend über Koffer und
Taschen her und versuchten, eine Atmosphäre entnervender
Hektik zu schaffen. Sie waren klein und dünn, diese jungen Kriminellen aus der Umgebung, und sie trugen milchschokoladen-
farbene Hosen aus synthetischem Material, bei dem man sah,
wie zartgliedrig ihre Hüften und Schenkel waren. Ihre Gesichter waren klein und knochig, und die Hälse sahen aus, als würden sie leicht brechen. Ihre jämmerlichen Körper machten sie
nicht weniger bedrohlich: sie erinnerten an die sehr dünnen,
einschmeichelnd bösen Gestalten aus den Dickens-Illustratio-
nen von Cruikshank.

Menschenmassen und Lärm und Bedrohlichkeit und Gedränge draußen, Taxis, die in der prallen Nachmittagssonne ankamen und abfuhren. Auch drinnen Menschen und Lärm, aber
ein anderer Lärm: er war gleichmäßiger und beständiger: es war
der Lärm von Menschen, die nirgendwo hingingen. Es gab nur
eine Inlandfluggesellschaft in Indien; sie war staatlich, und sie
war chaotisch. Maßgebliche Leute sagten, die Flüge dieser Gesellschaft müßten immer verspätet sein, weil viele von ihnen aus
Delhi kämen und in Delhi morgens oft Nebel sei. Es gab noch
andere Probleme. Die Fluggesellschaft hatte nie genügend Maschinen, und in den letzten Wochen waren aus dem einen oder

anderen Grund eine Reihe Maschinen ausgefallen. Die Flugverbindungen waren nun völlig unregelmäßig. Dennoch blieben für wichtige Leute, Wissenschaftler und hohe Beamte und Geschäftsmanager, Flugreisen ein notwendiges Kennzeichen und Privileg; und wochenlang war ein nicht geringer Teil der hervorragendsten Männer und Frauen des Landes zu jeder beliebigen Zeit auf den Flughäfen des Landes ruhiggestellt, wie durch Zauberei. Zeitungsartikel berichteten regelmäßig von lückenhaft besuchten Konferenzen zu wichtigen Themen in dieser oder jener Stadt. Und doch war die Nachfrage nach Plätzen, besonders zu dieser Ferienzeit, größer denn je, und ich hatte mein Ticket für diesen Flug nach Goa nur durch die Vermittlung eines einflußreichen Freundes bekommen können.

In der Abfertigungshalle blinkten auf den Informationstafeln immer mehr verspätete oder gestrichene Flüge auf. Es war, als sei der nationale Ausnahmezustand oder eine Katastrophe ausgebrochen. Von den vielen grauweißen Tafeln kam ein ständiges stummes elektronisches Flackern; sie verkündeten die schlechten Nachrichten über die Köpfe der Menge hinweg, die nirgendwo hin ging, aber auch nicht still war, sondern in ständiger, äußerst langsamer Bewegung. Mein Flug nach Goa hatte bereits fünf Stunden Verspätung. Nun verhießen die Tafeln jedesmal, wenn (wie in einer Lotterie) die Nummer des Flugs nach Goa aufleuchtete, noch einmal eine Verspätung von vier Stunden. Doch manche Leute warteten bereits den ganzen Tag in der Halle.

Von Zeit zu Zeit hörte man, daß ein Flugzeug startete. Ein quälendes Geräusch: die Flugzeuge, die da starteten, waren eigentlich die Flugzeuge, in die die Wartenden einsteigen wollten, doch jetzt hatte man den Maschinen andere Flugnummern gegeben, und sie starteten zu Rundflügen mit vielen Zwischenstops, ehe sie nach Santa Cruz zurückkkamen.

Ich sollte mit einem Flugzeug nach Goa fliegen, das aus einer aussichtslosen Stadt kam. Das erzählte mir ein athletisch wirkender Mann aus Delhi, der fünfmal im Jahr geschäftlich nach Goa flog und die Schliche der Fluggesellschaft kannte. Mehr Information konnte ich nicht bekommen; da es nach einer bestimmten Abendstunde nirgendwo mehr Angestellte der Fluggesellschaft zu geben schien, nicht einmal mehr die jungen

Mädchen des kurioserweise sogenannten Kundendienst-Schalters. Der Mann aus Delhi riet mir, darauf zu achten, wann die Landung des Fluges aus der aussichtslosen Stadt, von der er mir erzählt hatte, angekündigt wurde. Wenn ich dem eine Stunde für die Wartung hinzufügte, hätte ich meine Abflugzeit nach Goa.

Ich solle nicht die Hoffnung aufgeben, sagte der Mann aus Delhi. Er wisse sicher, daß der Flug nicht gestrichen sei. Er habe einen Vetter im Catering-Geschäft – oder vielleicht hatte er auch gesagt, daß seine angeheirateten Verwandten die Fluggesellschaft zum Teil mit Essen belieferten – und er wisse, daß die Verpflegung für den Flug nach Goa an dem Tag ausdrücklich bei seinem Vetter oder seinen angeheirateten Verwandten bestellt worden sei. Das bedeute, sagte er, daß der Flug sogar vor Mitternacht gehen könne. So war es mit Privilegien in Indien: jemanden zu kennen, der jemanden kannte, der eine Beziehung, und sei sie noch so oberflächlich, zu einer wichtigen Organisation hatte.

Die ganze Zeit – das helle Licht des Nachmittags wich dem Dunst des Spätnachmittags, der Dämmerung, dem unbestreitbaren Abend, einem gleichbleibenden trüben Fluoreszieren in der Halle – stand eine ältere amerikanische Dame neben dem Karren oder Wagen mit ihrem Gepäck. Sie war verkrampft; sie stützte sich nicht auf den Wagen; ihr gealterter Körper war steif vor Furcht, bestohlen zu werden, und von der Notwendigkeit, ihr Eigentum zu beschützen. Ihre Augen waren nun ganz ausdruckslos, als sei sie nicht wie durch tantrische Exzesse oder Meditation (obwohl die Beschäftigung damit vielleicht der Grund für ihr Kommen war), sondern nur durch das Warten in einer indischen Abfertigungshalle zu der inneren Ruhe gekommen, zu der die berühmten Gurus den Schlüssel besaßen. Sie wartete schon seit dem Morgen und würde noch ein paar Stunden warten müssen. Sie war jetzt allem geistig so weit entrückt, daß es, sogar als die hübsche rundliche indische Moslem-Frau (die selbst schon seit dem vergangenen Abend wartete) sich von ihrem Stuhl erhob, um ihn ihr anzubieten, eine Weile dauerte, bis die amerikanische Dame begriff, daß man mit ihr sprach. Als sie begriff, daß man das Ansinnen an sie stellte, sich von ihrem Wagen zu trennen, überzog sich das Gesicht der alten Dame mit

Schrecken und ohne ein Wort zu sagen, blieb sie in noch starrerer Haltung neben ihren Sachen stehen.

Sie stand nicht weit vom Check-In-Schalter. Die Klimaanlage in dieser Ecke war sehr kalt. Ich hatte das zuerst nicht gemerkt. Doch dann war ich froh, daß ich ein dickeres Jackett trug. Selbst in diesem Jackett begann ich nach ein paar Stunden, steif zu werden. Ich gab den Stuhl auf, den ich nicht hatte verlassen wollen, und ich schloß mich der langsamen Flüchtlingsbewegung in der Halle an. Ich entdeckte eine Buchhandlung. Ich kaufte zwei indische Taschenbücher, ein Buch mit Karikaturen von dem Cartoonisten Laxman und ›Khushwant Singhs Buch der Witze‹ und entdeckte nach fünf Minuten (was ich hätte ahnen sollen), daß Witzbücher eines ausgefüllten Lebens und eines zufriedenen Geistes bedürfen; daß der kurze Witz, der nur ein paar Sekunden Aufmerksamkeit verlangt, wenn sich endlos leere Zeit vor einem erstreckt, den Geist ermüden und eine schlimme Situation noch verschlimmern kann. Es war besser, einfach zu warten.

Es gab ein Restaurant. Es war in einem oberen Stockwerk. Nach den Kühlschrankverhältnissen in der Nähe des Check-In-Schalters war es angenehm warm. Es bedurfte ungefähr einer halben Stunde, eines Tellers mit Cashewnüssen, die ich nicht brauchte, und einer Kanne Tee, die ich nicht brauchte, bis mir klar wurde, daß der muffige, abgestandene Geruch des Restaurants mehr war als der Geruch von Wärme, nämlich der Geruch eines geschlossenen und unbelüfteten Raums; daß die Klimaanlage hier außer Betrieb war.

Kalt unten, heiß und staubig und atembeklemmend oben. Draußen, in der Nacht, war die frischere, nicht klimatisierte Luft; doch um dahin zu kommen, hätte jemand das hermetisch verschlossene Glas einschlagen müssen.

Und genauso, wie man manchen Leuten zufolge in einer Meditationskammer den Geist leermachen kann, indem man sich auf eine einzelne Flamme konzentriert, so spürte ich – unter den gedämpften Reisenden, die in langsamen Wirbeln in dem wäßrig fluoreszierenden Licht umherzogen, Menschen, die immer mehr Menschen in einer Allegorie glichen, dunkel reflektiert in dem Glas, das sie einschloß, die meisten nun ohne den Wunsch, sich zu unterhalten –, so spürte ich, nur an meine Flugnummer denkend, daß ich mit jeder Viertelstunde, die verstrich, mir mehr und mehr entrückt wurde. Ich wurde weggeführt von dem Menschen, der ich früher am Tag gewesen war und glich mehr und mehr der amerikanischen Dame, die ich (als ich mich noch mehr unter Kontrolle gehabt hatte) starr neben ihren auf einen Karren geladenen Sachen hatte stehen sehen: indische Architektur und Reisen per Flugzeug vermittelten mir wie ihr die hinduistische Vorstellung, daß alle Dinge Illusion seien.

Es gab kein Entkommen. Mit jeder Stunde, die verstrich, wurde die Möglichkeit, nach Bombay ins Hotel zurückzukehren (würde es ein freies Zimmer geben?) oder ein Auto für die zwölf- bis vierzehnstündige Fahrt nach Goa zu mieten (wo eine Hotelbuchung eingehalten werden mußte, da sie sonst verfiel) immer weniger praktikabel. So bewegte ich mich zwischen Hitze und Kälte hin und her, in mich zurückgezogen, aufrechtgehalten von Gerüchten.

Doch der Mann aus Delhi hatte recht. Es gab ein Flugzeug nach Goa; und als wir – Zeit spielte schon keine Rolle mehr – an Bord schwärmten und drängelten, gab es die Verpflegung, von der der Mann aus Delhi erzählt hatte, graue Schachteln (mit belegten Weißbrotscheiben und irgendeinem Gebäck und einem Apfel aus dem Norden), die seine Freunde oder Verwandten im Auftrag der Fluggesellschaft für den Flug nach Goa an dem Tag zubereitet hatten. Das Flugzeug wirkte stark abgenutzt. Das Flugmagazin hatte Eselsohren. Ein Stück der Deckenverkleidung über den Köpfen hatte sich losgerissen; jedesmal, wenn die Stewardeß es festklopfte, sprang es wieder heraus. Doch am Ende des sehr kurzen Fluges war Goa. Und es war schön, als man in die frische Nachtluft trat, endlich den Namen des Ortes in den Devanagari-Schriftzeichen: *Go-wa* zu sehen.

Es war längst Mitternacht vorbei. Wir stiegen in einen überfüllten Touristenbus. Zwischen den Plätzen war wenig Raum, und die Glasscheiben waren getönt: es war wie eine Fortsetzung der Zwänge von Santa Cruz. Nach einer Weile kamen wir zum Fluß Mandovi. Und dort wurde die Reise im wahrsten Sinne des Wortes unterbrochen. Es gab keine Brücke über den Fluß. Bis vor kurzem hatte es eine gegeben, eine neue. Aber nachdem sie rund zehn Jahre gehalten hatte, war die Brücke eines Tages eingebrochen, und nun wurde der Mandovi mit Fähren überquert, zusammengeschusterten Fahrzeugen, die so alt wie das Jahrhundert aussahen, aber erst nach dem Einsturz der Brücke gebaut worden waren. Das Gepäck wurde vom Dach des Busses auf die indische Erde gestellt und dann auf die Fähre und dann am anderen Ufer von der Fähre und auf das Dach eines zweiten Busses gebracht: Technologie machte (verstohlen, in der indischen Nacht) dem Indien vieler schwacher Hände Platz, die kleine einfache Aufgaben erfüllten.

Und als ich zwei Tage später bei Tageslicht die eingestürzte Brücke sah, von der nur noch die mächtigen Pfeiler standen, während die Verbindungsstücke fehlten, schien mir das die Erfahrung jenes langen Tages und jener langen Nacht zusammenzufassen, den Bruch in der Realität.

Nikhil hatte mir, als er mir in Bombay eines Tages von seinem tiefen religiösen Glauben erzählte, berichtet, daß er sich besonders in Krisenzeiten an zwei Gestalten gewandt habe: Sai Baba (nicht die zeitgenössische Figur mit der Afro-Frisur, sondern den ursprünglichen Lehrer von der Jahrhundertwende) und die Statue des Kindes Jesus.

Nikhil kam aus einer Hindu-Familie, und daß er Jesus erwählte – ich nahm erst an, er meinte ihn –, schien ungewöhnlich zu sein. Doch Nikhil hatte eine bestimmte bildhafte Darstellung im Sinn, und er erzählte mir, woher sein Glaube kam. Er hatte einmal im Zusammenhang mit seiner Arbeit ein beunruhigendes juristisches Problem gehabt. In seiner Bedrängnis war er auf eine Broschüre über die Statue des Kindes Jesus gestoßen. Die Broschüre empfahl, daß man in Zeiten großer Not alle neun Stunden zum Kind Jesus beten solle. Genau das hatte Nikhil getan. Das hieß, daß er alle zwei oder drei Tage zu unangenehmen Zeiten aufstehen mußte, aber es hieß auch, daß seine Tage sich um das Gebet drehten. Nikhil lebte viele Wochen lang mit dieser Hingabe an die Statue des Kindes Jesus, und schließlich löste sich das juristische Problem, das ihm Sorgen bereitet hatte. Nikhil blieb dankbar. Es sei irrational, sagte er; das wisse er; aber er könne nichts dafür.

Nikhil hatte mir sicher erzählt, wo diese Statue sich befand, aber ich hatte es mir nicht gemerkt. Eines Morgens sah ich vor dem Hotel in Goa in der Einfahrt einen neuen, gepflegten Minibus, über dessen Windschutzscheibe die Worte KIND JESUS geschrieben standen. Ich fragte den Fahrer danach. Er zeigte auf eine cremefarbene Plastikfigur – wie ein Spielzeug aus einer Cornflakes-Schachtel – auf dem Armaturenbrett. Der Fahrer war ein christlicher Goanese. Er erzählte mir, das Original befinde sich in einer Kirche in Alt-Goa.

Es war eine berühmte Statue, die erwiesenermaßen wirksam war. Die Nachahmung aus Plastik auf dem Armaturenbrett des Minibusses war bloß ein Symbol für das Original. Die Kirche, von der der Minibusfahrer sprach, war tatsächlich die berühmte Kathedrale von Alt-Goa, wo der Heilige Franz Xaver begraben war.

Diese Kathedrale und andere portugiesische Gebäude in Alt-Goa, ein Stück landeinwärts am Fluß Mandovi, waren in dieser Umgebung ziemlich verblüffend. So weit von Europa (selbst im 18. Jahrhundert dauerte die Überfahrt noch sechs Monate); so hell das Licht; die weißen Strände hatten mehr von den leeren Inseln der Neuen Welt (die jedoch erst leer waren, nachdem sie »entvölkert« worden waren: zur Zeit ihrer Entdeckung waren sie mit Sicherheit bevölkert und lebendig) als von den übervölkerten Dörfern und Städten des alten Indien mit seiner verwikkelten Vergangenheit. Ein Teil dieser indischen Vergangenheit war auch hier in Alt-Goa: im Arch of the Viceroys, der aus einem Triumphbogen des – kaum etablierten – moslemischen Herrschers gemacht worden war, den die Portugiesen vertrieben hatten. Durch diesen Bogen, hieß es, sei jeder neue Vizekönig von Goa feierlich nach seiner Ankunft geschritten.

In einem anderen alten Gebäude, dem jetzigen Museum, gab es eine Galerie mit Porträts aller Vizekönige von Goa. Es waren immer mehrere Porträts auf einmal angefertigt worden. Ein Porträt zeigte Vasco da Gama. Ein berühmter Name, doch sein Porträt war unbeholfen wie das der anderen Vizekönige, in der Art schlechter Schildermalerei. Die Kunst der Kolonisatoren entsprach nicht ihrem Wagemut. Dieser Mangel paßte zu dem, was man von der kurzen Periode des portugiesischen Engagements wußte; und er erklärte vielleicht auch, warum außerhalb Alt-Goas so wenig von Portugal geblieben war, und machte die Unwirklichkeit der stockfleckigen Gebäude im Jesuitenbarock in Alt-Goa noch größer.

Trotzdem blieb es erstaunlich, daß es so früh ein portugiesisches Imperium in Indien gegeben hatte. Daran wurde ich jeden Tag erinnert, wenn ich – weit entfernt von Alt-Goa am Mandovi und mit Blick auf die Überreste großer militärischer Backsteinbefestigungen, nur Kreise und gerade Linien auf einem tropischen Strand – beim Essen im Hotel saß und die Reproduktion eines alten europäischen Druckes von Goa auf dem Papierset sah. Die eingravierte Bildunterschrift gab das Jahr an, in dem der unerbittliche und siegreiche portugiesische Vizekönig Albuquerque in Indien angekommen war: 1509. Im darauffolgenden Jahr eroberte er Goa. Nur achtzehn Jahre, nachdem Columbus die Inseln der Neuen Welt entdeckt hatte und ehe diese Entdeckung ihren Wert bewiesen hatte; neun Jahre, ehe Cortez seinen Marsch auf Mexiko begann. Er war schon in Indien gewesen, ehe der Großmogul Akbar geboren wurde.

Weil sie die Götzenverehrung haßten, alles haßten, was nicht dem wahren Glauben entsprach, errichteten die Portugiesen in Goa die Inquisition und verbrannten Ketzer, machten Hindu-Tempel dem Erdboden gleich und schufen in Goa, wie die Spanier in Mexiko, etwas von der Leere der Neuen Welt. Sie schufen ein Indien, das nichts mit Indien zu tun hatte, etwas ganz Einfaches, in dem die indische Vergangenheit abgeschafft war. Und nach vierhundertfünfzig Jahren hinterließen sie in dieser Leere und Einfachheit nur ihre Religion, ihre Sprache (ohne Literatur), ihre Namen, eine latinisierte Kolonialbevölkerung und diesen Kult der Statue des Kindes Jesus, der von ihrer Kathedrale ausging.

Beinahe alles andere aus Portugal war von der kolonialen Leere verschluckt worden. Auf dem Hauptplatz in Alt-Goa hatte es eine Statue des Dichters Camões gegeben – Camões, der Verfasser der ›Lusiaden‹ (1572), des Epos von der Ausdehnung Portugals und der Verbreitung des wahren Glaubens in Übersee. Doch die Statue war entfernt (und ins Museum gestellt) worden, nachdem Goa im unabhängigen Indien aufgegangen war; und auf dem portugiesischen Platz aus dem 16. Jahrhundert wurde eine Statue von Mahatma Gandhi aufgestellt.

Camões kannte Goa und Ostafrika und Malaya und China; er war wie Cervantes in Spanien ein alter Abenteurer der Kolonialkriege. Er war der erste große Dichter des modernen Europas, der über Indien und die Inder schrieb; und er schrieb aus der Kenntnis heraus, die er sich nach anderthalb Jahrzehnten des Umherwanderns im 16. Jahrhundert hart erkämpft hatte. In seinem Epos steckt ein wunderbar lebendiges Gespür für das südwestliche Indien, nicht nur in dem Bericht über Könige und Kasten und Religion und Tempel (das große Hindu-Königreich Vijayanagar, das die Moslems sieben Jahre ehe Camões sein Epos veröffentlichte zerstörten, steht deutlich im Hintergrund), sondern auch in Dutzenden unbedeutenderer Dinge: der indische Herrscher beispielsweise, der den gerade eingetroffenen Vasco da Gama empfängt, kaut Betel im Rhythmus der portugiesischen Verse des 16. Jahrhunderts von Camões.

Man hätte denken können, daß Goa auf Camões so stolz gewesen wäre wie auf den Heiligen Franz Xaver. Doch die Statue hatte man entfernt; und auch wenn die Platzsets im Hotel monoton das Alter von Portugiesisch-Goa bekundeten, gab es in der Buchhandlung des Hotels kein Exemplar dieses Epos'; und niemand dort kannte auch nur den Titel. Indien hatte seine eigenen Prioritäten und Werte. Die Touristen, die in Bussen auf den Marktplatz in Alt-Goa kamen, kamen weniger wegen der Architektur (und der Statue von Mahatma Gandhi) als wegen der Statue des Kindes Jesus in der Kathedrale. Sie kauften Bündel von dünnen Wachskerzen und zündeten sie in einem Kreuzgang an.

Alt-Goa war sehr alt. Zwischen ihm und der Gegenwart lagen beinahe so viele Jahre wie zwischen dem römischen Sieg über Karthago und dem Fall Roms. Und Portugal war hier (wenn es auch im Europa des 20. Jahrhunderts fortlebte) zum Museum geworden. Ein neues, bürgerliches Indien stellte die Touristen. Das war eine erstaunliche Wendung in der Geschichte. Portugal war 1498 angekommen und hatte 1509–1510 triumphiert. Nur ein knappes halbes Jahrhundert später wurde das große Hindu-Reich im Süden, das Königreich Vijayanagar, durch eine Allianz moslemischer Herrscher besiegt und in Schutt und Asche gelegt; beinahe zur gleichen Zeit gelangte im Norden das Mogul-Reich zur vollen Blüte. Damals hätte es so scheinen können, daß das hinduistische Indien, dem die neue Wissenschaft und die neuen Werkzeuge Europas fehlten, dessen Herrscher keine Vorstellung von Staat oder Nation und keine politischen Vorstellungen hatten, die ihnen hätten helfen können, ihr Volk vor ausländischer Herrschaft zu bewahren – damals hätte es so scheinen können, daß das hinduistische Indien bald ausgelöscht, zwischen dem christlichen Europa und der moslemischen Welt aufgeteilt würde und seine religiösen Symbole und komplizierte Theologie so bedeutungslos würden wie die aztekischen Götter in Mexiko oder die Symbolik des hinduistischen Angkor.

Aber so war es nicht gekommen. Durch alle Drehungen und Wendungen der Geschichte, durch alle imperialen Unternehmungen in diesem Teil der Welt, denen die Ankunft der Portugiesen in Indien den Boden bereitete, und sogar durch die britische Anwesenheit in Indien war trotzdem wieder ein hinduistisches Indien entstanden, in sich geschlossener und geeinter als jedes Indien in der Vergangenheit.

Die Geschichte Goas war einfach. In der langen Leere der Kolonialzeit hatte die vorportugiesische Vergangenheit aufgehört, eine Rolle zu spielen; man lernte sie aus Büchern; und die 450 Jahre der portugiesischen Herrschaft waren dann wie eine einzige Idee, die jeder im Kopf haben konnte. Goa zu verlassen, nach Süden und Westen über die schmale, sich windende Bergstraße in den Staat Karnataka zu reisen hieß, Indien und seine komplizierte Geschichte wieder zu betreten.

So wie die portugiesische Herrschaft die Geschichte Goas sehr einfach gemacht hatte, so wies die britische Herrschaft der späteren indischen Geschichte die Richtung und machte es leichter, sie zu erfassen. Man konnte erkennen, daß bestimmte Ereignisse in einem gewissen Stadium zur britischen Herrschaft geführt hatten; und man konnte sehen, welche Ereignisse danach zum Ende dieser Herrschaft geführt hatten. Von Ereignissen in Indien vor der Ankunft der Briten zu lesen ist, als lese man von vielen einzelnen Bruchstücken einer nicht zu Ende gebrachten Unternehmung; als lese man von einem Leben im Fluß, von Dingen, die teilweise gemacht und dann wieder ungeschehen gemacht werden, von Angelegenheiten, die besser Gegenstand von Annalen aus einer narrativen Geschichte wären, die etwas am besten darstellen kann, wenn sie sich mit großen Dingen befaßt, die errichtet oder niedergerissen werden.

Historische Namen begleiteten mich auf dem Weg durch Karnataka. Bijapur war solch ein Name. Es war der Name eines

moslemischen Königreichs, das sich beinahe zur selben Zeit
etabliert hatte wie sich die Portugiesen in Goa niedergelassen
hatten (Goa war, um die Wahrheit zu sagen, von Bijapur weggenommen worden). Der Name verband sich in meinem Kopf
nicht mit Goa oder Alt-Goa, sondern mit einer schönen, persisch beeinflußten Schule der Miniaturmalerei im 17. Jahrhundert: allein der Name rief mir die Gesichter und die Haltungen
und die besonderen Farben und Kostüme in Erinnerung. Aber
wie paßte Bijapur in die Geschichte der Region? Was waren
seine Daten, seine Grenzen? Wer waren seine Herrscher und
Feinde? Es war schwer, das alles im Kopf zu haben: ich würde
es in Büchern nachschlagen müssen und selbst dann (auch
wenn ich erfahren würde, daß es zwei Jahrhunderte überdauert
hatte) würde ich nicht mehr bekommen als ein bloßes Kno-
chengerüst von Daten und Herrschern. Seine Errungenschaften
waren letzten Endes nicht allzu groß gewesen; in seiner Geschichte gab es nichts, was einem wie in der Kunst (und in der
Architektur, wie ich las: eine besondere Art Kuppel) im Sinn
blieb. Und so waren der Name Bijapur und die anderen historischen Namen an der Straße nach Süden wie zufällige Erinnerungen im Gedächtnis eines alten Mannes.

Es hatte zu viele Königreiche gegeben, zu viele Herrscher, zu
viele Grenzverschiebungen. Der Staat Karnataka selbst war
eine Neuschöpfung, nach den Briten, nach der Unabhängigkeit,
ein Sprachenstaat, der dem neuen Stolz entsprach, dem neuen
Selbstwertgefühl, das die nationalistische Bewegung begünstigt
hatte.

Das Land war heilig, aber nicht politische Geschichte hatte es
so gemacht. Religiöse Mythen spielten in jedem Teil des Landes
außerhalb des kolonialen Goa eine Rolle. Eine Geschichte
steckte in der anderen, eine Fabel in der anderen: das sahen die
Leute und hatten es im Blut. Die Mythen von Göttern und den
Helden der Epen gaben der Erde, auf der die Menschen weiter-
lebten, Alter und Wunder.

Auf der ganzen Strecke durch den Süden Karnatakas sah man
Busse voll merkwürdig gekleideter junger Männer, mit schwarzen Tuniken und schwarzen Beinkleidern. Sie sahen aus wie
junge Männer auf Ferienfahrt, doch das Schwarz, das sie trugen,

verwirrte einen. Als ich nach Bangalore kam, erfuhr ich, daß die Männer in Schwarz auf Pilgerfahrt waren. Sie fuhren zu einem Heiligtum ganz im Süden, im Staat Kerala. Das Heiligtum verehrte Ayappa, einen Hindu-Herrscher und Heiligen aus längst vergangenen Tagen. Die Pilgerfahrt war im Grunde eine Sache der Hindus; doch die Pilger zu Ayappa mußten auch – ganz ungewöhnlich – Vavar, einem Araber und Moslem, Ehre zollen, der ein Freund und Verbündeter von Ayappa gewesen war.

Nur Männer konnten diese Pilgerfahrt machen, und sie mußten vierzig Tage Buße tun. Kein Fleisch, kein Alkohol, nichts, was ausschließlich dem Vergnügen diente; und sie mußten sich Frauen fern halten. Der letzte Abschnitt der Pilgerfahrt war eine Fünfundzwanzig-Meilen-Wanderung auf einen Berg zum Heiligtum von Ayappa. Dort erschien an einem bestimmten Tag im Januar ein göttliches Licht. Nicht jeder, der die Pilgerfahrt machte, ging um des Lichtes willen; die meisten gingen an Tagen, an denen das Licht nicht da war, zum Heiligtum hoch. Ich erfuhr all dies von einem jungen Mann, der sich in Bangalore mit mir anfreundete. Sein Name war Deviah; er schrieb für das Wissenschaftsressort einer Tageszeitung. Er kam aus einer Bauernfamilie; Produkte vom Land der Familie wurden ihm manchmal noch mit dem Nachtbus nach Bangalore geschickt. Deviah hatte vor acht Jahren die Pilgerfahrt zum ersten Mal gemacht. Er war gefahren, als er sehr deprimiert und von dem Gedanken geplagt war, daß er in den fünf Jahren, seit er das College verlassen hatte, sehr wenig geschafft hatte. Er meinte, die Pilgerfahrt habe ihn verändert – die Disziplin in den vierzig Bußtagen, der lange Weg zum Heiligtum hinauf, die Kameradschaft auf dieser Wanderung und die Erfahrung, wie die Leute begonnen hatten, einander zu helfen. Er hatte auch das Gefühl, daß er danach beruflich Erfolg gehabt habe; und seitdem war er beinahe jedes Jahr gefahren. Deviah glaubte nicht an das göttliche Licht. Er meinte, es könne auch bloß brennender Kampfer und Menschenwerk sein; aber das schmälerte seinen Glauben nicht. Es schmälerte auch nicht sein Staunen über die Geschichte Ayappas.

Dies ist die Geschichte, die Deviah erzählte.

»Ayappa ist eine historisch überlieferte Gestalt, die vor ungefähr achthundert Jahren lebte. Er wurde unter interessanten

Umständen geboren. Der Raja Rajashekhar hatte keine Kinder. Er und seine Königin taten Buße vor Shiva und baten um die Gnade eines Sohnes. Eines Tages, als der Raja Rajashekhar an den Ufern des Flusses Pampa jagte – der in Kerala so heilig ist wie der Ganges im Norden: er kann die Sünden abwaschen –, fand er ein männliches Kind mit einer Glocke um den Hals. Der Raja begab sich auf die Suche nach den Eltern des Kindes. Ein *rishi*, ein Weiser, erschien – in Wahrheit war der Rishi Gott Shiva selbst – und sagte dem Raja, das Kind sei für ihn. Der Raja, sagte der Rishi, solle das Kind mit zum Palast nehmen und als seinen Sohn aufziehen. ›Aber wessen Kind ist es?‹ fragte der Raja Rajashekhar. Der Rishi sagte: ›Das wirst du am zwölften Geburtstag des Jungen herausfinden.‹

Also nahm Raja Rajashekhar den Findling mit in den Palast und sorgte für ihn. Der Palast ist übrigens immer noch da. Er ist nicht wie die Paläste der Maharajas, die man heute sieht. Er ist ziemlich klein. Der Raja sorgte für das Kind, als sei es sein eigenes, und man kam stillschweigend überein, daß der Junge, wenn die Zeit käme, dem Raja Rajashekhar auf den Thron folgen würde.

Dem Hauptminister des Raja gefiel das nicht. Während der Jahre der Kinderlosigkeit des Raja hatte der Hauptminister sich an den Gedanken gewöhnt, daß sein eigener Sohn eines Tages das Königreich erben würde. Der Hauptminister haßte also Ayappa von Anfang an.

Als Ayappa zehn Jahre alt war, geschah etwas Unerwartetes. Die Königin gebar einen Sohn. Doch Raja Rajashekhar hatte Ayappa, den Findling, das Geschenk der Götter, so lieb gewonnen, daß er deutlich machte, daß Ayappa ihm dennoch auf dem Thron folgen solle.

Nun begannen die Königin und der Hauptminister Ränke zu schmieden. Sie entwickelten folgenden Plan. Die Königin sollte so tun, als würde sie krank. Sie sollte sagen, sie hätte Kopfschmerzen. Der Hofarzt des Palastes – der in die Verschwörung eingeweiht war – würde so tun, als würde er alles unternehmen, was in seinen Kräften stand. Doch die Kopfschmerzen der Königin würden nicht vergehen, und schließlich sollte der Arzt sagen: ›Nur eines kann das Leben der Königin retten. Sie muß die Milch einer Tigerin trinken.‹

Das hatten sich also die Königin, der Hauptminister und der Arzt ausgedacht, und das taten sie auch. Raja Rajashekhar war am Rande der Verzweiflung. Wie konnte man an die Milch einer Tigerin kommen? Wie konnte jemand eine Tigerin melken? Die Königin und der Hauptminister wußten jedoch ganz genau, was geschehen würde. Sie wußten, daß Ayappa kühn und furchtlos war, und sie wußten, daß Ayappa, auch wenn er erst zehn Jahre alt war, es auf sich nehmen würde, die Milch einer Tigerin zu holen, sobald er hörte, was die Königin brauchte. Und genau das, sagte Ayappa, wolle er tun. Raja Rajashekhar wußte, daß es Selbstmord war, zu versuchen, eine Tigerin zu melken, und er verbot dem Jungen, den Palast zu verlassen. Doch Ayappa wandte eine List an und täuschte den Raja und schlich sich hinaus, um die Königin zu retten.«

So endete der erste Teil der Geschichte. Als Deviah mit dem zweiten Teil begann, sagte er: »Bis jetzt haben wir uns mit überlieferter Geschichte befaßt. Jetzt betreten wir das Reich der Mythologie. Um zu verstehen, warum Ayappa geboren wurde, müssen wir dreitausend Jahre zurückgehen.«

Und mühelos die Äonen durcheilend, begannen wir, in die Zeit der Götter zurückzureisen.

Deviah sagte: »Ayappa war in Wirklichkeit der Sohn von Shiva und Vishnu.« Das waren beides männliche Gottheiten, doch für die Zwecke der Geschichte mußte Vishnu als weibliche Inkarnation betrachtet werden: Deviah hatte mit diesen Umwandlungen keine Probleme. Der Ayappa, der also in den Wald hinausging, um die Milch einer Tigerin zu holen, war nicht der Junge, für den ihn die Königin und der Chefminister hielten. Er war der Sohn von zwei Göttern der Hindu-Trinität.

Deviah sagte: »Als er im Wald umherwanderte, begegnete er einem Dämon, und er tötete den Dämon.« Auch über den Dämon gab es eine Geschichte. Deviah wollte eigentlich den Haupterzählungsstrang abbrechen und die Nebenhandlung erzählen. Ich bat ihn, dies bleiben zu lassen.

Er sagte: »Meinetwegen. Der langen Rede kurzer Sinn, das Ungeheuer oder der Dämon, den Ayappa im Wald tötete, war ein weibliches Ungeheuer, und es hatte die Devas in Angst und Schrecken versetzt.« Das waren die Götter – die an dem Ort, wo die Götter wohnen, wohnten und Rat abhielten. (Ayappa mußte das Ungeheuer mit irgendeinem Hilfsmittel getötet haben, das den Göttern nicht zur Verfügung stand. Es gab sicherlich noch eine weitere Geschichte hierzu, und mit größter Wahrscheinlichkeit kannte Deviah sie.) Als das Ungeheuer tot war, freuten sich die Götter. Sie kannten natürlich Ayappas mißliche Lage. »Deshalb«, sagte Deviah, »verwandelten die Götter sich aus Dankbarkeit selbst in Tiger und Tigerinnen, und Ayappa kehrte auf dem Rücken eines Tigers reitend in Raja Rajashekhars Palast zurück. Der Tiger war angeblich Brahma.« Der Sohn von Shiva und Vishnu, auf Brahma reitend: damit war die Hindu-Trinität vollständig.

Deviah sagte: »Ayappas Expedition in den Wald hatte zwei Jahre gedauert. Die Kopfschmerzen der Königin waren längst geheilt. Tatsächlich waren die Kopfschmerzen verschwunden, sowie Ayappa den Palast verlassen hatte, um eine Tigerin zu melken. Und an dem Tag, an dem Ayappa in Raja Rajashekhars Palast zurückkehrte, war er zwölf Jahre alt.«

Ayappas Identität war nun – als er auf dem Rücken eines Tigers reitend zurückkehrte – jedem klar. Das war die Prophezeiung des Rishi, der in Wirklichkeit Gott Shiva selbst war: daß die Abstammung des Findlings an seinem zwölften Geburtstag enthüllt würde. Und jetzt lösten sich alle Feindschaft, alle Ränke der Königin und des Hauptministers in blauen Dunst auf, und Ayappa trat, als es so weit war, seine Erbschaft an.

Der böse Hauptminister, der seinen eigenen Sohn zum Herrscher machen wollte, erkrankte an einer unheilbaren Krankheit – einer echten Krankheit. Eines Nachts erschien Ayappa ihm im Traum und befahl ihm, seine Sünden im Fluß Pampa hinwegzuwaschen. Das tat er und war geheilt; und dann lief der Hauptminister, Ayappas Namen rufend, den ganzen Weg zu dem Tempel, den Ayappa auf göttlichen Ratschlag hin oben auf einem Berg erbaut hatte. Der Hauptminister oder ehemalige Hauptminister wurde also der erste Ayappa-Pilger.

Wo blieb der Araber in der Geschichte? Er gehöre zu dem historischen Ayappa, sagte Deviah. Er sei wahrscheinlich ein Räuber oder Pirat gewesen, der von Ayappa besiegt und dann ein Verbündeter geworden sei. Es sei kein Versuch gemacht worden, ihn zu zwingen, seine Religion aufzugeben; als er starb, sei über seinem Grab eine Moschee gebaut worden. Diese Moschee stehe am Anfang der Fünfundzwanzig-Meilen-Wanderung den Berg hinauf zum Tempel von Ayappa, wo jedes Jahr am 14. Januar das göttliche Licht aufflackere. Alle Pilger müßten der Moschee Ehrerbietung zollen. Deshalb gebe es unter den Pilgern zu Ayappa viele Moslems. Dies war noch etwas, was Deviah anzog. Er mochte die Mischung der beiden Religionen.

Ich hatte vor dieser Reise nie von der Pilgerfahrt zu Ayappa gehört. Und hätte ich nicht Deviah kennengelernt, hätte ich die schwarz gekleideten Gestalten vielleicht einfach so hingenommen, als Teil der gedrängt vollen indischen Szenerie, und vielleicht nicht daran gedacht, mich nach ihnen zu erkundigen. Das Erscheinen des göttlichen Lichtes im Tempel fiel zusammen mit einem Erntefest im Süden und einem großen religiösen Fest im Norden; die Pilgerfahrt, die Wanderung auf den heiligen Berg war vielleicht von etwas Antikem übernommen worden, etwas, was mit dem Wechsel der Jahreszeiten zu tun hatte. Als Pilgerfahrt zu Ayappa und Vavar bestehe sie schon seit Jahrhunderten, sagte Deviah; doch in den letzten Jahren sei sie aus irgendeinem Grund trotz der vierzigtägigen Büßerzeit und der langen Wanderung zum Heiligtum sehr populär geworden. Eineinviertel Millionen Männer wurden am Tag des Erscheinens des göttlichen Lichtes im Heiligtum erwartet; und manche Zeitungen berichteten, daß bis zum Ende des Jahres fünfundzwanzig Millionen Männer die Pilgerfahrt gemacht haben würden – obwohl das selbst für Indien eine sehr hohe Zahl schien.

Vielleicht hatte die Beliebtheit des Ayappa-Kultes mit der Tatsache zu tun, daß die Leute nun ein wenig mehr Geld hatten; daß die Straßen besser waren, daß Reisen leichter war und mehr Busse zur Verfügung standen; daß mehr Männer, junge wie alte, nun aus dem besten aller Gründe ihren Familien mit gutem Gewissen für eine Weile entkommen und Touristen werden konnten. Die Ayappa-Busse konnten wie Touristenbusse wirken; manchmal brachten sie Pilger zu den Sehenswürdigkeiten an der Strecke – obwohl dies nicht richtig sei, sagte Deviah, da Besichtigungen Vergnügen seien; und ein Ayappa-Pilger sollte nichts tun, das als Vergnügen aufgefaßt werden konnte.

Die Leute hatten nun ein wenig mehr Geld. Das zeigte sich in der Landschaft von Karnataka entlang der Straße südlich von

Goa. Die indische Armut war noch zu sehen, die Misthaufen, der heruntergekommene Eindruck, den Häuser und Gassen machten. Doch die Felder, mit Zuckerrohr und Baumwolle und anderen Feldfrüchten, sahen reich und gepflegt aus; die Dorfhäuser waren oft ordentlich, mit verputzten Mauern und roten Ziegeldächern. Nichts glich der äußeren Armut, die ich vor sechsundzwanzig Jahren gesehen hatte, als ich mit einem langsamen, ständig anhaltenden Bus durchgereist war. Die wandelnden Skelette mit dem Irrsinn im Blick waren verschwunden. Die landwirtschaftliche Revolution war hier Wirklichkeit; daß es mehr zu essen gab, war zu sehen. Hunderttausende von Menschen überall in Indien, vielleicht Millionen, hatten dafür vier Jahrzehnte gearbeitet, auf die beste Weise: sehr wenige mit einem Gedanken an Drama oder Opfer oder Mission, beinahe alle taten einfach ihre Arbeit.

Kein Winkel dieses Landes war ohne Verbindung zu den Göttern: ein Hohn, als es ein Land der Knappheit und Hungersnot war, angemessener jetzt. Traktoren zogen Anhänger, beladen mit Baumwolle in großen, dicken, in Sackleinen geschlagenen Bündeln; die Baumwolle quoll wie eine durchgeseihte Flüssigkeit durch das braune Sackleinen. Gleichzeitig waren in Dorfhöfen Menschen mit biblisch aussehenden Aufgaben beschäftigt, sie droschen und worfelten. Das Land war beinahe schön, beinahe ohne Schmerz für den Betrachter.

Diese Art Regenerierung konnte nur langsam vonstatten gegangen sein. Es würde falsche Strategien, Fehlschläge, vergeudete Arbeitskraft gegeben haben. Wie es sie selbst jetzt zu geben schien: ein Forstamt war am Werk gewesen und hatte an der Straße Eukalyptusbäume in Gevierten gepflanzt. Das war erfolgreich gewesen; meilenweit hatte es zu beiden Seiten der Straße etwas wie Schatten gegeben, etwas Erfrischendes für den Blick. Doch jetzt mußte all das, die Arbeit von Jahren, vielleicht wieder zunichte gemacht, das Land wieder kahl geschlagen, ein neuer Anfang gemacht werden: die letzte Erkenntnis über Eukalyptus war, daß er ein Schmarotzer sei, gierig nach Feuchtigkeit, und das Feld, an dem er stand, eher austrockne als schütze.

Die Straße war stark befahren, ein Spiegelbild der landwirtschaftlichen Aktivität. Doch die Laster, wenn auch liebevoll geschmückt, waren nach indischer Art überladen und fuhren schnell und dicht hintereinander, als könne Metall nicht brechen und einen Menschen zum Gott machen und alles von einem Motor und einem Steuerrad und Bremsen verlangt werden. Zwischen Goa und Bangalore hatten an dem Tag zehn oder zwölf Lastwagen einen Totalschaden gehabt, und mit größter Gewißheit waren bei sieben schweren LKW-Unfällen Menschen zu Tode gekommen. Lastwagen waren von der Straße in Teiche gefahren; Lastwagen waren ineinander gefahren. Fahrerkabinen hatten sich zusammengeschoben, Glas war zertrümmert. Achsen waren gebrochen, Räder hatten sich in merkwürdig schiefen Winkeln abgespreizt; und manchmal hatten sich Lastwagen wie verwundbare Tiere mit schutzlosem weichem Bauch unter ihrer grausamen Ladung überschlagen und zeigten ihre jämmerlichen und rostigen metallenen Untergestelle und abgefahrenen runderneuerten Reifen.

Durch dieses alte, neue Land kamen wir in die Stadt Bangalore. Sie lag beinahe tausend Meter über dem Meer und war früher für ihren Regen und ihr mildes Klima, die Rennbahn, die Annehmlichkeiten wie in Simla bekannt. Bangalore war – obwohl es eine britische Garnison hatte – Teil des Fürstenstaates Mysore gewesen, einem der größten Fürstenstaaten in Britisch-Indien. Es hatte einen Palast. Die königliche Familie von Mysore war nicht nur für ihren großen Reichtum bekannt gewesen, der direkt nach dem sagenhaften, aber unproduktiven Reichtum des Nizam von Haiderabad kam, sondern auch für ihr Verantwortungsgefühl als Herrscher, den Stolz auf ihren Staat und ihr Volk. Sie war bekannt gewesen als Erbauer von Hochschulen und Krankenhäusern und Bewässerungssystemen, Pflanzer von Chausseebäumen und Anleger großer öffentlicher Gärten. Bangalore war ein Ort gewesen, an den die Leute in Ruhestand gingen oder an den sie sich aus dem aufgeheizteren Indien des Geschäfts- und Arbeitslebens zurückzogen.

Seit der Unabhängigkeit hatte Bangalore sich verändert. Das Klima, das Leute im Ruhestand angezogen hatte, begann Industrie anzuziehen, und Bangalore war gewachsen. Es war das Zentrum des indischen Raumforschungsprogramms; es war eins der wichtigsten Zentren der indischen Flugzeugindustrie. Alle möglichen wissenschaftlichen Institutionen hatten sich in Bangalore angesiedelt. Die baumgesäumten Straßen der Gartenstadt der Maharajas waren nun voll Lärm und Gestank und Abgasen von dreirädrigen Kabinenrollern und Autos. Es war keine Stadt mehr, in der man spazierengehen konnte.

Die Entwicklung der indischen Wissenschaft und Technologie interessierte mich. Was für Menschen waren das, die den Schritt getan und Indien in fünfzig Jahren eine industrielle Revolution gegeben hatten?

In Bombay hatte ich mich auf einer Party in seiner Wohnung flüchtig mit Dr. Srinivasan unterhalten, dem Vorsitzenden der indischen Atomenergiekommission. Er hatte mir damals erzählt, daß sein Großvater ein *purohit*, ein Priester, eine Art Pujari gewesen sei. Sein Vater, der jetzt sechsundachtzig sei und in Bangalore lebte, sei Schullehrer gewesen.

Ein oder zwei Tage nach meiner Ankunft besuchte ich eines späten Nachmittags Dr. Srinivasans Vater. Der alte Mann trug einen Dhoti; mitten über die Stirn hatte er senkrecht ein schmales rotes Kastenzeichen gezogen. Er war ein außergewöhnlich gut aussehender Mann, klein, schlank, in jeder Hinsicht schön. Er hatte das Gesicht eines Mannes mit intensivem Seelenleben. Er zeigte ein altes paßfotogroßes Foto von seinem Vater, Shadagopachar, dem Purohit. Shadagopachar trug sein Purohit-Gewand, eine Schulter war frei. Seine Augen waren strahlend, auf die Kamera gerichtet, doch sein Ausdruck wurde von den Kastenzeichen verborgen: dem dünnen roten Strich über die Stirn und zwei viel breiteren Zeichen, die von den Augenbrauen hochführten. Diese breiten weißen Zeichen waren aus Lehm, einem verfeinerten Lehm, der in den Geschäften immer noch in kleinen Fladen verkauft wurde. Der weiße Lehm auf der Stirn war das Symbol für die Füße Gottes.

Die Familie war um 1890 aus einer rund vierzig Meilen entfernten Stadt nach Bangalore gekommen. In Bangalore hatte Shadagopachar von seinem Onkel Sanskrit und alle Veden gelernt. Doch Purohits verdienten sehr wenig – vier Annas, eine Viertel Rupie, für eine Puja – und Shadagopachar hatte daneben eine Stelle als Angestellter der unteren Kategorie in der Regierung des Maharajas. Er sammelte Akten, legte sie ab und band sie, und mit dieser Arbeit verdiente er zwischen elf und fünfzehn Rupien im Monat. Leute mit Hochschulabschluß verdienten zu dieser Zeit zwischen fünfundzwanzig und dreißig Rupien, ungefähr zwei Pfund; doch Shadagopachar hatte nur einen Schulabschluß.

Shadagopachar wollte, daß sein Sohn eine Universitätsprüfung ablegte, weil Leute mit Hochschulabschluß gute Regierungsstellen bekamen und viel mehr Geld verdienen konnten als Purohits.

»Aber wir alle bekamen Sanskrit-Unterricht. Wir alle lernten, das Morgen- und Abendgebet zu verrichten. Es gab auch mittags ein Gebet, aber weil wir zur Schule gehen mußten, verrichteten wir das Gebet morgens, ehe wir zur Schule gingen. Als ich die Universität verließ, bewarb ich mich um eine Stelle im Erziehungsministerium. Das war 1925.«

So hatte seine Lehrerlaufbahn begonnen. Doch die Sanskrit-Kenntnis und die allgemeine religiöse Erziehung, die er von seinem Vater erhalten hatte, war ihm auch geblieben. Aus diesem Zusammentreffen – der neuen Erziehung, dem schwierigen abstrakten Lehrstoff des Purohit oder Brahmanen, der Beschäftigung mit der rechten Ausführung komplizierter Rituale, der Ruhe, die mit der Ausführung mancher dieser Rituale einherging – war eine Generation von Wissenschaftlern erwachsen. Das alte Sanskrit-Wissen der Hindus – das ein Gelehrter und Verwalter wie Sir William Jones Ende des 18. Jahrhunderts als so archaisch und inhaltsschwer wie das Griechische angesehen hatte und deshalb versucht hatte, es in einer Art romantischer, lebendiger Archäologie bei den verschwiegenen, durch Kaste gebundenen Brahmanen im Norden wieder auszugraben –, diese alte Gelehrtheit hatte zweihundert Jahre später auf dem größtmöglichen Umweg die neue Wissenschaft befruchtet.

Es mochte Zufall gewesen sein, doch die Großväter der beiden Wissenschaftler, die ich später in Bangalore kennenlernte – Männer aus verschiedenen Disziplinen und verschiedenen Teilen des Landes –, waren auch Purohits oder Priester gewesen.

Subramaniams Familie kam aus einem kleinen Dorf, das durch die Neuordnung der indischen Staaten nach der Unabhängigkeit nun im Nachbarstaat Andhra lag.

»Meine Vorfahren lebten sehr lange in diesem Gebiet. Es gibt einen kleinen Flecken nicht weit vom Dorf – mitten im Dschungel –, dort steht ein kleiner Tempel. Unsere Familie sagt, daß die Gottheit dort die unsere sei.

Der erste Vorfahre, von dem ich weiß, ist mein Urururgroßvater. Es gibt eine merkwürdige Legende über ihn. Die Legende besagt, daß ein Tiger die Gegend heimsuchte. Dieser Vorfahre beschloß, das Problem in Angriff zu nehmen. Er wickelte sich in Decken, nahm eine Machete, ging zu der Stelle, wo der Tiger die Leute angriff, und blieb stehen, lud also sozusagen den Tiger ein, ihn anzugreifen. Der Tiger tat das, und mein Vorfahre hackte ihn zu Tode. Ich hörte diese Geschichte als Kind. Nur diese Geschichte von körperlichem Mut. Vielleicht übertrieben. Und weiter reicht mein Wissen über die Vergangenheit nicht.

Meine Familie fühlte sich immer dem Staat Mysore, dem Staat des Maharaja zugehörig. Meine Großmutter – sie lebte noch bis nach 1960 – teilte die Welt in drei Teile. Der erste Teil war das Land der Rajas, *raja seemay*. Das war der Staat Mysore, wo alles schön und gut und angenehm war und wo Leute, die Glück hatten wie wir, lebten. Der zweite Teil der Welt war, was sie *kumpani seemay* nannte, das Land der Kompanie. Damals konnte ich mit den Begriffen nichts anfangen – die Kompanie war die Ostindische Kompanie, und sie gebrauchte dieses Wort noch in den fünfziger Jahren. Das Land der Kompanie gehörte zu Indien, aber es war nicht so schön wie das Land des Raja. Zwar lebten manche unserer Verwandten im Land der Kompanie, aber man mußte Mitleid mit Menschen haben, die dort lebten. Hinter diesen beiden Gebieten war der Rest der Welt. Diese Art zu denken war meiner Großmutter ganz natürlich.

Wir waren eine Brahmanen-Familie. In einer Hinsicht gehörten wir zur Priesterkaste, obwohl mein Großvater kein Priester war. Er war ein kleiner Landbesitzer, und gleichzeitig war er ein kleiner Regierungsbeamter. Als Dorfbeamter würde er wohl zehn, vielleicht fünfzehn Rupien verdient haben. Das Dorf wird ihn als wohlhabend, aber nicht reich eingeschätzt haben. Er hatte ein sorgenfreies Leben eher im gesellschaftlichen als im ökonomischen Sinne. Im Dorf gab es viele, die reicher waren als er.

Mein Großvater erkannte, daß eine Ausbildung in Englisch wichtig war, und er sorgte dafür, daß seine Söhne diese Ausbildung bekamen. Und deshalb war mein Vater, der Anfang des

Jahrhunderts geboren wurde, der erste in unserer Familie, der englischsprachige Schulen besuchte. Mein Vater bewarb sich einfach bei einer Schule und wurde angenommen. Heutzutage muß man schwer kämpfen, wenn man sein Kind auf einer Schule unterbringen will; die Nachfrage ist groß. Doch damals bewarb mein Vater sich einfach. Wahrscheinlich ging er zu Fuß zur Schule. Unser Dorf hatte keine höhere Schule. Viele Leute legten weite Entfernungen zur Schule zu Fuß zurück. Ich selbst – und das war in den vierziger Jahren – ging mehrere Meilen zur Schule.

Ich weiß nicht, was meinen Vater zur Naturwissenschaft brachte. Ich persönlich habe das Gefühl, daß diese wissenschaftliche Tradition Indien nicht fremd ist. Ich meine, daß Wissenschaft den Indern im Blut liegt. Viele Inder sehen sich gern in der Tradition des Strebens nach Wissen, und Wissenschaft ist Wissen wie Bhaskara, einer unserer antiken Wissenschaftler, es verstand. Man kann noch heute in Indien Bhaskaras Abhandlung über Astronomie aus dem zwölften Jahrhundert kaufen, und bis auf den heutigen Tag gibt es eine berühmte medizinische Abhandlung aus ungefähr derselben Zeit. Ich muß aber sagen, daß ich den anderen, die herumlaufen und sagen, daß alles – Atombomben, Raketen, Flugzeuge – von den Indern der Antike erfunden wurde, keinen Augenblick glaube.

Das indische Wissen veraltete. Das läßt sich daran messen, daß, was Newton 1660 schrieb, in Indien erst Mitte des 19. Jahrhunderts begriffen oder gewürdigt wurde. Andererseits gab es im Jahre 1000 und noch ein oder zwei Jahrhunderte danach in Indien ein Wissen, das Europa überrascht hätte. Besonders in Mathematik. Im Jahre 1000 hatten die Inder Vertrauen in ihr Wissen. Dafür haben wir Beweise. Doch um 1800 war dieses Vertrauen verschwunden. Raja Ram Mohun Roy war der erste, der öffentlich zugab, daß wir von vielen Dingen nichts wußten.«

Ram Mohun Roy stammte aus Bengalen. Er kämpfte gegen die Verbrennung der Witwen auf den Scheiterhaufen ihrer Ehemänner. Er versuchte überhaupt, den Hinduismus zu läutern und die neue Wissenschaft Europas nach Indien zu bringen. Er war Indiens erster moderner Reformator, und seine Lebensdaten sind erstaunlich: er wurde um 1772 geboren und starb 1833 auf einer Gesandtenreise nach England.

Ich erzählte Subramaniam, was ich irgendwo über den Mogulherrscher Jehangir gelesen hatte (den Nachfolger des großen Akbar, der von 1605 bis 1625 regierte und die Künste liebte): Jehangir hatte über die Vorstellung einer neuen Welt auf der anderen Seite des Atlantiks gespöttelt.

Subramaniam sagte: »Und Aurangzeb« – der von 1650 bis 1700 regierte, der Zeit, in der das Mogulreich rasch verfiel – »sprach mit Verachtung über England. Er sagte, es sei eine winzige Insel, sein König wie ein unbedeutender Raja in Indien.« Das war Ende des 17. Jahrhunderts.

Für meine Familie hatte mein Großvater die Erkenntnis, daß unser Wissen veraltet sei. Aber es war zu spät für ihn, etwas daran zu ändern. Er wurde nach 1880 geboren und starb mit fünfundfünfzig. Aber, wie ich bereits sagte, war er entschlossen, seinem Sohn die neue Erziehung zukommen zu lassen.

Nach der höheren Schule kam mein Vater nach Bangalore auf die Universität. Und dann wollte er in die Forschung gehen. Zu der Zeit war einer der größten Namen in der indischen Forschung Meghnad Saha, ein Bengale. Er war Professor für Physik in Allahabad. Er hatte sich seinen Namen ein paar Jahre zuvor mit einer Veröffentlichung gemacht, die darlegte, in welchem Zusammenhang Ionisierung und Temperatur standen. Diese Arbeit Sahas wurde 1922 veröffentlicht, und seine Formel, die Saha-Formel, ist immer noch die Grundlage für das Verständnis der Zusammensetzung der Sterne. Übrigens war Saha ein großer Nationalist.

Mein Vater kam zu dem Entschluß, daß er gerne mit Saha arbeiten würde. Und das tat er dann auch. Für einen Mann, der als erster in seiner Familie das College besucht hatte, war das bestimmt ein ganz schönes Abenteuer. Ich denke, in Allahabad wurde mein Vater finanziell von seinem Vater und Schwiegervater unterstützt. Mein Vater führte ein Tagebuch in Allahabad, und ich habe vor, es mir einmal anzuschauen.«

Die Wissenschaft, die Beherztheit und dann das Tagebuch: die Sehnsucht nach neuer Erfahrung und dann der Wunsch, Ordnung in diese Erfahrung zu bringen – das war beeindruckend für einen Mann, der noch nicht lange von seinem Dorf weg war.

Subramaniam, mit seinem eigenen Wunsch nach Kategorisierung und Benennung, sagte: »Ich glaube, das ist ein Beweis für die beiden Behauptungen, die ich aufgestellt habe. Erstens, daß die Tradition der Wissenschaft nicht neu ist. Und zweitens, daß ich nicht glaube, daß mein Vater irgendwie das Gefühl hatte, etwas ihm völlig Fremdes zu tun, als er sich der Naturwissenschaft verschrieb. Ich glaube ganz im Gegenteil, daß ein Gefühl dafür – Wissenschaft und Mathematik – dem indischen Denken oft innewohnte.

Mein Vater kam zurück und unterrichtete Physik an höheren Schulen in Bangalore und anderen Orten im Staat Mysore. Der Staat Mysore war in vielerlei Hinsicht fortschrittlich. Ohne daß es auffiel. Die Maharajas und die Minister, die sie hatten, waren oft auf eigentümliche Weise liberal und vorausschauend. Einerseits waren sie konservativ, aber andererseits waren sie zukunftsorientiert. Haben Sie schon einmal von Visweswaraiah gehört? Er war ein Ingenieur, der um zirka 1910 zum *diwan* oder Chefminister ernannt wurde. Er war für viele Projekte im Staat verantwortlich, die diesen zum Modellstaat im Lande machten. Gandhi sagte, als er in den dreißiger Jahren nach Mysore kam, es sei das *rama rajya*.«

Das hatten mir viele Leute in Bangalore gesagt. *Rama rajya*, Ramas Herrschaft oder Königreich – das war das höchste Lob der Hindus: Rama, der Held eines der beiden großen Hindu-Epen, die Verkörperung des Guten, allgemein geliebt, der Mann, der in jeder Situation unfehlbar das Richtige, das Gottesfürchtige, das Weise tat, eine zugleich menschliche und göttliche Gestalt: nach Ramas Gesetz regiert zu werden hieß, Seligkeit zu kennen.

Subramaniam sagte: »Im Staat hatte eine menschenfreundliche Herrschaft Tradition. Und Visweswaraiah war seiner Zeit voraus. Er stellte bereits in den zwanziger oder dreißiger Jahren einen Fünfjahresplan auf. Der gleiche Mann gründete die Universität von Mysore. Und Mysore war der erste Staat, in dem es Elektrizität gab. Die Herrscher hatten viel Lokalstolz.

Mein Vater ließ sich in Bangalore nieder, und dann zog auch mein Großvater hierhin. Wir wuchsen in einer indischen Großfamilie auf. Mein Großvater war ein Mensch, der sein religiöses Leben ernst nahm. Er stand seiner Familie vor, und er verrichtete seine Pujas. Ich glaube nicht, daß er damals noch etwas anderes tat. Er starb Ende der dreißiger Jahre.

Mein Vater bekam immer stärker das Gefühl, daß es Widersprüche zwischen der Wissenschaft, die er beherrschte und ausübte, und seinem Lebensstil geben könnte. Es erzeugte tatsächlich Konflikte zu Hause, besonders in einem Haus, das so religiös war wie das meines Großvaters. Mein Vater hatte das Gefühl, daß vieles, was wir taten, sinnlos war. Rituale beispielsweise. Kastenschranken.

Er versuchte, beides miteinander auszusöhnen. Er entwickelte eine gewisse eigene Anschauung – hinduistisch oder brahmanisch, wie er es sah, verankert in einem gewissen Respekt vor der antiken indischen Gelehrsamkeit und Philosophie. Aber er versuchte, von allem frei zu sein, was er mit Vorurteilen in Verbindung brachte. Einmal tat er etwas, was sich damals überhaupt nicht gehörte und nicht zu unterschätzen war. Alle Brahmanen-Kinder machen eine Initiationszeremonie mit – das ist eine ernsthafte Angelegenheit, die gewöhnlich vollzogen wird, wenn der Junge noch klein ist, sechs, sieben, acht. Mein Vater hatte einen sehr guten Freund, der kein Brahmane war, und er bestand darauf, daß dieser Freund an der Feierlichkeit für sein eigenes Kind teilnahm – ich, nebenbei gesagt. Man zog die Augenbrauen hoch. Das war in den vierziger Jahren. Doch mein Vater hatte eine sehr klare Vorstellung von dieser Angelegenheit.

Was Rituale betrifft, machte mein Vater, glaube ich, eine Phase durch, in der er sie ablehnte, aber schließlich akzeptierte er sie dann in einer gewissen abgewandelten Form. So verrichtete er, als er älter war, die Puja, aber sehr diskret. Ich entsinne mich, daß ich mit ihm darüber stritt, und er sagte, es genüge ihm, daß sie ihm für einen Teil des Tages einen gewissen geistigen Frieden gebe, in dem er ruhen könne. Man kann ihn, ohne sich in Widersprüche zu verwickeln, als Menschen beschreiben, der einerseits konservativ und andererseits liberal war. In Fragen der Kaste und so weiter war er liberal. Aber er war überhaupt nicht verwestlicht.«

Ich fragte Subramaniam: »Verrichten Sie die Puja?«

»Nein. Aber ich empfinde noch etwas für den kleinen Tempel mit der Familiengottheit im Dschungel.«

»Wie bekommt eine Familie eine solche Gottheit?«

»Eine Familiengottheit wird einem gegeben. Man kann sie sich irgendwann einmal zu eigen gemacht haben. Irgendein Ereignis hat sie festgelegt. Ein Lehrer vielleicht. Es kann sein, daß ein Mensch sich etwas von einem Tempel erbittet und die Bitte gewährt bekommt und dann einer Gottheit dieses Tempels treu folgt.

Mein Vater blieb beinahe sein Leben lang Lehrer. Nach seiner Pensionierung arbeitete er in einem psychiatrischen Institut und half hauptsächlich bei der Elektroenzephalographie, um Gehirnströme zu messen. Einmal übrigens untersuchten sie auch etwas an einem Sadhu. Sie befestigten Elektroden überall an seinem Kopf und versuchten herauszufinden, wie seine Gehirnströme sich verhielten, wenn er in Trance fiel. Sie fanden heraus, daß er tatsächlich sehr ruhig war.

Die letzten zwanzig Jahre seines Lebens verbrachte mein Vater damit, wissenschaftliche Bücher in der Sprache der Region zu schreiben. Er sah, daß man nur so etwas ändern könne – wenn man über Wissen in der Sprache des Volkes und nicht auf Englisch spricht. Die Bücher waren recht gut. Manche sogar sehr gut. Er schrieb über Energie, lange bevor Energiesparen ein Thema wurde. Er schrieb über Astrophysik. Er schrieb ein kleines Buch über Schall. Das behandelte die Schallphysik und versuchte dann, dem Leser zu erklären, wie diese Physik in Zusammenhang mit der Musik stand, die er hörte, der Musik der Region. Dieses Buch wurde in den vierziger Jahren geschrieben. Es ist ein dünnes Buch. Es wurde für zwei Anna verkauft.« Ein Achtel einer Rupie, weniger als ein Penny.

»Wie schätzten Sie sich selbst ein, als Sie heranwuchsen? Arm? Hatten Sie genug?«

»Ich hatte das Gefühl, daß wir zum Mittelstand gehörten.« Mittelstand im indischen Sinne, nicht arm, aber doch mit einer Andeutung von Einfachheit und Knappheit, nicht Mittelstand im europäischen oder amerikanischen Sinn. »Nicht reich. Ein bürgerlicher Haushalt unter ständiger Anspannung. Es war nie Geld übrig. Nie. Ich würde sagen, das wurde als zum Leben gehörig hingenommen, darüber dachten wir nicht die ganze Zeit nach. Die Großfamilien haben gewisse Vorteile: um gewisse Dinge wird sich gekümmert. Es ist wie in einem kleinen Staat: man hat Freunde, man macht weiter.

Die Tatsache, daß mein Vater sich wissenschaftlich betätigt hatte, beeinflußte mich. Und mein Vater hatte literarische Freunde, weil er Bücher in der Regionalsprache geschrieben hatte. Zu Hause gab es ziemlich oft Diskussionen über Wissenschaft, Religion, Literatur. Es war eine sehr gebildete Atmosphäre, sehr kultiviert, sehr stimulierend. Der Hintergrund war nur im ökonomischen Sinn einfach. Im kulturellen Sinn ganz und gar nicht. Und dies ist in einem alten Land wie Indien sehr wichtig.«

Ich verstand, was er meinte. Genau das hatte ich – in geringerem Maße oder anders – über den indischen Hintergrund meiner eigenen Familie im weit entfernten Trinidad empfunden. Ich hatte das Gefühl, daß die materiellen Lebensumstände, oft ärmliche Umstände, nur die Hälfte der Geschichte erzählten: daß die Überbleibsel der alten Zivilisation, die wir besaßen, den zwischen den Welten angesiedelten kolonialisierten Generationen einen zweiten Referenzrahmen von Ehrfurcht und Ehrgeiz gaben und dies uns für die Welt draußen besser ausrüstete, als es wahrscheinlich aussah. Aber ich erinnerte mich auch noch an etwas anderes: die Schäbigkeit der indischen Bücher, die wir kauften, manchmal aus Ehrerbietung gegenüber dem Land der Vorfahren. Ich erinnerte mich an das schlechte Papier, die gebrochenen Lettern, die fettige Druckerschwärze, die schiefen Zeilen, die ungleichmäßigen Ränder, die rostenden Metallklammern. Die Vorstellung von Indien war Teil unserer Kraft, und ihr galt unsere Ehrerbietung; doch es gab auch noch diese andere Vorstellung von der indischen Realität, die der schlechten Waren, der schlechten Maschinen, die schlecht eingesetzt wurden.

Subramaniam sagte: »Wenn ich mich in die Zeit zurückversetze, als die Briten noch hier waren – und meine Erinnerungen sind vage: ich wurde in den vierziger Jahren geboren –, dann sahen wir damals Dinge, die in England oder Europa hergestellt worden waren – es gab wenige US-Güter –, als gut an. Indische Waren hielten wir qualitativ für nicht so gut. Ich glaube, Menschen aus der Generation meines Vaters mußten eine bemerkenswerte geistige oder intellektuelle Kraft haben, um inmitten der ganzen indischen Schäbigkeit ihre Identität zu bewahren. Die Leute wußten, daß die Sachen nicht so gut waren. Aber sie zogen eine belebende Inspiration aus einer wirklichen oder eingebildeten Größe. Sie hatten ein angeborenes Gefühl von alter kultureller Überlegenheit, das sie bewahrten. Man sah also Leute, die Waren aus Großbritannien bewunderten, aber gleichzeitig sagten: ›Das ist großartig, aber wir werden davor nicht kapitulieren.‹«

»Verursachte Ihnen das nicht Zweifel an der Möglichkeit einer industriellen Revolution in Indien und der Fähigkeit der Inder, Dinge herzustellen, die das Gefühl von Vollkommenheit und Echtheit vermittelten?«

»Daran hatte ich nie Zweifel. Nie. Das sahen wir nicht als eine Frage des Ob, sondern des Wann an. Wir beklagten uns, daß es zu lange dauerte.«

»Sie meinen nicht, daß die Schäbigkeit eine psychologische Wirkung auf die Leute hatte?«

»Ich schämte mich ein wenig. Ganz gewiß gab es das Gefühl, daß viele Geschäftsleute Geld verdienten, ohne Qualitätswaren herzustellen, und ihren Reichtum zu Unrecht erworben hatten. Man freute sich auf eine recht ferne Zukunft, in der das nicht mehr so wäre. Wir meinten, die Lösung sei, eine starke einheimische Wissenschaft zu haben. Mein eigenes Gefühl setzte sich zusammen aus Scham, Unwissen und Hoffnung. Ich glaube, diese Haltung wurde nicht von vielen geteilt. Was die Hoffnung angeht, so gab es sicherlich völlig unterschiedliche Ansichten.

Ziemlich viele Inder hatten damals das Gefühl, der britische Raj würde ewig dauern – nicht allzu viele, aber doch ziemlich viele. Eine meiner lebhaftesten Erinnerungen ist die an einen Streit zwischen meinem Vater und dem Vater meiner Mutter. Er war Arzt.«

»Arzt!«

»Wie ich Ihnen bereits sagte, war meine Herkunft nur in ökonomischem Sinne einfach. Bei dem Streit – während des Krieges – drehte es sich um die Zukunft. Mein Großvater, der Arzt, meinte, daß Europa, der Westen sehr mächtig sei und es für Indien so gut wie unmöglich sei, die Briten loszuwerden. Und wenn die Briten den Krieg verlören, würden die Deutschen kommen. Er sah also die Zukunft als noch lange vom Westen dominiert. Und er meinte auch, daß Inder unfähig seien, die Geschicke des Landes zu lenken – es zu verwalten, es zu regieren.«

Das versetzte mich zurück in eine andere Kategorie früher Empfindungen über die Kultur meiner Vorfahren. In Trinidad sah ich Ende der dreißiger und Anfang der vierziger Jahre auf den Plätzen von Port of Spain immer arme Inder schlafen. Diese Leute waren bäuerliche Emigranten aus Indien; sie hatten ihre Kontrakte vor über zwanzig Jahren abgedient, aber nicht die Rückfahrt nach Indien erstattet bekommen und waren verelendet, von jedem verlassen. In der kolonialisierten Stadt waren sie darüber hinaus noch durch ihre Sprache isoliert; und sie mußten auf den Straßen leben, bis sie ausstarben. Mir kam schon, als ich ganz jung war und diese Ärmsten der Armen sah, der Gedanke, daß wir Menschen waren, die sich an niemanden wenden konnten. Wir waren aus dem verachtenswerten Indien herausgeholt worden und hatten keine Fürsprecher. Die Vorstellung eines äußeren Feindes reichte nicht, um zu erklären, was uns widerfahren war. Ich ertappte mich dabei, daß ich schon in jungen Jahren nach innen schaute und mich fragte, ob die Kultur – die komplizierte, aber persönliche Religion, die Tabus, die gesellschaftlichen Vorstellungen –, die manche von uns in gewisser Weise stützte und bereicherte und festigte, vielleicht nicht genau das war, was uns der Unterwerfung ausgeliefert hatte.

Subramaniam sagte: »Das habe ich auch empfunden, aber anders als Sie. Der Fremde war hier. Das Land war versklavt und geplündert worden. Auch das lag nicht nur an der Kultur. Es lag daran, daß wir über die Jahrhunderte schwach und träge geworden waren.«

Er begann vom Muster der indischen Geschichte zu sprechen.

»Ich gehe zurück auf Alberunis Kommentare über die Hindus.« Alberuni, der arabische Historiker, der um das Jahr 1000 am Hofe von Ghazni im heutigen Afghanistan gelebt hatte. Subramaniam hatte Alberuni schon zu Beginn unseres Gesprächs erwähnt. Alberunis Buch war eine der Quellen für das, was über die Wissenschaft und Gelehrsamkeit der alten Hindus bekannt war; doch Alberuni hatte auch einige berühmt gewordene Worte über die Arroganz der Hindus wegen dieser Gelehrsamkeit geschrieben.

»Wir wurden selbstzufrieden. Es hatte sich ein System herausgebildet, in dem die Erhaltung der Kultur des Landes und seiner gesellschaftlichen Organisation unabhängig war von den militärischen Herren, die das Land regierten. Das Land wurde nach Prinzipien geführt, die davon ausgingen, daß Könige wechseln, Kriege ausgefochten werden, die Gesellschaft aber relativ ungestört von diesen Ereignissen bleibt.

Bis zu einem gewissen Grad ist das der Grund, warum die Hindus ahistorisch sind. Wenn man sich anschaut, was die indische Kultur im Gedächtnis bewahrt – wir halten unsere Bücher über Mathematik, Astronomie, Grammatik in Ehren. Wir halten Bhaskara und Charaka in Ehren.« Wissenschaftler des 7. Jahrhunderts. »Wir halten nicht die Namen von Königen oder ihren Schlachten in Ehren – das gehört nicht zu unserer Tradition. Wir kennen Bhaskara und Shankaracharya.« Shankaracharya, ein Philosoph im 9. Jahrhundert, der durch ganz Indien reiste, die Hindu-Philosophie neu belebte, an bestimmten Orten religiöse Einrichtungen (die noch existieren) stiftete und angeblich im Alter von zweiunddreißig Jahren starb. »Aber wenn man fragt, ›Wer hat diesen Teil des Landes um 1700 beherrscht?‹ wissen die Leute es nicht, und im Grunde ist es ihnen egal.

Das jedoch ist schon immer die Schwäche des Landes gewesen, und es hat uns die militärische Niederlage gebracht. Doch mit den Briten hat sich das geändert. Als die Briten kamen, wurde den Indern langsam klar, daß sie diese politischen und militärischen Niederlagen nicht ignorieren konnten. Was in anderen Ländern eine natürliche Reaktion, eine natürliche Erkenntnis gewesen wäre, mußte in Indien eine intellektuelle Schlußfolgerung sein. Dazu brauchte man lange. Die Erkenntnis kam erst sehr spät, im 19. Jahrhundert.

Doch dieses Gefühl war weit verbreitet. Deshalb gingen die Leute auf englische Schulen. Ich besuchte eine englischsprachige Schule. Doch es war auch eine sehr indische Schule. Sie wurde von orthodoxen Hindus geführt, die aber überzeugt waren, daß wir Englisch, Naturwissenschaft, Technologie studieren mußten. Es war sehr anregend. Ich erinnere mich, daß unsere Lehrer sich über die Zukunft alles andere als einig waren. Selbst Gandhi war Gegenstand der Kontroverse. Wenn ich zurückschaue, bin ich erstaunt, daß es dort Lehrer gab, vielleicht ein halbes Dutzend – und sie verdienten bestimmt nicht sehr viel –, die tatsächlich von dem Verlangen getrieben waren, Leute zum Lernen zu bringen. Man bekam das Gefühl einer Mission. Ich erinnere mich an einen Lehrer, der sich aus einem mir unbekannten Grund sehr für mich interessierte, mir ein Buch über das Leben großer Wissenschaftler schenkte und aus eigener Tasche bezahlte.«

»War er ein Brahmane?«

»Er war ein Brahmane. Es war eine vom Gedankengut der Brahmanen getragene Schule.«

Ich dachte an den Beitrag der Brahmanen zur Unabhängigkeitsbewegung und die regenerierenden gesellschaftlichen Vorstellungen, die mit dieser Bewegung gekommen waren. Ich dachte an den Beitrag, den die Brahmanen danach zur Wissenschaft geleistet hatten.

Ich sagte: »Die Brahmanen haben also gewissermaßen ihre Schulden beglichen?«

»Ich bin mir nicht sicher, ob sie sie schon beglichen haben. Sie sind immer noch für vieles in unserem gesellschaftlichen Umfeld verantwortlich.« Hier brach Subramaniam ab, um über ein naheliegendes Thema zu reden. »In diesem Staat ereignete sich nach der Unabhängigkeit eine große soziale Revolution als Folge der Unabhängigkeit. Die soziale Revolution bestand darin, daß die politisch mächtigen Klassen innerhalb weniger Jahre ausgetauscht wurden. Es war eine Revolution ohne Blutvergießen, aber es war eine Revolution, auch wenn die Leute außerhalb Indiens nichts davon wissen. Vor der Unabhängigkeit lag die Verwaltung des Staates in den Händen der Brahmanen. Einige Jahre nach der Unabhängigkeit ging die Macht in andere Hände über – und ich meine es so, wie die Macht in anderen Teilen der Welt in andere Hände überging. Die Leute, die jetzt in den Ämtern sitzen, gehören einer anderen gesellschaftlichen Klasse an.

Neulich sagte der wissenschaftliche Berater des Ministerpräsidenten, das Problem mit der indischen Wissenschaft sei, daß sie zu sehr eine Wissenschaft der Brahmanen sei und wir eine mehr auf die unteren Kasten orientierte Wissenschaft brauchten. Doch die Tatsache, daß so viele Brahmanen Wissenschaftler sind, ist nur eine historische Entwicklung.«

»Fühlen Sie sich bedroht?«

»Zweifelsohne. Zulassung zu den Universitäten richtet sich nicht nur nach Leistung. Es gibt Quoten für die verschiedenen Klassen. Viele Brahmanen haben jetzt das Gefühl, sogar Bildung und Erziehung seien schwierig geworden. Es gibt die Quoten, und private Schulen sind teuer. Das ist vielleicht der Grund, warum so viele indische Akademiker im Ausland sind.«

Meine Gedanken hatten, als ich aus Goa durch die schmuddeligen, aber energischen Städte, voll von Anzeichen des Wachstums, und dann durch die wohlbestellten Felder zur Erntezeit heruntergekommen war, der Zeit des Erwachens der Inder und insbesondere der Hindus gegolten. Wenn Subramaniam recht hatte, steckte hinter diesem Erwachen eine verborgene Ironie: daß die Gruppe oder Kaste, die so viel zu diesem Erwachen beigetragen hatte, sich nun in einer bedrohlichen Situation befand.

Bildung und Ehrgeiz alleine, ohne eine expandierende Wirtschaft, hätten den Leuten nichts gebracht. Vielleicht erklärte die expandierende Wirtschaft sogar die Verlagerung in der indischen Bildung. Für Pravas, einen Ingenieur, hatte die Expansion schon einige Zeit vor der Unabhängigkeit begonnen, als das nachdrückliche Beharren der Briten auf Gesetz und Ordnung (besonders nach dem Großen Aufstand 1857) durch ein Entwicklungskonzept gemildert worden war.

»Viele Leute wurden davon aufgesogen. Um 1930 gab es in Indien eine Wachstumsexplosion. Sie gewann um 1947 an Schwung, wurde danach sehr stark und flaut nun ab. 1962, als ich an Studium und Laufbahn denken mußte, hatte ich die Wahl zwischen verschiedenen Berufen und Institutionen. Heute müssen die Leute hart kämpfen. Doch all dies hat eine positive Seite.

Im Schnitt trachtet der Inder danach, es sich unter einem Schatten wohl sein zu lassen – und das ist in Ordnung, solange jemand anders den Schatten wirft. Konkret heißt das, daß man, wenn man eine Anstellung sucht, versucht, in von anderen

Menschen geschaffene Strukturen einzudringen. So kam es überhaupt dazu, daß wir beherrscht wurden. Die Haltung dahinter ist: Solange die örtliche Umwelt dieselbe ist, ist mir gleich, wer die Dinge oben lenkt. Vor einiger Zeit las ich einmal einen Artikel in der Zeitung. Demnach waren die Inder, ehe die Briten nach Indien kamen, wie Bienen in einem Garten gewesen. Und das ist schön, solange jemand den Garten pflegt. Doch dann wurden die Briten natürlich sowohl die Besitzer als auch die Gärtner, die *malis* – und die anderen, die Bienen, flogen glücklich von Blume zu Blume.«

»Was ist mit der positiven Seite des Kampfes heute?«

»Die schattige Fläche, von der ich sprach, wird langsam überfüllt. Das zwingt die Leute, sich auf eigene Füße zu stellen. Es zwingt sie, unternehmerisch tätig zu werden.«

Pravas kam von weit her, aus dem Osten des Landes. Sein Großvater war Priester gewesen und sein Vater als Angestellter in Regierungsdienste getreten.

»Das ist beinahe die übliche indische Erfolgsgeschichte. Mein Vater trat wohl Mitte der vierziger Jahre in den Regierungsdienst, als die Verwaltung gerade stärker wurde. In Wissenschaft und Industrie oder in der Richtung tat sich noch nicht viel. Doch das ganze Gefüge wurde vergrößert. Dies war eine Vorbereitung der Entwicklung. Als die wirkliche Entwicklung kam, brauchte man eine nicht-traditionelle Verwaltung. Die traditionelle Verwaltung brauchte Polizisten, Soldaten, Angestellte und Rechtsanwälte. Die nicht-traditionelle Verwaltung brauchte Industriearbeiter, Handwerker, Ingenieure, Ärzte, Wissenschaftler, Unternehmer. Weil mein Vater im Vorbereitungsstadium in den Regierungsdienst trat, war er kein Wissenschaftler.«

»Was hat Ihr Vater gelesen?«

»Er hielt die Tradition noch ziemlich aufrecht. Er sang *mantras*. Mein Großvater war, wie ich gehört habe, ein guter alter klassischer, den religiösen Gebräuchen gehorchender Purohit. Die Rituale zu vollziehen war sein Beruf. Während mein Vater, wenn man die Veränderung zurückverfolgen will, die Mantras aus Vertrautheit, Ehrerbietung, wie aus Dankbarkeit für Gott sang – diese Mantras gingen einem eben seit der Kindheit durch den Kopf. Ich mache keinen Unterschied zwischen dem und einem jungen Mann heute in einer Umgebung voller Videos oder Radios, der in aller Form oder ganz zwanglos Hindi-Filmsongs singt.

Mein Vater ist größer als ich, und er sieht gut aus, wenn er im Lotossitz singend dasitzt. Für mich ist die Haltung wunderschön. Mein Vater ist sechsundsiebzig und hält sich immer noch gerade. Doch bei meinem Vater ist das Singen der Mantras vom Lebensunterhalt zum Vergnügen ›herabgesunken‹. Einem oralen Vergnügen, wenn Sie so wollen; Nostalgie, Schutz gegen Ängste. Eine ganze Skala von Gefühlen – ich nenne es Vergnügen, weil es aus freiem Entschluß getan wird.

Wir wohnten in einem kleinen Fürstenstaat im Osten. Mein Vater war einer der Priester der königlichen Familie. Es war kein wirklich großer König: es war ein Feudalreich von vielleicht fünfundzwanzig- oder fünfzigtausend Hektar.«

Ein kleiner Fürstenstaat im Osten, ein Priester, der der Herrscherfamilie diente. Ich sagte: »Das ist wirklich das alte Indien.«

Pravas sagte: »An dem Ausmaß kultureller Veränderung, die ich persönlich erlebt habe, würde anderswo ein Mensch zerbrechen. Als ich ein Kind war, fuhren wir, wenn wir das Dorf meiner Vorfahren besuchten, mit Ochsenkarren – das war die einzige Möglichkeit. Oder wir gingen zu Fuß. Bis 1960. Wir hatten nichts, was einem Badezimmer auch nur entfernt glich. Man ging zum Fluß hinunter.«

»Waren Sie sich der Not bewußt?«

»Damals schien das normal zu sein. Alle im Dorf taten das. Und noch Jahre nachdem ich das Dorf verlassen hatte, war es, wenn ich für ein oder zwei Tage zurückging, eher wie ein Ausflug. Ehe man erkannte, das man etwas entbehrte, war man schon wieder weg.

Die meisten Könige in jener Zeit verfolgten die Taktik, einen gewissen Grad an Intellektualität zu fördern. Das war Anlaß für Stolz. Praktisch hieß das, sie sorgten dafür, daß ihre Leute, die Priesterkaste, die Intellektuellen, nicht von anderen materiell abhängig sein mußten. Deshalb gaben sie den Purohits ein Stück Land. Das Stück Land, das einem Purohit oder sonst jemandem geschenkt wurde, konnte nicht weggenommen werden. Es war ein Geschenk in alle Ewigkeit. Es wäre als gemeinste Sünde angesehen worden, wenn man ein Geschenk zurückgefordert hätte. In jenem Königreich gab es zwischen fünf und zehn Priesterfamilien. Die religiösen Rituale waren äußerst spezialisiert. Manche Purohits taten diese und andere Purohits jene Dinge.«

»Waren sie privilegiert?«

»Ja und nein. Das Stück Land war nicht groß. Es reichte gerade für den Eigenbedarf. Es war nur dazu da, um die Person am Leben zu halten. Man konnte zur Not darauf zurückgreifen, aber nicht mehr. Die Purohits hatten nicht viele Kleider. Sie hatten zwei Dhotis oder etwas in der Art. Verglichen mit Händlern, die Getreide oder Holz oder Rhizinussamen oder Öl verkauften, waren sie sicher arm. Verglichen mit Bettlern, waren sie wohlhabend.«

»Die Brahmanen wurden also von den Königen in einer zwiespältigen Position gehalten?«

»Wenn Sie es vom ökonomischen Standpunkt aus betrachten, sieht es natürlich widersinnig aus. Aber es hatte seine Logik. Die Brahmanen genossen Status und königlichen Schutz. Der König bestrafte jede Aggression gegen die Priester. Und die Könige ermutigten intellektuellen Austausch. Debatten, Gesänge, *yajnas* oder große Pujas vielleicht sogar mit Brahmanen aus anderen Königreichen – alle traten in Wettbewerb oder arbeiteten wetteifernd zusammen, um zu zeigen, wie gut sie waren. Manchmal saßen tausend Brahmanen zusammen und sangen, doch jeder hatte ein Ohr darauf, wer gut oder schlecht sang. Genauso wie es heute bei natur- oder geisteswissenschaftlichen Konferenzen zugeht.

Dem liegt zugrunde, daß die Priestergemeinschaft mit einer Denkweise geboren und aufgezogen wurde, die sie nicht mehr erwarten ließ. Das gehört so sehr zum verinnerlichten System, daß es bis ins Volk eingedrungen ist. Gott Vishnu hat zwei Frauen – Lakshmi, die Göttin des Reichtums, und Saraswati, die Göttin der Weisheit. Die beiden Frauen lagen sich naturgemäß in den Haaren – ein Bild dafür, daß das intellektuelle Leben sich selten mit Reichtum verträgt: man muß sich für eines von beiden entscheiden. Durch verschiedene Umstände schaute die Priesterklasse nicht nach Reichtum, und sie bekam auch keinen. Ein perfektes Zusammenspiel der Interessen.

Im Leben meines Vaters mußte anders abgewägt werden. Er

hatte keine garantierte Sicherheit wie mein Großvater. Er mußte arbeiten, um seine Familie zu ernähren. Sein Leben war halb Ritual, halb Überlebenskampf. Das mußte abgewägt werden.

In bestimmten Gemeinschaften wird man vom Gerüst der Gesellschaft gestützt. Wenn man zur Händlerkaste gehört und mit Rhizinussamen oder Baumwollstroh handelt und in den Radiohandel einsteigen möchte, dann ist das Gerüst dasselbe. Nur die Ware ändert sich. Es gibt eine Gruppenbewegung. Während man sich in einem Fall wie dem meines Vaters nicht mit der Gesellschaft bewegte – die Gesellschaft bewegte sich nicht koordiniert. Ziemlich viele junge Männer taten damals das gleiche, aber alle taten es für sich. Mein Vater hatte nicht nur das Problem, sich den Weg freizuräumen, sondern jedesmal, wenn er ins Haus meines Großvaters zurückkehrte, gab es mit Sicherheit Konflikte. Es muß so gewesen sein, als ob man sich zwischen einem warmen und einem kalten Raum hin- und herbewegte.«

»Was für Konflikte?«

»In der älteren Gesellschaft hielt man sich sowohl genetisch als auch nach außen hin rein. Man heiratete nur bestimmte Menschen, und über einen bestimmten Punkt hinaus hatte man keinen Kontakt mit Angehörigen einer niederen Kaste. Man durfte kein Essen zu sich nehmen, das jemand aus einer niederen Kaste gekocht hatte. Essen wurde als heilige Handlung angesehen. Essen wurde als Opfer für die Magensäfte angesehen. Es gab rigide Vorschriften für die Zeiten, zu denen man aß, in welche Richtung man beim Essen schaute, wer bediente und wieviel man aß. Essen wurde bis in die letzte Einzelheit kategorisiert. Verschiedene Klassen von Menschen aßen verschiedene Mengen. In den heiligen Schriften ist beispielsweise vorgeschrieben, daß für Intellektuelle, die sehr wenig körperliche Arbeit verrichten, die Menge Reis richtig ist, die aus einer Handvoll Körner gekocht wird.

Der Hinduismus ist eine auf Dreiheit ausgerichtete Religion – es gibt für alles drei Möglichkeiten. So gab es auch dreierlei Essen – *sattvik, rajasik, tamasik.* Sattvik-Essen ermunterte intellektuelle Bestrebungen, Geistesklarheit, reinere Gedanken. Sattvik-Essen war sehr leicht – meistens Getreide, eine gewisse

204

Menge geklärter Butter, die leichteren Gemüse. Rajasik-Essen richtet sich nach der Arbeit.«

(Von Deviah bekam ich später eine umfassendere Liste der Sattvik-Nahrungsmittel: Blattgemüse, Milch, Joghurt, Butter, Reis, Weizen, die meisten Sprossen, die meisten Hülsenfrüchte, süße Kartoffeln [aber keine Kartoffeln], Obst. Von Deviah erfuhr ich auch, daß Rajasik-Essen mehr als nur arbeitsorientiert war. Rajasik-Essen ermunterte sowohl zur Kühnheit als auch zur Leidenschaft, und Deviah gab folgende Liste: *urad*-Linsen, Fleisch, Wein, Gewürze [wahre Brahmanen mögen keine Gewürze]. Was das Tamasik-Essen betraf – auf das Pravas mit offensichtlich brahmanischen Skrupeln nicht einging [und nach dem ich ihn nicht fragte, weil ich das Schlimmste fürchtete und nicht wollte, daß er sich zu lange aufhielt] –, so sagte Deviah, es ermuntere zur Trägheit. Merkwürdigerweise schien die Tamasik-Liste, die Deviah mir gab, jedoch ziemlich raffiniert zu sein und einige Elemente des Rajasik-Essens zu enthalten; und manche der Gemüse schienen leicht genug für die Sattvik-Ernährung. Dies war Deviahs Tamasik-Liste: Zwiebeln, Knoblauch, Kohl, Karotten, Auberginen, Kartoffeln, Urad-Linsen, Fleisch. Urad-Linsen und Fleisch standen auch auf der Rajasik-Liste.)

Pravas sagte: »Sattvik-Essen ist geistesorientiert. Von den Leuten, die es zu sich nahmen, wurde erwartet, daß sie taten, was sie taten, weil es getan werden mußte, und nicht, weil sie eine Belohnung bekamen. Solche Leute taten, was sie taten, aus einer inneren Motivation heraus. Brahmanen wurden mit der Sattvik-Veranlagung identifiziert. Deshalb durften sie gewisse Nahrungsmittel nicht verzehren.

Das Ganze war in jeder Hinsicht ritualisiert. Lebte beispielsweise der Vater noch, durfte man beim Essen nicht nach Süden blicken. Dies war kein Verbot in ganz Indien, aber es war mehr als lokal verbreitet. Genauso eine ernste Sache war es, wenn der Schatten einer Person aus einer niederen Kaste auf das Essen fiel. Geschah das, war das Essen damit beendet. Man hörte auf zu essen. Das Essen wurde unrein. Und ich habe noch vergessen: niemand sollte einen beim Essen berühren, und man mußte in einer gewissen Haltung essen. Manche Leute waren so – in Anführungszeichen – ›orthodox‹, daß sie beim Essen noch nicht einmal die Stimme einer Person aus einer niederen Kaste hören konnten. Diese Leute aßen ganz hinten in ihren Häusern.«

»Wurden sie böse, wenn sie wegen eines Schattens oder einer Stimme mit dem Essen aufhören mußten?«

Pravas sagte lächelnd: »Brahmanen sollten eigentlich nicht in Zorn geraten. Sie hörten wohl einfach auf zu essen. Zorn wird nicht als brahmanische Eigenschaft betrachtet. Obwohl viele Brahmanen, die ich kenne, sagen wir, achtzig Prozent, sehr reizbar sind.

Mein Vater bewegte sich also zwischen diesen warmen und kalten Räumen, wie ich sie genannt habe. Es war ein ständiger Kampf für ihn. Er mußte, wenn er zu meinem Großvater zurückkam, jedesmal eine Menge Fragen aushalten. Hatte er Essen zu sich genommen, das Nicht-Brahmanen gekocht hatten? Oder die richtige Kleidung getragen? Das war damals wichtig. Mein Großvater trug nie lange Hosen; er trug einen Dhoti. Mein Vater trug beides – Dhoti und Hose. Doch die Sache mit dem Essen wurde nicht auf die leichte Schulter genommen. In dem Wertesystem war es ein Sakrileg, eine Regel zu brechen.

Aufgrund seiner Herkunft war mein Vater an Philosophie interessiert. Doch selbst in diesem Bereich unterschied sich seine Lektüre von der meines Großvaters. Mein Großvater hatte elementare Sanskrit-Kenntnisse, rezitierte die Original-Mantras, wie sie in den Vedas oder Puranas stehen. Es ist typisch für den Ritualismus, daß man nicht unbedingt die tiefere Bedeutung von allem versteht, was man tut, und mein Großvater verstand nicht unbedingt, was er rezitierte. Ritualismus ist vielleicht, wenn auch nicht plump, etwas zum Vorzeigen.

Mein Vater stellte nichts zur Schau; unter diesem Druck stand er nicht. Also versuchte er zu verstehen, was er las. Er las viele Auslegungen neuerer Philosophen. Das brachte ihn dazu, in vielen Sprachen zu lesen. Er las moderne philosophische Werke in Bengali, und er las Englisch. Ich wuchs mit unzähligen Büchern in Devanagari und Englisch auf. Er machte zwar kleine Abstecher in andere Themen, doch die Hauptsache war Philosophie.

Und noch etwas. Zusätzlich zu den alten puritanischen Werten bekam mein Vater die Verbreitung nationalistischer Werte mit, besonders von Gandhi. Der Gandhianismus war in

Indien beinahe eine Massenhysterie, aber gesund. Er beinhaltete die guten alten Werte, aber modern verpackt, sehr massenorientiert. Die alten Werte wirkten intellektuell und waren intellektuell und bewahrten dadurch Distanz zu den Massen. Gandhi fand einen Weg, die alten Wahrheiten einfach darzustellen. Ich wuchs mit ziemlich vielen Slogans von Gandhi auf. ›Mehr arbeiten, weniger reden.‹

In meinem Elternhaus blieb die Kontinuität des brahmanischen Wertesystems erhalten, und dann wechselte auch ich aus einer alten Welt in eine neue, aus einem warmen Raum in einen kalten. Doch diesmal war der Wechsel anders. Niemand fragte mich: ›Warum trägst du lange Hosen?‹ Oder: ›Hast du Essen gegessen, das ein Brahmane gekocht hat?‹ Allerdings hatte ich wie mein Vater in seinem Regierungsjob kein Gerüst. Ich mußte sozusagen die Tür selbst aufstoßen.«

»Warum haben Sie sich der Wissenschaft zugewandt?«

»Da sind einmal das Milieu und das gegenwärtige Wertesystem. Der dritte Faktor ist das Gefühl von etwas Geheimnisvollem.«

»Etwas Geheimnisvollem?«

»Das ist eine der stärksten Antriebskräfte. In allen Religionen häufen sich die Wunder. Das Geheimnisvolle zieht an, und die Wissenschaft hat dieses Geheimnisvolle. Im Unterbewußtsein spürte ich dieses Geheimnisvolle. Mischen Sie zwei Chemikalien, und die Farbe ändert sich – das ist das einfachste Geheimnis. Oder bauen Sie einen Apparat wie einen elektrischen Ventilator, der anscheinend ohne Antriebskraft funktioniert.

Ich bin eine Stufe der Verwandlung weitergegangen als mein Vater im Verhältnis zur Zeit seines Vaters. Ich habe liberalere Ansichten als mein Vater. Ich ziehe durch das, was wir ›Wissenschaft‹ nennen können, wahrscheinlich mehr in Zweifel. Ich weiß weniger über Rituale. Mein Vater erlernte einen Teil dessen, was sein Vater kannte, und ich kenne nur einen Teil der Rituale, die mein Vater kannte.

Bis ich fünfzehn oder sechzehn war, wuchs ich in meiner vertrauten familiären Umgebung auf. In dem Alter lernt man die Rituale, weil man vor einem gewissen Alter bestimmte Rituale nicht vollziehen darf. Es gibt beispielsweise Rituale, die nur verheiratete Männer verrichten dürfen. Doch in diesem Alter ging ich von zu Hause weg und kam immer nur für ein paar Tage im Jahr zurück. Ich habe also viele Rituale nicht mitbekommen. Und jetzt habe ich nicht mehr den rechten Glauben daran.

Ich verrichte sie nicht, aber ich habe Sehnsucht danach. Ich bin darin verwurzelt. Sie sind mir nicht fremd. Wenn jemand zu mir sagt, ich solle kein Rajasik-Essen zu mir nehmen – Eier oder so etwas –, dann finde ich das nicht komisch. Ich verstehe das, ganz im Gegensatz zu einem modernen Ernährungssachverständigen. Und philosophisch gesehen, habe ich mehr gelesen als mein Vater. Meine Interessen sind weiter verzweigt, ich bin noch mehr als er auf andere Schulen indischer Philosophie und überhaupt andere philosophische Schulen eingegangen. Mein Vater hat den Schritt von den grundlegenden Vedas zur breiteren indischen Philosophie getan. Ich habe den Schritt von dort zu einer globaleren Anschauung getan.«

Ich sagte: »Mit Ihrer intellektuellen Annäherung wissen Sie wahrscheinlich de facto mehr über Hinduismus als Ihr Großvater.«

Pravas sagte: »Wahrscheinlich kann ich im westlichen Sinn besser darüber sprechen, aber ich könnte nicht sagen, daß ich mehr weiß als mein Großvater.

Veränderung ist ein kontinuierlicher Prozeß. Man erkennt sie nur einmal in einer Generation. Denn wenn man sie erkennt, hat man sie schon vollzogen. In den letzten fünfzig Jahren kann ich deshalb nur zwei Veränderungen entdecken, doch sie sind groß, weil ein kontinuierlicher Prozeß sich auf zwei oder drei Punkte konzentriert. Die nächste große Veränderung wird in der Generation meines Sohnes kommen. Es gibt Übergangsstadien. Mit den folgenden Generationen werden die Zeiträume viel größer werden.

Die Lebensumstände meines Sohnes werden sich in vieler Hinsicht ändern. In der Familie, in der Schule, auf dem Arbeitsmarkt, überall. Ich wuchs in einem halb rituellen Milieu auf. Mein Sohn wird keinen rituellen Hintergrund haben. Aber wenn mein Sohn die Rituale noch mehr vergißt, könnte er trotzdem noch in der örtlichen Umwelt verwurzelt sein, innerhalb seiner Gruppe von Gleichaltrigen und Gleichgestellten. Es wird viele geben wie ihn. Die Gesellschaft bewegt sich in der Richtung.

Die Essensvorschriften und so weiter, von denen ich sprach, kennen zwar einige, aber die meisten meiner Generation kennen sie nicht. Sie wissen nicht, daß es so etwas gab und noch gibt. Und doch leben sie in Einklang mit ihrer örtlichen Umgebung. Wenn man zu sehr an den Wurzeln im alten Sinn hängt, kann man in Wirklichkeit entwurzelt, versteinert werden. Zumindest der Form nach, zumindest dem Stil nach muß man mit dem Strom schwimmen, neue Wurzeln bekommen. Immer mehr tun das in Indien. Stil wird innerhalb einer Generation zu etwas Substantiellem. Dinge, die man anfängt, weil andere sie tun – wie im Fall meines Vaters lange Hosen zu tragen –, werden für die nächste Generation natürlich.«

Ich meinte, die Veränderungen, von denen er sprach, glichen in mancher Hinsicht den Veränderungen, die ein oder zwei Generationen vorher die indische Gemeinschaft befallen hatten, das bäuerliche Indien, das meine Großeltern mit sich genommen hatten, eine scheinbar vollständige Welt, mit Sprache und Ritualen und sozialer Organisation: ein Indien, das in der neuen Welt schon während meiner Kindheit zu verfallen begonnen hatte: erst verschwand die Sprache, dann die Hochachtung vor den Ritualen und das Bedürfnis für sie (die Rituale selbst hatten noch lange Bestand, nachdem man sie nicht mehr verstand). Es blieb nur ein Zusammengehörigkeitsgefühl, ein Wissen um Familie und Sippe und eine Vorstellung von Indien im Hintergrund, eine Vorstellung von Indien, die ganz anders (historischer, politischer) war als das Indien, das scheinbar mit den Vorfahren gekommen war.

Pravas sagte: »Für Sie war die Veränderung nicht subversiv.«

Das Wort war interessant.

Er sagte: »Die Veränderung kam nicht von innen. Sie kam von außen. Hier geht die Veränderung allmählich vonstatten. Sie ist überall um mich herum – in meinem Vater, meinem Bruder, allen. Ich kann das Fremde nicht mehr unterscheiden.«

Und es gab (über das, was Pravas sagte, hinaus) einen weiteren und fundamentalen Unterschied zwischen den neuen Generationen in Indien und unserer weit entfernten Einwanderungsgemeinschaft. Für Menschen dieser Gemeinschaft, von der indischen Erde getrennt, war die Hindu-Theologie schwierig geworden (wie sie für Menschen der einst hinduisierten Gebiete im südöstlichen Asien schwierig geworden war); den Glauben besaßen viele nur noch halb, viele gaben ihn ganz auf. Das war Teil eines allgemeineren kulturellen Verlustes, der viele ohne tragende Idee davon, wer sie waren, zurückgelassen hatte. Das würde in Indien nicht geschehen, ganz gleich, wieviel Ritualismus blieb und wie sehr sich die äußeren Umstände änderten.

Pravas sagte: »Ein paar ursprüngliche Prinzipien werden bleiben. Die Leute werden alle die Einzelheiten im Zusammenhang mit individuellem Verhalten vergessen – Essen und Schlafen und so weiter. Das wird alles verschwinden. Doch im Gruppengedächtnis werden einige Strömungen fortdauern. Der Glaube und sein Ausdruck sind so eine ursprüngliche Strömung, auch wenn die Einzelheiten sich vielleicht verwischen.

Kürzlich hat es hier im Fernsehen die Epen Ramayana und Mahabharata als Serie gegeben. Die meisten Leute auf den Straßen von Bangalore haben diese Epen nicht gelesen. Sie haben sie weder in der Originalfassung noch auf englisch oder überhaupt gelesen. Sie nehmen sie einfach hin; sie sind da. Sie kannten sicher die Hauptfiguren und das allgemeine Thema. Die Einzelheiten kannten sie sicher nicht; die Nebenfiguren kannten sie sicher nicht. Doch die Fernsehserie war auf Anhieb ein Erfolg.«

Und nun gab es für Pravas all die Frustrationen des modernen indischen Lebens. Wie er sie beschrieb, glichen sie den Frustrationen des Besuchers: die schwierigen Reisen mit Flugzeug oder Zug oder Auto; die überfüllten, gefährlichen Straßen der Städte; die giftigen Abgase; die Schwierigkeit, simple Dinge zu erledigen, die Schwierigkeit, die handgreiflichen Dinge des täglichen Lebens zu organisieren, das die industrielle Revolution schließlich hätte vereinfachen sollen.

Pravas sagte: »Manchmal bin ich der Verzweiflung nahe. Und vielleicht ist es nur etwas in meiner Persönlichkeit, das mich davon abhält, zur Mafia zu gehen.« Um Leute auf Vordermann zu bringen, um Dinge zu erledigen. »Auf den indischen Straßen gibt es keine Gesetze.« Das war keine Spielerei oder Koketterie. Pravas fuhr einen Motorroller; wenn er zu mir kam, kam er immer wie eine Art Raumfahrer mit einem großen Helm. »Man fühlt sich ein bißchen wie in einem Dschungel, und das kann sich auf die Haltung zu den Dingen allgemein übertragen. Kann es und tut es. Es überträgt sich tatsächlich in einen Verlust von Produktivität. Ich bin viel weniger produktiv, als ich sein sollte. Viel Energie geht in diese Dinge, diese Verkehrsstaus, dieses Chaos. Reibung in der Gesellschaft ist wie Reibung in einer Maschine.«

Ich dachte an seinen Großvater, einen der fünf oder zehn Priester des Königs eines kleinen Staates im Osten. Er lebte von sehr wenig; er hatte nur das Stück Land, das ihn ernähren und vor absoluter Not bewahren konnte, wenn der König ihm seine Gunst entzog. Zu etwas anderem war er nicht befähigt – der kleine Staat brauchte zu dieser Zeit nicht viele Fähigkeiten. Es war eine willkürliche Welt, in der einen Menschen Veränderung plötzlich und überwältigend heimsuchen konnte. Sie war wie das Indien, das immer wieder von dieser oder jener Armee überrannt worden war; es war das Indien nicht zu Ende gebrachter Monumente, von Energie, die vergeudet sein würde und einen zufälligen Eindruck erweckte. Auch dies war ein Dschungel. Lebte Pravas Großvater mit einer ähnlichen Vorstellung?

»Ich habe meinen Großvater nicht gekannt. Er starb, als mein Vater zwölf oder dreizehn war. Ich habe keine Erinnerungen an seine Welt, aber ich kann sie rekonstruieren. Er war Teil einer statischen Gesellschaft. Er war nicht anders als sein Vater oder sein Großvater. Selbst wenn es Reibung gegeben hätte, hätte er sie nicht entdeckt, weil er keinen Motorroller hatte.«

Der Motorroller – Pravas hatte vom Verkehr in Bangalore und seinem Motorroller gesprochen. Die Metapher gefiel mir: sie machte die statische Vergangenheit verständlich. Ich begann mich zu fragen, ob viele der Frustrationen, von denen Pravas sprach, nicht in der Vergangenheit wurzelten, ob sie nicht durch die kleinen indischen Erwartungen geweckt worden waren, die beinahe fromme Vorstellung – wie die hinter Gandhis Handgesponnenem –, daß ein so armes Land sehr wenig brauche. Ich fragte mich, ob nicht tief in Indien sogar jetzt eine psychologische Lumpigkeit stecke, eine Verlängerung der Vorstellung von heiliger Armut, dem alten religiös-politischen Gefühl, daß es falsch, verschwenderisch und die Götter (und den Herrscher) provozierend sei, sich selbst zu übertreffen. Und ich fragte Pravas, wie ich Subramaniam gefragt hatte, welchen psychologischen Effekt die Schäbigkeit der in Indien hergestellten Waren in seiner Jugend auf ihn gehabt habe.

Er sagte: »Ich hatte nicht viele Vergleichsmöglichkeiten, als ich aufwuchs. Ich hatte vielleicht die Uhr meines Großvaters gesehen, aber ich hatte nie eine indische Uhr gesehen und konnte sie nicht vergleichen. Also fühlte ich mich nicht schlecht. Ich wuchs nicht mit allzu vielen importierten Gütern auf. Die Dinge, die wir benutzten, waren am Ort hergestellt, oder wir hatten sie einfach nicht. Wir benutzten viele Produkte indischer Handwerkskunst – Metallteller, keine aus Porzellan, und Metallteller wurden seit Tausenden von Jahren gemacht. Textilien wurden schon lange vor meiner Geburt hergestellt. Die grundlegenden Bedürfnisse wurden also von einheimischen Waren befriedigt. Und außerdem sind die Bedürfnisse, wenn man klein ist, auch sehr klein.«

Der Schäbigkeit indischer Waren, die er jetzt um sich sah, begegnete er philosophisch. »Verglichen mit zeitgenössischen Gütern anderswo heute sind sie schlecht. Verglichen mit dem Nichts, das wir vor fünfzig Jahren hatten, ist es etwas. Es heißt nur, daß wir spät angefangen haben. Vor fünfzig Jahren waren auch die japanischen Waren lumpig.«

Die neue Welt war sehr neu: für manche hatte sie mit den Großvätern begonnen und für die meisten mit den Vätern. Und die Leute waren so schnell so weit gekommen, daß viele aktive Menschen eine Erfolgsgeschichte vorzuweisen hatten, manchmal die eigene, manchmal die eines Angehörigen.

Ich hatte Kala kennengelernt. Sie war tamilisch-brahmanischen Ursprungs. Sie machte die Öffentlichkeitsarbeit für eine große Organisation. Sie war um die Zwanzig und nicht verheiratet. Sie war fleißig und methodisch; sie galt als arbeitsam. Sie war ernst, selbstbeherrscht, gebildet. Aber ich wußte nicht genug über Indien und besonders jenen brahmanischen Süden, aus dem sie kam, um ihren Hintergrund zu erraten.

Und dann, beim Mittagessen eines Tages, sagte sie und sprach davon wie von einem Märchen, daß ihr Großvater mit nichts angefangen habe, als Kind so arm gewesen sei, daß er im Licht von Straßenlaternen gelernt habe.

(War das nicht von vielen gesagt worden? Hatte es nicht schon einmal einen sehr armen Jungen gegeben – ohne Papier oder Bleistift oder Tafel –, der seine Rechenaufgaben mit einem Stück Kohle auf der Rückwand einer Hütte hatte machen müssen? Ich hielt Kalas Geschichte für eine romantische Erzählung. Ein paar Wochen später sah ich dann in einer kleinen Brahmanen-»Kolonie« in Madras eines Abends tatsächlich einen kleinen Jungen mit einem Buch unter einer Straßenlaterne sitzen. Das Licht war zu schwach zum Lesen, doch mit übereinandergeschlagenen Beinen saß da der kleine Brahmane mit seinem Buch und lebte Ehrgeiz und strebendes Bemühen und Selbstverleugnung aus und übte exakt die Tugend, von der er und seine Eltern gehört hatten.)

Ich fragte Kala nach dem Namen dieses Vorfahren. Es war der Name eines hohen Staatsbeamten in einem Fürstenstaat; der Name war in Indien vor der Unabhängigkeit berühmt gewesen. Der Junge, der unter der Straßenlaterne gelernt hatte, war zu Macht und Reichtum gekommen.

Kalas Verhalten nach hätte ich jemanden wie diesen Großvater unter ihren Vorfahren erwarten können. Unerwartet war – obwohl ein bißchen Nachdenken ergeben hätte, daß es zu diesem brahmanischen Hintergrund paßte –, daß Kala mütterlicherseits einen *sanyasi*-Vorfahren hatte, einen Asketen, jemanden, der der Welt entsagt hatte, um auf den Badetreppen oder Ghats von Benares, zwischen den Scheiterhaufen und Tempeln am Ganges zu meditieren.

Solche Verzweigungen des alten Indiens hatten Kala mit zu dem gemacht, was sie war. Sie wußte, daß sie Teil der Bewegung weg vom alten Indien war, von der Pravas gesprochen hatte; aber sie hatte es nicht so analysiert. Wenn Kala über die Vergangenheit ihrer Familie nachdachte, wie sie es eigentlich zwanghaft tat, galten ihre Gedanken ihrer Mutter, die von dieser Vorwärtsbewegung überrollt, zwischen den Generationen gefangen und deren Leben dadurch aus der Bahn geworfen worden war.

Kala nahm die Geschichte von ihrem Großvater, der unter den Straßenlaternen las, ernst. Sie hatte sie mit neun oder zehn von ihrer Mutter gehört und dann später ausführlich von ihrem Großvater selbst. Sie sagte in ihrer ernsten Art: »Wenn einmal der Strom ausfällt und die Lichter ausgehen und man sich ärgert, dann denke ich an diesen Mann, diesen Jungen, der überhaupt kein Licht in seinem Haus hatte.« Dem war wahrscheinlich so. »Das war Anfang des Jahrhunderts in Madras. Er lebte auf Wunsch seiner Eltern im Haus seiner Großmutter in Madras.« Und obwohl Kala das nicht so sagte, meinte ich, daß dies wahrscheinlich im Zusammenhang mit der Abwanderung der Brahmanen in die Städte stand, die in so vielen Geschichten vorkam. In Madras lebte Kalas Großvater in einem brahmanischen Viertel in der Nähe eines wichtigen Tempels.

»Mein Großvater hat mir erzählt, wie er jeden Abend beim Tempel warten mußte, um den *prasad*, die geweihten Nahrungsmittelopfer, zu sammeln. Diese Gaben waren seine Abendmahlzeit und auch die seiner Großmutter. Wir haben den Tempel kürzlich besucht, den Tempel des Kapaleshwar, einen der beiden berühmten alten Tempel in Madras. Mein Großvater hat mir einen Steinlöwen gezeigt, gegen den er immer lehnte oder saß, während er darauf wartete, bis die Abendpuja vorüber war und er sein Essen einsammeln und nach Hause gehen konnte. Die Pandits haben ihn immer ausgeschimpft: ›Kannst du denn nicht stehen und respektvoll warten, bis die Puja verrichtet ist?‹ Diesmal, als er als sehr alter Mann zurückkam, standen die Priester draußen, um ihn zu empfangen.

Als er mit der Schule in Madras fertig war, kam er nach Bangalore, um hier aufs College zu gehen. Er wohnte bei einem Verwandten, und er sorgte selbst dafür, daß er zum College zugelassen wurde.« Interessant, wie das in diesen alten Geschichten immer wieder vorkam: das Kind, das alleine ging, ohne Eltern oder Erwachsene, um sich in einer Schule einzuschreiben. »Noch während der Collegezeit heiratete er meine Großmutter. Er war noch keine zwanzig, und sie war elf, wenn ich mich recht erinnere. Früher, als Kinder heirateten, blieben sie in ihrem Elternhaus, bis sie erwachsen waren. Ich sollte noch hinzufügen, daß meine Großmutter und mein Großvater, wie ich sie kannte, ein romantisches und hingebungsvolles Paar waren. Ich habe ihn nach der Anfangszeit seiner Ehe gefragt, und er hat mir erzählt, daß er manchmal nach dem Unterricht im College auf den Markt ging und Sachen für zu Hause kaufte, manchmal auch Perlen und farbige Bänder für meine Großmutter, seine Frau.

Der Vater dieser elfjährigen Braut war der Sanyasi, von dem ich Ihnen erzählt habe. Er war bereits als Junge ein Sanyasi, und er lebte in Benares. Der Mann, der sein Schwiegervater wurde, soll irgendwie von diesem Sanyasi weit weg in Benares gehört haben – Benares ist Hunderte Kilometer entfernt von hier –, und man hatte ihm gesagt, dieser Sanyasi sei dazu bestimmt, seine Tochter zu heiraten.« Sanyasis entsagen der Welt; sie haben keinen Haushalt; sie heiraten nicht. Deshalb kam diese Vorstellung vom Schicksal eines Sanyasi mir merkwürdig vor.

Kala sagte: »Die Leute, die die Schwiegereltern des Sanyasi wurden, waren wohl religiöse Menschen. Sie müssen Kontakt mit Astrologen aufgenommen haben; sie müssen ein Horoskop ihrer Tochter haben deuten lassen. Also ging das Familienoberhaupt nach Benares oder schickte jemanden hin, um diesen jungen Sanyasi zu suchen, der im Horoskop seiner Tochter aufgetaucht war. Sie gingen nach Benares, und sie suchten unter all den heiligen Männern dort, und sie fanden den Jungen. Sie unterbreiteten ihm den Plan der Eheschließung. Doch er blieb hart; er wollte nicht wieder in die Welt eintreten. Also kehrten sie heim. Doch dann geschah Verschiedenes, und sie gingen noch einmal nach Benares, und irgendwie überredeten sie den Sanyasi, sein Asketenleben aufzugeben und Benares zu verlassen und hierher zu kommen und sich zu verheiraten. Kurz nach der Heirat hatte die Frau des Sanyasi einen Unfall, und sie begann, das Augenlicht zu verlieren. Als sie heiratete, war sie sechzehn.«

»Hatte der Astrologe das nicht vorhergesehen?«

Kala sagte: »Ich weiß es nicht.« Die Geschichte war wie ein Mythos überliefert worden: sie war voller Wunder, aber sie hatte Lücken.

»Haben Sie eine Geschichte darüber, was der Sanyasi sagte, nachdem seine Frau blind wurde?«

»Es gibt keine Berichte über die Reaktion des Sanyasi.«

»Womit verdiente er seinen Lebensunterhalt?«

»Der Sanyasi wurde Priester in Palani und nach einiger Zeit ein hoher Beamter. Palani ist eine berühmte Tempelstadt. Die Gottheit von Palani ist eine Manifestation Shivas. Ich fahre beinahe jedes Jahr mit meiner Mutter hin. Sie glaubt an den Tempel.«

»Was heißt das?«

»Sie glaubt an die Macht dieses Tempels.«

»Und Sie?«

»Ich liebe meine Mutter, und ich glaube an sie. Meine Mutter stand ihrer Großmutter sehr nahe, der Frau des früheren Sanyasi, und ich denke, es gab so etwas wie ein familiäres Empfinden für den Tempel in Palani. Aber auch wenn ich jedes Jahr mit meiner Mutter hinfahre, bedeutet er mir nicht viel. Ich selbst bin nicht besonders religiös.

Palani ist ein reicher Tempel. Es gibt Tempel, die noch reicher sind, doch Palani ist ziemlich reich, und es fahren viele Pilger hin. Tempel werden reich durch das Land, das sie besitzen, und die Opfergaben, die die Gläubigen bringen. Einer der reichsten Tempel im Süden ist der Tempel in Tirupati. Es gibt eine Geschichte darüber. Die Gottheit jenes Tempels, Srinivasa, machte große Schulden bei Kubera, dem Herrn des Reichtums. Die Göttin Lakshmi schenkt Reichtum; Kubera besitzt oder hortet oder verleiht ihn. Und über Tirupati erzählt man, daß das Geld, das Leute dem Tempel spenden, von Srinivasa, der Tempelgottheit, gespart wird, um Kubera die Schulden zurückzuzahlen. Viele Leute glauben an diese Geschichte und diese Gottheit. Es gibt eine riesige *handi* dort, einen großen Behälter aus Stoff, und dort hinein wirft man das Geld. Man wirft alles hinein – Gold, Silber, Diamanten. Ich glaube, Leute haben sogar Revolver und blutbefleckte Messer hineingeworfen, weil sie hofften, daß ihnen dann die Verbrechen vergeben würden, die sie mit diesen Waffen begangen hatten. Und es wird erzählt, daß die größten Geldopfer von Leuten kommen, die das Geld illegal verdient haben. Palani bekommt längst nicht soviel wie Tirupati, aber es bekommt auch reichlich.«

»Der Sanyasi wurde also ein mächtiger Mann?«

»Mir wurde der Eindruck vermittelt, daß er fast ein Heiliger und nicht an so etwas wie Macht interessiert war. Er starb, als seine Tochter, meine Großmutter, noch sehr jung war. Sie war ungefähr vierzehn. Sie war schon verheiratet, aber sie lebte in ihrem Elternhaus – das war damals so Sitte. Vor seinem Tod sagte der Sanyasi zu seiner Frau: ›Wenn du je von jemandem abhängig sein solltest, dann ziehe ins Haus des Ehemannes unserer ältesten Tochter.‹ Also zog meine Großmutter in das Haus ihres Mannes, das Haus meines Großvaters, und die ganze Familie ging mit ihr.«

»Wie war diese Ehe arrangiert worden – zwischen Ihrem Großvater und Ihrer Großmutter?«

»Wir waren eine relativ kleine Untergruppe tamilischer Brahmanen, und ich vermute, die Leute legten in jener Zeit mehr Wert auf solche Gruppierungen. Möglicherweise waren alle entfernt miteinander verwandt. Die Leute schrieben alles auf oder erinnerten sich oder verfolgten den Lebenslauf aller anderen – wer die Schwiegermutter von irgend jemandes Vetter war oder so etwas. Diese sippenhafte Haltung gibt es heute noch in Spuren. Die Leute verfolgen immer noch, was aus entfernten Verwandten geworden ist – ich weiß nicht wieso.«

Doch Kala war in der Lage, für sich zu sorgen. Sie war gebildet; sie hatte ihre Arbeit; sie konnte kommen und gehen, wie sie wollte. Vor fünfzig Jahren hätte es keine Arbeit für sie gegeben; die Öffentlichkeitsarbeit, die sie tat, hätte nicht existiert; selbst so eine Firma wie die, für die sie arbeitete, hätte es wahrscheinlich nicht gegeben. Vor fünfzig Jahren hätten die Leute anders gedacht und gefühlt; die Vorstellung der Sippe wäre tröstlich gewesen.

Kala sagte: »Vor zwei Generationen kam einem die Welt wahrscheinlich nicht so klein vor wie heute.

Nach dem College legte mein Großvater eine Prüfung ab und trat in den Regierungsdienst ein. Er machte Karriere. Er war sehr dynamisch. Er stand im Ruf, kühn und aufrecht zu sein. Er reiste viele Male ins Ausland.«

So erzählte Kala die Geschichte, verweilte bei der Kindheit und dem Lernen im Licht der Straßenlaterne und preschte dann voran zu dem großen Erfolg. Es war beinahe wie ein Beweis für Pravas' Behauptung, daß die Entwicklung der indischen Wirtschaft Leute aufgesaugt und nach oben getragen habe.

»Im Laufe seines Lebens bekam er neun Kinder. Außerdem lebten seine Mutter, seine Schwiegermutter und seine Schwägerin bei ihm. Mein Großvater war der einzige in diesem Haushalt, der verdiente. Es stand nicht viel Geld zur Verfügung, doch alle seine Kinder lernten Reiten, Schwimmen und ein Instrument, und sie alle begeisterten sich für Bergwandern. Ich bin mir sicher, daß dies eine Folge seiner Verwaltungslaufbahn war.

Für mich ist das alles wie ein Märchen. Wie ich den Haushalt meines Großvaters kenne, gab es keine Pferde, keine Ställe, kein Schwimmen. Ich habe auch von einem Palast gehört, in dem die Familie lebte, als er im Dienst eines Fürstenstaats war. Im Garten gab es Pfauen. Die Geschichten sind wahr. Aber die Zeiten waren anders. Ich habe keine Sehnsucht danach; ich denke bloß, es wäre nett gewesen, diesen Ort zu besuchen.

Als mein Großvater in diesem Palast lebte, war meine Mutter schon verheiratet. Sie wohnte also nicht in dem Palast. Sie besuchte ihn bloß. Sie hatte eine Tochter im Säuglingsalter, die sie mit auf einen Motorbootausflug nahm, als das Baby gerade einen Monat alt war. Sie sagte, sie habe gewußt, daß das Baby sich nicht an die Fahrt erinnern würde, aber sie wollte alles, was sie erlebte, mit ihrer Tochter teilen.«

Und obwohl Kala es nicht sagte, hatte ich das Gefühl, daß das einen Monat alte Mädchen Kala selbst gewesen war.

»Dieser Teil der Geschichte, die Geschichte der Ehe meiner Mutter, ist der schmerzlichste. Er ist nicht erfreulich, und es fällt mir nicht leicht, darüber zu sprechen. Meine Mutter besuchte britische Schulen, Klosterschulen. Sie war in allem, was sie tat, sehr gut – Musik, Sport, der Lehrstoff. Sie war sehr kühn und selbstsicher.« Der Nachdruck, den Kala so beipflichtend auf Kühnheit legte, war auffällig. »Sie hatte viel vor. Sie wäre gern Ärztin geworden. Sie ging gerne zur Schule und wollte weiterstudieren. Sie war im Grunde noch ein Kind. Sie las viel. Englische Romane. Heirat kam ihr gar nicht in den Sinn. Sie war ein Kind, ein Schulmädchen, beinahe wie ein britisches Schulmädchen.« Kala, immer ernst, war nun den Tränen nahe. »Sie sagt, sie sei kein schönes Kind gewesen, aber ich weiß, daß sie eine sehr schöne Frau war.

Sie wurde verheiratet, als sie vierzehn war. Und sie konnte nichts dagegen tun. Sie sagte, sie wäre einfach gerne in Ruhe gelassen worden. Sie war sehr verstört, und ihr älterer Bruder und ihre Vettern waren genauso verstört. Sie, die Jungen, sagten ihr, sie solle weglaufen – sie würden sich um sie kümmern.«

»Wessen Idee war diese Heirat?«

»Die ihres Vaters. Meines Großvaters.«

»Haben Sie mit ihm darüber gesprochen?«

»Nein.«

»Warum nicht? Sie kennen ihn doch.«

»Ich kenne ihn sogar sehr gut. Aber er ist nicht mehr der Mann, der er damals war, und ich bin mir sicher, wäre er damals so gewesen, wie er jetzt ist, hätte er nicht getan, was er getan hat.

Meine Mutter war in der zehnten Klasse. Ich stelle ihr nicht zu viele Fragen darüber. Es ist zu schmerzlich, und ich kann jetzt, wo ich hier sitze, sowieso nichts mehr daran ändern. Vielleicht ist es feige von mir, daß ich nicht mehr wissen will. Sie brachte die Schule zu Ende – nach ihrer Heirat blieb sie noch ein paar Monate. Diese letzten Monate waren ziemlich peinlich für sie. Leute fragten sie in einem fort, ob sie verheiratet sei – viele ihrer Freundinnen waren Britinnen oder Anglo-Inderinnen. Sie alle waren ein paar Jahre älter als sie. Viele hatten feste Freunde. Damals waren viele Tommies in Bangalore. Es war 1946.«

Verwirrend, dieser Blick in das Jahr 1946 und die reale Welt, in die bis dahin scheinbar entrückte Geschichte: 1946, die Briten noch in Indien, noch im Garnisonsviertel von Bangalore, doch die Unabhängigkeit bereits nahe und in ihrem Gefolge die todbringenden Unruhen zwischen Hindus und Moslems in Kalkutta.

Ich sagte: »Die Jahreszahl klingt, als sei es noch gar nicht so lange her. Es war bloß gut ein Jahr, nachdem Somerset Maugham ›Auf des Messers Schneide‹ veröffentlicht hatte – über Sanyasis und Leute, die Selbsterkenntnis suchen.«

»Dieses Buch mochte sie sehr gern. Sie las auch weiter viel. Diese Ehe war völlig falsch«, sagte Kala, sorgfältig die Sprache im Zaum haltend. »Sie hätten sie in Ruhe lassen sollen. Sie wäre eine viel stärkere Frau geworden, wenn sie sie in Ruhe gelassen hätten.«

»Hat Ihre Mutter ihrem Vater nicht gesagt, daß in der Schule nach der Heirat alles sehr peinlich für sie geworden war?«

»Ich glaube nicht, daß meine Mutter das ihrem Vater gesagt hat.

Über das, was dann kommt, kann ich nicht gut sprechen. Sie konnte nicht weiterstudieren. Nach ihrer Heirat war sie ein paar Jahre im Grunde eine Leibeigene, die für die Großfamilie ihres Ehemannes arbeitete. Schwere körperliche Arbeit – Kleider waschen und Töpfe schrubben. Sie hatte keine Zeit für sich, keinerlei Freiheit. Sie durfte nicht einmal ihre Verwandten besuchen, wann sie wollte. Sie durfte keine Entscheidungen über ihr eigenes Leben treffen. Immer entschied jemand anderes für sie.«

»Was hielt Ihr Vater von all dem?«

»Mein Vater war ein ruhiger, bequemer, friedlicher Mensch. Seine Familie wurde von den älteren Frauen beherrscht.«

»Ihr Großvater war eine herausragende Persönlichkeit. Wie konnte er seine Tochter in so eine Familie verheiraten?«

»Sie waren sehr geachtet. Es war eine aristokratische Familie. Man hielt sie für Philanthropen. Wahrscheinlich praktizierten sie nicht, was sie predigten. Viele Frauen in der Familie engagierten sich in Wohlfahrtsorganisationen. Sie waren formal weitaus besser erzogen, als es meiner Mutter gestattet war. Es läuft alles auf doppelte Moral hinaus, mangelnde Sensibilität, beinahe sogar Grausamkeit.«

Grausamkeit, ja: das lag in der Natur des indischen Familienlebens. Die Sippe, die Schutz und Identität bot und Menschen vor dem Nichts rettete, war in sich ein kleiner Staat und konnte ein schwieriger Hort sein, erfüllt von Politik, erfüllt von Haß und wechselnden Bündnissen und moralischen Verleumdungen. Diese Art Familienleben hatte ich fast meine ganze Kindheit hindurch erlebt: eine frühe Einführung in das Wesen der Welt und die Natur der Grausamkeit. Sie hatte mich, wie vermutlich auch Kala, auf den Geschmack gebracht für eine andere Art Leben, ein einsames oder weniger gedrängt volles, wo man Platz um sich hatte.

Aber ich war nicht der Meinung, daß zutraf, was Kala über doppelte Moral sagte. Das Familienleben der Hindus war ritualisiert. So wie es Rituale für jeden neuen Abschnitt im Leben eines Menschen gab, so wurde von den Menschen erwartet, daß sie bestimmte Rollen ausfüllten, während sie die ihnen zugemessenen Jahre durchschritten. Es wurde erwartet, daß Schwiegermütter die Kinderbräute ihrer Söhne disziplinierten, die ungebrochenen kindischen Mädchen in ihre neuen Pflichten als Gebärerin und Haushälterin einarbeiteten, ihnen neue Gesten der Ehrerbietung beibrachten, sie in die beinahe philosophische Vorstellung vom Schweiß und den Tränen der realen Welt einführten: sie dieser Tradition gemäß in Leben und Vorstellungen einführten, in die sie von ihren eigenen Schwiegermüttern eingeführt worden waren. Solch eine Disziplinierung einer Kinderbraut wurde mit Sicherheit als tugendhaft angesehen: die Grausamkeit, wie willfährig, wie ausschweifend auch immer, sicher als nicht schlimmer als die normale Grausamkeit des Lebens selbst erachtet. Die Sozialarbeit, die die Frauen der Familien leisteten, galt bestimmt Menschen, die sozial viel tiefer standen und verachtenswert waren. Schon der Wunsch, Sozialarbeit zu leisten, würde mit Sicherheit aus einer Vorstellung von tugendhaftem richtigen Verhalten daheim entstanden sein. Der Begriff der doppelten Moral kam aus einer anderen Welt, nämlich Kalas Welt heute.

Kala sagte: »Für meine Mutter war es ein totaler Schock. Sie war die einzige Schwiegertochter. Sie war immer die letzte, an die man bei einem Vergnügen oder einem Ausflug dachte. Für sie gab es keinen Platz im Auto mehr. Und sie war noch so ein Kind. Alle anderen waren so viel älter. Manchmal wurde sie geschlagen.« Darüber zu sprechen war für Kala zu schmerzlich. »Sowohl ihre Schwiegermutter als auch ihr Mann schlugen sie. Irgendwie wurde plötzlich, sowie sie verheiratet war, von ihr erwartet, daß sie sich in eine Erwachsene verwandelte.«

»Haben Sie mit der Familie Ihres Vaters darüber gesprochen?«

Das hatte sie nicht. »Als ich davon erfuhr, waren alle schon so viel älter. Es hatte keinen Sinn, Streit anzufangen. Dieses Leben hielt fünf Jahre an.«

»Ihr Großvater war solch ein Mann von Würde und Ehre. Hat er nichts für seine Tochter getan?«

»Für Hindu-Eltern gehörte es sich nicht zu fragen, was ihren Töchtern angetan wurde, nachdem sie verheiratet waren. Nicht, daß sie es nicht gewußt hätten; es gehörte sich nicht für sie zu fragen. Heutzutage würden sie es tun.

In diesen fünf Jahren redete meine Mutter meinem Vater gut zu. Sie redete ihm zu, und schließlich beschlossen sie, daß sie nicht mehr in diesem Haus bleiben sollten. Mein Vater bewarb sich um eine Stelle in einer Teeplantage in den Nilgiris. Er bekam die Stelle, und sie zogen dorthin.

Dort wuchs ich auf, bis ich aufs Internat ging. Es war eine

hübsche Kolonialstadt. Als ich sie kennenlernte, gab es nur noch Spurenelemente von Kolonialismus – christliche Kultur, Partys. Es spielte keine Rolle, welcher Religion man angehörte. Die Briten, die dort lebten, traten nicht öffentlich in Erscheinung; es gab wohl viele Anglo-Inder. Die Häuser waren im Kolonialstil gebaut – hohe Decken, Holzfußböden, große Gärten, Veranden, Dienstbotenunterkünfte ein Stück vom Haus entfernt. Für mich war es normal, dort zu leben.«

Für Kalas Mutter war es vielleicht auch wie eine Version, ein Nachhall des Lebens in der Klosterschule gewesen, aus dem sie fünf oder sechs Jahre zuvor herausgerissen worden war.

»Dann wurden Sie in den Nilgiris glücklich?«

»Ich glaube, ja. Aber die Narben sind noch da. Dessen, was hätte sein können. Es ist alles eine ungeheure Verschwendung gewesen, die Verschwendung des Kräftepotentials einer Frau, die niemand für wichtig hielt. Für mich ist Freiheit jetzt sehr viel wert. Meine Mutter hat mir immer beigebracht, wie wichtig Bildung und finanzielle Unabhängigkeit sind.«

»Sie sind nicht verheiratet?«

»Ich habe nichts gegen die Ehe als Institution, aber sehe sie nicht als Ziel.«

»Macht Ihre Mutter sich darum Sorgen?«

»Sie hätte gerne, daß ich heirate, aber nicht innerhalb einer bestimmten Zeitgrenze. Sie möchte, daß ich glücklich bin. Und ich habe das Gefühl, daß im Vergleich zu dem, was sie mitgemacht hat, alles, was ich mitmachen kann, lächerlich aussehen wird.«

Sie war noch Teil der Geschichte, die sie mir bei zwei oder drei Treffen erzählt hatte. Sie war sehr emotional und unfähig, darin den historischen Fortschritt zu sehen, den ich zu sehen meinte.

Einmal sagte sie: »Ich denke ehrlich über die Individuen nach, die in die Geschichte verwickelt waren, alle, und manchmal frage ich mich, was sie in gewissen Augenblicken wirklich gefühlt haben. Ich glaube, sie alle waren sehr mutig. Ich glaube, sie alle haben so etwas wie Mut bewiesen, indem sie die Veränderungen vollzogen haben, die sie vollzogen haben. Ich frage mich, ob ich denselben Mut beweisen könnte, wenn ich in einer schwierigen oder heiklen Situation steckte.«

»Ich glaube nicht, daß einer von uns wirklich wissen kann, wie unsere Großväter und Großmütter dachten oder fühlten.«

Kala sagte: »Die Welt, in der sie lebten, war sehr anders.«

Prakash, ein Minister in der nicht von der Kongreßpartei gestellten Staatsregierung von Karnataka, lud mich eines Sonntagmorgens zum Frühstück ein. Das Haus des Ministers war in der Nähe des Hotels, und Deviah kam und ging mit mir hin.

Wir mußten vorsichtig gehen, uns unseren Weg über aufgebrochene oder unfertige Gehsteige suchen. Nach ebenen oder fertiggestellten Gehsteigen besteht in Indien kein allgemeines Bedürfnis, und die Straße in einer indischen Stadt ist oft wie ein ausgezackter, holpriger, stark geflickter Asphaltpfad zwischen Staubwehen und Dingen, die an der Straße weggeworfen werden und dann liegenbleiben, Dingen wie Sand, Kies, nasser Abfall, trockener Abfall: nichts sieht je fertig aus, kein Bordstein, keine Mauer, alles ist irgendwie halb im Begriff zu werden oder halb im Begriff kaputtzugehen.

Deviah und ich hätten uns unterwegs gerne unterhalten, doch das war schwer. Wir wurden die ganze Zeit vom grittigen Qualm der Autos und Motorroller eingeräuchert. Es dauerte lange, bis sich der Staub, den diese Fahrzeuge aufwirbelten, setzte, deshalb gingen auch wir von Staub umhüllt. Als wir schließlich das Haus des Ministers erreichten, waren wir Teil der in Bangalore üblichen Szenerie geworden, mit Staub und rußigem Grit auf Haut und Kleidung und Schuhen und Haar und Brille.

Diese Einladung zum Frühstück gab dem Politikerleben einen Hauch von der Atmosphäre einer Fachmesse, von Drama und amerikanischer Geschäftigkeit. Und tatsächlich waren Minister und wichtige Politiker zu dieser frühen Morgenzeit sehr geschäftig. Bittsteller (die ihre eigene Vorstellung von der Dramatik der Angelegenheit hatten) standen in der Dunkelheit auf, machten sich fertig und gingen in der Morgendämmerung zum Haus des großen Mannes, um davor zu warten – so wie es im antiken Rom morgens die erste Pflicht eines Vasallen war, zum Haus seines Protektors zu laufen und um der Würde des großen Mannes willen die Menge dort zu vergrößern. Wie im alten Rom, so im modernen Bangalore: je wichtiger der Mann, desto größer die Menge vor seiner Tür.

Prakash gehörte nicht zu denen, die die größte Menge anzogen. Er hatte eher einen Ruf als gebildeter und kompetenter Minister, als gewitzter und ernstzunehmender Politiker, dabei zu Unparteilichkeit fähig: jemand, der aus der gewöhnlichen Staatspolitik herausragte.

Er wohnte in einem der Häuser, die die Regierung von Karnataka für Staatsminister gebaut hatte. Diese Häuser standen zusammen in einem eigenen Areal oder Park. Es waren zweistökkige Häuser aus Beton, hell ockerfarben gestrichen und mit ziemlich großen Grundstücken. Vor Prakashs Haus war keine Menge, wie ich sie vor den Häusern anderer gesehen hatte, aber der Trupp der Bittsteller – geduldig, beinahe träge – war groß genug, um die Bedeutung des Mannes zu unterstreichen. Autos und Sicherheitsbeamte standen im Hof herum. Die geparkten Wagen ließen auf Privilegien schließen: sie sahen aus, als gehörten sie Leuten, die leichten Zugang zu dem Minister hatten.

An dem Sonntagmorgen gehörten Deviah und ich zu dieser Kategorie. Kein Wort fiel, aber die Tatsache schien bekannt zu sein; und obwohl wir schmutzig von der Straße waren, machten die Bittsteller Platz, als wir uns näherten, und zwischen ihnen tat sich ein Weg zu Prakashs Vordertür auf. Von außen hatte das Haus nur wie ein Haus ausgesehen. Es war aber nicht so. Wir gingen durch eine Reihe schmuddeliger offiziell aussehender Räume, die die stark benutzten Büros eines Ministeriums hätten sein können und von Regierungsangestellten belegt zu sein schienen. Dann kamen wir zu einem eher persönlichen Wohnzimmer, persönlicher, aber immer noch mit einer amtlichen Atmosphäre, mit vielen niedrigen Sesseln um einen niedrigen Tisch in der Mitte. Die Tageszeitungen, flach und neu und unberührt, waren ordentlich in zwei gestaffelten Reihen auf dem Tisch ausgelegt, so daß von jeder Zeitung nur der Kopf zu sehen war. Manche Zeitungsköpfe waren in Englisch oder Hindi; andere in Regionalsprachen.

Prakash, seinem Charakter treu, ließ uns nicht warten. Beinahe sowie man ihm gemeldet hatte, daß wir eingetroffen seien, und ehe ich eine der Zeitungen aufnehmen konnte, kam er aus einem inneren Zimmer, um uns zu begrüßen, ein kleiner, forscher, selbstgewisser, humorvoll aussehender Mann in den Vierzigern; und er führte uns sogleich in einen anschließenden

Raum, ein Eßzimmer – dieser Teil des Hauses war jetzt ganz privat und persönlich, hatte sogar eine ganz andere Atmosphäre als das Wohnzimmer, in dem ein großer Tisch für ein richtig üppiges indisches Frühstück gedeckt war. Und beinahe sowie wir uns an dem Tisch niedergelassen hatten, erschien Mrs. Prakash in einem frischen blauen Sari und begann, uns zu bedienen: die ritualisierte Pflicht der konservativen Hindu-Frau, ihrem Mann persönlich das Essen zu servieren: eine Pflicht, die aber in Anbetracht der Stellung ihres Mannes nun auch ein großes Privileg war. Wie viele der Leute, die draußen warteten, hätten sie um diese Vertrautheit mit dem Minister, dieses ihn Bedienendürfen, beneidet; wie viele würden sich glücklich preisen.

Ich fragte nach den Männern, die er an diesem Morgen empfangen hatte, den Männern, die draußen vor der Haustür gewartet und für uns als Leute mit unendlich größeren Privilegien Platz gemacht hatten. Der wichtigste unter ihnen, sagte Prakash, sei ein Rechnungsprüfer im Regierungsdienst vom Dorf. Ihm werde zur Last gelegt, 5000 Rupien, ungefähr 200 Pfund, von der Grundsteuer, die er eigentlich eintreiben sollte, unterschlagen zu haben. Der Mann war vom Amt suspendiert worden, und er war die ganze Nacht mit dem Bus gefahren, eine Reise von 200 Meilen, um den Minister an dem Morgen zu sprechen. Prakash hatte ihn für sieben oder acht Minuten empfangen. Der Mann sagte, er habe die 5000 Rupien zurückgezahlt, und er wolle, daß Prakash ihm helfe, seine Stelle zurückzubekommen. Prakash hatte ihm gesagt, er könne nichts machen; die amtliche Untersuchung würde ihren Lauf nehmen müssen. Und damit hatte es sich: nach den 200 Meilen durch die Nacht und dem Warten am Morgen vor dem Haus des Ministers und den sieben oder acht Minuten Audienz würde der Rechnungsprüfer vom Dorf einfach den Bus zurück zum Dorf nehmen müssen.

Prakashs Frau brachte in einem fort kleine Beilagen und legte uns von Gerichten vor, die bereits auf dem Tisch standen. Von Zeit zu Zeit brachte sie frische heiße Puris, knusprig und aufgegangen.

Prakash, der elegant mit den Fingern aß, sagte: »Jetzt wird der Kerl die Sache vors Landgericht bringen – nach der Untersuchung durch das Ministerium.«

Ich sagte: »Es wird also so etwas wie eine Laufbahn für ihn daraus werden?«

Prakash sagte: »Wenn das Landgericht einen Verfahrensfehler in der Untersuchung des Ministeriums findet –«

»Und meistens gibt es den«, sagte Deviah, der ebenfalls aß, mal hier und mal dort probierte.

Prakash sagte: »Wenn es diesen Verfahrensfehler gegeben hat, wird er wieder in sein Amt eingesetzt und bekommt sein Gehalt nachgezahlt. Solange er suspendiert ist – und er ist suspendiert worden –, wird ihm eine Unterhaltszahlung von 75 Prozent seines Gehaltes zugestanden.«

Ich sagte: »Was für einen Hintergrund hat so ein Mann?«

Prakash sagte: »So ein Mann wird der Sohn eines Bauern oder ortsansässigen Handwerkers sein. Im Regierungsdienst verdient er ungefähr 1200 Rupien im Monat.« Ungefähr 48 Pfund. »Deshalb versuchen alle im Dorf, einen Regierungsjob zu bekommen – es sei denn, sie haben gutes Land. Wenn er den Fall verliert, steht er vor dem Nichts. Dann hängt er von der Landwirtschaft ab.«

Der Mann, von dem wir sprachen, war sechsunddreißig. Er hatte drei Kinder. Er war zu Prakash gekommen, weil er zu Prakashs Wahlkreis gehörte. Das war im Bezirk Bellary, und die Landwirtschaft war dort sicher sehr mühselig. Im Staat war Bellary als »heißes Gebiet« bekannt, mit Temperaturen von vierzig Grad im Sommer.

Prakash sagte: »Er hat diese 5000 Rupien vielleicht über ein oder zwei Jahre unterschlagen. Leute kommen, um ihre Grundsteuern zu bezahlen, und er nimmt ihr Geld an. Kleine Summen, jeweils 25 Rupien oder so. Er gibt gefälschte Quittungen aus. Und dann fragt eines Tages ein höherer Beamter, warum Bauern hier und da nicht ihre Grundsteuern zahlen. Er stellt ein paar einfache Nachforschungen an; er sieht die gefälschten Quittungen; und der dumme Kerl sitzt in der Falle.«

Deviah sagte: »Er hält es vielleicht sogar für unfair, wo so viele größere Fische um ihn herum sich bereichern und davonkommen.«

Ich fragte Prakash: »Hat der Mann geweint? Hat er sich zu Boden geworfen und Ihre Beine umklammert?«

Prakash sagte auf seine witzige Art: »Er hat vielleicht in der ersten Nacht geweint, als er erwischt wurde. Aber nach einem Jahr ist er hart geworden.«

Dieses »hart« gefiel mir. Prakash war im wirklichen oder zivilen Leben, dem Leben vor der Politik, Rechtsanwalt auf dem Lande gewesen, und er kannte seine Leutchen.

»Aber nun ist er fatalistisch geworden. Er redet von *karma*, Schicksal. Das ist die Art der Hindus.«

»Ob die Leute in seinem Dorf jetzt auf ihn herabsehen oder ihn ächten?«

»Auf seiner Ebene geben die Leute sich mit dieser Größenordnung von Diebstahl wohl nicht ab. Ich glaube nicht, daß sie es überhaupt wissen. Die höher stehenden Schichten in Indien nehmen Diebstahl als selbstverständlich hin. Nur die Mittelschicht hält diese Werte noch hoch und macht sich Gedanken um Diebstahl und Korruption. Das liegt in der Natur der Gesellschaft. Es ist überall so. Bei Berufungskommissionen springt jemand auf und sagt: ›Tut mir leid, den nächsten Kandidaten kann ich nicht befragen. Er ist mein Schwager. Sie müssen mich entschuldigen.‹ Sehr nett und korrekt, aber für die Kommission ist es auch ein Hinweis, daß der betreffende Kandidat der Schwager des Mannes ist.«

Er brach ab und sagte, ein Schüsselchen hochhebend: »Alles in diesem Haus ist von der Regierung gestellt. Jede Tasse, jeder Teller. Wie kann ein Mensch sein Leben aufgeben?« Er meinte nicht sich, sondern andere. »Es liegt in der Natur der Gesellschaft, wie ich schon sagte. Früher bekamen die Maharajas ihre Grundsteuern. Aber zusätzlich gingen die Leute hin und brachten ihnen Geschenke dar – Gold, Schmuck, Früchte, Kokosnüsse. Sie boten sie auf einer Platte dar, und die Platte war aus Messing oder Silber, je nach Status. Die Maharajas von heute sind die Minister. Indira Gandhi war eine Maharani.

Religiöse Gunst zu erkaufen ist genauso. Auch hier gibt es wieder verschiedene Klassen von Geschenken. Manche Leute geben vielleicht nur eine Kokosnuß. Kennen Sie die Geschichte von dem Tempel in Tirupati?«

Diese Geschichte hatte ich von Kala gehört.

Prakash sagte: »Dort spendet man Geld, um Gott Venkateshwara zu helfen, sein Darlehen an Kubera zurückzuzahlen. Er hatte das Geld geliehen, um zu heiraten.«

Dieses letzte Detail hatte Kala ausgelassen. Vielleicht entstanden komplizierte mythologische Geschichten in den Köpfen der Menschen hier so, daß man Einzelheit um Einzelheit hinzufügte.

Dann erhoben wir uns vom Frühstückstisch, um zum Gästehaus der Landesregierung zu fahren. Prakash hatte gemeint, dort würden wir ungestörter sein und nicht von Bittstellern belästigt werden.

Ein frischer Trupp wartete draußen vor der Haustür. Ein kleiner lächelnder Mensch in Sandalen war ordentlich mit einer engen braunen Hose und einem sauberen beige und gelb karierten Polyesterhemd bekleidet. Er war Fahrer. Er bemühte sich um eine Stelle bei der Regierung. Er war nicht arbeitslos, sondern arbeitete für eine private Firma, und der Lohn dort war nicht so gut, wie er es bei der Regierung wäre. Prakash hatte dem Mann vor ein paar Monaten eine Empfehlung gegeben, aber der Mann hatte keine Stelle bei der Regierung bekommen; deshalb hatte er wieder den morgendlichen Ausflug zu Prakash gemacht, um sich zu beklagen und zu betteln.

Und wie eine königliche Hoheit, die sich durch eine willkommenheißende Menge bewegt, ein oder zwei Worte für einige wenige Auserwählte findet, so fand Prakash, der sich zwischen seinen Frühstücksbittgängern bewegte – aber nicht exakt wie eine königliche Hoheit, sondern eher wie ein Professor bei der Visite in einem Universitätskrankenhaus –, Worte für einige wenige, doch die Worte, die augenscheinlich an den Bittsteller gerichtet waren, waren im Grunde Worte, die Deviah und mir etwas über den Bittsteller sagten; und sie wurden gesprochen, als sei der Bittsteller nicht ganz bei uns, als seien Deviah und ich Medizinstudenten, die auf einer Krankenhausstation die Runde machten und Prakash, unser Professor, redete dabei über Leute, die hingestreckt oder mit bandagierten Gliedern in Schlingen und Streckverbänden auf den Betten lagen.

Ein Mann sah tatsächlich aus wie ein Fall fürs Krankenhaus, und er zeigte ein sehr schmutziges, sehr zerknittertes amtliches Formular in der einheimischen Kannada-Schrift vor, das zu besagen schien – Prakash wußte Bescheid über diesen Mann, hatte ihn schon vorher an dem Morgen gesehen –, daß seine Frau in einem Krankenhaus in Bangalore wegen Krebs behandelt werde. Die Geschichte des Mannes lief darauf hinaus, daß er nach Bangalore gekommen war, um seine Frau ins Krankenhaus zu bringen; jetzt wollte er wieder zurück in sein Dorf, aber er hatte kein Geld mehr, er wollte 42 Rupien für den Bus.

Der Mensch sah spektakulär abgerissen aus. Er war dünn und halb verhungert, mit einer abgewetzten Tunika aus einem handelsüblichen Jutesack, dessen kommerzielle Beschriftung erst halb ausgewaschen war. Sein Nasenrücken war abgehäutet bis auf das rohe Fleisch, und er trug ein Baby und eine Milchflasche.

Als wir so nah herangekommen waren, daß er sich vor uns zu Boden werfen konnte, stürzte dieser Mensch, in einer übertriebenen Bezeugung von Respekt, das Baby in einem Arm, sich mit der anderen Hand auf Prakashs Füße – dabei achtete er bei seinem Sturz nach vorne darauf, erst die Milchflasche aufrecht auf die Betonumrandung von Prakashs Haus zu stellen. Prakash bedeutete dem Unglückseligen aufzustehen. Der Mann stand auf, bückte sich wieder, um die Milchflasche aufzuheben, tätschelte das durchgerüttelte Baby ein wenig, steckte ihm die Flasche in den Mund und richtete seinen wilden Blick auf Prakash. Prakash sah den Mann an, ohne den Blick wirklich zu erwidern, sah ihn mit etwas wie sozialer oder wissenschaftlicher Distanz an und hielt – den Mann beim Sprechen anscheinend abschätzend – Deviah und mir einen kleinen Vortrag über die Situation des Mannes.

Die Ehegatten von Leuten, die ins Krankenhaus gebracht wurden, dürften bei ihnen bleiben, sagte Prakash. Das sei eine gesetzliche Verfügung. Wenn dieser Mann sage, er wolle das Fahrgeld, um zurück in sein Dorf zu fahren, dann wolle er diese Einrichtung nicht für sich nutzen. Er mache wahrscheinlich an dem Morgen die Runde bei Ministern und anderen. Prakash selbst habe an dem Morgen bereits jemandem von seinem Büro Anweisung gegeben, dem Mann ein paar Rupien zu geben, obwohl er sich nicht sicher sei, daß der Mensch nicht lüge.

»Und wenn er die 42 Rupien für die Rückfahrkarte bekommt«, sagte Deviah, »dann fährt er wahrscheinlich ohne Fahrkarte.«

Die Zurschaustellung von Not war außergewöhnlich. Vielleicht war sie zu übertrieben mit dem Baby und der Flasche und der Tunika aus Sackleinwand. Doch der wild dreinblickende Mann sah wirklich wie ein Wrack aus, wirklich krank und verloren.

Prakash blieb kühl. Er führte uns nun zu seinem Auto, als sei der Vortrag beinahe zu Ende, und sagte, daß solche Leute nicht aus den traditionellen Bettlergruppen oder Kasten kämen. Sie verfielen durch Zufall oder Vorbilder oder Ermutigung in diesen Lebensstil; sie wären überrascht, wie sehr es sich lohnte. Und dann setzte Prakash mit einem rhetorischen Schnörkel hinzu: »Sie gewöhnen sich daran und können nicht mehr anders.«

(Und Prakash hatte recht. Über eine Woche später, als Deviah und ich uns mit einem Landtagsabgeordneten in seinem Zimmer in der Abgeordnetenunterkunft unterhielten, erschien der unglückselige Mann mit dem Baby und der Milchflasche, aber ohne die Tunika aus Sackleinwand und ohne das amtlich wirkende Formular, das besagte, daß seine Frau wegen Krebs im Krankenhaus behandelt werde. Der Assistent des Landtagsabgeordneten verscheuchte den Mann auf der Stelle, und er verzog sich ohne ein Wort. Er hatte nicht mehr den wilden Blick wie bei Prakash; seine gehäutete Nase hatte begonnen zu heilen, und er sah merkwürdig erholt aus. Mit dem Baby war er genauso umsichtig wie bei Prakash; vielleicht hatte er es gegen Pfand ausgeliehen.)

Wir fuhren in Prakashs Auto durch die staubigen Straßen zum Gästehaus des Landes. Ein Minister zu Hause, ein Minister auch hier. Leute sprangen um ihn herum, sowie er auftauchte. Ich begann die Reichweite seiner Macht zu spüren, begann Karnataka ein wenig durch Prakashs Augen zu sehen; auch wenn der Raum, in den wir für unser privates Gespräch geführt wurden, ein primitives kleines Herbergszimmer mit einem stechenden Uringeruch war, in dem der einzige Tisch zu niedrig für mich zum Schreiben war.

Wir gingen in das Hauptgästehaus. Es war ein großes Steingebäude inmitten des braungelben Gartens. Als wir uns auf der breiten Veranda oben niedergelassen hatten, fragte ich Prakash nach der politischen Macht in Indien. Wie erreichte man sie? Welche Qualifikation mußte man für die Macht haben?

Zunächst einmal, sagte er, sei die Kaste von Bedeutung. Ein

Mann, der ein Amt oder eine politische Laufbahn anstrebe, müsse von geeigneter Kaste sein. Das heiße, zur herrschenden Kaste der Gegend zu gehören. Außerdem müsse er natürlich jemand sein, der die Unterstützung seiner Kaste bekommen könne; das heiße, von einigem Rang in der Gemeinschaft sein, mit guten Beziehungen und hohem Bekanntheitsgrad. Und da es selten vorkomme, daß die Stimmen einer einzelnen Kaste jemandem einen Wahlsieg einbringen könnten, brauche ein Kandidat eine politische Partei; er müsse auch die Stimmen anderer Kasten bekommen. Also ergebe das ganze parlamentarische System mit politischen Parteien und Wahlen in Indien Sinn. Es ermuntere zu Kooperation und Kompromissen; allein die Vielzahl indischer Kasten und Gemeinschaften sorge für eine gewisse Ausgewogenheit.

Hier im Umfeld des indischen Lebens, im Umfeld von Kampf und Überleben einmal erlangte Macht, sagte Prakash, sei sehr groß. Und der Sturz, der Verlust von Macht sei genauso groß und könne sehr schwer zu ertragen sein.

Die Sessel auf der gemauerten Veranda waren schwer und häßlich, Regierungsstühle, vom Sonnenlicht gebleicht und stumpf; und es gab sehr viele davon. Die Veranda, noch nicht direkt dem Licht ausgesetzt, war dennoch blendend hell. Es gab sehr wenige Bäume in dem Garten mit braunem Gras; die Schatten betonten das Licht und die Trockenheit noch. Die großen hochgerollten grünen Jalousien waren das einzig Schmückende auf der Veranda, und sie verstärkten die öde, langweilige, offizielle Atmosphäre des staatlichen Gästehauses.

Prakash sagte: »Wenn der durchschnittliche Politiker stürzt, hat er nichts, wohin er sich wenden kann, kein Polster. Er ist vielleicht Advokat in einer ländlichen Gegend oder Sohn eines Bauern oder Grundbesitzers oder Sohn oder Bruder eines Einzelhändlers; aber kein Mensch mit viel Geld. Und viele kommen vielleicht nicht aus einer Bewegung.«

»Bewegung?«

»Bewegung könnte die Unabhängigkeitsbewegung sein oder die Bewegung gegen Indira Gandhis Ausnahmezustand oder die Bauernbewegung hier in diesem Staat oder die Arbeiterbewegung oder überhaupt irgendeine Volksbewegung. Wenn man nicht aus solch einer Bewegung kommt und nichts hat, worauf man zurückgreifen kann, wenn man die Macht verliert, muß man sich beeilen, Geld zu verdienen.

Die Macht gibt so viele Annehmlichkeiten, Nebeneinkünfte und Status – ein Bungalow, voll möbliert, alle persönlichen Dienstboten und Büroangestellten. Ein Auto mit Chauffeur und die Möglichkeit, auf Reisen in Regierungsbungalows und Gästehäusern zu übernachten. Und Flugtickets – man kann auf Kosten der Regierung herumfliegen. Doch wenn man die Macht verliert, muß man, wenn man mittellos ist, vielleicht in das vorstädtische Viertel zurückkehren, aus dem man kam. Dort kann man es sich kaum leisten, sich einen Sekretär oder Dienstboten zu halten. Man hat vielleicht einen Diener, aber nicht den Trupp, den man als Minister hatte. Oder die kostenlosen Telefongespräche.«

Prakash schien sich gegen diese Dinge zu wenden, doch ich meinte herauszuhören, daß er die Einzelheiten, die die Privilegien mit sich brachten, auf der Zunge zergehen ließ. Er war seit sechs Jahren Minister, und nun war seine Regierung nach dem, was ich in den Zeitungen las, in Nöten.

Ich sagte: »Dienstboten. Sie reden viel über Dienstboten. Sind Dienstboten diesen Männern vom Lande sehr wichtig?«

Prakash war Rechtsanwalt, ironisch, helle: er spürte, worauf ich hinauswollte. Er sagte: »In der guten alten Zeit gab es den Großgrundbesitzern, den Zamindars, und den Feudalherren Status, zu viele Dienstboten zu haben. Heute ist das die Macht. Dienstboten sind da, um einem das Leben bequem zu machen. Wenn man Minister ist und mit dem Flugzeug reist, kauft einem jemand den Flugschein. Es gibt immer ein Kontingent an Sitzen für die Regierung, und die werden bis zur letzten Minute freigehalten; deshalb hat man immer die Chance, einen Flugschein zu bekommen. Und der persönliche Referent bringt einen zum Flughafen, um einen ins Flugzeug zu setzen« – wieder hielt Prakash sich bei diesen Einzelheiten auf, die er noch genoß –, »und am Zielort ist jemand da und holt einen ab. Es steht einem ein Fahrzeug zur Verfügung, und die Unterkunft ist bereits reserviert.

Doch als Mann ohne Macht« – und nun begann Prakash wie ein Prediger, der ein Bild vom Fegefeuer zeichnete, um dem Himmel des Erfolgs etwas entgegenzusetzen, die Einzelheiten der indischen Luftreisen schwarz zu malen – »weiß man oft nicht, wo man einen Flugschein kaufen, wo man sich anstellen, wie man das Gepäck aufgeben soll. In einer westlichen Gesellschaft, die so sehr ordentlich organisiert ist, gibt es zwischen einem privilegierten Mann und einem gewöhnlichen Mann nicht so eine große Kluft im alltäglichen Lebensablauf, im Arrangieren von Reisen und Annehmlichkeiten und Unterkünften.

Selbst in westlichen Ländern ist es einem Mann natürlich, nach Macht zu streben. Und in Indien um so mehr, weil hier Macht alles heißt. Wenn ein amerikanischer Präsident das Weiße Haus verläßt, macht das, was seinen Lebensstil und sein körperliches Wohlbefinden angeht, keinen Unterschied. In Indien ist es meistens nicht so, es sei denn, man hat den Willen, äußerst eingeschränkt zu leben, wie die alten Götter der Gandhi-Ära.

Unsere Politiker der neuen Generation haben diese geistige Kraft nicht, und sie spüren den Unterschied. Wenn sie gestürzt sind, versuchen sie eine Weile, ihre sogenannten Kontakte zu den Behörden zu Kapital zu machen. Sie unternehmen gewisse Aufträge für Leute, die etwas erledigt haben wollen. Doch diese Kontakte verschleißen schnell. Und der Industrielle, der einen hofierte, fährt in seinem dicken Auto an einem vorbei zu seinem prächtigen Haus in seinem schönen Viertel und schaut einen nicht einmal an.

Durch die Industrialisierung und die grüne Revolution in den ländlichen Gebieten entwickelt sich eine neue Klasse Neureicher, und diese Leute haben zum ersten Mal Zugang zu Universitätsbildung, einem angenehmen städtischen Leben, elegantem Lebensstil und westlichen Einflüssen – materiellen Annehmlichkeiten. Während dieser Übergangsperiode entfernen wir uns langsam vom moralischen Ethos unserer Großväter, haben aber gleichzeitig noch nicht die westliche Auffassung von Disziplin und sozialer Gerechtigkeit. Im Augenblick ist hier alles chaotisch.«

Ich hätte mich gefreut, wenn er mehr von seiner Person gesprochen hätte. Doch das war nicht leicht. Die politische Krise seiner Regierung, die Ahnung des möglichen Endes, veranlaßte ihn, Distanz zwischen sich und die Freuden der Macht zu legen. Gleichzeitig brachte sie seine politische Kampfbereitschaft zum

Vorschein. Sie ließ ihn auf altmodische Weise (beinahe als habe er das Amt bereits aufgegeben) über Gandhianismus, Materialismus und die Gefahren des Supercomputers für Indien moralisieren, von dem die Leute in Delhi sprachen.

Schließlich sagte er: »Ich war nicht reich, aber ich war auch nicht arm. Meine Familie konnte in Wohlstand und Sicherheit leben. Das war in Bellary. Ich habe Land dort, und vieles von dem, was ich brauchte, brachte mein Land hervor – Hirse, Reis, Tamarinde, Chili, Gemüse und Brennholz. Ich kann jederzeit zurückgehen. Doch nach sechs Jahren im Amt hier bemerke ich eine Veränderung bei meinen Kindern. Ihre prägenden Jahre haben sie hier in Überfluß und gesellschaftlichem Ansehen verbracht, mit Leuten, die ihnen viel Aufmerksamkeit und Beachtung schenkten. Jetzt wollen sie nicht mehr ins Dorf zurück. Mir ist das gleich.

Bellary ist sehr heiß. Viele meiner Verwandten und Freunde fühlen sich beinahe von Ehrfurcht ergriffen, wenn sie herkommen. Die Freunde sind vielleicht ein bißchen eifersüchtig, Freunde aus dem Dorf oder Leute, die früher mit mir zusammengearbeitet haben und die mich durch die Straßen eines kleinen Ortes haben laufen sehen. Jetzt haben sie das Gefühl, ich sei allmächtig geworden, und Eifersucht entsteht – und das ist etwas anderes als die Rücksichtslosigkeit des Systems, in dem meine eigenen Kollegen mir Steine in den Weg legen, wenn ich zu schnell aufsteige. Das liegt in der Natur des Systems, doch die Eifersucht ist etwas anders.

Selbst mein Wähler fühlt sich wohler, wenn er dort mit mir redet, an meinem Wohnort. Aber wenn er herkommt und auf einem Sofa sitzt« – und es war interessant, diese Vorstellung von der Welt mitzubekommen, wie sie Prakashs Wähler erschien, selbst die Schäbigkeit des Gästehauses der Landesregierung verwandelt zu sehen –, »wenn er hier sitzt, mit diesem großen Garten, dem Rasen, Polizisten, Dienern, Personal, dann fühlt er sich unwohl und hat sofort das Gefühl, daß ich zu weit weg sei und meine persönliche Wertschätzung sich ändere oder verschwinde.«

Vor dem Gästehaus wurden Autotüren zugeschlagen. Jemand oder eine Gruppe war angekommen. Gleich nach dem Zuschlagen der Türen kam eine forsch ausschreitende Gruppe

Männer in farbigen Roben die Treppe herauf und ging durch den inneren Raum: große Männer in großen Schuhen, die entschlossen ausschritten. Ich sah das nur aus dem Augenwinkel; ich saß etwas abgewandt vom inneren Raum. Und dann senkte Prakash die Stimme und sagte mir, der Dalai Lama sei eingetroffen.

Es war ein wenig unwahrscheinlich, aber halb war ich darauf vorbereitet. Ich wußte, daß der Dalai Lama durch Indien reiste. In Bombay hatte ich eines Tages in der Zeitung gelesen, daß der Dalai Lama in die Stadt komme, um dort Buddhisten zu besuchen. Ich war mir nicht sicher, was er damit meinte. Wenn Leute in Bombay von Buddhisten sprachen, meinten sie nicht Tibeter; sie meinten eher Dalit-Neobuddhisten. Aber ich hatte mich nicht weiter nach dem Besuch des Dalai Lama in Bombay erkundigt. Und nun, ohne daß ich eine Ankündigung gehört hätte, war er mit nur ein paar Autos und einigen wenigen Staatspolizisten noch weiter nach Süden gekommen und wirklich weit weg von daheim.

Der Dalai Lama ging so schnell, daß die Gestalt, kaum daß Prakash mir gesagt hatte, wer sie sei, den Innenraum durchquert hatte, halb verborgen von einem Assistenten, der dicht neben ihm ging und eine Aktentasche schwang. Das Ende eines Schrittes, das Schwingen der Aktentasche eines Assistenten – das war eigentlich alles, was ich mitbekommen hatte.

Danach kamen Mönche auf die breite Veranda, auf der wir saßen. Nach der Hast und Eile ihrer Ankunft waren sie ruhiger. Von der kahlen Veranda schauten sie hinab auf den versengten Rasen und Garten. Ihre Köpfe waren kahl geschoren, und unter ihren dunkelroten Roben trugen sie Pullover. Erst sah es so aus, als starrten sie nur auf die merkwürdige Erscheinungsform des indischen Südens. Doch sie hielten Ausschau nach ihren Anhängern.

Prakash erzählte mir, daß in der Nähe der Stadt Mysore, ungefähr hundert Meilen weiter südlich, ein tibetisches »Lager« sei. Dort bauten die Tibeter auf Land, das die indische Regierung ihnen gegeben hatte, Mais an, betrieben Milchwirtschaft und strickten ihre typischen Pullover. Auf dem Gelände des Gästehauses hatte es bei unserer Ankunft keine Tibeter gegeben. Doch allmählich erschienen die Tibeter von dem Lager bei Mysore – die auf den Straßen draußen gewartet hatten – in kleinen zwanglosen Gruppen auf dem verbrannten Rasen, die Frauen in traditionellen tibetischen Kleidern, die Männer in Jeans, gutaussehende Menschen mit strahlenden Gesichtern, die nun vielleicht nach mehr als einer Generation begannen, die Beziehung zur Heimat zu verlieren: eine weitere asiatische Vertreibung, die Teil des historischen Flusses war.

Meine Gedanken kreisten eine Weile um diese Leute. Die Mönche blieben auf der Veranda und schauten hinaus, als wollten sie ihren Blick eine Weile auf jede einzelne Person in den kleinen, zerstreuten, wartenden Gruppen heften. Selbst als Prakash wieder zu sprechen begann, hatte ich das Gefühl, daß wir Teil dieser stummen tibetischen Szene blieben.

Prakash sagte: »Unser Volk sieht wegen der langen Tradition der Rajas und Maharajas und Feudalherren immer mit Achtung und Furcht auf den Sitz der Macht und hegt zugleich Abneigung und Haß gegen sie. Aber es gibt da eine Gespaltenheit. Die Leute mögen einen leicht zugänglichen, einfachen, mitfühlenden, wohlwollenden Mann an der Macht. Doch gleichzeitig haben sie eine geistige Vorstellung von Macht – von Pomp und Prunk, Autorität und Aristokratie. Das paßt oft nicht zusammen.

Mich beispielsweise würden sie gerne als ihren guten alten kleinen Rechtsanwalt vom Lande sehen – wie vor 1983, als ich an die Macht kam und Minister wurde. Aber meine Autorität achten sie nur, wenn ich von einer Gruppe Beamten umgeben bin und mich in Positur stelle.

Am 16. Februar 1983 legte ich den Amtseid als Minister in Bangalore ab. Am selben Tag gab es in Bellary religiöse Unruhen – die Polizei schoß, es gab sieben Tote, Brandstiftung und Plünderung. An dem Abend fuhr ich sofort mit dem Auto nach Bellary, 200 Meilen. Ich übernahm sofort die Befehlsgewalt dort und begann, den Bezirksinspektor der Polizei, den stellvertretenden Regierungskommissar von Bellary und andere Beamte zu befehligen. Und in einem Tag konnte ich die Unruhen unter Kontrolle bringen.

Als Rechtsanwalt war ich in mehreren Fällen vor dem stellvertretenden Regierungskommissar von Bellary aufgetreten und hatte ihn mit ›Euer Ehren‹ angeredet. Doch als Minister vollzog sich eine Verwandlung in mir. Ich begann, ihm Befehle zu geben. Innerhalb eines Tages fand eine Veränderung in mir statt. Und weder hätten die Leute es gemocht, noch wäre die Situation unter Kontrolle gebracht worden, wenn ich bloß ein *mofussil*-Rechtsanwalt gewesen wäre. Wir haben da eine sehr merkwürdige Gesellschaft geschaffen. Die Demokratie hat es Menschen wie uns möglich gemacht, verschiedene Rollen anzunehmen.«

Und seine Regierung hatte den Pomp auf Ministerebene eingeschränkt. Davon hatte es zur Zeit der Kongreßpartei viel mehr gegeben: Polizeieskorten, blitzende Blaulichter, um Autos zu warnen, Sirenen. Damals konnten die Leute nicht einfach im Haus eines Ministers auftauchen; sie mußten einen Termin haben.

Die Macht kam vom Volk. Das Volk war arm; doch die Macht, die es gab, war berauschend. So hoch wie ein Mann getragen werden konnte, so tief konnte er, wenn er die Macht verlor, gestürzt werden. Die Landtagsabgeordneten waren also von Anfang an in Hektik und ständiger Bewegung, wie eine Schar Pinguine in einem antarktischen Schneesturm, in dem die am äußeren Rand versuchen, sich durch die brodelnde Masse in die warme Mitte durchzuarbeiten. Die Politik des Staates, das Kommen und Gehen, das die Lokalzeitungen füllte, war die Politik der Zweckbündnisse. Wenn eine Mehrheit wackelig wurde, wurde die Stimme eines Politikers in der Kammer ein Vermögenswert: sie konnte beliebig oft verkauft werden. Kürzlich (das hatte ich von einem anderen Politiker gehört) hatte es zehn sehr eigensinnige Männer gegeben, die ein Lakh Rupien, 100 000 Rupien, 4000 Pfund, für jede Stimme verlangt hatten, die sie in der Kammer abgaben. Regierung und Oppositionsparteien mußten Geld auftreiben, um diese Forderungen zu begleichen; die Art, wie sie das taten, konnte umstritten sein.

Die Politik des Bundesstaates blieb so, wie in den Zeitungen darüber berichtet wurde, dem Besucher undurchsichtig. In der Politik der Zweckbündnisse gab es keine Prinzipien oder Programme. Es gab nur Feinde oder Verbündete: Pinguinpolitik. Was für diesen Staat, Karnataka, galt, galt auch für andere Staaten. In den Zeitungen gab es viele Kolumnen, die man ignorieren oder auslegen konnte, wie man wollte. Politische Kenntnis erwarb man nicht, indem man die Begriffe lernte, genauso wie man Geschicklichkeit im Umgang mit Computern nicht erwirbt, indem man versucht, ein Computerprogramm auswendig zu lernen. Die Programme konnten ausgetauscht oder aufgegeben werden; die Politiker konnten sehr schnell verschwinden oder anderswo hingehen.

Es schien wundersam, daß es überhaupt eine Regierung gab. Doch mit dem indischen Wirtschaftswachstum schufen aktive Regierungen den größten Profit für alle. Und aus dieser politischen Hektik war eine Art Ausgleich entstanden: vielleicht zum ersten Mal in der Geschichte Indiens hatten die Leute das Gefühl, daß sie oder ihre Repräsentanten, jemand von ihnen eine Chance hatte, in die warme Mitte von Macht und Geld zu gelangen.

Prakash befand sich an dem Tag mitten in irgendeiner weiteren Krise, die in den Zeitungen viel Platz einnahm. Wir gingen hinunter zu der asphaltierten Fläche um das Gästehaus, wo vier oder fünf Männer mittleren Alters in frischen, cremefarbenen handgesponnenen Tunikas und Dhotis, Betel kauend, mit dem Gehabe süßer Verschwörung, im prallen Licht auf ihn warteten – ein kleines Stück entfernt von den Autos und khakibekleideten Polizisten der Gruppe um den Dalai Lama. Die Landtagsabgeordneten sollten an dem Tag eine Loyalitätserklärung unterschreiben, und überall war das ewige Zählen der Köpfe mit Gandhi-Kappen zugange. Handgesponnenes, einst die Kleidung der Armen, wurde nun nicht mehr von den Armen getragen, sondern nur von den Männern, denen die Armen zur Macht verholfen hatten.

Menschen aller Schichten sprachen hochachtungsvoll von der Zeit der alten Maharajas, und die drei Meilen lange Mauer des Schloßparks im Zentrum von Bangalore erinnerte noch an die Pracht des alten Mysore. Der Palast dort war nur die Sommerresidenz der Maharajas gewesen. Er stand tief im Park und war von der Straße aus nicht zu sehen. Der Park selbst, allein als Grund und Boden unendlich wertvoll, war nun Gegenstand eines Rechtsstreits und für die Öffentlichkeit geschlossen.

Der Hauptpalast war in der Stadt Mysore, 100 Meilen weiter südlich. Ich hatte von Deviah gehört, daß es in Mysore-Stadt noch einen Friseur gebe, der im Dienst des 25. und letzten Maharajas gestanden habe. Es gab auch einen Brahmanen, der dem Maharaja als Pandit gedient hatte. Angeblich kannte der Friseur ungeheuer viele Geschichten; doch Deviah und ich fuhren eines Tages nach Mysore, um den Brahmanen aufzusuchen.

Die Straße war gut, eine Straße des alten Staates Mysore. Über lange Strecken bekam sie Schatten von den großen Regenbäumen, die zur Zeit der Maharajas gepflanzt worden waren und nun beinahe als Teil der anhaltenden Wohltätigkeit der Maharajas betrachtet wurden. Und es gab üppige grüne Felder, entstanden durch die Bewässerungsarbeit, die der berühmte Hauptminister des 24. Maharajas unternommen hatte.

Die Stadt Mysore war um den Palast herum gebaut. Als wir in die Stadt einfuhren, erhaschten wir einen Blick auf einen Ausschnitt der Anlage. Verlockend; doch diese weitläufige Pracht mußte warten. Unser Ziel an dem Morgen war in der Stadt selbst, in einer kleinen Hochzeitshalle aus Beton, deren Leiter nun der ehemalige Pandit des Maharajas war. Die Hochzeitshalle sah neu und ziemlich gewöhnlich aus, doch sie gehörte zu einer Stiftung, die der Philosoph Shankaracharya im 9. Jahrhundert ins Leben gerufen hatte. Der Pandit war also, wenn es auch so aussah, als arbeite er kommerziell, der Religion immer noch nahe.

Er war ein kleiner Mann von 72. Drei breite weiße Streifen verliefen quer über seiner Stirn, und zwischen den Augenbrauen war ein Rot- und Sandelholz-Punkt. In jedem Ohr trug er einen in Gold gefaßten Rubin. Seine weiße Tunika war über dem kleinen Bauch zugeknöpft, und dieser Bauch war merkwürdig schmal und lang; so daß der Pandit, in seiner Tunika eingeknöpft, die Form einer Gurke zu haben schien. Die weißen heiligen Zeichen auf der Stirn waren aus der Asche verbrannten Kuhmists. Der Kuhmist für diesen Zweck wurde an einem besonderen Tag verbrannt, *shiva-ratri*, Shivas Nacht. Deviah erzählte diese Geschichte über Shiva-ratri: jeden Tag wacht Shiva über die Welt, aber an einem Tag schläft er ein, und an diesem Tag (oder in dieser Nacht) müssen die Hindus wachbleiben und wachen.

Wir trafen den Pandit im Büro der Hochzeitshalle. Es war ein kleiner schlichter Raum mit cremefarbenen Wänden und einer

Eisenkommode in einer Ecke und Bettzeug auf dem roten Betonfußboden. Auf einem Regal in einer anderen Ecke stand ein rotes Telefon, neben einem Schlüsselbrett mit vier Schlüsseln. Eine Wand hatte eingelassene Regale, die grün gestrichen waren. Auf einem Bord lagen alte Neonröhren mit den zugehörigen elektrischen Drähten (zweifelsohne zum Gebrauch in der Hochzeitshalle bestimmt und als Vorsichtsmaßnahme gegen Diebstahl hier gelagert); auf einem anderen lagen einzelne elektrische Glühbirnen; ein Stapel irgendwelcher dünner Hefte lag gemeinsam mit einer Reihe alt aussehender, in Papier gewickelter Pakete auf einem dritten Bord. Von einem Nagel oder Haken neben dem grünen, in die Wand eingelassenen Regal hing ein gewebter Beutel flach an der Wand. Die Wand war wie ein Möbelstück: sie war ein Ort, an dem man Dinge verwahrte oder aufhängte.

Der Pandit war 1916 geboren. Sein Vater kam nicht aus Mysore, sondern aus Tamil Nadu; er war Handelsbeauftragter für einen im Ausland lebenden Grundbesitzer und handelte auch selbst mit Getreide. Die Mutter des Pandit kam aus Mysore. Da Frauen für die Geburt ihrer Kinder ins Elternhaus zurückkehren, wurde der Pandit in Mysore geboren. Er wurde dann von seinen Eltern nach Tamil Nadu zurückgebracht; doch als er zehn war, starb sein Vater, und der Vater seiner Mutter holte ihn wieder nach Mysore und brachte ihn in der Sanskrit-Schule in der Stadt Mysore unter.

Er hatte ein Stipendium der Regierung von Mysore für die Sanskrit-Schule. Jeder, der Sanskrit lernen wollte, bekam ein Stipendium. Er begann mit einem Stipendium von zwei Rupien im Monat, ungefähr sechzehn Penny. Zwei Rupien waren 1926 für einen zehnjährigen Jungen ausreichend; das Gehalt eines Angestellten des gehobenen Dienstes betrug zu der Zeit dreißig Rupien.

Der Pandit redete nicht fließend. Er wartete auf Fragen, und Deviah übersetzte seine Antworten.

Deviah übersetzte: »Mein Großvater schickte mich zur Schule. Er war Koch im Palast, und ich weiß nicht, ob er etwas von dem Stipendium wußte, als er mich auf die Schule schickte. Wir wohnten nicht im Palast; wir wohnten in einem gemieteten Haus außerhalb des Palastes. Mein Großvater kochte für die Pujas im Palast. Er kochte das Essen, das geweiht wurde. Er verdiente achtzehn Rupien im Monat. Obwohl er Koch im Palast war, aß er nie dort. Er aß zu Hause – das gehörte sich so für ihn als Brahmanen. Er wurde 92 Jahre.«

Der Pandit studierte zwanzig Jahre an der Sanskrit-Schule, von 1926, als er zehn war, bis 1946. Während dieser Jahre wurde das Stipendium von zwei Rupien, mit dem er angefangen hatte, nach und nach erhöht.

Eins der wichtigen Fächer, die er studierte, war Astrologie. Das studierte er fünf Jahre lang. Sein Lehrer war ein sehr berühmter Astrologe.

»Als Astrologe lernt man nie aus. So wie die Wissenschaft sich weiterentwickelt, mit neuen Entdeckungen, so habe ich nicht aufgehört, Neues über die Astrologie zu lernen.«

Auf dem Schreibtisch, an dem der Pandit saß, lag ein kleiner dunkelblauer oder grauer Plastikbeutel – Plastik, nicht Leder, das aus der Haut von Tieren und unrein war. An der Wand über seinem Kopf hing ein gerahmter farbiger Druck von Shiva und seiner Gemahlin. Licht hatte die Farben ausgebleicht. Beide Figuren hatten soviel Schönheit bekommen, wie der Künstler geben konnte: eine feminine Schönheit von beinahe erotischer Natur.

Der Pandit sagte: »Wir können die Blutgruppe eines Menschen nach dem Tag bestimmen, an dem er geboren wurde. Wir haben drei Blutgruppen, und wir können sagen, ob Menschen miteinander vereinbar sind oder nicht. Sie brauchen keinen Bluttest machen zu lassen. Es gibt keinen Unterschied zwischen Astrologie, Medizin und *dharma-shastra*.« Deviah übersetzte das mit »traditioneller Lehre«. »Um Astrologie zu lernen, muß man erst alle anderen Wissenschaften erlernen. Ehe man bestimmte Arzneien verschreibt, muß man schauen, wie die Planeten zueinander stehen, weil bestimmte Arzneien nur unter bestimmten Bedingungen wirken. Bestimmte Arzneien wirken nur unter den Strahlen der Sonne oder des Mondes oder denen von Mars und Merkur.«

Er konnte die Zukunft vorhersagen. »Wenn Sie die korrekte Zeit Ihrer Geburt angeben – aber sie muß bis auf die Minute stimmen –, sage ich Ihnen alles korrekt voraus. Wenn Sie sich um eine Minute vertun, macht das einen himmelweiten Unterschied. Auch der Ort ist von Bedeutung.«

1946, nach zwanzig Jahren, beendete er seine Studien in der Sanskrit-Schule. Die ganze Zeit über hatte er von dem Stipendium der Staatsregierung gelebt. Im letzten Jahr auf der Schule betrug dieses Stipendium fünfzehn Rupien im Monat. Er war nun 30, und er war endlich frei zu heiraten. Er heiratete die Tochter eines Mannes, der als Angestellter im Palast arbeitete. Auch fand er Arbeit; er wurde Bibliothekar in derselben Sanskrit-Schule, mit einem Gehalt von 45 Rupien im Monat. Auf dieser Stelle blieb er sechzehn Jahre.

Eins der Projekte, an denen er als Bibliothekar der Sanskrit-Schule arbeitete, war die Übersetzung sämtlicher Puranas, der heiligen alten Texte des Hinduismus, ins Kannada, die Regionalsprache von Mysore. Dieses Projekt wurde vom Maharaja finanziert, und die Arbeit des Pandit kam dem Maharaja zu Ohren. Die Maharajas in Indien hatten 1956 ihre Titel verloren, doch sie hatten noch ihre Privatschatullen; und in Mysore hatte der Maharaja noch eine beträchtliche repräsentative Stellung als Staatsgouverneur, *kaja pramukh*.

Eines Nachmittags 1962, an einem Vollmondtag, hatte der Pandit seine Puja beendet und saß zu Hause, als ein Diener vom Palast kam. Den Diener hatte der Sekretär des Maharaja geschickt, und er richtete aus, daß der Pandit vom Maharaja im Palast verlangt würde. Der Maharaja würde das seinem Adjudanten gesagt haben und der Adjudant dem Sekretär und der Sekretär seinem Diener.

Der Pandit mußte bereits eine Vorstellung davon haben, was der Maharaja wollte, oder der Diener mußte ihm eine Vorstellung vermittelt haben. Denn als der Ruf vom Palast kam, ließ der Pandit auf der Stelle sowohl seinen Schwiegervater als auch seinen Großvater im Palast benachrichtigen, der eine Angestellter im Palast, der andere Koch.

Der Großvater eilte nach Hause. Er freute sich für seinen Enkelsohn, aber er war auch nervös. Er sagte zu dem Pandit: »Du bist als Gelehrter, als *vaidika* ausgebildet worden. Aber jetzt wirst du die Arbeit eines *laukika* tun – weltliche Arbeit. Vielleicht paßt das nicht zu dir. Denk daran.« Er erklärte seinem Enkelsohn auch genau, wie er sich benehmen müsse, wenn er vor den Maharaja trete.

Gegen drei Uhr nachmittags, als es wahrscheinlich sehr warm

war, verließ der Pandit sein Haus, um zum Palast zu gehen. Er war als Brahmane gekleidet, mit Dhoti und einem Schal über der Schulter. Ansonsten war er von der Taille aufwärts nackt. Er war barfuß. Das war seine Gewohnheit; er hatte nie irgendwelche Fußbekleidung getragen. Bis auf den heutigen Tag trug er nie etwas an den Füßen – und in der Tat, als ich unter den Schreibtisch oder Tisch schaute, hinter dem der Pandit saß, sah ich seine nackten Füße flach auf dem roten Betonfußboden, die Haut an den Fußsohlen dunkel und dick, schwielig und rissig. Es war auch kein Problem, mit bloßem Rücken unter der Nachmittagssonne herumzulaufen; der Pandit war daran gewöhnt.

Es war ungefähr ein halber Kilometer bis zum Palast. Er traf den Sekretär in einem der inneren Räume, und der Sekretär schickte ihn direkt zum Maharaja, der in der Palastbibliothek war. Die Bibliothek bestand aus drei Räumen, von denen jeder gut dreizehn Meter lang und acht Meter breit war. Sie waren alle voller Bücher, so daß kaum Platz blieb, um sich hinzusetzen. Die Bücher waren in allen Sprachen.

In einem der Räume saß der Maharaja. Der Pandit trat vor ihn und erwies ihm Reverenz, wie sein Großvater es ihm beigebracht hatte, legte die Handflächen aneinander und verbeugte sich tief. Der Maharaja trug eine Djibba und einen Dhoti, und er war in »geselliger« Stimmung.

»Wie sah er aus?«

»Er war ein großer Mann, vom Wuchs eines Königs. Kräftig.« Er dachte nicht nur an die sitzende Gestalt, die er an dem Tag in der Bibliothek gesehen hatte; er dachte an den Mann, den er später kennengelernt hatte. »Morgens nach der Puja, wenn er mit seinen heiligen Zeichen auf der Stirn herauskam, sah er aus wie Gott.«

Der Maharaja – doch dieses Wort benutzte der Pandit nicht: er benutzte das englische Wort für »Hoheit« –, der Maharaja, Hoheit, sagte dem Pandit, daß er ausgewählt worden sei, im Palast zu arbeiten.

»Ich hatte mich nicht um die Stelle oder so beworben. Also sagte ich Hoheit tapfer, was mein Großvater mir aufgetragen hatte, daß ich mein Leben lang als Vaidhika gelebt habe und nun nicht als Laukika leben könne. Und Hoheit sagte: »Ich will dich hier nur für vaidhika-Arbeit haben. Ich möchte, daß du *mukthesar* bist.«

Ich wußte, worin die Pflichten eines Mukthesar bestanden. Er mußte alle Pujas im Palast organisieren, die Purohits oder Priester auswählen und überwachen, was sie taten, um sicherzustellen, daß die Pujas und Rituale korrekt ausgeführt wurden.

Der Maharaja sprach eine halbe Stunde mit dem Pandit. Er erklärte ihm, was er zu tun haben würde. Es gab zehn festangestellte Purohits im Palast; der Pandit würde die Oberaufsicht über sie und all die zusätzlichen Purohits haben, die für besondere Ereignisse herbeigerufen werden können. Der Pandit würde auch die Verantwortung für die Juwelen im Palasttempel übernehmen. Leute, die im Palast arbeiteten, bekamen jeden Monat eine Sondervergütung von 20 Rupien und der Maharaja teilte dem Pandit mit, daß auch er diese Vergütung bekommen würde. Die Vergütung wurde gezahlt, weil die Palastangestellten immerzu im Dienst waren und nie Urlaub hatten. Das Gehalt selbst würde 150 Rupien betragen; als Bibliothekar in der Sanskrit-Schule bekam der Pandit 45 Rupien im Monat.

»Es war meine Pflicht anzunehmen. Was auch immer Hoheit sagte, ich mußte es tun. Ich war bereits ein Angestellter von Hoheit, weil die Sanskrit-Schule Hoheit gehörte.«

Nach der Audienz in der Bibliothek ging der Pandit zurück zum Haus seiner Familie. Er teilte seinem Schwiegervater und Großvater die Neuigkeit mit, und sein Großvater war froh. Er sagte: »Wir alle haben einen guten Namen im Palast. Du solltest deine Arbeit gut tun und unseren guten Namen dort bewahren.«

Als jemand, der im Palast arbeitete, mußte der Pandit eine Uniform haben. Er ging sofort zum Palastschneider, um Maß nehmen zu lassen. Er bestellte zwei Anzüge, und das kostete 200 Rupien, mehr als ein Monatsgehalt. Doch aus irgendeinem Grund wollte der Maharaja, daß der Pandit umgehend im Palast anfing. Also war der Pandit in der Zwickmühle, was er tragen sollte – die Uniformen, die er beim Schneider bestellt hatte, würden erst in ein paar Tagen fertig werden.

Der Pandit sagte: »Ich habe etwas Verrücktes getan. Ich habe die Uniform meines Schwiegervaters geborgt. Wir hatten dieselbe Figur.« Und das war wirklich etwas Verrücktes, weil ein

Brahmane nicht die Kleidung anderer Leute tragen sollte: es war genauso unrein, wie aus einem Gefäß zu trinken, das jemand anders benutzt hatte. »Drei Tage trug ich die Uniform meines Schwiegervaters. Dann kamen meine eigenen vom Palastschneider, die beiden Anzüge. Ich bekam sie auf Kredit. Ich hatte die 200 Rupien nicht. Ich zahlte sie mit meinem Gehalt in drei oder vier Raten ab.«

Er trug eine weiße Hose und einen langen Überrock. Der Überrock für den Morgen war weiß, der für den Abend schwarz. Er trug den für Mysore typischen Turban, weiß mit einer goldenen Borte; und er bekam eine weiße Schärpe. Keine Schuhe. Im Palast trug niemand Schuhe, nicht einmal der Maharaja. Der Maharaja trug nur außerhalb des Palastes Schuhe.

An der cremefarbenen Wand des Büros der Hochzeitshalle, in dem wir uns unterhielten, waren schmutzige Fingerabdrücke, der ewige Schmutz Indiens. Der Fußboden war dunkelrot, und eine Fußleiste in der gleichen Farbe reichte ein paar Zentimeter die Wand hoch. Hellgrüne Türen führten zu anderen Räumen; über einer verriegelten Tür – die vielleicht zur Hochzeitshalle selbst führte – hing ein buntes *Kein Zutritt*-Schild als halb aufgerollte Schriftrolle. Und wie bei einer für Indien typischen städtischen Straße, wo nichts ganz sauber oder fertig war, lagen in diesem Zimmer, in der Ecke mit der Eisenkommode, eine Menge halb aufgefegter Staub und alte Staubflocken, zusammen mit den Lumpen und den Besen, mit denen wahrscheinlich gefegt und gewischt worden war. Der Schreibtisch, an dem der Pandit saß, war aus Stahl und grau gestrichen.

Die Arbeitszeit des Pandit als Mukhthesar im Palast war lang. Sie ging von sechs Uhr morgens bis zwei Uhr mittags. Dann ging er für eine Stunde nach Hause und dann noch einmal bis sieben Uhr abends in den Palast. Das war an gewöhnlichen Tagen. An bestimmten Tagen, wie den Tagen des Dussehra-Festes, konnte der Pandit unter Umständen bis Mitternacht im Palast bleiben. Das lag daran, daß beim Dussehra-Fest die Tempeljuwelen ausgestellt wurden, und der Pandit mußte dableiben und dafür sorgen, daß die Juwelen in die Schatzkammer des Palastes zurückgebracht wurden.

Wenn der Maharaja weg, »unterwegs« war, hatte der Pandit frei und konnte sich ausruhen. Der Maharaja fuhr vier- oder fünfmal im Jahr für rund fünfzehn Tage weg. Manchmal fuhr er ins Ausland; dann blieb er einen Monat weg.

»Hoheit ging oft auf Pilgerfahrt. Hoheit hatte die Angewohnheit, daß er, wenn er in einem Purana über einen bestimmten Tempel las – ganz gleich, wo im Land – sagte: ›Wir wollen dort hinfahren.‹ Am nächsten Tag war er bereit, und ungefähr 25 Leute fuhren mit ihm. Er hatte ein oder zwei private Eisenbahnwagen, die an die fahrplanmäßigen Züge angehängt wurden. Er nahm Köche, Leibwachen, einen Purohit, einen Astrologen mit. Manchmal nahm er auch seine Familie mit. Hoheit hatte die ›Manie‹, Tempel zu besuchen. Es gibt keinen Tempel, den er nicht besichtigt hat – er war solch ein glühender Gläubiger.«

1965 wurde dem Pandit als Mukhthesar eine Dienstwohnung zugestanden: ein kleines Haus mit zwei Zimmern und einer »Diele«. Die Miete betrug zehn Prozent seines Gehaltes. Drei Jahre später, 1968, bekam er eine Galauniform. Für diese Uniform mußte er nicht zahlen; sie war ein Geschenk des Maharaja. Der lange Überrock war rot, mit goldenen Litzen und goldenen Knöpfen. Die Knöpfe zeigten ein Phoenix-Symbol und die Buchstaben *JCRW*, die Initialen des Maharaja: Jaya Chama Rajendra Wodeyar. Die Hose war aus Seide und cremefarben.

Ich fragte mich, ob das für ihn als Brahmanen nicht zu prunkvoll gewesen sei.

»Ich war stolz darauf. Wenn ich diese Uniform trug, konnte niemand mich anhalten, weder auf der Straße noch im Palast.« Er hatte sich in dieser Uniform sogar fotografieren lassen.

Er wurde befördert. Der Maharaja nannte ihn *shastri narayan*, »Herr der Shastras«, »Großer Gelehrter«. Doch dann gab es Anzeichen, daß die Lage sich draußen zum Schlechten entwickelte. 1971 wurden den Maharajas von Indien von Mrs. Gandhis Regierung »die Sonderrechte aberkannt«, und der Maharaja verlor seine steuerfreie Privatschatulle von 2600000 Rupien, damals (nach der Abwertung 1967) 130000 Pfund. Trotzdem fuhr der Maharaja fort, seinen Mukhthesar zu befördern. 1972 wurde der Mukhthesar zum Hilfssekretär ernannt; es gab zwei Hilfssekretäre im Palast. Der Pandit war mit einem Gehalt von 150 Rupien in die Dienste des Palastes eingetreten; über die Jahre hatte sich das auf 300 verdoppelt; als Hilfssekretär verdiente er nun 500.

»Hoheit erhielt immer die Kataloge verschiedener Buchhändler. Er bestellte 300 bis 400 Bücher im Monat. Der Palastsekretär kaufte sie für ihn. Hoheit kaufte Penguin-Bücher und Bücher der Oxford University Press. Ich mußte die neuen Bücher lesen oder querlesen oder anlesen und ihm eine Inhaltsangabe der Bücher machen, von denen ich meinte, daß sie ihn interessierten. Er interessierte sich für Philosophie und Geschichte. Er sprach mit mir und anderen über Philosophie. Er führte eine Art Tagebuch, in dem er alles mögliche sammelte. Ich wußte, was ihn interessierte und wies ihn auf bestimmte Passagen hin. Bestimmte Abschnitte wollte er für seine eigenen Reden und Schriften abgetippt haben.

Hoheit hatte zwei Marotten, zwei Verrücktheiten. Tempel. Und Bücher – sie zu kaufen und zu lesen. Er las immer die ganze Nacht durch. Ich war mit beiden Marotten vertraut. Er ließ niemanden in sein Lesezimmer. Er hatte sein eigenes System, die Bücher anzuordnen oder aufzubewahren. Er ließ sie auf dem Fußboden liegen. So lange sie dort lagen, durfte sie niemand berühren. Wenn er ein Buch ausgelesen hatte, brachte er es mir und forderte mich auf, es zu katalogisieren und in die Regale der Bibliothek einzuordnen.«

Ich wollte wissen, welche englischen Bücher der Maharaja las und mit seinem Mukhthesar, seinem Shastri Narayan, diskutierte. Ich erwartete, die Namen Aldous Huxley, Bertrand Russell, Christopher Isherwood zu hören. Doch der Pandit konnte mir nicht helfen; er konnte sich an keinen englischen Schriftsteller erinnern.

1973, zwei Jahre nachdem den Maharajas die Sonderrechte aberkannt worden waren, streikten Palastangestellte für bessere Bezahlung. Früher hatte es 500 Arbeitskräfte im Palast gegeben. Zur Zeit des Streiks waren es 300. Der Maharaja gab den Streikenden die Lohnerhöhung, die sie forderten. Das war zuviel für ihn. Im nächsten Jahr bekamen alle Angestellten des Palastes eine Abfindung und wurden gekündigt. Der Pandit selbst bekam 19000 Rupien, beinahe 1000 Pfund. Doch nicht lange danach schickte der Maharaja nach ihm und fünf oder sechs anderen und stellte sie wieder ein. Er war weiterhin Mukhthesar und Hilfssekretär, und die Arbeit war genauso schwer wie vorher.

»Für manche«, sagte der Pandit, »hat Hoheit sich nie geändert.«

Doch die Gunst des Maharajas forderte ihren Preis. Wegen seiner unregelmäßigen Eßgewohnheiten, sagte der Pandit, habe er ein Magengeschwür bekommen. Als Brahmane war es für ihn unmöglich, außerhalb des eigenen Hauses zu essen. Er konnte nicht im Palast essen; selbst sein Großvater, der Koch im Palast gewesen war, hatte dort nie gegessen. Und wegen der langen Zeiten, die der Pandit im Palast arbeiten mußte, war seine Verdauung durcheinander geraten.

1974, als er 58 war, begann er eines Tages Blut zu spucken. Er wurde ins Krankenhaus gebracht. Dort blieb er acht Tage. Er sollte gerade entlassen werden, als die Nachricht kam, daß der Maharaja gestorben war. So war es gewesen – so plötzlich. Die Ärzte rieten ihm, nicht an den Tod des Maharaja zu denken; es wäre schlecht für ihn. Sie verschoben seine Entlassung aus dem Krankenhaus; sie behielten ihn noch zwei Tage da. So war er nach all den Jahren persönlicher Ergebenheit als Mukhthesar, Oberaufseher über die Pujas, beim Tod des Maharaja und den wichtigen Riten danach nicht anwesend gewesen.

Der Pandit sagte: »Bis auf den heutigen Tag versuche ich, nicht an den Tod von Hoheit zu denken.«

Ich hatte nicht das Gefühl, daß er übertrieb. Die Geschichte, die wir gehört hatten, war mit viel Mühe herausgekommen; sie hatte viele Stunden in Anspruch genommen. Beinahe fünfzig Jahre lang, als Student, Bibliothekar, Mukhthesar, hatte er von der Güte des Maharaja gelebt; und zwölf Jahre hatte er dem Maharaja persönlich gedient. Doch die Geschichte seines Lebens und seines Dienstes für den Maharaja existierte in seinem Gedächtnis nur als Reihe einzelner Geschichten, einzelner kleiner Geschichten. Nie zuvor hatte er, glaube ich, eine zusammenhängende Geschichte aus diesen kleinen Geschichten gemacht.

Nachdem er aus dem Krankenhaus entlassen war, blieb er ein Jahr zu Hause. Und dann sah er diese Stelle als Geschäftsführer der Hochzeitshalle ausgeschrieben, und er nahm sie.

»Es ist eben eine Arbeit.«

War es ihm wirklich gelungen, solch einen wichtigen Abschnitt seines Lebens aus dem Gedächtnis zu verdrängen? Hatte er nun keine Empfindungen mehr für den Palast?

»Keine. Die Zeiten passen nicht mehr zu dieser Art Leben. Die Zeiten haben sich geändert.« Er sagte das ganz einfach, ohne Nachdruck. Es gab noch eine königliche Familie, aber es gab keinen Maharaja mehr. Der Sohn des früheren Maharaja war Parlamentsmitglied für die Kongreßpartei.

Viermal im Jahr ging er nun zum Palast, um dem Oberhaupt der königlichen Familie Gaben darzubringen. Er ging als Brahmane, wie er immer gegangen war: mit nacktem Rücken, mit Dhoti und Schal und barfüßig. Aber nun ging er nicht als Angestellter oder Diener des Palastes. Er ging als Mann im eigenen Namen. Er ging als Repräsentant einer großen und alten religiösen Stiftung – auch wenn er bloß eine Hochzeitshalle für sie führte –, und die Gaben, die er mitnahm, waren nicht die Gaben eines Gefolgsmannes, sondern Opfergaben eines Priesters: eine Girlande, zwei Kokosnüsse und Kumkum für die roten heiligen Zeichen auf der Stirn.

Nichts im Bericht des früheren Mukhthesar hatte mich auf die Extravaganz des Maharaja-Palastes vorbereitet. Im letzten Jahrhundert hatte ein Feuer den alten Palast zerstört; der Palast, der jetzt da stand, der Palast, den der Pandit für sein erstes Gespräch mit dem Maharaja aufgesucht hatte, war in fünfzehn Jahren erbaut worden, von 1897 bis 1912; kurz nach – um an vergleichbare Extravaganz zu erinnern – dem Schloß der Vanderbilts in Biltmore, Tennessee. Ein europäischer Architekt hatte den Palast entworfen, und er entsprach völlig der Vorstellung, die man am Ende des 19. Jahrhunderts im britischen Raj von einem indischen Palast hatte. Mogulbögen mit Muschelmuster; schottisches Buntglas, das zu einem indischen Pfauenmuster verarbeitet war; in der Haupthalle hohle gußeiserne Säulen (blau gestrichen) mit einem dekorativen Muster; in England hergestellt – der Führer wußte noch den Namen des Herstellers; Marmor und Fliesenböden, Pietra dura im Mogulstil, weißer Marmor, in den im Blumenmuster farbige Steine eingelegt waren und Fliesen aus der Zeit King Edwards.

Viele der Besucher im Palast – immer noch mußten alle barfuß gehen – waren junge Männer in Schwarz, Ayappa-Pilger. Sie waren in Bussen gekommen, und es haftete ihnen etwas von Eitelkeit und sogar Vorlautem an, etwas von durchreisenden

Fußballanhängern. Deviah gefiel das gar nicht. Die Tage vor der Pilgerfahrt sollten Tage der Buße sein, sagte er, Tage ohne Vergnügungen; Ayappa-Pilger sollten nicht ihre Reise unterbrechen, um durch einen Palast zu spazieren.

Es gab eine sehr breite, schattige, kühle Galerie, von der der Maharaja sich früher seinen Untertanen gezeigt haben mochte. Die Bögen mit Muschelmuster rahmten die lichtüberfluteten, braunen Gärten draußen ein; die Aussicht hier reichte so weit wie die Aussicht durch die Bögen und Tore des Taj Mahal. Und hier ganz besonders – den kühlen Marmor unter den Füßen, in der tiefen, von Säulen getragenen Galerie, mit der Hitze und dem harschen Licht draußen wie eine Vervollkommnung von Privilegien – dachte ich an den Pandit und seinen Arbeitgeber: Privileg und Ergebenheit, die einander bedurften und entsprachen.

Unter den ausgestellten Palastschätzen war eine Galerie mit Hindu-Gottheiten. Manche Gottheiten schienen wie der Palast selbst von einer Mischung von Stilen geprägt zu sein: der zunehmende Naturalismus der indischen Kunst im 20. Jahrhundert hatte die antiken Hindu-Ikonen in puppenähnliche Gegenstände verwandelt.

Das meinte auch Deviah. Er mochte die »Abbild«-Vorstellungen von Hindu-Göttern nicht, die mittlerweile weit verbreitet waren. »Die Götter sehen aus wie Mädchen, Frauen. Ich kann die Vorstellung von Göttern, die man wie Frauen aussehen läßt, nicht akzeptieren. Rama war ein tapferer Mann, wenn man etwas über ihn weiß.«

Das Gepräge des Palastes mit seiner grellen Buntheit und Mischung von Stilen, seiner europäischen Auslegung von indischem Adel, drückte – paradoxerweise – eine Art indischer Selbsterniedrigung vor der Vorstellung von Europa aus. Die Galerie mit den Gottheiten, die von einem Hindu-Glauben zeugen sollten, der wie etwas war, das der Erde selbst entstammte, drückte genau das Gegenteil aus. Die puppenähnlichen Eigenschaften mancher Gottheiten – auch wenn sie modern aussahen und von fotografischer Sicht beeinflußt waren – machten sie nur noch geheimnisvoller.

Die königliche Familie von Mysore hatte sich immer besonders für das Dussehra-Fest interessiert. Während der zehn Tage, die das Fest dauerte, wurden die Juwelen des Palasttempels, vom Mukhthesar bewacht, bis Mitternacht ausgestellt; und am letzten Tag des Festes hatte der Maharaja selbst am Umzug in der Stadt teilgenommen. Die Bewohner von Mysore seien sehr traurig gewesen, sagte der Führer, als der Maharaja – nachdem ihm alle Sonderrechte aberkannt worden waren – nicht mehr in der Dussehra-Prozession erschien. Sein Platz wurde dann von einem großen Abbild der Familien-Gottheit eingenommen – und das Abbild war da, in der Galerie der Gottheiten.

In einer Galerie, die um die Haupthalle des Palastes herumführte, war dargestellt, wie der 24. Maharaja das Fest gefeiert hatte. Die ganze Galerie entlang standen Bildtafeln mit Abschnitten eines fortlaufenden realistischen, auf Fotos basierenden Ölgemäldes, das so gut wie die ganze Dussehra-Prozession 1935 zeigte. Alle Gesichter, sagte der Führer, könnten identifiziert werden. Die Uniformen aller Höflinge und der verschiedenen ranghohen Gefolgsleute waren dargestellt, wie sie gewesen waren, die nackten Füße unerwartet, aber nicht auf den ersten Blick auffällig. Den Malern hatte es auch Freude gemacht, jede Einzelheit der Straße, der Häuser und Läden und Autos, der Ladenschilder und Reklameschilder wiederzugeben. Das Gemälde war nicht ganz fertig geworden. Neun Maler hatten drei Jahre lang daran gearbeitet, von 1937 bis zum Tod des 24. Maharaja. Der 25. Maharaja, dem der Pandit diente, hatte sich nicht für Kunst interessiert; und die Bilderfolge vom Dussehra war – wie viele alte indische Monumente und aus dem gleichen Grund: dem Tod eines Regenten – unvollendet geblieben. Ganz am Ende der Galerie waren ein paar leere Bildtafeln.

Im Bericht des Pandit über seinen Herrn hatte es keine Andeutung solcher Nachlässigkeit gegeben. Noch hatte es irgendeine Andeutung gegeben, was im Trophäenraum zu sehen war: der 25. Maharaja war durch viele Länder gereist und hatte wilde Tiere geschossen. Unter den Trophäen befand sich der aufragende Hals und Kopf einer verdutzt dreinblickenden Giraffe. Sie war in Afrika getötet und in Mysore ausgestopft worden. Einer der weltbesten Tierpräparatoren lebte damals in Mysore. Eine andere Trophäe war die untere, gebogene Hälfte eines Elefantenrüssels, die steif gemacht und in einen Aschenbecher oder Ascheneimer verwandelt worden war, oben mit einem Eisengitter abgeschlossen, auf dem man Zigaretten ausdrücken konnte.

Die Leute sprachen gern von der Zeit der Maharajas. Doch niemand, den ich kennenlernte, schien die ganze Geschichte vom Ende des 25. und letzten Maharaja von Mysore zu kennen. Verschiedene Leute hatten verschiedene Stücke, die nicht unbedingt zueinander paßten. Er habe zuviel von einheimischen Geschäftsleuten geborgt – das war eine Geschichte. Eine andere war, daß er die falschen Günstlinge gehabt habe. Eine dritte Geschichte lief darauf hinaus, daß er in einen Prozeß verwickelt gewesen sei; und der Gedanke, daß sein uralter Name – schmucklos, ohne Titel – dreimal laut von einem Gerichtsdiener gerufen würde, an einem Ort, an dem sein Wort einst Gesetz gewesen sei, habe ihm so zugesetzt, daß er eine Überdosis Schlafmittel genommen habe.

Eine Geschichte von seinem Tode lautete, daß er einen zerstoßenen Diamanten geschluckt habe. Kala sagte, daß in einheimischen Filmen in der Kannadasprache ständig Diamanten verschluckt würden, um Selbstmord zu begehen: Leute in höchster Not zermalmten die Diamanten von ihren Ringen und begannen sich dann in Todesqualen zu krümmen. Die Geschichte, daß der letzte Maharaja einen zerstoßenen Diamanten geschluckt habe, verlieh also seiner Tragödie, die mysteriös blieb, entsprechenden Glanz.

Mir wurde erzählt, er sei 55 gewesen, als er starb. Demnach war er drei Jahre jünger als der Pandit, auch wenn der Pandit nicht vom Alter des Maharaja gesprochen hatte und diese ganze Seite des Mannes im Dunkeln ließ. Selbst nach seinem Tod sei das Unglück dem Maharaja gefolgt, sagte jemand. Die ihm nahestehenden Menschen begannen, ihm die Ringe von den Fingern zu ziehen, und sie mußten fest ziehen, weil der Maharaja sehr dick gewesen war – das steckte in der respektvollen Beschreibung des Pandits als »kräftig«, »wie ein König«, »wie Gott«. Und in dieser Geschichte folgte auf den schlimmen Tod eine unglückselige Einäscherung. Der Scheiterhaufen war aus Sandelholz. Sandelholz ist teuer (es war ein Monopol des alten Staats Mysore). Leute begannen, den Scheiterhaufen aus halb verbrannten Sandelholzstücken zu plündern; und am nächsten

Tag entdeckte man, daß der Leichnam nicht vollständig verbrannt worden war.

Aus der Vorstellung von der Tragödie des letzten Maharaja, dem alle Sonderrechte aberkannt worden waren, der verarmt und schließlich hoffnungslos verschuldet war, hatten sich im Volk Geschichten entwickelt. Doch nichts davon war im Gedächtnis des Pandit hängengeblieben. Er blieb dem Mann treu, den er vorgefunden hatte: seine Erinnerung galt dem reinen und gläubigen Mann, dem er achtzehn Jahre lang indirekt und direkt gedient hatte.

In Bangalore umschloß eine drei Meilen lange Mauer den 500 Morgen großen Garten der Sommerresidenz. Das große und äußerst wertvolle Grundstück war Gegenstand eines Rechtsstreits; die Öffentlichkeit durfte nicht hinein; es bedurfte einer Sondergenehmigung. Das Gartengelände war ungepflegt; manchmal wurden Filme darin gedreht. Der Palast war aus rotgrauem Granit aus Bangalore und angeblich (sagte man im Spaß) Schloß Windsor nachgebaut. Das Gras war versengt; die Wege waren aus rotem Laterit; manchmal sah man im Gras fast halbmeterhohe rote Ameisenhügel, wie eine der architektonischen Imagination Gaudís entsprungene schmelzende Turmspitze. Die Lampenpfosten waren geborsten, ein oder zwei standen schief, viele der weißen Kugeln waren zerbrochen oder verschwunden. Und ringsherum waren der Verkehr und der Qualm und das Zikadengeräusch der Autohupen von Bangalore, einer Stadt, die jetzt dem Unternehmertum, der Wissenschaft und Industrie gehörte.

An der Straße zwischen Bangalore und der Stadt Mysore lag auf einer Insel im Fluß die Befestigung von Tippu Sultan, der Ende des 18. Jahrhunderts hier geherrscht hatte. Er war von den Briten, von Wellington besiegt worden. Alte Geschichte, die nun nicht mehr jeder in England kennt und deren Platz in der Vorstellungswelt von späteren Kriegen, späteren Schurken übernommen worden war. Die Briten hatten anstelle von Tippu die Maharajas von Mysore eingesetzt. Sie waren keine Emporkömmlinge; im 14. und 15. Jahrhundert waren die Wodeyars Statthalter der mächtigen Hindu-Könige von Vijayanagar gewesen. Durch eine unwahrscheinliche Wendung waren sie wieder an die Macht gekommen. Nun versanken sie schnell in der komplizierten indischen Vergangenheit, jenseits der Reichweite der Vorstellungskraft – wie so viele der historischen Namen an der Straße von Goa nach Süden.

4
Kleine Kriege

> Aqui a ciade foi, que se chamava
> Meliapor, fermosa, grande e rica;
> Os idolos antigos adorava,
> Como inda agora faz a gente inica.
>
> Camões, Die Lusiaden (1572)

Hier war die Stadt, die sich nannte Mylapore,
schön, groß und reich, wo man die antiken Idole
anbetete, wie die Heidnischen es noch heute tun.

Irgendwo im Himalaya, irgendwann im August 1962, als ich die
große jährliche Pilgerfahrt zu dem Eislingam mitmachte, dem
Symbol Shivas in der Höhle von Amarnath, über viertausend
Meter hoch, lernte ich »Sugar« kennen. Er kam aus dem Süden,
aus Madras, ein recht großer Mann mit weichen Zügen. Wir hatten uns damals angefreundet, und rund zwei Monate später, als
ich in Madras war, sah ich ihn sehr oft. Er war ein Brahmane
und lebte im Brahmanenviertel Mylapore, in der Nähe des berühmten alten Tempels. Er war ein melancholischer, zurückhaltender Mann: so war er mir im Himalaya vorgekommen, und so
kam er mir in Madras, in seiner heimischen Umgebung, vor. Er
war nicht gesprächig. Was er jedoch anbot, aus vollem Herzen
und ohne ersichtlichen Hintergedanken, war seine Freundschaft, die völlig ohne Ansprüche war. Er war immer bereit, einen zu empfangen; er freute sich immer, einem Gesellschaft zu
leisten. Er lebte mit Mutter und Vater in deren komfortablem
bürgerlichen Haus in Mylapore.

Ich verbrachte damals ein ganzes Jahr in Indien. Ein paar Wochen nach meiner Ankunft war ich in den Norden, nach Kashmir gefahren. Dort hatte ich ein paar Monate lang gearbeitet
und mich dann Richtung Süden begeben. Manchmal übernachtete ich auf dem Land bei jungen Regierungsbeamten, die ich

kennengelernt hatte. Manchmal blieb ich in Regierungsbungalows und Rasthäusern, bloßen Hülsen von Häusern, die nur die allernotwendigsten Einrichtungen boten – obwohl selbst diese Einrichtungen vor der grünen Revolution in Indien auf dem Lande etwas Luxuriöses waren.

In den Städten übernachtete ich in Hotels der Klasse, die ich mir leisten konnte. Ehe ich nach Indien gekommen war, hatte ich mir vorgestellt, daß bei den vielen Hilfskräften, die zur Verfügung standen, Hotels in Indien billig und gut sein würden. Wie die Hotels in Spanien Anfang der fünfziger Jahre. Dem war nicht so. In Indien gab es damals kaum Tourismus, und das Hotelgewerbe wurde noch nicht professionell betrieben. Die Leute, die in kleinen Städten bescheidene Hotels führten, konnten nur eine Abart der Unterkunft bieten, die sie selbst hatten; die Angestellten, die sie hatten, waren wie ihre eigenen zerlumpten Hausdiener.

Und in Madras war es dann anders. Die Restaurants und Hotels, die vegetarisch waren, waren sauber (obwohl die beliebten nichtvegetarischen oder »militärischen« Lokale, wie sie euphemistisch genannt wurden, mindestens so schlimm waren wie im Norden). Sauberkeit und Vegetarismus standen in Zusammenhang; beide waren in der südlichen Idee von Brahmanismus aufgegangen. Im Woodlands-Hotel wohnte ich in einem Nebengebäude in einem sauberen Zimmer und aß im klimatisierten Speisesaal von Bananenblättern (um der Reinheit und Bindung an alte Sitten willen) auf Marmortischen. Das Hotel hatte einen Garten und eine Freiluftbühne.

Wenn ich nichts von der brahmanischen Hindu-Kultur des Südens gewußt hätte – wenn ich nichts von der Kunst der Musik und des Tanzes, in denen die Brahmanen sich hervortaten, gewußt hätte –, hier hätte ich eine Vorstellung davon bekommen: eine Vorstellung von Kaste wie die elisabethanische Vorstellung von »Rang«, die die Unordnung – kulturelle, gesellschaftliche, physische – im Zaum hielt, die in Indien so schnell zutage treten konnte.

Doch mit dieser Vorstellung von einer beschützenden Kultur überkam mich auch ein Gefühl der Fremdheit. Genau dort im Speisesaal des Woodlands mit dem vegetarischen Essen des Südens. Es war ganz und gar nicht so wie das vegetarische Essen, die Dal und Roti, die ich mir in meiner Kindheit als indische Grundnahrungsmittel vorgestellt hatte. Dieses vegetarische Essen im Süden – das Scharen ins Woodlands lockte – war zu delikat, zu leicht; es hinterließ keinen Eindruck in meinem Magen; es ließ mich nie mit einem Gefühl der Sättigung zurück.

Und die Religion war so fremd wie das Essen. Sugar wollte, daß ich den Tempel in Mylapore kennenlernte; dort verrichtete er seine Andacht. Doch die Idee des Tempels hatte in dem Hinduismus, mit dem ich auf Trinidad aufgewachsen war, so gut wie keine Rolle gespielt. Ich kannte Puja; sie wurde zu Hause verrichtet; mein in Indien geborener Großvater hatte oben auf dem Haus, das er in den zwanziger Jahren dieses Jahrhunderts auf Trinidad gebaut hatte, einen Puja-Raum errichtet. Am vertrautesten waren mir die gelegentlichen feierlichen Lesungen aus den Epen und heiligen Schriften. Der Gläubige saß gegenüber vom Pandit auf der anderen Seite eines speziell angefertigten und geschmückten irdenen Altars, in dem ein süßlich riechendes, geweihtes Feuer von harziger Pechkiefer brannte. In gewissen Abständen während der Lesung wurde das Feuer mit geklärter Butter und Zucker gespeist; dann läutete eine Glocke, ein Messinggong wurde geschlagen und manchmal ein Tritonshorn geblasen. Worte mit einer Art Glockengeläut – das war der Hinduismus, mit dem ich aufgewachsen war und den zu begreifen mir schwer genug gefallen war. Die Idee des Tempels, mit der Sugar mich bekannt machen wollte – die Idee des Heiligtums, in dessen Mittelpunkt eine besondere Tempelgottheit stand –, war sehr weit weg, sogar ein wenig verwirrend.

Obwohl Madras einladend und erholsam war, hatte ich immer das Gefühl, ich sei an einem fremden Ort. Die mit Skulpturen ausgeschmückten pyramidenförmigen Tempeltürme, die Palmen, die Brahmanen mit bloßem Rücken zwischen den alten Steinsäulen, der große und schöne Teich in Mylapore, in den rundherum Treppen führten – sie alle wirkten wie auf alten europäischen Drucken. Besonders wegen der Tempeltürme erlitt ich immer von neuem einen kleinen visuellen Schock und hatte das Gefühl, ich sähe den Ort neu; die Kultur sei noch ganz unversehrt; ich sähe, was die ersten Reisenden gesehen hatten.

Reisende, Meer: meine Erinnerungen an Spaziergänge in der Morgendämmerung zum Strand der Stadt, der sehr lang und sehr breit war. Bei Sonnenaufgang wuschen die Leute ihr Vieh im Meer. Die Sonne erhob sich aus dem Meer; der ebene nasse Sand glänzte rot und gold; das gehörnte knochige Vieh, dem die Rippen hervorstachen, stand auf dem eigenen verwischten Spiegelbild; und dann begann die Hitze des Tages.

Weniger als fünf Jahre danach war ich wieder für ein paar Tage in Madras. Es hatte Wahlen im Staat gegeben (doch nicht deswegen war ich da); und am Tag meiner Ankunft war die Atmosphäre im Woodlands-Hotel wie die in einem Kolonialgebiet nach der Wahl der Partei, die nach der Unabhängigkeit herrschen würde. Autos, Musik, neue Kleider, die politischen Helden des Tages an der zusätzlichen Aufregung erkennbar, die ihre Ankunft verursachte. Und die Freiluftbühne des Woodlands war mit Girlanden geschmückt wie für einen Karneval.

Zwanzig Jahre nach der Unabhängigkeit Indiens diese Feier im Kolonialstil. Nach meiner Einführung in die Brahmanen-Kultur des Südens war dies meine Einführung in die Revolte des Südens: der Aufstand des Südens gegen den Norden, der Nicht-Brahmanen gegen die Brahmanen, der rassischen Revolte von Dunkel gegen Hell, Drawidisch gegen Arisch. Die Revolte hatte schon lange begonnen; die Welt der Brahmanen, auf die ich 1962 gestoßen war, war bereits damals untergraben gewesen.

Die Partei, die 1967 die Wahlen im Staat gewonnen hatte, war die DMK, die Drawidische Fortschrittsbewegung. Sie hatte tiefreichende Wurzeln; sie hatte ihren eigenen Propheten und ihren eigenen politischen Führer, Männer, die Gandhi und Nehru entsprachen, Männer, deren Laufbahnen merkwürdig parallel zu denen der Führer der allgemeinen indischen Unabhängigkeitsbewegung verlaufen waren. Bis zu diesem Augenblick hatte ich kaum je von ihnen gehört und kaum etwas von der Leidenschaftlichkeit ihres Anliegens gewußt. Dieser Sieg 1967 bedeutete, daß die Kultur, in die mich Sugar vor weniger als fünf Jahren eingeführt hatte, die Kultur, die mir so unversehrt und geheimnisvoll und antik vorgekommen war, zerstört worden war.

Sugar in seiner brahmanischen Art schien den Ereignissen keine Aufmerksamkeit zu schenken. Er wohnte immer noch im Haus seiner Eltern in Mylapore, ging immer noch in den antiken Tempel, verrichtete immer noch mit scheinbarer Zufriedenheit die bescheidene Tätigkeit, die er immer ausgeübt hatte.

Seine Freundschaft war nach fünf Jahren so warmherzig wie zuvor. Er war immer noch so melancholisch, wie ich ihn in Erinnerung hatte, immer noch nagte tief innen etwas an ihm. Nun war er vielleicht noch zurückhaltender. Ich glaube nicht, daß wir über Politik redeten. Statt dessen unterhielten wir uns in einem Zimmer oben im Haus seiner Eltern über gewisse tamilische Bücher mit Prophezeiungen, an denen er Interesse gewonnen hatte. Er erzählte mir, daß es uralte Bücher seien; daß sie nun in einer vielbändigen Ausgabe von der Staatsregierung veröffentlicht worden seien.

Er konnte mir nicht sagen, warum er Interesse an den Weissagungsbüchern gewonnen hatte, ob er etwas über seine eigene Zukunft herausfinden wollte oder das Interesse eines Gelehrten an den Büchern hatte. Es war etwas Zweideutiges daran: er war sichtlich von den Büchern fasziniert und schien mich gleichzeitig vor ihnen zu warnen, er erzählte mir, daß die Priester, die diese heiligen Bücher lasen und deuteten, den Leuten viel Geld abnehmen könnten.

Er las auch noch andere Bücher. Sie waren in seinem Zimmer. Er holte sie: kitschige englische Frauenromane, Bücher, um sich die Zeit zu vertreiben, sagte er, als sei ihm der Inhalt eines Buches nicht wichtig, als spiele in seiner Einsamkeit nur der Akt des Lesens, die geistige Beschäftigung eine Rolle.

Jetzt, mehr als zwanzig Jahre später, war ich wieder in Madras; und wieder war ich, ohne es zu beabsichtigen, zu einer politischen Zeit gekommen. Wieder sollte im Staat gewählt werden. Die Plakate der verschiedenen Parteien, die Parteiembleme und die Bilder der Führer hingen überall. Manche Plakate waren riesig, wie die Kinoplakate in Madras; und das paßte, weil die Führer, die die drawidische Bewegung hervorgebracht hatte, nachdem die ursprüngliche drawidische Partei sich gespalten hatte, tamilische Filmstars waren. Auf den Plakaten hatten alle Politiker die runden vollen Gesichter südlicher Filmstars, und selbst Leute, von denen man wußte, daß sie dunkel waren, hatten rosige Wangen: das gehörte zur Ikonographie der Führerschaft.

Der Filmstar, der den längsten Teil des vergangenen Jahrzehnts Chefminister gewesen war und dessen Tod die gegenwärtige Wahl im Staat erforderlich gemacht hatte, wurde mit dunkler Brille und weißer Pelzkappe gezeigt. Brille und Kappe waren sein Erkennungszeichen sowohl als Star als auch Politiker gewesen. Er war ein berühmter Stuntman gewesen, eine Art einheimischer Errol Flynn, und für seine Bewunderer war er beinahe göttlich gewesen. Er war mehr daran interessiert, ein Herrscher und Star zu sein, als die Regierungsgeschäfte zu führen. Es hieß, bei seinem Tod hätten rund 18 000 Akten auf Bearbeitung gewartet. Eins der Dinge, die er getan hatte, war, die Stadtverwaltung von Madras abzuschaffen. Folglich war Madras im Chaos versunken, mit Abfallhalden überall. Es war, als sei auch dies, der Bruch mit der alten Idee von Reinheit, Teil des Aufstands des Südens.

Die Politik des kolonialen Aufstands in Tamil Nadu hatte einen kolonialen Verlauf genommen: Diebstahl, Vergeudung, Stillstand, Worte, die ewige Berufung auf alte Mißstände. Doch diese Mißstände waren real. Die ursprüngliche drawidische Revolte war nicht aufgegeben worden, war von den Bürgern des Staates nicht zurückgewiesen worden: der Wahlkampf spielte sich zwischen Fraktionen der ursprünglichen DMK und dem, was von der DMK übriggeblieben war, ab.

Die DMK, Sieger von 1967, gewann auch diesmal. Wenige Tage nach meiner Ankunft waren die schwarzroten Flaggen der Partei überall zu sehen – Schwarz die Farbe des Kastenaufstands, Rot die Farbe der Revolution. Die Flagge flatterte zur Siegesfeier feierlich von dreirädrigen Taxis und Fahrrädern. Auf offenen Lastern oder Autobussen hielten manchmal hocherhobene Hände die Flagge hoch; die erhobenen Hände symbolisierten die strahlende aufgehende Sonne, das Wahlemblem der DMK.

Eines späten Abends schaute ich Sugars Namen im Telefonbuch nach. Ich fand einen Namen wie den seinen, doch die Adresse war neu. Ich rief an. Eine tamilische Stimme war erst völlig ablehnend, weigerte sich rundweg, etwas zu verstehen. Doch dann, als der Besitzer der Stimme sich an mein Englisch gewöhnte, trat sein eigenes Englisch zutage, wurde angestelltenmäßig und präzise. Sugar schlafe, sagte er; er könne jetzt nicht gestört werden; er habe sich für die Nacht »zurückgezogen«; er ziehe sich gewöhnlich um neun zurück. Wann stand er auf? Er stehe um fünf auf. Ich hinterließ meinen Namen.

Am nächsten Tag kam eine Nachricht von Sugar. Eine Frauenstimme antwortete, als ich anrief, und nach einer Weile kam Sugar ans Telefon. Er klang krank. Ich fragte ihn, wie alt er sei; ich sagte, das habe ich nie gewußt.

Er sagte: »64. Nicht mehr gerade jung.«

»Sie waren also 37, als wir uns in Kashmir kennenlernten?«

»Ich war ein junger Mann. Wie Sie.«

Nun sorgten Mr. und Mrs. Raghavan für ihn. Mit Mr. Raghavan hatte ich am Abend zuvor gesprochen, und heute morgen hatte Mrs. Raghavan den Anruf entgegengenommen. Das Telefon gehörte ihnen; es war oben; er wohnte unten; es fiel ihm jetzt nicht mehr leicht, die Treppen zu steigen. Er hatte sich vom »Dienst« pensionieren lassen. Seine Mutter war gestorben, sein Vater war gestorben. Er hatte das Haus der Eltern verlassen, in dem ich ihn besucht hatte. Er war aus Mylapore weggezogen. Er wohnte in einer kleinen Wohnung im Haus der Raghavans. Er wollte, daß ich auf der Stelle kam. Er gab mir die Adresse und sagte – merkwürdigerweise, fand ich – »Jeder kennt mein Haus.« Er ließ es beinahe dringlich klingen. Seine Stimme begann zu brechen; ich dachte, er müsse sehr krank sein.

Er wartete auf mich, und als das Taxi hielt, lief er auf mich zu und rief mich beim Namen – ich wollte gerade durch ein Tor ins falsche Haus gehen. Er trug ein gelbes Unterhemd und einen Dhoti. Er war nicht so groß, wie ich ihn in Erinnerung hatte. Im Himalaya war er dunkel gewesen, von der Gebirgssonne verbrannt; jetzt war er blasser. Sein melancholischer Ausdruck war in ein krankes Aussehen übergegangen. Das Fleisch seines Gesichts und seiner nackten Schultern war weicher geworden und ließ auf einen Mann schließen, der keine Treppen steigen konnte.

Er führte mich durch das richtige Tor zu dem Haus, in dem seine Wohnung war. Die Wohnung war im Erdgeschoß, und wir traten direkt vom Gartenweg ins Wohnzimmer. Er sagte: »Wohnen-Schlafen« und meinte, daß der Raum sowohl sein Wohn- als auch sein Schlafzimmer sei. »Angebautes Badezimmer.« Er zeigte mit dem Finger, bot aber nicht an, es vorzuführen. Es gab auch eine Küche und einen Raum, der sein Tempel war. Das war seine große Neuigkeit für mich. Sein Tempel. Er hatte in seiner Wohnung einen eigenen Tempel errichtet. Darin waren Statuen der drei wichtigsten Gottheiten, der Gottheiten der Weisheit, der Kraft und des Geldes.

»Kommen Sie, ich zeige es Ihnen. Ziehen Sie die Schuhe aus.«

Der letzte Befehl war freundlich, aber fest, ohne die Schüchternheit, mit der diese Aufforderung sonst gemacht wurde, der Andeutung, daß man es nicht mußte, wenn man nicht wollte. Doch Freundschaft stand in seinem Denken an erster Stelle: das Angebot, seinen Tempel zu besichtigen, war ein Freundschaftsbeweis.

Ich zog die Schuhe aus und stand vor den schwarzen, bekränzten, unverständlichen Statuen.

Er schaute sie sich mit mir an. Er hatte meinen mangelnden Glauben immer toleriert. Dann führte er mich in den Raum, der seine Küche darstellte. Dabei ließ er theatralisch den Kopf hängen und seine hängenden Schultern noch ein wenig mehr hängen. Er lachte und sagte: »Schreiben Sie bitte nicht über meine Küche.« Er wisse, daß sie nicht sauber sei, sagte er. Aber es gebe kein fließendes Wasser. Alles Wasser, das er in der Küche brauche, müsse in Krügen geholt werden. Und es falle ihm nun schwer, einen vollen Krug zu heben; er führte es vor, um zu beweisen, daß sein Körper manche einfachen Dinge, die er von ihm verlangte, nicht mehr leisten konnte. Er werde krank, wenn er schwer hebe; deshalb könne er die Küche nicht sauber halten. Die Küche starrte vor Schmutz. Auf dem Fliegendraht vor dem Fenster und auf den Simsen und Borden darunter hatten sich Dreck und Fett vom Kochen abgesetzt. Er versorge sich nun allein, sagte er; er gebe immer mehr auf. Ein Mädchen komme zum Fegen. Aber als Brahmane konnte er (auch wenn er das nicht sagte) das Mädchen nicht in seine Küche lassen.

Er war nun 64. Er gab Dinge auf. Im vorderen Zimmer, dem Hauptraum der Wohnung, dem Wohn-Schlafzimmer, hatte er an einer Stirnwand eine Reihe kleiner Möbelstücke durcheinander aufgestapelt. Er wollte diese Möbel loswerden; er brauchte sie nicht.

»Ich will einen leeren Raum.«

Ich fragte, warum er nicht geheiratet habe.

»Warum? Warum? Wie kann ich darauf antworten? Ich fühlte mich nicht danach.«

Und genauso eine Antwort gab er, als ich ihn nach dem Tempel fragte und wie er auf die Idee gekommen sei. Die Idee sei ihm eben einfach gekommen, sagte er.

Ich erinnerte mich an das Interesse, das er 1967 an den Büchern mit Prophezeiungen gehabt hatte. Ich fragte ihn danach. War dieses Interesse jetzt verschwunden? Und wieder wollte ich wissen, wie er zu diesem Interesse gekommen war.

Er sagte: »Warum? Warum? Das sind typische Fragen von Ihnen. Wie soll ich sie beantworten?« Der Wunsch war einfach über ihn gekommen. Aber in einem hatte ich recht: der Wunsch, sich in die Bücher mit Prophezeiungen zu vertiefen, war nun vergangen.

Und seine neue Einsamkeit, seinen fleckigen Dhoti und sein Unterhemd bedenkend, fragte ich ihn zum ersten Mal, seit ich ihn kannte, direkt nach seinem Leben.

Er hatte sein Leben lang in derselben Firma gearbeitet, seitdem er die Schule verlassen hatte. Gegen Ende hatte er das Büro geführt, war eine Art Bürovorsteher gewesen. Er hatte die Unterlagen aller Angestellten betreut. Er liebte die Firma noch. Als er in Rente ging, verdiente er 2000 Rupien im Monat, 80 Pfund. Das war genug für einen alleinstehenden Mann. Die Firma zahlte ihm nun eine Rente von 1000 Rupien im Monat. Von einem Geldbetrag, den die Firma für ihn investiert hatte, bekam er weitere 1300 Rupien. Es war genug.

Der Betonboden des Wohn-Schlafzimmers, in dem wir waren, war mit einem weißen Blumenmuster geschmückt, wie es das auf der Schwelle vieler indischer Häuser gibt. Es wird gewöhnlich jeden Tag mit Mehl erneuert, doch das Muster auf Sugars Boden war aus selbstklebendem Plastik. Die Wände waren blau, nachgedunkelt, weil so viele Rücken und Hände und über den Stühlen fettige Köpfe sich daran gelehnt hatten. Alle Bilder an den Wänden waren religiös. Es gab einen Hängeschrank mit zwei Borden und einer Glasschiebetür; darin standen Medizinflaschen und Kerzen und Tabletten in Durchdrückpackungen mit Papieren und Krimskrams durcheinander. So eine Trostlosigkeit hatte ich im Haus seiner Eltern in Mylapore nie empfunden.

Ich fragte ihn, ob sein Leben glücklich gewesen sei.

»Ein gewöhnliches Leben. Ein gewöhnliches Leben.«

Dann begann er, Leute zu empfangen. Sie kamen durch die offene Haustür. Der erste Mann, der hereinkam, war dunkel und hatte frische heilige Zeichen auf der Stirn: er hatte seine morgendliche Puja verrichtet oder war im großen Tempel gewesen.

»Er ist Grundbesitzer«, sagte Sugar, als der Mann in den Tempelraum ging. »Ein Mann mit Geld.«

Der zweite Besucher war jünger; seine Züge waren schärfer geschnitten. Er begrüßte Sugar und ging dann ohne ein weiteres Wort in den Tempelraum. Dieser Mann trug eine förmliche rötlichbraune Tunika. Sugar sagte, er sei leitender Angestellter in einer großen Firma.

»Die Leute kommen eben«, sagte Sugar, wie um eine Erklärung für seine Besucher zu geben.

Der erste Mann, der Grundbesitzer mit Geld, kam heraus und setzte sich gegen eine Wand im Wohn-Schlafzimmer. Als der Mann in der rötlichen Tunika herauskam, setzte er sich auf einen Stuhl, der in dem Haufen von Möbelstücken am Ende des Zimmers stand.

Dieser zweite Mann, der leitende Angestellte, war der Produktionsleiter seiner Firma. Für jemanden wie ihn schien es ziemlich spät am Morgen zu sein, doch er sagte, er komme jeden Morgen zu Sugars Tempel, um zu meditieren und Ruhe zu finden. Sie redeten nicht viel, wenn sie zusammen seien. An Sonntagabenden komme er für drei Stunden; sonntags habe er viel Zeit. Einmal, bei einem Stromausfall, habe er beinahe vier Stunden bei Sugar gesessen, und sie hätten sich in dieser Zeit kaum unterhalten. Hierher zu kommen und in dem Zimmer zu sitzen, in dem wir waren, mit den nachgedunkelten blauen Wänden und dem Blick auf die dunkle Küche, sei eine Form von Meditation. Meditation, die das Entleeren des Geistes impliziere, sei nicht leicht, sagte der Produktionsleiter: bei einem Anfänger liefen die Gedanken zu leicht zur Familie, Arbeit und ähnlichen Dingen. Man brauche Jahre, um Meditieren zu lernen. Er sei nicht wie Mr. Sugar.

Das war mir neu: daß Sugar diesen Ruf als Weiser, als Heiliger hatte.

Ich fragte ihn: »Können Sie Ihren Geist entleeren?«

Er spielte es herunter, war aber doch froh, daß ich es wußte, ohne daß er etwas gesagt hätte: »Ich habe wenig erreicht.«

Der Produktionsmanager sagte: »Zu den meisten heiligen Männern geht man, um etwas zu bekommen.« Bei Sugar sei das nicht so. Er komme nur um des Friedens willen zu Sugar; er wolle nichts von ihm.

Die brahmanische Welt in Mylapore war auf den Kopf gestellt worden. Doch in Sugars kleinem blauen Heiligtum war die Politik der Straße draußen weit weg: die rotschwarzen Flaggen, die über zwanzig Meter großen angemalten Pappfiguren der neuen Helden (gegen rohe Holzgerüste gelehnt). In der kleinen Wohnung im Haus der Raghavans hielt Sugar Hof, hatte seinen eigenen Kreis und war vielleicht geschützter, verehrter als je in dem Elternhaus, in dem er aufgewachsen war. Er war heilig, und er bot Frieden. Das erklärte, was er am Telephon gesagt hatte: »Jeder kennt mein Haus.«

Als ich gehen wollte, sagte er: »Sie müssen kommen und bei mir essen. Ich werde selbst für Sie kochen. Ich werde Kürbis machen.«

»Kürbis?«

»1962 haben Sie im Woodlands jeden Tag Kürbis gegessen.«

Auch an andere Dinge erinnerte er sich, die ich vergessen hatte. Er erinnerte sich, daß ich mich in seinem Elternhaus 1962 und noch einmal 1967 lange ernsthaft mit seinem Vater über Bücher und Indien unterhalten hatte.

Es war schmeichelhaft, in solcher Erinnerung geblieben zu sein, bis in solche Details, und das nach so langer Zeit. Ich hatte aber auch das Gefühl, es zeugte von einem Leben, das so gewöhnlich war, daß es schmerzte. Doch diese Gewöhnlichkeit war am Ende belohnt worden. Seine Gaben waren bekannt geworden. Vielleicht hatten gerade die Eigenschaften, die ihn aus der Pilgerschar im Himalaya heraushoben – seine Einsamkeit, sein Schweigen, seine Melancholie, das Gefühl der Unerfülltheit und Suche, das er ausstrahlte –, andere angezogen.

Nur dreiunddreißig oder vierunddreißig Prozent der Wähler hatten für die siegreiche DMK-Partei gestimmt; doch die rotschwarzen Flaggen der Partei vervielfachten sich so in der Stadt, daß es aussah, als habe so gut wie jeder für die DMK gestimmt. An den Wänden wurde das Wahlemblem der Partei, eine sich über die Hügel erhebende Sonne, wo es vor dem Wahltag aufgemalt worden war, nun liebevoll ausgemalt und ausgeschmückt, hier ein bißchen und da ein bißchen, und schien die Embleme der beiden geschlagenen Parteien, die offene Handfläche und die zwei Tauben, noch mehr zu verhöhnen. Diese Embleme, die bis vor ein paar Tagen große Hoffnung und Zuversicht ausgedrückt hatten, waren nun im Stich gelassen, vernachlässigt, ohne daß eine treue oder glückliche Hand ihnen in Siegerlaune Extrafarbe gab.

Innerhalb von einem Tag nach dem Wahlergebnis erschienen an manchen Plätzen der Stadt sehr große gemalte Schilder mit sehr großen Porträts der drei Helden der Partei. Sie trugen keinen Namen, keine Worte; man wußte, wer die Helden waren. Sie wurden im Profil gezeigt, in einer gestaffelten Reihe, in der jedes Profil wie ein Königskopf auf einer Münze aussah; und jeder Held war in einer anderen Farbe gehalten. Der gegenwärtige Parteivorsitzende in einer Art Braun; der Mann, der die Partei 1967 zum ersten Wahlsieg geführt hatte, in Schieferblau oder Grau; und das Profil hinter diesen beiden war das des alten rotwangigen Mannes mit dem langen welligen Bart, der der Prophet der Partei gewesen war.

Der Prophet war als »Periyar« bekannt. Es war ein tamilisches Wort und hieß weiser oder kluger Mann. Ich kannte den Namen Periyar, aber bloß flüchtig; ich wußte nichts über den Mann. Jetzt begann ich etwas in Erfahrung zu bringen, und ich war genauso erstaunt über das, was ich erfuhr, wie über die Tatsache, daß ich trotz allem, was ich über die Unabhängigkeitsbewegung in Indien gelesen, so wenig über diesen Propheten des Südens gelesen oder mitbekommen hatte.

Er war ein Atheist und Rationalist, und während seines langen Lebens hielt er jeden Tag zwei oder drei Reden. Er machte die Hindu-Götter lächerlich. Er verspottete grausam die Hindus der oberen Kasten und verglich die Dürftigkeit ihrer wissenschaftlichen Errungenschaften mit den Errungenschaften Europas. Und dann, je nachdem, wie es ihm gerade paßte, sagte er, daß die Hindus ihre Götter (»ein paar ausgewählte Tiere, einige Vögel, einige Bäume und Rankengewächse, einige Berge und ein paar Flüsse«) den Göttern des alten Ägypten und Griechenland und Persien und Chaldäa nachgeahmt hätten.

Das war die erste Überraschung: daß jemand der – zumindest in der englischen Übersetzung seiner oft wirren tamilischen Abhandlungen – als Humorist und Satiriker erschien, von den Menschen Tamil Nadus als Prophet aufgenommen worden und so lange nach seinem Tod in einem Augenblick des politischen Triumphes erneut geehrt sein sollte. Doch Periyar hatte nie Humor im Sinn gehabt, wenn er sich gegen Hinduismus und Hindus der oberen Kasten aussprach. Er war früher einmal gläubig gewesen; und er war von der Religion und ihren Stiftern so besessen, wie nur ein abtrünniger Gläubiger es sein konnte.

In Madras gab es einen Ort namens Periyar Thidal. Es handelte sich um das Gelände eines ehemaligen Bus- oder Straßenbahndepots. Periyar selbst hatte das Gelände 1953 für einen Lakh Rupien, 100 000 Rupien, damals ungefähr 7500 Pfund, gekauft. Von diesem Ort aus operierte seine Organisation immer noch.

In der Mitte des großen sandigen Grundstücks stand eine girlandengeschmückte schwarze Statue Periyars mit folgender Sockelinschrift: PERIYAR DER PROPHET DES NEUEN ZEITALTERS DER SOKRATES SÜDOSTASIENS VATER DER SOZIALEN GESELLSCHAFTLICHEN BEWEGUNG UND ERZFEIND DER DUMMHEIT UND DES ABERGLAUBENS DER SINNLOSEN ÜBERLIEFERUNGEN UND UNBEGRÜNDETEN VERHALTENSWEISEN. Periyars Grab befand sich in einer Ecke des Grundstücks. Rund um das Grab lagen polierte graue Granitsteine, in die Periyars Weisheiten gemeißelt waren. Eine dieser Weisheiten, im Grunde eine Beschwörung, war sehr berühmt: *Es gibt keinen Gott. Es gibt keinen Gott. Es gibt überhaupt keinen Gott. Der, der Gott erfand, ist ein Narr. Der, der Gott verbreitet, ist ein Schuft. Der, der Gott anbetet, ist ein Barbar.* So begann Periyar all seine Abhandlungen.

Man konnte sich kaum vorstellen, daß etwas so Krudes und Bitteres irgendwo in Indien akzeptiert würde, wenn damit nicht etwas anderes angeboten würde. Und was Periyar mit seinem »Rationalismus« und seiner Ablehnung Gottes anbot, war seine Ablehnung der Brahmanen und ihrer Sprache; seine Ablehnung des Nordens; seine Ablehnung der Kastenordnung;

seine Ablehnung der Diskriminierung, die den dunklen Menschen des Südens von den hellen Menschen des Nordens widerfuhr.

Von Bedeutung war auch das Grab auf dem Periyar Thidal. Hindus werden eingeäschert; Periyar bestand darauf, beerdigt zu werden. Er war mehr als nur ein Rationalist: für die Leute, die auf ihn hörten und die mochten, was er sagte, war er der Anti-Hindu.

Er wurde 1879 geboren, zehn Jahre nach Gandhi und zehn Jahre vor Nehru. Sein politisches Leben begann 1919 und endete erst mit seinem Tod 1973. Das war die zweite große Überraschung Periyars: daß er so lange lebte, daß sein Lebensweg über viele Jahre parallel mit dem Gandhis verlief und daß Gandhi in den späteren Jahren seines Kampfes und seiner Suche immer diese Gestalt des Anti-Hindus im Rücken haben sollte, der schließlich der Anti-Gandhi wurde, ein Mann, dessen Leben und Laufbahn Gandhis zum Teil spiegelte und auf den Kopf stellte.

Gandhi war Vegetarier. Periyar betonte, daß er Rindfleisch aß. Gandhi bemühte sich, die Sinne unter Kontrolle zu bringen. Periyar aß ungeheuer viel und war ungeheuer dick. Einer von Periyars Bewunderern erzählte mir: »Er war ein *Vielfraß*.« Und so wie die Werte auf den Kopf gestellt wurden, war dieses Wort lobend gemeint. »Er aß immer *biriyani* – Reis und Hammel, Rindfleisch, Schweinefleisch. Er war mit Essen nie *heikel*.« Gandhi war immer heikel mit seinem Essen.

Er war anders als Gandhi, ihm entgegengesetzt und doch in mancher Hinsicht wie er – im Entdecken seiner Sache, dem Erfinden von Möglichkeiten, ihr zu dienen, dem lebenslänglichen Festhalten daran und vor allem in seinem praktischen Geschäftssinn. Wie Gandhi war Periyar in eine Hindu-Händlerkaste hineingeboren worden. Gandhi kam aus einer Familie kleiner Verwalter. Periyar kam aus einer Familie wohlhabender Kaufleute. Periyar war nicht so gebildet wie Gandhi, und man konnte sagen, er war der Gläubigere und Traditionellere. Gandhi handelte den Prinzipien seiner Kaste zuwider und fuhr nach London, um Jura zu studieren. Periyar ging, als er Mitte zwanzig war (und Gandhi in Südafrika schwere Kämpfe austrug), nach Benares, um das Leben eines Sanyasi zu leben, um nackt und von den Almosen der Gläubigen in der Hoffnung zu leben, geistige Erleuchtung zu erlangen.

Die Erleuchtung kam nie, und er verließ Benares und kehrte in das Familienunternehmen in seiner Heimatstadt zurück. Er betätigte sich auch in der Lokalpolitik, und 1919, als Gandhi schon seit ein paar Jahren wieder in Indien war, schloß Periyar sich dem Indischen Nationalkongreß an. Er unterstützte seine Kampagne für Handweberei und nahm an der Bewegung des bürgerlichen Ungehorsams teil.

Dann kam der Bruch. Er hing zusammen mit den Kastenvorteilen der Brahmanen im Süden. Nicht-Brahmanen hatten keinen freien Zutritt zum Tempel. Sie waren aus dem inneren Heiligtum, wo die Tempelgottheit sich befand, ausgesperrt; sie mußten sich mit einem Blick aus der Ferne zufriedengeben. Manchmal durften Nicht-Brahmanen noch nicht einmal den Weg vor dem Tempel benutzen.

Dieses letztere Verbot verursachte 1924 im Nachbarstaat Kerala besondere Unruhe. Kerala war damals ein Fürstenstaat mit einem eigenen Maharaja, und die Brahmanen von Kerala waren, was die Kastenverbote anging, noch strenger als die tamilischen Brahmanen von Madras. Auf dem Gelände des königlichen Palastes gab es einen Tempel und einen Gerichtshof. Als eines Tages einmal ein heiliges Tempelfest stattfand, blieb der Tempelweg den Nicht-Brahmanen versperrt. Der Tempelweg war jedoch gleichzeitig der Weg zum Gerichtshof. Ein Rechtsanwalt namens Madhavan, ein Nicht-Brahmane, mußte an dem Tag in einem Fall vor Gericht auftreten; doch Madhavan (mancher wird auf unwahrscheinliche Weise berühmt) durfte nicht am Tempel vorbeigehen. Einige Nicht-Brahmanen in Kerala protestierten und zettelten einen Aufruhr an; sie wurden vom Maharaja ins Gefängnis geworfen. Sie wandten sich an Periyar. Er kam nach Kerala und zog ein ganzes Jahr lang dagegen zu Felde, bis der Tempelweg für Nicht-Brahmanen freigegeben wurde.

Kurz danach kam eine weitere Krise. Es stellte sich heraus, daß an einer Kongreßschule, die Gandhis Gedanken verbreiten sollte, Brahmanenkinder getrennt von nicht-brahmanischen Kindern aßen. Und dann stellte sich heraus, daß die Schule, obwohl von einem Brahmanen geführt, von Nicht-Brahmanen finanziert wurde. Die Angelegenheit wurde Gandhi berichtet; doch er reagierte vieldeutig und leichtfertig.

Da brach Periyar mit Gandhi und dem Kongreß. (In Madras wird eine – brahmanische – Geschichte erzählt, daß der Bruch eigentlich zustande kam, weil Periyar aufgefordert wurde, im Zusammenhang mit der Kampagne für Handweberei Rechenschaft über Geld abzulegen.) 1925 gründete Periyar die Achtedich-selbst-Bewegung, und er hatte die glänzende Idee, seine Sache durch das Tragen eines schwarzen Hemdes zu symbolisieren. Im schwarzen Hemd machte er den Rest seines Lebens eine Kampagne nach der anderen, beinahe fünfzig Jahre lang, gegen Brahmanentum, Kaste, den Kongreß, den Hinduismus, die Benachteiligung von Frauen vor dem Gesetz. Er setzte durch, daß Nicht-Brahmanen Achte-dich-selbst-Ehen schlossen, Ehen ohne Priester oder religiösen Eid. Und er predigte eine Art vulgären Sozialismus.

»In der Welt der Zukunft wird es keine Menschen ohne Charakter und Kultur geben. Die Verderbtheit des modernen Charakters beruht darauf, daß Kultur, Justiz und Disziplin dazu benutzt werden, Kasten und Klassenunterschiede zwischen den Menschen aufrechtzuhalten... Wenn diese kapitalistischen und individualistischen Bedingungen fehlen, wird es keine Notwendigkeit für einen verderbten Charakter mehr geben.«

Er bot die Vision einer Zukunft, die von den Ergebnissen der Wissenschaft erleuchtet war und keine Gottesvorstellung brauchte.

»Man wird meistens durch die Luft und mit großer Geschwindigkeit kommunizieren... In den Hüten der Menschen werden Radios angebracht sein... Mit Vitaminen angereichertes Essen wird in Pillen oder Kapseln verabreicht, die für die Ernährung eines Tages oder einer Woche ausreichen. Die durchschnittliche Lebensdauer wird hundert oder mehr Jahre betragen... Autos wiegen wahrscheinlich nur noch einen Zentner und fahren ohne Benzin... Überall und in jedem Haus gibt es Strom, der dem Menschen für alles mögliche dient... Keine Industrie, keine Fabrik wird mehr für den Privatprofit von Individuen betrieben. Sie alle gehören der Gemeinschaft insgesamt, und alle Erfindungen werden zum Wohle aller gemacht... Wenn die Welt selbst in ein Paradies verwandelt ist, braucht man sich kein Paradies in den Wolken mehr vorzustellen. Wo es keinen Mangel gibt, gibt es keinen Gott. Wo es wissenschaftliche Erkenntnisse gibt, braucht man nicht zu spekulieren und phantasieren... Der Existenzkampf muß in ein glückliches Leben umgewandelt werden.«

Mit diesen Predigten, die Tag um Tag wiederholt wurden, dieser Vision, daß die Leid zufügenden Kasten zusammen mit der Vorstellung von Gott verschwänden, ging sein ererbtes Gefühl für die praktische Seite der Dinge einher. Er war in ein Familienunternehmen hineingeboren worden, und er befaßte sich sein Leben lang mit Geld, verneinte nie dessen Wert und versuchte immer, sich und seine Bewegung unabhängig und frei von Zwängen zu halten. Seiner Bewegung mangelte es nie an Geld; der Nachlaß, den er hinterließ, um seine Sache zu verwalten, war üppig.

Seine Reliquien waren auf dem Periyar Thidal in einem großen Raum im Hauptgebäude. Auf einem Himmelbett im vorderen Teil des Zimmers befand sich ein lebensgroßes ausgeschnittenes Foto (der Stil der Kinoreklamen und des Wahlkampfes übertragen auf dieses private Museum) von Periyar, sehr alt, mit einem langen Bart, mit gekreuzten Beinen in Schreibhaltung. Auf dem Bett lag eine gemusterte rosa Decke, und das Foto war gegen ein Polster gelehnt. Die Pfosten des Himmelbettes waren weiß; einen Himmel gab es nicht. An einer Seite stand neben dem Bett ein hohes drehbares Bücherregal mit kleinen Büsten von Buddha und Lenin, Gegenständen aus Andenkenläden und der Statuette eines Pferdes, ein Geschenk. Das Pferd hatte keine Bedeutung; Periyar hatte es wegen seiner Schönheit und zur Erinnerung an den Geber behalten.

Symbolischere Geschenke wurden in einem Glaskasten aufbewahrt: silberne Werkzeuge des Ikonoklasmus: zwei silberne Hämmer und zwei silberne Stöcke, geformt wie der Stock, den der betagte Periyar benutzte.

Der Vorsitz von Periyars Bewegung war an Mr. Veeramani gegangen. Er war der Hüter von Periyars Andenken und der Wächter seiner Reliquien. Als er mir die Hämmer und Stöcke zeigte, erinnerte er mich mit einem Lachen an einen, wie er sagte, alten Sanskrit-Spruch: »Das Gift der Kobra ist nur in der Zunge. Das Gift des Brahmanen verteilt sich von Kopf bis Fuß.«

Dieser Spruch führte zu einem weiteren, von dem Mr. Veeramani sagte, daß er eine bekannte Hindi-Weisheit sei: »Wenn du einen Brahmanen und eine Schlange siehst, töte den Brahmanen zuerst.« (Ich hatte den Spruch vor Jahren in einer anderen Version gehört und damals gesagt bekommen, daß er bei den Völkern Südostasiens allgemein bekannt sei: »Wenn du im Wald bist und eine Schlange und einen Inder siehst, töte den Inder zuerst.«)

Nach den Emblemen des Ikonoklasmus die Embleme des Königtums. Periyar war oft der weißbärtige König von Tamil Nadu genannt worden. Eine Stadt im Süden hatte dem alten Mann einen reichverzierten Silberthron geschenkt, und dieser Thron stand mit einer silbernen Krone, dem Geschenk von Anhängern in einer anderen Stadt, in einem Glaskasten. Ein weiteres Geschenk war ein silbernes Zepter mit kleinen Köpfen von Periyar und Buddha am Knauf; und in noch einem anderen Glaskasten waren silberne Krummschwerter.

Entlang der Wände dieses Museumsraums hing ganz oben unter der Decke eine Gruppe von dreiunddreißig Ölgemälden, die die Stationen von Periyars langem Leben darstellten. Es war wie bei den Bildern aus der Bibel: man mußte die Geschichte kennen. Und wenn man sie einmal kannte, war alles da: Periyar als nackter Sanyasi 1904 in Benares, wo er aß, was er finden konnte; Periyar zehn Jahre später als Lokalpolitiker in seiner Heimatstadt; Periyar 1924 in Kerala auf dem Feldzug für das Recht der Nicht-Brahmanen, Tempel zu betreten; Periyar kurz danach auf dem Feldzug für die Abschaffung der Kastenunterschiede in der Kongreßschule; Periyar bei der Gründung seiner Achte-dich-selbst-Bewegung 1925 und zum ersten Mal im schwarzen Hemd; Periyar 1932 in Deutschland in der Gesellschaft »deutscher Atheisten«; Periyar im selben Jahr in Rußland mit russischen Sanatoriumsangestellten; Periyar 1943 bei einer Diskussion mit Jinnah (der sich für ein moslemisches Pakistan einsetzte) und Dr. Ambedkar (der einen Staat der Unberührbaren namens Dalitstan haben wollte); Periyar selbst hoffte auf einen südlichen, drawidischen, nicht-brahmanischen Staat namens Dravidstan. Spätere Bilder zeigten Periyar, wie er nach der Unabhängigkeit 1952 an Bahnhöfen im Süden die Hindi-Namen übermalte; 1953 Figuren von Ganesh, Ganpati, dem Elefantengott zerbrach, um zu zeigen, daß sie nur aus Ton und völlig harmlos waren; wie er 1957 das Wort »brahmanisch« auf einem Schild übermalte, auf dem stand »brahmanisches Hotel«, wobei »brahmanisch« vegetarisch im Gegensatz zu »militärisch« nichtvegetarisch hieß; und wie er im selben Jahr die indische Verfassung verbrannte.

Sein ganzes langes Leben war er zielstrebig und unermüdlich gewesen. In der Mitte des Raums hatte Mr. Veeramani in einem Glaskasten eine Sammlung seiner persönlichen Reliquien ausgestellt: seine Taschenlampe, seine Vergrößerungsgläser, sein ungewöhnlich dicker Stock, seine Uhr, seine Brille, sein Serviertablett aus rostfreiem Stahl, seine Bettpfanne und Spritze und anderes medizinisches Zubehör. Beinahe wie Gandhis Reliquien; und sie hätten Gandhis entsprochen, wenn Periyar sonst nichts hinterlassen hätte. Doch der Besitz, den er hinterlassen hatte, einschließlich des großen Grundstücks von Periyar Thidal in Stadtlage, war viele Millionen wert; und dieser Wert hatte sich in den fünfzehn Jahren seit seinem Tod vervielfacht.

Obwohl er so gerne aß und besonders gerne Fleisch aß, war an seiner Zielstrebigkeit und Besessenheit etwas Reines, und gerade diese Reinheit machte ihn zum Anti-Gandhi. Doch diese Gestalt des Anti-Gandhi ergab nur Sinn, weil es den wirklichen Gandhi gab. Gandhi entwickelte sich und wuchs; in den ersten vierzig Jahren des Jahrhunderts, von seinem dreißigsten bis zu seinem siebzigsten Lebensjahr, suchte er in einem fort nach neuen politischen und religiösen Wegen. Seine Suche machte ihn weltweit bekannt; Menschen, die nichts mit Politik zu tun hatten, konnten dennoch die eigene Suche mit der seinen in Verbindung bringen. Periyar war nur lokal bekannt; er wuchs nie über seine Sache hinaus. Ohne Gandhi und den Kongreß und die Unabhängigkeitsbewegung hätte seine Sache nicht die Kraft gehabt, die sie hatte; er hatte sich an etwas sehr Großes angehängt. Deshalb hatte ich vielleicht nie von ihm gehört.

Sadanand Menon, ein in Madras lebender Schriftsteller, hatte mich nach Periyar Thidal gebracht und mir alles Notwendige mitgeteilt, um Periyars Leben und Bewegung verstehen zu können.

Gegen Ende des 19. Jahrhunderts, unter britischer Herrschaft, sagte Sadanand, seien die Brahmanen auf eine Weise dominierend geworden, wie sie es schon lange nicht mehr gewesen seien. Sie dominierten das gesellschaftliche Leben Indiens, die akademischen Stände und am Anfang auch die nationalistische Bewegung. Doch die Provinz Madras (die Tamil Nadu und andere Gebiete umschloß) war sehr groß; Madras war ein Hafen; und als es mit der wirtschaftlichen Entwicklung der Provinz aufwärtsging, brachten andere mittelständische Kasten ihre eigenen herausragenden Persönlichkeiten hervor. Viele Angehörige der mittleren Kasten waren wohlhabend – wie Periyars Familie; viele waren Grundbesitzer; manche konnten ihre Söhne nach Oxford und Cambridge schicken. Sobald solche Leute aus den mittleren Kasten hervortraten, waren die überlieferten brahmanischen Kastenrestriktionen sicher nicht mehr leicht aufrechtzuerhalten gewesen. Periyar übertrug diese ablehnende Haltung auf die nicht-brahmanischen Massen.

Sadanand sagte: »Er nutzte die kulturelle Kommunikation. Die Achte-dich-selbst-Bewegung begann, drei oder vier Zeitungen gleichzeitig zu veröffentlichen. Sie legte großen Wert auf Erziehung. In den dreißiger Jahren machte die Bewegung sich die Methode des sozialen Diskurses zu eigen – nicht die des Lehrens von oben herab. Ein gebildeter Freiwilliger ging in einen Slum in einer Stadt oder auf den Dorfplatz und begann, laut aus der Zeitung vorzulesen. Im Handumdrehen hatte er eine Menschenschar um sich versammelt. Und er interpretierte das Gelesene nach den ideologischen Grundsätzen der Achte-dich-selbst-Bewegung. So machen sie es noch heute. Dieser direkte Kontakt zwischen den Parteikadern und dem Volk ist das Rückgrat der DMK geblieben. Die anderen Parteien haben das nicht. Sie haben es nicht einmal versucht. Ich erinnere mich, daß ich in den sechziger Jahren zu einem Platz in der Nähe meiner Wohnung ging und einen DMK-Parteiarbeiter beobachtete. Er kam Punkt achtzehn Uhr dreißig mit der Parteizeitung, einer englischen Zeitung und irgendwelchen tamilischen Zeitungen. Er hatte eine Sturmlaterne mit. Er setzte sich in einen Schuppen, einfach vier Stangen und ein Dach, und las laut vor, und er hatte immer ein Publikum von hundertfünfzig Leuten.«

Wie tiefreichend oder wichtig war die rationalistische Seite der Bewegung? Inwieweit waren die Leute imstande gewesen, Gott oder die Götter abzulehnen?

Sadanand sagte, die rationalistische Bewegung als solche sei über die Jahre zu einer Parodie ihrer selbst geworden. Doch die DMK, der politische Ableger dieser Bewegung, habe politische Macht bekommen und einen Umsturz herbeigeführt.

Sadanand sagte: »Die DMK kam 1967 an die Macht« – in dem Jahr, als ich zum zweiten Mal nach Madras gekommen war und Sugar und seinen Vater in ihrem zweistöckigen Haus in Mylapore besucht und Sugar mir von den Weissagungsbüchern erzählt hatte –, »und sie schuf ein Ministerium für die religiösen und karitativen Einrichtungen der Hindus, Hindu Religious and Charitable Endowments, kurz HR & CE. Der HR & CE-Minister kontrollierte die ungeheuren Reichtümer der Hindu-Tempel und -Stiftungen. Land, festgelegte Guthaben, Juwelen – jeder Tempel hat ungeheure Mengen Schmuck –, die Götterbilder selbst und die täglichen Spenden. Die Spenden an einen Tempel sind anonym; es gibt keine Möglichkeit, sie buchhalterisch zu erfassen. Der Reichtum der Tempel war unermeßlich. Welchen Wert konnte man einem Shiva aus dem 10. Jahrhundert zuschreiben? Danach – und das war völlig losgelöst von dem, was die Regierung tat – begann es, daß die Götterbilder gestohlen und durch Repliken ersetzt wurden. Erst neulich haben Archäologen darauf hingewiesen, daß Tempelstatuen im großen Stil durch Fälschungen ersetzt worden sind. Die Originale landeten in Privatsammlungen auf der ganzen Welt.«

»Unternahm die DMK nichts dagegen? Ist es nicht auch ihre Kunst?«

»Die DMK verschwendete keinen Gedanken daran. Sie war mit dem Feind beschäftigt. Zur selben Zeit entwickelte die neue Regierung die Strategie, Tempelland an die Besitzlosen zu verteilen. Aber dies nur auf dem Papier. Man konnte die Namen von zweihundert Leuten vorlegen, von denen jeder einen Morgen Tempelland bekommen hatte, doch in Wirklichkeit gehörte das ganze Land unter Umständen einem einzigen Mann oder der Partei. Das Volk bekam nichts davon.«

Sadanand bezeichnete das als »Plünderung« der Tempel. Er benutzte das englische Wort »looting« – ursprünglich ein Hindi-Wort, und diese Tatsache spiegelte etwas von der Geschichte

Indiens wider – im indischen Sinn. Waren die Brahmanen in der Folge verarmt?

»In den meisten Tempeln wurden die Brahmanen einfach zu Ausführenden der Rituale, zu Purohits, und ganz gewiß verarmten sie zum Teil.« Aber wichtiger war in Sadanands Bericht der Niedergang der Tempel. »Die Tempel, wie sie ursprünglich gedacht waren, dienten in hohem Maße als soziale Institutionen. Jeder Tempel hatte Schulen, Getreidespeicher, Möglichkeiten zum Auffangen großer Wassermengen – der Ursprung der Tempelteiche liegt dort –, Krankenhäuser, Kuhställe. Es gab auch Förderer der schönen Künste. Doch die DMK scherte alles über einen Kamm. Der Tempel wurde mit einer gewissen Unterdrükkung gleichgesetzt, und dann wurde das Ganze verwüstet, ohne Unterschied.«

Die Bewegung erhob Anspruch auf Anbindung an die nicht-brahmanische Vergangenheit Tamil Nadus und besonders die Chola-Dynastie vom 8. bis 10. Jahrhundert. Doch auch dies war Sadanand zufolge wieder unbelegt und ahistorisch.

»Die Chola-Herrscher waren Demokraten, soweit man in einer Feudalstruktur von einer Demokratie sprechen kann. Aber sie waren auch die Imperialisten des Gebietes, und das Chola-Symbol der Bewegung ist das Symbol des tamilischen Imperialismus, sonst nichts. Die Cholas waren als Gelehrte bekannt, sie schrieben Bücher über Astronomie, und sie waren Förderer der schönen Künste. Das Chola-Symbol der DMK steht für nichts dergleichen. Die Chola-Könige entwickelten in der Gegend von Tanjore faszinierende Bewässerungssysteme. Die DMK hat sich nie um Bewässerung gekümmert.«

Unter ihrer Beschränktheit, ihrem Regionalismus, ihrer Besessenheit mit den Kasten litten andere Dinge. Die englische Sprache litt. Die Anzahl der Staatseinwohner, die Positionen in der Zentralregierung innehatten, nahm ab; viele Beamte der Zentralregierung in Tamil Nadu kamen nun von außerhalb. Die tamilische Sprache selbst verkam.

»Die Bewegung ist nicht mehr schöpferisch. Tamil ist eine Sprache geworden, mit der man keine moderne Idee ausdrükken kann. Es ist eine erstarrte Sprache, und das spiegelt sich in der Qualität des tamilischen Journalismus wider. Vieles davon ist nicht stichhaltig, ist geistlos.

Die Bewegung hat noch ihren Platz. Doch heutzutage reproduziert sie in einem fort nur ihre Parodie. Daraus ist eine verarmte Ikonographie entstanden. Sie haben diese flache Ausschnittpuppe von Periyar auf dem Bett gesehen. Diese Idee wurde später auf die Politiker der Bewegung übertragen, die Vorsitzenden der DMK und ihrer Nachfolgeparteien. Sie wurden als Riesen in über zwanzig Meter hohe Ausschnittpuppen projiziert – Ersatz für das, was sie verloren haben. Und religiöse oder neo-religiöse Bewegungen sind in Tamil Nadu stärker geworden.

Die gerade populäre neo-religiöse Strömung hier ist der Adi Parashakti-Kult. Sie finden seine Stätte an einem Ort auf der halben Strecke zwischen Madras und Pondicherry. Es ist ein Kult der Urmutter – die drawidische Religion war im Gegensatz zur arischen Religion matriarchalisch. Daraus ist dieser neue Kult entstanden. Ein einzelner Mann, ein Schullehrer, behauptete eines schönen Tages, er habe geträumt, diese Mutter oder Shakti sei zu ihm gekommen und habe ihm befohlen, ihren Namen zu verbreiten. Er behauptete, als er aufwachte, sei ein Abbild der Adi Parashakti vor ihm aus der Erde erwachsen. Die Anhänger dieses Kultes haben eine Uniform, rot und rot. Dies ist einer der paradoxen Ausfälle der rationalistischen Bewegung.«

Es gab noch eine tiefere Ironie. Die anti-brahmanische Bewegung war nicht eine Bewegung aller nicht-brahmanischen Kasten. Sie war hauptsächlich eine Bewegung der mittelständischen Kasten. Wie immer in Indien gab es darunter noch eine tiefer liegende Schicht, eine Schicht der noch mehr Benachteiligten. Für diese Leute ganz unten bot die DMK keinen Schutz.

Sadanand sagte: »Die DMK kam 1967 an die Macht und sprach von der Unterdrückung der niederen Kasten. Tatsächlich ereigneten sich die brutalsten Angriffe auf die Kastenlosen nach 1967. 1969 verbrannten vierzig Unberührbare bei lebendigem Leibe in einer Hütte. Die Kaste, die als Thevars bekannt ist, war dafür verantwortlich. Es ist eine mittelständische Kaste, eine rückständige Kaste, die in den letzten hundert Jahren gesellschaftlich emporgekommen und nun mächtig ist, eigene Kastenverbindungen hat. Sie gehört zu den militantesten Kasten. Ihre Angehörigen nennen sich *kshatriyas*, die Krieger in der tamilischen Hierarchie. Die drawidische Bewegung wurde von den mittelständischen Kasten gegründet. Als sie ihre Regierung an die Macht brachten, wurden sie die Unterdrücker.«

Sadanands Analyse der kulturellen Verarmung, die die Bewegung mit sich brachte, stimmte höchstwahrscheinlich. Sie war in der Ikonographie zu sehen; sie war in den Übertreibungen und Vereinfachungen und Widersprüchen von Periyars Reden zu sehen, die anscheinend um ihrer selbst willen geliebt wurden, und die, damit man Freude an ihnen hatte, in die Länge gezogen werden mußten, Eitelkeit über Eitelkeit. Doch es gab auch die Leidenschaft der Gefolgsleute Periyars. Periyar hatte etwas in diesen Menschen angerührt, etwas, was tiefer lag als Logik und Beachtung historischer Korrektheit; auch das mußte in Betracht gezogen werden.

Mr. Gopalakrishnan war der Besitzer von Emerald Publishers, einem Verlag für Schulbücher und Bücher über die rationalistische Bewegung. Er erzählte mir seine Geschichte.

»Mein Vater war ein kleiner Geschäftsmann. Er gehörte zur Mudaliarkaste. Wir gehörten zur unteren Schicht dieser mittleren Kaste. Er hatte einen Stand. Er verkaufte Zigaretten, Sprudelwasser, Kleinigkeiten.

Ich wurde Anfang der vierziger Jahre Rationalist, als ich ungefähr zehn war. Ich war Schüler an der Sri Ramakrishna High School in Madras. Es war eine von Brahmanen dominierte Schule. Selbst die vier oder fünf Boten und Wasserträger waren Brahmanen. In jeder Klasse waren nur einige wenige Nicht-Brahmanen. Jeden Tag wurde uns von einigen Lehrern gepredigt, daß wir uns nur dazu eigneten, das Vieh zu hüten. Insbesondere von drei Lehrern hörten wir das. Sie meinten, Nicht-Brahmanen dürften nicht studieren, und immer wiederholten sie die Worte: Geht und hütet das Vieh.

Jeden Morgen mußten wir uns zum Schulgebet in der Gebetshalle treffen. Die Gebete wurden in Sanskrit gesprochen. Es waren jeden Tag die gleichen Gebete; es war langweilig. Ich hatte einen nicht-brahmanischen Klassenkameraden, der nicht am Schulgebet teilnahm; dafür wurde er oft geschlagen. Alle Jungen kamen mit ihren Kastenzeichen. Ich nahm immer ein Stück Kreide anstatt der sogenannten heiligen Asche, um die horizontalen Zeichen auf meine Stirn zu malen. Mein Freund tat das nie, und auch dafür wurde er geschlagen. Er war sehr kreativ. Zehn Jahre später schrieb er ein Stück und spielte darin – ein Stück mit rationalistischen Ansichten.

Eines Tages, noch während meiner Schulzeit, hatte ich Gelegenheit, an einer Versammlung mit Periyar teilzunehmen. Das Treffen fand in Saidapet statt, wo wir wohnten, und viele Leute, Nicht-Brahmanen, gingen hin. Bei diesem Treffen konnte ich zum ersten Mal begreifen, warum die brahmanischen Lehrer solche Vorurteile gegen uns hatten. Bis dahin hatte ich das nie begreifen können. Ich fing an, die von Periyars Bewegung veröffentlichte Literatur zu lesen und die Zeitschriften, die sie veröffentlichten. Ich brauchte vier Jahre, um ganz und gar ein Rationalist zu werden.

Zunächst einmal hörte ich 1947 auf, zum Tempel zu gehen. Bis dahin war ich mit gläubiger Ergebenheit hingegangen. Das hatte ich schon in jüngster Kindheit von Mutter und Schwestern übernommen – meine Umgebung war so. Damals behandelten die brahmanischen Priester ihre nicht-brahmanischen Gläubigen mit Verachtung. Die Gläubigen nahmen das wie selbstverständlich hin: es war Tradition. Auch für mich war es in der frühen Kindheit selbstverständlich. Der Priester warf die heilige Asche immer verächtlich über die nicht-brahmanischen Gläubigen, aus der Ferne, während die Brahmanen ins Allerheiligste gehen durften, wo das Götterbild tatsächlich steht. Die nicht-brahmanischen Gläubigen konnten das Idol nur aus der Ferne sehen.

Bis ich es aufgab, in den Tempel zu gehen, dauerte es eine Weile. In meiner Zeit auf dem College las ich Shaw, Wells und Russell. Ihre Schriften übten einen großen Einfluß auf mich aus, und ich hatte den Mut, den Gläubigen in meiner Familie und meiner Gesellschaft die Stirn zu bieten.

Meine Mutter legte weiterhin großen Wert auf die Rituale. Viele Jahre später noch machte sie sich Sorgen, daß ich bei ihrem Tod kein Ritual für sie verrichten lassen würde. Doch dann rief sie mich drei Monate, ehe sie starb, zu sich und sagte mir, ich brauche kein Ritual für sie verrichten zu lassen.

Nun ignorierte ich den Hinduismus. Ich verschwende meine Zeit nicht damit, ihn zu diskutieren. Ich habe kein Ritual für meine Mutter verrichten lassen, als sie starb. Das war vor zwei Jahren. Statt dessen schenke ich jedes Jahr an dem Tag allen Enkelinnen neue Kleider. Damit hat es sich. Es gibt keinen Vortrag in der Gemeinschaft. Keine Blumen. Ich habe bloß ein Bild meiner Mutter, damit hat es sich.«

Besessener, erfüllt von einer Leidenschaft, die nichts stillen konnte, war Mr. Palani. Er war ein kleiner dunkler Mann von dreiundsechzig. Er war im Bezirk Coimbatore geboren, und er erinnerte sich an die Entdeckung des Kastenvorurteils vor über fünfzig Jahren an seiner Schule, als sei es gestern gewesen.

»Ich selbst hatte nichts, was einem anti-brahmanischen Gefühl gleichkam. Mein Bruder wurde in die Schule aufgenommen, auf der ich war. Ich war in der fünften Klasse. Mein Bruder war in der vierten Klasse. In einer Pause folgte er, der Neue, den anderen Jungen zu einem Hotel, um Wasser zu trinken. Er tat, was die anderen taten. Er nahm einen Messingbecher, tauchte ihn in die Wasserschüssel und fing an zu trinken. Es war ein brahmanisches Hotel – ein Hotel, wo Leute nicht übernachteten, sondern bloß Mahlzeiten einnahmen. Es war ein Hotel der Mittelklasse. Der Besitzer wurde schrecklich wütend, als er sah, wie mein Bruder Wasser schöpfte. Er leerte die ganze Schüssel draußen und fing an, meinen Bruder auszuschimpfen.

Mein Bruder kam weinend zu mir in die Schule zurück, und ich sagte ihm, daß wir als Nicht-Brahmanen nicht direkt Wasser aus der Schüssel nehmen dürften. Er hätte einen Brahmanen-Jungen bitten sollen, ein Glas Wasser zu nehmen und es ihm zu geben. Brahmanen sind vergleichsweise hellhäutiger als wir. Mein Bruder sagte: ›Warum?‹ Er weigerte sich, sich damit abzufinden. Ich fing selbst an nachzudenken. Ich war einfach dem herrschenden Brauch gefolgt. Ich war elf; mein Bruder war zehn. Ich war seit einem Jahr auf der Schule.

Wir gingen nach Hause und redeten mit unserem Vater. Er war Regierungsangestellter. Er verdiente fünfunddreißig Rupien im Monat. Damals sollte das für die Bedürfnisse einer kleinen Familie reichen. Der Vater meines Vaters war Weber gewesen. Wir gehörten zur Weberkaste, der *sengunthar*-Kaste. Doch mein Vater war bis zum Alter von sechzehn Jahren zur

Schule gegangen und hatte einen Abschluß gemacht. Er war nun dreißig.

Als er unsere Geschichte hörte, sagte mein Vater: ›Das ist hier so Sitte. Auch wenn sie ungerecht ist, müßt ihr euch fügen.‹ Er folgte den Regeln selbst auch – nicht aus vollem Herzen, aber er folgte ihnen. In brahmanischen Hotels ging er nicht in den Raum, der für Brahmanen reserviert war. Damals gab es in jedem brahmanischen Hotel zwei Bereiche, eine für Brahmanen, eine für die anderen. Deshalb betrat mein Vater nicht unerlaubt die für die Brahmanen.

Wir lebten in einem kleinen ziegelgedeckten Haus, einem Haus aus Backsteinmauern und einem Dach mit Ziegeln. Es war gemietet. Wir zahlten ungefähr fünf Rupien im Monat dafür. Es hatte keinen Strom. Wir hatten ein Dienstmädchen, das sein Essen und ungefähr drei Rupien im Monat bekam.«

»Aß die Frau mit der Familie?«

»Sie aß nicht mit uns. Sie aß nach uns. Das war keine gesellschaftliche Herabsetzung; sie bediente uns eben. Sie schlief im Haus. Sie schlief im Zimmer nebenan. Wir – alle Kinder – schliefen im großen Zimmer. Es gab drei Zimmer im Haus, das unserer Eltern, das für die Kinder und das für das Dienstmädchen. Es kam vom Dorf. Wir kannten seine Familie. Wir hatten sie gebeten, ein Mädchen für unser Haus zurückzubehalten. Wir waren Angehörige der Mittelschicht.«

»Reagierte Ihr Bruder deshalb so, wie Sie es schilderten?«

»Ich bin mir nicht sicher. Es war vielleicht einfach eine menschliche Reaktion.« Er kehrte zur Geschichte seiner politischen Entwicklung zurück. »1938 gab es dann die Anti-Hindi-Unruhen. 1937 hatte es im Staat eine Parlaments-Wahl mit beschränktem Wahlrecht gegeben, und eine Kongreßregierung war an die Macht gekommen. Diese Regierung beabsichtigte, Hindi als Pflichtsprache an den Schulen einzuführen. Tamilische Gelehrte und Pädagogen und Periyar und seine Gruppe zogen dagegen zu Felde.

Periyar kam eines Abends, um einen Vortrag zu halten. Es war noch hell, als er begann, und als sich Dunkelheit senkte, wurden die Petromax-Lampen angezündet. Er war ein kräftiger Mann, mittelgroß, mit Bart. Er trug einen tamilischen Dhoti und ein schwarzes Hemd mit einem Schal über einer Schulter. Er hatte helle Haut. Er war aus der *naicker*-Kaste – der Kaste der Händler.

Er erklärte, daß Hindi Englisch verdrängen und diese Verdrängung des Englischen für Tamil Nadu ein Nachteil sein würde. Im Laufe der Zeit würde Tamil hinter Hindi zurückfallen. Wenn die Sprache einmal degradiert sei, würde alles, was mit der Kultur und der Gemeinschaft zu tun hatte, ebenfalls degradiert. Alle im Publikum stimmten ihm zu.

Dieser Rede folgten weitere von Periyars Stellvertretern. Es waren junge Männer aus der Mittelschicht. Einer von ihnen war Mr. Annadurai. Er gründete später die DMK und führte sie bei den Staatswahlen 1967 zum Sieg. Er war sehr eloquent. Er beeinflußte die Leute stark, als er anfing zu reden. Man stellte wegen des Hindi-Streits Wachen vor den Schulen auf, und die Führer initiierten einen Marsch von der südlichsten Spitze Tamil Nadus bis nach Madras.«

Sieben Jahre vorher war Gandhi auf die Idee des gewaltlosen politischen Marsches gekommen. Nachdem er lange in seinem Ashram in Ahmedabad nachgedacht hatte, war Gandhi auf die Idee gekommen, von dort bis zum Meer zu gehen, um Salz herzustellen; eine wunderbare Inszenierung mit einem definitiven, greifbaren Zweck und einem ungewissen Ausgang; und außerdem ein wunderbarer symbolischer Akt des bürgerlichen Ungehorsams, da Salz – so billig, so nötig und selbst von den Ärmsten gebraucht – ein Monopol der ausländischen Regierung war. Gandhis Salzmarsch 1931 dauerte viele Tage; er belebte das nationale Anliegen und verlieh ihm neuen Nachdruck. Und der Anti-Hindi-Marsch durch Tamil Nadu 1938 diente der drawidischen Sache: die Kongreß-Staatsverwaltung ließ die Idee, Hindi zur Pflichtsprache in den Schulen zu machen, fallen. Doch Mr. Palani stellte keinerlei Beziehung zu Gandhi her.

Er sagte: »Fünf Jahre nach dieser Kampagne, 1943, ging ich aufs Polytechnikum. Das war wieder eine sehr große Sache für mich. Auf meiner alten Schule war ich ein hervorragender Schüler gewesen. Ich hatte Stipendien und all das gewonnen, und die Lehrer legten meinem Vater nahe, daß ich aufs College gehen sollte. Ich belegte also einen zweijährigen Kurs in Geisteswissenschaften an einem College. Als ich mit dem geisteswissenschaftlichen Kurs fertig war, bestand ein Professor an diesem College darauf, daß ich Maschinenbau studieren sollte. Also bewarb ich mich am Polytechnikum. Im freien Wettbewerb wäre ich nicht zugelassen worden, weil die brahmanischen Jungen viel bessere Noten erzielten. Doch zum Glück für mich – und für Leute wie mich, die aus rückständigen, nichtbrahmanischen Gemeinschaften kamen – wurden dank einer weiteren Agitation Periyars einige zusätzliche Plätze für solche Gemeinschaften bereitgestellt. Hätte es diese freien Plätze für die rückständigen Gemeinschaften nicht gegeben, wäre ich nicht Ingenieur geworden. Das meine ich, wenn ich sage, daß es eine große Sache für mich war, aufs College zu gehen.

Eines will ich Ihnen noch sagen. Als ich aufs Polytechnikum kam, fand ich heraus, daß in der Mensa des Studentenwohnheims die brahmanischen Jungen ihr Essen direkt vor der Küche in einem abgetrennten Raum bekamen. Der Raum war vom Rest der Mensa durch eine Holzwand abgeteilt. Zufällig waren alle Köche in der Mensa Brahmanen. Die Brahmanen bekamen also den Löwenanteil der Vorteile, den die Mensa bot. Das brachte uns auf. Wir fingen an, früher hinzugehen und uns in diesen abgetrennten Raum zu setzen. Weil wir zahlenmäßig mehr waren als die Brahmanen, stimmten sie plötzlich zu, die Trennwand abzubauen, und danach gab es eine Mensa für alle. Sehen Sie, sie versuchen nämlich immer, etwas zu tun, solange wir untätig zusehen. Sowie wir anfangen, unsere Rechte zu behaupten, haben sie nicht mehr die Frechheit, sich dem entgegenzusetzen.«

»Was ist mit der nationalen Sache? 1943 war ja eine wichtige Zeit. Nahmen Sie an der nationalen Bewegung teil?«

»Die nationale Bewegung bestand weiterhin. Doch auch innerhalb ihrer verlangten wir gleichzeitig, daß unsere Selbstachtung anerkannt wurde.«

»War Ihr Bruder genauso aktiv wie Sie?«

»Er war auf einem anderen College. Er sympathisierte mit der Sache, aber er trat nicht so hervor wie ich. Er überließ alles mir.«

»Was hielten Ihr Vater und Ihre Mutter von der rationalistischen Seite von Periyars Botschaft?«

»Diesem Aspekt widmeten sie nicht viel Aufmerksamkeit. Sie sympathisierten mehr mit dem Sprachenproblem und der Bereitstellung von Studienplätzen für Nicht-Brahmanen. 1943 standen wir, auch wenn wir mit dem atheistischen Aspekt von Periyars Philosophie nicht übereinstimmten, ihm doch in seinem Kampf für die Ausrottung von Aberglauben und Ritualen sehr bei.

Unsere tamilische Zivilisation ist sehr alt. Sagen wir rund fünftausend Jahre. Die Städte Mohenjo-Daro und Harappa – Mohenjo-Daro liegt nun in Sind in Pakistan – sind drawidische Städte. Sie reichen bis ins sechste Jahrtausend vor Christus zurück. Das sagen Historiker. Bis vor ungefähr zweitausend Jahren war diese Gesellschaft kastenlos. Dann kam diese ausländische Zivilisation aus dem Norden und begann, Unterschiede zwischen den Klassen zu errichten. Seitdem haben in jedem Jahrhundert einmal tamilische Intellektuelle gegen das Kastensystem protestiert. Die Intellektuellen haben in unterschiedlichem Maße immer den Ritualen und dem Aberglauben Widerstand geleistet. Aber sie haben nicht das ganze System verdammt. Sie sagten, Religion sei notwendig und Gott sei notwendig. Doch die Arier führten den Aberglauben ein.«

»Waren Sie religiös, als Sie jung waren?«

»Als ich noch sehr klein war, besuchte ich regelmäßig Tempel, mit oder ohne meine Eltern. Wir gingen zur Gottheit und beteten um Wohlergehen und Bildung und Reichtum. Ich war gläubig. Bis zu meinem zwölften Jahr. Nachdem ich Periyar gehört hatte, zog ich mich langsam zurück. Nach dem zwölften Lebensjahr glaubte ich noch, ging aber nicht mehr in den Tempel. Ich begann, den Glauben an den rituellen Teil der Religion abzulegen. In meiner Kindheit las ich viel Mythologie, doch als ich anfing zu begreifen, daß alles ausbeuterisch war, verlor ich das Interesse daran.«

Er kehrte zu seiner persönlichen Geschichte zurück. »1948 ging ich vom Polytechnikum ab. Ich war dreiundzwanzig. Dann kam die andere große Sache. Ich trat in den Regierungsdienst ein und wurde als junger Ingenieur in eine kleine Stadt versetzt. Meine Eltern waren sehr glücklich, daß ich Ingenieur geworden und in den Regierungsdienst eingetreten war.

In der Kleinstadt, in die ich versetzt worden war, mußte ich das Amt eines brahmanischen Beamten übernehmen. Am Tag der Übernahme gab er ein Essen für mich in seinem Haus. Er wohnte in einem gemieteten Haus. Nach dem Essen brachte das Dienstmädchen das Geschirr ins Haus. Ich hörte, wie die Frau des brahmanischen Beamten dem Dienstmädchen befahl, das Geschirr, das ich gebraucht hatte, nicht in die Küche zu bringen, sondern in den Hinterhof zu setzen, damit es noch einmal gespült werde, weil es von mir berührt worden sei. Das brachte mich in Rage.«

»Was haben Sie gemacht?«

»Damals habe ich gar nichts gesagt.«

»Hatten Sie und der Beamte zusammen gegessen?«

»Wir hatten zusammen gegessen, auf dem Boden, mit den Fingern, diese Erfahrung war ein Einschnitt. Ich nahm die Beleidigung hin. Ich unternahm nichts. Sie gaben das Essen für mich, und es wäre nicht höflich gewesen, zu brüllen oder sich zu empören oder etwas zu sagen.«

»Ihr Großvater war Weber. Ihr Vater war Angestellter. Sie wurden mit dreiundzwanzig Ingenieur. Ist Ihre Geschichte nicht auch eine von Chancen und Aufstieg?«

»Ich wurde Ingenieur, weil Studienplätze bereitgestellt wurden. Und ich beschloß, dafür zu kämpfen, daß andere ähnliche Privilegien in ähnlichen Bereichen hätten. Diesem Anliegen wollte ich mich ganz und gar hingeben. Ich tat, was ich in meiner offiziellen Funktion tun konnte – ließ rückständigen Gebieten Gelder zuteil werden, errichtete öffentliche Einrichtungen an entlegenen Orten. 1949 gründete Mr. Annadurai die DMK. Doch als Beamter durfte ich ihr nicht beitreten.«

»1947 wurde Indien unabhängig. Das haben Sie in Ihrer Geschichte nicht erwähnt.«

»Periyar hatte sich nicht allzu sehr mit der nationalen Bewegung und der Unabhängigkeit befaßt. Er konzentrierte sich ausschließlich auf Kaste und Religion.« Und Mr. Palani, der meine Frage als Unterbrechung abtat, fuhr fort: »Die DMK trat aus seiner sozialen Bewegung als politischer Flügel hervor und begann, sich in das politische Leben des Staates und des Landes einzumischen. Damals herrschte die Kongreßpartei. Nach achtzehn Jahren übernahm die DMK die Macht von der Kongreßpartei. Von einer Sezessionsbewegung war die DMK zu einer Partei geworden, die nach regionaler Autonomie strebte. Viele meiner Freunde, Leute meiner Altersgruppe übernahmen verantwortliche Positionen in der Verwaltung. Ich konnte also ihren guten Willen einsetzen, um dafür zu sorgen, daß viele Programme zur Durchsetzung sozialer Gerechtigkeit eingeführt werden konnten.«

In diesem kleinen dunklen Mann hatten sich Generationen von Schmerz und Zorn gestaut. Er war der erste seiner Familie, der den Affront empfunden hatte; und nach dem, was er sagte, war er immer noch der einzige in seiner Familie, der die Sache zu seiner eigenen gemacht hatte. Seine Leidenschaft war groß; sie mußte respektiert werden. Doch ich begann mich auch zu fragen, ob ein so großer Zorn Platz für ein Privatleben, Spielraum für einfachere Gefühle ließ.

»Wann haben Sie geheiratet?«

»1951.« Das war drei Jahre nach dem Essen mit dem brahmanischen Beamten.

»Aus welcher Kaste ist Ihre Frau?«

»Aus der gleichen Weber-Kaste. Aus einer Nachbarstadt.«

»Warum die gleiche Kaste?«

»Es war mehr, um den Eltern eine Freude zu machen. Außerdem erschien mir das Mädchen, das meine Eltern gewählt hatten, akzeptabel.«

»Gebildet?«

»Mehr oder weniger. Bis zum Schulabschluß. Es war ein arrangierter Schritt.«

»In mancher Hinsicht ein rückständiger Schritt?«

»Ja.«

»Dunkles Mädchen?«

Er zeigte den Handrücken. »Meine Farbe.«

»Eine religiöse Hochzeit?«

»Ja. Aber wir hatten keinen Pandit. Ein älterer Mann aus unserer Gemeinschaft vollzog den Ritus. Er betete einfach zu Gott, damit er das Paar segne. Es war ein Kompromiß. Keine brahmanische Hochzeit und auch keine Hochzeit in Periyars Achtedich-selbst-Stil.«

»Sie sind immer noch Hindu? Haben Sie nicht daran gedacht, Buddhist zu werden?«

»Das ist nicht nötig. Solange man seine Ansichten vertreten darf, besteht keine Notwendigkeit, zu einer anderen Religion überzutreten.«

»Wie haben Sie das mit den verschiedenen Zeremonien gehalten?«

»Als meine Kinder geboren wurden, hatte ich keine Zeremonie. Zur Zeit unserer Vorväter gab es eine religiöse Zeremonie für jedes einzelne Ereignis im Leben eines Mannes oder einer Frau – Geburt, Ohrendurchstechen, Pubertät bei einem Mädchen, Ehe, Schwangerschaft. All das haben wir jetzt nicht mehr.«

»Was ist aus Ihrem jüngeren Bruder geworden?«

»Er wurde auch Ingenieur. Er heiratete ein gebildetes Mädchen in Coimbatore. Aus derselben Weber-Kaste. Wieder aus Ehrerbietung gegenüber den Eltern.«

»Wie haben Sie Ihre eigenen Töchter verheiratet?«

»Die Hochzeit meiner ältesten Tochter wurde in Anwesenheit einer ganz kleinen Zahl enger Verwandter und Freunde gefeiert. Die Hochzeit meiner zweiten Tochter war eine Achtedich-selbst-Hochzeit. Es war eine Periyar-Hochzeit, und sie wurde von einem sehr bekannten Akademiker, einem Mann aus unserer Bewegung, geschlossen.«

Er war unerbittlich in seiner Sache, obwohl sein Bedürfnis nach religiösem Glauben ihn in Widersprüche und Kompromisse verwickelte; obwohl die Kastenstrukturen in seiner Familie intakt geblieben waren; und obwohl man an den Müllhaufen von Madras, den geborstenen Straßen, dem Fehlen einer städtischen Ordnungskraft, dem Parteiengeist und der Hinterziehung der DMK-Verwaltung und ihrer Nachfolger merkte, daß das Land am Rande des Chaos war.

Sadanand Menon hatte von der »Plünderung« der antiken Tempel gesprochen. Und der große Teich des Tempels von Mylapore war tatsächlich ein trauriger Anblick, leer, anscheinend dem Zusammenbruch nahe, die schönen Treppen innen stellenweise eingefallen.

Ich fragte Mr. Palani nach dem Tempel.

Er sagte: »Ich wünschte, daß Tempel und Teich von Mylapore weiterhin beständen und der architektonische und kulturelle Bestandteil unseres Erbes bewahrt würde. Doch gleichzeitig bin ich gegen diese Institutionen, weil sie eingesetzt werden, um Unterschiede zwischen den Menschen zu schaffen. Man sagt, nur Brahmanen dürfen Wasser aus dem Teich nehmen und es im Allerheiligsten benutzen. Nur Brahmanen dürfen dort hineingehen. An anderen Stätten haben Leute versucht, ins Heiligtum zu gehen, doch das Gesetz hat es ihnen verwehrt. Vor ungefähr zehn Jahren führte Mr. Karunanidhi, der damalige DMK-Chefminister – nach der Wahl jetzt ist er wieder Chefminister –, ein Gesetz ein, das Nicht-Brahmanen das Recht geben sollte, Priester zu werden. Die Brahmanen brachten die Sache vor Gericht, und das Gesetz wurde vom Obersten Gerichtshof Indiens mit der Begründung niedergeschlagen, daß das Hindu-Recht, wie es heute ist, vorschreibt, daß Priester Brahmanen seien.«

Darauf lief alles immer wieder hinaus: das brahmanische Vorurteil. Es war die Quelle seiner Leidenschaft. Dieser Leidenschaft war er stets treu ergeben, mochte auch die Richtung, die der Protest einschlug, zur Auflösung seiner Welt führen. Und tatsächlich war die Sache der Brahmanen, 1962 noch Teil der scheinbaren Geschlossenheit der Welt des Südens, nicht mehr haltbar.

Ich fragte: »Was ist aus dem Dienstmädchen geworden, das im Haus Ihrer Eltern arbeitete?«

»Sie hat geheiratet.«

»Einen Mann aus der Weber-Kaste?«

»Aus derselben Weber-Kaste, und sie haben eine kleine Weberei aufgemacht. Sie verdienen gerade das Nötigste.«

Ich fragte, was er über die verschiedenen drawidischen Regierungen seit 1967 dachte.

»Die DMK-Regierung war anfangs sehr gut. Doch Macht korrumpiert, und die Brahmanen sind intelligente Menschen. Sie haben ihre Mittel, die Hingabe dieser Menschen an soziale Reformen zu schwächen. Sie versprechen etwas aus dem Zentrum Delhi – und verlangen dafür Konzessionen am Ort. Auf kulturellem Gebiet sind sie herausragend. Auch dort dämpfen sie den Einsatz und die Energie, die die Staatsregierung aufbringt.«

Seine Sache machte seine Welt vollständig, ließ keinen Platz für Zweifel, lieferte Erklärungen für alles. Und ich fragte mich wieder, ob er wirklich nichts Privates hatte, nichts, was nicht von seiner Sache berührt war.

Ich sagte: »Können Sie sich nicht ein wenig in sich zurückziehen wie wir anderen? Können Sie nicht manchmal die Welt ausschließen und nur mit sich allein sein?«

»Meine Frau beklagt sich ständig, daß ich mir nichts aus der Familie und den Kindern mache, daß ich mich immer für andere und ihr Wohlergehen interessiere. Ich fürchte, sie hat beinahe recht. In mancher Hinsicht habe ich versagt. Ich habe kein ausgeglichenes oder ausgefülltes persönliches Leben gehabt. Ich fühlte mich von meiner Sache besessen. So wie die Dinge liegen, haben sie mich dazu gebracht, dieses Leben zu führen.«

Eines Morgens besuchte ich Sugar noch einmal. Wenn er nicht schlief, war er immer in seiner kleinen Wohnung im Erdgeschoß im Haus der Raghavans. Er stand immer zur Verfügung. Er empfing zu jeder Zeit Besucher, außer zu einer gewissen Zeit am Mittag. Er war ein ortsansässiger Seher; er gab Rat; und manchmal hörte er bloß zu.

Die an einem Ende des Wohn-Schlafzimmers zusammengeschobenen Möbel waren verschwunden; das Zimmer war jetzt beinahe so leer, wie er gesagt hatte, daß er es wünschte.

An dem Morgen war eine Gruppe Brahmanen mittleren Alters zu Besuch. Und vielleicht waren – ich mußte es immer gewußt, aber nicht richtig darüber nachgedacht haben – all seine Besucher Brahmanen. Die Gruppe an diesem Morgen sah ernst, aber zufrieden aus. Der Grund für ihre Zufriedenheit war, daß sie die Heirat eines Mädchens in der Familie arrangiert hatten; und sie redeten mit erregtem freudigen Bedauern über die Kosten der Hochzeit.

Das Thema Hochzeitskosten war oft in den Nachrichten: seit einiger Zeit schon standen in den Zeitungen Berichte aus verschiedenen Teilen des Landes über Hindu-Bräute, die von den Familien ihrer Ehemänner umgebracht wurden – oft durch Feuer –, weil sie nicht genügend Mitgift oder wertvolle Geschenke einbrachten. Heutzutage verlangte die Familie eines jungen Mannes oft moderne Geschenke, Motorroller oder teure elektronische Geräte.

Der Gruppe in Sugars Wohn-Schlafzimmer lagen Gedanken an das Verbrennen von Bräuten jedoch fern. Sie hakten bloß die Kosten des großen Tages ab, eine nach der anderen, und es war, als würde die Zeremonie in allen Einzelheiten bereits im voraus genossen.

Sugar sagte, als stehe es unumstößlich fest, mit der ganzen Autorität seiner Stellung zu mir: »Sie müssen anderthalb Lakh ausgeben. Ich habe es ihnen gesagt. Anderthalb Lakh.«

Das waren 150000 Rupien, 6000 Pfund. Doch die Unkosten ließen sich besser abschätzen, wenn man sie mit dem Gehalt des Vaters des Mädchens verglich, den alle Unkosten betreffen würden. Er war ein Manager der mittleren Ebene, und er verdiente zwischen 7000 und 8000 Rupien im Monat. Die Heirat seiner Tochter würde ihn zwanzig Monatsgehälter kosten.

Ich war erst gegen Ende der Berechnungen gekommen, und der Mann und die Frauen der Gruppe um Sugar waren nur zu gern bereit, sie für mich noch einmal durchzugehen.

Der erste Kostenpunkt war die *choultry*, die Hochzeitshalle. Die Kosten für die zwei Tage, die man sie mieten mußte, würden 6000 Rupien betragen. Und es war eine bescheidene Choultry; es gab Choultrys in Madras, die zehn- und zwanzigmal soviel kosteten. Dazu kamen die Kosten für Strom und Endreinigung.

»Und der Posten ›Verschiedenes‹«, sagte Sugar, ein Wort aus seinem alten Büroleben benutzend.

Mit dem ›Verschiedenen‹ würden die Betriebskosten der Choultry sich auf nicht weniger als 2000 Rupien belaufen. Der Koch würde 4000 Rupien verlangen.

»Das ist das Mindeste«, sagte Sugar. »Für 500 Leute viermal am Tag zwei Tage lang Essen zu kochen – das ist nicht billig. Der Koch braucht zehn Helfer.«

»Gemüse«, sagte eine der Frauen.

»3000«, sagte der Mann.

Sugar sagte: »Grundnahrungsmittel. Grundnahrungsmittel machen 10000 Rupien aus.«

Ich fragte nach dem Wort. »Grundnahrungsmittel«, wie Sugar es benutzte, schien mit Gemüse nichts zu tun zu haben.

Sugar sagte: »Reis, Gewürze, bengalische Bohnen, Hirse, Reismehl, Tamarinde, Chili, Pfeffer, Salz – das sind Grundnahrungsmittel.«

»Saris für die Braut«, sagte eine der Frauen. »Und Kleidergeschenke für die Verwandten auf beiden Seiten. 10000.«

Sugar sagte: »Ich sehe nicht, daß man es für weniger machen könnte. Und Kleidung für den Bräutigam.«

Der Mann in der Gruppe sagte: »5000.«

»Schmuck«, sagte Sugar. »Fünfzehn 24-karätige Goldmünzen zu 3000 das Stück.«

Eine der Frauen sagte: »Plus 12 000 für Diamantohrringe.«

»Zwei Kilogramm Silberschalen«, sagte der Mann. »15 000. Töpfe aus rostfreiem Stahl und Messing für den Haushalt. Noch einmal 5000.«

»Die Kosten für die Flitterwochen«, sagte eine der Frauen.

Sugar sagte bestimmt: »10 000.« Er erklärte mir: »Möbel für die erste Nacht – Bett, Matratze, Laken, Kissen, zwei, drei Schalen mit Süßigkeiten. Kleidung für Braut und Bräutigam für den Anlaß.«

Der Mann sagte: »Und auch im ersten Jahr der Ehe muß man Geschenke machen. Man muß Kleider schenken und Kleidung für den Bräutigam. Außerdem muß man dem Bräutigam einen Ring oder eine Uhr geben. Die Forderung wird nach der Hochzeit erhoben. Wenn man einen Ring mit Diamanten gibt, belaufen die *diwali*-Geschenke sich auf 5000.« Diwali, das Fest der Lichter am Ende des Jahres. »Es gibt noch vier oder fünf weitere Feste. Im ersten Jahr muß man jedesmal 2000 geben. Zählen Sie das einmal zusammen.«

Sugar sagte, seine mit einem Dhoti bedeckten Beine leicht ausschüttelnd: »Anderthalb Lakh.« 150 000 Rupien.

Ich sagte: »Ich komme auf die Summe von 129 000.«

Sugar sagte: »Bis man tatsächlich anfängt, Geld auszugeben, werden es anderthalb sein.«

Ich sagte zu dem Mann in der Gruppe: »Und trotzdem sehen Sie glücklich aus.«

Er sagte: »Es ist ein frohes Ereignis. Wir kennen den Jungen. Er ist ein netter Junge.«

»Wie schaffen Leute das, wenn sie zwei, drei Töchter haben?«

Der Mann sagte: »Deshalb heiraten die brahmanischen Damen der Mittelschicht nicht. Sie erlernen statt dessen einen Beruf. In unserer Brahmanen-Gemeinde wird alles Ersparte nur für die Hochzeit der Töchter ausgegeben. Es gleicht sich aus, wenn man einen Sohn und eine Tochter hat. Wenn man nur Söhne hat, ist man glücklich dran.«

»Wie können Leute heutzutage solch hohe Forderungen stellen?«

»Die Eltern des Jungen – der all diese Dinge bekommt –, seine Eltern also sagen: ›Wir haben ihn zur Schule geschickt, und jetzt verdient er gut.‹ Als Ersatz für das, was sie für ihn ausgegeben haben, wollen sie jetzt etwas einnehmen.«

Es war nicht einfach für brahmanische Jungen heutzutage. Plätze an pädagogischen Institutionen und Arbeitsstellen bei der Regierung wurden für rückständige Gemeinschaften und unberührbare Kasten und Stämme sowie körperbehinderte ehemalige Angehörige der Streitkräfte freigehalten. 50 Prozent der Plätze und Stellen waren nun für rückständige Gemeinschaften reserviert, und man sprach davon, diese Zahl auf 70 zu erhöhen. Das würde bedeuten, daß nur fünf Prozent frei ausgeschrieben würden: das hieß, daß nur fünf Prozent den Brahmanen offen ständen.

Der Mann sagte: »Deshalb wandern wir ab, auf frische Weidegründe.«

Mylapore war einmal als eins der zwei oder drei brahmanischen Gebiete von Madras bekannt gewesen. Nun waren nur noch 40 Prozent der Einwohner von Mylapore Brahmanen. Die anderen waren Nicht-Brahmanen, sogar einschließlich einiger unberührbarer Kasten. Häuser waren auf normale Weise zum Verkauf angeboten worden, und die Leute mit Geld – nicht unbedingt Brahmanen – hatten die Häuser erworben. In den Dörfern gab es früher brahmanische *agraharams*, extra Straßen für Brahmanen, auf denen sonst niemand gehen durfte. Nun war all das verschwunden. Brahmanen waren aus den Dörfern weggezogen, weil es ihnen anderswo besser ging. Sie hatten die dörflichen Agraharams verlassen, und andere hatten die Häuser gekauft. Es hatte Unruhe gegeben, doch Brahmanen waren nicht die Leute, die sich wehrten oder beschwerten oder demonstrierten, und Außenstehende wußten nichts von den Unruhen, die stattgefunden hatten.

Ich sagte: »Tamil Nadu wird also ein *shudra*-Gebiet.«

Ich hatte in aller Unschuld gesprochen. Doch der Mann sah perplex aus, und Sugar schlug mit großer Geste die Hände vors Gesicht.

Sugar sagte: »Schreiben Sie das nicht. Wenn Sie das schreiben, kommen sie und brennen Ihnen das Haus ab. Sagen Sie nicht ›Shudra‹ hier. Sagen Sie ›drawidisch.‹ Wissen Sie, wie man uns nennt? Das korrekte tamilische Wort für Brahmane ist *parpannan*. Wenn sie uns verspotten wollen, sagen sie *pa-*

paan. Wenn man ›Shudra‹ sagt, ist es, wie wenn sie ›Pa-paan‹ sagen.«

Die Leute, die die Hochzeit planten, erhoben sich, um zu gehen. Die Freude auf die bevorstehende Hochzeit ließ sie (auch wenn sie nur dem Mittelstand angehörten und nicht abgesichert waren) beinahe leichten Herzens über die Lage der Brahmanen sprechen.

Als sie gingen, sah Sugar müde aus.

Er sagte: »Sehen Sie. Ständig kommen die Leute. Ich heile sie. Wußten Sie das? Ich heile Leute durch Glauben. Ich habe ungefähr tausend oder zweitausend Leute empfangen. Jeden Tag empfange ich zwei oder drei oder vier oder fünf. Jeden Tag.«

Sein Dhoti sah nicht frisch aus; sein gelbes Unterhemd auch nicht. Die Haut seiner runden Schultern sah ein wenig feucht aus. Er sah untrainiert, unwohl aus.

»Wie heilen Sie sie?«

»Man gibt ihnen verbrannten Kuhmist und singt Mantras und tröstet sie mit netten Worten.«

Ich war verblüfft: er schien sich von dem, was er für die Leute tat, zu distanzieren. Er klang müde.

Er sagte: »Sie kommen wegen der Hochzeiten.« Er meinte, daß sie um Rat wegen der Hochzeit ihrer Kinder oder anderer Angehöriger kamen. »Ich muß ihnen weissagen.«

»Wie machen Sie das?«

»Irgend etwas kommt mir in den Sinn, und ich sage es ihnen.«

Er erhob sich von dem niedrigen Sitz, auf dem er mir gegenüber gesessen hatte, und setzte sich in den Sessel neben meinem an der Wand. Wir beide saßen mit dem Rücken zur Tür. Wir schauten auf die blaue Wand des Wohn-Schlafzimmers mit den religiösen Bildern und dem Hängeschrank in der Mitte, der hinter der Glasschiebetür so vollgestopft war.

Er sagte: »Immer auf den Cent genau.« Er bezog sich auf die Voraussagen, die er den Leuten machte, und wieder schien mir, er habe seine Haltung zu dem, was er für andere tat, geändert. »Wenn ich sage, am fünfzehnten des Monats, kann es sich am zehnten oder zwanzigsten ereignen – ein paar Tage vorher oder nachher, je nachdem.«

»Seit wann haben Sie diese Gabe? 1967 hatten Sie sie noch nicht.«

»Sie kam plötzlich. 1970. Ich weiß nicht wie. Ein gewisser Mr. R. sagte mir, ich hätte diese Gabe. Und er sagte zu mir: ›Nutzen Sie sie richtig, damit Sie vielen Menschen nützen können.‹ Von dem Tag an tue ich diese Dinge. Ich ging früher oft zu Mr. R.s Haus. Es war in Madras. Ein kleines Haus, ein armer Mann. Ich kann nicht sagen, daß er mein Guru ist. Er mag mich, und ich mag ihn, das ist alles. Gleich und gleich gesellt sich gern, und er hat eben auch diese Gabe. Ich kann keine Wunder vollbringen wie Sai Baba – ich möchte nicht, daß Sie das annehmen.

Es kam so. Ein Freund von mir, ein Geschäftsmann, ein Mann der Mittelschicht, ein guter Freund, ein Mann von damals ungefähr fünfzig, kam zu mir, um mir zu sagen, daß sein Bruder sehr krank war, 40 Grad Fieber hatte. ›Sugar, gib mir etwas für meinen Bruder, damit sein Fieber sinkt.‹ Er hatte auch noch andere Symptome, Krämpfe und so etwas. Und dieser Freund kam zu mir ins Haus, und ich empfing ihn und bat ihn, eine Weile still zu sitzen, und ich nahm etwas Asche von Kuhmist und sang den *sudarsan*-Mantra und gab ihm dies.«

»Was hat Sie darauf gebracht?«

»Irgend etwas. Irgendwelche inneren Kräfte forderten mich dazu auf. In dem Augenblick, in dem ich das tue, bin ich nicht Sugar. Ich bin nicht ich selbst. Nach ein paar Sekunden gab ich meinem Freund die Asche. Er ging nach Hause und gab sie seinem Bruder und rieb sie ihm auf die Stirn. Am nächsten Morgen war der Bruder gesund. Er ging ins Büro. Ich arbeitete damals selbst in einem Büro.

Danach konnte ich zwei Tage lang nicht schlafen. Ich ging zu Mr. R. und fragte ihn deswegen. ›Irgend etwas stimmt nicht mit mir. Ich kann nicht schlafen. Ich sehe schwarze Gestalten vor mir. Menschliche Gestalten. Schwarze Gestalten.‹ Er fragte mich: ›Was haben Sie gestern getan?‹ Ich erzählte die ganze Geschichte. Er schimpfte mich aus. ›Wer hat Ihnen aufgetragen, Ihrem Freund Asche und solche Dinge zu geben? Tun Sie das in Zukunft nicht wieder.‹ Und er trug mir auf, den gleichen Sudarsan-Mantra noch einmal zu singen. Nach ein oder zwei Tagen ging es mir besser.

Seit dem Tag tue ich so etwas nicht mehr, ohne mir anderswo Erlaubnis zu holen. Ich sehe diese schwarzen Gestalten selbst jetzt, wo ich mit Ihnen rede. Zwei Figuren. Mit Hörnern auf der

Stirn. *Madan* – der kuhköpfige Mann. Eine böse Erscheinung. Er kann viele Dinge tun. Im Augenblick ist er mir wohlgesonnen. Von ihm muß ich Erlaubnis einholen, wenn jemand kommt und mich um dieses oder jenes bittet. Ich höre sie in meinem Kopf, seine Erlaubnis.

Ich möchte diese Gabe loswerden. Ich möchte all diese Dinge loswerden. Den Tempel, alles. Ich möchte alles loswerden. Ich möchte Frieden haben. Die Leute kommen und plagen mich mit ihrem Horoskop, mit verlorenem Besitz und daß sie keine Arbeit für ihre Söhne bekommen und keine Ehe für ihre Töchter arrangieren können. Und: ›Ich bin krank, Sugar. Tu etwas für mich.‹ Ich weiß nicht, wie ich diese Dinge loswerden soll. Ich mag sie nicht. Sie kommen und sagen mir, ihre Tochter sei krank. ›Tu etwas für mich.‹ Was habe ich davon?

Sie haben diese Leute nicht gesehen. Wegen dieser Leute habe ich ein Schild an die Tür gehängt und sie gebeten, zu einer bestimmten Zeit nicht hereinzukommen – dann ruhe ich nämlich.

Nur wegen dieser Dinge geht es mir nicht gut. Die Blutzufuhr zum Gehirn funktioniert schlecht. Mir wird oft schwindelig. Ich kann keine Treppen mehr steigen. Langsam höre ich mit diesen Dingen auf, aber ich sage es ihnen nicht.«

Ich sagte: »Was werden Sie tun, wenn Sie aufhören?«

Sein Leben in der kleinen Wohnung schien darauf eingestellt zu sein, Besucher zu empfangen, auf sie zu warten. Man konnte sich kaum vorstellen, womit er sich beschäftigen würde, wenn er aufhörte, Leute zu empfangen.

Er sagte, er wolle lesen. »Selbst heute lese ich Bücher. Jack Higgins, Wilbur Smith. Hailey, der mit dem *Airport*. Viele andere. Um mir die Zeit zu vertreiben, lese ich diese Dinge. Jedes Buch – ob es die *gita* ist oder Schund.«

Das war mir bereits vor zwanzig Jahren an ihm aufgefallen: seine Fähigkeit, populäre Kitschromane aus England zu lesen – weit entfernt in jeder Hinsicht, von seinem Leben entfernt und seiner Erfahrung in Mylapore.

Er sagte: »Ich brauche Bücher, um mir die Zeit zu vertreiben. Es hält meinen Kopf beschäftigt. Manchmal singe ich Mantras. Manche Mantras singe ich zweitausend-, dreitausendmal. Denselben Mantra den ganzen Tag.«

Wir saßen Seite an Seite.

Ich sagte: »Sie werden diese Gabe loswerden müssen.«

»Das werde ich. Ich bin ganz zuversichtlich. Ich kenne mich. Ich werde es schaffen. Ich habe keinen Frieden hier. Ich will weg aus der Stadt an einen weit entfernten Ort, aber die Ärzte lassen es nicht zu. Ich muß meinen Arzt innerhalb von ein paar Kilometern erreichen können.«

Er wies auf einen Stuhl unter dem Hängeschrank mit der Glastür an der gegenüberliegenden Wand.

»Ich kann da sitzen und Ihr Gesicht deuten, in allen Einzelheiten, wenn Sie vor mir sitzen. Aber danach habe ich Kopfschmerzen. Ich leide zwei Tage daran.«

Doch als ich das letzte Mal in die kleine Wohnung gekommen war, hatte ich die Leute von dem Frieden reden hören, den sie bei ihm fanden. Ein Mann hatte davon gesprochen, wie er seinen Geist entleere und während eines Stromausfalls vier Stunden in der Dunkelheit bei Sugar verbracht und kaum ein Wort gesagt habe.

Sugar sagte beinahe gereizt: »Sie kommen nicht um des Friedens willen, sondern um zu hören, was ich vielleicht über sie zum Besten gebe. Es tut ihnen gut zu hören, was sie für Schwierigkeiten haben und wie sie sie loswerden sollen. Sie sagen, sie wollen Frieden. Aber sie wollen Rat.«

Ich erinnerte mich an den Grundbesitzer, den ›Mann mit Geld‹, wie Sugar gesagt hatte, der geduldig auf seinem Stuhl saß; und ich erinnerte mich an den jungen leitenden Angestellten mit seinem scharfgeschnittenen Brahmanen-Gesicht und den frischen heiligen Zeichen auf der Stirn, der vornübergebeugt dasaß, die Füße unter dem Stuhl, die Handflächen auf der Stuhlkante.

Sugar sagte: »Aber ich halte den Mund. Und dann sitzen sie hier, reden über Politik und anderes, und dann gehen sie. Mr. R. weiß, was ich durchmache. Er leidet selbst. Er ist ein alter Mann von 86. Er sagt alles genau voraus. Er wird Ihnen alles über Ihr Haus in London sagen, wie Sie Ihr Haus führen. Er wird Ihnen alles sagen, wenn Sie da vor ihm sitzen.«

Ich fragte: »Weshalb mochten Sie mich 1962?«

Wir hatten uns eines späten Nachmittags, am Ende des Tagesmarsches kennengelernt, nachdem in der Nähe eines Gebirgsflusses die Zelte aufgeschlagen worden waren. Die Temperatur fiel selbst im August schnell; die Farben der Berge waren grau und braun. Und da war er im Dämmerlicht aufgetaucht, in seinen groben Wollpullover gehüllt. Wir hatten einfach so angefangen zu reden.

Sugar sagte: »In meinem letzten Leben hatten wir uns getroffen. Sie hätten mein Bruder, Freund und Vater sein können. Ich habe da oben im Himalaya etwas gespürt. Ich werde Ihren Namen nicht vergessen. Ich werde mich immer an Ihren Namen erinnern.«

»Ich hatte Sie für einen traurigen Mann gehalten. Waren Sie traurig?«

»Damals nicht. Nein. Mein Vater lebte. Meine Mutter lebte. Ich sah mir gerne Orte im Himalaya an. Ich war der erste in meiner Familie, der in den Himalaya kam.«

»Kann ich etwas für Sie tun?«

»Gott wird für mich sorgen. Ich habe Vertrauen in ihn. Raghavan nimmt sehr wenig für die Wohnung. Ich verbringe den ganzen Tag hier. Man könnte also sagen, daß ich gewissermaßen für sie auf das Haus aufpasse. Wir haben eine Vereinbarung auf Gegenseitigkeit.«

»Erzählen Sie mir von diesem verbrannten Kuhmist, den Sie den Leuten geben. Wo verbrennen Sie ihn?« – »Ich kaufe ihn.«

Es war also eine gewöhnliche Ware, die in Läden verkauft wurde, die mit Puja-Artikeln handelten. Es war nichts Besonderes, nichts, was er selbst gemacht hatte.

»Man nennt ihn *vibhuti*. Man kann ihn in Tüten kaufen, in ein Kilo oder zwei Kilo abgepackt. Meiner ist nicht parfümiert. Ich zahle drei Rupien das Kilo. Parfümiert verkaufen sie ihn für eine Rupie oder eine Rupie 50 Paisa für ein Päckchen von 100 Gramm. Wie man ihn macht, weiß ich nicht.«

Ein schlankes junges Mädchen in dunkler Kleidung kam zur Vordertür herein. Sie und Sugar wechselten kein Wort. Sie begann aufzuräumen und den mittleren Raum zu fegen, den Raum zwischen Tempel und Küche, die ihr beide versperrt waren, da sie mit Sicherheit keine Brahmanin war.

Es hatte eine Revolution gegeben. Die Tempel waren »geplündert« worden. Die Straßen und Mauern waren verkommen und mit Wahlparolen und Emblemen bemalt. Mylapore hatte angeblich nur noch zu 40 Prozent brahmanische Bewohner.

Doch in dem kleinen Raum, der Sugar noch gehörte, schien die alte Welt fortzubestehen.

In Bangalore hatte Kala mir von ihrem brahmanischen Vorfahren erzählt, der sein Dorf verlassen hatte und in die Stadt Madras gezogen war und der so arm gewesen war, daß er und seine Mutter sich von dem geweihten Essen des großen Tempels in Mylapore ernährt hatten. Diese Geschichte – alte Götter, alte Tempel, arme Brahmanen – war mir wie aus einer längst vergangenen Märchenzeit vorgekommen. Doch die Geschichte war eine aus der neuen Welt, aus einer Landschaft, die zunehmend überbevölkert war und in der die Brahmanen sich zerstreuten. Die Geschichte, die ich in Sugars Wohnung vom Zusammenbruch der brahmanischen Agraharams oder Dorfsiedlungen gehört hatte, zeugte von der gleichen Zerstreuung, der Versprengung von Menschen aus der Heimat ihrer Vorfahren.

Doch auf so einer Reise kommen Erkenntnisse manchmal langsam; manchmal kann der Reisende nur Einzelheiten hören; und gewisse Dinge können – weil sie zum Land oder zur Kultur zu passen scheinen – zu sehr als selbstverständlich hingenommen werden. Als ich zu Beginn meines Aufenthaltes in Madras Kakusthan traf und hörte, daß er ein Brahmane war, der versuchte, voll und ganz als Brahmane zu leben, begriff ich nicht, wie ungewöhnlich und sogar heroisch sein Entschluß war.

Er lebte in einer Brahmanen-Siedlung oder einem Agraharam in der Nähe eines der alten Tempel von Madras. Sein Vater war dorthin gezogen; davor waren die Männer in Kakusthans Familie über viele Generationen hinweg Tempelpriester in einem Dorf gewesen, das nun mit dem Bus zwei Stunden von der Stadt entfernt lag. Durch seinen Beruf gehörte Kakusthan jetzt in die moderne Welt. Er arbeitete für ein großes Wirtschaftsunternehmen, und er schrieb Wirtschaftsberichte und Projektgutachten verschiedener Art für sie. Doch der Familientempel war unter seine Obhut gestellt worden. Daß er diese Verantwortung annahm, gehörte zu seinem Entschluß, voll und ganz als Brahmane zu leben; und deshalb war Kakusthan, wenn er an seinem Schreibtisch im Büro saß oder Dienstreisen machte, als brahmanischer Priester gekleidet. Er trug die Kastenzeichen auf der Stirn; sein Kopf war geschoren; er hatte zwar keinen bloßen

Rücken, aber er trug die lange cremefarbene Tunika des Brahmanen.

Für mich war Indien ein Land der Kastenkostümierungen. (Wenn auch ein Gutteil weniger als England, wo ein ganzes Ritual von Kleidung und Farbe – verschiedene Berufe, Gruppen, soziale Hierarchien, Sportarten, Freizeitbeschäftigungen, Abstufung von Mahlzeiten, verschiedene Zeiten des Tages und des Jahres bezeichnend – viele Menschen in ständiger friedlicher Raserei hielt: in Indien hatte jeder bloß ein Kostüm.) Und Kakusthans altertümliche Erscheinung beeindruckte mich, als ich ihn das erste Mal sah, weniger, als sie es hätte tun müssen. Voll und ganz als Brahmane zu leben, meinte ich, hieß, daß Kakusthan ein absoluter Vegetarier war und weder Fisch noch Eier noch Knoblauch oder Zwiebeln aß; daß er den Grundgeboten der rituellen Sauberkeit folgte, nicht aus Gefäßen aß oder trank, die sonst jemand benutzte; daß er die rechte Hand für saubere Tätigkeiten und die linke für unsaubere nahm; und daß er überhaupt danach strebte, Verunreinigung zu vermeiden.

Doch Kakusthans Brahmanismus ging weit darüber hinaus. Die Reinheit, die er anstrebte, verbot ihm, Essen zu sich zu nehmen, das er nicht erst seinem Gott zu Hause dargebracht hatte, verbot ihm sogar, Wasser zu trinken, das er nicht erst so geweiht hatte. In der großen Hitze von Madras bedeutete das, daß jeder Arbeitstag sehr beschwerlich für ihn war. Und tatsächlich waren die brahmanischen Einschränkungen, die er sich auferlegte, auch eine Art privater Buße, ein Akt der Frömmigkeit und Sühne gegenüber seinem Vater und seinen Vorfahren.

Kakusthan war ein armer Brahmane gewesen. Als Kind in Madras hatte er unter der Einhaltung der brahmanischen Regeln gelitten, die sein Vater ihm aufgezwungen hatte. Periyars anti-brahmanische Vorstellungen hatten auch die Kinder von Madras erfaßt, und Kakusthan war in der Schule und auf der Straße so gequält worden, daß er seiner Vergangenheit die Treue brach. Er hatte seinen brahmanischen Pflichten den Rükken kehren wollen; und er hatte sich mit seinem Vater gestritten. Es war ihm gelungen auszubrechen; er hatte sich anderswo ein Leben aufgebaut. Doch als er ins mittlere Alter kam, nagten Gewissensbisse an ihm; und er kehrte nach Madras zurück, um genau in dem Agraharam oder der Brahmanen-Siedlung zu leben und genau dem Haus, in dem er aufgewachsen war. Dort lebte er nun, entschlossen, ein so reiner Brahmane zu sein, wie es nur möglich war.

Die Siedlung, in der Kakusthan wohnte, lag im Bezirk Triplicane in Madras. Als Brahmanen-Viertel rangierte er direkt hinter Mylapore; und der Parthasarathy-Tempel, der ungefähr tausend Jahre alt war und im Herzen des Bezirks Triplicane lag, kam in den Augen der Gläubigen dem Tempel von Mylapore gleich.

Die Siedlung war an einem Weg neben dem Tempel. Vom Weg aus gesehen, war die Tempelmauer unerwartet hoch. Das Mauerwerk war schön und gleichmäßig, und der untere Teil der Mauer war in breiten vertikalen Streifen rostrot und weiß gestrichen, heilige Tempelfarben. Gegenüber der Tempelmauer und beinahe in der Mitte des Wegs war der Eingang zur Siedlung: ein Torbogen wie eine Abschirmung, nicht sehr hoch, mit Holztüren und einem gemalten Symbol von Garuda, dem Reitvogel Vishnus, über der Tür.

Links vom Tor lag, wenn man eintrat, der steinummauerte Tempelgarten, der durch den Weg vom Tempel getrennt war. Der Garten war alt, möglicherweise so alt wie der Tempel selbst – und dieser umschlossene förmliche Ort mit seinem eigenen symbolischen *gopuram* oder Tempelturm schien alte, längst verdrängte Gefühle wachzurufen. Die Siedlung selbst (wenn auch offensichtlich an geweihtem Ort) war nicht alt. Sie war gegen Ende des letzten oder Anfang dieses Jahrhunderts als Siedlung gegründet worden; und das Land hatte ein wohltätiger Einwohner von Triplicane gestiftet, um für Brahmanen zu sorgen, die aus den Dörfern kamen und entweder im Tempel oder einfach in der Stadt als Pandits dienten.

Das Tor der Siedlung wurde nachts geschlossen, von zehn bis fünf Uhr morgens; nur Einwohner konnten dann herein. Ständig geschlossen war die Siedlung für Leute, die als unrein galten: Raucher, Trinker, Flickschuster, überhaupt Unberührbare und Moslems. Solche Leute durften nicht durch das Tor treten. Manche mußten hereingelassen werden, um bestimmte Dienste in der Siedlung zu erledigen, aber sie durften nicht in die Häuser.

Vom Tor aus führte ein gepflasterter Pfad zwischen den kleinen niedrigen Häusern zum zentralen Hof. Im Hof war ein Brunnen mit Winde und Seil. Frauen und Mädchen zogen Wasser hoch, als ich kam; und diese idyllische Szene inmitten einer gedrängt vollen Stadt war überraschend. Kakusthan, der mein Gastgeber und Führer war, sagte, daß Brahmanen nur Brunnenwasser trinken dürften, weil Brunnenwasser eine direkte Verbindung mit der Erde habe. (Diese brahmanische Regel kannte ich nicht. Sie erklärte mir ein altes Rätsel. 1971 war ich nach Indien gefahren, um die Wahlen in einem von Dürre befallenen Wüstenwahlkreis in Rajasthan im Nordwesten zu beobachten. Einer der Kandidaten, ein vielbewunderter, gottesfürchtiger alter Gandhi-Anhänger hatte sich aus Gründen der Moral wiederholt dagegen ausgesprochen, daß Wasserleitungen in Wüstendörfer verlegt wurden. »Gutes altes Wasser vom Brunnen«, sagte er immer wieder, sei gut genug; Wasser aus der Leitung würde »Gesundheit und Moral« der Frauen in den Dörfern beeinträchtigen. Er hatte nicht erklärt, warum er das sagte; doch – nach dem, was Kakusthan jetzt sagte – hatte sein Publikum das von Kastendenken diktierte Kürzel verstanden.)

Mit zunehmender Bevölkerung in der Siedlung sei der Wasserspiegel im Brunnen über die Jahre um zehn Meter gefallen, sagte Kakusthan. Vor Jahren hätte man einfach sein »Gefäß« mit der Hand hineinhalten und sich sein Wasser nehmen können. Nun sei das Wasser rationiert, sechs Töpfe pro Familie morgens, sechs Töpfe abends. »Töpfe«, »Gefäße«, das waren die richtigen Worte, weil Brahmanen keine Eimer benutzten. Auch das wußte ich nicht, doch die Erklärung war einfach. Moderne Eimer waren aus Eisenblech, und Brahmanen mußten Töpfe aus Messing oder Ton nehmen, weil diese Materialien eine direkte Verbindung mit der Erde hatten. Und deshalb waren dort in der Siedlung die Frauen und Mädchen mit ihren unhandlichen Töpfen ohne Henkel – und dabei hätte man darin nur die Idylle in der Stadt sehen und die Kastenvorschrift nicht mitbekommen können.

In der Nähe des Brunnens war eine Handpumpe. Das Wasser, das man mit dieser holte, war strikt zum Gebrauch in der Latrine – wenn auch die Quelle zweifelsohne dieselbe war wie die des Trinkwassers im Brunnen. Diese Regel für Handpumpe und Latrine schien streng und brahmanisch; in Wirklichkeit zeigte sie, wie schwierig es heutzutage war, voll und ganz als Brahmane zu leben. Allein die Idee der Latrine war nicht-brahmanisch: solch einen unreinen Platz zu betreten, war an sich schon Verunreinigung. Früher hätte kein Brahmane dies auch nur in Betracht gezogen. Gute Brahmanen, traditionelle Brahmanen, benutzten Orte im Freien, jedesmal einen neuen. Deshalb gab es hier einen Kompromiß, wie auch in einer Reihe anderer kleiner Dinge, die dem Besucher wahrscheinlich nicht aufgefallen wären oder über die er nicht nachgedacht hätte: das Tragen genähter Kleidungsstücke wie Hemden, das Tragen von Ledersandalen und selbst der käufliche Erwerb von Bündeln mit Blättern, von denen gegessen wurde.

Von Blättern zu essen, war brahmanisch gesehen korrekter, als von Tellern zu essen. Blätter wurden einmal gebraucht und dann weggeworfen; Teller wurden mehr als einmal gebraucht und waren theoretisch immer schmutzig, ganz gleich, wie oft man sie spülte. Von einem Blatt zu essen hatte etwas besonders Rituelles und Romantisches. Es hatte sogar bei uns im weit entfernten Trinidad überlebt. Als ich klein war, wurde nach besonderen religiösen Anlässen den Leuten im Haus meiner Großmutter das Essen auf Bananenblättern vorgesetzt (wie es im Woodlands Hotel in Madras noch 1962 geschah). Es war schön, von einem frischen Bananenblatt zu essen: dunkelgrün, mit einer helleren hohlen Blattrippe, das Blatt selbst glatt, doch mit Griff, geädert, mit einem leichten Glanz, undurchlässig und ohne aufdringlichen Geruch oder Geschmack. Von so einem Blatt zu essen war nicht nur Kennzeichen für ein spezielles Ereignis; es wurde auch ganz romantisch mit Religion assoziiert, ließ einen an die eigenen fernen Ursprünge denken und an die Wälder, durch die die Helden der Hindu-Epen, die Gottheiten, in den Jahren ihres Exils gewandert waren. Selbst auf dem kleinen Trinidad waren die Wälder jedoch weit weg, und Bananenblätter konnte man nicht einfach draußen pflücken. Sie mußten von weit her gebracht werden; sie mußten frisch gebracht werden; und man konnte sie nicht immer bekommen. Es war eine verschwenderische und teure Weise, Essen zu servieren. Das Woodlands Hotel in Madras benutzte nun keine Bananenblätter mehr. Leute wie Kakusthan, die von Blättern essen mußten, kauften Bündel einer kleineren, runderen Art getrocknet auf dem Markt. Sie waren nicht frisch, nicht besonders sauber, und sie hatten keine ästhetische Qualität. Die Idee der Sauberkeit war vom Ritual überlagert worden; in Wirklichkeit wurde die Idee des Blattes geehrt, des natürlichen Dinges, das einmal benutzt und dann weggeworfen wurde.

In der Siedlung gab es eine Einschränkung für Frauen, die ich nicht gekannt hatte. Menstruierende Frauen und Mädchen wurden während ihrer Periode isoliert. In einer Ecke der Siedlung gab es einen besonderen Raum für sie. Dieser Raum hatte zwei Türen, und beide wurden geschlossen gehalten, damit Leute, die draußen vorbeigingen, nicht verunreinigt würden. Kakusthan erzählte mir, eine menstruierende Frau verunreinige auf eine Entfernung von drei bis fünf Metern: wenn man aus irgendeinem Grunde mit einer menstruierenden Frau reden müsse, solle man diese Entfernung zu ihr halten. Die Frauen in diesem separaten Zimmer hatten eine eigene Latrine und ein eigenes Bad. In den drei Tagen ihrer Periode taten sie absolut nichts. Für sie, sagte Kakusthan, sei es eine Zeit »vollständiger und kompletter Rast«. Sie lasen oder hörten Musik. Der Raum konnte zehn Frauen beherbergen, und früher war er immer voll gewesen; aber heutzutage, im modernen Leben, wo die Mädchen zur Arbeit gingen (und andere Mädchen hinaus ins Kino schlüpften und so weiter: hinten in der Siedlung war eine Tür, die menstruierende Frauen benutzten), waren immer nur fünf oder sechs Frauen in dem Raum. Isolation lasse die Frauen den Gedanken an Menstruation hassen, sagte Kakusthan; doch gleichzeitig begrüßten sie sie, weil sie ihnen einen regelmäßigen kleinen Urlaub gebe, den sie sonst vielleicht nie hätten.

Nur fünf der Häuser in der Siedlung hatten einen Schlafraum oben; und diese Häuser standen in einer Reihe gegen eine Grenzmauer. Alle anderen Häuser waren eingeschossig und niedrig, flach zum Boden gebaut. Der Hof in der Mitte und das Leben um den Brunnen wurde also von den höheren Gebäuden hinten überblickt. Ich fragte mich, ob es für die Brahmanen des Agraharam kein Problem der Verunreinigung aufwerfe, wenn Angehörige anderer Kasten auf sie herabschauten oder die Schatten dieser größeren Häuser auf ihre Siedlung fielen. Kakusthan sagte, die hohen Gebäude hinten seien kein Problem. Es lebten Angehörige der Kaste der Kuhhirten darin, *yadavas*, die Kaste des Gottes Krishna; Yadavas und Brahmanen achteten sich gegenseitig.

Die anderen unmittelbaren Nachbarn der Siedlung waren Moslems. Man hätte meinen mögen, daß die dreiundfünfzig Familien der Siedlung verwundbar seien und bei Unruhen leicht aufgerieben werden könnten; doch aus irgendeinem Grund hatte es zwischen den Moslems und den Brahmanen nie kommunale Probleme gegeben. Die Moslems könnten sogar – auch wenn Kakusthan das nicht sagte – als Puffer gegen feindlich gesonnene Nicht-Brahmanen wirken. Zwischen dem Tempel, den Yadavas und den Moslems genoß die Siedlung also so etwas wie Sicherheit: die Häuser, sagte Kakusthan, hätten keine Schlösser an den Türen.

Die Siedlung – mit ihrem Holztor, das jede Nacht geschlossen wurde und direkt neben dem umfriedeten Tempel – ließ einen an alte europäische Stifte denken, beispielsweise an mit Spenden errichtete Altenhäuser innerhalb der Umfriedung einer Kathedrale; und so ähnlich wurde die Siedlung auch geführt. Es gab eine Treuhand; sie sammelte die Mieten ein, reparierte die Gebäude, wartete sie und bezahlte den Mann, der das Eingangstor bewachte. Der Pachtbesitz der Häuser ging von einer Generation an die nächste; die meisten Familien der Siedlung lebten schon seit Jahrzehnten dort. Kakusthans Vater war Anfang der vierziger Jahre in die Siedlung gekommen.

Kakusthan sagte, daß mittellose Brahmanen, die – früher – von den Dörfern in die Städte abwanderten, nicht nur von den Tempelgebieten angezogen wurden, weil es für sie dort leichter war, als Pandit oder Bettelmönch etwas Geld zu verdienen, sondern auch weil der Tempel Teiche und Brunnen hatte und Wasser bot, das direkt aus der Erde kam. Außerdem waren die Tempel nahe am Meer. Die Nähe zum Meer war wichtig, weil traditionelle Brahmanen während der Sonnen- und Mondfinsternisse und auch bei anderen Gelegenheiten gerne ins Meer eintauchten.

Es war nicht leicht, ein guter Brahmane zu sein! Je ausführlicher Kakusthan davon berichtete, desto mehr Ansprüche und Vorschriften kamen zum Vorschein; und desto unbequemer erschien die ganze Angelegenheit. Vielleicht war ein Leben ganz und gar als Brahmane nicht möglich. Vielleicht war es immer so gewesen; vielleicht hatten Brahmanen zu allen Zeiten in der einen oder anderen Sache Kompromisse schließen müssen.

Kakusthans Vater war 1932 oder 1933 nach Madras gekommen, um sein Glück zu machen. Er war damals zweiundzwanzig und verheiratet, aber er brachte seine Frau nicht mit. Nicht nur hatte er das Geld dazu nicht; es war damals auch für einen Mann und eine Frau nicht recht, als Paar aus dem Haus der Großfamilie auszuziehen.

Kakusthans Vater war der erste in seiner Familie, der auf eine englische Schule gegangen war. Er kam nur bis zur zehnten Klasse; doch später wurde er Lehrer. Er war besonders gut in Mathematik, und er gab Privatstunden in dem Fach. Wie andere Brahmanen seiner Generation war er schwer einzuordnen. Man könnte sagen, er war ein halbgebildeter Dorfbewohner; gleichzeitig war er, was Mathematik betraf, ungewöhnlich begabt. Und außerdem gab es noch sein Hindu- und Brahmanenwissen. Dies war beträchtlich.

Im Dorf der Familie gab es einen alten Tempel. Seit sieben- oder achthundert Jahren, seit der Zeit der Chola-Dynastie, hatte die Familie von Kakusthans Vater in jenem Tempel besondere Rechte und Vorrechte. Sie verrichtete die Puja für die Tempelgottheit, und alles, was der Gottheit in jenem Tempel dargebracht wurde, ging erst an die Gottheit und dann an die Familie von Kakusthans Vater. In jenem Tempel überstieg das Vorrecht der Familie von Kakusthans Vater das von Herrschern.

Erziehung und Herkunft ließen Kakusthans Vater seinesgleichen suchen; doch als er das Dorf verließ, konnten er und seine Familie gerade das Fahrgeld für den Zug nach Madras aufbringen. Er ließ sechs Menschen im Dorf zurück: seine Frau, seine Eltern, die Familie seines älteren Bruders. Keiner von ihnen hatte ein Einkommen; sie alle waren von dem jungen Mann abhängig, der mit dem Zug nach Madras gefahren war.

Weil er überhaupt kein Geld hatte, wohnte Kakusthans Vater bei Verwandten in Madras. Eine Weile lebte er als junger Brahmane von Wohltätigkeit, aß an verschiedenen Tagen in verschiedenen brahmanischen Häusern. Doch dann begann er, mit seinem Wissen ein wenig Geld zu verdienen. Er kannte alle 4000 Verse der tamilischen Veden auswendig. Das sprach sich herum, und man rief den jungen Mann zu Pujas, damit er die 4000 Verse aufsagte. Dafür bekam er ein oder zwei Rupien und auch Essen. Mit dem Geld für die Verse, den Gebühren für die

Privatstunden, die er in Mathematik gab, und seinem Lehrergehalt brachte er es letzten Endes auf ein anständiges Einkommen. Er verdiente wohl 40 bis 45 Rupien im Monat, genug für sich und die sechs Menschen, die er im Dorf zurückgelassen hatte.

Irgendwann nach 1940, nachdem er zehn Jahre so gelebt hatte, holte Kakusthans Vater schließlich seine Frau nach Madras. Sie fanden ein Zimmer für zehn Rupien im Monat, ungefähr 75 Pence. Kinder wurden geboren. Und dann bekam Kakusthans Vater durch die Hilfe von Freunden einen Platz in der Brahmanen-Siedlung, wo er mehr oder weniger das bezahlte, was er draußen bezahlt hatte. Er mußte damals Anfang Dreißig gewesen sein; endlich hatte er so etwas wie Sicherheit. Innerhalb der Siedlung zog er zweimal um; manche Leute taten das. 1943 wurde Kakusthan geboren.

Es klang wie der Beginn einer Erfolgsgeschichte. Es hatte viel Bewegung gegeben – aber hatte es Erfolg gegeben? Fünfundvierzig Jahre später zeigte Kakusthan mir, wo er seine Kindheit und Jugend verbracht hatte und wo er nun für immer leben wollte; und Kakusthan war als Brahmane gekleidet. Er war mit höchster Wahrscheinlichkeit der reichste Mann seiner kleinen Gemeinschaft. Denn die Gemeinschaft war arm; auch wenn die Umgebung historisch war und der umschlossene Tempelgarten vorne, der Brunnen und die Winde im Hof in der Mitte (und die Menschen aus der Kuhhirten-Kaste des Gottes Krishna in den hohen Gebäuden hinten) Erinnerungen an eine religiöse Idylle weckten, sahen viele der Frauen und Mädchen am Brunnen, die ihre Töpfe mit rationiertem Wasser füllten, bleich und unterernährt aus.

Die Brahmanen-Siedlung war ein kleiner städtischer Slum, mit weniger Energie als die moslemische Gemeinde am äußeren Rand des Tempelgebiets. Und die Siedlung stand unter Druck. Ihre bereits kompromittierten brahmanischen Sitten wurden ständig weiter kompromittiert. Der schrecklichste Kompromiß war geschlossen worden, als die Feger, die die Latrinen säuberten, begonnen hatten, Summen zu fordern, die die Gemeinschaft nicht aufbringen konnte. Da hatten die Brahmanen, um es den Fegern zu zeigen und künftige Erpressung zu verhindern, eigenhändig die Latrinen gereinigt. Kakusthan selbst hatte die jungen Männer der Gemeinschaft dazu angespornt. Er erklärte ihnen, daß jeder Mensch täglich Exkremente berühre, seien es auch nur die eigenen; und daß deshalb nichts dagegen spreche, wenn sie ihre eigenen Latrinen und Sickergruben leerten. Zu jeder anderen Zeit wäre Kakusthans Vorschlag als Form von Kastenselbstmord angesehen worden; doch Kakusthan sprach davon als einem moralischen Triumph der Kaste.

Er war ein kleiner Mann, knapp über einen Meter fünfzig, von frischer Hautfarbe, gut gebaut. Seine Augen glänzten, der Blick war fest. Seine Augen verrieten seine Leidenschaft – früher die Leidenschaft des Abtrünnigen, des Mannes, der um jeden Preis ausbrechen wollte, nun die Leidenschaft des Mannes, der ehren wollte, was er als den wahren Weg empfand.

Er wohnte in einem der fünf Häuser mit einem Obergeschoß, in dem ein Schlafzimmer von einer offenen Terrasse abging. Der Raum, in den er mich führte, als ich das erste Mal sein Haus besuchte, lag unten im hinteren Teil. Er stieß vielleicht an die Grenzmauer; er war dunkel und stickig, mit einem leichten Abflußgeruch, eine kleine Zelle, in der im fluoreszierenden Licht der Neonröhre alles, Anstrich und Wände und Schränke und Möbel, Zeichen von Alter und Abnutzung zeigte, in der aber rituell gesehen zweifelsohne alles sauber war. Sauberkeit – wie Verunreinigung – konnte ein Brahmane leicht erlangen: einmal mit dem Finger Wasser gespritzt, und ein Raum konnte als gereinigt gelten.

Da ich ein Besucher und dies Indien war, wollte Kakusthan, daß ich in seinem Haus etwas zu mir nahm – obwohl er als Mann, der so angestrengt versuchte, wie ein guter Brahmane zu leben, eigentlich keinen Fremden im Haus haben sollte. Natürlich würde er nicht mit mir essen; aber er wollte, daß ich etwas aus seiner Küche aß. Deshalb waren wir unten. Als wir zu dem kleinen Raum hinten im Haus gegangen waren, waren wir an der Küche vorbeigekommen; und ich hatte auf einem Tisch oder Ständer oder einer halbhohen Mauer neben dem Rücheneingang eine schwarze Figur gesehen, vor der in einer großen, rußigen Öllampe aus Bronze oder Silber eine Flamme brannte. Der Stil der Lampe entführte einen in die Welt der Antike: Der Docht brannte in der Öffnung eines flachen Behälters, der wie ein sich aufrollendes Blatt geformt war, und dieser Ölbehälter war an einer vertikalen Stange befestigt. Die schwarze Figur stellte Kakusthans Gottheit dar; alles, was Kakusthan aß, mußte erst dieser Gottheit dargebracht werden.

Auch ich hatte meine Skrupel, so weit weg von zu Hause zu essen – weit weg auf jeden Fall vom Taj Coromandel Hotel. Aber ich schämte mich für diese Skrupel, und ich nahm ein wenig Essen aus Kakusthans Küche zu mir und legte meine Lippen an das Glas Kaffee, auch wenn durch das Brechen des Brots (oder der Puri) in Kakusthans hinterem Zimmer meine Finger zum Schreiben zu fettig wurden. Das ließ sich nicht ignorieren; es bedurfte mehr als einer rituellen Waschung draußen – und Kakusthan goß mir, kostbares Wasser vom Brunnen vergeudend, ohne zu klagen einen seiner sechs abendlichen Töpfe über die Hände. (Und ich hätte mich gar nicht schämen oder zum Essen gezwungen fühlen müssen. Kakusthan war ein Mann von Welt. Als ich ihn ein paar Tage später das nächste Mal in der Siedlung besuchte, sagte ich ihm geradeheraus, daß ich wie er sei und auch nicht außerhalb meiner Wohnung esse. Er akzeptierte das sofort. Er lachte und sagte: »Gut, dann bin ich diesmal der Unberührbare.«)

An jenem ersten Nachmittag in dem dunklen, von einer Neonröhre erleuchteten Raum hinten in seinem Haus redete er sachlich von seinen Nachbarn.

Er sagte: »Es ist eine arme Gemeinschaft. Beinahe die ganze Gemeinschaft ist arm. Die erste Generation bestand hauptsächlich aus Purohits, Pujaris, Köchen und ein paar Büroangestellten. Der zweiten Generation geht es etwas besser. Mehr Jungen und Mädchen in der Familie verdienen Geld mit Jobs.«

»Was für Jobs?«

»Jobs, von denen die traditionellen Brahmanen nicht träumten. Sie bedienen Maschinen, arbeiten als Mechaniker und verrichten alle möglichen anderen manuellen Industriearbeiten. Mein Nachbar auf dieser Seite ist Koch.«

Fünfzehn Menschen lebten im Raum des Kochs. Das war nicht so schlimm, wie es klang: die fünfzehn schliefen nicht gleichzeitig in dem Raum. Tatsächlich hatten sie ihre reservierten Schlafplätze auf dem Hof in der Mitte: im Sommer, der in Madras den längsten Teil des Jahres ausmachte, schliefen alle im Hof oder im Freien. Der Koch verdiente den größten Teil seines Geldes auf Hochzeiten; aber er mußte so viele Helfer anstellen, daß er mit einer Hochzeit zu 1000 Rupien nur einen sehr kleinen Profit machte.

Der Nachbar auf Kakusthans anderer Seite war ein »Peon« oder Bürobote. Er arbeitete in einem Regierungsbüro. Ein anderer Junge in der Kolonie fuhr eine mechanische Rikscha. Sein Vater war ein Sanskritgelehrter gewesen, eine Autorität in den Veden und hinduistischen Ritualen.

»Es ist wirklich traurig«, sagte Kakusthan. »Der Junge selbst sagt: ›Was kann ich denn tun, wenn mir keine andere Möglichkeit bleibt? Ich bin zu nichts ausgebildet. Und ich bin auch nicht in die Fußstapfen meines Vaters getreten.‹«

Ich sagte: »Das kommt mir ungewöhnlich vor.«

»Er hat keine Schulbildung erhalten, weil die Eltern sich nicht richtig darum gekümmert haben.«

Und als Kakusthan und ich uns das nächste Mal im Hotel trafen, in dem ich wohnte, redete er weiter von der Armut der Brahmanen-Siedlung neben dem großen Parthasarathy-Tempel.

Kakusthan sagte: »Heute ist die Lage viel besser als in den fünfziger Jahren, als ich dort aufwuchs. Ich verspürte das Bedürfnis nach mehr Annehmlichkeiten. Die Leute, die ich in der Schule sah, waren besser gekleidet, sahen besser aus, waren kräftiger und wirkten moderner. Ich sah eher wie ein Dorfjunge aus – mit meinem Dhoti, meinen religiösen Zeichen auf der Stirn und meiner *churki*.«

So sah er, abgesehen von der Churki, auch jetzt aus. Die Churki, die lange, nie abgeschnittene Haarsträhne oder Locke am Hinterkopf war ein uraltes Kennzeichen für einen Brahmanen. Kakusthan hatte keine lange Churki mehr; seine war nur rund drei Zentimeter lang, aber sie erfüllte ihren Zweck. (Vier- oder fünfmal im Jahr, an einem besonders dazu ausersehenen Tag, rasierte Kakusthan als Zeichen seines wiederbelebten Brahmanismus sein ganzes Haar ab – Augenbrauen und alles, bis auf das Haar unter den Achseln und die Churki. Als wir uns trafen, war er zwischen zwei Rasuren; das Haar auf seinem Kopf sah aus wie ein Bürstenschnitt, und die kurze Churki fiel nicht besonders auf.) Als Kind hatte sein Vater ihn gezwungen, die Churki zu tragen. Nicht viele Brahmanen-Jungen trugen in den fünfziger Jahren noch so etwas; das war die Ursache seiner Qualen in der Schule.

Kakusthan sagte: »All diese Dinge zogen den Hohn und Spott anderer Jungen auf sich, selbst heute noch. Ich reagierte gewalttätig, wenn der Junge, der mich verspottete, schwach war, und wenn er stark war, ignorierte ich es. Ich beklagte mich bei meinem Vater über meine soziale Misere in der Schule, und er erwiderte: ›Melde es dem Direktor.‹ Er sagte auch, daß ich diese religiösen Zeichen und die Churki tragen müsse, um die Familientradition aufrechtzuerhalten – sonst würde die gesamte Familie im Dorf von den anderen Familien herablassend behandelt, besonders weil unsere Familie als Brahmanen der Gottheit dort diente.

Mein Vater selbst litt in seiner Schule und auch sonst in der Stadt – in den Bussen – auf den Straßen unter diesem Spott. Die ganze Brahmanen-Gemeinschaft damals litt wegen des vorherrschenden Anti-Brahmanismus, den die sogenannte drawidische Bewegung in Gang gesetzt hatte, unter Spott und Hohn.« Er meinte die *Dravidar Kazhagam*, die drawidische Bewegung, die Periyar ins Leben gerufen hatte. »Das war Mitte der fünfziger Jahre, als es eine weit verbreitete Bewegung gegen Brahmanen und ihre Praktiken gab. Das ging soweit, daß Götterbilder zerbrochen wurden, den Brahmanen die Churkis und heiligen Schnüre abgeschnitten und ihnen die religiösen Zeichen auf der Stirn abgewischt wurden. In Madras priesen die meisten vegetarischen Restaurants sich als ›brahmanische Hotels‹ an – und die Draviden löschten das Wort ›brahmanisch‹. Jetzt haben Hotels in der Stadt diese Bezeichnung nicht mehr. Damals hieß es ›brahmanisches Hotel‹ und ›militärisches Hotel‹.«

Das »militärische Hotel« gab es noch, als ich zum ersten Mal durch den Süden reiste. Es bezeichnete eine Gaststätte, in der Fleisch serviert wurde; und – als nähmen sie das brahmanische Vorurteil gegen solche Stätten an, als genössen sie den Unterschied und die absolute Freiheit, die solch ein Vorurteil ermöglichte – die militärischen Hotels im Süden waren wirklich schmutzig und ungepflegt.

Irgendwo auf der Busstrecke zwischen Bangalore und Madras, irgendwo auf der roten Erde dieser Gegend erblickte ich

1962 zum ersten Mal ein militärisches Hotel. Es war ein Schuppen auf nackter Erde, Teil des unschönen Busparkplatzes. Die englischen Worte auf dem Schild schienen – in dieser alt aussehenden Landschaft primärer Farben wie eine exotische Ansicht in einem englischen Stich aus dem 18. Jahrhundert – auf die Kriege der britischen Ostindien-Kompanie gegen Tippu Sultan zurückzugehen. Die pittoresken Worte schienen etwas von der indischen Geschichte zu beinhalten, etwas von der Anarchie Indiens im 18. Jahrhundert, als Armeen indischer Söldnertruppen um das Land kämpften, ohne eine Beziehung zu den Leuten, die in den Dörfern oder Feldern arbeiteten, herzustellen.

Von einer Art Krieg zur nächsten, von einer Art Bewußtsein zur nächsten: im Hauptraum des Museums von Periyar Thidal war unter den dreiunddreißig Gemälden von den Stationen oder Abschnitten im Leben Periyars eines, das den großen Mann 1957 zeigte, als er beinahe 80 war und das »brahmanisch« von einem Hotel- oder Restaurantschild übermalte. Auf diesem Gemälde hatte Periyar einen weißen Bart und wirkte imposant. Er hielt eine Malerquaste in der Hand; er stand auf einer Bank oder einem Hocker, um an das Schild heranzukommen; und unbehelligt widmete er sich seiner Aufgabe, ohne daß sich jemand, sei es Polizist oder Politiker oder Hotelbesitzer oder Hotelgast, einmischte. Die Farben des Gemäldes waren einfach, die Details merkwürdig prosaisch (das Schild, der Hocker oder die Bank, auf der Periyar stand, die Malerquaste mit Weiß beschmiert), als illustrierten sie einen wohlbekannten Text; und die Wirkung war die der behüteten Welt eines Kindercomics.

Kakusthan sagte, als er von den Demütigungen sprach, mit denen er als Junge wegen seiner traditionellen brahmanischen Kleidung fertig werden mußte: »Ich wehrte mich, wann immer ich konnte, und ich wurde verprügelt, noch während ich meinen Eltern erzählte, daß ich mich den neuen Gebräuchen anpassen müßte – besonders die Churki abschneiden und Hosen tragen. Wir litten unter den Churkis. Darunter litten wir am allermeisten. Wenn ich in der Schule Sport trieb, amüsierten sich die andern immer, wenn ich an Laufwettbewerben und einem Spiel namens *kabbadi* teilnahm. Wenn ich lief, löste sich meine Churki und fiel herab, und das führte immer zu Gelächter. Bei

Kabbadi packten meine Gegner mich an der Churki und hielten mich an dieser langen Haarsträhne fest, und dann gewannen sie das Spiel.

Ich blieb bis 1958 auf der Schule. Dann ging ich aufs College, um mich auf die Universität vorzubereiten, und die Ironie ist, daß ich bloß wegen meiner Churki und der Kastenzeichen aufs College kam. Der Mann, der mich empfahl, war ein Brahmane, der die gleichen Werte hochhielt, die wir in unserer Familie achteten. Doch ich blieb nur sechs Monate auf dem College. Dort wurde ich von meinen Kommilitonen noch mehr verhöhnt. Und jetzt waren es Erwachsene, keine Jungen mehr.

All dies machte mich sehr traurig. Ich bekam das Gefühl, ich sei völlig anders als mein Vater und bat ihn, mir diese Qualen zu ersparen. Doch er blieb fest. Er sagte, Familienehre und Tradition seien wichtiger als diese vorübergehenden Erfahrungen. Ich war davon nicht überzeugt. Ich ging vom College ab. Ich hatte das Gefühl, ich müsse unabhängig werden.«

Unabhängig – ein merkwürdiges Wort.

Kakusthan sagte: »Unabhängig von diesen Praktiken. Ich war sechzehn. Ich hatte das Gefühl, ich müsse so modern sein wie alle anderen.«

»Hatten Sie keine Angst, als Sie das College verließen?«

»Ich hatte keine Angst. Ich war voller Hoffnung, daß ich tun könne, was ich wolle, sowie ich von zu Hause weg war. Ich vertraute das meiner Mutter an. Zum Teil stimmte sie mir zu, zum Teil nicht. Sie verstand meine Gefühle.«

Ich versuchte, mir dieses Familiendrama von vor dreißig Jahren in der Siedlung vorzustellen, die ich gesehen hatte. In dem Hof um den Brunnen würden die Menschen der Kleidung und den Vorschriften nach offensichtlich Brahmanen gewesen sein: Menschen, die einst Autorität hatten, nun aber nur in diesem kleinen Gebiet sicher waren. Ich versuchte mir vorzustellen, wie die Leidenschaften von Vater und Sohn in dem kleinen privaten Raum explodierten, den die Familie in der Siedlung hatte: dem dunklen kleinen Raum hinter der Küche im Erdgeschoß, dem Schlafzimmer, das von der allgemeinen Terrasse ab ging, mit einem Blick – während man die schmalen Stein- und Betonstufen an der Seite der Häuserreihe zu dieser Terrasse hinaufstieg – über den überwachsenen Tempelgarten, Andenken an eine ruhigere Zeit.

»Ein paar Tage blieb ich zu Hause. Mein Vater war sehr wütend. Er sprach nicht mit mir. Er wollte mich nicht im Haus haben. Ich hatte die Familie betrogen und seinem Ansehen geschadet. Er wollte, daß ich ein Studium abschloß und Bank- oder Regierungsangestellter wurde und dabei weiter mein religiöses Amt im Tempel unseres Dorfes ausübte – wo wir als Brahmanen sehr geehrt waren. Er zitierte mehrere Beispiele von Menschen, die beides schafften – die lange Haarsträhne, die Churki, trugen und gleichzeitig gute, sichere, moderne Berufe ausübten.

Durch Freunde in der Siedlung, Freunde in meinem Alter oder ein wenig älter, bekam ich einen Job als Bürobote bei einem Glühbirnenhändler für eine Rupie am Tag. Das war 1959. Doch da die Vater-Sohn-Beziehung so belastet war, gab es zu Hause keinen Frieden. Es gab auch Meinungsverschiedenheiten zwischen Mutter und Vater, und gelegentlich verprügelten sie mich beide. Also ging ich weg von zu Hause.

Ich beschloß, zu meiner verheirateten Schwester zu ziehen. Sie lebte in der Stadt Vellore, hundert Kilometer westlich von Madras. Ihr Mann war Schullehrer geworden, nachdem er aus der Armee ausgeschieden war. Ich fuhr mit dem Bus nach Vellore. Das Fahrgeld bekam ich durch die alten Collegebücher. Mein Vater hatte sie neu gekauft. Ich verkaufte sie für einen Schleuderpreis an einen Straßenhändler.

Es war Samstag, als ich von zu Hause wegging. Jeden Samstag und Mittwoch nahm ich mein traditionelles Ölbad, und meine Mutter wusch mein langes Haar. So auch an diesem Samstag. Gegen halb elf frühstückte ich, und gleich danach schlich ich mich zur Bushaltestelle davon, ohne jemandem zu sagen, daß ich nach Vellore fuhr. Ich hatte sehr wenig Geld. Gerade genug für die Busfahrt nach Vellore, und von Triplicane bis Parry's Corner ging ich zu Fuß. Fünf Meilen, in sengender Hitze. Es dauerte ungefähr eine Stunde.

Innerlich hatte ich Angst. Tat ich das Richtige? Wie würde meine Mutter reagieren? Das bewegte mich auf der ganzen Fahrt nach Vellore. Auf halber Strecke dachte ich sogar daran, nach Hause zurückzukehren. Doch dann zwang die andere

Hälfte meines Verstandes mich weiterzufahren – und ich sagte mir, ich führe schließlich nur zu meiner Schwester.

Ein paar Tage lang war ich bei meiner Schwester in Vellore ein willkommener Gast. Doch nachdem ich erklärt hatte, warum ich zu ihnen gekommen war, hatten sie mehr Mitgefühl mit unseren Eltern als mit mir. Meine Schwester schrieb meinen Eltern, daß ich bei ihr sei. Mein Vater hatte mich insgeheim gesucht, aber so getan, als mache er sich nichts aus meinem Verschwinden.

Mein Schwager versuchte, mir in Vellore Arbeit zu beschaffen. Doch Vellore ist eine hauptsächlich moslemische Stadt, und meine hinduistisch-brahmanische Erscheinung war ein Hindernis. Wohin ich auch mit meinem Schwager ging, um Arbeit zu bekommen, die erste Frage lautete immer: »Warum tragen Sie nicht Hosen und werden moderner, wenn Sie Arbeit wollen?« Doch obwohl ich von zu Hause weggegangen war, hatte ich nicht genügend Mut, die Churki abzuschneiden oder Hosen anzuziehen. Ich steckte in der Zwickmühle. Ich hatte keine Arbeit, und ich konnte nicht nach Hause fahren. Ich verbrachte ein paar schlaflose Nächte, auch wenn ich mich nach außen hin ungerührt gab.

Ich blieb wohl einen Monat bei meiner Schwester, dann ging ich widerwillig nach Madras zurück. Ich kehrte nicht ins Elternhaus zurück. Ich ging zum Haus einer Freundin meiner Mutter. Dieses Haus war außerhalb unserer Brahmanen-Siedlung.

Der Sohn der Freundin meiner Mutter trug auch Churki und Kastenzeichen und tat gehorsam, was seine Eltern sagten. Er war ein in Mathematik und Statistik außerordentlich begabter Junge. Heute ist er Professor an einer großen amerikanischen Universität. Und selbst damals, als ich in seinem Haus wohnte – er war zwei Jahre älter als ich –, war er ein Bewunderer des Genies Ramunajan, dessen mathematisches Werk er und seine gleichermaßen begabten Kommilitonen stundenlang diskutierten und erörterten. Besonders Ramunajans nicht gelöste mathematische Probleme diskutierten sie. Diese Jungen waren Collegestudenten. Ich konnte den Diskussionen nicht folgen, wohl aber das Engagement für die Studien bewundern, die sie betrieben – ein Engagement, das ich nicht hatte.

Am meisten beeindruckte mich, welches Interesse der Vater

des Jungen an diesen Diskussionen hatte und wie er sie ermutigte, indem er Kaffee spendierte. Sie müssen sich vorstellen, daß diese Diskussionen in einem Haus stattfanden, das genauso arm war wie das meines Vaters im Agraharam, der Siedlung. Darin lag eine Ironie. Der Mann der Freundin meiner Mutter war Sanskritlehrer, und doch war sein Sohn ein mathematisches Genie. Mein Vater war Mathematiklehrer, und ich war in Mathematik eine Null.

Die mathematischen Debatten dauerten bis nach Mitternacht. Es tat mir leid, daß ich nicht teilnehmen konnte, und nachts weinte ich buchstäblich darüber, daß ich meinen Vater hatte enttäuschen müssen.«

Kakusthan traten die Tränen in die Augen. Er versuchte, sie zu ignorieren und weiterzureden. Doch dann begann er, über diese Erinnerungen von vor dreißig Jahren zu weinen. Er stand auf und sagte: »Lassen Sie mich fünf Minuten Pause machen.«

Er ging ans Ende des Hotelfoyers und begann dort auf und ab zu gehen, eine auffällig kleine Gestalt in Brahmanen-Kleidung, knapp ein Meter fünfzig, die auf und ab ging, mit ihrem Kummer kämpfte, zu Boden schaute, in ihrer Versenkung wie ein Mönch oder Heiliger in seinem Kreuzgang, gleichgültig gegenüber der Hotelumgebung.

Galten die Tränen ihm selbst, dem, was er aus sich hätte machen können, wenn er nicht in die Rebellion gedrängt worden wäre? Oder galten die Tränen dem Leid, das er vor 30 Jahren seinem Vater zugefügt hatte? Die Tränen galten beidem: als er zurückkam, sich hinsetzte und wieder sammelte, sagte er, es sei der Unterschied zwischen den beiden Familien gewesen, der ihn erneut so erregt hätte.

»Ich verbrachte zehn bis fünfzehn Tage in dieser Atmosphäre, voller Schuldgefühle, daß ich mein Elternhaus und mein Studium aufgegeben hatte. Dieser Junge, den ich erwähnte, unterrichtete mich in Mathematik und tröstete mich, daß nichts verloren sei, daß ich selbst jetzt die Fäden wieder aufgreifen könne. Das ermutigte mich, mein Studium wieder aufzunehmen.

Ich ging nach Hause in den Agraharam. Ich richtete mich dort ein. Aber ich konnte nicht mehr aufs College zurück. Es war mitten im Schuljahr. Ich nahm einen Job an. Ich brauchte das

Geld, um meine gesellschaftlichen Bedürfnisse zu befriedigen – Freunde in Hotels auszuführen, ins Kino zu gehen und so weiter. Nichts davon hätte mir offen gestanden, wenn ich von meinem Vater hätte abhängig sein müssen. Um die Wahrheit zu sagen, diese Bedürfnisse waren verboten. Zu Hause tranken wir noch nicht einmal Kaffee – das war etwas Ausländisches, von den Briten eingeführt. Und selbst heute wird in strengen Brahmanen-Haushalten kein Kaffee getrunken, weil er berauschende Wirkstoffe enthält – Koffein.

Ich kehrte zu meiner Tätigkeit bei dem Glühbirnenhändler zurück. Ich bekam 26 Rupien im Monat. 20 Rupien gab ich meiner Familie, und 6 behielt ich – um all meine Wünsche zu erfüllen, ohne daß mein Vater etwas davon erfuhr. Diesen Job behielt ich über ein Jahr. Und nachdem ich einmal die Macht des Geldes geschmeckt hatte, hatte ich keine Lust mehr, mein Studium wieder aufzunehmen. Also kehrte ich zu meinem alten Lebensstil zurück.

Die Arbeit war schwer. Ich mußte tatsächlich mit den Glühbirnen in der Stadt hausieren, manchmal mit dem Fahrrad, manchmal zu Fuß, wenn das Fahrrad einen Platten hatte. Manchmal war es so heiß, daß die Reifen platzten. Selbst meinen Vater rührte es, wie anstrengend die Arbeit war, die meine Gesundheit angriff. Ich wurde sehr mager, weil ich so unregelmäßig aß. Also besorgte er mir einen Job bei einer Beratungsfirma im Maschinenbaubereich, wo ich für 65 Rupien im Monat Blaupausen herstellte – ein großer Sprung.« 65 Rupien, 5 Pfund im Monat, 1960.

»Eines Tages verbrannte ich eine Blaupause. Der Ingenieur schlug mich und ging, ohne ein Wort zu sagen. Es war mein Fehler. Ich machte ihm keinen Vorwurf. Ich erzählte es meinem Vater, als ich nach Hause kam. Er riet mir, darüber hinwegzugehen, weil so etwas zum Leben gehörte. Ich war überrascht – ich dachte, mein Vater hätte mich für den Fehler mit der Blaupause vielleicht auch schlagen wollen.

Neun Monate lang stellte ich für den Betrieb die Blaupausen her. Dann wurde ich auf eine Baustelle der Firma versetzt, die dort im Auftrag eines Industrieunternehmens des Südens arbeitete. Hier kam mir zum zweiten Mal in meinem Leben mein traditionelles brahmanisches Aussehen und Verhalten zur Hilfe.

Der kaufmännische Direktor des Unternehmens, für das wir arbeiteten, war sehr erfreut darüber, daß ich so streng brahmanisch lebte. Er war überaus froh, einen Brahmanen-Jungen mit Churki, einen *maistry* als Verantwortlichen für eine Baustelle zu sehen – besonders zu der Zeit damals, als die Bewegung gegen die Brahmanen ihren Höhepunkt erreicht hatte. Das war 1961.

Ich wußte nicht, wie wichtig dieser kaufmännische Direktor war, wie viele Firmen er kontrollierte. Er erkundigte sich nach meinem Vater, und er schickte ihm durch mich eine Nachricht, in der er meinen Vater zu einem Treffen bat. Ich war ein wenig nervös. Mein Vater auch. Wir wußten nicht, was der kaufmännische Direktor wollte oder wer er war. Sie trafen sich, und der kaufmännische Direktor verstand sich auf Anhieb gut mit meinem Vater. Nachdem er etwas vom Hintergrund meines Vaters und besonders seiner Kenntnis der viertausend Verse der tamilischen Veden gehört hatte, bat er meinen Vater, ihn in den tamilischen Veden zu unterrichten. Das tat mein Vater. Dieses harmonische Zusammentreffen mit einem der größten Industriellen des Südens machte meinen Vater so glücklich, daß er sich fragte, wie ich einem Außenstehenden gefallen konnte, wenn ich es der Familie zu Hause nie recht machen konnte.

Nachdem der Auftrag unserer Baufirma für ihn erledigt war, bot der große Mann mir eine Stelle in seinem eigenen Unternehmen an. Er wollte, daß ich als Kontorist mit einem Gehalt von 97 Rupien im Monat begann, 52 Rupien Grundgehalt und 45 Rupien Zulage. Kontorist ist nur ein anderes Wort für Bürobote. Aber in diese Organisation zu kommen, ganz gleich in welcher Stellung, war, wie heute eine Stelle bei IBM zu bekommen. Ich schrieb mehr auf der Maschine, als daß ich Botenarbeit verrichtete. Endlich also begann ich aufzusteigen, und ich hörte nie mehr auf – Dank Gottes Hilfe. Ich war siebzehn.

Die Firma eröffnete eine Zweigstelle in Vellore. Ich wurde dorthin versetzt – damit ich bei meiner verheirateten Schwester leben und unabhängig sein konnte. Als 1962 der Indisch-Chinesische Krieg kam, wurde ich politisch aktiv – was ich früher nie gewesen war. Ich gab meine Ringe und Ohrringe – die mir mein Onkel anläßlich der Überreichung der heiligen Schnur gegeben hatte – für die Kriegshilfe hin. Das empörte meine Eltern, und es empörte auch meine Schwester, weil die Dinge, die ich weggegeben hatte, seit Generationen der Familie gehört hatten.

Eines Tages kam ein Besucher aus Delhi. Ein Vetter ersten Grades. Er arbeitete im Büro eines amerikanischen Unternehmens in Delhi. Er war schockiert über meine traditionelle Erscheinung – und auch schockiert über das jämmerliche Gehalt, das ich bekam. Er forderte mich auf, meine Stelle zu kündigen und nach Delhi zu kommen. Er sagte, daß er mir für dieselbe Mühe, die ich für die Firma in Vellore aufwandte, in Delhi das doppelte Gehalt besorgen könne. Es war ein faszinierendes Angebot für mich. Ich beschloß sofort, es anzunehmen. Aber ich war mir nicht sicher, wie mein Vater reagieren würde.

Wie ich erwartet hatte, wollte mein Vater mich nicht nach Delhi gehen lassen, damit ich nicht noch weiter vom Wege abwich. Über vier Monate gab es viele Diskussionen und hitzige Wortwechsel zwischen mir und meinem Vater. Doch am Ende kaufte mein Vater mir die Fahrkarte. Sie kostete ungefähr 42 Rupien, und er gab mir auch noch etwas Taschengeld. Für die Reise selbst gab meine Familie mir *idli* und *dosas* und gebratene Nahrungsmittel. Sie gab mir zuviel. Ich mußte wegwerfen, was zuviel war. Sie dachten, der Zug könne vielleicht in die Irre fahren, und sie wollten nicht, daß ich leiden müßte, falls das geschah. Selbst heute behandeln normale südindische Familien ihre Reisenden noch so.

Am 3. Mai 1963 gab ich schließlich meinem Leben eine völlig neue Richtung. Ich fuhr mit dem Grand Trunk Express um sieben Uhr dreißig nachmittags vom Zentralbahnhof in Madras ab. Vierzig Stunden später traf ich in Delhi ein. Um elf Uhr dreißig am Morgen des 5. Mai – nach dem gregorianischen Kalender mein Geburtstag.

Das erste, was ich in Delhi tat, war – wie mein Vetter es mir aufgetragen hatte –, direkt vom Bahnhof zum Friseur zu fahren und die Churki abschneiden zu lassen. Das war ein Augenblick voll Jammer und Schmerz. Achtzehn Jahre meines Lebens hatten meine Mutter und meine Schwester sie gepflegt – wie ein Kind. Sie waren stolz darauf. Sie waren eifersüchtig darauf. Ich hatte ungewöhnlich langes Haar, es war länger als das meiner Schwester. Es reichte bis zur Wade, wenn ich es löste. Sie wuschen es und ölten es und kämmten es und flochten es.

Meine Qual wurde noch größer, als der Friseur, ein junger Mann, ein wirklich mager aussehender Mann mit Schnurrbart, anfing, prüfende Fragen zu stellen – ob ich sicher sei, daß ich auch wollte, was ich sagte. Er gab mir drei Chancen. Er sagte auf Hindi: ›Sind Sie sicher? Sind Sie sicher? Sind Sie sicher?‹ Ich sagte jedesmal! ›Ja‹, obwohl ich im tiefsten Innern zitterte und mich ängstigte, was mein Vater sagen würde. Der Friseur war so nett und besonnen, daß er anfing, die Churki langsam von unten zu schneiden, anstatt sie mit einem Schnitt abzutrennen – um mir noch eine Gelegenheit zu geben, noch einmal darüber nachzudenken. An dem Tag verlor ich jeglichen religiösen Eifer – wie Samson seine körperliche Kraft verlor.«

Dort hätte die Geschichte enden sollen, mit der Flucht nach Delhi, dem Abschneiden des Zopfes am Hinterkopf und dem Beginn eines neuen Lebens. Doch Kakusthan war für immer in die Siedlung zurückgekommen, aus der er geflohen war. Seine Geschichte war die einer doppelten Wandlung; und von der zweiten Wandlung erzählte er mir an einem anderen Tag.

Kakusthan sagte: »In Neu-Delhi fand ich mich selbst, und die nächsten sechzehn Jahre lebte ich dort. Ich hatte einen kleinen Job bei der amerikanischen Firma, für die mein Vetter arbeitete. Außerdem arbeitete ich als Stenograf für eine Gewerkschaftszeitung.«

Stenografie: die alte Berufung des südindischen Brahmanen, die Berufung, die auf das Verrichten der Rituale folgte und die andere Seite der Begabung für Mathematik und Physik war.

»Von der amerikanischen Firma meines Vetters bekam ich 50 Rupien im Monat. 200 Rupien bekam ich von der Gewerkschaftszeitung. Und in dieser Zeit bei der Gewerkschaftszeitung begann meine zweite Wandlung.

Die Gewerkschaftsbewegung in Indien stützte sich auf die Prinzipien von Gandhis Philosophie: Wahrheit und Gewaltlosigkeit, Pflicht vor Recht: man produziert, ehe man fordert. Genau das sagt uns die Gita, und dies waren auch die Prinzipien des INTUC, des Nationalen Indischen Gewerkschaftskongresses. Unsere Arbeit an der Zeitung begann täglich mit einer Gebetsversammlung. Das beeindruckte mich. Desgleichen die tägliche religiöse Kolumne auf der letzten Seite des ›Hindu‹, der Zeitung von Madras. Und ich las Mahatma Gandhis Schriften, besonders seine Autobiografie.

Die Atmosphäre im Büro war religiös und geistig bestimmt. Draußen waren die Verlockungen des Lebens von Delhi, das Leben des Geldes, der Schönheit, alles. Eine Weile zog es mich an, dieses Leben in Delhi. Und es beunruhigte mich – weil ich nicht das Geld dafür hatte. Doch dann begannen die religiösen Bücher, die ich las, mich mehr in Bann zu ziehen. Deshalb änderte ich mich nach einer gewissen Zeit noch einmal, und ich wandte mich dem religiösen Leben zu.

In dieser Zeit machte ich einen Abschluß an der Universität von Delhi, und ich heiratete. Ich hatte mich von der Tochter meiner Schwester in Vellore angezogen gefühlt, und ich hatte beschlossen, sie so bald wie möglich zu heiraten. Die Familie willigte ein, doch ich sagte ihnen, sie solle erst Schule und College abschließen. Ich zahlte ihre Ausbildungskosten, und am letzten Tag ihrer Abschlußprüfung fingen die Hochzeitsfeierlichkeiten an.

Weitere Redaktionstätigkeiten bei Zeitungen und Zeitschriften folgten, nachdem ich von der Gewerkschaftszeitung weggegangen war. Eine solche Tätigkeit führte mich 1980 in die Stadt Ahmedabad. Ich war siebenunddreißig. Mein Vater besuchte mich dort anläßlich des Geburtstages meines zweiten Sohnes. Er war sehr froh, daß ich endlich in einer guten Position war – auch wenn ich keine Churki mehr hatte. Er wäre doppelt froh gewesen, wenn ich die Churki noch gehabt hätte.

Am ersten Morgen, an dem er da war, sah er, wie ich die Morgen-Puja verrichtete. Ich verrichtete sie routinemäßig, aber er war verblüfft. Wir unterhielten uns eine Weile über die Puja, die ich an dem Morgen verrichtet hatte, und über die Texte, die damit zusammenhingen. Er erwähnte einen Fehler, der mir bei der Verrichtung unterlaufen war, und er deutete an, daß der Fehler nicht passiert wäre, wenn ich, als ich jung war, besser gelernt hätte.

Ich entschuldigte mich für den Fehler. Und ich entschuldigte mich für alles, was früher geschehen war.

Ich bat ihn, mich in unsere traditionellen Rituale einzuführen. Ich bat ihn auch, mich in den 4000 Versen der tamilischen Veden und all den anderen Mantras zu unterweisen, die ich für die Rituale im Tempel des Dorfes unserer Vorfahren kennen müßte.

Er sagte, er werde mich unterrichten. Er begann am selben Tag, da es ein Freitag und ein astrologisch günstiger Tag war. Nach fünfzehn Tagen fuhr er von Ahmedabad wieder nach Madras. Ehe er abreiste, versprach er, mich in den nächsten zwei oder drei Jahren jeden Tag zu unterrichten. Doch er kam nie wieder zurück. Er starb sechs Monate nach seiner Abreise.

Nach seinem Tod gab es elf Tage lang ausführliche Rituale. Alle, die kamen, Verwandte, Veda-Gelehrte, erinnerten an die Größe meines Vaters, meines Großvaters, meines Onkels und die religiöse Lebensführung unserer Familie, besonders im Dienst der Gottheit des Dorfes. Ich hörte, mein Großvater sei nach einer religiösen Auseinandersetzung mit dem Tempel-Pujari über ein bestimmtes Ritual, das nicht richtig ausgeführt worden war, gestorben. Auch mein Vetter war unter ähnlichen Umständen gestorben. Er hatte sich gegen gewisse Rituale gewehrt, die im Tempel eingeführt worden waren, deshalb hatte er sich in den Eingang des Tempels gelegt; und die Leute waren über ihn hinweg gestiegen. Er starb ein paar Tage später vor Kummer und Schreck.

Als ich diese Geschichte hörte, fragte ich mich, ob ich nicht, wenn mein Großvater und andere Verwandte ihr Leben für die Gottheit der Familie hatten hingeben können, zumindest ihrem Vorbild nacheifern sollte?

Ich beschloß, nach Madras zurückzuziehen.

Ich bekam Arbeit dort. Mit meiner Erfahrung war das nun leicht. Und bei der Firma, die mich einstellte, machte ich zur Bedingung, daß man nichts gegen meine äußere Erscheinung einwenden würde – kein Einwand gegen meine religiösen Zeichen auf der Stirn, gegen die Churki und das traditionelle brahmanische Gewand: all die Dinge, die ich nicht begriffen hatte, als ich jünger war. Es war wichtig für mich, daß dieser Bedingung zugestimmt wurde, da ich hauptsächlich nach Madras zurückkam, um die Verpflichtungen meiner Familie gegenüber dem Tempel zu erfüllen.«

Ich fragte ihn: »Warum legen Sie soviel Wert auf äußere Form? Trägt man Gläubigkeit nicht im Herzen?«

Kakusthan sagte: »Wenn es im Leben und in der Tradition unserer Familie nicht eine vom Tempel bestimmte Verpflichtung und Ehre gegeben hätte, wäre unser Leben vielleicht ein wenig flexibler gewesen, so wie das vieler anderer normaler Brahmanen-Familien. In allen Tempelritualen kommt die äußere Form an erster Stelle, denn ohne äußere Form bin ich nicht berechtigt, der Gottheit zu dienen. Die äußere Form ist genauso wichtig wie die innere. Je reiner die äußere Form, desto reiner die innere.«

Er hatte wegen der äußeren Form gelitten. Er hatte ein Recht, so zu sprechen.

»Ich hatte den Agraharam 1963 verlassen. 1981 kehrte ich zurück. Ich kehrte in mein Elternhaus in der Siedlung zurück, und ich kehrte als völlig anderer Mann zurück, als ganz und gar hingebungsvoller Brahmane, ganz und gar bewußt. Am ersten Jahrestag des Todes meines Vaters, am Ende der Rituale, die aus dem Anlaß durchgeführt wurden, brach ich völlig mit der Vergangenheit: von *laukika* zu *vaidhika*, vom Sein in der Welt zum Sein im Geist.«

Diese Worte hatte ich zum ersten Mal in der Stadt Mysore von dem Brahmanen gehört, der Herr über die religiösen Zeremonien für den letzten Maharaja von Mysore gewesen war. In dem Palast, in dem der Brahmane gedient hatte, hatten Pracht und Extravaganz über jedes menschliche Bedürfnis hinaus gewaltet, beinahe als ob es im hinduistischen Weltplan eine Aufgabe großen Reichtums sei, die Menschen an die Eitelkeit der Sinne zu erinnern. Doch der große Reichtum des Herrschers hatte in der Geschichte des Brahmanen keine Rolle gespielt. Die körperlichen Bedürfnisse der Menschen waren begrenzt: das war die Botschaft des kleinen schlichten Raums, in dem der Brahmane seine Geschichte erzählte.

Das war auch die Botschaft des Agraharams oder der Siedlung, in der Kakusthan lebte, in den kleinen Räumen, die er schon als Kind gekannt hatte. Im christlichen Denken sind die Mächte des Guten und des Bösen die ewigen Widersacher. Im hinduistischen oder brahmanischen Denken sind die Gegensätze Weltlichkeit und Vergeistigung. Man kann sich aus dem einen in das andere zurückziehen. Wenn die Welt einen im Stich läßt, kann man sich in den Geist versenken, in die Vorstellung von der Welt als dem Spiel von Illusion.

Kakusthan sagte: »Damals, ein Jahr nach dem Tod meines Vaters, wurde ich, was ich jetzt bin, der Mann, den Sie sehen. Damals beschloß ich, das Vaidhika-Leben so weit wie möglich zu leben, mit all den Härten und der Disziplin, die dazugehören.«

»Worin bestehen die Härten?«

»Ich darf nicht außerhalb essen. Ich darf nur essen, was ich dem Gott daheim opfere.« Deshalb brannte immer die Öllampe vor der Statue des Gottes, direkt neben der Küche. »Ich darf noch nicht einmal Wasser draußen trinken. Und mich nicht mit unreinen Leuten umgeben. Denn wenn ich diese Dinge nicht beachte, verunreinige ich die Gottheit unseres Tempels.

Ich lebe nun voll und ganz als Brahmane in der Siedlung. Die Leute achten mich für die plötzliche Änderung in meinem Leben und die strikte Einhaltung der Regeln. Meine Familie war arm, und diese Siedlung ist auch arm – Leute der unteren Mittelschicht mit geringem Einkommen. Auch wenn es mir dank der Gnade Gottes und der Segnungen meiner Vorväter gut geht, will ich nirgendwo anders leben. Unter diesen Leuten, die ich kenne, zu leben, gibt mir ungeheures Glück und Frieden.«

Wir hatten uns an vielen Tagen getroffen, im Hotel und in der Siedlung. Manchmal hatte Kakusthan mich im Hotel getroffen und mit in die Siedlung zurückgenommen; manchmal hatte er seinen halbwüchsigen Sohn geschickt, um mich abzuholen. Der Sohn war um vieles größer als sein Vater, hatte aber nicht dessen Robustheit; seine Augen waren weicher.

Kakusthan hegte, ganz gleich, was er für sich gewählt hatte, Ehrgeiz für seinen Sohn und wollte, daß der Junge gut in der Schule abschnitt. Und so wie vor vielen Jahren Kakusthans Vater vielleicht jemanden gebeten hatte, mit Kakusthan zu reden, bat Kakusthan nun mich bei unserem letzten Treffen, mit seinem Sohn zu reden und dem Jungen klarzumachen, wie wichtig es sei, zu lernen und in den Schulbüchern weiterzukommen.

Der Junge, sagte Kakusthan, spiele zu gern. An dem Morgen beispielsweise sei er Kricketspielen gegangen. Aber das sei doch gut, sagte ich. Er habe auch nichts dagegen, sagte Kakusthan. Aber am Nachmittag sei der Junge wieder Kricketspielen gegangen.

Wir fuhren in die Siedlung zurück, und Kakusthan hatte einen einfachen Plan entworfen, wie ich mich unter vier Augen mit seinem Sohn unterhalten könne. Wir – Kakusthan und ich – würden auf die Terrasse mit dem Blick über den Siedlungshof direkt darunter und den ummauerten Tempelgarten daneben gehen. Der Junge würde mir Tee bringen, und dann würde Kakusthan sich entschuldigen und ins Bad hinuntergehen.

In der Siedlung brachte der Junge mir also einen Becher Tee auf die Terrasse; und wir begannen uns zu unterhalten, während Kakusthan – in diesem Viertel, in dem er König war – selbstgewiß, ohne sich zu beeilen, in seiner Brahmanen-Kleidung über den überfüllten nachmittäglichen Hof am Brunnen vorbei zum Bad in der Ecke ging.

Der Junge liebte Kricket. Er sagte, Schlagen und Werfen seien ihm gleich lieb. Mir gefiel die Ernsthaftigkeit, mit der er das Spiel betrieb. Und ich brachte es nicht übers Herz, ihm den Vortrag zu halten, den Kakusthan von mir erwartete: ich konnte nicht verstehen, wie jemand unter den Bedingungen der Siedlung ernsthaft lesen oder lernen könne. Eines Abends hatte ich auf dem schwach erleuchteten gepflasterten Pfad, der vom Tor hereinführte, im Dunkeln einen Jungen mit gekreuzten Beinen vor einem offenen Buch sitzen sehen: er benahm sich tugendhaft um seiner Eltern willen, reduzierte die brahmanische Liebe zum Lernen auf diese rituelle Form.

Ich fragte Kakusthans Sohn, was er denn einmal werden wolle. Seine sanften Augen guckten verwirrt. Diese Frage kannte er; er war entsetzt, sie von mir zu hören. Er würde vielleicht Stenograf, sagte er; er würde vielleicht eine Stelle in einem Büro bekommen; es hänge vom »Schicksal« ab.

Ich war überrascht, daß er von Schicksal sprach. Kakusthan hatte das nie getan. Doch Kakusthan war seine ganze Jugend über ein Rebell gewesen. Sein Sohn war jetzt ganz ein Junge der Siedlung, seine Ideen und sein Ehrgeiz gingen nicht weiter als die anderer junger Männer dort. Kakusthan, glaube ich, hätte gern gesehen, daß sein Sohn durchsetzungsfähiger wäre. Doch ich wollte den Jungen nicht unter Druck setzen. Er war noch

Jahre entfernt von Schulabschluß und Beruf; seine Welt, seine Weltanschauung würden sich noch bis dahin ändern.

Und zu Kakusthan sagte ich, als er wieder auf die Terrasse kam, daß der Junge es schon schaffen werde; daß aus seiner Ernsthaftigkeit in bezug auf Kricket etwas Beseeltes und Beruhigendes spreche; und daß sich, was die Bücher und die Laufbahn angehe, schon alles finden werde, wenn die Zeit komme. Halb war es das, was Kakusthan hören wollte; er sah erfreut aus. Wir begannen, über andere Dinge zu sprechen.

Es war ein später Sonntagnachmittag, noch Winter in Madras. Die Sonne war mild; die Stimmung im Agraharam ohne Spannung; alle im Hof schienen sich zu vergnügen.

Die Terrasse lag im Schatten eines alten Baumes, und Kakusthan und ich saßen auf der halbhohen Betonmauer vor seinem Schlafzimmer in diesem Schatten. Ich bat ihn, mir zu schildern, was wir im Hof sahen.

Ob ich die Fernsehantennen bemerkt habe? Es gebe zwanzig Stück, sagte er. In der Siedlung gebe es sogar ein paar Farbfernseher. Die Leute seien nicht so von der Außenwelt abgeschnitten, wie sie es früher gewesen seien.

»Und schauen Sie sich die Mädchen da drüben an«, sagte er. »Beim Seilspringen.«

Die Bedeutung, die darin lag, hätte man leicht übersehen können. Doch vor rund zwanzig Jahren, sagte er, hätten die Mädchen nicht an solch einem Ort, in einem offenen Hof spielen dürfen. Diese Mädchen waren kurz vor der Pubertät, und vor zwanzig Jahren wäre der Schatten des Kerkers bereits über sie gefallen.

Und Kakusthan sagte, er habe von der Blässe und Hinfälligkeit mancher Leute in der Siedlung gesprochen. Doch manche Brahmanen-Jungen trieben nun Sport. Dieser Junge beispielsweise hinten im Hof, zwei Häuser oder so von den seilspringenden Mädchen in langen Röcken entfernt – dieser Junge treibe Sport. Der Junge war ein junger Mann, mit bloßem Rücken, eleganter Haltung, nicht groß. Er hatte den Körperbau, den man bei vielen indischen Skulpturen sah: breite Schultern, schmale Taille, glatter Körper, Kraft und Straffheit waren innen, nicht in den Erhebungen und Vertiefungen der Muskeln ausgedrückt.

Kakusthan billigte das; körperliche Ertüchtigung lag ihm am

Herzen. Er war klein; sein Vater war klein gewesen; sie beide waren in der Stadt Spott und Schlägen ausgesetzt gewesen.

Von da, wo wir auf der Terrasse hockten, beobachteten wir sowohl den Sport treibenden jungen Mann als auch dessen Vater. Wo machte der junge Mann seine Gymnastik? Genau da, mitten in dem geschäftigen Hof; niemand machte sich etwas daraus. Er kam aus einer zehnköpfigen Familie. Diese zehn Leute lebten in dem einen Raum, dessen Tür wir sehen konnten. Der Vater war ein Bürobote oder Kontorist. Der Junge, der soviel Zeit darauf verwandte, seinen Körper zu vervollkommnen, war nur ein Büroangestellter.

Ich sagte zu Kakusthan: »Er hat ein gutes brahmanisches Gesicht.«

»Und die Farbe«, sagte Kakusthan beipflichtend.

Dann sah er verlegen drein und senkte die Stimme: Eine Frau sei auf die Terrasse gekommen, sagte er, und ich sei ihr im Weg. Ich saß auf der halbhohen Mauer vor Kakusthans oberem Raum, und meine Beine ragten in den Gang, der an der Terrasse entlang führte. Wenn die Frau versucht hätte vorbeizugehen, hätte sie mich vielleicht berührt, und das wäre falsch gewesen; genauso falsch wäre für sie gewesen, mich direkt anzusprechen. Ich stand auf. Ohne ein Wort ging die Frau vorbei; drei oder vier Schritte weiter bog sie in ihre eigene kleine Wohnung ein.

Das Abendlicht wurde weicher und gelber. Frauen und Mädchen gingen zum Brunnen, um ihre Töpfe zu füllen.

Als ich zum ersten Mal in die Siedlung gekommen war, hatte ich aus dem, was Kakusthan sagte, geschlossen, daß die Gemeinschaft sich auflöse, weil sie sich zu sehr mit der Außenwelt arrangierte. Jetzt wurde mir klar, daß er das Gegenteil meinte. Die Gemeinschaft lernte, sich anzupassen: das war ihre Stärke.

Er sagte: »Solang die Welt besteht, werden Brahmanen überleben. Brahmanen sind für die Gesellschaft unentbehrlich.«

Mr. K. Veeramani, ein kleiner, munterer Mann in einem schwarzen Hemd mit langen Schößen, das er auf indische Weise trug, über der Hose, nicht hineingesteckt, kümmerte sich um den Periyar Thidal und hielt die Flamme Periyars in Tamil Nadu hoch.

Periyar war in den letzten Wochen des Jahres 1973 im Alter

von 94 Jahren gestorben; und Periyars zweite Frau hatte den Vorsitz der Bewegung übernommen. Sie war fünf Jahre später gestorben; und dann war Mr. Veeramani Vorsitzender geworden. Damals schien die Bewegung die Richtung verloren zu haben, politisch oder gesellschaftlich keine Rolle mehr zu spielen. Doch mit dem Wahlsieg der ursprünglichen drawidischen politischen Partei schien die Bewegung nun wieder einmal im Mittelpunkt aller Dinge zu stehen.

Mr. Veeramani reiste als Periyars philosophischer Erbe durch den Staat, hielt Reden und schloß Achte-dich-selbst-Ehen im Stil Periyars. In Tamil Nadu, wo viele Leute nicht lesen und schreiben konnten, waren Reden wichtig. Die Leute genossen die Reden, den Klang der Worte; und Mr. Veeramani sagte, er könne ununterbrochen bis zu zwei Stunden sprechen, wenn es notwendig sei. Achte-dich-selbst-Ehen schließe er nur ungefähr acht oder zehn im Monat, ungefähr 120 bis 150 im Jahr. Nicht viele; doch die Rationalisten, sagte Mr. Veeramani, seien nur ein »mikroskopisch« kleines Element im Staat. Er meinte nicht, daß das die Bedeutung seiner Arbeit mindere. Die bestand darin, so viel wie möglich von Periyars Botschaft zu bewahren. Deshalb schaute er nach den Reliquien, dem Bett, all den verschiedenen Geschenken an Periyar; er erklärte die Ikonographie der dreiunddreißig Gemälde in dem Raum und zeigte die Stationen von Periyars langem Leben; er veröffentlichte Broschüren, und er führte Besucher um das Grab und las ihnen die berühmteren Sprüche Periyars vor, die in die Grabeinfassung aus grauem Granit gemeißelt waren. Ohne seine jahrelange Arbeit, sagte Mr. Veeramani, wäre Periyars Botschaft verzerrt worden.

Mr. Veeramani war 1933 in der Stadt Cuddalore geboren worden. Sein Vater war Schneider gewesen. Schneidern war ein »importierter« Beruf (so wie Kaffee ein »importierter Artikel« war), und deshalb war es nicht wie das Weben mit einer bestimmten Kaste assoziiert. Cuddalore war ein Hafen, und Mr. Veeramanis Vater nähte nicht nur für den örtlichen Bedarf, sondern auch für ausländische Seeleute. Folglich war Mr. Veeramanis Vater recht wohlhabend; doch erst verlor er viel Geld in einem Gerichtsprozeß (er war Fachmann für Stockkämpfe und Ringen, bildete Leute in diesen Künsten aus und wurde auf Umwegen in eine ernsthafte örtliche Fehde verwickelt); und den Rest des Geldes verschlang dann eine medizinische Behandlung, als er an Filariose, hervorgerufen durch infiziertes Wasser, erkrankte.

Ein Lehrer von Mr. Veeramani war ein Bewunderer Periyars und in der Achte-dich-selbst-Bewegung von Bedeutung gewesen. Dieser Lehrer, ein Mann von ungefähr achtundzwanzig oder dreißig, als Mr. Veeramani ihn kennenlernte, hatte seinen Namen von Subramaniam (dem Namen einer Hindu-Gottheit) in Dravidarmani geändert, was soviel bedeutete wie »eine wichtige drawidische Person«. Er überredete Mr. Veeramani, auch seinen Namen zu ändern: von Sarangapani, dem Namen eines Gottes, zu Veeramani, »tapferer Mann« oder »Held«.

Als er ungefähr zehn war, spielte Mr. Veeramani in der Schule in einem Theaterstück mit, und Mr. Dravidarmani war von der Begabung des Jungen so beeindruckt, daß er begann, Reden zum Thema Achte-dich-selbst für den Jungen zu schreiben, damit er sie auf öffentlichen Versammlungen hielt. 1944 gab es in Cuddalore eine drawidische Konferenz. Periyar kam dorthin. Es kam auch ein berühmter atheistischer Tamil-Dichter, der ein Schüler Periyars war. Der Name des Dichters war Bharathidasam. Er war siebenundvierzig, ursprünglich aus der Weber-Kaste und lebte in großer Armut in der Stadt Pondicherry (damals eine französische Kolonialenklave im britischen Indien). Man hielt ihn für den Shelley und den Whitman der Bewegung. Ein Gedicht von Bharathidasam wurde regelmäßig in Reden der Achte-dich-selbst-Bewegung zitiert. Mr. Veeramani gab mir folgende Übersetzung des Gedichtes:

Die Welt liegt noch im Dunkel.
Selbst Menschen, die an Kasten glauben, dürfen leben.
Die, die andere mit Religion in Furcht versetzen,
  gedeihen noch.
Wann wird dieser Schwindel ein Ende finden?
Solange dieser Schwindel nicht ein Ende findet,
sind Freiheit und Unabhängigkeit nur mit dem Bösen
  gleichzusetzen.

Im Gegensatz zu dem kleinen und fetten, onkelhaften alten Periyar war Bharathidasam furchteinflößend. Er war groß und sehr kräftig. Er trug einen Dhoti, ein Hemd und einen roten Schal – rot für die Revolution. Er war jähzornig und stand im Ruf, immer gerade heraus seine Meinung zu sagen.

In Gegenwart dieses Mannes und Periyars hielt Mr. Veeramani mit zehn Jahren die Rede, die sein Lehrer anläßlich der drawidischen Konferenz für ihn geschrieben hatte. Die Rede war in Periyars drastischem anti-brahmanischen, anti-Hindu-Stil gehalten. Sie handelte von der Absurdität des Hindu-Mythos, das Brahmanen aus dem Kopf Brahmas entsprungen seien, Kshatriyas oder Krieger aus seinen Armen, Banias oder Händler aus seinen Schenkeln und Shudras aus seinen Füßen. Wie – fragte der Zehnjährige die Konferenz – könne jemand, der keine Frau sei, Menschen aus so vielen Teilen des Körpers gebären, aus denen nichts entspringen könne?

Periyar war von der Rede beeindruckt, und anschließend wurde Mr. Veeramani einer der anerkannten Redner der Achtedich-selbst-Bewegung. Er wurde immer als der zehnjährige Rationalist angekündigt und begann bald, seine Reden selbst zu schreiben (oder sie sich jedenfalls auszudenken).

1949, fünf Jahre nach der Konferenz in Cuddalore, spaltete sich die Bewegung. Das lag an Periyars Entschluß, im Alter von siebzig Jahren ein zweites Mal zu heiraten.

Die Frau, die er heiraten wollte, war die Tochter eines Holzhändlers in Vellore. Die Familie unterstützte die Bewegung, und Periyar übernachtete immer in ihrem Haus, wenn er nach Vellore kam. Die Tochter wurde zur Lehrerin ausgebildet; doch ihre Mutter war, auch wenn sie eine Anhängerin Periyars war, immerhin noch so von den traditionellen Sitten beeinflußt, daß sie wünschte, ihre Tochter würde den Gedanken zu unterrichten aufgeben und heiraten. Die Tochter war fünfundzwanzig; das hielt man für sehr alt. Als die Tochter die Pläne ihrer Mutter in Erfahrung brachte, verließ sie ihr Elternhaus in Vellore und zog an einen weit entfernten Ort ins Haus einer Schullehrerin.

Periyar kannte die Tochter. Als er hörte, was passiert war, holte er die Tochter aus dem Haus der Schullehrerin weg und brachte sie in seinem Haus in der Stadt Erode unter. Er weigerte sich, sie ins Haus ihrer Mutter zurückkehren zu lassen. Er machte die junge Frau zu seiner Sekretärin; sie wurde auch seine Pflegerin; und sechs Jahre später heirateten sie. Sie war damals einunddreißig; Periyar siebzig.

Diese Geschichte erzählte mir Mr. Veeramani, und er legte Wert darauf, daß ich begriff, warum Periyar in diesem hohen Alter geheiratet hatte. Periyar hatte eine Menge Besitz angehäuft. Er wollte nicht, daß dieser Besitz an seine Verwandten ging. Er wollte, daß er für die Bewegung genutzt wurde, und er meinte, dies gehe am besten, wenn er ihn seiner Sekretärin-Pflegerin hinterließ. Nach dem Hindu-Recht konnte er sie jedoch nur zur legalen Erbin machen, indem er sie heiratete.

Nicht jeder begriff diese Motive, und eine wichtige Fraktion der Bewegung löste sich ab, um eine eigene Gruppe aufzubauen. Mr. Veeramani jedoch, zu diesem Zeitpunkt ein fünfzehnjähriger Rationalist, blieb Periyar gegenüber loyal. Er blieb es, als er auf die Universität ging; er blieb es, als er Jura zu studieren begann. Und dann, während er noch studierte, ereignete sich etwas Wichtiges.

1957 wurde Periyar zu sechs Monaten Gefängnis verurteilt, weil er die indische Verfassung verbrannt hatte. (Eine Illustration dieser Episode, prosaisch, klar und sachlich, hing in dem Reliquienraum im Periyar Thidal.) Bis dahin war Mr. Veeramani nur Propagandist für die Bewegung gewesen, energisch und mit gutem Ruf, doch immer noch in einiger Distanz zu Periyar. Nun, da der große Mann im Gefängnis war, reiste Mr. Veeramani plötzlich mit Periyars Frau, Mrs. Manyammai – wie Mr. Veeramani sie nannte – durch den Staat.

Als Periyar aus dem Gefängnis kam, ließ er Mr. Veeramani zu sich kommen. Periyar war in der Stadt Tiruchy. Mr. Veeramani fuhr sofort hin.

Periyar sagte zu ihm: »Was ist mit Ihrer Zukunft? Wollen Sie sich verheiraten?«

Die Frage war überraschend, weil Periyar gegen frühe Eheschließungen war; er meinte, sie wirkten sich gegen den Aufschwung der Nicht-Brahmanen aus. Mr. Veeramani war zu der Zeit fünfundzwanzig, und er hatte noch über ein Jahr am Madras Law College vor sich.

Mr. Veeramani sagte: »Sir, ich glaube nicht, daß eine Ehe in diesem Stadium notwendig ist. Ich bin wirtschaftlich noch nicht

330

unabhängig, und ich würde gerne der Partei mein Äußerstes geben.«

Periyar sagte: »Aber ich schlage Ihnen eine Heirat doch nur im Interesse der Partei vor.«

Das Mädchen oder die junge Frau, mit der Periyar Mr. Veeramani verheiraten wollte, war die älteste Tochter eines Paares, für das Periyar 1933 eine Achte-dich-selbst-Hochzeit vollzogen hatte. Diese Achte-dich-selbst-Hochzeit war politisch berühmt geworden, weil 1952 die Gerichte ihre Gültigkeit angezweifelt hatten. Doch – ganz abgesehen von Gefühlen – war Periyars wahrer Grund für den Wunsch, daß Mr. Veeramani die Tochter dieses Paares heirate, daß die Familie wohlhabend war, der Vater einer kaufmännischen Gemeinschaft angehörte, die Mutter aus einer Familie mit Landbesitz kam; und die Ehe mit der Tochter Mr. Veeramani ermöglichen würde, ganztägig für die Bewegung zu arbeiten.

Als Mr. Veeramani das begriff, sagte er zu Periyar: »Wenn es im allgemeinen Interesse der Partei ist, werde ich Ihrem Befehl gehorchen.«

Dann fuhr Mrs. Manyammai zu Mr. Veeramanis Eltern, um ihnen die Nachricht zu überbringen, daß ihr Sohn heiraten werde, und danach brachte sie Mr. Veeramani zum Haus des Mädchens in Tiruannamalai. Sie fuhren mit Zug und Bus und kamen schließlich in dem Bauernhaus an, in dem das Mädchen und ihre Mutter wohnten. Zu dem Bauernhaus gehörte viel fruchtbares Land – Reisfelder und Erdnußfelder. Nach dem üblichen Vorgeplänkel kam das Mädchen heraus, servierte Essen (ein merkwürdiges Überbleibsel des alten Rituals) und ging dann wieder. In Wirklichkeit kannte sie Mr. Veeramani jedoch gut von seinen Auftritten bei öffentlichen Veranstaltungen.

Sechs Monate später fand die Hochzeit statt. Periyar und Mrs. Manyammai sandten die Einladungen in ihrem Namen aus, so daß die Hochzeitsfeier wie eine weitere drawidische Konferenz war. Die Hochzeit selbst fand an einem Sonntagnachmittag um fünf statt. Die Zeit war absichtlich gewählt worden, weil orthodoxe Hindus das für eine besonders ungünstige Zeit hielten. Der atheistische Dichter Bharathidasam, die Whitman ähnliche Figur der Bewegung, las ein Gedicht vor, das er für den Anlaß verfaßt hatte.

Es gab noch eine merkwürdige Anekdote: In seiner letzten Jura-Prüfung mußte Mr. Veeramani eine Frage nach der Achte-dich-selbst-Hochzeit seiner Schwiegereltern 1933 beantworten.

Die Ehe funktionierte, wie Periyar es gehofft hatte. Mr. Veeramani war es möglich gewesen, für die Dravidar Kazhagam, die drawidische Bewegung, zu arbeiten, und er hatte Periyars Name und Botschaft lebendig gehalten. Und nun, nach all den Höhen und Tiefen der letzten 30 Jahre, war Periyars überlebensgroßes Porträt an vielen Orten in Madras zu sehen, und Mr. Veeramani, der Hüter der Flamme, zog als Held durch Madras.

Das Haus, in dem Mr. Veeramani wohnte, gehörte seiner Frau. Es war in Adyar in Madras, in der Nähe der Theosophischen Gesellschaft. Es war ein großes Betonhaus, fünfzehn Jahre alt. Es hatte drei Stockwerke, und die Veeramanis bewohnten ein Stockwerk.

Hoch oben an einer Wand im Wohnzimmer hing ein großes Schwarzweißfoto von Periyar und Mrs. Manyammai. Periyar saß und hielt seinen dicken Stock mit dem gebogenen Griff vor sich. Die anderen Details seiner Erscheinung waren mir mittlerweile wohlbekannt: der lange wellige Bart, der Dhoti, der Schal, das schwarze Hemd. Mrs. Manyammai stand mit festem Blick, rundlich und kompakt in einem schwarzen Sari, neben seinem Sessel, und ihre rechte Hand ruhte auf dem Sesselrücken.

Es schien nur passend, daß dieses Foto einen Ehrenplatz in Mr. Veeramanis Wohnzimmer hatte: die Heirat Periyars war wie ein Vorbote von Mr. Veeramanis Hochzeit.

Mrs. Veeramani servierte Tee und zog sich zurück: pflichtbewußt und korrekt, ohne viel zu sagen und immer noch wie jemand, der einer Sache diente. Obwohl man, wenn man nicht wußte, worum es ging, nie darauf gekommen wäre, so traditionell und unaufdringlich und zurückhaltend war ihr Benehmen.

In der familiären Atmosphäre unter Periyars Foto berichtete Mr. Veeramani mir von Periyars praktischer Seite. Er stammte aus einer reichen Kaufmannsfamilie, und er hatte dafür gesorgt, daß er noch reicher wurde.

»Er war sehr umsichtig. Er hütete nicht nur die Menschenrechte, sondern auch die Eigentumsrechte der Partei. Er vervielfachte diese Rechte, indem er in Spinnereien und Banken investierte. 1973 betrug sein Wert oder der seiner Partei über zwei Crore.« Zwanzig Millionen Rupien, eine Million Pfund. »Jetzt ist der Besitz über zehn Millionen Crore wert.« Vier Millionen Pfund.

»Die Leute gaben ihm Geld. Und wenn er, sagen wir, 99 Rupien hatte, nahm er sich eine Rupie von Mrs. Manyammai und wechselte diese 100 Rupien in einen Hundert-Rupien-Schein, damit er ihn nicht so schnell ausgab. Mrs. Manyammai lachte dann.« Auch Mr. Veeramani lachte. »›Genügsamkeit, dein Name ist Periyar!‹ Ganz Tamil Nadu weiß das. Selbst für seine Unterschrift verlangte er Geld. Er bat die Leute, ihm anstelle von Blumenkränzen zwei Rupien zu geben.«

Er verlangte Geld für seine Reden, und er hielt zwei oder drei am Tag, legte im Schnitt 200 Meilen am Tag in dem Lieferwagen zurück, den seine Anhänger ihm gegeben hatten. Seine letzte Rede hielt er fünf Tage vor seinem Tod, im Alter von vierundneunzig. Er hatte Mrs. Manyammai geheiratet, als er siebzig war, damit sie seinen Besitz erbte; doch ihre Ehe hatte vierundzwanzig Jahre gedauert, und sie überlebte ihn nur um fünf Jahre. Dann ging das Zepter an Mr. Veeramani über.

Mr. Veeramanis ältester Sohn war Ingenieur und studierte in Boston. Sein zweiter Sohn hatte ein Handelsdiplom und handelte nun mit Kunststoff. Und die erste Tochter war ebenfalls in den Vereinigten Staaten, wo sie einen Magister in Informatik machte. Mr. Veeramanis Vater war Schneider in der Stadt Cuddalore gewesen. Für seine Enkelkinder hatte sich die Welt auf eine Art und Weise geöffnet, die er sich nicht hätte vorstellen können.

An der Wand gegenüber der mit dem Foto von Periyar und seiner Frau hing über einem Bücherschrank ein Kalender der Tamil Tiger von 1989. Der Kalender zeigte ein großes Farbfoto der beiden Führer der Tamil Tiger, Pirabhakaran und Mathaiya. Sie waren in einem sonnendurchfluteten, heiß aussehenden Waldgelände aufgenommen, und sie trugen Guerilla-Tarnanzüge. Sie waren beide fett, mit dicken Bäuchen, und schienen über die absurde Uniform zu lächeln, die sie für das Kalenderfoto angezogen hatten. Aber sie waren alles andere als Clowns. Sie hatten Chaos über Sri Lanka gebracht. Und ihr Kalender für das Jahr 1989 hing hier in Mr. Veeramanis Wohnzimmer. Die rationalistische Bewegung Tamil Nadus, die anti-brahmanische Bewegung, umfaßte auch die Vorstellung von tamilischem Ruhm und Glanz in Vergangenheit und Gegenwart.

Bis zu dieser Reise nach Madras war Periyar bloß ein Name für mich gewesen; und von Mr. Veeramani hatte ich noch nie gehört. Doch seit vierzig Jahren stand Mr. Veeramani im Mittelpunkt einer ausgedehnten lokalen Revolution, die mit all dem ökonomischen und intellektuellen Wachstum, das dem unabhängigen Indien zugekommen war, den Charakter eines kleinen Kriegs angenommen hatte; und bis jetzt hatte Mr. Veeramani auf der Gewinnerseite gestanden.

Das konnte man von Kakusthan nicht sagen. Über die Hälfte seiner Geschichte hatte sich um Rückzug und Flucht gedreht – bis Familiensinn und Sohnesliebe ihn umkehren und bewußt einen archaischen Weg beschreiten ließen. Doch vielleicht war der Vergleich zwischen Mr. Veeramani und Kakusthan nicht gerecht. Vielleicht wäre es besser gewesen, ihn mit den Brahmanen zu vergleichen, die von alter Gelehrtheit zu neuer gekommen waren, von Tempelritualen zu Wissenschaft, mit jenen Brahmanen, die (beinahe wie Mr. Veeramani) radikaler aus den überlieferten Sitten ausgebrochen waren.

Madras mit seinen mit Skulpturen ausgeschmückten Tempeltürmen, seinen Spezialitäten zum Essen, den Idlis und Dosas, seiner Musik und seinen Tänzen, dem Museum mit den großen Bronzestatuen konnte dem Besucher noch als eine geschlossene Kultur erscheinen. Es dauerte eine Weile, bis man verstand, daß hier eine Usurpation stattgefunden hatte, daß die Brahmanen in der Defensive waren, obwohl sie noch die Musiker und Tänzer, die Köche und Priester in den Tempeln stellten.

Es war schwer, angesichts der Zerstörung einer Kultur nicht traurig zu werden. Doch das Anliegen der Brahmanen – wenn es ein solches Anliegen gab – konnte nicht von allen anderen indischen Anliegen isoliert werden. Es war besser, die Zerstörung einer Kultur – den Aufstieg Mr. Veeramanis, die Flucht und Wandlung der Brahmanen – als Teil einer allgemeineren Bewegung nach vorn zu sehen.

Bharathidasam, der atheistische Dichter der drawidischen Bewegung, trug einen roten Schal – rot für die Revolution. Die

Fahne der DMK, der aus der drawidischen Bewegung erwachsenen politischen Partei, war rot und schwarz. Rot für die Revolution, schwarz für die Sache der Drawiden. Man hätte meinen können, die beiden Farben zusammengenommen ständen für all die Geschmähten und Unterdrückten Tamil Nadus, all die Menschen, die die besondere brahmanische Strenge des Südens ins Abseits gedrängt hatte. Doch die drawidische Bewegung repräsentierte nur die mittleren Kasten – Periyar selbst war Angehöriger einer Kaste von Händlern –, die in anderen Teilen Indiens einen recht ehrbaren Platz im Kastensystem innehatten. Unterhalb dieser mittleren Kasten, die nun die Oberhand gewannen, gab es wie immer in Indien andere. Auch sie waren aufgerüttelt worden; auch sie hatten begonnen, ihre Forderungen zu erheben.

Vor sieben oder acht Jahren hatte es im Norden Tamil Nadus einen Bauernaufstand gegeben – oder eine maoistische Rebellion. Sie war niedergeschlagen worden. In den rund vierzig Jahren seit der Unabhängigkeit hatte der indische Staat sich mit vielen Arten von Auflehnung befassen müssen, in vielen Teilen des Landes. Der Staat hatte gelernt, wie er damit fertig wurde, wann er durchgreifen, wann er nachgeben mußte.

Es gab noch Überlebende dieses Bauernaufstandes. Sie waren wieder ins bürgerliche Leben eingegliedert worden, und es ging ihnen jetzt wahrscheinlich besser als je zuvor. Die Polizei stand noch in Verbindung mit diesen Männern; und durch die Polizei wurde mit zweien von ihnen ein Treffen für mich arrangiert.

Sie waren aus einem weit entfernten Bezirk bestellt worden, und das Treffen fand in meinem Hotelzimmer statt. Ein Polizeibeamter in Zivil kam mit. An meiner Seite waren zwei Journalisten, ein Gerichtsreporter zum Dolmetschen und ein Sportreporter, der alles beobachten wollte. Wir waren also zu sechst in dem Hotelzimmer. Die große Zahl machte das Treffen förmlich. Tee und Kekse des Hotels und der eifrig bemühte Zimmerkellner machten jeden noch ein wenig steifer.

Ich wußte nicht, was ich mit den ehemaligen Rebellen anfangen sollte. Sie waren sehr dunkel, kräftig gebaut und trugen so etwas wie eine Uniform: lange Dhotis und lose herunterhängende, cremefarbene Hemden. Ihr Haar war dick und lang und gut geölt, von der Stirn und den Seiten zurückgekämmt und im Nacken über dem Hemdkragen gerade abgeschnitten.

Der ältere der beiden war der Sprecher. Er war schwerer gebaut, hatte eine knolligere Nase und eine glänzendere Haut. Er sagte, sein Bruder sei Kommunist gewesen, und dieser Bruder – der später von einem Grundbesitzer getötet wurde – habe ihn unterwiesen. Er, der Sprecher, habe den zweiten Mann indoktriniert, der jünger und sein Schwager war. Es sei leicht gewesen, den Schwager zu indoktrinieren. Sein Vater arbeitete bei der Eisenbahn, in der Kantine. Eines Tages seien dem Vater bei einem Unfall auf dem Rangierbahnhof die Zehen abgeschnitten worden. Daraufhin habe sich der Sohn um eine Stelle bei der Eisenbahn beworben. Er hätte die Stelle bekommen sollen: es war Tradition bei der Eisenbahn, daß ein Familienmitglied zur Kompensation eine Stelle bekam, wenn ein Mann verletzt wurde und in den Ruhestand versetzt werden mußte. Doch der Sohn bekam keine Stelle, weil andere Leute den stellvertretenden Bahnhofsvorsteher oder irgendeinen Beamten in dem Rang bestochen hatten.

Der Polizeibeamte nickte: so war es auf dieser Ebene – und das Mitgefühl des Beamten war interessant. Die Journalisten stimmten zu. So war es mit diesen Stellen.

In ihrem Dorf gab es nur sehr wenige Brahmanen. Es war ein Gebiet rückständiger Kasten und Adi-Drawiden, der ersten Drawiden, Ureinwohner, Stammesangehörigen. Diese Menschen wurden von den Großgrundbesitzern oder Zamindars ausgebeutet. Ein Großgrundbesitzer war hier jeder, der mehr als fünfzig Morgen besaß. Viele der Zamindars waren Angehörige der Redsdiar-Kaste, die aus dem Nachbarstaat Andhra Pradesh gekommen war. Doch es gab auch Zamindars unter den Adi-Drawiden.

Die Zamindars beschäftigten Frauen für drei Rupien am Tag und Männer für fünf Rupien am Tag. Der Mindestlohn zu der Zeit betrug fünf Rupien für Frauen und neun für Männer. Das Ziel der Maoisten war, Feindschaft zwischen den Arbeitern und den Grundbesitzern zu stiften. Das schafften sie, indem sie den Arbeitern von dem Mindestlohn erzählten und sie ermutigten, ihn zu verlangen. Oft weigerten die Grundbesitzer sich und holten Arbeiter aus anderen Dörfern herbei. Manchmal griffen die

Grundbesitzer zu gröberen Mitteln. Der Bruder des älteren Mannes war von einem Grundbesitzer getötet worden. Danach herrschte Krieg: dieser Zamindar mußte getötet werden.

Drei Versuche wurden unternommen, den Zamindar zu töten. Er wurde beschattet, und als er eines Tages in einem Bus fuhr, bestiegen sechs Maoisten den Bus. Doch nichts geschah. Die Rebellen wurden unschlüssig, dachten an die anderen Fahrgäste; und in der allgemeinen Verwirrung entkam der Zamindar. Beim zweiten Mal erwarteten sie den Zamindar frühmorgens auf dem Feld. Er kam; sie schossen auf ihn; sie trafen ihn nicht. Beim dritten Mal schnappten sie ihn. Eine Gruppe von acht griff das Haus des Zamindars mit Granaten an. Sie töteten drei Menschen: den Zamindar, seine Geliebte und ein Baby. Von dem Baby wußten sie nichts; der Tod des Babys machte sie betroffen.

Danach zogen sie nur noch zweimal zum Töten aus. In diesem Stadium folgten sie einfach Befehlen. Die Befehle waren eher Beschlüsse: die Beschlüsse wurden bei Gruppenversammlungen getroffen. Sie wollten die Regierung stürzen und zielten darauf ab, die Leute, die ihrem Beschluß nach »Feinde« waren, einfach zu töten.

Dann kam die Polizei ins Spiel. Sie umzingelte die Gegend, in der die Maoisten operierten, und zog den Kreis allmählich zu wie eine Schlinge. Dreißig Maoisten wurden getötet. Die beiden Männer im Hotelzimmer hatten Glück. Sie hatten sich schon eine Weile zuvor der Polizei gestellt und waren im Gefängnis, des Mordes an dem Zamindar, seiner Geliebten und dem Baby angeklagt. (So wurde die Geschichte erzählt: sie war an dieser Stelle unklar und unbefriedigend. Doch weil das Treffen so förmlich war, weil zwischen dem, was der Sprecher sagte und was in der Übersetzung herauskam, eine Zeitspanne klaffte und die Übersetzung so gedrängt war, kam ich damals nicht darauf, weitere Fragen zu stellen. Erst später verschärfte sich der unklare Eindruck.)

Die Polizei konnte die beiden Männer nicht vor Gericht bringen. Sie konnte keine Zeugen finden, und der Grund war, daß die beiden Männer zehn Tage vor ihrem Verhör eine Warnung ausgesandt hatten, daß jeder, der gegen sie aussagte, am nächsten Tag tot sein würde. Das wurde im Hotelzimmer ganz kühl vorgebracht; und der Polizist in Zivil nahm es nickend, die Luft zwischen den Zähnen einziehend, ebenso kühl auf, als gehöre das alles zum Spiel.

Schließlich wurden die beiden Männer freigelassen. Da ihre Gruppe ausgelöscht war, hatten sie niemanden, an den sie sich wenden konnten – und hier sagten sie beide, obwohl die Frage gar nicht gestellt worden war, daß sie niemanden in ihrer Gruppe verraten hätten. Der jüngere Mann, der Schwager, sagte, die Polizei habe ihm die »Nerven« an einem Fuß durchschnitten. Er zeigte mir eine dunkle Narbe, wie ein Brandmal, oben auf seinem sandalenbekleideten Fuß. Doch selbst danach, sagte der jüngere Mann, habe er niemanden verraten. Der Polizeibeamte sah nicht verdutzt aus und versuchte auch nicht, etwas einzuwerfen; es war, als gehöre auch die Gemeinheit mit den Nerven und dem Fuß zum Spiel und als wisse jeder Bescheid.

Mit Hilfe der Polizei – und zweifelsohne im Rahmen der Staatspolitik der Wiedereingliederung – betätigten die beiden Männer sich unternehmerisch. Keiner hatte Erfolg. Der ältere stieg ins Tomatengeschäft ein und beschloß aus irgendeinem Grund, seine Tomaten die ganze Strecke bis nach Kalkutta zu schaffen. Er verlor 25 000 Rupien, ungefähr 1000 Pfund. Der Schwager fing an, *beedis*, billige Zigaretten aus ganzen Blättern herzustellen; er sagte, seine Angestellten seien mit dem Geld durchgebrannt. Keiner wirkte durch sein geschäftliches Versagen bedrückt; sie schienen beide ganz zufrieden zu sein.

Ich wußte nicht, was ich mit dem Gehörten anfangen sollte. Es waren so wenige bildhafte Worte in dem, was sie gesagt hatten, so wenige Details. Das konnte an der Übersetzung liegen oder der Förmlichkeit unseres Treffens oder weil sie ihre Geschichten zu oft erzählt hatten. Sie waren irgendwie zu eindeutig. Es erinnerte mich an die Eindeutigkeit der Gangster, die ich in Bombay getroffen hatte. Die Gangster waren so eindeutig, weil ihr Leben letzten Endes so einfach war. Und vielleicht mußten die Fußsoldaten einer Revolution, wie diese Männer es vielleicht waren, auch einfache Leute sein, die Botschaften empfingen, die für ihre Fähigkeiten und Bedürfnisse einfach genug waren.

Ich fragte sie, was sie von Periyar wußten. Und sofort schienen sie, sogar in der Übersetzung des Gerichtsreporters, mehr zu sagen als bis dahin – vielleicht lag es daran, daß sie diese Frage nicht erwartet hatten.

Sie verehrten Periyar, sagte der ältere Mann. Sein Vater sei ein Anhänger Periyars gewesen. Doch Periyar habe allein gegen die Kasten gekämpft; an Klassen habe er nicht gedacht. »Er rüttelte uns auf, aber für unseren Kampf war er nicht von Bedeutung.« Das war die erste Übersetzung des Gerichtsreporters. Später verbesserte er sie. In einer wörtlichen Übersetzung war gesagt worden: »Wir standen nicht in Verbindung.« Und das wies besser auf die Kastenkluft zwischen der drawidischen Bewegung und den Maoisten hin.

Ich fragte sie nach der anti-religiösen Seite von Periyars Botschaft. Der ältere Mann sagte, sie seien nicht religiös, ihre Frauen wohl. Doch auch die Frauen hätten begonnen, bei ihren Zeremonien ohne Brahmanen zurechtzukommen.

Das klang aufrichtig. Deshalb bekam ich ganz zum Schluß das Gefühl, daß die beiden Männer, ganz gleich, wie ihre Beziehungen zur Polizei waren, vielleicht wirklich das waren, was sie gesagt hatten.

Ehe sie gingen, bat der Schwager darum, das Bad benutzen zu dürfen. Ich hatte meine Befürchtungen, doch der Polizist winkte den Mann ins Bad. Wir warteten. Es war keine Spülung zu hören. Dann kam der Mann heraus und schloß sorgfältig die Tür hinter sich.

Als ich später die sorgfältig geschlossene Badezimmertür öffnete, fand ich die Toilette nicht abgezogen und Sitz und Fußboden bepinkelt vor. War das bloß soziale Unerfahrenheit? Oder gab es auch – in diesem Mann, der den Klassenkampf gekämpft hatte – ein tief verwurzeltes Kastengefühl für die Unreinheit von Latrinen: so unreine Orte, daß man sie gar nicht wahrnahm, Orte, die andere Leute wahrnehmen, andere Leute säubern sollten?

Ich sprach einen oder zwei Tage später mit Suresh, dem Sportreporter, darüber. Er sagte, die beiden Männer gehörten zu den Niedrigsten der Niedrigen. Auch wenn ich es nicht bemerkt haben sollte, im Hotelfoyer wären sie aufgefallen. Sie ständen weit unter den Shudras und ganz außerhalb der Reichweite der drawidischen Bewegung. Hatten sie keine Vorstellung von dem, was rein und unrein im religiösen Sinne war? Auf der Ebene, sagte Suresh, würden Kaste und kommunale Unterschiede, wenn sie auch für darüberstehende Menschen nicht leicht zu erkennen wären, dennoch streng befolgt.

Das Hemd und der lange Dhoti und das ölige lange Haar beider Männer seien vielleicht einem Star des populären tamilischen Kinos nachempfunden. Die Sorgfalt in der Kleidung sei ein Zeichen, daß sie einen Schritt nach vorne getan hätten, aus ihren dörflichen Sitten herausgerissen worden seien. Die kleinen Bäuche seien auch ein Zeichen für die Selbstachtung, die sie mit ihrer Rehabilitierung erlangt hätten. Sie hätten gesagt daß sie die Revolution aufgegeben hätten und nun nur noch für ihre Familien sorgen wollten. Und das, sagte Suresh – ganz gleich, wie mehrdeutig ihre Geschichten sein mochten –, stimmte wahrscheinlich.

Ich ging zu Sugar, um auf Wiedersehen zu sagen. Er war immer daheim in seiner kleinen Wohnung im Erdgeschoß, ein Gefangener seines Rufes.

Als ich kam, beriet er gerade einen Mann, der einen Computerausdruck von zwei Horoskopen mitgebracht hatte. Eine Eheschließung wurde erwogen, und Sugar sagte seine Meinung über die Horoskope. Er war unerbittlich. Das Horoskop des Mädchens paßte nicht; in rund sechs Monaten würde der Junge eine finden, die passender war. Der Frager, ein hochstehender Beamter, schien sich nichts daraus zu machen. Er war von der Seite des Jungen. Wenn es um Eheschließungen ging, hatten die Jungen das Sagen; Mädchen und ihre Familien waren die Bittsteller.

Ich sagte: »Hat das Mädchen ein schlechtes Horoskop?«

»Nicht schlecht«, sagte Sugar. »Unpassend.«

Es war seltsam, ihn, der selbst so melancholisch war, so bereit zu finden, als Seher den Tyrann zu spielen. Ich hatte das Gefühl, daß er trotz allem, was er über die Selbstsucht und Falschheit der Leute, die ihn aufsuchten, gesagt und was er darüber gesagt hatte, alles aufzugeben, Gefallen an der Arbeit und dem Ruf eines heiligen Mannes hatte.

Doch dann mußte er das Gefühl gehabt haben, mir etwas bieten zu müssen. Er machte es so, wie es ihm jetzt entsprach.

Er schaute mich quer durch das kleine Zimmer an und sagte: »Als ich Sie 1962 im Himalaya sah, hatten Sie ein strahlendes Gesicht. Es war eins der Dinge, die mich zu Ihnen hinzogen. Jetzt sehen Sie zerquält aus. Hat es etwas mit Ihrem Leben zu tun? Ihrer Arbeit?«

Ich sagte: »1962 war ich zerquälter. Aber ich war jünger. Wie Sie.«

»Kommen Sie noch einmal nach Madras? Dann kommen Sie und besuchen Sie mich. Kommen Sie und besuchen Sie mich vor Ablauf der nächsten zwei Jahre.« Jetzt übte er seine prophetische Gabe für sich aus. »Nach zwei Jahren –«

Er schüttelte den Kopf und ließ, zusammengesunken auf seinem Stuhl, seine Krankheit und Einsamkeit nun die reine Bürde, den Blick über den kleinen Raum schweifen, den er zu dem seinen gemacht hatte – das Wohn-Schlafzimmer, ohne den Möbelhaufen, den ich zuerst dort gesehen hatte, mit den heiligen Bildern an der Wand und dem Hängeschrank mit den Kopfschmerztabletten, den anschließenden Flur zur Küche, die er nicht selbst sauber machen konnte und die er von niemandem sonst sauber machen lassen durfte, und den Tempelraum mit seinen furchterregenden Figuren –, den kleinen Raum, den er bald verlassen würde.

5

Nach der Schlacht

1962 nahm ich viel von der englischen Architektur in Indien als selbstverständlich hin. Nach dem, was ich auf Trinidad oder in England kennengelernt hatte, kam mir die britische Bauweise in Indien vertraut vor, kein Grund zum Staunen. Vielleicht gestattete ich mir 1962, gerade fünfzehn Jahre nach der Unabhängigkeit, auch nicht, die britisch-indische Architektur als mehr denn Hintergrund zu sehen. Ich sparte mir das Staunen für die Schöpfungen der indischen Vergangenheit auf. Selbst Lutyens große Leistung in Neu-Delhi sah ich widerwillig an, fand sie unproportioniert groß, suchte in seinen Prachtbauten nach den Motiven, die er von den Mogul-Baumeistern übernommen hatte, und fand in seinen Adaptionen einen weiteren Beweis für Angeberei.

So voreingenommen schaute ich mir selbst die unbedeutendere Architektur der Briten an, die Bungalows und Häuser, die in ländlichen Bezirken für Beamte gebaut worden waren. Es war angenehm, in ihnen zu wohnen; mit ihren Säulenvorhallen und Veranden, dicken Wänden, hohen Decken und manchmal noch zusätzlichen Oberlichtern oder Maueröffnungen waren sie für das Klima gut geeignet. Doch für die Armut der indischen Landschaft schienen sie mir zu großartig. Außerdem schienen sie die Mühsal des indischen Klimas zu übertreiben. So daß diese britischen Gebäude, obwohl sie ganz und gar zu Indien gehörten, durch ihre Übertriebenheit Indien auf Distanz zu halten schienen.

Doch die Jahre vergehen schnell; man kann sich neue Arten des Fühlens und Sehens aneignen. Die Inder bauten nun schon seit vierzig Jahren in einem freien Indien, und was in dieser Zeit errichtet wurde, machte es leichter, sich das Vorausgegangene anzuschauen. Im freien Indien haben die Inder gebaut wie Menschen ohne Tradition; meistens haben sie mechanisch oberflächliche Imitationen des internationalen Stils zustandegebracht. Nicht leicht zu verstehen ist, daß die Inder im Gegensatz zu den Briten nicht wirklich für das indische Klima gebaut haben. Sie waren zu besessen davon, die Moderne zu imitieren; und vieles von dem, was so hochgezogen wurde – die langweiligen quadratischen Türme Bombays, die zu dicht beieinander stehen; die zementierte Nichtigkeit von Lucknow und Madras und die Wohnsilos von Neu-Delhi –, kann das mühselige Leben in den Tropen nur noch mühseliger und heißer machen.

Weit davon entfernt, die Vorstellung der Menschen von Schönheit und Größe und humanen Möglichkeiten zu erweitern – erbauliche Vorstellungen, die sehr arme Leute unter Umständen mehr brauchen als reiche –, ist vieles der Architektur des freien Indien Teil der Häßlichkeit und Überfülltheit und zunehmenden körperlichen Enge Indiens geworden. Schlechte Architektur in einer armen tropischen Stadt ist mehr als nur eine ästhetische Angelegenheit. Sie verdirbt das Alltagsleben der Menschen; sie zerrt an ihren Nerven; sie erzeugt Zorn, der in viele verschiedene Kanäle fließen kann.

Diese indische Architektur, geringschätziger gegenüber den Leuten, denen sie dient, als die britisch-indische Architektur es je war, läßt nun das nüchternste Arbeitsamt der britischen Zeit wie eine vollkommene architektonische Vorstellung wirken. Und wenn man von da weiterdenkt und die Reichweite britischen Bauens in Indien betrachtet, die Zeitspanne, die verschiedenartigen Stile dieser beiden Jahrhunderte, die sich entwickelnden Funktionen (Bahnhöfe, das Victoria Memorial in Kalkutta, der Gateway of India in Bombay, die Parlamentsgebäude in Lucknow und Neu-Delhi) wird offensichtlich, daß die britisch-indische Architektur – die man so leicht als selbstverständlich hinnimmt – die schönste säkulare Architektur auf dem Subkontinent darstellt.

Kalkutta ist – mehr als Neu-Delhi – die von den Briten erbaute Stadt Indiens. Es war eins der frühen Zentren Britisch-Indiens; es wuchs mit der britischen Macht und wurde ständig verschönert; bis 1930 war es die Hauptstadt Britisch-Indiens. Beim Bau von Kalkutta, das erst als die Stadt der Paläste und später als die zweite Stadt des Britischen Empires bekannt wurde, arbeiteten die Briten mit ungeheurem Selbstvertrauen, adaptierten nicht die Stile indischer Herrscher, sondern bauten in Indien Adaptionen der europäischen Klassik als Embleme der erobernden Zivilisation. Doch wurde in den zweihundert Jahren ihrer Entwicklung die imperiale Stadt auch eine indische Stadt; und sie wurde – gleichzeitig Hafen, Zentrum für Verwaltung und Handel, Erziehung und Kultur im britischen und indischen Stil – eine Stadt wie keine andere in Indien. Mir vermittelte Kalkutta Ende 1962, nachdem ich einige Monate in indischen Kleinstädten und ländlichen Bezirken gelebt hatte, unmittelbar das Gefühl von einer Metropole, mit all der visuellen Erregung einer Metropole und all ihren Andeutungen von Abenteuer und Profit und geschärfter menschlicher Erfahrung.

Sechsundzwanzig Jahre später konnte man die Größe der von den Briten gebauten Stadt – die breiten Avenuen, die Plätze, die gefällige Einbettung von Fluß und unbebautem Raum, die Anlage der Paläste und der öffentlichen Gebäude – nur noch auf geisterhafte Weise nachts erkennen, wenn die Menschenmassen des Tages sich in ihre Nischen und Ecken verzogen hatten, um sich auszuruhen für den rastlosen Leerlauf und die Plackerei des neuen Tages: die geborstenen Straßen und Fußwege; die braunen Benzin- und Kerosinausdünstungen, die das gewalttätige Sonnenlicht noch stechender machten, sich mit dem Staub der Straßen vermischten und die Haut mit Grus und Schmier überzogen; das den ganzen Tag über anhaltende, an- und abschwellende zikadengleiche Gekreisch der Hupen von den schäbigsten Bussen und Autos der Welt. Die von den Briten gebaute Stadt war, wenn auch auf diese geisterhafte Weise, noch erkennbar, weil seit der Unabhängigkeit so wenig hinzugekommen war; weil seit 1962 so wenig hinzugekommen war.

Energie und Investitionen waren in andere Teile Indiens gesteckt worden. Kalkutta war umgangen worden, es zehrte von sich selbst und gab nur eine Illusion von Leben. Manche Gebäude in der Innenstadt Kalkuttas schienen seit 1962 nicht mehr mit Farbe in Berührung gekommen zu sein. Auf manchen Mauern und Säulen – wie auf den Mauern und Säulen von Häusern, die ihren Abriß erwarteten – hatten alte Plakate und Leim so etwas wie eine brüchige Pappmachékruste gebildet; man hatte das Gefühl, daß man Gips oder Stuck abreißen würde, wenn man versuchte, diese Kruste abzukratzen. Die berühmten

Clubs der Kolonialzeit – der Bengal Club, der Calcutta Club – verfielen; und Inder bewegten sich nun in den Räumen, die ihnen früher verschlossen waren. Verfall innen, Verfall außen: Kalkutta vermittelte an manchen Stellen ein wenig von der Atmosphäre einer verlassenen belgischen Siedlung im Zentralafrika der sechziger Jahre, nachdem Afrikaner eingezogen waren und dort kampierten. Kampieren: das war das Wort. Nach der Unabhängigkeit hatte es durch die Teilung Bengalens in das indische Westbengalen und das pakistanische Ostbengalen einen großen Zug von Flüchtlingen aus dem Osten gegeben. Sie hatten kampiert, wo immer sie konnten; sie hatten weite Flächen in der und um die Stadt besetzt. Und seitdem hatte sich die Einwohnerzahl der Stadt verdoppelt.

Tagsüber gab es auf den Straßen oder in den großen sonnenversengten Parks keinen Platz. Es gab keinen Platz, um zu Fuß zu gehen. Man konnte sehr langsam über eine aufgebrochene Straße und durch die Menschenmassen zum Tollygunge Club fahren, und dort konnte man auf dem Golfplatz spazierengehen. Doch die Fahrt war anstrengend; und die Rückfahrt durch die Benzin- und Kerosinabgase machten die kleine Erholung, die man sich gegönnt hatte, zunichte. Die Leute erzählten einem, daß bis vor fünfzehn Jahren die Straßen der Innenstadt Kalkuttas jeden Tag gereinigt worden seien. Doch das hatte ich auch schon 1962 gehört. Selbst damals, gerade fünfzehn Jahre nach der Unabhängigkeit, sechzehn Jahre nach den großen Unruhen zwischen Hindus und Moslems, die so viele Erinnerungen geprägt hatten, schauten die Leute zurück auf ein goldenes Zeitalter Kalkuttas.

Die Briten hatten Kalkutta gebaut und ihm ihren Stempel aufgedrückt. Und als die Briten die Herrschaft abgaben, begann die Stadt – auch wenn die Umstände zufällig sein mochten – zu sterben. Zu den Leuten, die ich 1962 in Kalkutta kennenlernte, gehörte Chidananda Das Gupta. Er arbeitete damals für die Imperial Tobacco Company, die später weniger provokativ ITC genannt wurde. Weil er für solch eine große britische Firma arbeitete, gehörte Chidananda zu der auserwählten und viel beneideten Gruppe von Indern, die man als »Boxwallahs« bezeichnete.

Diese Boxwallahs stellten in ihren eigenen Augen eine Synthese indischer und europäischer Kultur dar. Sie wurden von

Indern außerhalb der Gruppe bewundert und beneidet, weil ihre Boxwallah-Stellen sicher waren und über die Verbindung zu den Briten hinaus ein Kennzeichen von Lebensart waren. Die Gehälter waren sehr gut, sie gehörten zu den besten in Indien; und es gab – den Wohlstand der Boxwallahs noch steigernd – Dienstwagen und möblierte Dienstwohnungen. Und die Arbeit war nicht schwer. Jede Firma, für die ein Boxwallah arbeitete, hatte auf ihrem speziellen Feld in Indien sozusagen das Monopol. Von einem Boxwallah wurde nur verlangt, daß er ein kultivierter Mensch mit guten Beziehungen war, ein elegantes Mitglied der Mannschaft.

Chidananda hatte noch ein Interesse. Er liebte das Kino und war einer der Gründer der Calcutta Film Society. In der Calcutta Film Society lernte ich ihn eines Abends kennen. Und sechsundzwanzig Jahre später sollte ich – von Rajan, dem Sekretär, der mir in Bombay seine Geschichte erzählte – daran erinnert werden, daß Chidananda mich ihm am Ende jenes Abends anvertraut und ihn gebeten hatte, mich sicher zum Gästehaus des Pharmakonzerns zurückzubegleiten, in dem ich wohnte. An Rajan, für den dieser zwanglose Umgang mit Filmleuten und kultivierten bengalischen Männern in der Film Society eine Freude gewesen war, ein flüchtiger Blick auf ein Kalkutta, weitaus schöner als das, das er kannte, hatte ich keine Erinnerung mehr. Vom Büro der Gesellschaft war mir bloß ein vager Eindruck geblieben: ein trübes Deckenlicht in einem mit Büromöbeln vollgestellten kleinen Raum. Von Chidananda hatte ich ein Boxwallah-Bild im Kopf: ein schlanker schnurrbärtiger Mann von Vierzig in einem grauen Anzug.

Chidananda blieb nicht bei ITC. Er wurde Filmemacher und Schriftsteller; das wurde seine Laufbahn, und sie führte ihn fort von Kalkutta. Über zwanzig Jahre später war er als Mann, der sich halb aus dem Geschäftsleben zurückgezogen hatte, nach Kalkutta zurückgekommen. Die Hälfte der Woche arbeitete er als Redakteur für das Feuilleton der Zeitung ›The Telegraph‹. Den Rest der Woche lebte er in Shantiniketan, der Universität, die Rabindranath Tagore, der Dichter und Schutzheilige Bengalens, gegründet hatte.

Shantiniketan lag zweieinhalb Stunden mit dem Zug von Kalkutta entfernt. Chidananda baute sich gerade ein Haus dort und lebte darin, während um ihn herum gebaut wurde. Eines Sonntags besuchte ich ihn dort.

Was wußte ich von Shantiniketan? Für mich war die Universität die Version eines Dichters und Pädagogen von Gandhis Phoenix Farm in Südafrika: etwas, was mit der Unabhängigkeitsbewegung zu tun hatte und gleichzeitig ein Protest gegen die Überautomatisierung war: eine Vorstellung von Musik, Unterricht im Freien, Vorlesungen in Hütten: etwas Arkadisches und Gefährdetes, das davon abhing, daß man Unglauben und Kritik verdrängte, und etwas, das sich meiner Meinung nach – weil ich lange nichts von Shantiniketan gehört hatte – längst aufgelöst hatte.

Ich reiste im klimatisierten Salonwagen des Shantiniketan-Express. Er war wie ein Wohnzimmer mit Sofas und Lehnsesseln eingerichtet. Er war mit buddhistischen Motiven ausgeschmückt, und ein abgetrenntes Abteil enthielt vielleicht sogar ein kleines Heiligtum: eine Erinnerung an den buddhistischen Glauben in den Regionen des Nordens. Ich war der einzige Passagier im Salonwagen; das erklärte den entsetzlich hohen Preis, den der Mann von der Rezeption im Hotel in Kalkutta in meinem Auftrag bezahlt hatte. Doch man hatte nicht das Gefühl von Luxus: der Salonwagen wurde von Eisenbahnangestellten als Schlafwagen benutzt, und drei von ihnen schnarchten auf Sofas.

Das Land war Reisanbaugebiet, ebenes baumloses Deltaland mit grünen und braunen Feldern. Die grünen Felder waren voll Wasser, die Reispflanzen auf den verschiedenen Feldern in verschiedenen Stadien des Wachstums. Auf manchen Feldern standen Sämlinge gebündelt wie kleine Garben im Wasser, ehe sie in Reihen ausgesetzt wurden. Die bereits abgeernteten Felder waren braun und trocken; manchmal stoppelig, manchmal gerodet und umgepflügt; manchmal warteten überall verteilte Hügel mit dunklerer neuerer Erde darauf, untergepflügt zu werden und den Boden zu beleben. An vielen verschiedenen Stellen wurde Wasser von Feld zu Feld geleitet, manchmal mit elektrischen Pumpen, manchmal mit Hilfe eines langen biegsamen Schlauchs, der von Hand in ein Wasserfeld gelegt, dann hochgehoben und auf das andere Feld geleert wurde. Alles, was mit Reisanbau zu tun hatte, war in diesem weiten flachen Delta zu sehen: das ging Meile um Meile so, und man konnte kaum begreifen, daß es hier je eine Hungersnot gegeben haben sollte. Doch dann begann kurz vor Shantiniketan das Land trocken zu werden, wie eine flache Wüste, und feindselig auszusehen.

Chidananda war am Bahnhof, um mich abzuholen. Nach sechsundzwanzig Jahren waren wir wie Schauspieler im dritten Akt eines Stückes, erregend jung am Ende des zweiten, um dann mit Puder oder Mehl auf Haar und Augenbrauen erneut aufzutreten. Er trug saloppe indische Kleidung (und nicht den grauen Boxwallah-Anzug, in dem ich ihn in Erinnerung hatte), und er hatte einen alten Ambassador. Der sei hier weitaus billiger zu fahren als in Delhi, sagte er; das sei ein Gesichtspunkt gewesen, als er beschlossen habe, nach Shantiniketan zu ziehen.

In dem kurzen Gang, der aus dem Bahnhof herausführte, wimmelte es von Fahrradrikschas. Hier sei das Auto der Eindringling, sagte Chidananda. Im Grunde gebe es einen extra Bahnhof für Shantiniketan, doch die Einwohner von Bolpur, der Haltestelle davor, bestanden darauf, daß alle Fahrgäste nach Shantiniketan in Bolpur ausstiegen, um im örtlichen Bazar ihre Einkäufe zu tätigen.

Binnen kurzem waren wir auf dem freien Land. Es gab Bäume. Viele seien von der Universität gepflanzt worden, sagte Chidananda, und sie hätten dazu beigetragen, daß es mehr regnete. Auch der Schatten war schön; aber immer noch war es staubig, sehr staubig. Die Universität hatte jetzt keine Lehmhütten mehr, nur ockerfarben gekalkte Betonhäuser. Wir fuhren am Tempel von Shantiniketan vorbei. Es war eine Halle von angenehmen Proportionen, ganz bewußt unsakral. Aber sie war typisch für ihre Zeit. Sie hatte durchbrochene Mauern und Buntglasfenster, und von der Straße sah sie nach der Architektur der Jahrhundertwende ein wenig zu auffällig aus.

Chidananda zeigte einige Häuser, in denen Tagore gelebt hatte, als er in Shantiniketan war. Tagore, sagte Chidananda, habe sich sehr schnell in einem Haus gelangweilt und sei gern von Haus zu Haus gezogen: das Vorrecht des Dichters, das Vorrecht des Gründers und vielleicht auch die Verwöhntheit des bengalischen Aristokraten. Ich bekam auch das Gefühl, daß der große Mann in Shantiniketan jedes Recht, auch das zu spielen, hatte: es gab ein paar Universitätsgebäude, die Tagore selbst entworfen und dabei versucht hatte, asiatische Motive, hinduistische, indische, chinesische zu mischen. Es war merkwürdig, jetzt die Romantik und Selbsttäuschung hinter dieser malerischen Idee zu betrachten; doch damals war sicher Leidenschaft mit im Spiel gewesen, das Bedürfnis, Asien gegen den alten und anscheinend immerwährenden Ruhm des britischen Imperiums und Europas geltend zu machen.

Chidanandas unvollendetes Haus befand sich am Rand des Universitätsviertels. Das Ziegelsteinhaus sollte zwei Stockwerke hoch werden. Das Erdgeschoß war beinahe fertig; am oberen Stockwerk gab es noch rund drei Monate zu tun. Das Gelände um das Haus war nach drei Seiten hin offen. Chidananda hatte das Grundstück wegen der Zurückgezogenheit und Stille und frischen Luft gewählt, die man in indischen Städten nun nicht mehr haben konnte. Doch der Hauptgrund für Chidanandas Umzug nach Shantiniketan war, daß es – bei allen Veränderungen: es war jetzt eine Universität wie jede andere in Indien – mit der besonderen bengalischen Kultur verbunden war, in der er aufgewachsen war. Die Erde war ihm heilig, wie sie, wenn auch auf andere Weise, den einfachen indischen Touristen heilig war, die anreisten. Diese Touristen kamen nicht, weil sie die Dichtung oder das Werk Rabindranath Tagores kannten, sondern weil sie von ihm als Heiligen gehört hatten und es gut war, die heiligen Stätten solcher Menschen zu besuchen.

Chidanandas Vater war sein Leben lang ein Prediger des Brahmo Samaj gewesen. Der Brahmo Samaj war eine Art von gereinigtem oder reformiertem Hinduismus, den Rabindranaths Vater im 19. Jahrhundert weiterentwickelt hatte. Es war ein Versuch, die neue Wissenschaft Englands und Europas mit der alten Hindu-Philosophie der Veden und Upanishaden zu verschmelzen. Der Brahmo Samaj leitete sich direkt aus den Ideen und Vorstellungen des Raja Ram Mohun Roy von Bengalen (1772–1833) ab, des ersten modernen indischen Reformers und Pädagogen. Die Qualitäten von Männern wie Roy und dem älteren Tagore sind heutzutage nicht mehr einfach zu würdigen, da die Güter und Erfindungen Europas und Amerikas die Welt verändert haben und einfache Leute sich überall der Zivilisation, die sie umgibt und anzieht, anpassen müssen. Ende des 18. und Anfang des 19. Jahrhunderts war Europa für Indien weniger eine Quelle von Gütern. Unter den statischen Umständen der damaligen indischen Zivilisation – mit dem ganzen Nachdruck auf den alten Sitten, den alten Tugenden – bedurfte es außergewöhnlicher intellektueller Anstrengung, die neuen Gaben Europas zu erkennen.

Chidananda sagte: »Der Brahmo-Glaube bringt das Wesentliche der Lehren der Upanishaden und des Christentums zusammen. Beispielsweise in einer Form des Gottesdienstes – ein Gottesdienst am Sonntagmorgen und am Sonntagabend. In den größeren Kirchen saß man auf Kirchenstühlen, und es gab eine Kanzel. Der Gottesdienst wechselte zwischen gesprochenen Ritualen und Gebeten und Liedern, von denen viele von Rabindranath Tagore und manche von seinem Vater geschrieben waren. Rabindranaths Vater entwickelte diese Form des Gottesdienstes. Der Brahmo trennte den Monotheismus der Upanishaden und den Gedanken an einen universellen Geist, der nicht faßbar war, vom Hinduismus der Puranas – Bilderverehrung, Vielgötterei, vermischt mit Animismus und Kastenwesen. Er glaubte an die Erziehung der Frauen und die Ideale der Demokratie und die Abschaffung des Kastensystems.«

Diesem Glauben diente Chidanandas Vater sein Leben lang. Den Entschluß dazu traf er schon in einem sehr jugendlichen Alter.

»Mein Großvater nahm meinen Vater von seinem zehnten Lebensjahr an mit zum Sonntagsgottesdienst des Brahmo Samaj. Das war in der Stadt Chittagong, die jetzt in Bangladesh liegt.« Chittagong, das man jetzt mit der Armut und den Naturkatastrophen von Bangladesh assoziiert, war für den portugiesischen Dichter Camões vor vierhundert Jahren eine der schönsten Städte des reichen und fruchtbaren Bengalens: *Chatigão, cidade das milhores de Bengala.*

»Mit vierzehn beschloß mein Vater, daß er Brahmo werden wollte. Das hatte mein Großvater nie vorausgesehen, und er war empört. Eines Nachts lief mein Vater von zu Hause weg. Er ging und – um einen modernen Ausdruck zu benutzen – fuhr buchstäblich per Anhalter auf Ochsenkarren und Booten, um nach Shillong hoch in den Bergen, 500 Meilen entfernt, zu kommen. Damals war die Tradition der Gastfreundschaft für Reisende noch sehr lebendig. Mein Vater erzählte mir, daß er den ganzen

Tag zu Fuß lief oder mit einem Ochsenkarren fuhr und abends zum nächsten Haus ging, um Obdach für die Nacht bat und es ihm gewährt wurde.

Er ging nach Shillong, weil er dort ein paar Brahmo kannte. Sie halfen ihm bei seiner Ausbildung, und er ging mit einer Reihe bekannter Leute aufs College, darunter Satyajit Rays Vater, Sukumar Ray, einem großen Humoristen und Verleger.

Mein Vater machte nie einen Abschluß. Er machte das, was man damals ›das erste Diplom‹ nannte, die ersten beiden Jahre im College, und dann wurde er Missionar der Brahmos und bekam eine kleine Unterhaltszahlung. Kurz danach lernte er meine Mutter kennen und verliebte sich in sie – in Gangas, in Bihar, wo der Vater meiner Mutter als Arzt etabliert war. Als mein Vater um die Hand seiner Tochter bat, willigte der Arzt ein. Und mein Vater blieb sein Leben lang ein armer Prediger.«

Für jemanden mit diesem Hintergrund – und vielleicht für alle gläubigen Brahmos – war Shantiniketan aus einem ganz bestimmten Grund heiliger Boden.

»Um 1840 reiste Rabindranaths Vater durch diese Gegend. Sie war wie eine Wüste, und er mochte sie sehr gern. Es gab einen einzigen Baum, und er setzte sich darunter und beschloß am selben Tag, an der Stelle einen Ashram zu gründen. Das Vorbild dafür war der antike *brahmacharya*-Ashram – wo man während der Studienzeit im Zölibat lebte und zu Füßen seines Gurus lernte. Er gründete tatsächlich den Ashram, und viel später gründete Rabindranath die Universität, *Vishwa-Bharati*, Indiens Weltuniversität. Unter dem Baum, unter dem Rabindranaths Vater saß, befindet sich eine erhöhte Plattform. Das gilt als die heiligste Stelle in Shantiniketan.

Was Raja Ram Mohun Roy Anfang des 19. Jahrhunderts als Reformbewegung begann, verwandelte Devendranath Tagore in Religion. Sie verwandelte die bengalische Mittelschicht. Rabindranath Tagore erweiterte die Religion zu einer Kultur. Und diese Kultur wurde Nehrus Politik. Weil Rabindranath sie in eine Kultur überführte und nicht nur auf die Religion beschränkte, wurde sie schnell von der breiteren Mittelschicht übernommen. Theoretisch gibt es den Brahmo Samaj heute noch. Doch das Leben ist aus der Institution in die breitere Gesellschaft übergegangen.«

Chidananda sah Shantiniketan zum ersten Mal 1940, als er neunzehn war. Er lebte mit seiner Familie in der Nachbarprovinz Bihar, und sein Vater schlug ihm vor, dort Urlaub zu machen. Er wohnte im Gästehaus. Er teilte sich ein Zimmer mit einem Indonesier, der an der Universität Batik lehrte. Chidananda fand es aufregend, mit jemand aus dem Ausland zusammen zu sein, und auch den Namen des Indonesiers, Prahasto, fand er aufregend. Es war ein Name direkt aus dem Hindu-Epos, dem Mahabharata. Chidananda bekam sofort eine umfassendere Vorstellung von Indien und Asien; und er fühlte – was Tagore von den Studenten seiner Universität erwartete –, daß er in Shantiniketan an einem Ort war, der ein Teil der Welt, nicht bloß ein Teil Indiens war.

Ein paar Tage später hielt Rabindranath eine Rede im Tempel.

»Es war sehr früh morgens, Dezember, ziemlich kalt – damals gab es in Shantiniketan nur wenige Häuser, viel mehr freies Gelände –, und wir saßen auf dem kalten Marmorfußboden in dem Glastempel mit den bunten Glasscheiben. Als die Sonne aufging, warf sie alle denkbaren Farben über die Gesichter und Kleider der Menschen. Wir alle saßen da und warteten auf Rabindranath.

Er wurde im Rollstuhl hereingefahren. Dann erhob er sich aus dem Rollstuhl. Er war sehr groß, aber vom Alter gebeugt. Er ging allein. Er trug einen weißen Dhoti, Kurta und Schal. Ich war von diesem Anblick beeindruckt. Er war wie eine Heraufbeschwörung des alten Indien, ein romantisches Gefühl, als begegne man einem Weisen aus alten Zeiten. Er setzte sich auf einen sehr niedrigen Hocker. Alle anderen saßen auf dem bloßen Marmor.

Dann begann das Singen. Keine modernen Instrumente, nur traditionelle Instrumente. Aber auch kein Harmonium – Rabindranath lehnte es ab, weil es eine festgelegte Tonskala, eine westliche Tonskala hat und man die Halb- oder Mikrotöne, die für die klassische indische Musik wichtig sind, darauf nicht spielen kann. Dann sangen sie ein Lied, eines von Rabindranaths Liedern.

Er las aus einem vorbereiteten Text auf Bengalisch mit Zitaten in Sanskrit. Er war ein sehr großer Mann, über ein Meter achtzig, und er sah sehr stark aus, und der Kontrast zwischen der Stimme, die dünn und hoch war, und der Größe des Mannes überraschte mich. Ich hatte eine tiefe, volltönende Stimme erwartet. Es dauerte ein paar Minuten, bis ich die Überraschung überwunden hatte. Doch sehr schnell schlug, was er sagte, mich in Bann. Das war im Dezember 1940, und der Krieg beschäftigte uns sehr. Das Thema seiner Ansprache war die Krise der Zivilisation – er war besorgt über die selbstzerstörerische Tendenz.«

Chidananda war also von Tagore mit einer bestimmten Weltsicht bekannt gemacht worden. Es war eine der Segnungen der indischen Unabhängigkeitsbewegung, daß viele ihrer Führer Männer mit einer großen Vision waren, die über ihr indisches Anliegen hinaussehen konnten.

Der erste Besuch Chidanandas in Shantiniketan dauerte zwei Wochen. Weniger als ein Jahr später starb Rabindranath. Chidananda hatte wie viele Bengalen das Gefühl, daß Shantiniketan ohne Rabindranath nichts sei; erst nach sechsundvierzig Jahren fuhr er wieder hin. Eigentlich fuhr er erst zurück, nachdem er beschlossen hatte, dort zu leben. Bei dieser Rückreise machte er genau das, was ich getan hatte: er nahm den Zug vom Bahnhof Howrah in Kalkutta und stieg zweieinhalb Stunden später in Bolpur aus.

»Dieser Bahnhof versetzt einen in die schlimmste bengalische Kleinstadtatmosphäre – häßlich, laut, voll, auf Schritt und Tritt die Art Entbehrung, die ich in der Urbanisierung unseres Landes sehe, die Entbehrungen des Geistes, der grundlegenden Bedürfnisse. Der Bahnhof hatte sich sehr viel mehr verändert als Shantiniketan.

Ich fuhr durch das Chaos von Bolpur. Ich wußte, daß ich nach Shantiniketan fuhr, wo es freie Räume und ruhige Umgebung und Bäume geben würde. Es störte mich nicht allzu sehr – weil man sich die Realität seines Landes nicht wegwünschen kann. Es war gut zu wissen, daß hinter diesem ganzen Chaos ein Herz verborgen war. Ich mache jetzt seit fünfzehn Jahren Yoga, und das hat mir ungeheuer geholfen, zu diesem geistigen Zustand zu gelangen – in dem ich eine ganze Zeit lang ziemlich viel Chaos und Konfusion um mich herum ertragen kann, ohne meinen Seelenfrieden zu verlieren.

Deshalb stellte ich bereits bei diesem ersten Besuch fest, daß ich den Ort mochte. Ein paar Monate später kaufte ich Land, soviel ich mir leisten konnte, und ich begann auf der Stelle zu bauen. Ein alter Freund, ein Architekt, der sich aus dem Geschäftsleben zurückgezogen hatte, ein Bengale, machte den Entwurf. Er kannte die Gegend, das Klima, die Windrichtung.

Der Ort hat sich verändert. Ich erwarte nicht, daß er das ist, was er einmal war. Man kann nicht zu den alten Zeiten zurückkehren, als die Menschen hier freiwillig in Lehmhäusern lebten und barfuß gingen. Aber ich habe das Gefühl, daß ich durch meine Rückkehr hierher freier denken, leben und handeln kann. Ich fühle mich nicht mehr eingeschlossen. Ich habe noch einmal die Upanishaden gelesen – eine wiedererwachte Neigung. Formal bin ich Atheist, doch ich habe einen Zustand erreicht, in dem ich Spiritualität von Theismus und Religion trenne. Für mich repräsentieren die Upanishaden die Anstrengung des Menschen, das Universum und sich selbst auf der höchsten spirituellen Stufe zu verstehen.

Ich bin hier nur zweieinhalb Stunden von Kalkutta entfernt, doch ich habe das Gefühl, mich von meiner vorherigen Inkarnation weit entfernt zu haben. Die Boxwallah-Inkarnation, die Sie 1962 sahen, war von den Wurzeln meiner Kultur und Erziehung weit entfernt.«

Chidananda hatte, als er ein junger Mann war, Lehrer werden wollen. Irgendwann einmal hatte er wie sein Vater Brahmo-Missionar werden wollen. Doch dann hatte sein Wunsch, sich in der Welt zu beweisen, ihn zur Werbung und dann zu der Tabakfirma gebracht.

Als die Nachricht kam, daß er die Stelle bekommen hatte, hatte ihm jeder gratuliert. Doch seine Frau sagte: »Warum willst du diese Stelle antreten? Ist dir nicht klar, daß wir dann andere Menschen werden?«

Chidananda sagte: »1962, als Sie mich kennenlernten, war ich für die Werbung der Firma verantwortlich, eine der größten Werbekampagnen im Land. Die Firma selbst hatte ein Tabakmonopol, das noch aus der britischen Zeit stammte. Alles, was gemacht wurde, wurde verkauft, beinahe ohne Rücksicht auf die Qualität. Ich möchte Ihnen eine Vorstellung von der Selbstzufriedenheit dieser Boxwallah-Welt geben. Es gab einmal einen hochbezahlten Personalchef, der einen Großteil seiner Zeit damit verbrachte, den Teppich auszumessen, den eine bestimmte Kategorie von Führungskräften bekommen sollte, und die Farben der Vorhänge mit deren Ehefrauen zu diskutieren.

Der Boxwallah wurde zu einem höchst merkwürdigen Tier herangezüchtet. Das System wurde geschaffen, um den Bedürfnissen der Briten genüge zu tun, ihrem Lebensstil, ihrem Stil, zu essen, sitzen, schlafen, scheißen. Die Briten, die für ihre Firma herkamen, betrachteten ihre Zeit in Indien wie einen Hotelaufenthalt, bei dem alles – bis zum letzten Löffel und letzten Handtuch – herangeschafft wurde als Vorbereitung auf die Zeit, wenn sie nach Hause zurückkehren und sich ein Haus kaufen und sich die Kleider selbst waschen würden. Selbst Dienstboten wurden zur Verfügung gestellt.

Keine sechs Wochen nach Dienstantritt schrieb ich einen Bericht, in dem es hieß, daß der Name der Firma von Imperial Tobacco Company in ITC umgewandelt werden sollte. Damals rief das nur Gelächter hervor.

Wie die Verwaltung des Britischen Empire trennte das kommerzielle Imperium, das eine Verlängerung des ersteren darstellte, eine Handvoll Inder vom Rest und machte sie zu einem integralen Teil des Herrschaftssystems. Ziel war, sie dazu zu bringen, sich mehr mit britischen Interessen als mit indischen zu identifizieren. Das wurde auf subtile Weise erreicht. Die Briten arbeiteten ohne Zögern unter indischen Führungskräften, ganz gleich, ob in der politischen oder der kommerziellen Verwaltung. Ich glaube nicht, daß das in anderen Kolonialreichen so war, und es ist auch heute noch nicht so bei ausländischen Firmen, die in Indien eine Niederlassung haben. Französische oder amerikanische oder japanische Firmen lassen so gut wie nie einen ihrer Staatsangehörigen unter einem Inder arbeiten.

Meine Firma war sehr hierarchisch aufgebaut. Es gab zwei deutlich getrennte Klassen, Führungskräfte und Arbeitskräfte. Wir, die Führungskräfte, hatten Wagen mit Chauffeur, und unsere Ehefrauen hatten eigene Wagen, um einkaufen zu fahren – um Teppiche und Vorhänge auszusuchen. Es gab Kollegen, die sich die Krawatte gerade rückten, wenn der Aufsichtsratsvorsitzende anrief oder den Wagen nach Hause schickten, um sich ein frisches Jackett holen zu lassen, wenn sie zum Mittagessen ausgingen. Und natürlich hatten die Führungskräfte am Arbeitsplatz extra Toiletten.

Meine Frau gewöhnte sich schnell an den Komfort und liebte ihn. Auch ich genoß das luxuriöse Leben – ich müßte heucheln, wollte ich etwas anderes sagen. Und ich muß sagen, daß dieser Lebensstil unsere Bedürfnisse in späteren Jahren prägte.

Mein Problem war, daß ich durch mein Interesse an Literatur und Film im Privatleben ständig mit Leuten zu tun hatte, die völlig anders waren. Nach der Arbeit ging ich ins Büro der Calcutta Film Society. Die hatte ich zusammen mit Satyajit Ray 1947, im Jahr der Unabhängigkeit, gegründet. Unsere Hauptarbeit war, einzutüten und Adressen zu schreiben. Wir hatten Glück, daß wir einen Ventilator über dem Kopf hatten – in einem schäbigen Büro eines Filmverleihers. Hier diskutierten wir die großartige Welt des Kinos.

Ray war unserer Arbeit eng verbunden. Mit seiner enormen Größe und seinen breiten Schultern erinnerte er mich stark an Tagore, und ich sehe ihn jetzt als den letzten großen Repräsentanten der Tagore-Ära. Doch anders als Tagore hat er eine tiefe, dröhnende Stimme. Er ist dunkelhäutig; Tagore hatte eine helle, zarte Haut. Mit seiner Kultur, seinem Indischsein, seiner Weltläufigkeit (nicht zu vergleichen mit der modischen Weltgewandtheit), seiner Aufrichtigkeit hat Ray ein paar Tugenden, die sehr dem Brahmo entsprechen.

Ich führte also eine Jekyll und Hyde-Existenz. Westliche Kleidung, ganz offiziell, tagsüber und abends die Film Society. Gelegentlich wurde ein Kollege neugierig auf meine Freizeitbeschäftigung. Er kam zur Film Society, um sich einen französischen oder deutschen Film anzusehen, aber er war abgestoßen von dem Schweißgeruch meiner engen Freunde, die lange Strecken in Bus, Straßenbahn oder zu Fuß zurückgelegt und den ganzen Tag in nicht klimatisierten Büros gearbeitet und nicht die Möglichkeit gehabt hatten, nach Hause zu fahren, um sich umzuziehen.

Was für eine geistige Unruhe diese Jekyll und Hyde-Existenz mir verursachte, wurde mir durch etwas ganz Praktisches sehr klar gemacht. Ich erinnere mich, daß ich mit Kollegen auf die Hochzeit eines britischen leitenden Angestellten unserer Firma mit einem indischen Mädchen ging, was damals auf den höheren Ebenen des Managements für großes Befremden sorgte.

Notgedrungen trugen meine Kollegen und ich westliche Straßenanzüge. Vielleicht war es auch nur mangelnde Willenskraft meinerseits. Ich fand jedenfalls an diesem äußerst heißen und schwülen Abend das Haus voller Bengalen in bequemen dünnen Popeline-Kurtas und Dhotis. Als ich in meinen völlig ungeeigneten Kleidern schwitzte, erkannte ich plötzlich, wohin ich gehörte, und ich sagte voll Selbstekel zu mir: ›Was habe ich mir angetan?‹ Dieser Vorfall machte mir einiges klar. Ich begann in Betracht zu ziehen, die Firma zu verlassen und den Lebensstil aufzugeben, den sie ihren leitenden Angestellten auferlegte.

Ich würde sagen, bei diesen Stellen war der Verstand nicht genügend beschäftigt. Viele von uns, die im Verkauf tätig waren, gingen in die Bazare von Kalkutta und den kleinen Städten überall im Land, doch ihre Hauptarbeit dort, fand ich heraus, bestand darin, hier und da einmal Zigarettenpackungen aufzuheben und die Codenummer hinten auf den Packungen zu überprüfen, die einem sagte, wie frisch oder alt die Zigaretten waren.

Die Leute ließen sich also vom Frühstück zum Büro, vom Mittagessen zu einem Gang durch den Bazar und dann zum Club und allnächtlichem Ausgehen treiben. Man hatte Klimaanlagen im Büro und zu Hause und im Club, so daß man nicht mehr als eine halbe oder eine Stunde täglich ohne Klimaanlage verbringen mußte.

Der Hauptvorteil dieses Lebensstils war, daß er einen vom Nachdenken abhielt. Wenn man begann nachzudenken, konnte einem unbehaglich werden. Das schadete manchen Indern, beeinträchtigte auf Dauer ihre Fähigkeit, sie selbst zu sein und drückte ihnen einen falschen Anspruch auf. Ich habe eine ganze Reihe Leute gesehen, die schließlich unfähig waren, sich ohne diesen Schutzschirm aufrecht zu erhalten. Und ich habe Leute innerhalb der Organisation unglaubliche Demütigungen durchmachen sehen.

Diese Stellen waren mehr oder weniger Sinekuren. Man demütigte einen also, indem man ihm sichtbare Symbole der Autorität wegnahm und einen ohne Arbeit ließ. Ich habe Leute gesehen, die tagein tagaus ins Büro gingen und da saßen und dann nach Hause gingen – Leute, die in Oxford und Cambridge studiert hatten und die, wenn sie an anderen Stellen gesessen, andere Arbeit gehabt hätten, ihre Fähigkeiten viel besser hätten einsetzen können. Das ganze Büro wußte Bescheid über diese Demütigung. Sie wurde sehr sichtbar gemacht. Doch für viele war Kündigung undenkbar. Das wäre gewesen, als wäre man mitten im Winter in Nordschweden aus einem warmen und gut erleuchteten Raum geschmissen worden.

Zu der Zeit hatte die indische Wirtschaft noch nicht so expandiert wie heute, und es gab nur begrenzte Möglichkeiten. Auf jeden Fall hätten die indischen Unternehmen den Boxwallahs nicht den Lebensstil bieten können, an den sie sich gewöhnt hatten. Heutzutage offerieren indische Unternehmen gewisse Vorzüge und sehr teure Lebensstile – vorausgesetzt, man bietet ihnen etwas dafür. Eines stellen sie sicher: es gibt keine Sinekuren mehr in der indischen Wirtschaft.

Mitte der sechziger Jahre hatte diese neue Entwicklung im Geschäftsleben schon eingesetzt. Die Realität schlug über dem belagerten Boxwallah-Regiment zusammen. Die Tabakfirma änderte sich. Sie wandelte sich innerhalb einer kurzen Zeit, zehn Jahre – sehr kurz für eine Veränderung der Kultur. Diese Wandlung brachten Inder zustande. Die Briten bildeten ihre Leute aus, aber sie versuchten nicht, das Geschäft selbst zu führen. Heute hat die ITC weit verzweigte Interessen und kommt mit der Stagnation im Tabakgeschäft gut zurecht.«

Diese Umwandlung war Beweis für die positive Seite der Boxwallah-Kultur; diese positive Seite mußte im Gedächtnis bewahrt werden.

»Die Arbeitsmoral war sehr hoch. Motivation und Disziplin waren hoch, auch wenn man nicht immer wußte, wem sie galten. Im Herzen waren sie gute Inder, patriotische Inder. Zur Zeit des Krieges mit China 1962, ungefähr zu der Zeit, als wir uns kennenlernten, entsinne ich mich einer Sitzung des Finanzausschusses. Der Finanzdirektor sagte: ›Nun, meine Herren, meinen Sie, die nächste Ausschußsitzung wird in Peking abgehalten?‹ Ich antwortete: ›Sir, nicht, solange unser Premierminister sich nicht angewöhnt, einen Regenschirm unter dem Arm zu tragen.‹

Und das muß ich den Briten zugute halten, sie mochten diese Schlagfertigkeit und schätzten einen dafür.«

Ashok war fünfundzwanzig Jahre jünger als Chidananda. Ashok arbeitete für eine alte britische Boxwallah-Firma. Die Firma selbst war mittlerweile von einem der schwerreichen indischen Finanziers und Industriellen der neuen Generation aufgekauft worden, deren Geschäftsaktivitäten hauptsächlich außerhalb Indiens lagen.

Ashok hatte nicht wegen der Privilegien und der Position, die Chidananda beschrieben hatte, in einem Wirtschaftsunternehmen tätig sein wollen. Ihn hatte die Idee des »Marketing« erregt – es klang modern, aktiv, zeitgemäß. (Ich hatte Marketing bloß für ein anderes Wort für Verkaufen gehalten, und ich bat Ashok nicht darum, es mir näher zu erklären. Viele Wochen später präzisierte ein früherer Werbemann in Delhi es für mich: »Marketing ist das Erkennen und Befriedigen ungestillter Bedürfnisse.« Nicht das Wecken von Bedürfnissen – das wäre in einem armen Land als Teufelswerk angesehen worden. Nur das Erkennen ungestillter Bedürfnisse.)

Ashoks erste Geschichte – er erzählte mir insgesamt drei Geschichten – handelte von seinem Versuch, ins Marketing einzusteigen.

»Ich habe ein paarmal falsch angefangen. Das erste Mal, als ich an der Universität Betriebswirtschaft studierte. Das war der Wunsch meiner Eltern. Ich wußte, daß Wirtschaft nichts für mich war, aber ich biß die Zähne zusammen und machte es. Ich schaffte mit Ach und Krach das Abschlußexamen, und das nagte an meinem Selbstvertrauen. Dann bewarb ich mich bei einem Wirtschaftsinstitut. Ich tat das, weil alle anderen es auch taten. Es war zwangsläufig, daß ich nicht genommen wurde.

In dem Stadium brachte mich mein Vater in Delhi in einer Handelskammer unter. Dort blieb ich eineinhalb Jahre. Ich kam mit einer Reihe der Industriebarone in Kontakt, für die die Kammer eingerichtet worden war; aber es gab dort auch eine Reihe simpler bäuerlicher Einzelpersonen. Das vermittelte mir eine recht gute Vorstellung davon, wie durchmischt in Indien alles war. Ich verdiente einen Hungerlohn, 300 Rupien im Monat, fünfzehn Pfund, doch ich lebte im Haus eines Onkels und hatte keine großen Unkosten.

Eines Tages traf ich auf einer gutbürgerlichen Party in Delhi, in Defence Colony, einen gewissen Dr. Malhotra. Er war ein behäbiger Mann mittlerer Größe in einem dunkelbraunen Anzug. Ich fragte ihn, was er mache, und er sagte ganz lässig, er sei der Direktor von Imba. Ich fragte ihn, was Imba sei, und er sagte, das Institute of Management and Business Administration. Das kam mir bekannt vor, aber das lag daran, daß viele dieser Institute ähnliche Namen haben. Jedenfalls war ich schrecklich beeindruckt. Er war Mitte vierzig. Ich war Anfang zwanzig. Er sah sehr wohlhabend aus und redete auch dementsprechend. Anfangs schenkte er mir keine Aufmerksamkeit, zweifelsohne, weil er mich bloß als so einen jungen Mann sah, der halt eben irgendwo arbeitete.

Doch dann kam das Gespräch darauf, daß mein Vater in Kalkutta ein einflußreicher Geschäftsmann war, und Dr. Malhotra änderte seine Haltung mir gegenüber. Er interessierte sich ziemlich für das, was ich tat, wieviel ich verdiente, und dann tat er kund, daß ich für Besseres geschaffen sei. Meine Leichtgläubigkeit ließ mich ihm auf den Leim gehen. Er lobte mich über die Maßen.

Er konnte nicht verstehen, wieso jemand mit meinem offensichtlichen Talent seine Zeit für 300 Rupien im Monat in einer bedeutungslosen Handelskammer vergeudete, wenn mir die Welt zu Füßen liegen konnte. Ich sagte: ›Haben Sie was Besseres zu bieten?‹ Er sagte: ›Und ob!‹ Er beschrieb sein Imba-Institut. So wie er es darstellte, war Imba aufgebaut worden, um bei so vielen Menschen im Land wie möglich Marketing zu propagieren. Und nun hatte er Pläne, in die anderen großstädtischen Zentren zu expandieren.

So wie er es darstellte, war sein Spürsinn für Marketing bei den großen Unternehmen Indiens begehrt, auch hatte er etwas mit dem Erfolg einiger sehr bekannter Marken zu tun. Ihm bloß zuzuhören, wie er mir die Augen öffnete für die wunderbare Welt des Marketing, von der ich soviel gehört hatte, erregte mich.

Ich wollte auch im Marketing-Bereich arbeiten. Teilweise, weil viele meiner Freunde und Kollegen sich bei diesen Wirtschaftsinstituten bewarben, für die Marketing ein wichtiger Zweig war, oder weil sie als Management-Trainees in die Marketingabteilung großer Unternehmen eintraten. Ich verstand zwar nicht, worum es ging, aber es schien mir das Richtige zu sein. Es hatte einen gewissen Glamour, einen gewissen Nimbus.

Ich stimmte Dr. Malhotra zu, daß ich da, wo ich arbeitete, meine Zeit vergeudete. Er lud mich für den nächsten Tag in sein Büro ein, wo ich, wie er andeutete, etwas zu meinem Vorteil erfahren könne. Am nächsten Morgen trottete ich hin. Ehe ich mich's versah, bot Dr. Malhotra mir eine Stelle zum doppelten Gehalt von dem, was ich in der Kammer verdiente, mit der verlockenden Aussicht, wieder nach Kalkutta zu ziehen und dort zu arbeiten.

Als ich ihn fragte, wieso ein offensichtlich erfolgreicher Marketingmann wie er an einem blutigen Anfänger wie mir interessiert war, dem es nicht gelungen war, in einem Wirtschaftsinstitut unterzukommen, sagte er, er sehe die professionellen Qualifikationen folgendermaßen: Abitur, Nomenklatur, Ingenieur – alles zu schwer. Was wiederum tiefen Eindruck auf mich machte. Selbst in meinen Schulzeugnissen hatte es immer geheißen: ›Seine Noten entsprechen nicht seinen wahren Fähigkeiten.‹ Ich war also nur zu bereit, allem beizupflichten, was Dr. Malhotra sagte.

›Die Berufserfahrung zählt‹, sagte er. Und er mit seinen Ansichten ziehe es vor, blutige Anfänger wie mich aufzulesen und sie zur Entfaltung zu bringen.

Er forderte mich auf, die Geschäftsstelle in Kalkutta oder, wie er es nannte, das ›Kalkutta-Büro von Imba‹ zu betreuen – ich glaube, er mochte den modernen Klang des Wortes ›Büro‹. Der Job, wie er ihn beschrieb, beinhaltete, Kurse zu organisieren und Firmenangehörige oder auch Privatpersonen zu ziemlich hohen Gebühren einzuschreiben.

Ich hatte die Geistesgegenwart, ihn zu fragen, wie das mir helfen würde, etwas über Marketing zu lernen. Ich erkannte, daß der Job eher beinhaltete, Imba zu verkaufen, als die Marketingfähigkeiten zu erlernen, für die Imba angeblich berühmt war. Er sagte, dies würde nur ein Teilbereich meiner Arbeit sein. Imba selbst würde völlig mit Marktforschung und Kundenberatung beschäftigt sein. Das beeindruckte mich. Ich sah mich schon zu einem Überflieger im Marketing werden.

Ich setzte mich über die Zweifel meines Vaters hinweg und nahm Dr. Malhotras Angebot an. An dem Tag, an dem ich bei Imba anfing, gab er mir eine Schachtel Visitenkarten mit meinem Namen und der grandiosen Bezeichnung Zweigstellenleiter. Ich hatte noch nie zuvor Visitenkarten gehabt. Ich freute mich.

Ich hatte gehofft, zumindest eine Woche in Delhi zu verbringen und die Organisation von Imba kennenzulernen, doch es war offensichtlich, daß Dr. Malhotra es eilig hatte, mich nach Kalkutta zu schicken. Er wollte, daß ich fuhr und anfing, die großen Unternehmen als Mitglieder anzuwerben. Er sagte, ich solle mich der Hilfe meines Vaters versichern. Das machte mich stutzig: ich bekam langsam das Gefühl, daß er eher Interesse an meinem Vater hatte und etwas nicht stimmte.

Er schickte mich nach Kalkutta. Er bezahlte die Zugfahrkarte. Er hatte angedeutet, daß er in Kalkutta ein Büro habe und daß ein Freund nach dem Büro sehe. Kurz nach meiner Ankunft rief dieser Freund an und lud mich ein. Das Büro war in einem völlig überfüllten Viertel von Nordkalkutta, und als ich hinkam, fand ich ein schäbiges kleines Büro in einem alten, ungepflegten Hochhaus.

Als ich diesen Herrn, Dr. Malhotras Freund, fragte, wo mein Imba-Büro sein würde, zeigte er auf einen kaputten Tisch in einer Ecke des Raumes und sagte, ich könne da arbeiten. Er beeilte sich hinzuzusetzen, daß er, wenn es unumgänglich werden sollte, Schreibarbeit in Betracht ziehen würde, doch daß es ihm lieber wäre, wenn ich meine Briefe und Berichte mit der Hand und auf Durchschlagpapier schreiben würde. Er sagte, ich könne auch das Telefon benutzen – das einzige in dem Büro, das funktionierte. Doch jedesmal, wenn ich einen Anruf mache, solle ich es notieren, damit diese Kosten Imba in Rechnung gestellt würden.

Und von diesem Schreibtisch aus versuchte ich tatsächlich, meinen ersten Ausbildungskurs in Marketing zu organisieren. Dr. Malhotra trug mir auf, ich solle mit einem Hotel wegen eines Konferenzraumes und Mittag- und Abendessen für die Teilnehmer und so weiter verhandeln. Ich solle versuchen, einen guten Preis zu bekommen – darauf legte er Wert –, und das gelang mir auch.

Er erzählte mir mehr als einmal, daß er für den Ausbildungslehrgang einen renommierten amerikanischen Professor nach Kalkutta holen würde. Darauf solle ich immer mit Nachdruck hinweisen. Die Idee mit dem Amerikaner war wichtig. Die Managementszene im Land war stark beeinflußt von dem Managementboom in Amerika, und dafür hatte Dr. Malhotra ganz gewiß eine Antenne.

Ich tat, was er mir sagte, und hatte Erfolg mit der Einschreibung von rund fünfundzwanzig Teilnehmern, die er für den Lehrgang haben wollte. Das gelang mir hauptsächlich, weil ich eine Reihe hochrangiger Firmenangehöriger aufsuchte, die mit meiner Familie befreundet waren. Das gab mir ein Entree, und ich fand heraus, daß der Rest ziemlich leicht ging. Ich besuchte sie, und sie bestimmten gerne jemanden in ihrer Firma, der für 2000 Rupien pro Person den Kurs mitmachte. Ich sollte hinzufügen, daß viele dieser hochrangigen Leute Überraschung und Mißbilligung darüber ausdrückten, daß ich mit so einem Unternehmen zu tun hatte – von dem sie nie etwas gehört hatten.

Der Lehrgang selbst verlief ohne weitere Zwischenfälle – außer einem. Der amerikanische Professor und seine Frau kamen tatsächlich. Er war nicht wirklich bekannt. Er kam von irgendeiner obskuren Universität und führte in Wahrheit ein ähnliches Unternehmen irgendwo auf dem riesigen nordamerikanischen Kontinent. Er war die Karikatur eines amerikanischen Touristen, Ende Vierzig und mit Bauch.

Dieser Professor und seine Frau wurden in dem Hotel untergebracht, mit dem ich im Auftrag Dr. Malhotras über den Konferenzraum und so weiter verhandelt hatte. Es war nicht das beste Hotel der Stadt. Es war ein paar Kategorien darunter. Dem Professor und seiner Frau gefiel nicht, was sie sahen, doch Dr. Malhotra erzählte ihnen, dies sei eben Indien, ein äußerst armes Land, der Standard sei allgemein niedriger und der Service in diesen weniger angeberischen Hotels oft besser als in den Fünf-Sterne-Hotels, in denen manchmal alles nur Show sein könne.

Gerade als es so aussah, als fänden die Amerikaner sich mit ihrer Unterkunft ab, tauchte eine Ratte auf und witschte durchs Zimmer. Die Dame kreischte und sagte: ›Ich kann nichts *Schlüpfriges* ausstehen.‹ Und zum Leidwesen von Dr. Malhotra bestanden die Amerikaner darauf, ins beste Hotel von Kalkutta gebracht zu werden. Das war das Grand Hotel. Es war unendlich viel teurer. Ich selbst mußte sie dort unterbringen.

Den Kurs konnte ich mir als Orden an die Brust heften. Doch

sowie er vorüber war, sagte Dr. Malhotra, ich solle anfangen, den nächsten vorzubereiten – die ganze Geschichte noch einmal von vorne. Und ich selbst war nicht glücklich mit dem Kurs, den ich gerade arrangiert hatte, weil es mir im Rückblick so vorkam, als habe er mir im Hinblick auf Marketing nichts genützt.

Ich war auch nicht sehr erfolgreich darin, Mitglieder für Imba zu werben. Daran war Dr. Malhotra sehr interessiert, da jede Firmenmitgliedschaft 7 oder 8000 Rupien und ein einzelnes Mitglied ungefähr 1000 Rupien einbrachte. Die meisten Leute kannten Imba schlicht nicht. Dr. Malhotra meinte, es müsse mir leichtfallen, sie zu gewinnen, weil ich einer einflußreichen Familie angehöre. Doch ich hatte nicht das Gefühl, daß ich den großen Unternehmen etwas anzubieten hatte. Es ist schon schwer genug, ein gutes Produkt zu verkaufen, ohne aufdringlich zu sein. Eine Niete zu verkaufen war mir damals, als ich jung und schüchtern war, nahezu unmöglich. Und die Freunde meines Vaters äußerten ihren Protest ein bißchen lauter, als ich das Ansinnen an sie stellte, 8000 Rupien für eine Firmenmitgliedschaft bei Imba zu zahlen.

Meine wöchentlichen, mit Kugelschreiber auf Durchschlagpapier geschriebenen Imba-Berichte an Dr. Malhotra lasen sich immer weniger beeindruckend. Und Dr. Malhotra wurde immer ungeduldiger. Außerdem bekam er langsam das Gefühl, daß Gefahr bestand, ich könne Imba verlassen.

Er kam nach Kalkutta geflogen und wollte wissen, warum ich keine Resultate vorlege. Ich setzte ihm auseinander, daß ich zu Imba gekommen sei, um theoretische und praktische Erfahrung in der Marketing-Disziplin im klassischen Sinne zu gewinnen. Und daß ich in den letzten Monaten nur Imba selbst verkauft oder auf den Markt gebracht habe, was weder zur Förderung meines Wissens noch meines Rufs beigetragen habe. Ich deutete ihm an, das, was Imba in Kalkutta brauche, sei ein bedürftiger pensionierter Armeeoffizier mit organisatorischen Fähigkeiten und nicht ein idealistischer Dreiundzwanzigjähriger an der Schwelle seiner Karriere. Es fiel mir auch noch ein zu sagen, daß ich hoffe, wir könnten in Freundschaft scheiden.

Wir schieden nicht in Freundschaft. Er wurde wütend. Er sagte, er habe viel Geld und Zeit in mich investiert. Ich ignorierte das: ich befürchtete, er würde Geld zurückverlangen. Er wurde sehr wütend und sagte, er würde meinen Namen aus der Liste der lebenslangen Mitglieder von Imba streichen. Es war mir neu, daß ich ein lebenslanges Mitglied von Imba war, doch offensichtlich wurden Geschäftsführer oder Zweigstellenleiter das automatisch.«

Die heruntergekommenen Maoisten, die ich in Madras getroffen hatte, hatten am Rand einer viel größeren Bauernbewegung gestanden. Diese Bewegung hatte ihr Zentrum in Bihar und Bengalen, fast 1000 Meilen nach Nordosten; und sie war Ende der sechziger und Anfang der siebziger Jahre am aktivsten gewesen. Der Kommunismus in Bengalen hatte eine lange Geschichte. Auch er war ein Import des Kolonialismus, eines der Dinge, die die neue Wissenschaft des 19. Jahrhunderts und die gemischte Kultur mit sich gebracht hatten. Selbst jetzt, in der toten, von den Briten erbauten Stadt und beinahe wie zu ihrem Tod gehörig, gab es häufig feierliche kommunistische Umzüge durch den Abfall, den Schutt und die Hoffnungslosigkeit. Selbst jetzt, da eine kommunistische Partei im Staat regierte, konnten die Leute noch von der Poesie der roten Flaggen und Revolution angerührt werden.

Poesie und Leidenschaft einsetzend, ohne je wirklich verfolgt gewesen zu sein, zeitweise sogar der Idee der indischen Unabhängigkeit feindlich gesonnen, ihre eigenen, manchmal unverständlichen Kriege kämpfend, hatte die Kommunistische Partei sich gespalten und immer weiter gespalten. Es hatte die Kommunistische Partei Indiens gegeben; dann hatte es die Kommunistische Partei Indiens (marxistisch) gegeben; dann hatte es die Kommunistische Partei Indiens (marxistisch-leninistisch) gegeben. Diese letzte maoistische Fraktion hatte die Bauernrevolte ausgelöst. Der Aufstand war niedergeschlagen worden. Doch die Bewegung hatte, so lange sie anhielt, Tausende gebildeter Menschen in Bengalen und anderen Teilen Indiens angezogen und das Leben gekostet.

Es gab Überlebende. Einer von ihnen war Dipanjan. Er war jetzt Dozent für Physik an einem College mitten in Kalkutta. Es war ein richtiges, funktionierendes College, aber von außen gesehen verfiel es, verfiel wie Kalkutta.

Vom Schild blätterte die Farbe; die Fenster des zweistöckigen

Gebäudes waren zerbrochen. Aber es gab einen Pförtner, der das Flügeltor bewachte. Er schickte mich nach oben zu Dipanjan, am anderen Ende des Hauptgebäudes, über eine schmale Treppe aus Beton, mit einem Geländer zu jeder Seite, in einen heruntergekommenen Raum mit Tischen, auf denen einige einfache Schulgeräte lagen. Der unebene Fußboden war nicht gefegt oder nur bis zu einer bestimmten Schlängellinie gefegt, wo der zusammengekehrte Staub und der Besen, mit dem der Staub zusammengekehrt worden war, im Stich gelassen worden waren, einfach so. Staub lag auf allen Vertiefungen oder Wölbungen der hohen sandfarbenen Türen; an vielen Stellen der Wände bröckelte der Putz. Der Raum vermittelte einem nicht das Gefühl, daß je Farbe aufgetragen, Oberflächen geglättet oder Linien gerade gezogen worden wären.

Dipanjan war ein kleiner schlanker Mann mit Brille. Er trug ein kurzärmeliges beige Hemd und eine Hose. Wir gingen in einen hohen, schrankähnlichen Raum direkt neben der Tür in der Mitte. Ein Schreibtisch, zwei Stühle und ein paar hohe Metallschränke nahmen den meisten Platz ein. Das bißchen Wand, das man zwischen den Schränken noch sehen konnte, war befleckt: etwas Braunes und Öliges war vom Fenster heruntergetröpfelt.

Ich fragte Dipanjan, nachdem wir uns eine Weile unterhalten hatten: »Sehen Sie, was ich hier sehe?«

Er sagte in seiner leisen, gleichmäßigen, klaren Stimme: »Es ist wie andere Colleges. Es ist Indien.«

Aber er sah nicht alles, was ich sah. Er sagte, er könne die Ausstattung auf den Labortischen sehen: die Umgebung könne er ignorieren. Aber was er allerdings auf besondere Weise sah und was ihm mehr auf die Nerven ging als mir, war der nicht gefegte Staub auf dem Boden.

Das College sei für Aussteiger, sagte er, »besiegte Soldaten« (auch wenn sie in dem kleinen Pausenhof recht aktiv und gesund aussahen). Es seien Leute, die von anderen Colleges nicht aufgenommen würden. Ihre Chancen, je einen Arbeitsplatz zu bekommen, seien klein – ein ›Bachelor of Science‹, der niedrigste akademische Abschluß, brachte einem sowieso keinen Job –, und sie seien nicht motiviert. Die Mädchen am College seien besser motiviert. Sie ständen nicht unter dem großen

Leistungszwang, den die Jungen hatten; sie hätten nicht so einen Druck; und paradoxerweise seien sie bessere Schüler. Das College wolle mehr Mädchen haben. Die Gebühren betrügen 30 Rupien im Monat, 1 Pfund 20, was selbst für Indien nicht sehr viel sei.

An dem Nachmittag in dem beengten Raum neben dem Vorlesungssaal unterhielten wir uns über seine Herkunft. Körper und Stimme, Gesichtszügen und Benehmen nach war er ein liebenswürdiger Mann, ein sanfter Mann. In einer Menschenansammlung in Kalkutta wäre er nicht aufgefallen. Es war nicht leicht, in ihm den Revolutionär zu sehen, der vor gut 20 Jahren (er war nun 45) aufs Land gegangen war, um unter den Bauern zu leben, die Idee der Revolution zu predigen und in Übereinstimmung mit den Parteidirektiven zur Vernichtung bestimmter Menschen, Klassenfeinde, aufzurufen.

Seine Mutter kam aus einer wohlhabenden Familie. Ihr Vater war ein hoher Regierungsbeamter gewesen, ein Mitglied des IES, des Indian Educational Service. Davor sei er »ein zweitrangiger Wissenschaftler« gewesen, sagte Dipanjan. Er habe eines der ersten Instrumente zur Messung radioaktiver Teilchen erfunden und sich damit einen Namen gemacht.

Ich sagte: »Ich verstehe nicht, wieso Sie ihn zweitrangig nennen können.«

Dipanjan sagte, ohne sein gleichmütiges Benehmen abzulegen: »In Kalkutta sind zweitrangige Wissenschaftler an der Tagesordnung. Dies ist die Stadt von M. N. Saha, S. N. Bose, J. C. Bose und P. C. Ray. Die ersten drei waren Mitglieder der Royal Society. Erst seit kurzem ist Kalkutta so abgeschlagen. Noch in den 60er Jahren dieses Jahrhunderts hatte das Presidency College in Kalkutta ein Kollegium von Physikdozenten, das zu der Zeit kaum irgendwo in der Welt hätte übertroffen werden können. Deshalb müssen Sie einsehen, daß ich meinen Großvater mütterlicherseits nur als zweitrangigen Wissenschaftler betrachten kann.«

Im Süden hatte sich die Naturwissenschaft über zwei oder drei Generationen aus der brahmanischen Tradition der abstrakten Gelehrtheit entwickelt. In Bengalen, in der von den Briten erbauten Stadt Kalkutta war die Wissenschaft mit der neuen Wissenschaft gekommen; naturwissenschaftliche Leistungen waren aus kolonialem Wettbewerb und dem Wunsch der Inder, sich zu beweisen, entstanden.

Väterlicherseits stammte Dipanjan aus dem bengalischen Landadel. Erst auf dieser Reise hatte ich dieses Wort in Indien gehört. Ich hatte *gentry* (Landadel) immer für ein englisches Wort gehalten, das Leute bezeichnete, die dem Land ihrer Vorfahren verhaftet und verbunden waren und es schützten. Und tatsächlich war das Wort hier in Bengalen das englische, das Anfang des 19. Jahrhunderts übernommen worden war. Dipanjan sagte: »Die Briten machten die *gentry* vererbbar. So wie sie es sahen, schufen sie eine Klasse von Erbhofbauern.«

Die Familie von Dipanjans Vater kam aus dem Bezirk Faridpur. 1947 fiel dieser Bezirk an Ostpakistan. Den Landadel von Faridpur bildeten hauptsächlich Hindus der oberen Kasten. Sie verpachteten ihr Land; es wurde von Moslems und Hindus der niederen Kasten bestellt. Bei den Massakern zwischen Hindus und Moslems 1946–47 in Bengalen mußten die Hindus aus Faridpur fliehen: nicht nur die Landbesitzer aus den höheren Kasten, sondern auch die Landarbeiter aus den niederen Kasten. Doch bereits lange vor der Flucht aus Faridpur war die Familie von Dipanjans Vater verarmt. Das ererbte Land der Familie war so aufgeteilt worden, daß Dipanjans Großvater (und seinen Angehörigen) in dem angestammten großen Haus der Familie nur ein einziger Raum geblieben war.

Dieser Großvater war mit zwanzig in den Regierungsdienst eingetreten, in das Rechnungsamt des Staates Bengalen. Das System der Großfamilie half ihm. Sein Sohn, Dipanjans Vater, zog in eine Wohnung, die einem Verwandten in Kalkutta gehörte. In dieser Wohnung wurde Dipanjan geboren.

Um 1940, als er siebzehn oder achtzehn war und am College studierte, wurde Dipanjans Vater Kommunist. Dipanjan kam es nie in den Sinn, seinen Vater später zu fragen, warum er Kommunist geworden war: für ihn war es normal. Die Mitgliedschaft in der Partei war eine ernsthafte Angelegenheit. Als Dipanjans Vater 1943 heiraten wollte, mußte er die Erlaubnis der Partei einholen, weil seine zukünftige Braut aus einer Familie kam, die im Regierungsdienst war. Die Partei gab die Erlaubnis unter der Bedingung, daß Dipanjans zukünftiger Schwiegervater (der zweitrangige Wissenschaftler, der IES-Beamte) einen Scheck –

über eine beliebige Summe – ausstellte, zahlbar an die Kommunistische Partei Indiens.

Nach dem Krieg, 1946, als Dipanjan zweieinhalb Jahre alt war, riet die Partei Dipanjans Vater und Mutter, für ihr weiteres Studium nach Ungarn zu gehen. Dipanjan blieb bei den Großeltern. Dipanjans Vater und Mutter kehrten 1950 zurück – nach all den Umwälzungen durch Teilung und Unabhängigkeit. Dipanjans Mutter hatte in Ungarn ein Lehrerstudium absolviert; sie bekam kurz nach der Rückkehr nach Kalkutta eine Stelle. Doch Dipanjans Vater, der in Biochemie promoviert hatte, fand keine richtige Arbeit. Er hatte eine unbefriedigende Stellung nach der anderen, bis er 1955 etwas ihm Gemäßes fand; und dann trat er aus der Kommunistischen Partei aus. Und so wie Dipanjan seinen Vater nie gefragt hatte, warum er Kommunist geworden war, so kam es ihm später nie in den Sinn, seinen Vater zu fragen, warum er die Partei verlassen hatte: daß Ältere von Jüngeren ausgefragt wurden, entsprach nicht der Hindu- oder indischen Tradition. Außerdem gab es ein merkwürdiges Überbleibsel aus dem ungarischen Zwischenspiel seiner Eltern: sie hatten beide Ungarisch gelernt, und in Kalkutta wurde das ihre Privatsprache, wenn sie etwas vor Dipanjan geheimhalten wollten.

1951, als Dipanjan sieben war, bekam er Asthma. Seine Mutter schirmte ihn vor allem ab: der Junge lebte ganz zurückgezogen und zog seelischen Beistand aus Büchern. Es gab viele Bücher in der Wohnung. Da waren einmal die kommunistischen Bücher seines Vaters. Dann waren da die Bücher des Onkels seines Vaters, dem die Wohnung gehörte. Dieser Onkel war ein Nationalist; seine Bücher vertraten den nationalistischen Standpunkt. Doch Dipanjan interessierte sich zu der Zeit nicht allzu sehr für Politik.

Er bekam aber ein paar Vorstellungen von der Welt. 1952 ging er mit seiner Mutter in einen Slum, wo sie Kindern das Alphabet beibrachte: das war Parteiarbeit. Ein paarmal besuchte er auch einige Verwandte seines Großvaters, die aus Faridpur in Ostbengalen hatten fliehen müssen. Diese Verwandten lebten in einer der Flüchtlingssiedlungen um Kalkutta. Dipanjan verstand das damals nicht; doch als er später über die Ereignisse des Jahres 1947 zu lesen begann, erinnerte er sich an die Flüchtlingssiedlungen, die er als Kind besucht hatte, und die Ereignisse bekamen mehr Bedeutung für ihn. Doch er glaubte nicht, daß seine Generation von der Teilung politisch beeinflußt worden sei.

In der Schule war er gut. »Langsam entwickelte meine Mutter Ehrgeiz für mich. Und wenn ich nun zurückschaue, glaube ich, daß das damals meinen Kopf ziemlich ausfüllte. 1960, als ich sechzehn und beinahe mit der Schule fertig war, war es mir das Wichtigste, glänzende Noten zu bekommen und Gedichte zu schreiben. Ich hatte Interesse an Literatur gewonnen und schrieb in Bengali und Englisch.«

Er war romantisch, doch in seiner Umgebung gab es keine Gelegenheit für ihn, Mädchen zu treffen. Was ihm wohl offenstand, war die Stadt Kalkutta. »Ich mochte die Stadt schon damals, und selbst heute mag ich sie gerne. Meine Wurzeln liegen nur in Kalkutta. Ich habe kein Dorf in Bengalen, das ich für mich beanspruchen kann. Ich habe Kalkutta immer als sehr lebendige Stadt empfunden, weil die bengalische Lyrik nach Rabindranath und dem Widerstand gegen ihn in Kalkutta wirklich modern wurde.«

Was war mit den Menschenmassen und dem Schmutz in Kalkutta? Sah er das, oder reagierte er darauf?

»Kalkutta war schon immer so. Zur Zeit der Briten war es sogar noch schlimmer. Für einen Einwohner Kalkuttas ist das eine ewige Herausforderung – die alles verschlingende, Zeit konsumierende, Energie konsumierende Aufgabe zu bewältigen, allein sich selbst sauber zu halten. Die Herausforderung liegt darin, das zu schaffen und dennoch Zeit für andere, bedeutendere Dinge zu finden. Mit dieser Herausforderung ist der Intellektuelle im Elfenbeinturm ebenso konfrontiert wie der Rikschafahrer.

Zur Zeit von J. C. Bose gab es in den indischen Vierteln Kalkuttas keine unterirdische Kanalisation. Es lief alles durch Gräben ab.

Wir sind mit einem korrupten Gemeinwesen geschlagen. Die Säuberung der Straßen obliegt der Stadt, und deshalb werden sie nie gesäubert. Die Korruption ist hier Lebensart, und es gibt sie seit der Ostindischen Kompanie.«

Das Ende des Arbeitstages war gekommen. Die Autohupen in

den Straßen draußen gellten noch ein bißchen aufdringlicher oder ungeduldiger. Der Laufbursche des Colleges, der Tee und Limonade gebracht hatte – und auf dem kleinen befleckten Tisch, an dem wir saßen, noch mehr nasse Ringe hinterlassen hatte –, kam jetzt, um abzuschließen und die Türe zu verriegeln.

Dipanjan führte mich ins Lehrerzimmer im unteren Stockwerk. Niemand war dort. Das Zimmer hatte einen abgestandenen, feuchten, schimmeligen Geruch, den nicht einmal der Deckenventilator vertreiben konnte. In einer Ecke hing schief eine kleine, rauhe, von Kreide ausgebleichte Tafel. Keine Holz- oder Tischlerarbeit war elegant oder solide. Wie mochte das auf die Lehrer wirken? Und auf die Studenten, die besiegten Soldaten?

Hoch oben an der Wand, direkt unter Decke hing ein großes gerahmtes Foto. Es war ein Foto von J. C. Bose, dem Wissenschaftler, dessen Namen Dipanjan so ehrerbietig genannt hatte. Man wollte ihn damit ehren; doch in dieser Umgebung schien das Werk des großen Mannes, was auch immer er vollbracht hatte, zu nichts geführt zu haben.

Der nächste Tag war Dipanjans freier Tag am College, und er meinte, ich solle ihn besuchen, wo er wohnte. Das war in Südkalkutta, in einer Gasse, die so schwer zu finden war, daß er eine detaillierte Karte für mich zeichnete, die ich dem Fahrer geben sollte. Jemand, den ich fragte, meinte, die Fahrt könne bis zu einer Stunde dauern, je nach Verkehr. Deshalb brach ich früh auf.

Es gab nicht so viel Verkehr an dem Morgen, doch nach einiger Zeit schien die städtische Durchfahrtsstraße zu schrumpfen, unter dem zunehmenden menschlichen Gedränge in sich selbst zusammenzubrechen. Die Fahrbahn verengte sich; eine Hütte neben der anderen am Straßenrand, ohne definierbare Farbe, ein einziges Mischmasch aus Braun und Schwarz und Grau schien auf den Platz vorzudringen, der eigentlich für Fahrzeuge gedacht war, verbarg die solideren Betongebäude dahinter und erweckte den Eindruck einer sehr langen Dorfstraße, in Schmutz erstarrt. Jegliche Frische, die mit dem Morgen gekommen war, war hier schon von braunen Verkehrsabgasen und sonnendurchglühtem Verkehrsstaub verbrannt. Was vielen Orten in Zentralkalkutta zu drohen schien, war hier augenscheinlich schon eingetreten: es war, als sehe man der Erschaffung einer Ruine zu: eine große, bewohnte Stadt wurde wieder zu Staub.

Trotz aller Angaben fuhren wir über den Treffpunkt hinaus, den Dipanjan festgesetzt hatte, und wir mußten durch die betriebsame kleine Straße zurückfahren und die Stelle suchen. Dipanjans Karte war so detailliert, daß sowohl der Fahrer als auch ich ihren Maßstab überschätzt hatten. Dipanjan hatte gesagt, an einer Ecke der Gasse, wo wir uns treffen sollten, sei das Spielfeld eines Sportclubs. Ich hatte etwas in der Größe eines Fußballplatzes gesucht: Das Spielfeld, um das es ging, stellte sich als halb so groß wie ein kleines Baugrundstück heraus, ungefähr ein Drittel Morgen, ein Betonquadrat in einem Feld von Staub. Er hatte gesagt, auf der anderen Ecke der Gasse sei ein Möbelgeschäft. Ich hatte ein Kaufhaus gesucht; doch das Nufurnico-Geschäft war ein kleiner einstöckiger Betonschuppen. In diesem Teil Kalkuttas – wo Bedürfnisse und Aktivitäten geschrumpft waren – gab es zum Ausgleich eine Inflation von hochtrabenden Namen. Auf dem »Spielfeld«, auf dem ein paar Basketballbretter hingen, gab es auch ein Schild zum Sunny Green Creche, Green Park. Nufurnico beschrieb sich als »Händler in Schaumstoffangelegenheiten, feinstem Schaumgummi und Kissen«. Schaumstoff: das machte irgendwie Sinn.

Ich hatte Zeit, über diese Dinge nachzudenken – und auch die sehr staubigen Palmen zu bemerken, die mir eine Weile entgangen waren –, weil ich eine halbe Stunde zu früh war. Aus der verwinkelten Gasse zwischen dem Möbelgeschäft und dem Spielfeld (Dipanjan hatte gemeint, ich könne mich verlaufen, wenn ich allein in die Gasse gehe) tauchten nach und nach relativ gut gekleidete Menschen auf, manche sogar mit Aktentaschen, die energisch ausschritten, Bewohner Kalkuttas, die einen Arbeitstag vor sich hatten. Und dann erschien Dipanjan, mit dem energischen Schritt der anderen Fußgänger in der Gasse, doch nun in Sandalen und Dhoti: Hauskleidung für seinen Tag der Ruhe.

Vor vierzig Jahren, sagte er, sei die ganze Gegend Reisland gewesen. Dies sei eins der Gebiete außerhalb Kalkuttas, wo sich nach 1947 Flüchtlinge aus Ostpakistan niedergelassen hätten; alles hier sei in den letzten vierzig Jahren von Leuten gebaut worden, die versuchten, ihr Leben neu einzurichten. Und in der Tat kam einem abseits von der Hauptstraße die Atmosphäre der kleinen Gasse (vielleicht durch den Gegensatz) angenehm vor. Es gab eine Kanalisation, und es gab Elektrizität. Aber auch hier war die Zahl der Bewohner immer weiter gestiegen; selbst in den letzten zehn Jahren waren viele freie Flächen, die Dipanjan gekannt hatte, bebaut worden.

Dipanjans Wohnung war im unteren Stockwerk eines kleinen zweistöckigen Hauses. Sein Vermieter wohnte oben. Auf der kleinen Veranda, die nur gut einen Meter von der Gasse entfernt war, bat Dipanjan mich, die Schuhe auszuziehen. Das vordere Zimmer war ein kombiniertes Schlaf-Wohnzimmer. Es war ungefähr drei mal drei Meter groß. »Und noch schlimmer«, sagte Dipanjan, »mal drei.« Er meinte, daß das Zimmer auch drei Meter hoch war: ein vollkommener kleiner Würfel.

In einer Ecke stand ein großes Bett. Es gab auch ein Rattansofa; Bücherschränke voller Bücher und offensichtlich ungeordneter Papiere; in einer anderen Ecke ein paar rote Aktenschachteln. Die Wohnung hatte noch ein Zimmer für die Kinder; und es gab auch einen Platz – dies war Dipanjans Ausdruck: er sagte nicht »Zimmer« – mit der Küche an dem einen und Bad und WC am anderen Ende.

Die beiden Kinder hatten gewartet, um den Gast ihres Vaters zu begrüßen. Das ältere war ein Mädchen von neunzehn, das an der Universität von Jadavpur, nicht weit entfernt, Ingenieurwissenschaften studierte. Sie lächelte, war offen, hübsch, Brillenträgerin; sie hatte eine Verbindlichkeit, die ich bisher bei ihrem Vater nicht erlebt hatte. Über ihren rundlichen Bruder, der dreizehn war und offensichtlich größer als sein Vater werden würde, sagte sie neckend: »Er will nach Amerika.« Das mußte teilweise wahr, teilweise scherzhaft gemeint sein; doch der Bruder nahm es gutmütig hin. Und dann verschwanden sie beide auf die kleine Veranda und die paar Stufen hinunter in die Gasse.

Dipanjan war 1980 in die Wohnung gezogen. Jetzt war es ziemlich eng für sie; aber 1980 hatten sie das nicht gefunden. Die Kinder fühlten sich jedoch eingeschränkt. Die kleine Wohnung kostete 600 Rupien im Monat, 24 Pfund. In der Nähe waren ein paar gepflegte Häuser. Direkt nebenan stand ein hübsches kleines Haus mit einem Hibiskusstrauch vor der ockerfarbenen Wand, eigentlich ziemlich dicht an den Fenstern des Zimmers, in dem wir uns aufhielten. Das Haus gehörte einem ayurvedischen Arzt, der die traditionelle Hindu-Medizin praktizierte.

Sie hatten nette Nachbarn in der Gasse; darüber konnten sie sich nicht beklagen; aber das Haus war schrecklich staubig. Deshalb legte Dipanjan solchen Wert darauf, daß ich die Schuhe auszog: um den Staub draußen zu halten, den meine Schuhe vielleicht hereingebracht hätten. Oft fuhren Lastwagen durch die schmale Gasse; dann wehte der Staub direkt ins Haus. Und es gab Moskitos.

Dipanjan sagte: »Da fällt mir ein. Ich sollte eine Spirale anzünden.«

Er ging zu dem nach hinten gelegenen »Platz« – sein langer Dhoti war braun oder beige mit einem Schotten- oder Karomuster –, und nach einer Weile kam er nicht mit der grünen Mückenspirale heraus, die ich erwartet hatte, sondern mit einem blauen japanischen Plastik»ding« – Dipanjans Ausdruck –, das man an eine Steckdose anschließen mußte. Die Chemikalie in dem Plastikbehälter wurde durch Hitze freigesetzt.

Eine Reinemachefrau kam durch den vorderen Raum, ohne ein Wort zu sagen, ohne jemanden anzusehen, tief aus der Taille heraus gebückt, die Beine ganz gerade, und fegte mit ihrem kleinen Besen über die Stellen des Terrazzobodens, die nicht mit Möbeln oder roten Aktenschachteln bedeckt waren.

Dipanjans Frau kam herein. Sie hieß Arati. Sie war in Dipanjans Alter. Sie trug einen kleingemusterten dunklen Sari und ein schwarzes Mieder. Auch sie war Lehrerin: ihr Unterricht fing jeden Morgen sehr früh an und war um zehn aus.

Sie wollte wissen, was sie zum Mittagessen kochen solle. Sie sagte, daß Dipanjan keinen Weizen essen könne. »Reis, Reis und noch mal Reis – das will er, dreimal am Tag, so oft ich ihn ihm gebe. Weizen kann er nicht vertragen.« Das war eine Seite von Dipanjans »postpolitischem« Leben. Sie war durch Dipanjans Krankheiten während seiner Zeit im Untergrund in den Dörfern und durch das schlechte Wasser im Delta hervorgerufen worden.

»Amöbenruhr«, sagte Arati. »Chronisch. Gibt es das bei Ihnen auch? Man hat sie in den meisten Ländern der dritten Welt.«

Zum ersten Mal, seit ich mich mit Dipanjan unterhielt, fiel ein Hinweis auf sein Leben als Guerilla. Und es war unerwartet, daß er so direkt, so unheroisch kommen sollte, mit dieser Betonung seiner persönlichen Gebrechlichkeit – der Qualen, die er vor dem Staub und den Moskitos in der Gasse erlebt haben mußte.

Dipanjan saß auf dem Bett. Die drei kleinen Fenster im Zimmer, mit Eisenstäben und grünen Läden, ließen das Licht aus verschiedenen Winkeln auf ihn fallen. An den blauen Wänden hingen drei alte Fotografien und ein kleines Farbporträt. Die Fotos zeigten Dipanjans Vater und Mutter, den Vater seines Vaters und seines Vaters Onkel mütterlicherseits, in dessen mietgeschützter Wohnung Dipanjans Vater und dann Dipanjan bis 1969 gelebt hatten. Dieser Verwandte war ein Nationalist und Journalist gewesen; er hatte eine Gandhi unterstützende, verbotene Zeitschrift herausgegeben und war 1942 ins Gefängnis gekommen. Er war ein Mann von Kultur, ein Brahmo, ein Mann der bengalischen Renaissance. Doch Dipanjans größte Bewunderung galt dem Vater seines Vaters, einem orthodoxen Hindu. Er war in das Rechnungsamt des Staates eingetreten, weil für seine Weiterbildung kein Geld dagewesen war, und er hatte beinahe sein ganzes Arbeitsleben der Sorge für seine Brüder und Schwestern gewidmet – was nicht leicht gewesen war, besonders nicht nach den Katastrophen von 1947.

Das Foto von diesem Großvater war groß. Dipanjan hatte es nach einem beschädigten Original machen lassen. Noch weitere, weniger ausdrucksstarke Abzüge waren gemacht worden, aber er mochte das an der Wand am liebsten.

»Er hatte durchdringende und verwirrende Augen. Ich mag diesen Abzug am liebsten wegen der Augen. Wir alle haben unsere Vorliebe für die Ethik von ihm geerbt. Er war ein Mann mit Prinzipien. Die Leute sagen, er habe nie im Leben ein Unrecht verübt.«

Das andere Foto, das kleine Farbfoto, zeigte den jungen Mao.

Dipanjan sagte: »Man erkennt ihn nicht. Es wurde mir von einem Dr. Bose geschenkt, der 1939 von Nehru zu Chiang Kaishek geschickt wurde und bei Mao landete. Das Foto ist hier, weil es ein Geschenk ist. Sie dürfen nicht zuviel hineindeuten, obwohl ich durch und durch Respekt für den Mann habe.«

Unter den Zeitungen auf dem Bett war ein Börsenblatt. Dipanjan verfolgte gern die Wirtschaftsnachrichten. Die indische Wirtschaft war labil, und er sagte, es könne noch einmal eine Krise geben wie die 1965, die zu Unruhen wegen der Lebensmittelbeschaffung geführt und der Bauernbewegung Aufschwung gegeben hatte.

Arati brachte Tee. Dipanjan schenkte dem Fahrer des Wagens, der mich gebracht hatte, eine Tasse ein und brachte sie ihm hinaus; er parkte im Hof nebenan.

Arati sagte: »Bleiben Sie den Sommer über?« Sie wartete kaum auf meine Antwort. »Die Hitze ist unerträglich. Es gibt so wenige Bäume jetzt.«

Ich sagte: »Warum holzt man sie ab?«

»Wegen der Menschen. Es gibt zu viele Menschen. Man kann nicht Menschen und Bäume haben. Sie haben so viele Bäume gefällt, daß das Klima sich verändert. Wir haben kältere Winter und heißere Sommer.«

Eine Nachbarin rief im Plauderton von der Gasse her: »Arati?« und trat beinahe sofort danach ein. Gleichzeitig fuhr eine Fahrradrikscha durch die Gasse, in der viele kleine Kinder auf zwei gegenüberliegenden Bänken unter einem kleinen Dach saßen – Kinder, die in einem spielzeugähnlichen Gefährt von der Schule nach Hause fuhren; es erinnerte mich an die Fahrradlieferwagen des Bäckers, die ich als Kind immer in Port of Spain gesehen hatte.

Arati und ihre Nachbarin unterhielten sich in dem Küchenverschlag hinter dem vorderen Zimmer. Durch die offene Tür waren ihre Worte klar und deutlich zu verstehen.

Dipanjan ließ sich, nachdem er für den Fahrer gesorgt hatte, zwischen den Zeitungen auf dem Bett nieder und begann zu erzählen.

»Als ich aufs Presidency College ging, war ich nicht politisch aktiv. Aufgrund meiner Erziehung sympathisierte ich mit der Linken, doch die politische Aktivität am College war damals sehr gering. Gegen Ende meines zweiten Jahres, als ich mich in den Schulfächern sehr anstrengte und das auch als Belastung empfand, begann ich mich zu fragen, warum ich das tat. Ich versuchte mich auch ein wenig im Schreiben. Mein Vater las meine Gedichte nie – ich zeigte sie ihm nicht. Meine Mutter interessierte sich nicht dafür. Sie dachten, es könne eine nachteilige Ablenkung sein. Sie ermunterten mich nie. Ich begann mich zu fragen, warum ich schrieb. Ziemlich viele am College wurden damals von ähnlichen Problemen und Zweifeln überfallen, sowohl Jungen als auch Mädchen.

Zu der Zeit wurde ich mir plötzlich der Armut, des Elends und der Not um mich herum bewußt. Bis dahin war ich mir dessen nicht bewußt gewesen. Ich sah die Dinge, und ich nahm sie als Teil des allgemeinen Bildes hin. Ich will Ihnen eine kleine Geschichte erzählen. Eines Tages – ich erinnere mich noch gut – wollten ein Freund und ich ins Kino gehen, um einen Film nach einem Theaterstück von Bernard Shaw anzusehen. Ich hatte gerade das Haus verlassen. Und da sah ich diese Person – ich würde nicht einmal sagen, daß es ein Bettler war: der Mann war überhaupt nicht mehr in der Lage zu betteln.

Er lag im Rinnstein. Er war dem Sterben nahe, voll bei Bewußtsein, aber sagte nichts. Er lag vor einem pathologischen Labor. Ich bat die Laborleute, einen Krankenwagen zu rufen. Der Krankenwagen kam, und ich stellte fest, daß niemand diesen Menschen ins Krankenhaus bringen wollte. Ich mußte also mit ihm fahren. Ich war nicht begierig darauf, aber ich begleitete ihn. Er war völlig teilnahmslos. Er sagte nichts.

Wir fuhren in ein Krankenhaus. Ärzte untersuchten ihn und schrieben auf seinen Untersuchungsschein, daß er ins Krankenhaus aufgenommen werden solle. Dann stempelten sie den Schein mit einem Formstempel ab: ›In diesem Krankenhaus ist kein Platz frei. Versuchen Sie es anderswo.‹ Der Fahrer mußte ihn zum Krankenwagen zurückbringen. Dann fragte der Fahrer mich, ob ich diesen Menschen kenne. Als ich das verneinte, sagte der Fahrer: ›Wir können ihn noch in ein anderes Krankenhaus bringen, aber dort wird das gleiche passieren.‹«

Ich fragte Dipanjan: »Wie sah der Mann aus? Das haben Sie nicht erzählt.«

»Er war in Lumpen, starrte vor Dreck. Das Auffallendste an ihm war, daß er einen Wasserbruch hatte, eine Entzündung des Hodensacks, die gewöhnlich durch Filariose, eine parasitäre Tropenkrankheit, verursacht wird. Wenn er ging, mußte er den Hodensack in beiden Händen tragen, so schwer war er.

Ich fragte den Krankenwagenfahrer, wie oft so etwas vorkomme, und der Fahrer sagte, oft. Er sagte, wenn sie aufgefordert würden, solche Leute aufzunehmen, täten sie es, ohne Theater zu machen. Doch wenn niemand die Person begleite, sei es ihre Praxis, den Kranken in einer anderen Straße wieder abzusetzen, weil sie wüßten, daß kein Krankenhaus ihn aufnehmen würde.

Weil er merkte, daß ich mich irgendwie für den Mann verantwortlich fühlte, sagte der Fahrer: ›Ich kenne einen Ort, wo er vielleicht aufgenommen wird. Ich bin mir nicht sicher, aber wir können hinfahren.‹ Er fuhr in die Nähe des Tempels Kali, und da war dieses kleine Haus – eigentlich bloß ein langer dunkler Gang mit etwas wie einem Ziegeldach darüber, wenn ich mich recht entsinne, und zu beiden Seiten lagen die Ärmsten der Armen auf Betten und warteten auf den Tod. Dort ließen wir ihn, legten den Untersuchungsschein unter seinen Kopf und gingen wieder.

Diese Stätte war der Anfang dessen, was Mutter Teresa für solche Leute aufbaute. Damals war sie noch völlig unbekannt. Ich möchte ganz deutlich feststellen, daß ich damit keinen Kommentar über die Nützlichkeit oder Wirksamkeit von Mutter Teresas Ansicht oder Arbeit abgebe. Doch ich muß sagen, daß es selbst heute noch keinen anderen Ort in Kalkutta gibt, wo ein sterbender Obdachloser aufgenommen wird.«

An dieser Stelle fiel der Strom aus, wie so oft in Kalkutta. Dipanjans erster Gedanke galt dem japanischen Mückengift, das Hitze brauchte. Ohne dieses Abwehrmittel, sagte er, könnten wir einfach nicht da sitzen und uns unterhalten. Er stand auf, holte eine Öllampe, zündete sie an und legte das blaue Ding oben auf den Glaszylinder. Beinahe gleichzeitig kam der Strom zurück, so daß er die Öllampe ausmachte. Auch tauschten wir die Plätze. Ich setzte mich aufs Bett; er setzte sich auf das Rattansofa.

Er sagte: »Es war ein Sonntagmorgen. Ein schöner Tag, doch nachmittags, nachdem wir den Mann beim Kalighat abgesetzt hatten, regnete es. Ich verpaßte den Film. Ich hatte drei bis vier Stunden damit verbracht, diesen Mann herumzufahren.

Das ist bloß ein Beispiel. Glauben Sie nicht, daß das mein Damaskus war. Es hat sich mir eingeprägt, aber es markiert nicht meine Wandlung. Es war ein Beispiel in einer Vielzahl von Dingen, die um mich herum geschahen und für die mir zum ersten Mal die Augen geöffnet wurden. Und ich begann durch die Straßen von Kalkutta zu laufen, manchmal allein, manchmal mit Freunden.«

Er saß auf dem Rattansofa, dachte an die Vergangenheit, starrte ins Leere und hob die schlanken bloßen Arme vor der blau getünchten Wand.

»Von 1964, 1965 an schien mir das Leben, das ich führte, sinnlos und zwecklos zu sein. Ich blieb der Physik und der Dichtung weiterhin verbunden, begann aber, ihr weniger Zeit zu schenken.«

1964 legte Dipanjan sein erstes Examen am Presidency College ab und begann sein Graduiertenstudium an der Naturwissenschaftlichen Fakultät der Universität von Kalkutta. Zur gleichen Zeit gab es eine neue Entwicklung in seinem Privatleben. Er hatte Arati getroffen und ihr einen Heiratsantrag gemacht, und ihre Familie widersetzte sich. Arati kam aus einer vornehmen Brahmanenfamilie. Dipanjan war aus der *kayastha*-Kaste. Von dieser Kaste sagte Dipanjan: »Die Kayastha-Kaste ist eigentlich eine Shudra, doch in Westbengalen und anderswo hatte ihr Landbesitz sie im Grunde ›sanskritisiert‹. Es ist eine Schreiberkaste; sie sind Schreiber seit den Mogulen oder noch davor.«

Zugleich mit dieser Aufregung kam die ökonomische Krise, von der er früher am Morgen gesprochen hatte.

»Seit 1965 waren die Preise für Reis und andere Lebensmittel schwindelerregend gestiegen. Petroleum verschwand vom Markt. Fabriken schlossen. Auf die Straße gesetzte Arbeiter begingen Selbstmord. Selbst qualifizierte Ingenieure und Ärzte konnten keine Arbeit finden. In Westbengalen gab es einen großen Volksaufstand. Diese Volksbewegung zwischen 1965 und 1969 änderte die Perspektive unserer Generation.

Die Leute begannen damit, Einzelhändler auf Märkten anzugreifen und darauf zu bestehen, daß sie ihre Preise heruntersetzten. In manchen Orten plünderten sie die Warenlager, in denen illegal Getreide gehortet wurde. Als die Regierung Polizei gegen sie einsetzte, leisteten die Demonstranten Widerstand. Sie warfen Steine und legten Feuer an öffentliche Gebäude und Transportmittel – seit den Zeiten der Briten alles geheiligte Formen des Protests. Wenn jetzt jemand einen Bus anzündet, weiß man, daß er es ernst meint.«

»War Ihre Familie von der Preiserhöhung betroffen?«

»Wir persönlich – meine Familie – konnten uns das leisten. Die Leute redeten ständig darüber – die Preise, die Krise, die Unruhen wegen der Lebensmittelversorgung, das Versagen der Regierung, die Schüsse der Polizei. Die Bewegung wurde immer Food Movement genannt.«

Sie wurde von den gewöhnlichen politischen Arbeitern einer kommunistischen Splitterpartei organisiert, nicht von den großen Männern der Partei. 1966 dann gründeten die Studenten des Presidency College, Dipanjans altem College, zum ersten Mal eine prokommunistische Bewegung. Die Führer dieser Bewegung wurden der Schule verwiesen, und sechs Monate lang agitierten die Studenten gegen ihren Ausschluß.

Eines Abends kam Dipanjan mit dem Bus aus Südkalkutta zurück. Auf dem Gelände des Presidency College sah er eine Menschenmenge. Er stieg aus, um zu sehen, was los war. Er fand keinen Bekannten, doch als er am nächsten Tag zurückkehrte, entdeckte er, daß die Führer der Studentenbewegung und auch noch andere seine Freunde waren. Er begann, immer mehr Zeit mit diesen Freunden zu verbringen, im Presidency College, im Café gegenüber und im Studentenwohnheim.

Er begann mit der politischen Arbeit unter den Studenten, die nicht engagiert waren. »Es gab eine deutlich vernehmbare Minderheit, die das Gefühl hatte, sie sei aufs College gegangen, um zu studieren und sich eine Karriere aufzubauen. Die mußten wir überzeugen.« Es wurde gemutmaßt, daß die Aktivisten, die die Studenten und das Food Movement organisierten, chinesische Agenten seien. Dipanjan mußte eine Menge lesen, um mit diesen Anschuldigungen fertigzuwerden. Er begann, marxistische Literatur zu lesen.

»Es war zur Zeit der Kulturrevolution in China, und sie hatte einen ungeheuren Einfluß in Kalkutta – was die chinesischen Studenten taten, warum sie es taten und warum es nach einer richtigen Revolution noch eine Kulturrevolution geben mußte.

Ich war sehr aufgeregt. Ich dachte, jetzt könne ich beginnen, mein Leben sinnvoll zu gestalten. Die politische Vergangenheit meines Vaters in der Partei und auch die Vergangenheit seines Onkels als Nationalist und Gandhi-Anhänger waren mir nicht bewußt. Mein Vater war mittlerweile ein ganz gewöhnlicher Haushaltungsvorstand geworden; er hielt keinen Kontakt zur Partei. Auch meine Mutter war keine Kommunistin mehr. Der nationalistische Onkel meines Vaters war ein verbitterter Kritiker der ganzen indischen Politik geworden. Er wählte kein einziges Mal in seinem Leben und erklärte, er würde sich unter keinen Umständen einem Prozeß eingliedern, in dem er nur das geringste Übel wählen könne.

Doch immer noch fehlte mir eine Ideologie oder Philosophie, obwohl meine ganze Zeit von Politik verschlungen wurde. An manchen Abenden kehrte ich nicht nach Hause zurück. Arati machte sich große Sorgen. Meine Eltern hatten mich beinahe abgeschrieben.« – »Was machten Sie nachts?«

»Wir redeten bis elf mit den Jungen im Studentenwohnheim. Dann redeten wir bis zwölf oder länger untereinander. Dann schliefen wir auf dem Rasen des Presidency College.«

So lebte er 1967, als er einen Universitätsabschluß machte und eine Stelle bekam; und als er – nach dem ganzen Krach mit Aratis Familie – Arati heiratete, vier Jahre, nachdem er ihr einen Heiratsantrag gemacht hatte.

»Es war eine hektische und erregende Zeit, emotional und intellektuell. Es war der Beginn meiner praktischen Welterfahrung. Ich hatte ein beschütztes Leben geführt. Ich hatte mich akademisch orientiert. Meine Mutter hatte mich zu sehr behütet – ich neigte zu Asthma. Meine Mutter weinte viel. Der Ehrgeiz, den sie für mich entwickelt hatte, litt stark. Mein Vater, das gebrannte Kind, machte sich Sorgen über die Richtung, die unsere Bewegung nehmen würde.

Am Presidency College kristallisierte sich langsam eine zentrale Idee für uns heraus. Wir hatten das Gefühl, die indische kommunistische Bewegung habe versagt, weil die Führungsspitze, die sich aus bürgerlichen Intellektuellen zusammensetzte, zu bürokratisch geworden war. Die Initiative der Massen war nie entwickelt worden. Und im April 1967 ereignete sich dann der Zwischenfall von Naxalbari.«

Nach diesem Vorfall in Nordbihar war die Naxalitische Bewegung benannt worden.

»Ich las an dem Morgen die Zeitung. Ich las diesen Artikel auf der ersten Seite. Bauern hatten mit Pfeil und Bogen eine Polizeitruppe umzingelt und einen Polizeiinspektor niedergeschossen, als sie darum kämpften, das von Grundbesitzern größtenteils illegal beanspruchte Land zu besetzen.

Das war ein dramatischer Vorfall. Ich konnte es einfach nicht glauben – daß das, worüber wir in unseren Büchern, in der marxistischen Literatur, in Geschichtsbüchern gelesen hatten, wirklich geschehen konnte: daß die Arbeiterklasse zu den Waffen greifen und für ihre Rechte kämpfen konnte. Und ich und die meisten meiner Freunde am Presidency College faßten spontan den Entschluß: Dies war der Kampf, dem wir unser Leben weihen würden. Die ersten Plakate zur Unterstützung des Aufstands von Naxalbari hängten wir in Kalkutta auf, an der Mauer gegenüber dem Presidency College.«

»Wer waren Ihre Freunde?«

»Manche kamen aus einem ähnlichen Milieu wie ich. Viele waren Söhne der verarmten *gentry* diesseits der Grenze. Wir alle kamen aus der Mittelschicht. Wir beschlossen sofort, uns unter die Arbeiterklasse zu mischen. Manche von uns gingen in ihre Dörfer zurück. Manche von uns gingen in die Industrieslums. Es gab große Solidarität mit den Arbeitern der Guest Keen Williams Fabrik in Südhowrah. Ein Gewerkschaftsführer dort hatte uns aufgesucht. Bald begann sich in den Dörfern und in den Fabriken die Neuigkeit zu verbreiten, daß Studenten aus Kalkutta kamen, um mit den Leuten darüber zu reden, wie sie ihre Lebensbedingungen ändern könnten.«

»Wie brachten Sie das in Einklang mit Ihrer Arbeit?«

»Ich arbeitete an einem College mit Morgenunterricht. Nachmittag und Abend waren also frei.«

»Machte es Sie nicht nervös, bei Leuten an die Tür zu klopfen?«

»Ich war nicht nervös bei den Industriearbeitern. Ich konnte mich auf ihre Wellenlänge einstellen. Doch später, als ich meine Stelle aufgab – ich wechselte die Stellen oft – und auf die Dörfer ging, machte ich traumatische Erfahrungen. Doch das war viel später, 1969.

1967 bauten wir noch die Studentenbewegung auf. Ich mußte an viele Orte fahren, an politischen Kursen und Gruppendiskussionen mit Studenten teilnehmen, sie mit Propaganda ausrüsten, um gegen die offizielle Parteipropaganda anzukämpfen, die *gegen* die Naxalitische Bewegung war. Die Partei sah sie als Bedrohung ihrer Organisation an.

In dem Jahr oder den zwei Jahren danach verbrachte ich viel Zeit bei Guest Keen Williams. Manchmal fuhr Arati mit mir. Mein Leben zu der Zeit sah ungefähr so aus. Um zwei Uhr morgens kehrte ich zu Fuß nach Hause zurück, weil ich den letzten Bus oder die Straßenbahn verpaßt hatte. Oder ich verbrachte die Nacht auf dem Rasen des Presidency College oder, wenn es regnete, im Gebäude selbst oder im Studentenwohnheim. Um viertel nach sechs mußte ich zur Arbeit. Um halb sieben fing der Unterricht an. Um zehn Uhr war ich wieder im Presidency College. Dann fingen wir Diskussionen mit den Studenten des College und mit Studenten an, die aus Colleges überall in Kalkutta und Westbengalen kamen, um etwas über die Bewegung zu erfahren.

Die Polizei hatte ein Auge auf uns. Sie schickten Spitzel ins College. Einen fingen wir und verpaßten ihm eine gute Tracht Prügel. Ständig gab es Straßenkämpfe mit der Polizei.«

»Wie war das?«

»Wann immer man einen Streit anfängt, ob privat oder mit der Polizei, ist man anfangs nervös. Dann läßt die Spannung langsam nach, und an ihre Stelle tritt Erregung, und schließlich ist man bereit, sogar sein Leben aufs Spiel zu setzen. Traditionell bekämpft man in Kalkutta die Polizei mit Ziegelsteingeschossen. Das ist der gewöhnliche Kampf. Bei einem ernsthaften Kampf werden selbstgebastelte Bomben und im Land hergestellte Gewehre eingesetzt. Doch solche Kämpfe sind selten und ereignen sich nur auf dem Höhepunkt wichtiger politischer Bewegungen.«

Mir kam sie merkwürdig vor: seine Fähigkeit, von öffentlichen Störungen und Kämpfen auf diese akademische, aristotelische Weise zu sprechen.

Ich sagte: »Sie reden von diesen Kämpfen mit der Polizei, als seien Sie irgendwie geschützt gewesen.«

Dipanjan sagte: »Die Kommunisten waren damals an der

Macht beteiligt. Wir nutzten ihr Dilemma aus. Wir wußten, die Polizei würde gewisse Grenzen nicht überschreiten können. Die Kommunisten in Westbengalen waren zum ersten Mal an der Macht, und sie konnten sich nicht gegen die Studenten und die Arbeiter stellen. Allein die Tatsache, daß die Polizei auf die Bauern in Naxalbari gefeuert hatte, verursachte eine Spaltung in der Partei und zog ein paar hochrangige Kommunisten auf die Seite der Naxaliten.

Abends gingen wir, wenn wir bei den Studenten gewesen waren, in die Fabriken und die Slums oder nahmen politischen Unterricht und führten Gruppendiskussionen. Langsam lernten wir die klassischen marxistischen politischen Ideen kennen – Marx, Lenin, Mao, alle.

Und dann, 1969, gingen wir in die Dörfer. Die Kommunistische Partei in Westbengalen ist ziemlich alt, sogar in vielen ländlichen Gebieten, und volksnahe Führer, die den Kampf wollten, begannen den Studenten zu helfen, die in ihre Region gekommen waren.

Wir hatten eine Vorschrift. Man durfte nur einen Lungi, ein Tuch, eine Weste oder ein Unterhemd und ein Handtuch bei sich haben. Man fuhr in die Dörfer, suchte die Hütten der Landarbeiter oder armen Bauern auf und erzählte ihnen offen, weshalb man da war. Man fing sofort an, über die politischen Ziele zu sprechen – die Ergreifung der Macht durch die Arbeiterklasse. Das nannten wir die Aktion der Roten Garden.

Die Pioniere hatten viele Probleme, diese Botschaft zu übermitteln. Doch als ich in die Dörfer ging, war die Tatsache unter den Bauern bereits bekannt. Wir behielten bloß das Rückfahrgeld zu dem städtischen Stützpunkt, aus dem wir gekommen waren, und sonst nichts. Und wir behielten einen Dhoti, ein Hemd und ein Paar Sandalen für die Reise zwischen den Dörfern und Städten.

Die Bauern gaben uns zu essen, wenn sie konnten. An manchen neuen Orten wollten sie das manchmal anfangs nicht. Doch insgesamt schenkten sie uns überall geduldig Gehör. Wir schliefen in ihren Hütten. Gewöhnlich, wenn sie nur einen Raum hatten und das Dorf sicher war, nur von armen Leuten bewohnt, schliefen wir auf der Veranda. Doch das war ein seltener Luxus. Normalerweise mußten wir in einem Schlafboden versteckt schlafen. Als der Staat seine Repressalien verstärkte, mußten wir den ganzen Tag versteckt bleiben. Ein oder zwei von uns machten die Erfahrung, ihre Notdurft in Töpfe zu verrichten.«

»Repressalien« – auch dies war merkwürdig: daß er nach allem, was er durchgemacht hatte, dieses abstrakte Wort benutzte und es wie aus einem politischen Lehrbuch klingen lassen sollte.

Er fuhr fort: »Zwei Probleme ergaben sich. Amöbenruhr, weil das Trinkwasser überall gleich schlecht ist. Und Krätze. Weil wir so schnell baden mußten und an manchen Tagen gar nicht baden konnten. Uns fehlte das Wissen, wie man sich in einem indischen Dorf sauberhält. Die Dorfbewohner wußten alle, wie man sich mit ein wenig Öl, ein wenig alkalischer Asche, ein wenig Wasser reinigt – wir nicht. Doch das machte uns nicht wirklich Sorgen. Dies war der aufregendste und interessanteste und erfüllendste Teil unserer politischen Arbeit – als wir uns unter den Dorfbewohnern aufhielten.

Das größte Problem am Anfang war, daß ich das Gefühl hatte, es gebe eine unsichtbare Trennwand zwischen uns und den Dorfbewohnern, daß wir zwei verschiedene Sprachen sprachen. Es dauerte lange, bis ich mich an das Schweigen und verschlossene Verhalten des ländlichen Indien gewöhnt hatte.«

»Drücken Sie das doch ein bißchen konkreter aus.«

»Angenommen, ich komme in ein Dorf, wo sie Angst haben, mich aufzunehmen. Das sagen sie mir nicht direkt heraus. Als ich einmal eines Abends in solch ein Dorf kam, schlugen die Leute mir vor, ich solle mit den jungen Männern zu einer *jatra* gehen, einer ganznächtlichen Theatervorführung, einem Höhepunkt im Jahresablauf eines Dorfes. Damit wollten sie mir zu verstehen geben, daß ich nicht über Nacht in einem ihrer Häuser bleiben konnte.«

»Sie haben mir noch nicht erzählt, wie es in den Dörfern war.«

»Die Lebensqualität war besser als in den städtischen Slums. Abgesehen von einem Dorf mit Leprakranken, wo sie – vor der Ernte – so wenig Weizen hatten, daß sie keine Chapattis backen konnten. Sie machten Brei aus dem Mehl und nahmen den in sehr kleinen Mengen zu sich. Kinder konnten diesen Brei nicht verdauen. Hunger – nur eine volle Mahlzeit am Tag – war damals über fünf Monate im Jahr der wichtigste bestimmende Faktor für den Lebensstandard im Dorf.«

Und ich wunderte mich wieder – wie zuvor, als er mir von dem Sterbenden erzählt hatte, den er auf einer Straße in Kalkutta aufgelesen hatte – über die Art, in der er über die Not Indiens sprach: als sei sie eine persönliche Idee, eine persönliche Bedeutung, als beobachte seine Gruppe sie besser und mit mehr Verständnis als andere, als sei diese Not etwas, auf das nur sie verweisen dürfe, um ihre Handlungsweise zu erklären.

Es war nun weit über die Mittagszeit, weit über die normale Essenszeit. Er war müde. Er sagte, er wolle sich duschen. Arati hatte das Mittagessen zubereitet, und als Dipanjan zum Duschen nach hinten ging, brachte sie das Essen und servierte es mir auf einem kleinen Hocker: einfaches Essen, zwei Stücke Bratfisch, Erbsen, Puris. Der Fisch war voller Gräten, nicht leicht abzulösen, doch Arati sagte, wenn ich die Finger nehme, könne ich die Gräten besser fühlen und lösen.

Sie blieb in dem kleinen Zimmer stehen, während ich aß, und redete wieder von dem heißen Sommer in Kalkutta; und wieder fragte sie, ob ich noch so lange bleibe. Sie redete wieder von den Bäumen, die gefällt worden waren. Ich fragte sie, ob Inder Bäume haßten, ob es eine Vorstellung gebe, daß Bäume böse Geister beherbergten oder ermutigten. Sie verneinte, Inder liebten Bäume; doch nun gebe es einfach zu viele Menschen, und die Bäume müßten gefällt werden.

Dipanjan habe sie während ihrer ersten Schwangerschaft verlassen, sagte sie – als er in die Dörfer gegangen war. Sie sei zu seinen Eltern gezogen. Das sei so in Indien, sei Brauch hier: die Frau bleibe bei den Schwiegereltern. Um über Indien zu schreiben, sagte sie, müsse man viel Zeit in Indien verbringen. Es gebe so vieles in Indien, das völlig anders sei.

Sie sagte, am Anfang habe sie mit der Sache sympathisiert. Doch die Idee, in die Dörfer zu gehen und die Revolution zum Volk zu bringen, habe ihr nicht gefallen. Sie halte es für idiotisch. Die Armen hier in Indien glaubten an ihr Schicksal. Dieses Hinausziehen in die Dörfer habe die Revolution um vierzig Jahre zurückgeworfen. Und es habe ihr nicht gefallen, als das Morden begann. Das habe ihr ganz und gar nicht gefallen.

Dazu waren Dipanjan und ich noch nicht gekommen: Dipanjan hatte das für einen anderen Tag, vielleicht morgen, versprochen.

Vielleicht, sagte ich zu Arati, habe der Fehler allein schon in der Idee der Revolution gelegen, dieser Idee von einem spezifischen Augenblick, in dem sich alles ändert und die Welt gut gemacht wird und die Menschen neu geschaffen werden.

Darauf ging sie nicht ein.

Turgenjew habe darüber einen Roman geschrieben, sagte ich. Er habe einen Roman über Angehörige der Mittelschicht in Rußland geschrieben, die nach 1860 den Arbeitern die Revolution gepredigt hätten. Wenn die Leute dieses Buch ohne Vorurteil gelesen hätten, hätten sie vielleicht nicht die Fehleinschätzung der Menschen in dem Roman gehabt. Aber Turgenjew hatte Arati nicht gelesen; ›Neuland‹ kannte sie nicht. Ihre Belesenheit in der russischen Literatur reichte nicht so weit zurück; sie schien die Russen nur bis zu den klassischen politischen Texten gelesen zu haben.

Als sie so seitlich in der Tür stand und auf die Veranda und das weiße Licht des frühen Nachmittags in der Gasse hinausschaute, das Licht, das noch das Frühlingslicht war, sagte sie nachdenklich, daß die Menschen in anderen Ländern sich vom Marxismus abzuwenden schienen.

Sie war nicht groß. Aber sie war kräftig; und sie war immer noch ansehnlich.

Sie sagte, sie habe eine Zeit in England verbracht, als Dipanjan dort für seine Abschlußstudien in Physik hingegangen sei, nachdem die ganze Angelegenheit erledigt gewesen sei. Und was sie in England gesehen hatte, besonders, was ihr an der Lage der Frauen in England aufgefallen war, hatte sie noch mehr aufgerüttelt. Vielleicht, sagte sie, habe Marx sich geirrt. Und es berührte mich tief: solche Leidenschaft in diesem winzigen, beengten Raum, über dem die Drohung des kommenden Sommers hing.

Beim Essen an dem Abend in einer großen Wohnung in der Innenstadt von Kalkutta traf ich einen Mann, der ein Kommilitone Dipanjans am Presidency College gewesen war. Dipanjan sei ein begabter und sogar glänzender Student gewesen, hörte ich. Dann sei diese Geschichte mit den Naxaliten gekommen, und eine schreckliche Zeit lang hätte es so ausgesehen, als würde Dipanjan, mit einer Frau aus einer sehr vornehmen Familie Kalkuttas verheiratet, gehenkt. Seit dieser Geschichte mit den Naxaliten hätten sie sich nicht mehr getroffen, Dipanjan und der Mann, der mir das erzählte.

Der Mann sagte: »Er war ein besserer Student als ich. Jetzt unterrichtet er Physik. Ich forsche in der Physik – das ist der Unterschied zwischen uns. Das College, an dem er unterrichtet, ist schrecklich. Das muß er wissen. Er vergeudet dort sein Talent. Er sollte zur Normalität zurückkehren.«

Doch er hatte nicht das Gefühl, daß er dieses Thema mit Dipanjan erörtern könne, falls sie sich treffen sollten. Die Sache war zu peinlich. Dieses ganze Engagement für die Naxaliten, die Kommunisten – in dem Dipanjan seinem eigenen Bericht nach anscheinend zum ersten Mal in seinem behüteten Leben Gemeinschaft, Drama und Sinn gefunden hatte –, lag jetzt wie eine Peinlichkeit zwischen Dipanjan und der anderen Welt, die er kannte.

Vielleicht, sagte der Mann, schäme Dipanjan sich zu sehr, die Leute zu treffen, die er früher gekannt hatte. Deshalb lebe er, wo er lebe, und unterrichte an diesem armen College. Genauso sei es gewesen, als er nach England gegangen war: er habe im einfachsten möblierten Zimmer gewohnt.

Ein anderer Gast bei dem Essen sagte, diese Art zu verschwinden, sich zu verstecken, sei etwas sehr Bengalisches.

Und ich dachte daran, wie Dipanjan an dem Morgen aus der Gasse gekommen war, um mich abzuholen – in seinem Tuch und dem Hemd –, wie er nach all den anderen Leuten aus der armen Siedlung mit ihrer respektablen Aufmachung, ihren Kollegmappen und Aktenkoffern gekommen war. Aus dem, was er bei unserer ersten Begegnung gesagt hatte, gewann ich den Eindruck, daß er aus Mitgefühl mit den Studenten, »besiegten Soldaten«, an diesem College unterrichtete. Und mein erster Gedanke war, daß ein ähnliches Gefühl sozialer Verantwortung ihn dazu brachte, da zu wohnen, wo er wohnte. Aber nein; dem war nicht so. Er lebte da, wo er lebte, weil er nicht besser konnte.

In den Dörfern hatte er gelitten; in der Stadt litt er nun beinahe genauso sehr, unter dem Staub und den Moskitos, und seine Frau litt unter der Hitze. Er hatte einen mühsamen Weg gewählt; und weder er noch seine Frau waren an rauhe Bedingungen gewöhnt.

Am nächsten Morgen besuchte ich ihn im College und betrachtete wieder die Einzelheiten des zweistöckigen Baus mit seiner für Kalkutta typischen klassischen Ornamentik, dem Ziergiebel und den Säulenpaaren, die auf beiden Stockwerken in die Mauern eingelassen waren. Die grünen Läden waren von Abgasen und Staub mit körnigem schwarzen Ruß überzogen – in diesem Ruß konnte man schreiben. Die kleinen Bäume in dem kleinen Hof des Colleges waren farblos von Staub; nur die neuen Frühjahrschößlinge zeigten sich grün und frisch. Von langsam verbrennenden Haufen alten, flachgedrückten Gartenabfalls stieg beißender Rauch auf, nicht unangenehm, ein sanfterer Herbstgeruch im Frühling von Kalkutta. Es war in Kalkutta üblich, auch mitten in der Stadt Gartenabfall zu verbrennen, und das machte den braunen Dunst noch dichter. An dem Morgen hatte man viele zerbrochene braune Schultische und Stühle durcheinander auf den kleinen ungepflegten Rasen des Collegehofes gestellt, wo aus Abfallhügeln Unkraut sproß.

Oben waren zerbrochene Fensterscheiben und Türpaneele durch Maschendraht verschiedener Stärken ersetzt worden. Das festgeschraubte, dunkel verfärbte Schild aus Metallbuchstaben, *Physiksaal*, sah fehl am Platz aus. Die Schlängellinie aus Staub auf dem roten Fußboden – der Staub, über den Dipanjan und ich vor zwei Tagen gesprochen hatten – war immer noch da. In dem beengten Raum oder besser der Zelle daneben waren die Ringe, die die Wasserflaschen und die Untertassen vor zwei Tagen hinterlassen hatten, nicht weggewischt worden.

Dipanjan machte eine Handbewegung gegen die Ringe auf dem Tisch und eine Kopfbewegung gegen den Staub in dem Raum mit den Labortischen und sagte: »Das wird *nie* sauber gemacht werden.«

Wir setzten uns in der Zelle, er in seinen alten Sessel, ich in den, in dem ich gesessen hatte, einander an dem kleinen Tisch gegenüber. Der Tisch war wirklich vielfältig befleckt. Hinter den oliv- oder khakifarbenen Metallschränken und den anderen Schränken kam ein schmaler Streifen weiß gefliester Wand zum Vorschein. Braune Tropfen aus irgendeiner unbekannten Quelle waren auf den Fliesen geronnen.

Ich sagte ihm, daß mir in dem, was er mir erzählt hatte, gewisse Dinge nicht klar geworden seien. Er hatte erzählt, er sei zu den Arbeitern von Guest Keen Williams in Kalkutta gegangen. Wie? Wer war der erste Arbeiter, mit dem er geredet hatte? Ich hatte aus seiner Erzählung nicht viele bildhafte Eindrücke gewonnen. Er war in die Dörfer gegangen – wie? Hatte er einfach einen Bus oder einen Zug in ein bestimmtes Dorf genommen? Konnte er über gewisse abstrakte Ausdrücke – »Arbeiter«, »Dörfer«, »Bauern«, »Repressalien« – hinausgehen?

Er akzeptierte, was ich sagte. Er bot an, die Lücken zu füllen. Zuerst redete er von der Zeit, als er 1967 zu den Arbeitern von Guest Keen Williams in Kalkutta gegangen war.

»Einer meiner Freunde lebte schon eine ganze Weile in dem Guest Keen Williams Slum, und er hatte diesen zweitrangigen Kommunistenführer kennengelernt. Mein Freund bat mich, herüberzukommen und meine Meinung zu sagen, ob dieser Mann ein wahrer Revolutionär sei. Ich nahm einen Bus vom Presidency College, der über die Howrah Bridge fuhr. Am Bahnhof von Howrah stieg ich aus und nahm einen anderen Bus, der durch die überfüllten Straßen von Howrah bis zum Tor von Guest Keen Williams fuhr.«

(Rund eine Woche später machte ich die Fahrt selbst mit jemandem von der Firma Guest Keen Williams. Gerade hatte das Unternehmen eine einjährige Aussperrung beendet, und die einjährige Inaktivität zeigte sich im Hof, an dem tropischen Unkraut und dem Rost nach dem Monsun. Die Firma war eines jener schwerfälligen früher britischen Unternehmen, die in der Zeit, da sie beinahe Monopolstellung hatten, nachlässig geworden waren; sie konnten sich nicht leicht an die neuen Bedingungen anpassen. Die Probleme der Firma 1966/67 waren der Anfang ihres langen Niederganges gewesen. 1966, als es schlecht um die indische Wirtschaft stand, hatte die indische Eisenbahn, von der Guest Keen Williams traditionell mehr oder weniger abhing, ihre Aufträge um über die Hälfte gekürzt. 1967 hatten die Weichen- und Schwellenabteilung und die Kuppelschwellenabteilung sechs oder sieben Monate lang keine Arbeit. Auch die Schrauben- und Mutterabteilung war betroffen. Die Arbeiter bekamen ihr Geld, aber nur den Mindestlohn. Das wurde mir von der Geschäftsführung erzählt: das war der Hintergrund für Dipanjans Geschichte.)

Dipanjan sagte: »Mein Freund und ich warteten lange am Tor. Wir schauten uns den Gewerkschaftsschuppen an. Wir redeten mit den Leuten dort. Arbeiter kamen aus dem Tor. Ich sah all die verschiedenen Leute – Moslems, Hindus, Biharis, Bengalen. Ich war freudig erregt, doch der Mann, den mein Freund mir zeigen wollte, tauchte leider nicht auf.

Der nächste Besuch, an den ich mich erinnere, verlief so. Die Firma führte neue Maschinen ein, und einige Arbeiter sollten mit halbem Lohn kurzarbeiten. Die Rolle, die die Organisatoren der kommunistischen Splittergewerkschaft für uns vorsah, war, in die Slums zu gehen, wo nicht-bengalische Arbeiter wohnten, die die Gewerkschaft nicht hatte für sich gewinnen können. Diese Arbeiter waren Anti-Kommunisten.

Eines späten Nachmittags waren viele von uns in den Slum gegangen. Ich fand mich in einem Zimmer in einer Hütte, und dieser Bihari saß auf einem Flechtbett vor seiner Hütte.«

»Wie alt?«

»Mittleres Alter. Erst ablehnend. Doch er lächelte, und da fing ich an, über die Maschinen zu sprechen, die kommen sollten. Ich sprach Hindi, was ich damals noch nicht gut konnte. Er war freundlich, aber unverbindlich.

Und an noch eine andere Szene erinnere ich mich – einige Zeit später. Ich begann, regelmäßig abends in den Slum zu gehen. Ich war aufgefordert worden, zu den Arbeitern über Marxismus zu sprechen. Bis dahin hatte die Splittergewerkschaft eine große Anhängerschaft. Es war eine moslemische Hütte, und ich wartete dort mit einem der Arbeiter. Ich hatte mich immer noch nicht an ihre Lebensumstände gewöhnt, und auch nach zwanzig Jahren ist mir am stärksten im Gedächtnis geblieben, daß ein öffentlicher Abfluß mitten durch den Raum lief. Das ist meine stärkste Erinnerung. Dann ging ich zum Unterrichtsraum, um über Marxismus zu sprechen. Ich glaube nicht, daß ich klarmachte, worauf ich hinaus wollte. Sie waren müde, und ich sprach auf einem zu abstrakten Niveau, wie ich jetzt weiß.

Ich lebte in dieser euphorischen Welt. Ich war sehr jung, und manche der moslemischen Arbeiter – ich spreche jetzt von den Arbeitern im Hafen, wohin ich später ging – forderten uns auf, wieder nach Hause zu unseren Eltern, die sich die Augen um uns ausweinten, und zu unseren Studien zurückzukehren. Ich erinnere mich, daß ich einen dieser Arbeiter fragte: ›Warum sollte ich zurückgehen? Und warum kommst du nicht und hilfst mir bei meiner Arbeit?‹«

»Wie alt war er?«

»Ein Mann mittleren Alters. Ich erinnere mich noch, daß er auf Hindustani sagte: ›Wir sind hergekommen, um Geld zu verdienen.‹ Da fiel mir auf, daß ich zu theoretisch war. Doch die Partei hatte gesagt, daß die Arbeiter in den Städten im Vergleich zu den Bauern ›rückständig‹ seien, und auf diese Überlegung konnte ich zurückgreifen.«

Ich sagte: »Arati hatte nicht gern, daß Sie in die Dörfer gingen.«

»Mitte 68 erzählte ich ihr, daß ich gehen würde. Als ich dann tatsächlich gehen mußte, war sie schwanger. Sie weinte. Sie hielt es nicht für etwas Großartiges, aber sie hielt es damals auch nicht für etwas Idiotisches. Sie hatte das Gefühl, ich verriete sie. Bis zu einem gewissen Grad teilte ich dieses Gefühl.«

»Wie fuhren Sie in die Dörfer?«

»Zunächst war es eine weitere Enttäuschung. Wir hatten bestimmte gut entwickelte städtische Zentren außerhalb Kalkuttas. In eines davon fuhr ich mit dem Zug. Es war eine zweieinhalbstündige Fahrt. Ich ging zum Haus eines Fabrikarbeiters. Ich kannte das Haus. Ich war auf gewissen Botengängen schon dort hingekommen. Der Mann war ein Flüchtling aus Ostbengalen. Er hatte sich in einem baufälligen und schmutzigen Viertel der Stadt ein kleines Haus gebaut.

Noch am selben Tag traf ich einen Genossen aus dem Dorf. Er erwartete mich. Am nächsten Tag fahren wir mit dem Bus ab. Ich habe einen Jutebeutel mit, aber nichts darin, nur einen Dhoti. Wir kommen am späten Nachmittag an. Meine Kleider fallen nicht auf, wohl aber meine Brille und mein Kalkutta-Akzent. Wir laufen eine halbe Stunde zu Fuß und kommen zum Zentrum des Dorfes, in dem uns alle Leute unterstützen. Am Abend wird eine Versammlung abgehalten, um eine Handlungsstrategie festzulegen. An der Versammlung nehme ich nicht teil.

Abends essen wir in einer Hütte. Die Dorfbewohner haben das Essen gemeinsam zusammengetragen. Der Reis ist naß. Er ist überhaupt nicht abgegossen, weil das Reiswasser selbst auch Nahrung ist, und es gibt viel von diesem nassen Reis. Ich kann ihn nicht essen. Es kostet mich Überwindung, weil ich ihn auch nicht wegwerfen kann. Mein städtischer Magen ist einfach zu klein dafür. Und sonst gibt es nichts zu essen. Und niemand bekommt bis zum nächsten Tag noch eine richtige Mahlzeit.«

»Wovon essen Sie? Teller? Blätter?«

»Metallteller. Es ist eine strohgedeckte Hütte. Wir essen draußen, auf einem offenen Platz. Keine Beleuchtung bis auf den Himmel und ziemlich viele Mücken. Ich bin etwas durcheinander.«

»Warum?«

Er wechselte die Erzählzeit. »Ich hatte Angst vor dem, was mir am nächsten Tag bevorstand – vor der Kommunikation. Wir schliefen auf einem Flechtbett vor der Hütte – zu zweit auf einem Bett, und das war ziemlich unbequem, weil ein Flechtbett in der Mitte durchhängt. Ich hatte ein Gefühl von Verlorenheit und dumpfer Vorausahnung. In den Dörfern gibt es keine Toiletten. Es gibt bestimmte Felder – in der Nähe von Wassertümpeln –, die für diesen Zweck freigehalten werden.

Am nächsten Morgen gab ein wohlhabenderer Bauer (er hatte ein Radio) uns Tee – was in den Dörfern nicht üblich ist: die Dorfbewohner hatten damals nichts Heißes zu trinken. Nachmittags bekamen wir noch eine Mahlzeit – wieder Reis –, weil wir zu einem weiteren Fußmarsch aufbrachen. Ein Marsch von drei bis vier Stunden.

Mir fiel es schwer, mit dem bäuerlichen Führer Schritt zu halten. Abends erreichten wir unser Ziel. Ich wollte mit meiner Politik loslegen, doch sie gingen langsam und bedächtig ihren alltäglichen Pflichten nach. Das fiel mir auf, und ich kam mir vor wie ein Idiot. In den Städten brodelte alles, und hier waren diese Bauern, die angeblich die Hauptquelle der Revolution sein sollten, völlig passiv. Ich fühlte mich im Stich gelassen und begann, Heimweh nach Kalkutta zu bekommen.

Am folgenden Nachmittag machte ich mich auf den Weg zurück zum nächsten Parteizentrum, das in einer sehr kleinen Stadt war. Ich erinnere mich nicht mehr an die körperliche Anstrengung, und ich glaube nicht, daß sie mir etwas ausmachte. Ich erinnere mich nur, daß ich ungefähr sechs Stunden laufen mußte, weil ich kein Geld hatte – wir sollten ja keines mitnehmen. Während ich zu Fuß ging, fuhren regelmäßig Busse vorbei.

So begann ich mit meiner Aktion bei den Roten Garden. Und dann hatte ich das Gefühl, daß ich endlich meine Arbeit tat.«

Ich sagte: »Sie wissen, daß ich keine Namen hören will. Aber die Leute, von denen Sie sprechen, haben keine Gesichter. Ich kann sie nicht sehen.«

Dipanjan sagte: »Es gibt Gesichter. Doch als wir bei den Arbeitern von Guest Keen Williams begannen, folgten wir der kommunistischen Tradition, nach der die Menschen Objekte sind, nicht lebendige Subjekte, die ihr eigenes Leben gestalten und demzufolge auch die Geschichte. Unsere zwischenmenschlichen Beziehungen spielten sich hauptsächlich in der eigenen politischen Gruppe ab. Deshalb beeindruckte es mich auch so, als der moslemische Hafenarbeiter mich fragte, weshalb ich nicht zu meiner Familie zurückgehe. Selbst heute glaube ich, daß diese Unterredung auf einer anderen Ebene ablief.

Ich würde gerne noch etwas dazu sagen. Die Gesichter meiner Freunde stehen vor meinem inneren Auge. Doch die meisten von ihnen sind noch politisch aktiv, und ich möchte keinen Kommentar über sie abgeben.«

Am 1. Mai 1969 ereignete sich etwas, was Dipanjan aus den Dörfern zurück nach Kalkutta holte. An dem Tag verkündete die kommunistische Splittergruppe, die die naxalitische Bauernbewegung organisiert hatte, auf einer öffentlichen Versammlung auf dem Maidan von Kalkutta, im großen zentralen Park von Kalkutta, daß sie sich als separate Kommunistische Partei Indiens (marxistisch-leninistisch) konstituiert hatte.

Dipanjan sagte: »Meine Eltern lehnten die neue Partei ab. Arati war alles andere als erfreut. Zu dieser Zeit hätte sie gerne gesehen, wenn ich mich aus der Politik zurückgezogen hätte. Unsere Tochter sollte im Oktober geboren werden. Ich blieb in Kalkutta und leistete bis Ende 69 politische Arbeit im Hafen. Dann kehrte ich in die Dörfer zurück.

Die früheren Genossen hatten die Bauern aufgefordert, ihre eigenen Organisationen aufzubauen, die politische Macht zu ergreifen, das Land der Grundbesitzer und später auch Gewehre zu konfiszieren – die Erzeugnisse des Landes mit Gewalt zu ernten, die Erzeugnisse des Landes den Landbesitzern abzunehmen und in den Dörfern Zentren bäuerlicher Macht aufzubauen, um der Macht der Landbesitzer entgegenzutreten.

Und tatsächlich hatte es zur Erntezeit in der Gegend einen großen Bauernaufstand gegeben. Ich kam zu spät dafür. Während dieses Aufstands kam die Parteirichtlinie über das Töten von einzelnen Menschen. Töten sollten konspirativ zusammengesetzte Schwadronen. Zu dieser Zeit, als ich mit meiner Aktion bei den Roten Garden begann, mußte ich die Bauern auffordern, sogenannte Vernichtungsschwadronen zu bilden.

Diesmal hatte ich mein erstes Trauma wegen der Dörfer und der nicht vorhandenen Kommunikation überwunden. Ich hatte ein wenig gelernt. Ich begann diese Aktionen der Roten Garden mit mehr Überzeugung und weniger Nervosität. Es handelte sich um eine weite Reise, die viele Monate dauerte, sechs Monate bis ein Jahr. Ich zog von Dorf zu Dorf, von Gemeinschaft zu Gemeinschaft, von Stammesangehörigen zu Nicht-Stammesangehörigen, zu Unberührbaren und bäuerlichen Kasten. Ich lernte wirklich viel über Indien.«

»Was hielten Sie von der neuen Anweisung?«

»Vielen Kameraden war es schon gelungen, Schwadronen zu bilden und Vernichtungsaktionen durchzuführen, hauptsächlich in dem Gebiet, in dem es zur Erntezeit den Aufstand gegeben hatte, bei dem es um Land und Ernte ging – Besetzung des Landes und gewaltsames Einfahren der Ernte.«

»Waren Sie über die Anweisung erschreckt?«

»Nein, nein. Die Inder sind im Grunde genommen ein sehr gewalttätiges Volk. Ich führte meine Aktion als Mitglied der Roten Garden in neuen Gebieten durch, und trotz größter Anstrengungen konnte ich die Bauern nicht überreden, einen einzigen Akt der Vernichtung durchzuführen – was mir große Gewissensbisse verursachte und zu einem Gefühl von Unzulänglichkeit führte.«

»Können Sie sich noch erinnern, wie Sie die Aufforderungen vorgetragen haben?«

»O ja. Ich fragte einen Bauern, in dessen Hütte ich übernachtete. Ich erinnere mich noch sehr gut an diese Hütte. Die Leute hatten ein neugeborenes Baby, und das kleine Mädchen wurde mit Reiswasser – in einer Flasche – anstatt mit Milch ernährt, was ich damals ziemlich schockierend fand. Diese Leute waren wie andere, mit denen wir sprachen. Sie hatten sehr wenig Land, gerade genug, um sich vielleicht drei Monate am Leben zu erhalten. Die Partei hatte uns alle aufgefordert, uns auf diese Leute zu konzentrieren.

Ich fragte den Mann: ›Wer ist der meistgehaßte Grundbesitzer der Gegend?‹ Er nannte ihn. Ich sagte zu ihm: ›Warum tötest du ihn nicht?‹ An dem Abend bringt er einen anderen Bauern mit und bittet mich, das Thema bei ihm anzuschneiden. Die beiden stimmen überein, daß dieser Grundbesitzer getötet werden sollte, aber sie weigern sich, es selbst zu tun.«

»Schockierte sie der Gedanke?«

»Der Gedanke schockierte sie gar nicht. Wie ich Ihnen immer wieder gesagt habe, sind wir ein sehr gewalttätiges Volk. Ich versuchte ungefähr zwei Monate lang, immer wenn ich da war, sie zu überzeugen.

Ich lebte versteckt in dieser Hütte. Hätte der Grundbesitzer von meiner Anwesenheit gewußt, hätte er mich getötet oder der Polizei übergeben. Ich wußte, daß es gefährlich war. Ich wußte, daß ich das Gesetz übertreten hatte. Doch einen Menschen zu töten, wird nirgendwo als in Widerspruch zu einem ethischen Kodex stehend angesehen. Sie müssen wissen, daß das Ramayana und das Mahabharata die alltäglichen religiösen Vorschriften für die Hindus festlegen, wie der Koran es für die Moslems tut, und diese Bücher loben es, wenn für einen höheren Zweck getötet wird. Ich würde meinen, daß ich wie alle anderen Inder nicht das Gefühl hatte, eine ethische Freveltat zu begehen, wenn ich dazu riet, für eine Sache zu töten.«

»Gandhi?«

»Eines der vielen Ideale Gandhis, das die Inder nicht akzeptierten, *ahimsa*, die Nicht-Gewalttätigkeit, sticht besonders hervor.«

»Die Jainas?«

»Das ist eine merkwürdige Sekte. Aber Sie haben den falschen Blick auf Indien, wenn Sie diese Religionen erwähnen –

Buddhismus, Jainismus und Gandhi. Ich weise auf die Geschehnisse in Kambodscha, Ceylon, Burma, China hin – alles Länder, die vorgeblich unter dem Schutz von Buddha und Konfuzius stehen. All diese Völker sind sehr gewalttätig.«

»Kehren wir noch einmal zu den Dörfern zurück.«

»Wie ich bereits sagte, ich bekam ein Gefühl von Unzulänglichkeit. Ende 1970 und Anfang 1971 erlitt die Bewegung insgesamt einen Rückschlag, und viele meiner Freunde begannen, sich neu zu besinnen.

In den letzten Monaten vor meiner Verhaftung hatte ich mich für Stammesangehörige interessiert. Ich lernte sie lieben. Ich fühlte mich bei ihnen zu Hause. Ich verstand ihr politisches Streben und Trachten. Zum ersten Mal war ich auf eine Gruppe von Bauern gestoßen, die politisch dachte und handelte. Ich unterhielt mich oft mit einem Schullehrer unter ihnen. Diese Monate waren sehr befriedigend, die befriedigendsten meines Lebens in den Dörfern, um so mehr wegen der Zweifel, die meine Freunde in der Bewegung an der Richtlinie, einzelne Menschen zu töten, entwickelt hatten – diese Zweifel gaben mir Raum, frei und ohne die Parteifesseln zu reden, die ich allmählich hinderlich fand.«

»Wie viele Menschen in ihrem Gebiet wurden ausgelöscht?«

»In diesem Gebiet wurden über hundert Leute auf Grund dieser Richtlinie getötet. Die meisten von ihnen waren Grundbesitzer.«

Doch nun zog die Polizei den Kreis enger.

»Unsere Freunde mußten den Kontakt zur Partei abbrechen, und in Bihar und Bengalen mußten viele von uns ständig auf der Flucht sein. Eines Abends gegen acht oder neun waren wir an einem Imbißstand auf einem Bahnhof in Nordbihar. Ein paar Polizisten in Zivil, Hemd und Hose, waren da. Sie waren von der bengalischen Polizei und auf der Suche nach einigen anderen Naxaliten. Sie waren an den Imbißstand auf dem Bahnhof gekommen, um sich ein Fleischgericht zu kaufen. Einer meiner Freunde wurde erkannt, und wir wurden verhaftet.

Zu der Zeit hatte die Polizei angefangen, Naxaliten zu töten, und meine erste Reaktion war, daß sie uns töten würden.

Dieses Schreckensregime gab es mittlerweile schon sechs Monate, und ich hatte mich an ein solches Schicksal gewöhnt – bloß um weitermachen zu können.

Die Polizisten an dem Imbißstand waren älter als wir. Sie mißhandelten uns nicht. Sie brachten uns auf die Polizeiwache. Dort versuchten wir sofort, den für uns verantwortlichen Polizeibeamten aus Bihar zu beeinflussen, damit er die Polizisten aus Bengalen davon abhielt, uns zu töten.

Der Beamte aus Bihar, ein gebildeter Mann, sagte: ›Ich respektiere Sie. Sie arbeiten für das Land. Doch meine Pflicht als Polizeibeamter weist mir einen Platz auf der gegnerischen Seite zu.‹ Wir lachten ihn aus. ›Warum verspotten Sie uns? Diese bengalischen Polizisten werden uns in ein paar Minuten umbringen.‹

Sie banden uns mit Seilen zusammen, versetzten uns unterwegs ein paar Schläge und ritten auf der Tatsache herum, daß wir Bengalen waren. Der Beamte aus Bihar war schockiert und informierte sofort per Funk die ganze Staatspolizei von Bihar über unsere Verhaftung, damit die bengalischen Polizisten uns nicht töten konnten, falls das ihr Plan gewesen sein sollte.

Die meisten von uns kamen nie vor Gericht. Nur einige wurden vor Gericht gestellt und verurteilt. Die anderen wurden bis zur Amnestie 1977 ohne Prozeß in Westbengalen in Haft gehalten.

Ich saß bis Oktober 1972 in Kalkutta im Gefängnis. Im Gefängnis lernte ich zwei Dinge, die mich entmutigten. Das erste war der Anspruch der naxalitischen Gefangenen aus Kalkutta. Wir hatten gehört, daß sie einzelne Polizisten, sogar Verkehrspolizisten und vermeintliche Spitzel getötet hätten. Das Gefängnis war voll von Naxaliten, besonders jungen Burschen, und sie waren überhaupt nicht politisch orientiert. Denn es hatte einen Aufstand gegen das Schulsystem gegeben – Jungen und Mädchen waren in das Schulsystem gezwängt worden, dann abgegangen und von der Partei für Gewalttaten in der Stadt angeworben worden.

Die Partei war zersplittert. Ich hatte selbst keine klaren Vorstellungen mehr. Ich hatte das Gefühl, daß es Schwächen in der Bewegung gab. Ich hatte das Gefühl, daß meine politische Suche in eine Sackgasse geraten war und ich ganz von vorn beginnen mußte. Und eine Weile konnte ich mich nicht mehr als politisch Tätigen sehen.

Nachdem ich in Kalkutta ins Gefängnis gekommen war, konnte ich regelmäßig meine Eltern und Arati sehen. Mir konnte in keinem einzigen Fall etwas nachgewiesen werden. Ich blieb in Schutzhaft. Schließlich schrieb ich der Regierung, daß ich, wenn sie mich freiließen, für weitere Physikstudien ins Ausland gehen würde.«

Dem Gesuch wurde stattgegeben. Er wurde von der London University aufgenommen, und sein Vater zahlte das Fahrgeld nach England. Die Polizei begleitete ihn bis zum Flugzeug. Er machte in London seinen Doktor und kehrte dann nach Kalkutta zurück. Das war im September 1974.

Ich fragte ihn: »Was denken Sie jetzt?«

Er spielte mit der Brille, kniff die Augen zusammen und sah aus dem Fenster. Ich saß ihm an dem schmalen Tisch gegenüber, in einem Armsessel zwischen den beiden hohen Metallschränken. Hinter ihm war eine leere Fläche, wo die Wand mit frischem, ebenmäßig aufgetragenem Gips ausgebessert war.

Er sagte: »Der größte Fehler, das grundlegende Mißverständnis der marxistischen Position – ich meine, das Volk muß sich selbst befreien. Die Intellektuellen können ihm nur das Rüstzeug dafür geben.«

Er machte nun Bürgerrechtsarbeit und unterrichtete in den Slums. »Ich sehe keinen Bruch mit meiner früheren politischen Suche. Zwischen dem Reden in den städtischen Slums und dem Unterrichten in den Slums.« Er lehnte sich gegen einen olivgrünen Metallschrank und betrachtete den Himmel. »Die Gesellschaft ist so strukturiert, daß die Arbeiterklasse nie ihre eigene Stimme finden kann, ihre eigene Weltanschauung, ihre eigene Identität.«

Ich fragte nach Arati und ihrer Zeit in England.

»Es verwandelte ihre Welt. Denn sie merkte zum ersten Mal, daß eine Frau nicht bloß oder überhaupt das Anhängsel eines Mannes war. Ich kehrte sehr gern hierher zurück. Arati weinte tagelang, und ihre Freundinnen, die dazu erzogen waren, nie ihre Gefühle in der Öffentlichkeit zu zeigen, litten um ihretwillen. Hätte sie die Wahl gehabt, wäre sie in England geblieben – dieses Gefühl von Freiheit und Anerkennung ihrer Person als Individuum.

Von 67–72 an hatte ich ständig Streit mit ihr – ich konnte sie nicht davon überzeugen, daß wir, wenn wir bei meinen Eltern blieben, immer von ihnen beherrscht würden. Sie erkannte die Beherrschung gar nicht als solche. Und erst als wir nach England gingen, wurde ihr klar, was ich gemeint hatte. Bis dahin hatte sie gemeint, das gehöre zu meiner Exzentrik – die mich beispielsweise auch in die naxalitische Bewegung gebracht hatte. Ich sagte immer: ›Laß uns eine Wohnung nehmen.‹ Oder: ›Warum wehrst du dich nicht gegen meine Mutter? Warum tust du alles, was mein Vater sagt, auch wenn es dich verletzt?‹ Sie wußte einfach nicht, daß man anders leben konnte. Heutzutage haben sich die Dinge geändert oder ändern sich, doch in den sechziger Jahren war sie mit ihrer Lebensanschauung keinesfalls eine Ausnahme.«

Das verlieh dem noch zusätzlich Gewicht, was Arati am Tag zuvor in ihrem Haus gesagt hatte, als Dipanjan sich duschte. Als Dipanjan in die Dörfer gegangen war, sagte Arati, sei sie zu Dipanjans Eltern gezogen. In Indien bleibe eine Frau bei den Schwiegereltern; man ziehe aus dem eigenen Elternhaus ins Elternhaus des Mannes. Indien sei anders als andere Länder; man müsse viele Dinge wissen, um über Indien schreiben zu können.

Doch nun lebten sie für sich.

Ich fragte Dipanjan: »Sind Sie glücklich in dem kleinen Haus?«

»Ja. Was Arati und mich betrifft, so war uns die materielle Seite des Lebens nie wichtig. Wir beide sind zu harter körperlicher Arbeit fähig.«

»Was ist mit der Unordnung in Ihrem Bücherschrank dort – einfach alles hineingeschmissen? Und dem Staub – darf ich den Staub erwähnen? Sie haben gesagt, daß das College eine städtische Institution sei und deshalb nie saubergemacht werde.«

Er sagte: »Ich schäme mich für so etwas in meinem Haus. Wir sind beide überarbeitet und haben keine Zeit. Arati arbeitet als Physiklehrerin in einem College mit Morgenunterricht. Sie arbeitet von halb sieben bis zehn – und dazu kommen eine Stunde für die Hinfahrt und zwei Stunden für die Rückfahrt. Doch ich schäme mich für die Unordnung in meinem Haus. Und sagen

Sie ›Staub‹, wenn Sie wollen. Mein Großvater hätte mich in die Pflicht genommen. Doch hier schämt sich *niemand*. Das ist der Unterschied.«

»Haben Sie das Gefühl, daß der aktivste Teil Ihres Lebens hinter Ihnen liegt?«

»Überhaupt nicht. Bis jetzt ist mein Leben der erste Teil der Suche gewesen.«

»Darf ich Ihnen eine Frage stellen? Sie haben soviel Zeit damit verbracht, an andere zu denken. Ist es nicht vermessen? Hätten Sie nicht auch daran denken sollen, Ihre eigene Begabung weiter zu entwickeln? Sie müssen nicht antworten. Wenn Sie nicht antworten wollen, ziehe ich die Frage zurück und erwähne sie nicht mehr.«

»Ich beantworte sie. Der beste Junge des Jahrgangs vor mir am Presidency College ist jetzt ein renommierter Professor in den USA. Er hat mir die gleiche Frage gestellt. Nicht nach der Vermessenheit. Es überstieg mein Vermögen, die Fragen, die mich in der Physik interessierten, zu beantworten. Ich habe daran gearbeitet; ich habe darüber nachgedacht. Ich arbeite immer noch daran – oder ich sollte sagen, ich lese noch darüber. Doch weniger schwierige Fragen können mein Interesse nicht wachhalten. In der Lyrik bin ich nie zufrieden mit dem, was ich schreibe, besonders weil die Art Lyrik, die ich schreibe, nur sehr wenige Menschen anspricht. Doch ich habe herausgefunden, daß anderen zu helfen etwas ist, womit ich fertig werden kann, auch wenn ich Fehler mache. Ich lerne in einem fort von ihnen.«

Ashoks erste Geschichte hatte von seinem Versuch gehandelt, ins Marketing-Geschäft zu kommen, und seiner komplizierten Beziehung zu Imba, dem Institute of Management and Business Administration, das Dr. Malhotra in Delhi führte. Seine zweite Geschichte handelte von seiner Heirat, seinem Bruch mit der Vergangenheit.

Er sagte: »Schließlich trat ich in eine Werbeagentur ein und war von Anfang an glücklich. Meine Karriere kam dort ins Lot. Ich wuchs in meine Arbeit hinein; ich lernte viel über die wirkliche Welt des Marketing; es waren die produktivsten fünf Jahre meiner Laufbahn.

Doch dies ging Hand in Hand mit einem Umsturz in einem

anderen Lebensbereich. Ich kam aus einer traditionellen südindischen Brahmanenfamilie. Mein Vater hatte auf verschiedenen Posten in der ganzen Welt gearbeitet und sich in Kalkutta niedergelassen. Und ich war in einer indischen Public School erzogen worden. Doch hatte ich die traditionelle Lebenshaltung meiner Familie so verinnerlicht, daß ich nie daran gedacht hatte, mit Mädchen auszugehen, obwohl ich beliebt war und Popsongs und klassische indische Lieder sang. Was die indische Klassik anging, so war ich zu Hause von einem Privatlehrer darin unterrichtet worden; das gehörte zu der traditionellen Erziehung, die man erhielt.

Eine Reihe meiner Freunde führte ein aktives gesellschaftliches Leben, doch ich hielt das für mich weder für notwendig noch etwa erstrebenswert. Andere Leute lebten so und hatten Freundinnen, doch ich hatte das Gefühl, das sei nichts für mich. Ich vermute, tief im Unterbewußtsein war mir klar, daß ich eine traditionell arrangierte Ehe eingehen würde – bis ich tatsächlich zum ersten Mal an der Zeremonie einer Brautschau teilnahm.

Meine Familie hatte sie, wie üblich, durch den Austausch von Horoskopen arrangiert. Das Mädchen lebte in Bangalore, und ich fuhr die ganze Strecke dorthin, um sie zu sehen. Meine Verwandten waren scharenweise dort und ihre Verwandten auch. Wir waren gebeten worden, am verabredeten Ort, den die Eltern des Mädchens gewählt hatten, zu einer bestimmten Zeit einzutreffen.

Es war Abend. Die Angelegenheit erforderte, daß alle im Kreis saßen. Ich wurde nur dem Vater des Mädchens vorgestellt, und wir setzten uns im Kreis in die Diele. Pikante und süße Snacks wurden herumgereicht. Und alle waren der Angelegenheit entsprechend gekleidet. Das Arrangement war so merkwürdig, daß ich mir nicht einmal sicher war, wer das Mädchen war. Es waren noch andere Mädchen von ihrer Seite da, und ich war dem Mädchen selbst nicht vorgestellt worden, und der Vater des Mädchens plauderte in einem fort und stellte mir eine Unmenge von Fragen danach, was ich tat und was ich mochte und was ich nicht mochte und so weiter.

Zu meinem Schrecken fing er auch an, von möglichen Hochzeitsvorbereitungen zu sprechen. Ich fand es also schwierig, normal zu antworten. Er sagte etwa: ›Ich würde die Hochzeit lieber in Sholapur als in Bangalore abhalten, weil ich in Sholapur bessere Möglichkeiten habe. Was meinen Sie?‹

Und man konnte nicht nein und nicht ja sagen. Wenn man
nein sagte, wäre es grob gewesen. Wenn man ja sagte, wäre es
unsinnig gewesen. So ließ man sich auf ein diplomatisches Hin-
und Herlavieren ein. Man lächelte vage. Ich war erleichtert, als
die Stunde vorüber war. Wenn Leute mich fragten, was ich davon hielt, sagte ich einfach jedesmal, ich wisse es nicht.

Es wurde von einem erwartet, daß man sich auf ein Mädchen
festlegte, das man eigentlich gar nicht kennengelernt, mit dem
man kein Wort gewechselt hatte und das einem von einem Verwandten höchstens verstohlen gezeigt worden war. Es wurde
von einem erwartet, daß man sich am Ende der Angelegenheit
festlegte.

Es störte mich auch, daß das Mädchen in der Sache offenbar
nichts zu sagen hatte. Gewiß warteten alle – die ganzen zwanzig, dreißig Leute dort – begierig darauf zu erfahren, ob ich grünes Licht gegeben hätte. Bei diesen Gelegenheiten liegt jeder
Vorteil bei dem Jungen, und die Familie des Mädchens hat die
schlechtere Position inne.

Viele Jahre später ist ein Gefühl der Scham mit dieser Erinnerung verbunden. Doch damals herrschte das Gefühl von Peinlichkeit vor, obwohl auch heute noch Jungen und Mädchen so
verheiratet werden, wie ich es damals lieber nicht wollte. Der
Gerechtigkeit halber sollte ich sagen, daß sie keine andere Wahl
haben. Es ist nicht fair, wenn ich jemanden auffordere, meinem
Beispiel zu folgen. Wenn die Sache anders gehandhabt worden
wäre, wäre ich vielleicht weniger peinlich berührt gewesen.

Am Ende, als wir weggingen und uns verabschiedeten, schoß
mir durch den Kopf, daß ich das nicht gerne noch einmal mitmachen würde.

Wir kehrten zum Haus unserer Familie zurück. Ich war
durcheinander. Im Auto saßen mein Bruder, seine Frau, mein
Vater und ich. Ich war absolut still und blieb stumm. Sie wußten, daß ich unglücklich war. Ich machte mich zum Haus eines
Freundes davon und blieb dort bis spätnachts. Am nächsten Tag
sollte ich Bangalore verlassen. Am meisten beunruhigte mich,
daß meine Familie den Eltern des Mädchens versprochen hatte,
daß sie ihnen am nächsten Tag Bescheid geben würde.

Als ich spätabends nach Hause kam, fragten mein Vater und mein Bruder mich, was ich beschlossen hätte – wollte ich das Mädchen heiraten? Ich sagte nein. Mein Vater sagte: ›Kein Problem. Wir finden ein anderes Mädchen.‹

Ich sagte meinem Vater, daß ich nicht nein sagte, weil mir das Gesicht des Mädchens nicht gefalle – das wäre unfair gewesen: Ich hatte überhaupt keine Gelegenheit gehabt, mit dem Mädchen zu sprechen. Ich sagte nein zu dem Verfahren, nicht zu dem Mädchen. Und ich wollte nicht mehr darüber reden.

Meine Angehörigen dachten, die Zeit würde alles heilen, dies sei das erste Mal für mich gewesen, und beim nächsten Mal würde es anders sein.

Ich wurde immer weniger mitteilsam. Die Situation bringt es mit sich, daß Eltern und Kinder nicht offen über diese Dinge reden. Niemand fragt einen auch nur, was man für Ansichten über die Ehe hat. Es ergibt sich einfach, daß einem eines schönen Tages ein Angebot unterbreitet wird.

Und zu dieser Zeit, angespornt von dem Gedanken, daß ich diese Brautschau noch einmal oder viele Male würde mitmachen müssen, reifte in mir langsam der Entschluß, daß ich mich selbst entscheiden müsse, wen ich heiraten wolle.

Ich kannte eine Frau, die auch im Marketing tätig war. Marketing – immer ist es Marketing für mich. Doch das Mädchen, das ich kannte, kam aus einer anderen Gemeinschaft. Ich machte ihr einen Heiratsantrag. Wir kamen überein, daß unser Vorhaben praktikabel war. Wir kannten einander auf gesellschaftlicher Ebene. Wir sprachen dieselbe Sprache. Aber sie kam aus einer anderen Gemeinschaft. Und als ich schließlich den Sachverhalt meinen Eltern darlegte, standen sie ihm so ablehnend gegenüber, wie ich es mir gedacht hatte. Sie zogen sich in ein Schneckenhaus zurück, kapselten sich ab – wie ich mich nach der Brautschau in Bangalore abgekapselt hatte. Es war schwer, mich mit ihnen auseinanderzusetzen, denn in dieser Situation hatten sie eine gewisse krude Logik auf ihrer Seite: in solch einer Sache konnte es keinen Kompromiß geben, bei dem man sich in der Mitte traf. Für sie stand ich kurz davor, die Familienverbindung zu Geschichte und Tradition zu brechen, und sie konnten sich keine Zukunft mehr vorstellen. Für sie schien alles schwarz geworden zu sein.

Auch ich wurde auf die Probe gestellt, weil die Frau, die ich heiraten wollte, sehen wollte, wie ich unter Druck reagierte. Es war also wichtig für mich, daß ich nicht nachgab. Ich sagte meinen Eltern, ich würde meine Meinung nicht ändern, doch ich hätte keine Eile. Sie könnten sich Zeit nehmen. Es war sehr schwer für sie, aber langsam lenkten sie ein. Ein paar Angehörige und Freunde berieten sie. Unsere Hochzeit fand im traditionellen großen Stil statt.

Heute leben wir räumlich getrennt, in verschiedenen Städten, meine Frau und ich in Kalkutta, meine Eltern anderswo. Die Entfernung hat dazu beigetragen, uns einander anzunähern. Wir treffen uns ab und zu, ein paarmal im Jahr, und wir haben eine herzliche Beziehung. Meine Brüder und Schwestern haben nach traditioneller Weise geheiratet, und sie leben bei meinen Eltern in derselben Stadt. Aber sie gehen nicht ungezwungen miteinander um. Meiner Ansicht nach kann der südindische Brahmane sich nicht entfalten; alles wird unterdrückt.

Für die jüngere Generation der Familie bin ich ein Held geworden. Eine ganze Reihe von Familienmitgliedern hat getan, was ich getan habe. Und jetzt ist es nicht mehr so schockierend wie damals. Doch man muß auch gelten lassen – was meine Eltern empfanden, aber nicht ausdrücken konnten, weshalb sie sich ins Schneckenhaus zurückzogen –, daß etwas Undefinierbares entzweigegangen ist. Wir sind Brahmanen seit unzähligen Generationen.«

Gut fünfzehn Jahre waren seit dem Ende der naxalitischen Rebellion vergangen, doch Debu – der jetzt leitender Angestellter in einer großen Firma war – freute sich immer noch auf eine neue, wahre Revolution. Debu hatte im Anfangsstadium der Rebellion mitgemacht. Dann war er ideologisch von einigen Grundvorstellungen der Führung abgewichen und hatte sich sowohl vor der Polizei als auch vor früheren Genossen verstecken müssen. Er konnte präzise und überzeugend umreißen, wie die Revolution der Liebe und des Mitleids sich in simplen Nihilismus verwandelt hatte, wie Leute von der Revolution und der Bauernmacht geredet hatten, aber nie wirklich gegen den Staat oder die Mächtigen oder Geschützten angetreten waren, sondern sich statt dessen auf die Schwachen und Schutzlosen konzentriert hatten. Dennoch hegte Debu noch die vage Hoffnung, daß ein neuer und besserer Anfang gemacht werden könne.

Er sagte: »Die einzige Veränderung – eine große Veränderung – zwischen damals und heute ist, daß ich damals, Ende der sechziger Jahre, dachte, ich würde Teil der Revolution sein, und jetzt weiß ich, daß ich nur *Zeuge* sein werde. Ein Zeuge, der sie unterstützt. Ich glaube nicht, daß die Notwendigkeit für eine Revolution sich geändert hat.« Und als er von da auf sein Engagement zu sprechen kam, ließ er einen halb zu Ende gedachten Gedanken fallen: »Wenn man einmal Blut geleckt hat –«

Blut lecken – merkwürdige Metapher.

Debu sagte: »Im Organisieren großer Menschenmassen.« Und er meinte noch etwas: die Liebe zu spüren, die das Volk denen entgegenbrachte, die versuchten, etwas für sie zu tun. »Liebe ist ein abgedroschenes Wort. Man kann das, was ich meine, nicht beschreiben – es war etwas, das einfach hochkam und einen anrührte. Damals dachte ich, es habe mit Ergebenheit gegenüber der Partei zu tun. Jetzt habe ich das Gefühl, daß die Partei immer der Mensch dahinter ist. Das meine ich mit Blut lecken: Das Volk gibt einem millionenmal mehr, als man ihm letzten Endes geben könnte.«

Er wurde Ende der dreißiger Jahre in die Mittelschicht von Kalkutta hineingeboren. Doch als Debu noch klein war, bekam sein Vater, ein selbständiger Akademiker, eine ernste Krankheit, die ein paar Jahre dauerte; und die Familie verarmte. Freunde halfen ihnen, doch die eigenen Verwandten grenzten sie aus.

Manche dieser Verwandten sagten, wenn sie zu Besuch kamen, Dinge wie: »Wenn ihr diese Stühle verkaufen wollt, sagt uns Bescheid, vielleicht nehmen wir sie.« Das mit den Stühlen war wirklich so, nicht bloß eine rhetorische Figur. Als ich Debu wiedertraf und er mich nach einer kleinen Tour durch die bürgerliche Innenstadt von Kalkutta und die früheren britischen Clubs in seine große Wohnung führte, sah ich die Stühle in seinem Wohnzimmer: niedrige, altmodische Bengali-Stühle, aus Ebenholz oder schwarz lackiert, ein vollständiger Satz. Sie mußten ihn täglich an die schweren Jahre der Krankheit seines Vaters erinnern; sie mußten ihn täglich in dem Mißtrauen gegenüber der Klasse, aus der er kam, bestätigen.

Er hatte so lang über diese Jahre nachgedacht, daß die Geschichte mühelos herauskam, wie eine einfache Fabel, zusammen mit der politischen Lehre, die er daraus zog. Es gebe vier Komponenten der bengalischen Mittelschicht, sagte er: Kaste, Erziehung, Familiengeschichte und Geld. Die ersten drei seien seiner Familie geblieben, als es mit ihr bergab ging, doch der Geldmangel habe sie zu Außenseitern ihrer Klasse gemacht.

Das konnte er nicht vergessen. Selbst als es seiner Familie wieder besser ging, blieb er ein »Streber«, begierig, in Schule und College gut abzuschneiden. Selbst wenn er Kricket spielte – worin er gut war –, verspürte er noch diese Leidenschaft, etwas zu erreichen, in der Schule gut zu sein. Er kasteite sich. Er sagte, über sechs Jahre lang habe er sechzehn Stunden am Tag gearbeitet. Schließlich, als er zweiundzwanzig war, kam die Belohnung. Er wurde leitender Angestellter in einer Boxwallah-Firma, zu einer Zeit, da die Boxwallah-Welt in Kalkutta noch gut zehn Jahre vor sich hatte.

Erst da konnte er um sich schauen. Er las ein Buch über Präsident Kennedy und beschloß, mit ein paar jungen Wirtschaftsprüfern soziale Arbeit in den Slums zu leisten. Die Gruppe hatte nur vage politische Vorstellungen; sie stand keiner politischen Partei nahe. Ihre grundlegende Idee sei die alte bengalische Vorstellung vom Mutterland gewesen, die Vorstellung, die Bengalen dem übrigen Indien geschenkt habe, sagte Debu: die Vorstellung, daß Indien ein Land sein müsse, auf das man stolz sein könne. Die Vorstellung sei seit der Unabhängigkeit in Bengalen verkommen, sagte Debu. »In meiner Schicht gibt es die Vorstellung noch, aber sie ist ein Überbleibsel der Vergangenheit – wird für einen Anachronismus gehalten, und in der Schicht darüber, bei den Industriellen und Geschäftsleuten, existiert die Vorstellung mehr oder weniger bloß noch als negative Größe.«

Die Arbeit in den Slums nahm ernstzunehmende Ausmaße an. Debu widmete ihr drei Abende und zwei Morgen in der Woche. Er hatte schon Mißtrauen gegenüber seiner bürgerlichen Schicht empfunden. Nun sah er die Ungerechtigkeiten der Gesellschaft tief unten in Nahaufnahme. Er sah, daß die Mittelschicht dafür verantwortlich war; und er sah auch die *Kette* der Ungerechtigkeit.

»Es gab einen Sir Soundso, den Besitzer eines Slums. Alles,

was er den verwitweten Hausfrauen antat, erledigte er durch seinen Mittelsmann aus der unteren Mittelschicht. Dieser Mittelsmann wiederum hatte seinen eigenen Mittelsmann in der darunter liegenden Klasse des Lumpenproletariats. Das war die Kette. Wurde man den Grundbesitzer los, wurde er von jemand anders ersetzt. Die Kette selbst hielt.«

Nach drei oder vier Jahren bei seiner Firma ging Debu für ein Jahr mit einem Stipendium für Betriebswirtschaft in die Vereinigten Staaten. Zu dem Programm gehörte, daß er Vorträge über Indien hielt. Er fand diese Erfahrung unerwartet demütigend. Am Ende jedes Vortrags stellte immer einer die Frage: »Wie kommt es, daß Sie hungern und um Essen betteln, wenn Sie so bedeutend sind?« Und immer zog einer einen beschämenden Vergleich zwischen Indien und China.

Er begann, Marxismus und indische Geschichte zu studieren, und er beschloß, wenn er am Ende des Jahres nach Kalkutta zurückkehrte, der radikaleren der kommunistischen Parteien beizutreten. Dies war zu der Zeit, als Indien seine schlimmste Versorgungskrise durchmachte. Sechzig Leute waren in Westbengalen von der Polizei erschossen worden, und die Leute aßen *milo*.

»Das war eine Art Hirse, die die Amerikaner an die Schweine verfütterten und die sie als milde Gabe geschickt hatten, und die indische Regierung teilte das in ihren Läden in Rationen aus, damit die Armen in den Dörfern zu essen hatten. Ich war beschämt und wütend. Für mich waren es nicht die *Armen*, die das aßen. Es waren Inder und Bengalen.«

Er trat der Kommunistischen Partei (marxistisch) bei und begann, in den Dörfern zu arbeiten. Er lebte bei den Bauern. Hauptsächlich machte er Propaganda. Er versuchte auch, den Schwarzhandel mit Reis zu unterbinden. Er und seine Mitarbeiter taten dies, indem sie verhinderten, daß der Reis aus den Dörfern weggebracht wurde. Sie bemühten sich auch, die Vertreibung von Teilpächtern zu vereiteln.

Debu begann, in der Partei Karriere zu machen. Der bengalische *bhadra-lok*, der Mittelstand, liebte alles Ausländische, und Debu fand, daß ihm das als jemand, der aus dem Ausland zurückgekehrt war und Englisch sprach, sogar in der Kommunistischen Partei (marxistisch) half. Das war verblüffend, aber es war auch die Zeit, in der Debu die beinahe mystische Erfahrung machte, wie es war, vom Volk geliebt zu werden. Er begrenzte weder die Zeit, die er der Sache widmen wollte, noch das Risiko, das auf sich zu nehmen er bereit war, und das Volk schenkte ihm dafür Liebe.

»Leute, die ich überhaupt nicht kannte – Bauern, Arbeiter, keiner von ihnen sagte je: ›Du kannst hier nicht bleiben. Wir können deinem Freund kein Obdach geben.‹«

Er bildete ein Komitee, um den Revisionismus in der Partei zu bekämpfen, doch dann wurde er selbst von der Partei desillusioniert. Er fand heraus, daß es auf den unteren Ebenen der Parteiführung häufig geringfügige Korruption gab: Leute stahlen für die Partei gesammelten Fisch oder Reis. Als er sich bei einem höhergestellten Komitee beschwerte, wurde er von ihnen beschuldigt, ein CIA-Agent zu sein. Er bekam das Gefühl, daß gewisse Leute versuchten, ihn aus der Partei zu drängen.

Doch er hatte auch begonnen, Artikel über die Bauernbewegung zu schreiben, und diese Artikel hatten die Aufmerksamkeit der Leute auf sich gezogen, die später die naxalitische Fraktion der Partei bilden sollten. Einige von diesen Artikeln wurden von Radio Peking verlesen; für die Naxaliten, die in ihrer Liebe zu allem Ausländischen dem Bhadra-lok so zugeneigt waren wie alle anderen, war dies die höchste Anerkennung. Debu gewann Einfluß in den Räten der Fraktion. Der Vorsitzende der Fraktion übernachtete nun, wenn er nach Kalkutta kam, in Debus Haus.

»Ich war durch die im Ausland verspürte Empörung über die Lage Indiens zu der Bewegung gekommen. Und da die meisten Menschen in Indien arm waren und in Dörfern lebten, konzentrierte diese Empörung sich auf die Armen. Ich war überzeugt, daß man einen von den Armen herbeigeführten *Umsturz* brauchte, da meine Klasse und die darüber stanken und von ihnen eine Befreiung nicht einmal ansatzweise ausgehen konnte. Und jetzt kommt der abstrakte Teil: Das ganze Konzept des *Umsturzes* kam aus dem Marxismus, wie er von Lenin und besonders von Mao ausgelegt wurde. Zu der Zeit gab es zwei Arten von Büchern über Rußland und China. Auf der einen Seite waren die Kalten Krieger. Und auf der anderen Seite waren die Romantiker – Han Suyin, Felix Greene, Edgar

Snow. Die Kalten Krieger lehnte man ab. Das sage ich rückblikkend.

Als die naxalitische Bewegung begann – mit ihren Versuchen, die Masse des Volkes zu informieren und engagieren –, unterschied sie sich rundherum von den kommunistischen Parteien. Und ich möchte sagen, daß ich zu glauben anfing, daß man es schaffen könne, daß es jetzt und hier geschehen könne. Es war die Verwandlung des Wunsches in Glauben.

Die Naxaliten zitierten nicht nur Marx, sondern auch Rabindranath und Vivekananda und Romain Rolland. Auf ihren Wandplakaten teilten sie *Fakten* über die Armut mit, die zur Verfügung stehende Nahrung, das Lohngefälle. Und man konnte sehen, daß die Leute diese lasen, und selbst die Analphabeten verstanden sie, wenn jemand sie ihnen vorlas. Und am wichtigsten war, daß die Naxaliten kein Amt haben wollten, sich von den Wahlen fernhielten – die völlig korrupt, eine Angelegenheit von Geld und Kompromissen geworden waren.

Und jetzt beginnt für jemanden wie mich der Krampf. Wenn man etwas Großes tun will, muß man sich groß organisieren. Um groß organisiert zu sein, braucht man eine Befehlsstruktur. Und mit einer Befehlsstruktur kommt es zu Kämpfen zwischen einzelnen um Stellen innerhalb dieser Befehlsstruktur.

In kommunistischen Parteien kämpft man seine inneren Parteikämpfe mit einer These und einem Revolutionsprogramm, und dann gibt es Debatten, begleitet von Ausschlüssen und Gegenausschlüssen, bis man am Ende eine kleine Gruppe von Leuten oder eine Person mit höchster Befehlsgewalt hat. Der Stil, in dem das abläuft, ist von Land zu Land unterschiedlich – das erwächst aus der Erde, der Kultur, den Traditionen.

In Bengalen waren wir von mehreren Dingen beeinflußt. Da war einmal die Bhadra-lok-Tradition, von der ich Ihnen erzählt habe – nicht in dem Sinn, daß sie zu einer vornehmen Haltung im Kampf führte, sondern in dem Sinn, daß der Bhadra-lok zu den höheren Kasten und Hindus gehört und auf alles Ausländische fixiert ist. Der Bengale aus einer höheren Kaste wird von bestimmten Erbgesetzen gelenkt, die gegenseitige Vernichtung zum Lebensstil erheben. Davon waren unsere Aktionen stark durchdrungen. Wir berücksichtigten die anderen politischen Gruppen nicht, sogar die extremen Kommunalisten nicht. Der

Kampf unter uns war bitter. Man könnte sagen, daß die Menschen in diesem Kampf nebensächlich wurden. Unser Eifer war sehr groß; entsprechend bitter waren unsere Streitigkeiten. Es war überhaupt kein abstrakter ideologischer Krieg. Es war wie ein Familienkonflikt mit starken Untertönen von Gewalt.

Eine zweite, spätere Entwicklung verlief parallel: die Sanktionierung des Tötens einzelner Personen.« Dies ging einher mit anderen Dingen, die Debu nun skizzierte. »Der Besetzung von Colleges und Schulgebäuden, der Zerstörung von Laboratorien und Bibliotheken – da das Erziehungssystem als volksfeindlich angesehen wurde. Dem Neuschreiben unserer Geschichte. Der Zerstörung der Denkmäler von Personen wie Raja Ram Mohun Roy und Vivekananda.« Ram Mohun Roy, aus dessen Lehren der Brahmo Samaj und die bengalische Renaissance entstanden waren, die Indien und der nationalen Sache so viel gegeben hatten und Menschen wie Chidananda Das Gupta immer noch teuer waren. Vivekananda, der religiöse Lehrer – aus dessen Schriften in den ersten naxalitischen Wandplakaten zitiert worden war. »Man hielt sie für Menschen, die Kompromisse mit dem Imperialismus geschlossen und den Interessen der Grundbesitzer und damals herrschenden Klassen gedient hatten. Damit einher ging der Slogan: ›Chinas Vorsitzender ist unser Vorsitzender.‹«

Ein abstrakter Schritt folgte auf den anderen, von der unausgegorenen, aus Demütigungen erwachsenen Anteilnahme für die Armen und Indien zum kulturellen und ökonomischen Selbstmord, zu neuen Zwängen und Schändungen und einer Sache, die vom Hunger der Bauern weit entfernt war.

Der Führer der naxalitischen Fraktion hieß Charu Mazumdar. Debu kannte ihn gut.

Debu sagte: »Ich nahm an der kleinen Versammlung in Kalkutta teil, auf der Charu Mazumdar die Strategie, einzelne Personen zu töten, darlegte. Er hatte schon in den Dörfern davon gesprochen und Briefe an einzelne Zellen geschickt. Nun sprach er zum ersten Mal in Kalkutta darüber, und ich ging sogar mit ihm zu der Versammlung.

Sie fand in Nordkalkutta statt, in einem Haus der unteren Mittelklasse. Ich erinnere mich an einen kurzen Gang und einen kleinen Raum. Der Gang stand voll mit Sandalen, die die

Leute, die in dem kleinen Raum auf dem Fußboden saßen, dort stehengelassen hatten. Es war ein spätabendliches Treffen, eine Ortsversammlung.

Ich bewunderte Charu Mazumdar damals ungeheuer, und ich bewundere ihn jetzt noch. Er war der kraftvollste Mensch, den ich je kennengelernt habe. Und er glaubte wahrhaft an das, wovon er sprach. Er war von einem ungeheuren Glauben an das Junge und Neue erfüllt. Er liebte die Bauern wahrhaft – *viel*, viel mehr, als ich sie liebte. Meine Liebe war anders. Er *glaubte* an die indischen Bauern. Er bewunderte sie.

Sein Sinn für indische Geschichte – das Wesentliche und Dynamische der indischen Geschichte – war wirklich verblüffend. Er kannte keine Begierde. Hatte keinen Sinn für persönliche Bequemlichkeit. Es gab damals viele Tausende von Menschen, die bereit waren, ihr Leben hinzugeben und seinem Befehl zu folgen. Und diese Macht hatte er völlig ohne Zwang erlangt. Die einzige andere Organisation, die ich kenne, die diese Art Macht besitzt, ist die Armee, und in der Armee gibt es großen Zwang.

Er war ein dünner, kleiner Mann mit Brille. Seine Brille hatte sehr dicke Gläser. Im allgemeinen kleidete er sich in Hemd und Dhoti oder Buschhemd und Hose. Die Klarheit seiner Sprache und seines Ausdrucks war sehr groß. Und das wiederholte sich in seinen Bewegungen.« Debu meinte, daß Charu Mazumdars Bewegungen sparsam und genau, gestenarm waren. »Er hatte eine ungeheure Energie, sein Gang war rasch. Und bei Gott, er war inspirierend.

Er hob nie die Stimme, doch er konnte mit großem Nachdruck reden. Und in diesem kleinen Raum in Nordkalkutta begann er zu reden. An der Rückwand des Zimmers waren zwei Fenster, und sie standen beide offen. Mir fielen diese Fenster auf, weil ich Angst hatte, daß draußen Leute zuhören könnten. In dem Zimmer waren sehr wenige Möbel. Ich erinnere mich an einen ungestrichenen Holztisch mit vielen Büchern und ein Radio. Das Radio war wichtig. Wissen Sie, wieso? Das war die Verbindung zu Radio Peking. Alle Naxaliten maßen dem Radio große Bedeutung bei – ›als wir gestern in Radio Peking erwähnt wurden‹, so ungefähr. Mit mir stimmte etwas nicht. In meinem ganzen Leben habe ich nicht mehr als zweimal Radio Peking gehört.

Hinten im Zimmer stand auch eine kleine primitive Bank. Mir fiel auf, daß trotz der vielen Menschen im Zimmer niemand darauf sitzen wollte. Doch schließlich wurde es so gedrängt voll, daß Leute auf der Bank sitzen mußten. Charu Mazumdar saß auf dem Fußboden – deshalb zögerten die Leute, sich auf die Bank zu setzen: sie wollten nicht höher sitzen als er.

Die Leute rauchten. Deshalb standen die Fenster offen. Ich selbst rauchte auch. Die Atmosphäre war noch zwanglos. Ich glaube, es wurde Tee gebracht, aber nicht für jeden – er kam nicht bis zu jedem im Raum durch.

Charu Mazumdar begann, indem er gewisse Erfolge erwähnte, die die Gruppe in Bengalen und anderen Teilen des Landes gehabt hatte. ›Ihr leistet gute Arbeit dort, ich weiß. Und sie haben Angst vor uns. Ihr könnt damit rechnen, daß sie angreifen. Unsere Erfahrung hat bewiesen, daß es zur Mobilisierung des Volkes beiträgt, wenn man einzelne Unterdrücker tötet, weil dann den Leuten klar wird, daß der Unterdrücker *vernichtet* werden kann. Deshalb habe ich gerade diesen Brief in Umlauf gebracht.‹ Er las den Brief nach einem handgeschriebenen Manuskript vor. Es war der Brief, in dem er zum Töten einzelner Personen aufrief. Dann forderte er zu Fragen auf.

Ich war schockiert. Doch ich glaube, dabei kamen meine eigenen Wurzeln ins Spiel – wie sie es immer tun. Ich war schockiert, aber gleichzeitig freudig erregt. Die Erregung lief darauf hinaus: ›Haben wir endlich den Weg gefunden?‹ Es kam mir nicht in den Sinn, in Frage zu stellen, was uns als Tatsache mitgeteilt worden war: daß Töten bei den Armen breiten Enthusiasmus geweckt habe.

Schockiert war ich über zwei Punkte. Erstens, daß es Mord so nahe kam. Doch das sah ich rational: es ist nicht Mord, es ist Hinrichtung. Es würden Leute nicht einfach so umgebracht. Die einzelnen Anschläge würden von der Gruppe diskutiert und beschlossen. Der zweite Schock war, daß im Grunde alle Gurus des Marxismus vor Terrorismus gewarnt hatten. Und dies klang nach Terrorismus.

Die Fragen, die kamen, liefen im Grunde auf folgendes hinaus: ›Was machen wir in den Städten?‹ ›Was geschieht, wenn der Grundbesitzer von einem anderen Unterdrücker ersetzt wird?‹ Es gab viele taktische Fragen. Ich gehörte zu den letzten, die eine Frage stellten, und ich stellte sie sehr demütig, muß ich Ihnen sagen, weil ich im Vergleich zu den Menschen dort aus der falschen Klasse stammte und die Männer, die dort saßen, auf dem Feld aktiver waren als ich. Die Frage, die ich stellte, war, daß Mao und Lenin vor Terrorismus gewarnt hatten. Wie konnten wir dies hier also theoretisch unterstützen?

Charu Mazumdar gab uns allen Antwort. Sehr ruhig, überzeugend. Wir waren alle überzeugt.«

Ich sagte zu Debu: »Erzählen Sie mir noch ein bißchen über ihn.«

»Er war ungefähr achtundfünfzig. Dürr, hell. Er kam aus einer Grundbesitzerfamilie in Nordbengalen, und sein Vater war ein berühmter Arzt, wohlhabend. Er war brillant im Studium und schnitt gut ab. Er wurde in die Swadeshi-Bewegung gezogen« – die nationalistische Bewegung – »und wechselte von dort zur Bauernbewegung und machte sich einen Namen. Er wurde Mitglied der Kommunistischen Partei. Er verwandelte eine militante reformerische Bewegung – zum Schutze der Teilpächter – in die Anfänge einer revolutionären Bewegung. Er tat das, indem er beschloß, daß die Schlacht nun gegen den *Staat* geführt werden sollte.«

»Ging Ihnen nicht durch den Kopf, daß das Wahnsinn war?«

»Damals hielt ich es nicht für Wahnsinn. Ich halte es auch heute nicht für Wahnsinn. Wenn es eine Revolution geben soll, muß sie sich gegen den Staat richten.

Die Versammlung in Nordkalkutta dauerte drei Stunden. Charu Mazumdars Eingangsrede dauerte eine Stunde und fünfzehn Minuten. Eine weitere Stunde wurde diskutiert. Danach redeten kleine Gruppen mit ihm über ihre lokalen Probleme und gingen dann.

Bis zu der Zeit hatten die Naxaliten Schulen besetzt, Denkmäler geschändet und so weiter. Vereinzelte Vorfälle. Gegen solche Vorfälle wandte ich mich scharf. Bis zum April 1970 hatten Charu Mazumdar und andere mir versichert, daß sie das Ergebnis von zu starker Begeisterung seien. Wenn ich mich nun rückblickend erinnere, waren Schulen der unteren Mittelschicht und auf dem Lande die Ziele. Es gab keinen Versuch, an die Eliteschulen heranzugehen.

Als die Direktive ›Chinas Vorsitzender ist unser Vorsitzender‹ kam, wurde ich sehr wütend und suchte Charu Mazumdar auf. Ich sagte: ›Wenn die Chinesen kommen, bin ich der Erste, der sie mit einem Gewehr in der Hand aufhält.‹ Zu diesem Thema schwieg er hinfort. Doch ich glaube, der persönliche Gleichklang, den wir seit 1968 aufgebaut hatten – er hatte in meinem Haus übernachtet, und wir hatten lange Gespräche geführt –, dieser Gleichklang wurde gestört. Später schrieb ich ihm einen Brief. Es war ein langer Brief mit theoretischen Ausführungen zu den Dingen, gegen die ich opponierte. Er erwiderte ihn nicht. Um die Zeit hatte das Töten schon angefangen. Die Partei war in den Untergrund gegangen, und jegliche Kommunikation brach ab.

So verließ ich die Bewegung. Von 1970–72 war ich in einer Parallelorganisation engagiert. Wir machten hauptsächlich Propaganda. Wir wurden von der Polizei gejagt. Wir mußten uns vor beiden Seiten verstecken.

Der erste Polizist in Kalkutta wurde Anfang Mai 1970 getötet bei einem Bombenattentat. In der zweiten Hälfte der siebziger Jahre weitete die Aktion sich aus. Verkehrspolizisten wurden getötet, weil sie eine leichte Zielscheibe waren. Es gab auch eine komische Seite. Die Verkehrspolizei wurde mit Waffen ausgerüstet. Die Naxaliten raubten die Waffen, und deshalb ketteten die Verkehrspolizisten die Waffen an sich fest. Gleichzeitig begann man, Informanten zu töten.

Und wenn man anfängt, *Informanten* zu töten, dann öffnet man wirklich die Wurmbüchse. Man verweist nicht auf seine Klasse – man kann nicht auf seine Klasse verweisen, denn um Informant zu sein, muß er aus dem eigenen Umfeld kommen. Wieder sehe ich rückschauend, daß es keine Anschläge auf große Ziele gab, die Großindustriellen, die Großgrundbesitzer.

Und weitere Spaltungen im marxistisch-leninistischen Lager folgten. Weitere Gruppen fielen ab. 1973 war das marxistisch-leninistische Lager in zwanzig Fraktionen gespalten. Die Polizei und ihre Banden hatten insgesamt mehrere Tausend Menschen getötet. 1973 war die Bewegung – jedenfalls diese Phase – am Ende.

Ich kam 1972 aus meinem Versteck. Die Polizei wußte, daß ich mit Charu Mazumdar gebrochen hatte. Das letzte Mal wurde ich 1972 in allen Einzelheiten verhört. Mein großes

Glück war, daß ich zuletzt im April 1970 verhaftet worden war – ehe der erste Polizist in Kalkutta getötet wurde. Dann war ich in den Untergrund gegangen.

Jetzt tue ich nichts. Ich meine, unser Land genießt in mancher Hinsicht nun mehr Respekt und Ehre in der Welt als damals. Von Bettlern sind wir zu Kreditnehmern geworden. Mich bedrückt die Kluft zwischen Reich und Arm, mich bedrückt der mangelnde Patriotismus bei den Vertretern der Macht, mich bedrückt die Zahl der Wirtschaftszweige, die kaputtgehen. Und mich bedrückt die Tatsache, daß Kreditnehmer im allgemeinen immer als Bettler enden.«

Debu erzählte mir nichts von Charu Mazumdars Ende. Das hörte ich von jemand anders. Er wurde 1972 in Kalkutta verhaftet und starb kurz danach. Er war Asthmatiker, und als er verhaftet wurde, hatte er eine Sauerstoffmaske bei sich. Er mußte in der feuchten Hitze Bengalens ständig gelitten haben.

Ashoks erste Geschichte hatte von seinem Versuch gehandelt, ins Marketing-Geschäft zu kommen. Seine zweite Geschichte hatte von seiner Heirat, seinem Bruch mit der Vergangenheit gehandelt. Seine letzte Geschichte handelte von seinem Leben in der Werbung und seiner Erfahrung mit der Boxwallah-Welt Kalkuttas, gerade als diese Welt im Verschwinden begriffen war, um der härteren, reicheren Geschäftswelt Indiens nach der Unabhängigkeit Platz zu machen.

Ashok sagte: »Meine erste Erfahrung mit einem Boxwallah Kalkuttas hatte ich, als ich während meiner Ausbildung zum Kontakter einer Werbeagentur das erste Mal zum Treffen mit einem Kunden mitgenommen wurde und diesem leitenden Angestellten in der Marketing-Abteilung der Firma vorgestellt wurde. Der Mann war sehr stattlich und schien ziemlich jovial zu sein. Er rauchte importierte Zigaretten, und er trug – es war Mitte Mai, und das will etwas heißen in Kalkutta – einen Anzug. Sein Büro war klimatisiert. Er verbreitete die Atmosphäre eines Mannes in einem luxuriösen Büro, der das Leben gemächlich angeht.

Er schien nicht sehr in Eile zu sein, das Geschäft, um das es ging, zu diskutieren. Wir handelten alle möglichen Kleinigkeiten über das Leben im allgemeinen ab, Kricketmeisterschaften, ein bißchen Büropolitik. Von zirka elf bis zwölf oder viertel nach zwölf wurden alle möglichen Dinge beredet. Und dann gab es eine lange Pause, und es schien beinahe eine Schande zu sein, daß wir die allgemeine Diskussion aufgeben mußten.

Mein Chef schnitt das Geschäftsanliegen an, und es wurde rasch durchgesprochen. Ich war bloß Beobachter; ich war noch in der Ausbildung. Die geschäftliche Seite wurde in einer Viertelstunde erledigt. Es war jetzt ungefähr halb eins. Zeit zum Mittagessen. Der Kunde fragte meinen Chef, ob er zum Mittagessen verabredet sei. Mein Chef sagte nein. Der Kunde sagte: Vielleicht sollten wir beim Mittagessen noch ein wenig übers Geschäft reden.

Mein Boß wies mich an, ins Büro zurückzulaufen und einen Scheck über 500 Rupien zu holen und sie in einem Fünf-Sterne-Hotel zu treffen. Nicht der Kunde lud uns ein – das war noch nie vorgekommen, daß Kunden die Mitarbeiter einer Werbeagentur zum Mittagessen einluden. Das Mittagessen ging auf unsere Kosten. Ich vermute, ich war ziemlich aufgeregt. Ich hatte schon viel über Kundenbewirtung gehört, aber ich selbst hatte es damals noch nicht getan und auch nicht daran teilgenommen. Das Mittagessen an dem Tag fing um viertel vor eins an und war um halb vier zu Ende. Am Ende waren alle glücklich.

So ging es bis Anfang der siebziger Jahre. Die großen Unternehmen hatten in ihren jeweiligen Bereichen mehr oder weniger Monopolstellung. Sie mußten nicht verkaufen. Sie mußten bloß zuteilen. Es gab nie genug, um die Nachfrage zu decken.

Das ist jetzt anders. Es gibt viel mehr Firmen, die Produkte herstellen, und sie müssen es ausfechten – sie müssen Produktionsvolumen erfüllen, die Produkte auf dem Markt plazieren, den Kunden überreden. Plötzlich hatten die Firmen keinen Platz mehr für Leute, die sich bloß gut kleideten, mit der Ehefrau des Chefs Konversation machen, eine Runde Golf spielen konnten und trinkfest waren. Das Land selbst hatte begonnen, Wirtschaftsakademien aufzubauen. Zum großen Teil waren sie eher wie nach dem Lehrbuch aufgebaute amerikanische Vorbilder, und dies schuf für die Firmen Probleme. Doch diese Akademien gaben den Firmen eine Auswahlliste von Bewerbern an die Hand. Es wurde ein Statussymbol, jemanden mit einem akademischen Abschluß in Betriebswirtschaft anzustellen.

Leute, die früher immer nur die Treppe hinaufgefallen waren, kamen nun ins Stolpern, weil sie nicht genügend Begabung hatten, ihre Stelle zu halten. War früher das Leben im Büro ein angenehmes Intervall zwischen Dienstwohnung und Club, muß ich nun Opfer für die Firma bringen, wenn ich Karriere machen will. Unter Umständen kann ich beispielsweise zwanzig Tage im Monat unterwegs sein. Gehört man zu einer sich über ganz Indien erstreckenden Organisation, muß man reisen, um zu kontrollieren, was sich auf dem Markt tut. Außerdem tut man es, weil die Kollegen es tun und es als Zeichen des Pflichtbewußtseins gegenüber der Organisation gesehen werden kann.

Wenn früher ein Repräsentant einer Firma zur Hochzeit, sagen wir, der Nichte eines Händlers ging, wurde das von dem Händler als riesiger Gunstbeweis angesehen, und der Manager wurde von dem Händler entsprechend belohnt. Heute geht der Angestellte auf diese Hochzeit, um sich gut mit dem Händler zu stellen. Die ganze Sache ändert sich also jetzt. Die meisten Händler sprechen Hindi, und die älteren gesellschaftlichen Fertigkeiten – Englisch zu sprechen, sich gut zu kleiden, Golf zu spielen – spielen keine Rolle mehr. Wenn man zwanzig Tage im Monat reist und Verkaufsmanager ist, verbringt man die ganze Zeit in der Gesellschaft der Händler und des Außendienstpersonals, und beinahe jeden Abend wird schwer getrunken.

Ich kann nicht sagen, daß ich, als ich anfing, eine Ahnung hatte, daß Marketing so sein würde, wie es jetzt ist. Doch in meiner Firma habe ich besonders mit der Werbung zu tun, und das finde ich schöpferisch befriedigend. Gesellschaftlicher Schliff ist immer noch ein Bonus für einen leitenden Angestellten; das kann seiner Profilierung Glanz verleihen. Doch wirklich von ihm erwartet werden die Qualitäten eines unsentimentalen und zähen, unternehmerisch denkenden Geschäftsmannes – nämlich der Art Mann, mit der er zu tun hat. In seiner Firma muß er ein gewitzter, weltläufiger Gesprächspartner sein; und wenn er irgendwo in einem schäbigen kleinen Ladenbüro sitzt, muß er eine andere Sprache sprechen können. Wahrscheinlich trinkt er Tee aus einem schmutzigen Becher – und doch verdient dieser Händler möglicherweise unendlich viel mehr als der Manager.

Das Händlernetz ist in Indien traditionell ein sehr mächtiger

Faktor. Die Händler sind eine Rasse für sich. Sie unterscheiden sich vielleicht sogar von Händlern in anderen Ländern. Oft sind die Leute der Händlergemeinschaft nicht gebildet. Aber sie haben ein natürliches Talent, Geld zu verdienen. Es macht ihnen Spaß, Geld und noch mehr Geld zu verdienen. Oft handelt es sich um ein Familienunternehmen, das von Generation zu Generation weiter vererbt wird. Sie sitzen von zehn Uhr morgens bis zehn Uhr abends in ihren kleinen Läden und machen sich nichts daraus – das ist ihr Leben. Sie legen das Geld, das sie verdienen, in immer einträglicheren Unternehmen an. Und sie zeigen gern, daß sie Geld haben. Die Häuser der Händler können Kronleuchter und Teppichböden haben, völlig überflüssig, importierte Farbfernseher und Vorhänge und Kissen in den schaurigsten Farben.

Aber diese Leute sind für Firmen wichtig. Man hat also diese weltläufigen Organisationen mit ihrem fachlich ausgebildeten Personal aus den Management-Instituten, das dann lernen muß, mit Leuten umzugehen, die bloß halb gebildet sind, aber äußerst gewitzt, wenn es um Gelddinge geht. Wir brauchen sie in diesem Stadium der Entwicklung unseres Landes mehr, als sie uns brauchen.

Die Macht des Ladens oder ›Ladentischs‹ eines Händlers – so bezeichnet man es: Soundso ist ein guter Ladentisch oder ein schlechter Ladentisch oder ein zuverlässiger Ladentisch – rührt daher, daß er oder seine Familie schon seit Generationen im Geschäft sind. Er weiß, was sein Markt aufnehmen kann.

Das Soll für jede Stadt wird auf der Ladentischbasis ausgearbeitet. Wir könnten von einem Händler sagen: ›Bei ihm gehen gut und gerne 500 Fernsehapparate über den Ladentisch, und ich muß ihm 200 von meinen verkaufen.‹ So ungefähr laufen die Gedanken im Kopf eines Managers. Und wenn er zum Firmensitz zurückkehrt, beduselt von zu viel Trinken und Reisen, setzt er sich sofort an seinen Computer und füttert ihn mit all seinen Informationen. Man findet keinen Verkaufsmanager, der sein Geld wert ist, ohne seine Alka Seltzer – sie haben alle Probleme mit dem Magen – neben den Rechenmaschinen. Sie trinken jeden Abend bis elf oder zwölf Uhr, und am nächsten Morgen um acht Uhr dreißig oder neun sind sie schon wieder auf den Beinen, um den neuen Tag in Angriff zu nehmen.

Der Boxwallah der vergangenen Ära war dem Typ nach eher ein oberflächlicher Mensch, der sich für Äußerlichkeiten und ein gutes Leben interessierte. Wir sind heute genau aufs Gegenteil ausgerichtet. Professionell ist der Manager heute seinem Gegenstück von vor fünfzehn Jahren überlegen, doch als Mensch ist er in seiner Entwicklung zurückgeblieben. Er wird immer mehr zur Maschine. Er hat de facto wenig Zeit, an irgend etwas zu denken außer an den Umsatz und das Sortimentssoll für den Monat.

Wenn ich gewußt hätte, daß das Marketing sich so entwickeln würde, hätte ich mich wahrscheinlich, als ich jung war, nicht darauf eingelassen. Ich habe Bitten meiner Firma, direkt im Verkaufsbereich zu arbeiten, abgeschlagen. Diesen Preis will ich nicht zahlen. Ich bleibe lieber im Bereich der Werbung. Dann muß ich auch nicht die zusätzlichen Dinge tun, die die Verkaufsmanager tun müssen – zum Flughafen fahren, um diesen Chef oder jenen Chef abzuholen und nach Hause zu bringen und einen Abend mit ihnen zu verbringen. Das alles muß ich nicht tun.

Das Leben ist jetzt hart für eine Führungskraft, und die Stadt Kalkutta verstärkt die Zwangslage noch, weil sie einem Menschen, der sich so abrackert, so wenig dafür bietet. Nach einem harten Arbeitstag kann man sich stundenlang in einem Auto eingequetscht finden, und wenn man nach Hause kommt, gibt es keinen Strom. Es gibt Generatoren, aber sie machen ein wahnsinniges Getöse, und ihre Zahl ist begrenzt. Wenn man nicht das Glück hat, Mitglied in einem der Clubs von Kalkutta zu sein und dort hingehen zu können, hat eine Führungskraft wenig Auswahl an Orten für die Freizeit. Man kann nicht spazierengehen, weil die Bürgersteige und die Straßen das nicht zulassen. Die Parks sind überfüllt. In den meisten Parks wimmelt es von reichen jungen Männern und Frauen, die mit dem Auto hinfahren, die Stereoanlagen darin voll aufdrehen und den ganzen Abend essen – Junkfood von Straßenhändlern – und den Abfall herumstreuen.

Die Infrastruktur der Stadt zerfällt. Das Kanalisationssystem ist wahrscheinlich das schlechteste der Welt. Im Monsun stehen weite Teile der Stadt bis zu zweiundsiebzig Stunden hintereinander unter Wasser. In einem Jahr ist das Wasser überhaupt nicht mehr abgeflossen. Tierkadaver tauchten auf, und wir hatten Angst vor einer Seuche.

Die einzige Bevölkerungsgruppe hier, der es in Kalkutta immer besser zu gehen scheint, sind die Marwaris. Sie kamen vor ein paar hundert Jahren aus Teilen von Rajasthan. Ihnen geht es immer besser, weil sie Zwischenhändler sind, die kaufen und verkaufen. Darin waren sie schon immer gut, und sie bleiben es. Sie waren nie für kulturelle oder technische Fähigkeiten bekannt. Und auch als Gemeinschaft wurden sie immer größer. Sie sind in den letzten fünfzehn oder zwanzig Jahren die einzigen gewesen, die Immobilien in den schicken Vierteln kaufen konnten, wo früher nur die reichen Bengalen oder im Ausland lebenden Manager wohnten. Sie haben am Immobilienboom teilgehabt. Heute schießen in diesen Vierteln Hochhäuser in die Höhe – ein weiterer Nagel für den Sarg der Stadt: noch mehr Autos, noch mehr sanitäre Probleme und so weiter –, deren Wohnungen meistens von Marwaris belegt sind.

Der andere Aspekt ist der, daß einige sehr reiche Marwaris immer wieder Firmen aufkaufen, nachdem sie genügend Anteile gekauft haben, um sie unter Kontrolle zu bringen. Deshalb sind jetzt eine Reihe alter Firmen in den Händen der Marwaris. Die meisten von ihnen fördern diese Firmen nicht, noch investieren sie in sie. Sie ziehen nach und nach alle profitbringenden Faktoren heraus. Es ist ihnen gleich, wenn das Unternehmen bankrott geht. Dazu kommt noch, daß die Briten früher nicht sehr auf Wachstum geachtet haben. Ihr Hauptanliegen war die Rückführung eines gewissen Mehrwerts in ausländischer Währung an das Mutterhaus, und die meisten britischen Direktoren kamen nur für eine kurze, begrenzte Zeit von drei oder fünf Jahren hierher.

Am anderen Ende des Spektrums hat man die Gewerkschaften, die ständig mit der roten Flagge winken und Katz und Maus mit der Direktion spielen. Die Gewerkschaftsführer selbst arbeiten überhaupt nicht. Die Gewerkschaften stellen genau das dar, was letzten Endes den wahren Bengalen ausmacht: er ist träge, will nicht arbeiten, sondern etwas umsonst haben, und er muß um jeden Preis seine Würde wahren. Er verachtet den Marwari-Händler offen, könnte aber dessen Arbeit nicht leisten.

Wir strengen uns sehr an. Wir bekommen jeden Monat einen

Gehaltsscheck. Und Leute wie wir, die nicht Geschäftsleute sind, meinen, daß die Stadt, in der wir leben, uns dafür etwas bieten muß. Am Ende des Arbeitstages muß mehr als die Aussicht stehen, einfach nach Hause zurückzukehren. Man kann nicht ins Kino gehen, weil die meisten von ihnen schauerliche Tonsysteme und im Grunde überhaupt keine funktionierende Klimaanlage haben – sie wird einfach nicht repariert. Ich bin seit fünf oder sechs Jahren in Kalkutta nicht mehr ins Kino gegangen.

Ich habe Ihnen erzählt, wie ich mich als junger Mann danach sehnte, in der Welt des Marketing Fuß zu fassen. Das habe ich getan, und ich kann sagen, daß ich beruflich Erfolg gehabt habe. Doch dieser Beruf hat sich nicht als das herausgestellt, was ich mir vorstellte, nun habe ich das Gefühl, daß die von uns in Kalkutta, die zwischen den Marwaris und den gewerkschaftlich organisierten Marxisten stehen – die Schicht der führenden Angestellten, die früher einmal eine einflußreiche Rolle in der Stadt spielte –, langsam ihrer Existenz beraubt werden.

Tatsache ist, daß die Probleme Kalkuttas so groß sind, daß es unerträglich ist. Meine Frau und ich haben mittlerweile das Gefühl, daß wir in unserem Leben keine Verbesserung mehr erleben werden. Wir haben das Gefühl, daß wir unser Glück anderswo versuchen und uns von Kalkutta verabschieden sollten.«

Ich hatte selbst in Kalkutta schwere Tage mitgemacht. Als ich 1962 zum ersten Mal nach Kalkutta kam, hatte ich mich nach den ersten anstrengenden Tagen in dem großstädtischen Leben dort eingerichtet; hatte das Gefühl gehabt, in einer wahren Metropole zu sein, mit der gesellschaftlichen und kulturellen Stimulation, die solch ein Ort bietet. Etwas von diesem Leben war noch da. Doch diesmal wurde ich von meinem eigenen Dilemma überwältigt, dem Geschmack des Wassers, der sowohl Kaffee und Tee als auch Essen verdarb, von den braunen Abgasen der Autos und Busse, den aufgerissenen Straßen und geborstenen Fußwegen, dem Schmutz, den Menschenmassen; und den Trost, den mir manche Leute boten, daß nämlich in einem so armen Land wie Indien die ästhetische Seite der Dinge keine Rolle spiele, konnte ich nicht akzeptieren.

Mein Gefühl ging genau in die entgegengesetzte Richtung. In reicheren Ländern, wo Menschen sich eine einigermaßen angenehme häusliche Umgebung schaffen konnten, war Schmutz in der Öffentlichkeit letzten Endes vielleicht erträglich. In Indien, wo die meisten Menschen in solch armen Verhältnissen lebten, war die Verbindung von privatem Schmutz und einem alles überziehenden Schmutz draußen absolut bestürzend. Er mußte den Leuten nicht nur eine abschätzige Vorstellung von ihren Bedürfnissen geben – Luft, Wasser, Platz, sich auszustrecken –, sondern mußte ihnen auch eine abschätzige Vorstellung von ihren eigenen Möglichkeiten, etwas zu tun, geben. Solch eine abschätzige Vorstellung von menschlichen Bedürfnissen und Möglichkeiten war sicherlich verantwortlich für die allgemeine Schäbigkeit indischer Industriegüter, die Häßlichkeit und Ungeeignetheit eines Großteils der Architektur seit der Unabhängigkeit, die qualmenden Busse und Autos, die von Chemie verpesteten Straßen, die blakenden Fabriken.

»Alle hier *leiden*«, sagte eines Abends beim Essen ein berühmter Schauspieler. Und dieses einfache Wort, das bestätigte, was Ashok gesagt hatte, war wie eine Erleuchtung.

Schon seit Jahren, sogar schon zur Zeit meines ersten Besuchs 1962 wurde gesagt, daß Kalkutta sterbe, sein Hafen versande, seine überaltete Industrie zugrunde gehe. Doch Kalkutta war nicht gestorben. Es war nicht viel getan worden, aber es bestand noch; und es sah langsam so aus, als sei die Prophezeiung übertrieben gewesen. Nun kam mir der Gedanke, daß vielleicht genau das geschah, was geschah, wenn Städte starben. Sie starben nicht mit einem Knall; sie starben nicht nur, wenn sie aufgegeben wurden. Vielleicht starben sie so: wenn alle litten, wenn öffentlicher Transport so kompliziert war, daß Berufstätige Arbeitsstellen, die sie brauchten, aufgaben, weil sie sich vor der Mühsal der Fahrt fürchteten; wenn niemand frisches Wasser oder frische Luft hatte und niemand spazierengehen konnte. Vielleicht starben Städte, wenn sie die Annehmlichkeiten verloren, die Städte boten, die visuelle Erregung, das erhebende Gefühl über das, was Menschen möglich war, und einfach Orte wurden, an denen es zu viele Menschen gab und an denen Menschen litten.

Kalkutta hatte schon seit Jahren eine linke oder marxistische

Regierung, und man sagte mir, daß das Geld heutzutage aufs Land gehe, daß das Elend Kalkuttas Bestandteil eines menschlicheren marxistischen Plans sei. Doch die Dinge sind oft so, wie sie erscheinen, und es ist möglich, daß dies eine Möglichkeit ist, an der Städte sterben: wenn Regierungen dogmatisch oder idiotisch sind, töten, wo sie nichts schaffen können, wenn Menschen und Regierungen sich verschwören, um das Geld und das Leben, das sie brauchen, zu verscheuchen, wenn in einer weiteren Verdrehung die Poesie der Revolution sich an sich selbst berauscht und Marxismus das Opium des untätigen Volkes wird.

Vielleicht verweilt, wenn eine Stadt stirbt, der Geist ihres alten wirtschaftlichen Lebens noch. So werden in Kalkutta alte Firmen mit berühmten Namen aufgekauft und ihre Aktivposten aufgeteilt; und Menschen investieren in Immobilien, da die Leute immer irgendwo wohnen müssen; und so gibt es noch die Illusion eines Wirtschaftslebens. Alle paar Tage gibt es in einer weiteren Illusion von Aktivität eine politische Demonstration; und untätige junge Männer, vergrämt und tugendhaft aussehend, tragen ihre roten Flaggen und Spruchbänder durch das sich immer von selbst erneuernde Elend der Straßen; und Geld und Ehrgeiz und Kreativität gehen anderswo in Indien hin. Würde das übrige Indien nicht die Belastung auf sich nehmen, würde das Sterben Kalkuttas sich vielleicht deutlicher zeigen und Bengalen sich vielleicht als weiteres Bangladesh erweisen – zu viele Menschen, zu wenig Hygiene, zu wenig Kraft.

Hinter dem Hotel war ein Markt: ich sah auf sein niedriges ausgedehntes Dach hinunter. Bussarde hockten auf den Simsen des Hotels, sie warteten. Die Simse waren schwarz von dorthin verwehtem, angesammeltem Staub und dem Ruß der braunen Verkehrsabgase. Der Stil des von den Briten erbauten roten Ziegelgebäudes gegenüber vom Markt – die Formalität, die Symmetrie, die Eleganz, die Gedanken dahinter, das Selbstvertrauen, der Verweis auf klassische Ornamentik – stand nun in einem merkwürdigen Gegensatz zum Leben der Straße und schien aus einem toten Zeitalter zu kommen.

Der klebrig aussehende Asphalt der buckligen Straße lag zwischen breiten, unregelmäßigen Staubwehen, die sich in den Rinnsteinen an der Seite zu Erde verhärtet hatten; die Straßen würden nun wohl nur noch vom Monsun gesäubert werden. Der einst gepflasterte Gehsteig um den Markt war zerfallen und stellenweise eins geworden mit der Erde im Rinnstein. Leute gingen bescheidenen Aufgaben nach. Männer zogen Rikschas. 1962 war das ein anstößiger Anblick gewesen, aber es hieß, die Armen brauchten Arbeit. Siebenundzwanzig Jahre später waren die Rikschas immer noch da. Es wurde immer noch das gleiche von Arbeit für die Armen gesagt; doch die Einwohner Kalkuttas, mit ihren abschätzigen Vorstellungen von menschlichen Bedürfnissen und Möglichkeiten, schienen die von Menschen gezogenen Rikschas als Transportmittel wirklich zu genießen; und viele der Rikschas sahen hübsch und neu aus, nicht wie etwas im Aussterben Begriffenes. Bescheidene Aufgaben: ein Mann ging vorbei, der nur eine einzige, biegsame, tanzende Sperrholzplatte auf dem Kopf trug. Andere Leute gingen vorbei und trugen völlig ernst winzige Lasten auf dem Kopf, zweifellos gegen eine sehr geringe Entlohnung.

An wichtigen Tagen tauchten große kreisrunde Körbe mit zusammengebundenen weißen Hühnern vor dem Markt auf. Und ein oder zwei Männer schienen jeweils ein paar Minuten lang müßig damit beschäftigt, zusammengebundene Hühner aus dem einen Korb in den anderen zu werfen. Dann fiel einem auf, daß der Korb, aus dem die Hühner geholt wurden, voller Bewegung war, und der Korb, in den die Hühner geworfen wurden, still war. Und dann sah man, daß in der Geste, mit der die Hühner geworfen wurden, eine andere aufging, ihnen wurde nämlich dabei der Hals umgedreht: zwei Arbeiten, verbunden in einer einzigen fließenden, runden Geste.

Manchmal konnte man dann einen Mann sehen, der seine eigene kleine Ladung toter weißer Hühner mitnahm: die Hühner waren kunstvoll zu einem großen Federball arrangiert, der vom Lenker seines alten Fahrrads hing. Die Federn der steifen toten Hühner hingen gegen den Strich und sahen eher gelbbraun als weiß aus, die steifen braunen Klauen und Beine wie Speichen in dem Federball, wie die Stöckchen in der Zuckerwatte. Der Mann hatte Mühe, die Ladung an seinem Fahrrad zu befestigen. Als er versuchte aufzusteigen und fortzuradeln, waren die Hühner seinen Knien im Weg.

Am Ende des Tages kam ein kleiner grüner Lieferwagen, und

die großen kreisrunden Körbe, jetzt leer, wurden in zwei Stapeln auf den Lieferwagen verladen. Als der Lieferwagen wegfuhr, blieben – in dieser Stadt, in der Müll selten weggeschafft wurde – nur einige wenige verstreute weiße Federn im Staub der aufgerissenen und zugewehten Straße.

Die Briten waren lange in Kalkutta. Man könnte sagen, die anglo-bengalische Kultur – aus der das moderne Indien erwuchs – sei genauso alt wie die Vereinigten Staaten. Raja Ram Mohun Roy, der erste Vertreter dieser Kultur, wurde 1772, vier Jahre vor der Unabhängigkeitserklärung geboren. Von Raja Ram Mohun Roy führt eine direkte Linie zu Rabindranath Tagore, den Chidananda Das Gupta 1940 sah, als er zum ersten Mal Tagores Universität in Shantiniketan besuchte.

Bei diesem Besuch hörte Chidananda Tagore, damals beinahe achtzig, im Tempel von Shantiniketan eine Rede über »Die Krise der Zivilisation« halten. In dieser Rede – einer berühmten Rede, die wenige Monate, nachdem Chidananda sie gehört hatte, veröffentlicht wurde – sagte Tagore, er sei immer der Überzeugung gewesen, daß »die Quellen der Zivilisation« im »Herzen Europas« entsprängen. Nun, mit dem Krieg und dem kommenden Kataklysmus könne er diesen Glauben nicht länger aufrechterhalten. Aber er könne auch nicht den Glauben an die Menschheit verlieren; das wäre eine Sünde. Er lebe nun in der Hoffnung, daß die Morgendämmerung aus dem Osten komme, »wo die Sonne aufgeht«, und daß der Retter »in unserer Mitte, in dieser von Armut beschämten Elendshütte Indien« geboren werde.

Es war der melancholische Abschied eines alten Mannes von der Welt. Fünf Jahre später war der Krieg zu Ende. Europa begann zu genesen; in der zweiten Hälfte des Jahrhunderts sollten Europa und der Westen stärker und schöpferischer und einflußreicher werden, als sie es je gewesen waren. Das Unheil, das Tagore nicht vorausgesehen hatte, war das Unheil, das Kalkutta befallen sollte.

1946 gab es die Massaker zwischen Hindus und Moslems. Sie kennzeichneten den Anfang des Endes für die Stadt. Im nächsten Jahr wurde Indien unabhängig, aber geteilt. Bengalen wurde geteilt. Eine große Flüchtlingsschar von Hindus kam und kampierte in Kalkutta; und Kalkutta, ohne auch nur ein Hundertstel der Flexibilität Europas, erholte sich nie richtig davon. Bestimmte wichtige Dinge lagen noch in der Zukunft – besonders das Kino Satyajit Rays –, doch die großen Tage der Stadt, ihr intellektuelles Leben, waren zu Ende. Und es konnte so scheinen, als habe die von den Briten erbaute Stadt – deren Größe nachts noch gespenstisch aufschien – zu sterben begonnen, als die Briten fortgingen.

6

Das Ende der Linie

Einer von Satyajit Rays wenigen Filmen, die außerhalb Bengalens spielen, ist ›Die Schachspieler‹. Es ist ein historischer Film über die Annexion des Königreichs Oudh durch die Briten nach 1850. Oudh war eine Provinz des Mogulreiches; Mitte des 18. Jahrhunderts wurde es einer der Nachfolgestaaten jenes Reiches. Die Stadt Lucknow war die Hauptstadt von Oudh, und sie war der Schauplatz von Rays Film: ein subtiles Werk, das die Ereignisse nach 1850 so betrachtete, wie sie den Menschen jener Zeit vorgekommen sein mochten. Der Film war mehr als ein Kommentar über den britischen Imperialismus des 19. Jahrhunderts. Er berücksichtigte auch – mit Verständnis und Melancholie und Humor – die Dekadenz oder Blindheit oder Hilflosigkeit einer indisch-moslemischen Kultur, die Ende des 19. Jahrhunderts am Ende ihrer Möglichkeiten angelangt war: als die Herrscher Schach spielten und sich mit Nebensächlichkeiten abgaben, während ihr Territorium (und seine Bewohner) in ausländische Herrschaft überging.

Die britische Annexion von Oudh führte unter anderem zum großen Aufstand von 1857. Zur Zeit des Kolonialismus und auch noch eine Weile danach nannte mancher ihn den ersten indischen Unabhängigkeitskampf. Doch dies war die Sicht des 20. Jahrhunderts, die Sprache des 20. Jahrhunderts und eine Art Mimikry, mit der man versuchte, dem alten Indien etwas von der sozialistischen Dynamik zu geben, die die Russen in ihrer Geschichte fanden. Der Aufstand war das letzte Aufflackern moslemischer Energie in Indien bis zum Ruf – rund achtzig Jahre später – nach einem separaten moslemischen Staat Pakistan.

Lucknow war am Ende der Linie des moslemischen Indien. Die Stadt ist die Hauptstadt des Staates Uttar Pradesh, des größten Staates der indischen Union. In ihrem historischen Kern ist sie wie ein Friedhof aus der Zeit der Nawabs von Oudh, voller

Kriegsruinen. Die Stadt wurde während des Aufstands beschossen und umkämpft; danach bewahrten die Briten die Ruinen als Denkmal und übergaben sie dem unabhängigen Indien.

Der Jagdsitz der Nawabs, *dilkusha*, »Herzensfreude«, hat kein Dach mehr. Der meiste Putz ist weg, und man sieht die dünnen Ziegelschichten, die den Hauptbestandteil der Mauern ausmachen. Das war eine ortsübliche Bauweise; doch der Stil des – palastähnlichen – Jagdsitzes und das, was von den Ställen übriggeblieben ist, zeugt von europäischer Inspiration: Die Nawabs von Oudh hatten Europäer vieler Berufe angestellt. Selbst als Ruine paßt der Jagdsitz noch wunderbar zum Klima. Wenn man an einem hellen und warmen Tag im Schatten seiner dikken Mauern steht, fühlt man sich kühl und entspannt. Das Klima – das sonst in Lucknow zwischen dem Beton und Glas insgesamt feindselig erscheint – wird hier, ein kurzes Stück entfernt, wohltuend, beinahe perfekt. So mochte es mit größter Wahrscheinlichkeit den Planern des Jagdsitzes vorgekommen sein. Zwischen diesen eingebrochenen alten Mauern kann man sich sogar das Klima von Lucknow als Teil des Luxus der Tage der Nawabs vorstellen.

Eine größere, ausgedehntere Ruine in ähnlichem Stil ist der Amtssitz des Residenten. Der britische Resident, ursprünglich ein Botschafter oder Bevollmächtigter, wurde mit der Zeit der eigentliche Herrscher von Oudh; und sein Amtssitz wurde von den Nawabs über ein paar Jahrzehnte hinweg für diese mächtige Figur gebaut. Er war eine Siedlung, eine kleine Stadt, nicht einfach ein Gebäude für sich. Dort versammelten sich zu Beginn des Aufstands die Briten der Gegend, zusammen mit indischen Dienern und indischen Soldaten, die ihnen ergeben waren (oder Angst vor den Aufständischen hatten). Insgesamt waren dreitausend Menschen in dem Amtssitz, und sie wurden von den Aufständischen drei Monate lang belagert. Als die Belagerung aufgehoben wurde, waren zweitausend von den dreitausend tot. Die Briten unter ihnen waren in einer Ecke des Amtssitzes begraben worden; später wurden ihnen zum Angedenken in dieser Ecke schöne Grabsteine aufgestellt.

Und so wie die Ruinen des Jagdsitzes der Nawabs als Erinnerung an das Ende der Macht der Nawabs von Oudh stehengelassen wurden, so wurden die beschädigten Gebäude des belagerten Amtssitzes als Monument britischen Muts erhalten. Der Jagdsitz – nach dem Sieg von den sich zurückziehenden britischen Truppen (hauptsächlich Schotten und Sikhs) in die Luft gesprengt – war gründlicher zerstört worden. Die Gebäude des Amtssitzes trugen viele kleine Dellen von Gewehrkugeln und gelegentlich tiefere Löcher von konventionellen Kanonenkugeln, die nicht explodiert waren. Vielleicht war die Belagerung fehlgeschlagen, weil die Aufständischen nicht die Waffen dafür hatten. Sowohl der Jagdsitz als auch die Gebäude des Amtssitzes zeigten unter dem Verputz die flachen dünnen für Lucknow typischen Ziegel, aus denen sie zum großen Teil bestanden.

Der Amtssitz war eins der berühmten Denkmäler des britischen Raj. Nun, nach dem Rückzug aus Indien und den Kriegen dieses Jahrhunderts, hat er in der Erinnerung der Briten kaum noch Platz. Doch für die indische Geschichte bleibt er wichtig. Das unabhängige Indien erbte das Denkmal und hat es bewahrt. Der Amtssitz ist nun ein öffentlicher Park mit Bäumen und Blumen und Pfaden zwischen den zerschossenen, verwitterten Gebäuden.

Rashid, der aus einer alten moslemischen Familie in Lucknow kam, war an meinem letzten Tag in Lucknow mit mir durch den Amtssitz spaziert. Am Anfang war er neutral gewesen, hatte von Geschichte gesprochen, sich gefreut, mir die Sehenswürdigkeiten der berühmten Stadt zu zeigen und sich auch gefreut zu zeigen, daß es (im Gegensatz zu anderen indischen Städten) in Lucknow noch Orte gab, an denen man spazierengehen konnte. Doch im Museum selbst, mit seinen Auslagen von jämmerlichen Kanonenkugeln der Aufständischen und anderen sorgfältig gehüteten imperialen Relikten, seinen vergilbten Fotografien und Stichen mit verblaßten Bildunterschriften, schlug Rashids Stimmung um. Sein moslemisches Empfinden flackerte auf; er erregte sich ziemlich über die Ereignisse von vor hundertdreißig Jahren, erzürnte sich über die Vollmachten des britischen Residenten und die Demütigungen des Nawabs, war voll Zorn und Trauer über die Belagerung, die fehlgeschlagen war, die Chance eines moslemischen Siegs, der, obwohl so nahe, nicht erreicht worden war. Er sagte: »Schweinehunde, Schweinehunde!« Und er meinte nicht die

Belagerer, sondern die Belagerten, deren Heldenmut und Not, glückliche Fluchten und grausame Tode das Thema der Museumsausstellung waren.

Nicht weit entfernt und von den Ruinen des Amtssitzes aus sichtbar, war eine weiße Marmorsäule mit einer Art Locke oben, die die Flamme der Freiheit symbolisieren sollte. Das unabhängige Indien hatte dieses Denkmal errichtet, um dem Denkmal des britischen Raj etwas entgegenzusetzen. Es war ein kraftloses Ding, die marmorne Entsprechung von Rashids Zorn. Sein Symbolismus war primitiv neben den echten, von Kugeln gezeichneten Gebäuden des Amtssitzes, und auch historisch gesehen war es nicht überzeugend: die indische Unabhängigkeitsbewegung erwuchs nicht aus dem Großen Aufstand.

Kein Denkmal des unabhängigen Indiens hätte Rashid trösten können, denn nach Rashids Meinung war die Unabhängigkeit – neunzig Jahre nach der Belagerung des Amtssitzes – eine weitere moslemische Niederlage gewesen. Die Unabhängigkeit war mit der Aufteilung des Subkontinents in Indien und die beiden Flügel Pakistans verbunden, so daß die Moslems des ungeteilten Indiens sich, wie Rashid sagte, unter drei Dächern wiedergefunden hatten.

Viele mittelständische Moslems aus Lucknow waren nach Westpakistan ausgewandert. Die moslemische Kultur, für die Lucknow bekannt gewesen war – die Sprache, die Bräuche, die Musik, das Essen –, war verschwunden. Wo einst Moslems geherrscht hatten, blieb nun nach allem, was man als dreihundert Jahre stetigen moslemischen Verfalls erkennen konnte, das beengte, eingeschlossene, aufreibende Leben des moslemischen Ghettos in der Altstadt. Es gab noch andere Moslems, Menschen der Mittelschicht wie Rashid und auch Angehörige der Oberschicht, manchmal mit aristokratischen Vorfahren. Doch das vorherrschende Charakteristikum des moslemischen Lucknow war das Leben des Ghettos, wo die Menschen schlecht ausgerüstet und verletzlich, abgeschnitten und reizbar waren.

Als ich 1962 zum ersten Mal nach Lucknow kam, zehrte es noch von seiner alten moslemischen Legende und Aura. Gewisse Spielereien schienen noch von der Vergangenheit zu zeugen.

Leute ließen Drachen fliegen; besondere Spielzeuge wurden hergestellt; besondere Parfums (einschließlich eines, das den Monsungeruch von Regen auf verdorrter Erde wiedergeben sollte) wurden auf Sandelholzbasis hergestellt, um die moslemischen Religionsgesetze nicht zu verletzen. Auch wenn es keine Sängerinnen mehr gab, schienen die raffiniert gearbeiteten Sonnensegel auf den oberen Stockwerken der Häuser im *chowk* oder Basar (wie das Ölgemälde eines Nawabs mit einer entblößten rundlichen Brust aus dem 19. Jahrhundert) vom genüßlichen Leben im alten Lucknow zu zeugen.

Jetzt gab es keine Legende mehr. Die Angehörigen der Oberschicht der moslemischen Gemeinde, die einst im Mittelpunkt der Legende gestanden hatten, wurden immer weniger; während die allgemeine Bevölkerung der Stadt sich verdoppelt oder verdreifacht hatte. Nach der Unabhängigkeit hatte sich überall schäbiger Beton ausgebreitet; bestimmte Durchfahrtsstraßen waren höllisch geworden. Die Stadt der Nawabs sei eine Verwaltungsstadt geworden, sagte Rashid, eine Bezirksstadt: eine indische Provinzstadt.

Das Hotel, Teil der neuen Betonstadt, war wie die Parodie eines Fünf-Sterne-Hotels. Es hatte sein »Logo«. Es hatte verschiedene Faltblätter im Zimmer, die dieses und jenes anboten, Dienstleistungen verzeichneten und um Kommentare baten. Es hatte seine Frühstücksmenükarten, die man an die Tür hängen konnte, die aber praktisch sehr schwer auszufüllen waren. Es hatte alles. Man hatte Anleihen bei den besten Hotelformen gemacht; nur die Dienstleistungen fehlten. Das »Bitte nicht stören«-Licht funktionierte nicht. Das rote Telefon war mehr oder weniger eine Attrappe, aus der manchmal eine schwache, anscheinend in einer Höhle verlorene Stimme tönte, die kaum verständlich war. Die Handtücher waren, vielleicht durch ein zu starkes Bleichmittel, fluoreszierend hellblau geworden, das Frottee dünn, aber stachelig. Der Lampenschirm war kaputt; das Licht trüb und anstrengend für die Augen. Eine ganze Hälfte der Wand nach Westen war aus Glas. Selbst jetzt, und es war erst Frühling, wurde es nachmittags drückend heiß, und man mußte den Fensterriegel aus Weichmetall (Weichmetall: der Riegel schien sich sofort zwischen Daumen und Zeigefinger zu verbiegen) benutzen, um das Fenster zu öffnen und viel heißere

Luft hereinzulassen und dazu noch das Getöse und Tuten und Hupen des Verkehrs.

Doch wunderbarerweise hatte man aus diesem Fenster einen Blick, der einen in die Vergangenheit zurückführte und einem die Illusion vermittelte, sich das Original einer der großen Landschaftsszenen anzuschauen, die Thomas und William Daniell Ende des 18. Jahrhunderts in Indien geschaffen und später in London als Aquatintas verlegt hatten. Man schaute auf den Fluß Gomati – oder sein unteres Bett, voll, friedlich, nicht breit – zwischen seinen bräunlichen und staubiggrünen Ufern.

Die Ansichten der Daniells wurden oft mit Hilfe der Kamera obscura gemacht, und sie können große Ferne vortäuschen; von Nahem betrachtet ist eine indische Aquatinta der Daniells voller naturgetreuer Details, voller menschlicher Figuren, manche davon sehr klein. Der Blick auf die Gomati vom Hotelzimmer hatte diese Art Ferne, diese Art winzigkleiner Geschäftigkeit.

Oben entlang des rechten Ufers verlief ein Pfad, und über den liefen Gestalten, kleine, einzelne Gestalten, bei denen die Farben der Kleider auf diese Entfernung nicht leicht zu erkennen waren. Bäume hinter diesem Pfad verbargen die Wohnstraßen auf jener Seite des Flußufers. Mehr im Vordergrund, über dem vollen unteren Bett des Flusses, aber ein ganzes Stück unter dem Pfad am rechten Ufer, über den Leute liefen, war ein breiter, unregelmäßig geformter baumloser Vorsprung. Ganz links gaben schwarze Wasserbüffel, kleine, sich bewegende schwarze Flecken, diesem Vorsprung etwas von einer afrikanischen oder amerikanischen Wildnis. Rechts und näher heran breiteten morgens Wäscher die gewaschenen Laken und Kleider zum Trocknen aus. In der Mitte des Vorsprungs, am Rand des Flußbettes, standen weit auseinander Hütten, mit rosa oder weiß gekalkten Wänden, manche mit Werbesprüchen auf Hindi: einräumige Hütten mit abgeschrägten Dächern, die sich in dem glatten Wasser widerspiegelten. Diese Hütten gehörten Schwimmvereinen. Am Wochenende schwammen im Fluß Jungen, die sich in der Nähe des Ufers und der Hütten hielten.

Am linken Ufer des Flusses, direkt unterhalb des Hotels, waren Hindu-Tempel. Weiter weg am selben Ufer waren die Minarette des alten Lucknow, Erinnerungen an die Moscheen und *imambaras*, in denen ich 1962 die Pracht des alten Lucknow gesucht hatte. Darunter, von Bäumen verborgen, waren die Gassen des Chowk oder Basars, der 1962 noch etwas von *Tausendundeiner Nacht* gehabt hatte, der aber jetzt, sagte Rashid, dem, der sehen könne, die endgültige Tragödie der moslemischen Stadt zeige.

Eines Morgens ging ich mit ihm hin. In den Gassen war alles so überfüllt und beengt und ewig gleich, daß der Besucher das Viertel als Ausdruck einer einzigen Kultur hätte sehen können; er hätte die Unterschiede, die Rashid sah, leicht übersehen können.

Die Läden der Stände waren, wie in indischen Basaren üblich, kleine, schmale Schachteln, zur Straße oder Gasse hin offen, Seite an Seite, mit kaum einer Lücke dazwischen. Die Fußböden waren knapp einen halben Meter über der Gasse. Rinnsteine an der Seite fingen Wasser und Abfall von den Abflußrohren auf, die zwischen oder unter den Ständen entlangführten. Dieses Abwasser laufe nicht in einen größeren Abwasserkanal, sagte Rashid. Es bleibe einfach da, in dem offenen Rinnstein, und verdunste.

Alle Läden und Stände hatten Metallgitter; jeder Laden und jedes dazugehörige Haus war gebaut wie eine Befestigungsanlage für Tage des Aufstands. Von Zeit zu Zeit gab es da, wo ein Laden hätte stehen sollen, eine Geröllmoräne, als seien – durch Alter, Gebrechlichkeit oder Verfall – der Laden und das Haus mit ihm in sich zusammengefallen, eine kleine Demonstration, wie sich der Boden von Städten Schicht um Schicht erhöhen konnte.

Hatte es hier immer einen Basar gegeben? Konnte man sich eine Zeit vorstellen, in der dieses Gelände unbebaut, ein Feld gewesen war? Rashid und ich gingen durch ein pompöses Tor, einen Torbogen, benannt nach dem großen Mogul-Herrscher Akbar. Er regierte von 1556 bis 1605. Vielleicht war das Tor Ende des 16. Jahrhunderts gebaut worden, um eines Besuchs des Herrschers zu gedenken; dann würden die Umrisse des Basars damals (zu Shakespeares Zeit) so gewesen sein wie jetzt. Einblicke in eine jüngere Vergangenheit – das 18. oder 19. Jahrhundert – bekam man mit den kleinen Lucknower Ziegeln, die man an alten Häusern unter dem rissigen Putz sehen konnte. Die Ziegel waren in Linien angeordnet, die die Linien der Struk-

tur des Gebäudes wiederholten – in Torbögen waren sie beispielsweise in konzentrischen Bögen gesetzt, so daß sie aussahen wie Eisenspäne, die die Linien eines Magnetfeldes anzeig-
ten.

Der äußere Basar war gemischt. Die Ladeninhaber waren
Hindus, die Handwerker waren Moslems. Beide Gruppen hatten ihre Geschichte und speziellen Traditionen. Die Handwerker stellten simple Dinge her. Sie klopften dünne Silberbänder
zu sehr dünnem, halb zerbröselndem Blattsilber oder Silberfolie. Sie machten billige Schuhe; sie verfertigten eine ortsübliche
Stickerei namens *chikan*; sie stickten mit Perlen. Die Ladeninhaber, Hindus, waren entweder Angehörige der Händlerkaste
aus Uttar Pradesh oder *khatris* aus dem Punjab, die vor zwei-
oder dreihundert Jahren in diese Gegend gekommen und als
Geldverleiher und Händler geblieben waren.

Jeder fünfte Laden lieferte Waren für größere Ladenbesitzer
in der Gegend: Garn für Chikan-Stickerei, Gold- und Silberfä-
den für Brokatarbeiten, hölzerne Stempel, um Muster auf die
Chikan-Arbeit zu drucken, die sehr breiten Inventurbücher, die
für die einfache indische Buchführung gebraucht wurden. Manche Läden verkauften Drachen: Lucknow pflegte noch die Tradition des Drachenfliegens. Manche Läden verkauften Geräte
für Goldschmiede; manche verkauften frische Blumen, die die
Hindus in den Tempel brachten. Im allgemeinen, sagte Rashid,
verkauften die Läden in diesem äußeren Basar einfache Alltags-
dinge, die mit der traditionell überlieferten Lebensweise der
Hindus und Moslems zu tun hatten.

Sehr kleine Jungen saßen mit gekreuzten Beinen auf dem Boden ihrer schmalen Stände, direkt vorne über der Gosse, und
feilten an den Nadeln, die in den größeren Geschäften für Bro-
katarbeit gebraucht wurden. Diese Nadeln sahen wie die Pla-
stikminen von Kugelschreibern aus; sie waren ungefähr so groß,
und sie hatten eine ähnliche Spitze. Sie wurden das Stück für
eine Rupie verkauft: ein Junge mußte sehr viele Nadeln zurecht-
feilen, ehe er etwas Geld verdient hatte.

Es gab viele Moscheen, und manche von ihnen waren vielleicht auf dem Schutt alter Stände und Häuser gebaut: die Moscheen hier waren eher folkloristisch, übertrieben geschmückt,
schwach im Entwurf, liebevoll gestrichen. Als Rashid und ich

herumspazierten, kam über den Basarlärm die verstärkte, kippende Stimme eines Mullah. Solch eine Leidenschaft lag in dieser trainierten Stimme: sie hätte etwas aus dem Koran aufsagen können. In Wirklichkeit, sagte Rashid, sagte der Mann mit dem Lautsprecher bloß: »Gebt Geld für die Moschee und bekommt einen Palast aus Gold im Himmel.«

Die schlichteste Art Glauben: auch wenn der äußere Basar gemischt, nicht rein moslemisch war, war das Leben im Basar doch wie ein Ausdruck des Glaubens aus dem Buch und der Moschee, und man konnte das Gefühl haben, daß hier alles dem Glauben diente. Die Stände mit dem meisten Glitter und Flitter waren die Koranstände. Sie waren mit fedrigen goldenen und silbernen Papierquasten behangen. In der allgemeinen Schäbigkeit der Basarwaren fielen diese Quasten auf, die die Mädchen oder Frauen ins Haar flochten. Diese Koranstände verkauften nicht nur das Buch; sie verkauften auch Schachteln, in denen man das Buch verwahrte; Buchstützen, auf die man das Buch legte, während man darin las; Räucherstäbchen, die während der Lesung brannten; und Käppchen, die man trug, wenn man im Buch las, da es verboten war, das Buch mit unbedecktem Haupt zu lesen. Diese Lesekäppchen waren leuchtend orange, rot oder grün; es gab auch gehäkelte Schädelkäppchen.

Die Läden machten nicht vor elf auf, sagte Rashid. Der Grund war, daß die Ladeninhaber, auch wenn sie nicht weit weg von der Arbeit lebten, nicht zum Mittagessen nach Hause gingen. Wenn sie einmal ihre Läden betreten oder sich auf dem Boden niedergelassen hatten, auf Laken oder Sackleinwand oder Webteppichen, blieben sie den ganzen Arbeitstag da. Sie waren ebensosehr Gefangene des Basars wie die Handwerker, die für sie arbeiteten. Die Eingänge zu den Häusern der Ladeninhaber lagen in den schmalen Gängen, die von der Hauptgasse des Basars abzweigten; die Lebensbedingungen in diesen versteckten Orten unterschieden sich nicht sehr von dem, was man von den Arbeitsbedingungen auf der Gasse sah.

Es gab eine Stelle im Basar, an der man von dem gemischt hindu-moslemischen Bereich in den rein moslemischen trat. Dieser Übergang war für Rashid klar zu erkennen; mir war er nicht so klar. Die Menschenmenge dahinter sei dichter, sagte Rashid, und die Leute seien kleiner; sie seien unterernährt und verkrüppelt. Und als ich mein Auge eingewöhnt hatte (oder meinte, ich hätte es getan), sah ich tatsächlich, daß viele Kinder in diesem Teil des Basars dünn und wie verwelkt waren, mit starren Augen und oft einer Art Hautausschlag.

Hier und da gab es kleine Privatschulen, aber im allgemeinen wurden die moslemischen Kinder des Basars nicht im modernen Sinne erzogen. Ihre Eltern sahen nicht ein, daß diese Art Erziehung ihren Kindern etwas bringen könne. Außerdem waren sie von dem Gefühl durchdrungen, daß diese Art Erziehung nur etwas für andere sei. Erziehung und Lernen waren natürlich gut; doch für sie als Moslems konnte man eine gute Lehre, rein und makellos, nur in der Koranschule oder dem theologischen Seminar bekommen. Außerhalb des Glaubens gab es nichts für die Menschen des Glaubens, die Menschen in diesen engen Gängen und Läden. Daß die Räume so klein waren, verstärkte das Gefühl von Trost und Schutz drinnen, verstärkte das Gefühl von Verderbnis draußen.

Viele Kinder – Jungen – besuchten das Seminar (ein großes neues Gebäude) oder die Koranschulen im Basar. Doch die meisten wurden, wenn sie acht oder sieben oder sechs oder sogar fünf waren, von ihren Eltern für verschiedene einfache Basargewerbe in die Lehre gegeben. Und wenn manche der Kinder, die an den Ständen bedienten oder in den Läden arbeiteten, verängstigt aussahen, dann liege das daran, sagte Rashid, daß sie wüßten, daß sie von dem Ladeninhaber, zu dem ihre Eltern sie in die Lehre gegeben hatten, oder den Aufsehern ihrer Arbeitgeber »Dresche« bekämen.

Rashid sagte: »Es ist eine hungrige Welt. Und was kann grausamer sein als ein hungriger Bauch?«

Und doch meinte ich, daß in dem rein moslemischen Teil, in dem Rashid mir beibrachte, nur Düsternis zu sehen, ein stärkeres Gefühl von Festtagsstimmung und Einkaufsfreude herrschte als in den öden alltäglichen Ständen des gemischten äußeren Basars. Hier wurden Uhren repariert; Drachen wurden verkauft (sowohl Hindu- als auch Moslemläden verkauften Drachen); Fotos wurden gerahmt; Leute verkauften Kebabs; es gab noch andere Stände mit Essen; es gab sogar Stände mit Feuerwerk.

Und immer, geduldet und provozierend, wie eine verweste Erinnerung an Lucknows Vergangenheit, lungerten die Transvestiten und Eunuchen des Ghettos um die Stände, in Frauenkleidern und mit billigem Schmuck, Zoten reißend und bettelnd: die Verborgenheit des Sexualtriebs fand diesen rituellen, halb grotesken, sicheren öffentlichen Ausdruck – in dieser Gasse, wo wenige Frauen zu sehen waren, und die, die man sah, dünne, winzige Figuren, von Kopf bis Fuß in Schwarz gekleidet. Diese Eunuchen und Transvestiten verkauften ihre Körper; sie hatten einen Markt.

»Sie sind Sexualobjekte«, sagte Rashid. »Können Sie sich das vorstellen?«

Sie kauerten an der Seite der Gasse, in der Nähe der Gosse, unter den Böden der Läden, diese zum Opfer bestimmten Frauen-Männer Lucknows. Ihre Gesichter, halb männlich, halb weiblich, waren verhärmt und faltig und grell mit Rouge geschminkt; doch sie hatten Männerzähne, groß und geschwärzt und weit auseinanderstehend.

Hammerschläge, gedämpft und wetteifernd, kamen von Ständen, wo Jungen und Männer, vier oder fünf oder sechs an einem Stand, saßen oder hockten und dünne Silberbänder zu sehr feinen Blättern hämmerten. Diese Silberfolie wurde über Süßigkeiten oder andere Köstlichkeiten gelegt, um Luxus anzudeuten; einen anderen Zweck hatte sie nicht. Das Silberband wurde zwischen Ziegenhäute gelegt und mit einem Holzschlegel geklopft. Ungefähr ein Dutzend Bänder wurden gleichzeitig geklopft, wobei jeweils ein Silberband zwischen Ziegenhäuten eingebettet lag – ich las später, daß Innereien, weil sie geschmeidiger waren, sich für diese Arbeit am besten eigneten. Es dauerte zwei bis drei Stunden, um ein Band durch Hämmern zu Folie zu treiben. Ein Blatt Folie wurde, je nach Größe, für eine halbe oder eine Rupie verkauft. Am Arbeitstag eines jungen Mannes wurde folglich Silberfolie produziert, die 18 bis 36 Rupien bringen konnte. Zog man die Kosten für das Silber und den Stand ab, konnte ein junger Mann in solch einem kleinen Betrieb nicht viel verdienen an einem Tag unablässigen Hämmerns, ob in Gemeinschaft oder im Wettbewerb. Die Silberfolie, die so getrieben wurde, war zerbrechlich, zerfiel, wenn man sie mit dem Finger berührte. Als Ware beinahe sinnlos, wurde sie zwischen den Blättern ausrangierter Bücher gelagert.

Rashid sagte: »Alle Arbeiten hier haben diese seelenzerstöre rische Eigenschaft. Die Leute tun es bloß, weil ihre Väter vor ihnen es auch taten. Sie sind wahrscheinlich nie aus diesem Viertel herausgekommen. Sie hören Kassetten mit Filmsongs und religiösen Liedern, laut, um sich von der abstumpfenden Arbeit abzulenken, ganz gleich, ob sie Silberfolie treiben oder sticken oder Brokatarbeiten machen. Sie trinken sehr viel Tee in Gläsern. Es gibt einen Grund für das viele Teetrinken. Es dämpft den Appetit. Wenn sie pinkeln wollen, machen sie einfach einen Schritt vom Laden herunter und pinkeln in der Straße.

Es ist absolut primitiv. Das Bildungsniveau ist sehr niedrig, und deshalb sind es auch die Bedürfnisse und die Fähigkeiten. Abgesehen vom Transistor und gelegentlich einem elektrischen Ventilator könnten sie in einem anderen Zeitalter leben. Ihre Freizeitgestaltung sieht so aus: Sie mieten einen Fernsehapparat und drei Videokassetten für hundert Rupien. Eine Reihe von ihnen tut sich zusammen, um die hundert Rupien zu zahlen. Und dann sitzen sie, zu vierzig oder fünfzig, die ganze Nacht und sehen diese drei Filme an. In diesem Viertel gibt es ungefähr sechzig Firmen, die Fernsehapparate und VCR-Kassetten verleihen, und sie alle sind gut im Geschäft. Auch hier ist ein wenig Ausbeutung involviert. Jemand, der etwas Bargeld übrig hat, bucht einen Fernsehapparat für einen bestimmten Zeitabschnitt am Abend – der Mann, der das macht, macht es jeden Tag – und dann verkauft er diese Zeit (und den Fernsehapparat) für einen Höchstpreis von rund zwanzig Rupien.

Die einzige Bildung, die die Kinder höchstens mitbekommen, ist der Koran. Die Frauen gehen gar nicht zur Schule. Es gibt viel Inzucht. Kusinen und Vettern ersten Grades heiraten. Das erklärt zum Teil die körperliche Degeneration. Die Jungen heiraten jung, mit fünfzehn oder sechzehn oder siebzehn. Mit vierzig ist ein Mann Großvater und ausgebrannt. Sie ernähren sich schlecht. Fleisch und Brot und kein Gemüse. Sie haben armselige sanitäre Einrichtungen. Die meisten von ihnen treffen nie im Leben einen Hindu oder Nicht-Moslem. Die Leute, die an den Golf gehen und Geld verdienen, bleiben im Ghetto, wenn sie zurückkommen. Sie bauen dort große Häuser, um die Hochachtung ihrer Mitmenschen zu genießen.

Die meisten von ihnen sind Schiiten. Der Höhepunkt ihres Jahres ist der Muharram.« Die Trauerzeit für Hussein, den Sohn

Alis, den Helden der Schiiten. »Anderswo dauert der Muharram zwölf Tage oder vierzig Tage. Hier in Lucknow dauert er
zwei Monate und acht Tage. Eine der Begums von Oudh legte
ein Gelöbnis ab, daß der Muharram im Königreich Oudh, wenn
ihr ein bestimmter Wunsch erfüllt würde, zwei Monate und acht
Tage dauern werde. Dieser Muharram hat den Schiiten hier eine
gemeinsame Identität gegeben. An diesen Tagen weint man,
schlägt sich an die Brust, sticht sich mit Messern, ächzt und
stöhnt. Es hilft ihnen, ihr Elend zu ertragen, und es holt sie aus
dem Haus. Der Muharram hat zu Spannungen mit der Sunni-
ten-Mehrheit geführt. Mit folgendem Ergebnis: In Lucknow hat
es nie einen Zusammenstoß zwischen Hindus und Moslems gegeben, sondern nur zwischen Sunniten und Schiiten.

Es gibt sehr viele Moscheen in dem Viertel, und der Ruf zum
Gebet kommt regelmäßig über Mikrofone und Verstärker aus
allen Ecken. Die Worte für die Sunniten und Schiiten sind dieselben, aber es gibt einen kleinen Unterschied in der Zeit. Deshalb hört man hier zehn Aufrufe am Tag statt fünf.

Und dann gibt es einen Monat lang Ramadan, in dem man
tagsüber fastet. In diesem Monat sind die Restaurants tagsüber
geschlossen und bleiben die ganze Nacht offen. Das ergibt einen
richtigen Kasbah-Effekt.«

In einem rein moslemischen Land wären die Leute vielleicht
weniger verkrampft mit dem Glauben umgegangen und hätten
die Nerven vielleicht weniger bloßgelegen. Doch hier wußte
man, daß das, was außerhalb der Wege und Gänge des Chowk
lag, außerhalb des Glaubens lag, und aus dieser Welt draußen
kamen Bedrohung und Provokation.

Gegen Ende meines Aufenthalts in Lucknow erzählte Rashid
mir von den beunruhigendsten Bedrohungen der letzten Zeit.
Da war beispielsweise dieser Mann aus Bangalore, der bei Gericht den Antrag gestellt hatte, daß der Koran in Indien in allen
Sprachen und Ausgaben verboten werden solle, weil der Koran
Aufruhr predige. Der Antrag war eine Form von Provokation
und hätte nicht ernst genommen werden sollen. Statt dessen,
sagte Rashid, habe die Richterin übertrieben legalistisch einge-
willigt, den Antrag zu prüfen. Das verursachte Unruhen. Später
wurde der Antrag von einem anderen Richter verworfen, der

festsetzte, daß der Koran wie die Bibel »ein grundlegendes Dokument« sei und nicht Gegenstand eines juristischen Antrags werden könne.

Dann war da die Affäre um eine Moschee in der Stadt Ayodhya, dreihundert Meilen entfernt, die die Hindus in einen Tempel verwandelt hatten. Ayodhya war den Hindus wichtig, sogar heilig. Es war der Geburtsort des Gottes Rama, des Helden des *Ramayana*; und es gab Hindus, die behaupteten, daß die Moslems nach ihrer Invasion eine Moschee auf Ramas Geburtsstätte gebaut hätten. Seit der Unabhängigkeit wollten die Hindus die Stätte wieder zurückfordern. 1949, sagte Rashid, sei die Moschee wegen der Gefahr eines Aufstands geschlossen worden. Dann habe es vor rund zehn Jahren eine Neuentwicklung gegeben. Ein Hindu habe beim Bezirksrichter ein Gesuch eingereicht, dort zu beten. Dem Gesuch wurde stattgegeben; die Schlösser der Stätte wurden geöffnet; Hindus nahmen sie in Besitz und hatten sie immer noch. Es hatte Aufstände gegeben; Leute waren getötet worden; der erbitterte Streit dauerte immer noch an.

Die dritte Bedrohung hatte mit dem moslemischen Privatrecht zu tun. Ein reicher moslemischer Rechtsanwalt ließ sich von seiner ersten Frau scheiden und heiratete wieder. Er gab der ersten Frau die Abfindung, die in ihrem moslemischen Ehevertrag festgesetzt war. Dann ging die geschiedene Frau zu indischen Gerichten und forderte von ihrem Mann außerdem einen monatlichen Unterhalt (so erzählte Rashid die Geschichte). Nach zwanzig Jahren kam der Fall zum Obersten Indischen Gerichtshof. Der Richter sprach von den Mängeln des moslemischen Privatrechts und gestand der geschiedenen Frau Unterhalt zu. Auf diese Einmischung in ihr Privatrecht, das Teil ihres Glaubens war, folgte ein Aufschrei der Empörung von Moslems; und als Reaktion auf die Proteste erließ die indische Regierung ein Gesetz, das die Entscheidung des Obersten Gerichtshofs verwarf.

Parveen wohnte in einem altmodischen, geräumigen, eingefriedeten moslemischen Haus in der Altstadt von Lucknow. Das vordere Zimmer war das Wohnzimmer; die privaten Zimmer lagen nach hinten. Vor zwei Jahren hatte Parveen beschlossen, in die Politik zu gehen. Es hatte Eifersüchteleien von anderen Frauen, moslemischen und nicht-moslemischen, gegeben; doch Parveen hatte begonnen, sich in der Politik einen Namen zu machen, und vor kurzem hatte sie eine Abordnung moslemischer Frauen zum Premierminister geführt. Fotos von diesem Ereignis hingen an den ockerfarbenen Wänden von Parveens Wohnzimmer.

Parveen war eine gutaussehende Frau, mit gerader Haltung. Sie kam aus einer Familie von Rechtsanwälten und Grundbesitzern und hohen Regierungsbeamten, und sie hatte das Selbstbewußtsein ihrer Klasse, die einst die herrschende Klasse hier gewesen war. Eine Welt lag zwischen ihr und den Moslems im Chowk oder Basar und den kleinen schwarz verschleierten Gestalten, die dort gelegentlich über die Gasse huschten. Sie trug keinen Schleier; sie sprach eindringlich und gut; und doch gab es bei ihr unerwartete Augenblicke weiblicher Zurückhaltung, die einen daran erinnerten, daß sie aus einer spezifischen Kultur kam, daß dieses moslemische Haus mit seinen für Frauen abgetrennten Teilen einen wichtigen Teil ihres Wesens darstellte.

Sie wollte in die »säkulare« Politik gehen; und sie meinte damit, daß sie als moslemische Frau in die Politik des Staates gehen wollte. Dieser Ehrgeiz verwässerte ihren religiösen Glauben keinesfalls. Bestimmte Aspekte des moslemischen Glaubens seien »Gesetz«, sagte sie: darüber könne man nicht diskutieren. Solch ein Aspekt seien die Rechte der Frauen.

Frauen genössen viele Rechte im Islam. Sie hätten es nicht nötig, daß der Staat ihre Rechte – die sowieso »Gesetz« waren – verbesserte. Sie genössen beispielsweise das Recht, Besitz von ihren Eltern zu erben; Hindu-Frauen hätten solch ein Recht nicht. Was immer einer moslemischen Ehefrau in der Ehe gegeben werde, dürfe sie behalten; das sei bei westlichen Frauen nicht so. Wenn eine Ehe geschlossen werde, verpflichte ein Mann sich, einer Frau eine bestimmte Summe zu zahlen, wenn er sich von ihr scheiden ließ. Das sei genug; die Vorstellung von Unterhaltszahlungen sei einer moslemischen Frau widerwärtig. Wenn eine Frau Ehefrau werde, heiße das nicht, daß sie eine Dienerin werde. Nach einer Scheidung werde der Ehemann ein Fremder, und es komme nicht in Frage, daß eine Frau danach von ihm Geld nehme. Andere Länder oder Gemeinschaften mochten daran denken, die Rechte der Leute je nach den Bedürfnissen der Zeit abzuändern, doch der Koran habe das Gesetz für die Moslems ewiglich festgelegt.

Die Worte waren stark, doch Parveen sprach sie leichthin, als sie – mit Rashid, der ihr mit dem Englisch helfen sollte – ins Hotel kam, um von ihrer politischen Arbeit zu sprechen. Sie verteidigte den Glauben. Doch der Glaube – vollentwickelt, ganz offenkundig – paßte ihr wie angegossen. Auf ihrem gesellschaftlichen Niveau war er sogar Teil ihrer Selbstsicherheit und Kraft und schien sie für das öffentliche Leben auszustatten, das sie führen wollte.

Sie hatte Organisationstalent. An dem Tag verreiste sie, um – ganz zwanglos – eine junge Frau zu treffen, die als künftige Braut für ihren Bruder vorgeschlagen war. Sie würde in diese weit entfernte Stadt reisen; sie würde eine Freundin besuchen. Im Haus der Freundin würde – scheinbar ganz zufällig – diese junge Frau sein, die sie auf Wunsch ihres Bruders kennenlernen sollte.

Das Leben ging voran für Parveen. Sie hatte nicht Rashids dunkle Zukunftsvision. Rashid war Junggeselle. Er las viel, er war ein Einzelgänger. Er brütete vor sich hin; seine Stimmung schlug leicht um. Er liebte seine Wohnung; er liebte es, sich dorthin zurückzuziehen.

Was die Moslems des Chowk oder Basars betraf – natürlich, sagte Parveen, seien sie in ihrer Ignoranz gefangen und sei es schwer, zu ihnen durchzudringen. Doch auch wenn die Leute von dieser Ignoranz und Eingeengtheit als einem spezifisch moslemischen Problem sprächen, seien viele andere Gruppen in Indien in einer ähnlichen Lage – die Leute auf dem Land, die Kastenlosen.

Vielleicht war es gerade dieser Vergleich, der Rashid deprimierte. Einst hatten Moslems hier geherrscht, den Ton angegeben. Nun waren sie durch die Auswanderung des Mittelstands nach Pakistan ausgeblutet; und auch wenn einzelne Persönlichkeiten hoch angesehen waren, rangierten die Moslems als Gruppe ganz unten.

Rashid kam aus einer alten schiitischen Familie. Ein Vorfahre Mitte des 18. Jahrhunderts war Händler gewesen, mit sieben

Schiffen, die in Bombay lagen. Vielleicht seien es nicht wirklich Schiffe gewesen, sagte Rashid; vielleicht seien es nur Dhows gewesen. Doch dieser Vorfahre hatte Erfolg gehabt. Er hatte sogar einen *imambara* gebaut, eine Replik eines der schiitischen Mausoleen, die im Iran und Irak für die Abkömmlinge des Propheten errichtet worden waren. Damals war es für einen erfolgreichen Schiiten üblich, einen Imambara zu errichten, in dem man religiöse Ansprachen halten konnte.

Ein Vorfahre im 19. Jahrhundert hatte am Hof des letzten Nawab von Oudh gedient. Als dieser Herrscher von den Briten nach Kalkutta ins Exil geschickt wurde, war Rashids Vorfahre mit ihm gegangen, und bis zu seinem Tod in den achtziger Jahren des letzten Jahrhunderts war er in Kalkutta geblieben. Der Vater von Rashids Mutter war Staatsbeamter in einem der größeren Prinzenstaaten. Er sorgte für alle in seiner Familie; er schrieb Gedichte; und er kleidete sich wie ein Gentleman zur Zeit Edwards VII. Rashid meinte, daß sein Großvater – den Fotos nach – ein wenig aussah wie Bertrand Russell.

Der Vater von Rashids Vater war der erste in der Familie, der Englisch lernte. Er arbeitete bei der Eisenbahn, auf dem damals neuen Bahnhof von Lucknow – der heute noch eines der beeindruckendsten Gebäude von Lucknow ist. Rashids Vater wollte, als er volljährig wurde, in den Polizeidienst eintreten. Damals ergriffen die Moslems der Oberschicht, die Grundbesitzer, freie akademische Berufe; sie studierten Jura und Medizin. Leute wie Rashids Vater traten in den Polizei- oder Staatsdienst ein. Rashid meinte, sein Vater sei ein gutaussehender Mann gewesen. Er war fast ein Meter achtzig groß, ein paar Zentimeter größer als Rashid. Er war ein wenig pockennarbig; doch damals hatte fast jeder Pockennarben.

Damals war es für jemanden wie Rashids Vater leicht, in den Polizeidienst zu treten. Man wurde zu dem englischen Offizier gebracht und vorgeschlagen. Der Offizier sagte: »Schicken Sie ihn ab morgen.« Das geschah auch mit Rashids Vater. Er trat als stellvertretender Polizeiinspektor in den Dienst ein; das war die unterste Führungsposition. Doch er hielt es nur drei Tage dort aus. Er mochte den Drill nicht, und er konnte die unflätige Sprache der Ausbilder nicht ertragen. Er konnte sie nicht bloß als Teil des Spiels, als Teil des Abhärtungsprozesses verstehen; er wollte auf der Stelle weg.

Danach beschloß er, ein Geschäft aufzumachen. Er und sein Bruder eröffneten in Lucknow einen Laden, der Kameras und Fotoausrüstungen verkaufte. Das war 1911, im Krönungsjahr des Königs und Kaisers George V.: der Höhepunkt des Britischen Empire und des britisch-indischen Raj. Das Fotogeschäft, das Rashids Vater in dem Jahr aufmachte, setzte sich durch im imperialen Indien. Es paßte zum Ort; es entwickelte sich mit der Fotografie selbst und wurde eines der besten Geschäfte seiner Art. Zweigstellen in anderen indischen Städten wurden aufgemacht, besonders in den Ferienorten in den Bergen, wo die Leute ihre Sommerferien verbrachten. Das Geschäft in Lucknow lag in der Haupteinkaufsstraße namens Hazratganj. In jener imperialen Zeit wurde Hazratganj – jetzt überfüllt und verschlampt – jeden Abend von einem städtischen Wagen mit Wasser abgespritzt.

Die anderen Geschäfte in Hazratganj gehörten Engländern und Juden und Parsen. Rashid erinnerte sich insbesondere an den Laden eines Juden namens Landau. Landau hatte ein sehr großes Eckgeschäft, und er verkaufte Uhren. Der Gehweg vor seinem Laden wurde von dem Stockwerk darüber wie mit einem Baldachin überdacht. Unten waren schmiedeeiserne Säulen; die Wohnräume des Hauses oben hatten eine Veranda mit schlanken, von Säulen getragenen Bögen, die die stabileren Säulen unten wiederholten. Anderson Brothers waren Schneider; sie machten nach der Unabhängigkeit 1947 zu. Ein anderer Schneider war MacGregor. Er ging 1947 nicht weg, er blieb in Lucknow und starb dort. Zu MacGregors Kunden gehörten Persönlichkeiten aus indischen Fürstenhäusern und Engländer und Männer aus dem indischen Staatsdienst. »Man konnte sehen, wenn ein Mantel von ›Mac‹ gemacht worden war«, sagte Rashid. »Die Leute trugen sie dreißig Jahre.«

Rashid, der 1944 geboren war, erinnerte sich, daß der Laden seines Vaters Vitrinen aus burmesischem Teakholz hatte. Sie waren von moslemischen Handwerkern in Lucknow nach Entwürfen seines Vaters gemacht worden. Das Geschäft war wie ein Club; Außenseiter und Müßiggänger hatten Angst, es zu betreten. »Geld war nicht die Hauptsache. Die Leute kamen, um meinen Vater und ihre Freunde dort zu treffen.«

Rashids Elternhaus war im alten Lucknow. Es hatte einen separaten Flügel für die Frauen. Gäste durften das Haupthaus nicht betreten. Sie blieben im Salon, der direkt vorn im Haus war und einen separaten Eingang hatte. Die Möbel in diesem Salon waren im englischen Stil gehalten, in Lucknow angefertigt: riesige Stücke, sehr unbequem. Hinter dem Salon waren noch ein paar Räume, und dann kam der Hof des Haupthauses. Im Sommer schlief die Familie draußen im Hof. Erst wurde Wasser auf den Hof geschüttet, um ihn abzukühlen. Dann stellten die Diener die Flechtbetten in Reihen auf und hingen an Bambusstangen Moskitonetze darüber. Es gab einen Ständer für Krüge, in denen das Trinkwasser zum Kühlen für den nächsten Tag verwahrt wurde. In einer Ecke des Hofes stand ein großer quadratischer Tisch; er war mit einem weißen Tuch bedeckt und hatte in der Mitte ein farbiges Tischtuch. Auf diesen quadratischen Tisch wurde das Essen gestellt. Essen gab es um neun, wenn Rashids Vater aus dem Geschäft kam.

Rashid hatte dieses geordnete mittelständische Familienleben gerade erst bewußt kennengelernt, da wendete sich das Schicksal der Familie. Als 1947 die Unabhängigkeit kam, wollte Rashids Vater nach Pakistan auswandern. Er hatte einen Neffen, der für die Zweigstelle in dem in den Bergen gelegenen Ferienort Mussoorie verantwortlich war; diesen Neffen bat er, die Waren von Mussoorie in das Geschäft von Karachi, das jetzt in Pakistan lag, zu bringen. Der Neffe tat es; doch gelang es ihm im Chaos jener Tage, das Geschäft in Karachi auf seinen Namen übertragen zu lassen.

»Mein Vater war also kaltgestellt. Er gab den Gedanken auf, nach Pakistan zu ziehen.«

»Was wurde aus Ihrem Vetter?«

»Er verlor bei einem Motorradunfall ein Bein. Er wirtschaftete das Geschäft herunter und war gezwungen, Lebensmittel an die Schule zu liefern, die seine Frau führte. Man könnte sagen, er wurde bestraft. Doch das machte uns nicht froh.«

Zunehmend kamen nun Hindu- und Sikh-Flüchtlinge aus Pakistan nach Lucknow.

»Sie waren uns fremd. Die Leute hinter unserem Haus waren,

wenn auch nicht sehr reich, eine gebildete moslemische Familie. 1947 gingen sie nach Pakistan. Ihr Haus wurde dann einer Flüchtlingsfamilie zugewiesen. Eine Erinnerung, die mir im Gedächtnis haften geblieben ist, ist, wie die Mutter der neuen Familie ihre Kinder die Notdurft auf Papierstücke verrichten ließ und sie dann über die gemeinsame Mauer in unseren Hof warf. Wir machten Theater deswegen, und sie begriffen und ließen es sein. Sie kamen wahrscheinlich aus dem Punjab, aber ich weiß es nicht genau.

Langsam sah man, wie neue Schilder in der Stadt angebracht wurden. Die alten Geschäfte gehörten Moslems. Nun sah man andere Namen auf den neuen Schildern. Anstelle der dezenten Geschäfte englischer Art sah man auffallende Läden, hell erleuchtet, mit Musik. In Aminabad, dem alten Lucknow, errichteten die Sindhis reihenweise Stoffgeschäfte. Als erstes fingen sie an, herumzuschreien und einen aufzufordern, in ihren Laden zu kommen: ›Komm herein, Schwester. Komm und schau.‹ Das hatte es bei uns nicht gegeben. Keine Glasvitrinen hier. Wackelige kleine Schachteln. Doch viele dieser Leute, die damals kamen, haben mittlerweile riesige Läden aus Chrom und Glas hochgezogen.

Sie waren bessere Geschäftsleute als wir. Sie waren bessere Verkäufer. Sie verkauften Schmuggelware – die wir nie anrührten. Sie arbeiteten eher auf Umsatz als auf eine anständige Marge. Und unsere alten und angestaubten Waren waren immer weniger gefragt.«

1951 wurde das *zamindari*-System der Landpacht abgeschafft. »Besitz an Grund und Boden wurde verringert. Die Erbrechte für Land wurden zum Großteil weggenommen. Das Zamindari-System war 1928 von den Briten eingeführt worden. Es ersetzte das *mansabdari*-System der Moguln, nach dem Leuten die Landrechte gegeben wurden, wenn sie bei Bedarf eine bestimmte Anzahl Pferde zur Verfügung stellten – im Mansabdari-System beruhte der Status, den man hatte, auf der Zahl der Pferde, die einem zugeteilt waren. 1951 mußten sich also viele der Zamindars oder Großgrundbesitzer, die große Häuser in Lucknow hatten – Grundbesitzer, die nicht auf dem Lande lebten –, den sich ändernden Zeiten anpassen. Viele von ihnen gingen nach Pakistan. Die Abschaffung des Zamindari-Systems beraubte uns auf einen Schlag unserer Kundschaft. Urplötzlich änderte sich die Wirtschaftslage. Und die englischen Kunden gingen. Unser Geschäft war ›fester Lieferant‹ für verschiedene Gouverneure der Provinz – so angesehen war es.

Hazratganj wurde nicht mehr gekälkt. Die Straßen wurden schmutziger. Man fand viele Straßenhändler. Es wurde unmöglich, über die Gehwege zu gehen. Die ganze Atmosphäre änderte sich.«

Zu diesem Unglück im Geschäft kam eine Familientragödie. Die Familie hatte ein Sommerhaus in Mussoorie, und dort ertrank eines Sommers Rashids älterer Bruder. Insgesamt hatten die Jahre kurz vor und nach der Unabhängigkeit Rashids Vater einen Schlag nach dem anderen versetzt: die schlimmen Unruhen zwischen Hindus und Moslems in Kalkutta 1946, die Teilung 1947 und der Verlust des Geschäftes in Karachi, die Abschaffung des Zamindari-Systems und nun der Verlust des ältesten Sohnes.

Für die Alten war es schwerer als für die Jungen. Rashid ging auf die berühmte anglo-indische Schule in Lucknow, La Martinière, und er war sehr glücklich dort. La Martinière war von einem französischen Abenteurer, Claude Martin, im 18. Jahrhundert gegründet worden, der, nachdem er nach Indien gekommen war, in den Dienst der Nawabs von Oudh getreten war. Er hatte eine indische Frau oder indische Frauen, und bei seinem Tod hinterließ er einen Teil seines großen Vermögens, um Schulen für eurasische Kinder aufzubauen. Hundertfünfzig Jahre später hatte La Martinière in Lucknow immer noch eine durchmischte, kosmopolitische Atmosphäre; und Rashid konnte in dieser Zeit familiärer Bedrängnis mit einer gewissen Sicherheit und beinahe in so etwas wie politischer Unschuld aufwachsen.

»Wir hatten Jungen von jeder Gemeinschaft in der Schule, alle aus dem gleichen mittelständischen Milieu. Die Familien kannten einander. Ich nahm meine Welt als selbstverständlich hin. Sie war da, die Familie war da, die Großfamilie, die Vettern. Religion war bloß ein Teil des Lebens. Sie war keine Bürde. Viele Dinge trugen dazu bei – die Schule und die Freunde, die ins Haus meines Vaters zu Besuch kamen: es waren Menschen aller Religionen. Eine Reihe von Maulvis hielt uns dazu an, den

Koran zu lesen, aber wir kamen nie über das erste Kapitel hinaus.

Unser Vater zwang uns nie, zur Moschee zu gehen, und ich persönlich bin dort nie gewesen. Es war meine Veranlagung: es lag keine ›Gott ist tot‹-Haltung darin. Wir gingen zu den *majlis*, im Imambara oder im Haus von Freunden, angeblich, um religiösen Erörterungen über die Schlacht von Kerbala und den Tod Husseins, Alis Sohn, zu lauschen. Doch in Wirklichkeit war es eine gesellschaftliche Angelegenheit. Dies war im Gegensatz zum rein islamischen Teil die schiitische Seite unserer Erziehung. Das einzige, worauf mein Vater absolut bestand, war, daß wir am zehnten Tag des Muharram barfuß zum Taalkatora-Karabala gingen, einem Friedhof mit einem Imambara, wo Schiiten begraben wurden. Dies war gleichzeitig eine Gelegenheit, den Gräbern der Familie einen Besuch abzustatten.«

Unvermeidlicherweise wurde Rashid sich, als er heranwuchs, all dessen bewußt, was die Unabhängigkeit und Teilung mit sich brachten.

»Es stand von vornherein fest, daß meine Schwester einen Jungen aus Pakistan heiraten würde, weil es den Moslems in Indien nicht so gut ging und die Pakistanis selbst lieber ein Mädchen aus der alten Heimat heiraten wollten. Moslems in Indien ging es nicht gut, weil es nach der Teilung keine Arbeit für sie gab und überhaupt an Chancen mangelte. Die Mehrheit der Gemeinschaft lehnte sie ab. Das war nur natürlich. Erst kämpft man, um ein Land zu bekommen, und dann will man nicht hingehen.

Außerdem ging es darum, daß immer die Stärksten überleben. Nach der Teilung spaltete sich jeder moslemische Haushalt. Es gab keine Familie, die nicht betroffen war. Eltern blieben, Söhne gingen. Die, die blieben, waren nicht imstande, sich dem Dschungel auszusetzen. Viele von ihnen waren Grundbesitzer, und ihnen fehlte der Wettbewerbsgeist. Mein Bruder schloß sein Studium glänzend ab, sowohl in Indien als auch in den Vereinigten Staaten. Als er nach Indien zurückkam, konnte er sechs Monate lang keine Arbeit finden. Er ging nach Pakistan und bekam auf der Stelle einen Job.

Dann begann die Sprache sich zu ändern. Die Kinder hier lernten Hindi, und moslemische Eltern brachten ihren Kindern kein Urdu bei. Wir töteten Urdu buchstäblich ab. Man tat nichts zur Erhaltung der Sprache, wie die Armenier es für ihre Sprache oder die Juden für das Hebräische tun. Nach der Religion war die Sprache dem Herzen des Moslems am teuersten, weil sie die Grundlage seiner Identität war. Urdu war dem Hindustani verwandt, der Lingua Franca der Elite des Nordwestens. Doch Hindustani begann sich zu ändern, wurde immer mehr sanskritisiert, wurde Hindi.«

1971 fuhren Rashids Eltern zur Hochzeit des Bruders, der ein paar Jahre zuvor ausgewandert war, nach Pakistan. Als sie dort waren, brach der zweite indisch-pakistanische Krieg, der Krieg um Bangladesh, aus. Rashids Vater, mittlerweile sehr alt, starb damals in Pakistan; seine Mutter blieb bei dem verheirateten Sohn.

»Ein weiteres Bindeglied in meinen Beziehungen zerriß. Bis zu dieser Zeit hatte ich im Geschäft meines Vaters gelernt. Doch als er in Pakistan verstarb – und weil das Geschäft sowieso zusammenbrach –, schloß ich es.«

Das Geschäft war sechzig Jahre zuvor eröffnet worden, im Jahr der Krönung des Königs und Kaisers George V.; es wurde in dem Jahr geschlossen, in dem der Staat Pakistan entzweibrach. Die ganze Lebensdauer des Geschäftes war – auch wenn Rashid nicht darauf hinwies – von diesen beiden historischen Augenblicken markiert gewesen.

Rashid begann, sich treiben zu lassen. Er ging nach London und machte Gelegenheitsarbeiten. Er verkaufte Unfallversicherungen mit einer Laufzeit von sechs Monaten für zwei und fünf Pfund an der Tür. Er mußte klopfen und sagen: »Guten Morgen, sind Sie der Wohnungsinhaber? Mein Name ist Rashid, und ich glaube, das ist für Sie von Interesse.« Er haßte es, an Türen zu klopfen. Eines Tages – Erinnerungen an Landau, den Uhrenverkäufer in dem sehr großen Eckgeschäft in Lucknow, kamen Rashid – öffnete ihm ein jüdischer Antiquitätenhändler aus Frankreich und sagte ihm anteilnehmend, daß er sich als Versicherungsvertreter in London nicht durchsetzen werde und nach Indien zurückgehen solle. Rashid arbeitete in einer Crêperie. Er arbeitete in einem Kentucky Fried Chicken-Restaurant. Er lernte, ein Hühnchen mit einer elektrischen Säge in neun gleiche Teile zu zerschneiden und elf

Minuten lang zu frittieren. Er zerschnitt hundertzwanzig Hühnchen am Tag.

Zwei Jahre später verließ er England. Er ging nach Pakistan. Er fand, daß es dort keine »Identitätskrise« gab; Religion kennzeichnete einen Menschen nicht. Doch er mochte die pakistanische Geldkultur nicht, die geschäftliche Aggressivität von Menschen, die, als sie in Lucknow gewesen waren, unbekümmerter gewesen waren. Er mochte die Prahlerei mit Geld und Besitztümern nicht; in Lucknow tat man so etwas einfach nicht. Er ging wieder zurück nach Indien, nach Bombay, wo er drei Jahre in einer Exportfirma arbeitete.

Er wartete auf ein Erbe. Er hoffte, das für ein Immobiliengeschäft nutzen zu können. Doch dann stieß er auf einen vorurteilsbehafteten Beamten und merkte, daß ihm alle möglichen Hindernisse in den Weg gelegt wurden. Der Rechtsstreit, den er angestrengt hatte, zog sich endlos hin. Er war jetzt beinahe zu Ende, und es bestand Aussicht, daß Rashid bekommen würde, was ihm gehörte; doch er hatte viele aktive Jahre vergeudet.

»Ich war nie zuvor mit einem kommunalen Problem konfrontiert worden. Kommunale Unruhen waren nur etwas, das die unteren Schichten betraf. Es ist wie die ethnischen Probleme, von denen man in Pakistan hört. Wenn ich davon lese oder höre, weiß ich, daß mein Bruder nichts damit zu tun hat, daß sein Haus weit weg von den Unruhen ist. Und hier hatte ich meine Hindu-Freunde und verschwendete nie einen Gedanken an so etwas – bis ich mit dem Zorn eines vorurteilsbehafteten Beamten konfrontiert wurde. Das hat mich erschüttert – daß ein Mann bloß durch einen Federstrich mein Leben so sehr verändern konnte.

Der indisch-pakistanische Krieg von 1971 war nicht nur ein Scheidepunkt im Leben der Moslems, sondern auch in den Beziehungen zwischen Hindus und Moslems. Der Mythos der moslemischen Überlegenheit war völlig erledigt. Hier spielte Indien eine entscheidende Rolle im Subkontinent. Jeder Moslem hatte ein weiches Herz für Pakistan, und jeder war traurig, daß das Experiment nach weniger als fünfundzwanzig Jahren gescheitert war. Der Traum war aus. Dann waren die pakistanischen Soldaten zwei Jahre lang Kriegsgefangene. Das war eine ständige Erinnerung.

Ich spürte, wie in persönlichen Beziehungen eine Veränderung stattfand. Meine Hindu-Freunde begannen, Vorträge zu halten. Was machen die Moslems bloß mit sich? Sie begannen, den moslemischen Glauben und was sie als unsere archaischen Praktiken ansahen reformieren zu wollen. ›Wie lange wollt ihr Moslems noch so weitermachen? Wie lange wollt ihr noch von euren Mullahs, euren *mohallas* abhängig bleiben?‹ Vieles von dem, was sie sagten, war traurig, aber wahr. Ich war verletzt, aber wir mußten es hinnehmen.«

Der Hauptpalast des letzten Nawab von Oudh, der Kaiserbagh-Palast in Lucknow, war von den Briten während des Großen Aufstands 1857 beinahe völlig zerstört worden. 1867, als die britische Macht wieder gesichert, unangefochten schien, wurde der übriggebliebene Flügel des Kaiserbagh-Palastes dem Raja von Mahmudabad als Stadtresidenz gegeben.

Beinahe siebzig Jahre später wurde der Nachfahre des Raja Schatzmeister der Moslemliga und warb für die Schaffung eines separaten moslemischen Staates Pakistan. Zehn Jahre später wurde Pakistan gegründet. Und dann – als habe er die Konsequenzen der Gründung Pakistans nicht richtig vorhergesehen: Lucknow war in Indien und viele hundert Meilen entfernt von Pakistan – merkte der Raja, daß er sich zu einem Wanderer gemacht hatte. Erst 1957 band er sich an den Staat, für den er geworben hatte. In dem Jahr nahm er die pakistanische Staatsbürgerschaft an; mit dem Ergebnis, daß der gesamte Besitz des Raja in Lucknow, Paläste und Land, im indisch-pakistanischen Krieg 1965 von der indischen Regierung als Feindvermögen beschlagnahmt wurde.

Der Familienbesitz war immer noch ausländisches Eigentum (nicht Feindvermögen). Doch man hatte Petitionen bei der indischen Regierung eingereicht; und der Sohn des Raja, Amir, lebte nun in dem Kaiserbagh-Palast, den die Briten vor hundertzwanzig Jahren seinem Vorfahren zugeeignet hatten.

Ich hatte Amir in Parveens Salon kennengelernt. Er trug indische Abendkleidung, langen Überrock, enge Hose. Er war ein kleiner Mann mit zartem Gesicht, kräftigem Körper und dem Betragen eines Prinzen. Eine englische Public School und ein paar Jahre Cambridge hatten ihm englischen Stil gegeben. Doch als ich ihn das nächste Mal traf, in der Bibliothek seines Palastes, sollte er mir sagen, daß er ganz anders sei, wenn er eine andere Sprache spreche, beispielsweise Urdu, und wenn er mit Leuten zusammen sei – Moslems, Schiiten –, die zu ihm als Prinz und Verteidiger des Glaubens aufsähen. Die jüngste Geschichte hatte ihm viele Stile, viele Persönlichkeiten verliehen; hatte ihm Belastungen auferlegt, die seine Vorfahren nicht gekannt hatten.

Amir war nun in der Staatspolitik engagiert und bereits seit rund drei Jahren für die Kongreßpartei Mitglied des Staatsparlaments. Sein Vater hatte der Moslemliga angehört, die in den dreißiger und vierziger Jahren in Opposition zur Kongreßpartei gestanden hatte. Doch nun diente die Kongreßpartei in Indien den Interessen der Moslems am besten – und in einer weiteren Wendung benutzte Amir als Politiker den Titel Raja von Mahmudabad, um die Beziehung zu seinen Vorfahren herzustellen und der ortsansässigen Gemeinschaft der Schiiten und Moslems »einen Brennpunkt der Identifikation« zu geben.

Die Beziehung seines Vaters zu Pakistan hätte ihm politisch schaden können; doch Amir sagte, daß die Bevölkerung von Mahmudabad, zu achtzig Prozent Hindus, sich gegenüber ihm oder seiner Familie nie irgendwie feindselig gezeigt hätte. Und Amir ehrte das Andenken seines Vaters. Sein Vater sei ein tief religiöser Mann mit einem Anflug von Mystizismus gewesen. Er habe seine Kaste gehaßt, sagte Amir.

»Mein Vater wollte nie Herrscher sein. Er konnte sich nicht überwinden, ein Raja zu sein. Er fühlte sich höchst unbehaglich, daraus Nutzen zu ziehen. Er war der Überzeugung, daß aus Grundbesitz gewonnenes Einkommen schmutzig sei. Da es nicht im Schweiße des Angesichts verdient worden sei.«

Zu dieser Einstellung war Amirs Vater gekommen, als er noch ein Kind war. Er hatte sie von seiner Mutter übernommen. Sie, die Mutter von Amirs Vater, stammte aus einer Familie armer moslemischer Gelehrter, die Gelehrtheit über Reichtum stellte.

»Der Vater meines Vaters war ein Maharaja, eine ausgeprägte Persönlichkeit, aber kein Sozialist. Er heiratete ein zweites Mal, und die Beziehung zwischen ihm und meinem Vater wurde gespannt. Zweifelsohne entwickelte mein Vater seine Einstellung zu seiner Kaste in dieser Zeit. Eines der ersten Dinge, das ich von meinem Vater hörte – und was ich später als eine Lehre Alis erkannte –, lautete: ›Es gibt keinen überschüssigen Reichtum, ohne daß man daneben die niedergetrampelten Rechte anderer Menschen findet.‹ Und: ›Kein üppiger Leckerbissen wird verzehrt, ohne daß darin der Hunger derer steckt, die dafür gearbeitet haben.‹«

Ich sagte, solche Behauptungen träfen auf arme oder feudale Länder zu. Sie könnten nicht auf alle Länder zutreffen.

Amir sagte: »Die Leute in England verstehen vielleicht das Ausmaß der Bedürftigkeit und des Elends in Indien nicht.«

Wenn Amir es auch nicht so direkt sagte, war es vielleicht doch die religiöse Natur seines Vaters gewesen, die ihn für einen separaten islamischen Staat Pakistan hatte werben lassen – nicht bloß eine Heimstatt für Moslems, sondern einen religiösen Staat. Amirs Vater begann, Handgesponnenes zu tragen, als er noch sehr jung war. Als er 1936 im Alter von einundzwanzig Jahren der Moslemliga beitrat, gab er die Musik auf, die er und der Rest der Familie geliebt hatten – indische, westliche, iranische klassische Musik.

Amir wurde 1943 geboren. Als er zwei Jahre alt war, wurden ihm die Ohren durchstochen. In moslemischen Ländern war es Sitte, daß den Sklaven die Ohren durchstochen wurden; und das Durchstechen von Amirs Ohren bedeutete, daß er an den Imam verkauft worden war: das Kind war ein Pfand für den Dienst am schiitischen Glauben. Dieser Dienst begann bald. Als Indien und Pakistan 1947 unabhängig wurden, begann Amir, damals vier Jahre alt, mit seinem Vater und seiner Mutter ein Wanderleben.

»Nach der Teilung verließ mein Vater Indien. Er war ein sehr engagierter Mensch, aber kein Politiker. Kurz vor der Unabhängigkeit waren wir in Beluchistan, in Quetta, was dann zu Pakistan gehörte. Am Tag der Unabhängigkeit überquerten wir die Grenze zum Iran. Wir fuhren nach Zahedan und von dort in zwei Bussen nach Mashhad und dann nach Teheran. Wir flogen in den Irak. Der Wagenkonvoi folgte über Land. Das war 1948.«

Obwohl sie nun so ein Wanderleben führten, hatte Amirs Vater kein Geld aus Indien herausgeschafft. Er hatte bloß Bücher und Teppiche mitgenommen.

»Mein Vater wurde eingeladen, unter bestimmten Bedingungen nach Indien zurückzukehren – daß er nicht am öffentlichen Leben teilnahm, daß er den Nizam von Haiderabad verurteilte und sich gegen das Schlachten von Kühen aussprach. Diese Bedingungen waren für meinen Vater unannehmbar. Er sagte, er sei bereit, sich zu verbürgen, daß er persönlich kein Rindfleisch esse, aber er könne sich nicht gegen das Schlachten von Kühen aussprechen, weil Rindfleisch für die Moslems das billigste Fleisch sei.«

Im Irak fuhren sie, immer noch mit indischen Pässen, nach Kerbala. Dies war der Ort der Schlacht, in der Hussein, Alis Sohn, gestorben war; für die Schiiten heiliger Boden. Auf diesem heiligen Boden reifte in Amirs Vater die Idee – vielleicht war sie schon die ganze Zeit dagewesen –, daß sein Sohn ein Ayatollah, ein schiitischer Geistlicher, werden sollte. 1950 wurde Amir, damals sieben Jahre alt, auf eine religiöse Schule in Kerbala geschickt. Er blieb zwei Jahre auf dieser Schule. Und dann änderte sein Vater – der begonnen hatte, sich den Lebensunterhalt durch den Import von Tee und Jute aus Indien zu verdienen – seine Meinung und beschloß, daß Amir letztendlich doch eine säkulare Erziehung bekommen sollte. Das bedeutete nicht, sagte Amir, daß er sich von der religiösen Seite des Lebens abgewandt habe. Ali selbst habe gesagt: »Die beste Form der Andacht ist Betrachtung und Nachdenken und Wissen.« Vor Ali habe schon der Prophet gesagt: »Eigne dir Wissen an, wenn du nach China reisen mußt.«

Ich fragte Amir: »Was verstanden sie unter Wissen?«

Er sagte: »Ali wurde einmal gefragt: ›Was ist Wissen?‹ Er entgegnete: ›Es gibt zwei Arten von Wissen. Die eine ist das Wissen um die Religionen.‹ Und das ist interessant – der Plural, *Religionen*, nicht Religion. ›Die andere ist das Wissen um die physische Welt.‹«

Der erste Gedanke war, daß Amir auf eine Jesuitenschule außerhalb Indiens geschickt werden sollte. Doch dann wurde beschlossen, Amir und seine Mutter zurück nach Lucknow zu schicken; und in Lucknow wurde Amir, nun zehn Jahre alt, an der anglo-indischen Schule La Martinière angemeldet. Damals begann Amir – der mir in Parveens Salon so englisch vorgekommen war – englisch zu sprechen; bis dahin waren Urdu und Persisch seine Sprachen gewesen.

Kultur folgte jetzt auf Kultur: denn der Junge, der La Martinière besuchte, hatte nach seiner Zeit im Irak das Gefühl, daß ein Teil von ihm arabisch oder iranisch sei. Nach dem Unterricht an La Martinière hatte er jeden Tag privaten religiösen Unterricht zu Hause, genau in dem Raum des Palastes, in dem wir gerade saßen – kühl, in der soliden Ziegelbauweise des alten Lucknow, mit einem Terrazzoboden und Bücherregalen, die in die von Feuchtigkeit gezeichneten, weiß gekälkten Mauern eingelassen waren.

Auch die moslemischen und schiitischen Feiertage erinnerten ständig an den Glauben. Amir bekam zwölf Tage für den Muharram frei – »Der Direktor von La Martinière billigte das ganz und gar nicht« – und noch einmal vier Tage für den vierzigsten Tag nach dem Martyrium. Am Ende des Muharrams gab es noch einmal acht Tage frei und vier weitere im Ramadan – dem Monat der Reinigung und des Martyriums Alis und des Beginns der Offenbarung des Korans.

Während seiner Zeit an La Martinière wohnte Amir mit seiner Mutter, seinen beiden Tanten, dem Bruder seines Vaters und dessen Frau im Palast. Um ihn vor unschicklichen Einflüssen zu bewahren, durfte er keine anderen Jungen besuchen oder mit ihren Familien verkehren. Er hatte seinen eigenen Wächter, einen kinderlosen Mann, der Tag und Nacht im Palast blieb. Dieser Mann – der auch eine, wie Amir fand, bemerkenswerte Kenntnis des Urdu und Persischen hatte – folgte Amir »wie ein Schatten«, sogar, wenn der Junge ein Kino oder Restaurant besuchte. Vor La Martinière wartete er im Auto oder setzte sich davor auf einen Teppich auf dem Boden, während Amir Unterricht hatte.

»Die Folge war, daß ich ein sehr verschwiegener Mensch wurde, extrem zurückgezogen. Das Reden fiel mir schwer. Wenn Fremde dabei waren, war es mir unmöglich, den Mund aufzumachen.

Ich trug immer Phylakterien unter dem Hemd, und die Jungen in der Schule fühlten sie und zogen mich auf. Dann trug ich auch noch Ohrringe in meinen durchstochenen Ohren. Ich trug einen Smaragd im rechten und einen Rubin im linken Ohr. Das sah sehr merkwürdig aus, und ich drehte immer die Ohren nach hinten und verbarg die Steine hinter dem Ohrläppchen. Ich nahm die Ohrringe ab – ich hatte die Erlaubnis –, als ich nach meiner Schulzeit hier nach England ging.«

Die ganze Zeit hatte der Raja, Amirs Vater, im Irak gelebt. Doch 1957, zehn Jahre nach der Gründung Pakistans, tat er den Schritt, der seine Familie in große Schwierigkeiten bringen sollte: der Raja ging nach Pakistan und tauschte seinen indischen Paß gegen einen pakistanischen ein.

Amir sagte: »Meine Mutter wurde schwer krank, als sie die Nachricht hörte, hier an dieser Stelle. Meine Mutter ist eine Rani aus eigenem Recht, eine sehr stolze Frau. Sie hat nie versucht, meinem Vater etwas zu nehmen. Auch sie war religiös. Sie verlor beide Eltern, als sie neun war. Sie wurde krank, als sie die Nachricht von meinem Vater in Pakistan hörte, weil sie das Gefühl gehabt hatte, daß die große Krise von 1947 vorüber sei – nicht eine Stimme hatte sich in Mahmudabad gegen meinen Vater erhoben. Nehru traf meinen Vater und bat ihn, noch einmal darüber nachzudenken und seinen indischen Paß zu behalten. Nehru sagte: ›Sie haben immer impulsiv gehandelt. Wir würden uns alle freuen, wenn Sie wiederkommen und Ihren Paß zurücknehmen würden.‹ Mein Vater sagte: ›Man kann nicht seine Nationalität wechseln wie sein Hemd.‹ «

Und Pakistan brachte dem Raja nichts Gutes. Er hatte sich politisch betätigen wollen, doch dann entdeckte er, daß das für ihn nicht ging. Er war Schiit in einem Land mit einer sunnitischen Mehrheit; er konnte keine einheimische Sprache in Pakistan; und er war ein *mohajir*, ein Ausländer. Außerdem hatten seine politischen Vorstellungen sich gewandelt. In den dreißiger und vierziger Jahren, als er sehr jung gewesen war, hatte er Pakistan als religiösen Staat haben wollen. Nun meinte er, es solle ein weltlicher Staat sein. Er glaubte nicht, daß die pakistanische Armee für diese Politik eintreten würde. Deshalb verließ er Pakistan und ging wieder auf Reisen. Er verbrachte viel Zeit in der alten Hauptstadt des britischen Reiches, London.

Nach diesem Bericht konnte es so scheinen, als sei der Raja, als er als junger Mann für die Schaffung Pakistans geworben hatte, verantwortungslos gewesen; als habe er die politischen Erschütterungen nicht vorausgesehen oder die menschlichen Folgen nicht einkalkuliert; als hätten andere Leute für seine moslemische und schiitische Frömmigkeit zahlen müssen, während er sich seine Option so lange wie möglich offenhielt. Irak, Pakistan, England, Indien – in all diese Länder hatte er als Mann von Rang gehen können.

Doch Menschen haben ihre eigenen Vorstellungen von ihrer Zwangslage. Über diese Wanderphase im Leben seines Vaters sagte Amir: »Ich glaube, es war beinahe wie eine Buße, wissen Sie. Ich habe das Gefühl, er mußte genau die gleiche Erfahrung von Heimatlosigkeit machen, die andere Leute gemacht hatten, als sie Indien verließen und nach Pakistan gingen.

Ich besuchte ihn jedes Jahr. Eins der Bücher, das er mich lesen hieß, war ›Mahatma Gandhi, The Last Phase‹ von Pyary Lal. Er war sehr gerührt von der Tatsache, daß Gandhi zum Zeitpunkt der Unabhängigkeit nirgendwo zu sehen war. Er war nicht in Delhi. Er war in Kalkutta, wo er sich um das Unglück dieser Stadt grämte und trauerte.« Das Unglück der religiösen Unruhen von 1946, die für die Stadt Kalkutta der Anfang vom Ende waren. »So wie die Schiiten nun einmal fühlen, neigt der Schiit, wenn er Gram und Trauer auf der einen Seite hat und Freude und Festtagsstimmung auf der anderen, dem Kummer zu.«

Nachdem Amir seine Ausbildung an La Martinière abgeschlossen hatte, wußten seine Eltern nicht, was sie mit ihm anfangen sollten, und er verlor etwas Zeit. 1961, als er achtzehn war, wurde er schließlich von seinem Vater nach England geschickt und in einer Public School untergebracht. Damals durfte er die Ohrringe abnehmen. Auf dem Weg nach England machten sie Halt im Libanon, wo der Raja viele Freunde hatte; und anschließend reisten sie durch Europa. In Paris gingen sie in ein Casino und einen Nachtclub: der Raja wollte, daß sein Sohn sah, was dies für Lokale waren, und er wollte, daß sein Sohn sie zuerst in Begleitung seines Vaters sah.

Mit achtzehn war Amir eigentlich zu alt für eine Public School. Doch er blieb drei Jahre dort, bis er in Cambridge zum Mathematikstudium zugelassen wurde.

»In der Schule wurde ich nicht so schlecht behandelt. Ich war immer noch zurückgezogen. Ich freundete mich mit ein paar Jungen an. Ich hielt meinen Glauben in Ehren. Für mich war er eine Art Rüstung. Die Tatsache, daß etwas geheim und persönlich und verinnerlicht ist, gibt ihm für mich eine neue Dimension und eine Kraft. Die Tatsache, daß man, was man fühlt, nicht darstellen oder ausdrücken kann, erhöht noch die Erfahrung und ihre Macht.«

1965 sollte Amir ins Pembroke College, Cambridge, eintreten. Zuvor nahm sein Vater ihn mit auf eine Reise durch Pakistan und den Mittleren Osten. Sie trafen schiitische Theologen, und im Libanon wohnten sie bei Sayed Musa Sadr.

»Ich hörte, wie mein Vater und er die Weltlage in der Sprache und dem Idiom diskutierten, die zur iranischen Revolution und der Erhebung im Libanon gehörten. Sie redeten über die Anwesenheit der Westmächte im Libanon, das Regime im Irak – repressiv, antireligiös. Sie redeten über den Schah im Iran. Sie redeten darüber, daß es notwendig sei, eine Revolution nach den Grundsätzen Alis voranzutreiben – was ich für absolut utopisch hielt und meinem Vater auch sagte.«

Nach dieser schiitischen Begeisterung, dem Gerede von Revolution und der Herrschaft Alis, kam die Katastrophe. Bis jetzt waren die politischen Handlungen und Gesten des Raja ohne große Folgen für ihn geblieben. Nun änderte sich über Nacht alles. Im September 1965, einige Wochen, ehe Amir zum Pembroke College, Cambridge, fuhr, brach Krieg zwischen Indien und Pakistan aus, und der gesamte Besitz des Raja von Mahmudabad in Indien wurde zum Feindvermögen erklärt. Hatte der Raja diese Konsequenz geahnt, als er 1957 pakistanischer Staatsbürger geworden war – oder als er dreißig Jahre davor angefangen hatte, für einen eigenen moslemischen Staat zu werben?

Amir sagte: »Unser Palast in Mahmudabad, der Qila, wurde vollkommen versiegelt – der Palast, in dem ich aufgewachsen war und mein Vater und seine Vorväter. Niemand aus meiner Familie durfte ihn betreten. Das gesamte Einkommen wurde durch den Treuhänder für Feindvermögen von der indischen Regierung eingezogen. Das Semester in Cambridge sollte beginnen. Ich bekam Briefe von daheim, in denen stand, wie bewaffnete Polizei gekommen war, den Qila umzingelt und jede Tür versiegelt hatte. Obwohl dies ein schrecklicher Schlag war, dachte meine Familie *nie* daran, nach Pakistan zu ziehen.

Der Qila blieb eineinhalb Jahre versiegelt, in denen zweimal eingebrochen wurde. Unmengen äußerst wertvoller Dinge wurden gestohlen. In dieser Zeit reichten mein Onkel und meine Mutter bei der Regierung ein Gesuch mit der Bitte ein, ihnen zu gestatten, den Muharram im Qila zu begehen – das war in unserer Familie Tradition gewesen. Letztendlich wurde die Erlaubnis gewährt, unter der Bedingung, daß sie sich auf zwei Räume und ein Bad beschränkten. Sie akzeptierten die Bedingung und lebten auf Veranden. Die Imambaras waren jedoch offen – dort wurden die Muharram-Zeremonien eigentlich abgehalten.

Ich war die ganze Zeit in Cambridge. Ich war sehr bedrückt. Meine Arbeit litt darunter. Viele Leute kannten den Hintergrund gar nicht. Ich redete mit meinem Tutor. Ich las das Leben Alis zum Trost. Und bestimmte Kapitel und Verse aus dem Koran.«

Ich fragte, welche.

Amir sagte, einen Vers auswendig zitierend: »›Ich bringe denen gute Botschaft, die nicht schwach sind, aber geschwächt wurden.‹ Ich will Ihnen sagen, wie es genau heißt. Es ist kein Problem, es zu finden.«

Er stand von dem weiß gedeckten Tisch auf, an dem wir saßen, ging ins Nebenzimmer und kam mit einem kleinen, blau eingebundenen Buch zurück. Doch er konnte den Vers in dem Buch nicht finden. Er ging zu den Regalen an der gegenüberliegenden Wand, holte ein größeres Buch herunter, kam zurück und setzte sich wieder an den Tisch. Während er in dem Buch blätterte, sagte er: »Dieser Vers taucht immer wieder in der iranischen Revolution auf.« Endlich fand er den Vers. Er las ihn erst für sich. Ich konnte sehen, daß er gerührt war. Dann las er ihn mir laut vor.

»›Und wir wollten jenen Gunst erweisen, die unterdrückt waren im Land, sie zu Führern machen und ihnen einen festen Platz im Land schaffen und dem Pharao und Haman und den heranrückenden Heeren genau das zeigen, wogegen sie Vorsichtsmaßnahmen ergriffen.‹« Er hielt inne und sagte: »Das hilft einem, die Schiiten direkt von der Zeit des Imam Ali an zu verstehen. ›Unterdrückt‹ bezeichnet hier nicht jemanden, der von Natur aus schwach ist, sondern die, die durch die Umstände geschwächt wurden und die Kraft des Glaubens und Handelns in sich verborgen haben.

Das las ich immer in Cambridge. Es ist eine Verheißung, sehen Sie, eine Verheißung Gottes. Eigentlich geht es um die Kinder Israels, aber es wurde in der ganzen Geschichte der Schiiten als Verheißung der kommenden Erlösung gesehen «

Amir las weiter in seinem dicken Buch, las das Kleingedruckte der Anmerkungen und sagte: »Es ist eine der Offenbarungen in Mekka. Vor der Flucht nach Medina. Die Offenbarungen in Mekka sind für ihre Poesie berühmt.«

Ich sagte: »Solange der Prophet nur Prophet war?«

Amir sagte: »Damit könnte man andeuten, daß er aufhörte, ein Prophet zu sein, und das wäre Blasphemie.«

»Ehe er ein Herrscher wurde? Als er noch ohne irdische Macht war?«

»Das klingt besser.« Er sagte noch einmal: »Die Offenbarungen in Mekka sind für ihre poetische Qualität sehr bekannt.«

Während Amir in Cambridge so versuchte, sich mit dem Verlust des Familienbesitzes abzufinden, war sein Vater wieder in Pakistan. Doch im nächsten Jahr kam der Raja nach England, um im Islamischen Institut in Regent's Park zu arbeiten; und er blieb dort, bis Amir sein Studium beendet hatte. Als jemandem, der in England arbeitete, stand es dem Raja nun frei, wieder ein britischer Untertan zu werden. Hätte er das getan, wäre er kein »Feind« oder »Ausländer« mehr gewesen, und die indische Regierung hätte seinen Besitz in Lucknow und Mahmudabad freigegeben. Doch der Raja zog es vor, das Kreuz seiner pakistanischen Staatsbürgerschaft zu tragen, auch wenn es seiner Familie weiterhin Ungelegenheiten brachte.

Amirs akademische Arbeit machte Fortschritte. Nachdem er sein Examen in Cambridge abgelegt hatte, ging er aufs Imperial College in London; und dann ging er wieder zurück nach Cambridge, zum Institut für Astronomie.

»Alles beruhigte sich. Ich fand mich mit der Situation daheim ab und beschloß, einige Probleme zu lösen. Doch die Probleme blieben. Der Qila in Mahmudabad ist jetzt offen. Ich nutze und erhalte ihn, aber er gehört uns immer noch nicht. Hätte meine Mutter nicht so viel investiert, wäre es unmöglich, darin zu wohnen.«

1971 brach der indisch-pakistanische Krieg wegen Bangladesh aus.

»Von diesem Schlag erholte mein Vater sich nie wieder. Er

starb zwei Jahre später. Er war sehr unglücklich, als er starb – dieses unerhörte Blutvergießen, das die pakistanische Armee in Bangladesh anrichtete, und der derbe Materialismus Pakistans selbst. Er war sehr unglücklich über die Herrscher und die Klassen, die an die Macht gekommen waren.«

Amir brachte den Leichnam seines Vaters zum Heiligtum von Mashhad im östlichen Iran. Der Raja hatte, als Amir klein war, gehofft, daß Amir ein berühmter Ayatollah iranischer Tradition werden würde. Das war nicht geschehen; doch Amir war von der Reise mit dem Leichnam seines Vaters nach Mashhad sehr bewegt.

»Einige der Ulema, der religiösen Lehrer, die meinen Vater gekannt hatten, verkündeten, daß der Leichnam eines *alim*, eines schiitischen Geistlichen, eines Dieners des Glaubens, aus London gekommen sei. Und mein Vater wurde am Heiligtum begraben, auf einem Friedhof, auf dem viele hervorragende Theologen begraben worden waren. Er sollte dort vorübergehend bestattet werden – die endgültige Bestattung sollte in Kerbala im Irak sein. 1976 hörte ich von Iranern, daß der Schah Befehl gegeben habe, den Friedhof in einen Park umzugestalten, und Gefahr bestehe, daß das Grab meines Vaters zerstört werden könne. Doch als ich nach Mashhad fuhr, fand ich, daß dank der Intervention von Mr. Bhutto« – dem Premierminister von Pakistan: der Raja war als pakistanischer Staatsbürger gestorben – »der Leichnam meines Vaters im inneren Heiligtum neu beigesetzt worden war.«

Im Tod hatte der gottesfürchtige Raja also so etwas wie Erfüllung gefunden. Seine politische und religiöse Leidenschaft hatte seinem Sohn viele Sprachen, viele Kulturen, viele Arten zu denken und zu fühlen hinterlassen. Er hatte seinem Sohn die Ohren durchstechen lassen, um ihn unabdinglich in den Dienst des Glaubens zu stellen; und in der Tat hatte Amir etwas von der Leidenschaft seines Vaters geerbt. Doch zugleich – seine Studien in Cambridge und London hatten der Astronomie gegolten – hatte Amir damit auch religiöse Zweifel entwickelt.

»Diese Zweifel begannen in der Schule und hielten an der Universität an und wurden manchmal sehr stark. Doch die Gesamtheit meiner Erfahrung – die historischer oder kultureller Natur ist – ist so tief in meinem Sein verwurzelt, daß sie nun unauslöschlich ist. Sie ist eine Art dialektischer Prozeß, in dem Religion und die Belange der realen Welt mir dialektisch einen Weg erschließen. Ich wende mich an die Religion, um Unterstützung in weltlichen Angelegenheiten zu suchen. Und das bringt mich wieder zu Zweifeln und dann wieder zur Religion. Ich bewege mich zwischen beiden Welten hin und her.«

(Er war, schien es, bei der hinduistischen Vorstellung von Gegensatzpaaren angelangt: dem weltlichen Leben, dem Leben des Geistes: *laukika, vaidhika.* Doch diese Vorstellung interessierte ihn nicht.) In Cambridge hatten ihn einige Aspekte des Marxismus angezogen. Besonders der marxistische Versuch, die Geschichte wissenschaftlich zu analysieren, zog ihn an. Doch es war sein schiitischer Glaube, der ihn für die umfassenderen marxistischen Ideen empfänglich machte.

»In meinem Denken gibt es sehr viele verschiedene Elemente und Widersprüche. Am Marxismus zog mich an, daß er sich damit befaßte, eine gerechtere und ausgeglichenere Gesellschaft zu schaffen, besonders für die Unterdrückten, die Geschmähten und die Verletzten. Mein Instinkt sagte mir, mich an Trotzki und Che Guevara zu halten, die sich beide nicht durchgesetzt hatten, obwohl ihre Botschaften noch lebendig waren. Kerbala, wissen Sie.« Kerbala, wo Hussein, der Sohn Alis, umgekommen war. »Das Weltbild, das mir der Marxismus lieferte, vermischte sich also mit meinem eigenen religiösen Bild.«

Diese Mischung aus historischen und religiösen Ideen versöhnte ihn mit dem langen Niedergang der Moslems hier in Lucknow.

»Ich finde Trost in beiden Denkweisen. Die historische zeigt mir, daß das Menschengeschick darüber steht – über unseren Leiden, unseren kleinen Problemen. Diese Vorstellung vom Menschengeschick zeigt mir, daß wir uns eigentlich auf eine bessere Welt zubewegen, trotz aller Sorgen und Krisen. Die religiöse Denkweise lehrt mich Ausdauer, Versöhnung mit dem göttlichen Plan, von dem sie Teil ist, aber mit Hoffnung auf und Glaube an eine bessere Zukunft. Der Koranvers, den ich Ihnen vorgelesen habe, hat vielen Menschen auf der ganzen Welt seelischen Beistand gespendet.

Für mich selbst hatte ich das Gefühl, daß es mir eine große Hilfe war, Schiit zu sein, weil ich von Kindheit an mit Menschen bekannt war, die für Ideale gekämpft hatten und besiegt worden waren, offensichtlich von irdischer Macht, und dennoch solch tiefen Eindruck in der Geschichte hinterlassen hatten. Ich bin stolz darauf, daß den meisten meiner Vorfahren nicht so sehr am materiellen Erfolg lag wie an dem, woran sie glaubten. Ich bin stolz auf das Leben meines Vaters.« Sein Vater war ein Bewunderer Gandhis gewesen. »Die Tatsache, daß er nur eine Brille, Sandalen, einen Stab, Kleider zum Wechseln und Bücher besaß, brachte ihn dem Ideal des schiitischen Herrschers, wie Ali es war, näher. Das Band zwischen meinem Vater und Gandhi bestand darin, daß er erkannte, daß Religion genutzt werden konnte, um eine große Bewußtseinsveränderung – was die Welt und den Platz der Menschen darin betraf – zu bewirken und auch um Menschen zum Handeln zu bringen.«

Ich fragte ihn, was ihm der Kaiserbagh-Palast bedeute.

»Es gibt eine gewisse Bindung – all die Veränderungen, all die Dinge, die geschehen sind, all die Vorfahren. Es ist beinahe, als sei es, das Haus, etwas Organisches, Lebendiges.«

Der Flügel, den er bewohnte, war über hundertdreißig Meter lang und über dreißig Meter breit, und er erstreckte sich über zwei Stockwerke. Der ganze Flügel war bewohnt. Ich fragte ihn nach der Zahl der Diener.

Er sagte: »Du meine Güte, ich habe sie nicht gezählt. Gewiß machen das Personal und die dazugehörigen Familien eine dreistellige Zahl aus. In der Küche meiner Mutter oben werden im Schnitt *täglich* Mahlzeiten für vierzig Leute gekocht. Ein großer Kostenpunkt. Manchmal frage ich mich, ob es das wert ist. Aber ich weiß, daß ich den Palast nicht verlassen kann. Ich habe einen Pied-à-terre in London, in Hampstead. Das ist ein Zufluchtsort. Kein Personal.«

Er war 1978 vom Institut für Astronomie zurückgekehrt und lebte seitdem mehr oder weniger permanent in Lucknow. Vor drei Jahren war er dann in die Staatspolitik gegangen. Nach den Wahlen 1985 hatte er Rajiv Gandhi geschrieben, ihn an die Verbindungen zwischen den beiden Familien erinnert und seine Dienste angeboten. Ihm wurde nahegelegt, für einen Sitz im Staatsparlament zu kandidieren. Er glaubte nicht, daß er nominiert würde; er glaubte, daß es wegen der Vergangenheit seines Vaters Feindseligkeiten gegen ihn geben würde. Doch er wurde nominiert; die einzige Feindseligkeit, die er auf sich zog, war die des Mannes, den er verdrängt hatte.

»Er wuchs hier im Palast auf. Seine Familie diente der unseren über drei Generationen. Ich kannte ihn sehr gut. Es ist wie ein Film, wie in einem Roman. Vor der Wahl kam er jeden Tag her. Jetzt tut er alles in seiner Macht Stehende, um mich zu erledigen. Er ist jetzt ungeheuer reich.«

Amir lächelte.

Ich sagte: »Sie scheinen zurechtzukommen.«

Er lachte. »Nach all den Dingen, über die wir geredet haben – bei *so etwas* zu enden!« *So etwas:* die Wut eines politischen Rivalen.

Wir hatten lange geredet, an einem großen Tisch, der mit einem weißen Tischtuch bedeckt war. Hinter ihm waren in die Wand eingelassene Bücherregale, Teil seiner Bibliothek. Von Zeit zu Zeit war im Laufe des Tages Amirs kleiner Sohn, Ali, aufgetaucht und unbefangen durch verschiedene Türen ein- und ausgegangen. Wir hatten zu Mittag gegessen, belegte Brote und gebratenen Fisch, nicht aus der Küche oben, sondern aus dem Kwality-Restaurant in Lucknow. (Das erfuhr ich später von Rashid. Er kannte die Diener des Palastes, und er hatte gesehen, wie sie das Mittagessen beim Kwality-Restaurant geholt hatten.)

Es war kühl in der Bibliothek des Palastes. Wajid Ali Shah, der letzte Nawab von Oudh, hatte den Palast angeblich nach dem Vorbild von Versailles geplant; doch vielleicht meinte man damit nur, daß er geplant hatte, sehr viel und groß zu bauen. Die Wände waren dick; sie waren aus den dünnen Ziegeln Lucknows und dem besonderen Mörtel aus Kalk und zerstoßenem Stein. Die Temperatur war so angenehm, daß ich gar nicht mehr darüber nachdachte. Doch draußen war es die ganze Zeit warm und gleißend hell gewesen, und das machte sich sofort bemerkbar, als wir die Bibliothek verließen und in den Staub der Auffahrt traten.

Auch draußen waren einige der Diener des Palastes, von denen Amir gesprochen hatte, dünne Männer, die aufstanden und, ob man es zur Kenntnis nahm oder nicht, ständig Gesten des Gehorsams machten und die Augen auf ihren Herrn gerichtet hielten: diese Männer waren ganz anders als die Kellner in

Restaurants oder das Personal in Hotels oder sogar das Personal des größten Clubs in Lucknow. Diese Männer waren von der Sicherheit und dem Müßiggang und der überlieferten Etikette des Palastlebens geprägt.

Wir fuhren zum Staatsparlament. Amir wollte es mir zeigen. Doch wir wurden aufgehalten. Ein Auto kam die Einfahrt herauf. Darin saß ein Einwohner seines Wahlbezirks. Er sprang aus seinem Wagen; Amir stieg aus seinem. Die beiden Männer gaben sich die Hand, und Amir sagte seinem Wähler, daß er in einer halben Stunde oder vierzig Minuten wieder zurück sei.

Er sagte, er sehe jeden Tag ungefähr zwanzig Leute. Auf jeden Fall kämen zwanzig Leute, um ihn zu sehen. Gerade an dieser Seite des politischen Lebens liege ihm nichts. Die Leute, die ihn aufsuchten, hätten oft unmögliche Forderungen, betreffs Arbeitsstellen oder ihrer Entlassung oder der Einrichtung eines Untersuchungsausschusses. Manchmal wollten sie, daß Amir als ihr gewählter Repräsentant jemanden um ihretwillen bestach. Amir war nicht wie Prakash, der Minister in Bangalore. Amir war nicht wie Prakash über diesen Aspekt der menschlichen Komödie amüsiert; er genoß nicht das Schauspiel der allmorgendlichen Bittsteller und regelrechten Bettler vor seiner Tür. Amir mochte nicht belagert werden. Er habe herausgefunden, sagte er, daß die Leute nie dankbar seien für das, was man für sie tat; immer hätten sie das Gefühl, daß man hätte mehr tun können.

Das Parlament tagte nicht. Wir schauten durch die Glastür in den Plenarsaal. Das Formelle und Rituelle des Parlaments gefiel Amir. Doch die Kleinlichkeit und Banalität eines gut Teils des politischen Lebens enervierte ihn. Der Rachefeldzug des Mannes, den er verdrängt hatte, war, auch wenn er darüber zu lachen schien, emotional anstrengend für ihn, eine Beanspruchung und Irritation, auf die er gut hätte verzichten können.

»Politik kostet viel Geld, und ich habe Schuldgefühle, daß ich Geld für Politik verschwende – wenn ich das Wort benutzen kann. Ich habe meine Zweifel, ob ich weitermachen soll.« Doch für jemanden seiner Abstammung hatte das öffentliche Leben eine besondere Anziehungskraft. »Mein politisches Leben hat das Band zwischen meiner Familie und den Menschen von Mahmudabad erneuert und wiederbelebt, das seit 1936 verkümmert war. Das war das Jahr, in dem mein Vater in das Exekutivkomitee der Moslemliga eintrat.« Und seinen Wahlsieg in Mahmudabad konnte er nicht so leicht abtun. »Es war eine sehr bewegende Erfahrung, weil die Einwohner Mahmudabads – zu achtzig Prozent Hindus – mit überwältigender Mehrheit für mich stimmten, trotz der Politik meines Vaters. Solch eine Mehrheit hat es im Bezirk Lucknow noch nie gegeben. Meine Mutter war sehr gerührt. Sie sagte – am Wahlabend im Qila –, daß sie seit ihrer Kindheit nicht mehr so viele Menschen dort gesehen habe.«

Das hinduistische Frühlingsfest Holi, das das Staatsparlament leergefegt hatte, hatte auch die Schule La Martinière leergefegt. Die Gebäude waren berühmt: eine französische oder europäische Extravaganz des ausgehenden 18. Jahrhunderts im entlegenen Indien. Das Gelände war immens groß; und wie so oft an solchen Orten dachte man beinahe mit Neid an den Mann, der vor rund zweihundert Jahren die Voraussicht oder das Glück gehabt hatte, so viel Land zu kaufen. Die Schule war für Leute, die in Lucknow aufgewachsen waren, von Bedeutung. Sie spielte in den Erinnerungen von Rashid und seinen Freunden eine Rolle, sie spielte in den Erinnerungen von Amir und den gedruckten Memoiren seines Vaters eine Rolle.

Sie war immer noch eine Privatschule; das Geld, das eingenommen wurde, reichte nicht aus, um sie in tadellosem Zustand zu halten. Wenn man sich der Schule von dem staubigen Buschwerk an der Rückseite her näherte und das Unkraut aus dem Mauerwerk sprießen und auf den Simsen Wurzeln schlagen sah, war es, als sehe man etwas, das dem Verfall nahe war. Von vorne war sie besser in Ordnung gehalten, beeindruckender. Dort waren gut gewässerte grüne Gärten voller Farbe.

An diesem stillen Tag ging es einem mit der ausgedehnten Fläche des sonnenbeschienenen Geländes und seiner verbrannten Farbe wieder wie mit dem Blick auf die Gomati vom Hotelfenster – als wäre man im Original eines Drucks der Daniells vom Ende des 18. Jahrhunderts. Die Daniells hatten schätzungsweise zur selben Zeit gelebt wie der selbsternannte General Martin, schätzungsweise zu der Zeit, in der ein europäischer Glücksritter einige europäische Fertigkeiten für große Summen an einen asiatischen Herrscher verkaufen konnte.

Ähnliche Gedanken mußten auch Rashid durch den Kopf gegangen sein. Seine Erinnerungen an La Martinière waren ganz glücklich; und der Stolz eines Ehemaligen auf seine alte Schule hatte ihn veranlaßt, mich hierhin zu führen. Doch der Anblick der Kanone von Oudh, die der General gegossen hatte und die in großen erhabenen Buchstaben noch seinen Namen trug, von den unzähligen Händen, die sie liebkost hatten, glänzend poliert – dieser Anblick auf der breiten Terrasse vor der Schule hatte alte Vorstellungen von moslemischer und indischer Hilflosigkeit und Unterwerfung in ihm geweckt; und völlig unerwartet hatte der Gedanke an die europäischen und amerikanischen Fachleute von heute, die Nachfolger des Generals Martin, die fürstlich durch die ärmeren Länder reisen, Rashid erzürnt.

Er wurde von seiner Stimmung übermannt. Er blieb im Schatten der von Säulen getragenen Loggia vorne und schickte mich hinaus in die Sonne, um die Namen der ehemaligen Schüler anzuschauen, die in die breiten Steinstufen gemeißelt waren, die zur Terrasse führten.

Noch eine Vorstellung von Verlust nagte an ihm und kam zu all dem hinzu, was seit dem 18. Jahrhundert verlorengegangen war.

Später sagte er: »Die Lehrer hier waren alle Anglo-Inder, bis auf den Hindi-Lehrer. Sie waren sehr geschätzt. Jetzt sind ihre Familien nach Australien ausgewandert. Ihre Familien waren seit Generationen in Lucknow ansässig. Die Anglo-Inder arbeiteten meistens bei der Eisenbahn, als Lehrer und Polizisten. Die Eisenbahn war fest in ihrer Hand. Und ihre Siedlungen, die Viertel, in denen sie wohnten, lagen außerhalb der Stadt, schöne, saubere Gegenden. Nach 1947 packten sie die Koffer und gingen.«

Etwas von dieser Melancholie haftete auch der Hazratganj an, der früheren Hauptgeschäftsstraße im alten Lucknow, wo Rashids Familie ihr Fotogeschäft und Landau, der Uhrmacher, sein großes Eckgeschäft gehabt hatten. An Landaus Ecke war jetzt Ramlal und Söhne, ein Stoff- und Sarigeschäft mit dem Werbespruch: »Unsere Auswahl bietet Ihnen freie Wahl.«

Nicht weit weg war das Haus, in dem MacGregor, der Schneider von Hazratganj, der Kleider für Prinzen und Angehörige des höheren Staatsdienstes und die Engländer des Raj gemacht hatte, bis zu seinem Tod gelebt hatte.

Hier herrschte die Melancholie der jüngsten Vergangenheit. Anderswo, in den Ruinen des Amtssitzes des Residenten und des Palastes und des Jagdsitzes des Nawabs, herrschten die Erinnerungen an die Niederlage von vor hundertdreißig Jahren. Davor lag die Erinnerung an die Pracht der früheren Nawab, die jetzt genauso schmerzlich war: besonders in dem Monument, das als der große Imambara bekannt war, der Ende des 18. Jahrhunderts als Hilfsmaßnahme gegen eine Hungersnot errichtet worden war: überreich verziert, schwach, doch allein durch seine Größe beeindruckend. Keine große Architektur in der alten Fürstenstadt, aber viele Parks, viele Orte zum Spazierengehen: nicht viele Städte in Indien pflegten diesen Stil. Doch diese Spaziergänge machten Rashid traurig, wie sie ihn an diesem Nachmittag traurig machten, und holten die tragische, schiitische Seite seines Charakters hervor, die Seite, die von Niederlage, Gram, erfahrener Ungerechtigkeit durchdrungen war.

Er sagte: »Lucknow bin ich. Es ist nicht der Fluß oder die Häuser oder sonst etwas. Man liebt seinen Vater schließlich auch nicht, weil er über einen Meter achtzig groß ist und gut aussieht. Er ist eben einfach der Vater. Genauso ist es mit Lucknow und mir. Wir sind seit Generationen hier, auf beiden Seiten.«

Was hieß das, ein Moslem aus Lucknow zu sein?

»Es ist wie die buddhistische Vorstellung des ›nicht dies, nicht das‹. Ich bin Inder, doch der Tempel ist nicht für mich. Ich bin Moslem, doch in seinen Einzelheiten kann mein Glaube nicht derselbe Glaube wie der in Afghanistan oder Pakistan oder im Iran sein. Ich spreche Urdu. Ich grüße Menschen nach Art der Moslems von Lucknow. Ich sage: ›Meine Hochachtung‹ anstatt ›Friede sei mit dir‹. Lucknow gibt mir Halt. Es gibt mir ein Identitätsgefühl – die Gebäude, die Monumente, die Kultur, die Beziehungen.«

Über dem Grün konnte man von vielen Stellen der Stadt einen neuen weißen Palast sehen. Er wurde der Butler-Palast genannt, und man erzählte sich, Amirs Vater habe ihn als Lustschloß für einen britischen Beamten, Sir Harcourt Butler, gebaut. Er gehörte zum Vermögen, das Amir verloren hatte. Er war immer noch im Besitz des Treuhänders für Fremdvermögen, und er war für 38000 Rupien im Jahr an den Indian Council of Philosophical Research vermietet. Der Palast war, was einige Motive betraf, im Stil Lucknows gebaut. Er war kein herausragendes Gebäude: das einzige, was ihm ein palastähnliches Aussehen gab, waren die vier vieleckigen Türme an den Ecken.

In einen dieser Türme hatte man einen Aufzug eingebaut. Oben war eine sehr große philosophische Bibliothek; viele Bände waren neu und sahen unbenutzt aus. Man hätte das Gebäude nicht schöner oder würdiger nutzen können. Doch nach dem, was Rashid sagte, besänftigte das Amirs Kummer nicht. Amir habe, sagte Rashid, keinen Fuß mehr in den Butler-Palast gesetzt, seit er ihm nicht mehr gehörte.

Ich fragte Rashid später – am Ende unserer Rundfahrt durch das alte Lucknow, die Stadt der Schulen und Paläste – nach seinen Besuchen in Pakistan. Ich wollte, daß er mir noch etwas mehr erzählte. Ich wollte konkretere Einzelheiten wissen.

Er sagte: »In Indien baten die Bettler um Kleingeld. In Pakistan baten sie um eine Rupie. Die Zollbeamten in Pakistan waren größer und besser gebaut als auf der indischen Seite; dies war das erste Mal, daß ich einen Moslem aus dem Punjab sah. Und dann dachte ich – und ich frage mich, ob Sie das wohl verstehen können – ›Wozu sind sie eigentlich Moslems, wenn sie dieses ungehobelte Punjabi und nicht das züchtige Urdu sprechen?‹ Sehen Sie, ich hatte Moslems immer mit Urdu und Kultur assoziiert.

Als ich nach Lahore kam, dachte ich, es sei eine bessere Version von Lucknow: ein weiß gestrichenes Lucknow, wo alle Leute sich gebadet und frische Kleider angezogen hatten. Es war ein angenehmer Anblick. Eines war komisch: man schaute sich die Kinoreklame an und sah, weil sie die indischen Filme nachahmen – die Pakis können um nichts in der Welt einen Film machen –, die Namen von Filmen, die man kannte, aber mit neuen Stars und anderen Gesichtern. In Lahore hat man erst das Gefühl, man sei in einer fremden indischen Stadt, die man zum ersten Mal besucht. Doch langsam werden die Unterschiede offensichtlich. Man trifft jemanden, man kommt ins Gespräch. Man meint, er sei ein Punjabi, groß, gut gebaut, der Urdu mit einem derben Punjabi-Akzent spricht. Dann fragt man ihn, wo sein Vater herkommt, und er sagt Lucknow – und man bleibt verblüfft zurück, weil man nun, nach vierzig Jahren, so anders ist.

Ich blieb zwei Monate, aber ich wußte, daß ich dort nicht hingehörte, trotz des Reichtums. Selbst die Verwandten, die ich besuchte, hatten sich verändert. Sie waren weltgewandter; sie waren aggressiver. Sie waren wie die Flüchtlinge geworden, die aus dem Punjab und aus Sindh nach Lucknow gekommen waren. Ich hatte einen Vetter, der Händler war. Er hatte überall seine Finger im Spiel; er konnte jeden Beamten bestechen; er wußte, daß die Hauptsache war, flexibel zu sein und Geld zu verdienen. Er war zweimal vertrieben worden, das erste Mal 1947 bei der Unabhängigkeit und dann 1971 in Chittagong in Bangladesh. Er wußte, daß er sich auf nichts verlassen konnte als auf Geld. Andere Werte spielten keine Rolle. Er war eine völlig andere Person als die, an die ich mich erinnerte.

Etwas anderes, das ich drüben herausfand, war, daß man nicht in der Vergangenheit lebte wie bei uns. Sie hatten eine gesündere Haltung zur Teilung als die indischen Moslems. Was geschehen war, war geschehen. Sie hatten ein neues Leben begonnen – sie hatten die Menschen vergessen, die sie zurückgelassen hatten, sogar die Menschen, die sich noch an sie erinnerten und an sie dachten und durch mich Botschaften ausrichten ließen.

Nach meinen zwei Monaten war ich froh, wieder abzureisen. Nach der Abgeschlossenheit einer islamischen Gesellschaft war ich erleichtert, wieder in Indien zu sein. Ich freute mich, wieder Frauen auf den Straßen zu sehen. Der Dreck und Schmutz Indiens schien nicht mehr wichtig zu sein. Die Leute in Pakistan gingen eigentlich ganz lässig mit ihrer Religion um. Es waren bloß die verdammten Gesetze, die wie eine Wolke über einem hingen: der Ruf zum Gebet, der Maulvi, der zum Haus meines Freundes kam und fragte, warum er uns in der letzten Zeit nicht in der Moschee gesehen habe. Die Gedankenpolizei. Islam auf Rädern.

Ich war erleichtert, wieder hier zu sein. Ich wußte, daß ich das Zugehörigkeitsgefühl, das ich in Indien hatte, nirgendwo anders finden konnte. Aber ich weiß auch, daß ich jetzt nie mehr ein in mir ruhender Mensch sein kann. Ich kann die Teilung nicht ignorieren. Sie ist Teil von mir. Ich fühle mich richtungslos. Hätte es die Teilung nicht gegeben, wäre ich jetzt vielleicht ein verheirateter Mann mit all den Paraphernalia einer mittelständischen moslemischen Existenz. Doch ich habe mein ganzes Leben bisher als Junggeselle verbracht, und jetzt ist es zu spät für etwas anderes. Die Schaffung und die Existenz Pakistans haben einen Teil meiner Seele beschädigt. Ich kann einfach nicht so tun, als gebe es das nicht. Ich kann nicht so tun, als gehe das Leben weiter und könne ich ein normales, ausgefülltes Gefühlsleben haben, als sei das, was einst hier war, immer noch um mich herum.«

7

Woman's Era

Ein paar Wochen später, als ich Indien verlassen hatte und mich wieder zwischen meinen eigenen Dingen befand, schaute ich mir ein Buch an, das ich vor vielen Jahren gekauft, aber nie ganz gelesen hatte. Das Buch hieß ›My Diary in India in the Year 1858–9‹. Der Verfasser hieß William Howard Russell; er wurde auf der Titelseite als Sonderkorrespondent der ›Times‹ bezeichnet. Als Korrespondent der ›Times‹ hatte Russell sich in den Jahren zuvor im Krimkrieg einen Namen gemacht: seine Berichte über die Bedingungen in den Lazaretten der britischen Streitkräfte hatten zur Entsendung von Florence Nightingale auf die Krim geführt. Mit diesem Ruf und zweifelsohne der Hoffnung auf Wiederholung seines Erfolges war er neun Monate nach seiner Rückkehr nach England wieder abgereist, zum Aufstand in Indien.

Zug und Schiff und Zug nach Paris; Zug nach Marseille; Dampfer nach Malta und Alexandria; Zug nach Kairo und Suez; drei Wochen auf einem Dampfer nach Ceylon und Kalkutta. Und dann mit Karren und Eisenbahn und Karren zur Front.

Russell war sechsunddreißig. Er war der einzige Korrespondent, der von einer britischen Zeitung auf die Reise geschickt worden war, um über den Aufstand »und die Revolte, die ihm folgte« zu berichten. Die »Briefe«, die er an die ›Times‹ schickte, wurden pünktlich in der Zeitung abgedruckt. Dann wurde das Tagebuch, aus dem die Briefe hervorgegangen waren, in Druck gegeben, insgesamt achthundert Seiten, mit gelb getönten Lithographien und einer in Stahl gestochenen Karte. Es wurde 1860 in zwei Bänden vom Verlag Routledge, Warne and Routledge veröffentlicht: viktorianische Energie, die eine große Anstrengung – eine beschwerliche Reise und anhaltende schriftstellerische Bemühung – mühelos aussehen ließ.

Der Russell des Krimkriegs war so berühmt, daß er in die Geschichtsbücher einging. Ich lernte in der Schule auf Trinidad etwas über ihn; er war der erste Auslandskorrespondent, von dem ich je gehört hatte. Den Russell des indischen Aufstands kannte ich nicht; von seinem Buch über Indien hatte ich nie etwas gehört, bis ich die beiden Bände im Antiquariat sah. Es mußten ansehnliche, ehrfurchterweckende Bände gewesen sein, als sie neu waren, die harten Buchdeckel, in purpurfarbenen Stoff gebunden, mit einem Zackenmuster dekorativ bedruckt. Licht hatte die Purpurfarbe am Rücken der beiden Bände hellbraun gebleicht, den oberen und unteren Rand des Umschlags verblassen lassen, den purpurfarbenen Stoff in einem Falz des Rückens rissig gemacht und an der brüchigen Oberkante genagt.

Es fiel mir schwer, das Buch zu lesen. Ich hatte das Gefühl, der Verfasser habe zu lange gebraucht, um nach Indien zu kommen; und was ihn unterwegs beschäftigte, kam mir nicht sehr interessant vor. Als ich mir den letzten Teil anschaute, konnte ich den taktischen militärischen Einzelheiten kaum folgen. Als diese Einzelheiten niedergeschrieben wurden, waren sie wahrscheinlich die neuesten Nachrichten aus Indien gewesen; jetzt fesselten sie mich nicht mehr. Im Indien der Jahre 1858 und 59 suchte ich nach anderen Dingen.

Doch nach dieser Reise nach Indien und besonders nach meinen Spaziergängen durch Lucknow mit Rashid wurde Russells Tagebuch ein anderes Buch. Die lange Reise nach Indien, die Russell beschrieb, war eigentlich eine Reise zur Schlacht um Lucknow. Die in Stahl gestochene Karte zum Auseinanderfalten am Anfang des Textes war überschrieben mit »Plan der Operation gegen Lucknow, März 1858«. Auf der Karte sah ich eine Reihe von Orten, die Rashid mir gezeigt hatte.

Die britische Armee hatte ihr Lager im Dilkusha-Park aufgeschlagen, dem Park der »Herzensfreude«. Der Jagdsitz des Nawab, noch nicht zerstört und in Russells Augen einem französischen Château vergleichbar, war das Hauptquartier des britischen Oberbefehlshabers. Es wurde von einer der Kanonen des Nawabs vor La Martinière beschossen. Zu denen, die die britischen Stellungen von La Martinière aus unter Beschuß nahmen, gehörten einige afrikanische Eunuchen des Nawabs – merkwürdig, daß es 1858 in Indien noch solche Leute gab. Ich fragte mich, was Rashid wohl mit diesem Detail in Russells

Buch gemacht hätte. Vielleicht wäre es von dem Zorn und Schmerz hinweggewischt worden, den er über die Niederlage empfand und die anschließende Plünderung des Kaiserbagh-Palastes – in dessen erhaltenem Flügel ich Amir getroffen und gesprochen hatte, dessen Vorfahren den Palast neun Jahre nach der Plünderung von den Briten bekommen hatten.

Eine der gelb getönten Lithographien war betitelt ›Die Plünderung des Kaiserbagh‹. Sie war nachträglich in England gemacht worden und eine Illustration zu Russells Text. »Es war einer der merkwürdigsten und beunruhigendsten Anblicke, die man sich vorstellen konnte; aber er war auch höchst erregend… Stellen Sie sich Höfe vor, so groß wie Tempelgärten, umgeben von Reihen von Palästen oder zumindest Gebäuden mit viel Stuck und Vergoldung, mit Fresken über blinden Fenstern… Aus den geborstenen Portalen strömen Soldaten, beladen mit Kriegsbeute oder Plündergut. Schals, schwere Wandteppiche, Gold- und Silberbrokat, Truhen mit Juwelen, Waffen, prächtige Kleider. Die Männer sind wild vor Wut und Goldgier – buchstäblich berauscht vom Plündern… Diesen Ausdruck hatte ich oft gehört, aber noch nie so etwas gesehen. Sie zerschmetterten die Vogelflinten und Pistolen, um an die Goldbeschläge und die in die Schäfte eingelassenen Edelsteine zu kommen. In einem Feuer, das sie mitten in einem Hof entzündeten, verbrannten sie Brokat und bestickte Schals um des Goldes und des Silbers willen… Oh, die Mühen dieses Tages! Es war schrecklich genug, durch endlose Höfe zu stolpern, die wie Dampfbäder waren, über Tote, Anblicke, der Hölle würdig… dem Ersticken nahe durch die tödlichen Gerüche faulender Leichen, faulen Ghees oder durch abstoßende einheimische Gerüche; doch die wimmelnde Masse des Trosses, der dem Heer folgte und in den wir auf Hazratgurj gerieten, war noch schlimmer. So raubgierig und beinahe so widerlich wie Geier…«

Zwei Tage zuvor hatte Russell »ein kleines Beutestück von geringem Wert« bekommen: ein Porträt des Königs von Oudh, das er aus dem Rahmen geschnitten hatte. Er hatte das Porträt aus einem Raum in Badshahbagh mitgenommen, »einem großen umfriedeten Garten und eingehegten Grundstück, inmitten eines der schönsten Sommerpaläste des Königs von Oudh«. Ein kleines Beutestück nach vielen Schrecken: der Schutzgraben um den Badshahbagh »war mit den Leichen von Sepoys gefüllt, die die Kulis von drinnen heranschleppten und auf Befehl der Soldaten kopfüber-kopfunter in den Graben warfen; in Todesstarre, mit ausgestreckten Armen und Beinen, verbrannten sie langsam in ihren Baumwolltuniken… Wir gingen buchstäblich über eine Rampe von Leichen, die nur locker mit Erde bedeckt waren.« Innen wurden noch mehr tote Soldaten verbrannt. »Es war vor dem Frühstück, und ich konnte den Geruch nicht aushalten.«

Ein gewichtigeres Beutestück bekam Russell aus dem Kaiserbagh: »ein Nasenring mit kleinen Rubinen und Perlen und einem herunterhängenden Diamanten«. Er hatte auch die Möglichkeit, ein Armband mit Smaragden und Diamanten und Perlen zu erwerben, doch der Soldat, der es erbeutet hatte, wollte 100 Rupien in bar, auf der Stelle, und – »Oh, unglückseliges Schicksal!« – Russells ganzes Geld hatte sein indischer christlicher Diener, Simon, der im Lager war. Russell hörte später, daß ein Juwelier – ob in England oder Indien wird nicht gesagt – dem Offizier das Armband für 7500 Pfund abgekauft habe, 1860 eine sehr große Summe.

Die Ruinen der Residenz vermochten Rashid immer noch in Wut zu versetzen; er hätte diesen Bericht von der Plünderung seines geliebten Lucknow schwer ertragen können. Und noch schwerer vielleicht Russells Berichte von Lucknow vor der Zerstörung, »ausgedehnter als Paris und glänzender«. Vom Dach des Jagdsitzes im Dilkusha-Park hatte man diese Aussicht: »Ein Blick auf Paläste, Türme, große azurblaue und goldene Kuppeln, kleine Kuppeln, Kolonnaden, lange Fassaden von makellos klarer Perspektive mit Säulen und Pfeilern, Terrassendächer – das alles erhebt sich inmitten eines ruhigen, stillen Ozeans von kräftigstem Grün. Man sieht meilenweit, und immer noch breitet sich der Ozean aus… Weder Rom noch Athen noch Konstantinopel, keine Stadt, die ich je gesehen habe, erscheint mir so eindrucksvoll und schön wie diese…«

Vom Kaiserbagh, den Russell selbst in dieser »Wildnis gefälliger Architektur« als »ungeheuer… eine Pracht aus Vergoldung, Türmen, kleinen Kuppeln, großen Kuppeln« sah, blieb nur der Flügel, in dem Amir und seine Mutter mit ihren großen Haushalten lebten. Rashid hatte mir mehr als einmal erzählt, daß es früher um den Palast keine Straßen gegeben hatte, sondern nur Gärten, und erst durch Russells Buch wurde mir klar, in welchem Maß das königliche Lucknow eine Stadt der Paläste und Gärten gewesen war.

Auf der anderen Seite des Flusses von meinem Hotel aus gesehen – hinter dem höher gelegenen trockenen Vorsprung im Flußbett mit den Hütten, die nun den Schwimmvereinen gehörten, mit den schwarzen Büffeln an manchen Morgen, den Laken und bunten Kleidern, die die Wäscher zum Trocknen ausbreiteten, wo ich die tiefen perspektivischen Ansichten einer Aquatinta der Daniells gesehen hatte – mußte das Ufer sein, an dem der Badshahbagh, der königliche Garten, sich befunden hatte.

»Solche Orangenwälder, solche rieselnden Brunnen, schattigen Wege, Blumenbeete, großartigen Alleen, dunklen Nischen und Sommerhäuser... in denen nun manch walisischer Füsilier sich ergötzte.«

In den vielen Höfen des Kaiserbagh, des Hauptpalastes, gab es eine ähnliche – vielleicht von Frankreich inspirierte – Eleganz.

»Statuen, Reihen von Lampenpfosten, Brunnen, Orangenhaine, Aquädukte und Pavillons mit polierten Metallkuppeln... Inmitten der Orangenhaine liegen tote und sterbende Sepoys; und die weißen Statuen sind von Blut gerötet. Gegen eine lächelnde Venus lehnt ein nach Luft ringender britischer Soldat, dem der Hals durchschossen wurde... Hof um Hof, immer der gleiche Anblick. Diese Höfe öffnen sich einer nach dem anderen durch erhabene Torbögen, die mit dem Doppelfisch der königlichen Familie von Oudh verziert sind, oder durch überwölbte Durchgänge, in denen die toten Sepoys liegen, denen die Kleider auf dem Leibe verglimmen.«

Es ist ironisch, daß – wie bei Bernal Díaz del Castillos Bericht über Montezumas Mexiko 1520 – der erste Bericht über die Pracht Lucknows im 19. Jahrhundert gleichzeitig ein Bericht über seine Zerstörung ist. Es ist ironisch, aber nicht unerwartet: die Geschichte des alten Indien wurde von seinen Eroberern geschrieben.

Was für Rashid schmerzlich war, war auch für mich schmerzlich. Ich konnte nicht objektiv etwas über die Geschichte dieses

Teils von Indien lesen. Meine Gefühle waren eine Weile dek-
kungsgleich mit denen Rashids; doch wir trauerten um verschiedene Dinge. Rashid trauerte um die Geschlossenheit der
Welt Lucknows, in die er hineingeboren worden war, die Welt
vor der Teilung. Diese Welt würde Elemente alter moslemischer
Pracht enthalten haben: die Pracht der Könige oder Nawabs
von Oudh und die Pracht der Moguln zuvor. In meiner Vergangenheit gab es eine solche Pracht nicht. Russells Reise von Kalkutta nach Lucknow führte streckenweise durch die Gegend,
aus der zwanzig oder fünfundzwanzig Jahre später meine Vorfahren nach Trinidad ausgewandert waren, um auf den Plantagen dort zu arbeiten.

Dies war das unbedeutendere Indien, das ich in Russells
Buch suchte. Es war das Indien, auf das nur flüchtig verwiesen
wurde, das aber immer vorausgesetzt wurde: das Indien, das in
Russells Buch während dieser Kriegszeit weiterarbeitete, auf
den Feldern arbeitete, Befestigungen baute, Leichen weg-
schaffte, Dienstbotenstellen suchte: ein Indien, das, ohne es je
zu erfahren, damit beschäftigt war, sich selbst zu unterjochen.
Auf der Grand Trunk Road bei Benares knarrten lange Kolon-
nen von mit Baumwolle beladenen Bauernkarren hintereinander nach Kalkutta: Handel und Geschäft in der von den Briten
regierten Stadt gingen weiter. Die Menschengruppen am Straßenrand, dem schrecklichen Krieg gegenüber gleichgültig, er-
weckten den Eindruck, auf einem Markt zu sein. Die Leute, die
auf den Feldern arbeiteten, hatten nichts mit dem Krieg zu tun;
sie nahmen am Krieg der Herrschenden nicht teil.

Aus Russells Buch erfuhr ich, daß der britische Name für den
indischen Sepoy, den Soldaten der britischen Ostindischen
Kompanie, der jetzt den Aufstand probte, »Pandy« lautete.
»Wieso Pandy? Nun ja, weil es bei den Sepoys ein sehr häufiger
Name ist – wie Smith in London…« Es ist in Wirklichkeit ein
brahmanischer Name aus diesem Teil Indiens. Brahmanen
machten hier einen beträchtlichen Teil der Hindu-Bevölkerung
aus, und die britische Armee in Nordindien war bis zu einem gewissen Grad eine brahmanische Armee. Die Inder, die nun eingesetzt wurden, um »Pandy« niederzuschlagen, waren Sikhs,
die die Briten weniger als zehn Jahre zuvor besiegt hatten.

Die britische Armee marschierte gen Lucknow, um die Aufständischen niederzuschlagen, und ein ganzer Troß von Indern folgte dem Heer. Russell sagte, es seien meistens Hindus gewesen. Die Moslems darunter waren Hausdiener; die Afghanen verkauften Trockenfrüchte. Unter den Hindus im Troß waren Kaufleute und ihre Frauen und Familien, die mit ihren Vorratszelten reisten. Es waren Viehtreiber dabei, die für die Armee nach den Schafen und Ziegen und Truthähnen schauten; und es gab unzählige Träger, »ganze Regimenter sehniger schlanker Kulis mit muskulösen Schenkeln«, die Tische und Stühle trugen, »Körbe mit Bier und Wein, Waren aus dem Basar oder Kisten, die von Bambusstangen hingen«.

Als Sonderkorrespondent der ›Times‹ hatte Russell Zutritt zur Offiziersmesse des britischen Hauptquartiers, und die Unmenge von Armeedienern sorgte dafür, daß das Essen auf dem Marsch so formell wie immer war.

»Es fand gegen fünf Uhr nachmittags statt, wenn hoch oben über dem Staub eine Menge Papierdrachen und Geier kreisten und verkündeten, daß wir uns einem Lager näherten. Bald lag dann der erfreuliche Anblick einer Ebene voller Zelte vor unseren Augen… Unsere Diener kamen uns entgegen, und ich stieg vor meinem Zelteingang ab… Wenn ich eintrat, war alles genauso, wie ich es verlassen hatte. Unser Essen in der Messe war genauso wie in Cawnpore; und es war kaum zu glauben, daß wir in Feindesland waren.«

Russell erwähnte die große Begeisterung, mit der diese Inder im Troß – die der britischen Armee das Leben so angenehm machten – »gen Lucknow zogen, um dem Ausländer zu helfen, ihre Brüder zu besiegen«. Er sah eine Parallele zur Ausdehnung der römischen Macht in der Antike. Selbst die unterschiedlichen Sprachen dieses Trosses sah er als Symbol der Eroberung.

All dies fiel mir nicht leicht zu lesen. Ich hatte Probleme mit Russells indischem Tagebuch gehabt, als ich das erste Mal versucht hatte, es zu lesen. Ich hatte auch jetzt Probleme damit. Ich fing drei- oder viermal damit an und fand, daß ich es aus literarischen Gründen ablehnte. Ich fand es viktorianisch und weitschweifig. Ich hielt den Verfasser für einen zu sehr vom Imperialismus geprägten Menschen, der zu bequem durch eine sicher gemachte Welt reiste und diese Welt als selbstverständlich hinnahm, der beinahe ebensosehr mit sich und seiner Würde und seinem Charakter als Sonderkorrespondent befaßt war wie mit dem Land, das zu sehen er gekommen war, und den Leuten, unter denen er sich befand.

Doch diese Urteile, die ich aufgrund meiner zufälligen Lektüre gefällt hatte, wurden immer wieder von der Qualität der Beschreibungen Russells zu Fall gebracht. Das Problem, das ich mit Russells Buch hatte, entsprach dem Problem, das ich als Kritiker mit guten Büchern hatte, die ich dennoch nicht gerne mochte. Über solche Bücher zu schreiben, war schwer; manchmal mußte man sich winden, bis man ihre Qualität anerkannte. Deshalb brauchte ich Zeit, bis ich mich Russells Buch überließ, es in seinem eigenen Rhythmus las, seinen Zweck akzeptierte; und dann fand ich es sehr gut. Sein Ziel, sagte er, sei, »einen Bericht über die militärischen Operationen zu geben« und desgleichen »die Eindrücke zu beschreiben, die der Anschein von Dingen auf mich machte, ohne mir anzumaßen, zu sagen, ob ich recht oder unrecht hatte«.

Das Problem, das ich mit dem Buch hatte, war ein Problem mit der Geschichte, ein Problem mit dem äußeren Anschein der Dinge, die er so gut beschrieb. Es war solch ein Unterschied zwischen dem Schriftsteller und den Menschen des Landes, über das er schrieb, solch ein Unterschied zwischen dem Land des Schriftstellers und dem Land, in das er gereist war. Die Korrespondententätigkeit für die ›Times‹; der Telegraf der britischen Armee, den er benutzte, um seine »Briefe« an die Zeitung zu schicken; das Gerede von Eisenbahnen und Dampfern – Russells Welt ist bereits ziemlich modern.

Er war seit 1843 bei der ›Times‹, seit er einundzwanzig war; und der erste Krieg, den er beobachtet hatte, war der Deutsch-Dänische Krieg von 1848 gewesen. Nun – gelassen, erfahren, unterwegs zu diesem indischen Krieg – fand er sich auf dem Dampfer von Marseille nach Malta zwischen Engländern, die an viele Orte reisten. »Ihre Ziele von Malta aus zu verfolgen, hieße, den Osten mit einem weit gespreizten Fächer zu bedekken. Es gab Männer, die nach Australien wollten, nach China, den Herrschaftsgebieten des Rajah von Sarawak, nach Penang, Singapur, Hongkong, Java, Lahore, Aden, Bombay, Kalkutta, Ceylon, Pondicherry…« Für diese Menschen stand die Weltordnung zum großen Teil bereits fest; und viele von ihnen waren wie Russell imstande, neue Teile der Welt zu verstehen und sich dort hinzubegeben.

Der Eindruck einer tatkräftigen, sich ausdehnenden Zivilisation wird durch Russells bedächtige Bescheidenheit verstärkt, den Charakter, den er sich als Beobachter gibt, der sich seines besonderen Rufs bewußt ist, aber gleichzeitig seine Grenzen kennt. Er wetteifert nicht mit anderen Experten; er beschreibt nicht noch einmal neu, was andere, wie er weiß, beschrieben haben. So weigert er sich, etwas über die Wunder des antiken Ägyptens zu sagen oder auch nur ein Wort über das »heiß umstrittene« Mittelmeer zu verlieren. Bis er von Kalkutta zu seinem Marsch aufbricht, deutet er alles bloß an; er schreibt für seinesgleichen; er ist ein imperialer Reisender, der in einer völlig erforschten Welt reist.

Doch ein paar Tagesreisen von Kalkutta entfernt, in einem gedeckten, von Pferden gezogenen Wagen reisend, scheint er um ein oder zwei Jahrhunderte zurückgegangen zu sein. Nur ein paar Tagesreisen entfernt von den Annehmlichkeiten Kalkuttas ist er unter Menschen, denen die übrige Welt unbekannt ist; die nicht die Möglichkeit haben, diese Welt zu verstehen. Menschen, die sich nach Jahrhunderten fremdländischer Invasionen und Überfälle immer noch nicht schützen oder verteidigen können; Menschen, die – ob Pandy oder Sikh, ob Träger oder Hindu-Marketender – mit großer Freude dem Ausländer zu Hilfe eilen, um ihre Brüder niederzuschlagen. Die Vorstellung von »Brüdern« – eine Vorstellung, die Russell so einfach erscheint, daß er das Wort mit offensichtlicher Ironie verwendet – liegt den Menschen, auf die er sie anwendet, fern. Die Moslems hatten wohl eine Vorstellung von der Einheit ihres Glaubens; doch diese Vorstellung hing mit Sicherheit immer vom Despotismus ihrer Herrscher ab; und die Moslems würden sich niemandem außerhalb ihres Glaubens verpflichtet gefühlt haben. Die Hindus würden niemandem außerhalb ihrer Sippe treu gewesen sein; sie würden keine höhere Vorstellung von menschlicher Verbundenheit gehabt haben, keine allgemeine Vorstellung von der Verantwortlichkeit des Menschen gegenüber seinen Mitmenschen. Und wegen dieser fehlenden umfassenden Vorstellung menschlicher Verbundenheit arbeitet das Land blind weiter und führt alle Tapferkeit und Geschicklichkeit seines Volkes zu nichts.

Es ist schwer für einen Inder, sich von Russells Buch nicht gedemütigt zu fühlen. Teil der Demütigung, die der Inder empfindet, rührt aus der Zwiespältigkeit seiner Reaktion, seiner Erkenntnis, daß das indische System, das zerstört wird, ans Ende seiner Möglichkeiten gekommen ist, daß sein Überleben nur zu einem Fortbestehen des Vorherigen führen kann, daß das Indien, das am Ende der britischen Herrschaftszeit ins Leben gerufen werden wird, gebildeter, schöpferischer sein und mehr Möglichkeiten haben wird als das Indien ein Jahrhundert zuvor; daß es eine umfassendere Vorstellung von menschlicher Verbundenheit haben wird und daß ihm aus dieser umfassenderen Vorstellung und der alles einschließenden Demütigung durch die britische Herrschaft die Vorstellungen von Land und Stolz und historischer Selbstanalysierung erwachsen werden, Dinge, die dem Indien zur Zeit von Russells Marsch unerreichbar fern erschienen.

Neun Jahre nach der Veröffentlichung von Russells Buch wurde Gandhi geboren. Einundzwanzig Jahre danach, 1890 (als Russell achtundsechzig Jahre alt war und drei weitere Kriegstagebücher herausgebracht hatte, 1861 ›My Diary North and South‹, über den amerikanischen Bürgerkrieg, ein weiteres 1866 über den Preußisch-Österreichischen Krieg und ein drittes 1870 über den Deutsch-Französischen Krieg), 1890 studierte Gandhi Jura in London und bemühte sich nach besten Kräften, mit der Irritation einer kulturellen Reise fertig zu werden, die genau das Gegenteil von Russells indischer Reise 1858 war. Zehn Jahre danach, 1900 (fünf Jahre nachdem Russell geadelt worden war), war Gandhi in Südafrika und kämpfte für die Rechte von Indern, die zwanzig oder fünfundzwanzig Jahre nach dem Aufstand als Kontraktarbeiter in viele ehemalige Sklavenkolonien des Britischen Weltreichs geschickt worden waren, um dort auf den Plantagen zu arbeiten. Und 1914 dann (sieben Jahre nach Russells Tod: die sechsundachtzig Lebensjahre des Zeitungsreporters fielen völlig in die Zeit imperialer Macht) bereitete sich Gandhi darauf vor, nach Indien zurückzukehren, und fragte sich, wie er dort Fuß fassen solle, wie er die politisch-religiösen Lektionen, die er in Südafrika gelernt hatte, nutzbringend anwenden könne.

Von 1857 bis 1914, vom Großen Aufstand bis zum Ausbruch des Ersten Weltkrieges – das ist nicht lang, und der Samen für große Dinge wurde in dieser Zeit gelegt. Doch wenn man die hundert Jahre vor dem Aufstand überschaut: in dieser ganzen Zeit herrscht unverändert der Eindruck von einem hilflosen, mit Füßen getretenen Land, das seit den Invasionen der Moslems nie mehr es selbst war, aus dem der Reichtum ständig herausgepreßt wurde, dessen versklavte Bevölkerung immerzu arbeiten mußte, auf den Feldern, an den Befestigungsanlagen, für wechselnde Könige und Königreiche mit veränderlichen, sich ständig verschiebenden Grenzen.

»Nie werde ich den Gedanken aufgeben, daß eine vernünftige Freiheit die Menschen tugendhaft macht; und Tugend sie glücklich: deshalb wünsche ich mir sehnlichst weltweit Glück, ich wünsche mir weltweit Freiheit. Doch Eure Beobachtung über die Hindus ist nur zu treffend: sie sind der bürgerlichen Freiheit unfähig; wenige von ihnen haben eine Vorstellung davon; und die, die eine haben, wollen sie nicht. Sie müssen (ich beklage das Übel, weiß aber um seine Notwendigkeit), sie müssen von einer absoluten Macht beherrscht werden; und ich fühle meinen Schmerz durch das Wissen gelindert, daß die Eingeborenen selbst… unter uns glücklicher sind, als sie es unter den Sultanen von Delhi oder unbedeutenden Rajas je waren oder gewesen sein können.«

Die Worte stammen von einem bedeutenden britischen Gelehrten des 18. Jahrhunderts, Sir William Jones. Sie stammen aus einem Brief, den er 1786 aus Kalkutta an einen amerikanischen Freund am anderen Ende der Welt, in Virginia, schrieb. Fünfundsiebzig Jahre vor William Howard Russells Reise nach Indien war Sir William Jones – im Alter von 37 – als Richter des Obersten Gerichtshofes von Bengalen nach Kalkutta gegangen. Damals gab es keine Eisenbahnen oder Dampfer, keine Abkürzung durch Ägypten; die Reise nach Indien führte um das Kap der Guten Hoffnung und konnte fünf Monate dauern; jeder dritte Brief zwischen Indien und England ging verloren. Sir William Jones wollte in Indien reich werden. Fünf Jahre hatte er sich um ein Amt in Indien bemüht, wegen des vielen Geldes, das es einbrachte. Er hoffte, daß er, wenn er einmal in Indien war, in sechs Jahren 30000 Pfund zusammenbekommen könne; von dieser Zahl war er besessen. Solche Summen konnte man aus der Dienstbarkeit und Armseligkeit Indiens – mit Füßen getreten, aber blind immer weiterarbeitend – ziehen.

Daß er – seinem amerikanischen Briefpartner gegenüber – von Freiheit und Glück sprach, war nicht unredlich. William Jones liebte die Idee der bürgerlichen Freiheit und war ein Befürworter der amerikanischen Unabhängigkeit. Er hatte Benjamin Franklin dreimal in Paris besucht; und zu einer gewissen Zeit sogar einmal daran gedacht, sich in Philadelphia niederzulassen. Er war bescheidener mittelständischer Herkunft (ein Großvater war ein sehr bekannter Möbelschreiner gewesen). Obwohl er Rechtsanwalt und Mitglied eines Colleges in Oxford war und berühmt für seine außergewöhnliche Kenntnis östlicher Sprachen, brauchte er in England immer die Unterstützung eines aristokratischen Gönners. Dafür benötigte er die 30000 Pfund aus Indien: für seine eigene Freiheit. Und er war ungewöhnlich: er gab Indien soviel, wie er nahm. Während er seine wichtige und eigentliche Arbeit auf dem Gebiet der indischen Rechtsprechung leistete und regelmäßig sein Geld nach England schickte, damit es seinen wachsenden Schatz vergrößere, vertiefte er sich in Bengalen auch – nicht um des Geldes, sondern um der Liebe, der Wissenschaft, des Ruhmes willen – in Sanskrit und andere Sprachen, redete mit Brahmanen, entdeckte und übersetzte antike Texte. Er brachte viel von der aufklärerischen Haltung des 18. Jahrhunderts nach Indien. In den kulturellen Ruinen des häufig eroberten Indiens sah er sich wie ein Mensch der Renaissance in den Ruinen der klassischen Welt.

Das folgende stammt aus einem sehr langen, tagebuchähnlichen Brief, den er 1787, gegen Ende seines vierten Jahres in Bengalen, an seinen Gönner, den zweiten Earl Spencer, schrieb: »Womit soll ich meine literarischen Beschäftigungen in Indien vergleichen? Stellt Euch vor, die griechische Literatur sei nur im modernen Griechenland bekannt und dort in den Händen der Priester und Philosophen; und stellt Euch vor, das Land sei nacheinander von den Goten, Hunnen, Vandalen, Tartaren und schließlich den Engländern erobert worden; dann stellt Euch vor, vom britischen Parlament würde ein Gerichtshof in Athen errichtet und ein wißbegieriger Engländer sei einer der Richter; stellt Euch vor, daß er dort Griechisch lernt, das keiner seiner Landsleute kann, und Homer, Pindar, Platon liest, von denen kein anderer Europäer auch nur gehört hat. So bin ich in diesem Land; wenn Ihr Sanskrit für Griechisch setzt, die *Brahmanen* für die Priester des *Jupiter*…«

William Jones verdiente mehr als die 30 000 Pfund, an die er sein Herz gehängt hatte; er raffte beinahe 50 000 zusammen. Das kostete ihn fast elf Jahre. Der Gedanke an das Geld tröstete ihn sicher; doch das Geld selbst nützte ihm nichts. Seine Frau kehrte krank nach England zurück. Im Jahr darauf, als er sich darauf vorbereitete, ihr zu folgen, starb er und wurde in Kalkutta begraben. Er war 48 Jahre alt.

Er und Menschen wie er gaben Indern die ersten Vorstellungen vom Alter und Wert ihrer Zivilisation. Diese Vorstellungen gaben der nationalistischen Bewegung mehr als 100 Jahre später Kraft. Und diese Vorstellungen reisten sehr weit. In der Kolonialzeit, ehe Indien unabhängig wurde, waren diese Vorstellungen von unserer Zivilisation auf Trinidad beinahe das einzige, woran wir uns halten konnten. Als Kinder brachte man uns beispielsweise bei, was Goethe über *Shakuntala* (›Sakontala‹, wie er das Sanskritdrama nannte) geschrieben hatte, das Sir William Jones 1789 übersetzt hatte.

Was für ein Glück, daß dieses bißchen Wissen uns überliefert wurde! Sanskrit wurde als heilige Sprache betrachtet; nur Priester und Brahmanen konnten die Texte lesen. William Jones mußte die Hilfe eines medizinkundigen Hindu in Anspruch nehmen, um das Drama zu übersetzen; und selbst in unserem Jahrhundert konnten fromme Menschen verbissen werden, wenn es um die Heiligkeit der Sprache ging. Beinahe zweihundert Jahre nachdem William Jones das Drama übersetzt hatte, fragte im unabhängigen Indien jemand Vinoba Bhave, der auf Gandhis Spuren wandelte und von manchen als eine Art geistiger Blitzableiter für das Land angesehen wurde, was er von *Shakuntala* halte. Der faule Kerl erwiderte wütend: »Ich habe *Shakuntala* nie gelesen und werde es auch nie lesen. Ich lerne nicht die Sprache der Götter, um mir mit Belanglosigkeiten die Zeit zu vertreiben.«

Es ist ein Wunder, daß das Drama bei dieser vom Inneren wirkenden zersetzenden Kraft überlebte; daß uns überhaupt ein Wissen um unsere kulturelle Vergangenheit überliefert wurde. Für jeden Inder steckt die britische Zeit in Indien voller Zwiespältigkeiten. Für mich mit meinem Hintergrund – der Auswanderung aus der übervölkerten Gangesebene zwanzig bis fünfundzwanzig Jahre, nachdem William Howard Russell sie im imperialen Stil eines ›Times‹-Korrespondenten durchquert hatte, mit Dienern und Zelten und Zugang zur Offiziersmesse des Hauptquartiers; und der Dunkelheit, die als Folge dieser Auswanderung meine eigene Vergangenheit so lange verstellt hatte –, für mich gibt es besondere Zwiespältigkeiten.

Es erfüllt mich seit jeher mit innerer Anspannung, über die indische Geschichte nachzudenken und (vielleicht mit der Übertreibung eines Depressiven oder der Übertreibung eines weit entfernten einstigen Koloniebewohners) zu sehen, wie nahe wir kultureller Verarmung waren, und über die vielen Zufälle zu staunen, die uns die Begriffe – von Gesetz und Freiheit und umfassender menschlicher Verbundenheit – brachten, die den Menschen ein Bewußtsein ihrer selbst und Kraft geben; die Zufälle, die uns so weit gebracht haben, daß wir in gewisser Weise mit William Howard Russell sogar in diesen »Eindrücken, die der Anschein der Dinge auf mich machte«, übereinstimmen können, nicht unter gleichen Bedingungen – derart läßt die Zeit sich nicht verbiegen –, aber doch mit so etwas wie Klarheit.

Deshalb konnte ich Rashid bei seinen Gedankengängen in die jüngste Vergangenheit schlecht folgen. Ich konnte mir keinen Zustand von Macht und Herrlichkeit vorstellen, mit dem es abwärts oder der zu Ende gegangen war; und auch einen Feind konnte ich mir schlecht vorstellen. Da ich im weitab gelegenen Trinidad aufgewachsen war, hatte ich keine Vorstellung von Sippe oder Region, keine Vorstellung von den Stützen und Puffern der Menschen Indiens. Wie Gandhi unter den nach Südafrika ausgewanderten Indern und aus ziemlich genau dem gleichen Grund hatte ich statt dessen eine Vorstellung von der Verwandtschaft aller Inder entwickelt, die Vorstellung von der Familie der Inder. Und in meinem Bemühen, mit der Geschichte zu Rande zu kommen, war meine Kritik, meine Verwirrung und

Trauer nach innen gerichtet, konzentriert auf die Zivilisation und die gesellschaftliche Organisation, die uns so wenig Schutz geboten hatte.

Die Menschen in Indien empfanden anders als ich. Vielleicht konnten sie – weil sie in Indien lebten und dort ihr Leben von Tag zu Tag regeln mußten – nicht so empfinden oder gestatteten es sich nicht. Doch in Delhi traf ich einen Verleger, dessen Trauer meine übertraf. Sein Name war Vishwa Nath. Er war um die Siebzig. Seine Familie lebte schon seit 400 Jahren in Delhi. Eine Geschichte über seine Familie berichtete, daß die Familie während des Aufstands der Sepoys, zur Zeit der britischen Belagerung, ihr Haus verlassen und anderswo Zuflucht suchen mußte. Eine Episode unter vielen: Vishwa Naths Gedanken als Hindu reichten viel weiter zurück als bis zum Aufstand, reichten Jahrhunderte zurück.

Er sagte: »Wenn ich die Geschichte Indiens lese, kommen mir manchmal die Tränen.«

Zur Zeit von Gandhis Salzmarsch, 1931, war er vierzehn. Seitdem trug er indisches Handgesponnenes.

Er sagte: »Gandhi machte uns zu einer Nation. Wir waren wie Ratten. Er machte Menschen aus uns.«

Ratten!

Doch er redete beinahe wissenschaftlich. »Der Mensch als Gattung hat, solange er auf Erden existiert, versucht, die Ratten auszurotten, aber es ist ihm nie gelungen. Selbst in New York ist es ihm nicht gelungen. Und so sind auch wir unterdrückt, gequält, erobert worden – aber niemand hat uns ausrotten können. Das ist immer die Stärke unserer Zivilisation gewesen. Aber wie leben wir? Genau wie Ratten.«

Er haßte das Kastenwesen: »Der Hauptgrund dafür, daß wir Sklaven sind.« Und er hatte, was ich nie gehabt hatte: eine klare Vorstellung vom Feind. Die Brahmanen waren der Feind – schon wieder, und das mehr als tausend Meilen nördlich von der gegen die Brahmanen gerichteten Politik des Südens.

»Die Brahmanen ließen das Land bei all diesen schrecklichen Überfällen der Mohammedaner im Stich. Die ganze Zeit sagten sie einfach weiter ihre Gebete her und brachten ihre *havans* dar: Gott wird uns schützen.«

Mit seinem Handgesponnenen und seinem Nationalismus,

dem Geschichtsempfinden und der Ehrerbietung für Gandhi ging eine - scheinbar widersprüchliche – Ablehnung von Religion einher. Diese Mischung erzeugte eine besondere Leidenschaft, und Vishwa Naths Leidenschaft zeigte sich in den Zeitschriften, die er in vier Sprachen herausgab und verlegte. Seine Frauenzeitschriften waren besonders erfolgreich. ›Woman's Era‹ erschien alle vierzehn Tage in englischer Sprache. Vor fünfzehn Jahren hatte er damit angefangen und den älteren englischsprachigen Frauenzeitschriften dadurch Verluste zugefügt. Sie hatte jetzt eine Auflage von ungefähr 120 000; keine andere englischsprachige Frauenzeitschrift verkaufte mehr. Vishwa Nath war der Meinung, er könne es auf eine halbe Million bringen.

Ich glaube nicht, daß ich mir je eine indische Frauenzeitschrift angeschaut hatte. Ich hatte sie als selbstverständlich hingenommen. Ich hatte sie wahrgenommen, kannte ein paar Namen. Es war mir nie in den Sinn gekommen, daß sie in Indien eine einzigartige Entwicklung gehabt haben könnten. Doch als mir der Gedanke kam, erkannte ich, daß es gar nicht anders sein konnte in einer Gesellschaft, die noch so ritualisiert war, so voller Vorschriften durch Religion und Sippen, in der die meisten Ehen arrangiert wurden und es kaum Gelegenheit zu Abenteuern oder überhaupt das Bedürfnis danach gab.

Schon in Bombay hatte ich von ›Woman's Era‹ gehört. Man sagte, ihr Erfolg sei außerordentlich; doch die Leute, die ich traf, mochten die Zeitschrift nicht. Man hielt sie für anspruchslos und konventionell – ganz im Gegensatz zu dem, was ich später in Delhi vom Ikonoklasmus und der reformerischen Mission des Herausgebers hören sollte. Die Zeitschrift war außerordentlich, weil sie eine neue Leserschaft bei den weiblichen Berufstätigen gefunden hatte. Man sollte annehmen, daß eine Leserin, die ihre wenigen Rupien für eine englischsprachige Zeitschrift ausgab, gesellschaftliche und kulturelle Ambitionen hätte. Aber das traf auf die Leserin von ›Woman's Era‹ nicht zu; und das machte sie so merkwürdig. Sie war zufrieden mit ihrer alten, in sich geschlossenen Welt.

Die Herausgeberin einer konkurrierenden Zeitschrift, einer von denen, denen ›Woman's Era‹ Verluste zugefügt hatte, sagte:

»›Woman's Era‹ ist durch und durch naiv. Es ist die erste Zeitschrift ihrer Art in Indien, die diese neue Gruppe bedient.«

Wie definierte sie diese neue Gruppe?

»Sie ist zu ein bißchen Wohlstand gekommen und konsumfreudig. Sie hat ein bißchen Bildung. Doch diese Bildung wird durch ihr traditionelles Denken und die alten Überzeugungen ihrer Familie eingeschränkt – es ist nicht wirklich Bildung, sondern eine Art Papageienbildung.«

Die Buchhandlung des Hotels in Bombay führte ›Woman's Era‹ nicht. Die Verkäuferin machte deutlich, daß sie noch nicht einmal gerne danach gefragt wurde. Ich kaufte ein Exemplar von einem Straßenhändler. Mein erster Eindruck war, daß die Zeitschrift langweilig war. Hätte ich sie nicht gesucht, hätte ich sie wahrscheinlich zwischen den auf der Straße ausgebreiteten Zeitschriften nicht gesehen. Sie war gut gemacht, aber stach nicht hervor mit dem unauffälligen jungen Frauengesicht auf dem Hochglanzcover: sorgfältig zurechtgemacht, aber unauffällig, so wie eine Frau eine Frau sieht. Und hätte ich die Zeitschrift, ohne ihren Ruf zu kennen, durchgeblättert, hätte ich so gut wie nichts behalten.

Der Hauptartikel, sechs Seiten lang, mit gestellten Farbfotografien, handelte von der »Brautschau«. Dies ist der Brauch, demzufolge eine Abordnung der Familie des Jungen das Haus des Mädchens besucht und das Mädchen den Besuchern zur Prüfung vorgeführt wird, ehe die Ehe endgültig abgesprochen wird. Ashok, den Geschäftsmann, den ich in Kalkutta kennengelernt hatte, hatte seine Erfahrung mit der Brautschau so gedemütigt, daß er beschlossen hatte, das nicht noch einmal zu machen. Er hatte selbst um seine Frau geworben und ihr einen Heiratsantrag gemacht und seine Familie herausgehalten. Ashok konnte das; er konnte für sich sorgen. Nicht viele Leserinnen von ›Woman's Era‹ waren in dieser Lage, und ›Woman's Era‹ hatte eine völlig andere Haltung zur Brautschau. Die meisten Ehen würden arrangiert, sagte der Verfasser des Artikels. Solange dem so sei, sei die Brautschau die beste Möglichkeit, das Mädchen dem Jungen vorzustellen; und es sei nicht so herabwürdigend, wie manche sagten.

Der Artikel erteilte tatsächlich den Mädchen und ihren Familien Ratschläge, wie sie die Angelegenheit am besten handhabten. Erstens solle ein Mädchen sich nicht zurückgewiesen fühlen, sagte der Schreiber, wenn ein Junge nach der Brautschau ablehne. Es könne daran liegen, daß nur die »Forderung« – die finanzielle Forderung – der Familie des Jungen für die Familie des Mädchens zu hoch sei. Um diese Art Mißverständnis zu vermeiden, sei es wichtig, daß die Eltern des Mädchens vor der Einladung zur Brautschau den Jungen und seine Familie gründlich überprüften. Die Eltern des Mädchens sollten den Jungen mehrere Male besuchen. Ein Tip des Artikelverfassers an die Eltern des Mädchens ist, wenn sie im Hause des Jungen seien, darauf zu achten, ob Dienstboten, Kinder und Haustiere den Jungen mochten.

Für die Brautschau selbst solle das Mädchen nicht zu viel Make-up oder Schmuck tragen. Sie solle nicht angeben und nicht vorgeben, Dinge tun zu können, die sie nicht könne. Auch sollten die Eltern nicht versuchen, wohlhabender zu erscheinen, als sie in Wirklichkeit seien; manche Familien, sagt der Verfasser, borgten sogar Möbel, um eine Schau abzuziehen. Dann wird die Frage der Würde aufgeworfen. Das Mädchen und seine Familie sind bei diesen Gelegenheiten die Werbenden; der Junge und seine Familie müssen gewonnen werden. Doch: »Die Eltern des Mädchens sollten sich nicht übertrieben demütig und unterwürfig geben.« Das ist leicht gesagt; aber wie kann die Familie eines Mädchens unter den Umständen einer Brautschau die Würde wahren? Der Verfasser macht einen Vorschlag. »Manche Familien bestehen darauf, daß das Mädchen die Füße jedes Jungen und seiner Eltern, die zur Brautschau kommen, berührt. Das ist eine beklagenswerte Praxis, die sich gegen die grundlegende Menschenwürde richtet und besser vermieden wird.«

Trotzdem, die Ungerechtigkeit der Prozedur bleibt. »Warum kann der Junge nicht in *seinem* Wohnzimmer sitzen, hübsch zurechtgemacht und nach Rasierwasser duftend, mit gesenktem Kopf und seinen akademischen Abschlüssen, Arbeitszeugnissen usw. in der Hand?« Auf diese Beschwerde eines Mädchens, die der Verfasser des Artikels zitiert, gibt es keine Erwiderung. Außer der: wenn ein Mädchen sich nicht selbst auf die Jagd nach einem Mann machen will – »glaubt mir, in unserer Gesellschaft ist das ein extrem schwieriges Unterfangen« –, dann muß es sich mit den Brautschaubesuchen abfinden. »Wenn die Verwandten des Jungen sich hochnäsig und hochmütig benehmen, dann kann man ihnen das nachschen, denn dahinter stehen Tradition und ein über Tausende von Jahren überliefertes gesellschaftliches Verhalten.«

Später, nachdem ich Vishwa Nath in Delhi kennengelernt hatte, konnte ich in diesem letzten Satz ein wenig von seiner Leidenschaft und seinem Ikonoklasmus erkennen. Doch ohne dieses Wissen kam einem diese Meinung einfach überholt vor, wie eine Bejahung alter Umgangsformen, eben weil es die alten und besten waren. Und nachdem sie einmal ausdrücklich oder implizit (manchmal in einem Friß-oder-Stirb-Ton) bestätigend dargelegt waren, fuhr der Artikel fort, Belehrungen zu geben, die von einer welterfahrenen Person aus der Familie hätten kommen können. Zieh dich diskret an für die Brautschau; paß auf, was du sagst; achte auf Fangfragen von der Familie des Jungen; erweise älteren Mitgliedern der Familie des Jungen Respekt und sei liebevoll zu den Kindern.

Belehrung, Belehrung der simpelsten Art – das schien den Ton der Zeitschrift zu bestimmen. Das schien das Bedürfnis zu sein, das die Zeitschrift befriedigte. Bräuche wie die Brautschau mochten alt sein; doch die Welt, in der sie ausgeübt wurden, war neu; und in dieser Welt schienen die Leserinnen der Zeitschrift beinahe bei Null anzufangen.

»Körperhygiene« hieß ein langer Artikel in derselben Ausgabe der Zeitschrift. Er war mit einem Foto von einem Mädchen illustriert, das sich über ein Becken beugte und sich Wasser ins Gesicht spritzte, und der Rat, den der Artikel bot, war wirklich völlig elementar. Zu Beginn des Textes flackerte ein wenig Religionsfeindlichkeit auf, doch um das zu entdecken, mußte man Bescheid wissen. »Heutzutage ist die Tatsache, ob man an eine Gottheit glaubt oder nicht, nicht von so großer Tragweite wie die Tatsache, daß es vielen von uns nicht gelingt, Sauberkeit und Körperhygiene als die von uns erwählte Religion anzunehmen.« Schwülstig, sogar ungenau, doch ging es dem Artikel um eine klare und einfache Unterweisung in Hygiene.

»Es macht nichts, wenn man schmutzig wird, Probleme gibt es nur, wenn wir gerne schmutzig bleiben… Wie wichtig es ist, unseren Körper und unsere Umgebung sauber und gepflegt zu halten, kann nicht genug betont werden. Das direkte Ergebnis sind Gesundheit, Seelenfrieden und Glück.« Sauber, »adrett« zu sein, hieß, Infektionen zu vermeiden, und das bedeutete, weniger für Ärzte und Medizin auszugeben: es bedeutete folglich auch, eine bestimmte finanzielle Belastung zu vermeiden.

Stufe um Stufe führte der Verfasser, der nichts für selbstverständlich hielt, dann die Leserinnen durch die Probleme der Körperhygiene in Indien. »Gepflegtheit der Umgebung ist der erste und grundlegende Schritt.« »Gepflegtheit« – ein Euphemismus. Umgebung« – ein merkwürdiges Wort, aber »Haus« oder »Wohnung« hätte sicherlich nicht zum Lebensraum eines jeden gepaßt. So beginnt man zu verstehen, daß die Lebensumstände der Menschen, für die dieser Artikel gedacht ist, nicht immer gut sind. Manche Leserinnen dieses Artikels führten wahrscheinlich Randexistenzen, hatten gerade ein Mindesteinkommen.

Wasser sei wichtig, heißt es in dem Artikel; es sollte immer genügend vorhanden sein. Indien sei ein warmes Land, und einoder zweimal am Tag sei ein Bad erforderlich, »begleitet von einem gründlichen und kräftigen, dabei jedoch sanften Abschrubben mit Seife und lauwarmem Wasser«. Nach dem Waschen des Körpers das Waschen der Kleidung. »Kleider, die einmal naßgeschwitzt worden sind, sollten gut gewaschen werden, ehe sie wieder getragen werden… Sauberkeit der Unterwäsche ist äußerst wichtig, weil diese direkt auf der Haut getragen wird. Wenn sie ständig getragen wird, ohne gewaschen zu werden, verursacht sie gerne Hautreizungen oder schlimmere Beschwerden.« Eine ganzseitige Anzeige gegenüber der letzten Textseite wirbt für eine Läusekur. Tochter umarmt Mutter; beide lächeln in die Kamera. »Sie vertraut mir mit all ihren Problemen – und ich vertraue nur Mediker mit ihrem Läuseproblem.« (Läuse! Kein Wunder, daß die junge Frau in der Hotel-Buchhandlung ein Gesicht gezogen hatte, als ich nach ›Woman's Era‹ fragte.)

Einfache Belehrung – das war langweilig, wenn man nicht von der Sache betroffen war. Und die Geschichten – in jeder Ausgabe fünf – waren wie Fabeln. Eine dicke Frau begleitet ihren Mann bei seiner Versetzung nach Korea. Sie ekelt sich vor dem Hotelessen. Sie bildet sich ein, daß der Hammel in Wirklichkeit Hundefleisch und die Nudeln Würmer sind. Zwei Monate lang ißt sie Salat und Joghurt und ein wenig Reis; sie nimmt ab und wird eine andere, eine bessere Person. Der reiche junge indische Geschäftsmann, der nach Indien zurückkommt, um sich eine Frau zu suchen, wird von dem schicken Mädchen verscheucht, das er eigentlich heiraten wollte; statt dessen wählt er die bescheidene verwaiste Cousine, die als eine Art Dienstmädchen bei der Familie des Mädchens gelebt hat. In einer anderen Geschichte wird der reiche Ehemann völlig von der schlichten Güte der armen Tante eingenommen, die seine Frau zu verstekken sucht. Schlichte Güte – diese Eigenschaft besitzen am Ende die meisten Leute in den Geschichten in ›Woman's Era‹. In der Zeitschrift gibt es Hinweise auf Frauen, die Liebesromane lesen, besonders die von Mills and Boon veröffentlichten englischen. Doch die Liebe, die in diesen Geschichten eine Rolle spielt, ist eher Familienliebe als romantische Liebe.

Familienliebe, Artikel mit simplen Belehrungen zu unattraktiven Themen, Anzeigen für eine Läusekur von Procter and Gamble, Anzeigen für desinfizierende Salben und Wasserboiler: hier gab es nichts, was die Phantasie erregen und Sehnsucht erwecken konnte. Wer hätte je gedacht, daß dies das Rezept für eine Bestseller-Frauenzeitschrift war?

Gulshan Ewing war eine der berühmtesten Herausgeberinnen von Frauenzeitschriften in Indien. Sie wurde 1966 Herausgeberin von ›Eve's Weekly‹ und hatte Ende der siebziger Jahre großen Erfolg damit.

Bei einem Essen eines Abends in Bombay, als wir über das Phänomen ›Woman's Era‹ plauderten, ehe sie (oder ich) wußten, daß ich mich in stärkerem Maße für das Thema Frauenzeitschriften interessieren würde, beschrieb Mrs. Ewing mir die neue Leserin, die Frauenzeitschriften in Indien ansprechen mußten. Diese Leserin war berufstätig. Sie stand früh auf, versorgte die Familie, sah zu, daß alle zur Schule und zur Arbeit kamen und fuhr dann selbst zur Arbeit, vielleicht in einem Büro. Um halb sechs verließ sie das Büro. Auf dem Weg zur Bushaltestelle oder zum Bahnhof kaufte sie das Gemüse für die Abendmahlzeit und schnitt es auf dem Heimweg klein.

Dieses Detail des Gemüseschneidens auf der Zugfahrt nach Hause faszinierte mich. Aber ich mußte nur ein- oder zweimal mit einem Vorortzug fahren, um zu verstehen, daß dieses Detail in Bombay romantisch war, eine pastorale Vision, daß Vorortzüge so überfüllt waren, daß die Angestellte, weit davon entfernt, im Zug Gemüse zu schneiden, schwer kämpfen mußte, überhaupt in den Zug hineinzukommen. Später las ich in ›Woman's Era‹ eine ganze Geschichte über ein Mädchen, das im Gedränge beim Einsteigen in einen Vorortzug von seiner Schwester getrennt wird.

Mrs. Ewing gab zu, daß dies erfunden war, als ich sie ein paar Tage später in ihrem Büro besuchte. Sie habe, sagte sie, einfach die Lage der berufstätigen Inderin in den Städten beschreiben wollen. Ich hätte mir denken können, daß sie mit ihrer Beschreibung bloß witzig gewesen war; doch das Leben der arbeitenden Frau war nicht lustig.

»Wir haben mit diesen Leuten und Freunden von diesen Leuten gesprochen. Wir haben viel Feedback darauf bekommen. Und normalerweise läuft es so ab, daß sie – die berufstätige Frau – in der Morgendämmerung, gegen fünf, aufsteht, um das Wasser für den Tag abzufüllen. In den meisten Häusern gibt es nicht rund um die Uhr fließendes Wasser. Das Wasser kommt früh am Morgen, wird dann für den ganzen Tag abgestellt und kommt am späten Abend noch einmal für eine oder höchstens ein paar Stunden wieder. Das ist in den Vierteln des unteren Mittelstands. Wenn sie also aufsteht, füllt sie Wannen, Fässer, alles, was sie greifen kann. Dann erledigt sie die morgendlichen Hausarbeiten, füllt die Essensbehälter für Mann und Kinder, nachdem sie ihnen Tee, Frühstück, was weiß ich, vorgesetzt hat. Meistens macht sie das. Dann geht sie selbst zur Arbeit. Gewöhnlich eine sehr lange Fahrt in einem überfüllten Zug. Einen Sitzplatz bekommt sie kaum je.«

»Was für eine Arbeit macht ihr Mann normalerweise?«

»Büroangestellter, Bankangestellter. Ein Job in der mittleren Ebene einer Fabrik, mit dem er zwischen 1000 und 1500 Rupien verdient. Ihr Job mag zwischen 600 und 1000 einbringen.«

»Das klingt hart.«

»Sehr hart. Es ist überhaupt nicht lustig. Sie ist den ganzen Tag von den Kindern getrennt. Sie verläßt ihr Büro gegen halb sechs oder sechs. Sie nimmt vielleicht erst einen Bus zum Bahnhof. Oder – und das ist aufreibender – sie muß für die ganze

Strecke einen Bus nehmen. Manchmal sind die Schlangen für den Bus meilenlang. Wenn ich vorbeifahre, frage ich mich oft, wann sie überhaupt je einen Bus bekommen. Ehe sie zum Bus oder zum Bahnhof kommt, kauft sie Gemüse oder was sie sonst braucht. Ihr Gemüse trägt sie in ihrem kleinen *thaila*, einer Tragetasche.«

Und dann kommt sie nach Hause. Und ehe sie eine Tasse Tee trinken kann, muß sie ihrem Herrn und Meister eine servieren, der wahrscheinlich schon mit hochgelegten Füßen vor dem Fernseher sitzt. Zehn zu eins haben sie trotz des niedrigen Einkommens einen Fernsehapparat. Dann Abendessen, ein bißchen Hausaufgaben mit den Kindern – falls sie dazu in der Lage ist. Ihr Tag endet spät. Sie muß noch abwaschen. Dann muß sie wieder ans Wasser denken.«

»Wie halten sie das durch?«

»Dies ist ihr Los, ihr Schicksal. Sie glauben, es muß so für sie sein. Ich beschreibe nicht unbedingt die Leserin von ›Eve's Weekly‹ oder ›Woman's Era‹. Ich weise nur darauf hin, wie traurig das Leben von Frauen mit soviel Schinderei sein kann.«

Frauen, die unter solchen Bedingungen lebten, brauchten spezielle Zeitschriften. An simplen Nachahmungen europäischer oder amerikanischer Zeitschriften bestand kein Bedarf. Ein Konzept mit Luxus und Glanz könnte sogar falsch sein.

Mrs. Ewing sagte: »Der einzige Unterschied zwischen den Leserinnen aus dem Mittelstand von ›Eve's Weekly‹ – es könnten Sekretärinnen sein – und der Leserschaft von ›Woman's Era‹ liegt in der Sprache. ›Woman's Era‹ benutzt eine einfachere Sprache und spricht im Klartext zu den Frauen. Neulich wurde mir eine faszinierende Erklärung für den Erfolg von ›Woman's Era‹ gegeben. Die Frauen, die ›Woman's Era‹ lesen, sind eigentlich von Zeitschriften eingeschüchtert. Sie nehmen lieber Zeitschriften wie ›Woman's Era‹, die sie nicht beklommen machen. Doch ich bin zuversichtlich, daß diese Art reaktionärer Frauenjournalismus langsam verschwindet. Wenn wir« – sie meinte ›Eve's Weekly‹ – »über Brautschau schreiben, legen wir uns ganz schön ins Zeug. Und wir sagen der Frau, dem Mädchen, daß sie das nicht mitmachen muß. Doch sie kann sich nur wehren, wenn sie gebildet genug ist, um irgendwann ökonomisch unabhängig zu sein.«

Genau das war der Punkt: daß für ein Mädchen oder eine Frau mit diesem Hintergrund, mit dieser Bildung, die unter solchen Bedingungen lebte, die bloße Vorstellung, sich zu wehren, Phantasie war. ›Woman's Era‹ wandte sich an diese Frauen. Und so begann die Zeitschrift, die mir zuerst so charakterlos, so langweilig vorgekommen war, mir langsam mehr zu sagen, eine ganz neue indische Welt zu eröffnen, einen ganz neuen Ausschnitt städtischer indischer Gesellschaft, den ich sonst nicht so ohne weiteres hätte kennenlernen können.

Vor der Unabhängigkeit gab es keine indischen Frauenzeitschriften. Die indischen Frauen der Mittelschicht lasen die beiden populären britischen Zeitschriften ›Woman's Weekly‹ und ›Woman's Own‹. Als die Briten gingen, gab es diese Zeitschriften nicht mehr. Selbst für eine indische Frau der Mittelschicht wäre es zu teuer gewesen, sie von Indien aus zu abonnieren. Das erzählte mir Nandini Lakshman. Sie war eine Journalistin, die sich auf Medien- und Werbefragen spezialisiert hatte. Von ihr bekam ich einen kurzen Abriß der Geschichte der indischen Frauenzeitschriften.

»Als die ›Times of India‹, eine britische Zeitung, indisch wurde, begann sie mit ›Femina‹. Das war Anfang der 50er Jahre. In den ersten Ausgaben war sie stark britisch beeinflußt. Die Herausgeberin war eine Parsin. In jenen Tagen war Fotomodell in Indien kein angesehener Beruf. Deshalb hatte man in ›Femina‹ meistens Ausländerinnen, die in indischer Kleidung posierten. Die Inderinnen, die sich als Modell zur Verfügung stellten, kamen aus wohlhabenden indischen Familien, die nicht so durch Sitte und traditionell überlieferte Normen gebunden waren. Leider beging die erste Herausgeberin nach ein paar Jahren Selbstmord. Niemand weiß warum. Sie muß Ende Vierzig gewesen sein. Dann hatte man zum ersten Mal einen indischen Herausgeber.

›Femina‹ wollte dann mehr Frauen erreichen. Also zogen sie eine Miss-India-Wahl auf. Sie hielten Schönheitskonkurrenzen im ganzen Land ab – in den größten Zentren, Bombay, Kalkutta, Madras, Delhi –, und dann nahmen alle Gewinnerinnen an der Miss-India-Wahl teil. Das spielte sich nicht mehr in der Mittelschicht ab – es war eine ziemliche Society-Angelegenheit:

die Wohlhabenden, die Neureichen, die Einflußreichen, Leute, die ständig bei gesellschaftlichen Ereignissen zu sehen waren. Der Wettbewerb hatte so etwas wie Snobappeal. Anfangs nahmen nicht allzu viele Mädchen teil, weil ein Schönheitswettbewerb auch wiederum als unwürdig angesehen wurde, sogar für viele Snobs – denn nicht jeder gewinnt. Ich vermute, dahinter steckte die Angst, zurückgewiesen zu werden. Und außerdem mußte die gekürte Miss India am Wettbewerb zur Miss Universum teilnehmen. Dort mußte sie in einem Durchgang einen Badeanzug tragen und damit über den Laufsteg laufen. Das war für alle Inderinnen schockierend. Deshalb hatten wir anfangs Parsinnen und Christinnen als Miss India. Aber auch wenn die Inderin der Mittelschicht nicht mitmachen konnte, begann sie doch, ihren Ehrgeiz darauf zu richten. Es war etwas Neues für sie – der Glanz und Ruhm, das Image. Sie war teilweise schockiert, teilweise fasziniert.

Zu ungefähr der Zeit kam auch ›Eve's Weekly‹ heraus, und auch sie fingen mit einem Schönheitswettbewerb an. Die Auflage beider Zeitschriften betrug damals ungefähr 15000. Viel später brachten sie Artikel, wie man einen Sari drapiert, wie man gut aussieht. Der Herausgeber von ›Femina‹ begann damit. Ich vermute, er sah, was die Erwartungen von Frauen betraf, nicht so eng.

Damals arbeiteten noch nicht allzu viele Frauen. Die Zeitschriften brachten Geschichten wie ›Erfahrungen einer Kriegerwitwe‹ – oder die Erfahrungen von Frauen, die ihre Männer bei der Teilung Indiens verloren hatten.

Die indischen Frauenzeitschriften wurden erst allmählich ins Leben gerufen – mit wachsender Leserschaft und einem größeren Markt aufgrund zunehmender Bildung und größerer Bewußtheit. ›Femina‹ erreichte Ende der siebziger Jahre eine Auflage von 90000; ›Eve's Weekly‹ ebenfalls. ›Woman's Era‹, heute führend, wurde 1973 gegründet. In dem Maße, wie die Auflagenzahl von ›Woman's Era‹ stieg, sank die von ›Femina‹ – bis auf 65000 heute. Und jetzt gibt es eine neue Zeitschrift, ›Savvy‹, die genau das Gegenteil von ›Woman's Era‹ ist. ›Savvy‹ ist drei Jahre alt und hat bereits eine Auflagenzahl von 50000. Sie ist eine Monatszeitschrift. ›Femina‹ richtet sich an die ältere Frau. ›Savvy‹ an die städtische Frau zwischen achtzehn und dreißig.

›Savvy‹ ist ein Skandalblatt. Sie bringt eine Titelgeschichte, eine Personality-Story von einer Frau, der ›Savvy-Frau des Monats‹. Sie muß geschieden sein oder Affären haben, oder sie kann einen Ehemann haben, der sie schlägt, oder sie kann Mann und Kinder wegen jemand verlassen, oder er kann sie wegen jemand verlassen, oder sie kann einen Ehemann und einen Liebhaber haben. Und am Ende kann sie trotz allem noch als Siegerin dastehen. Ihr gelingt es, sich ein Stück vom Kuchen abzuschneiden und es auch zu essen. Jeden Monat. Savvy-Frauen sind ziemlich berühmt, aber nicht unbedingt immer. Wenn ich ein grausames Schicksal habe, wenn ich alles aufs Spiel setzen will, macht ›Savvy‹ eine Heldin aus mir. Sie haben einen Markt dafür gefunden: sie haben ihn, glaube ich, erforscht. Eine Inderin gibt vielleicht nicht zu, daß sie ›Savvy‹ liest, aber sie liest sie dennoch. ›Savvy‹ ist für die großstädtischen Gebiete. ›Femina‹ und ›Woman's Era‹ findet man in Kleinstädten wie Nasik und Nagpur. Vor ein paar Monaten brachte ›Savvy‹ etwas über Vergewaltigung – mit Fotos –, und die Frauenorganisationen sagten, es sei zu marktschreierisch, und es gab eine einstweilige Verfügung, und sie mußten die ganze Ausgabe zurückziehen.«

Wir unterhielten uns über ›Woman's Era‹. Ich erzählte Nandini, was Gulshan Ewing über die berufstätige Frau gesagt hatte, die die Zielgruppe von ›Woman's Era‹ darstellte.

Sie sagte: »Das schönt das Bild der Leserin von ›Woman's Era‹ ganz kräftig. Hier spricht eindeutig eine Stimme aus der Oberschicht.« Nandini hatte das traditionelle kleinstädtische Leben erst seit ein oder zwei Generationen hinter sich gelassen. »Jeden Tag muß ich, um ins Büro zu kommen, zwei Busse und einen Zug nehmen. Und ich stehe früh auf. Aber ich lese nicht ›Woman's Era‹. Ich koche zu Hause, und ich komme zur Arbeit, und ich finde es keine Schinderei. Das ist ein Blick aus der Vogelperspektive. Die Frau, die das sagt, hat wahrscheinlich jede Menge Dienstboten zur Verfügung.«

Nandini meinte nicht, daß ›Woman's Era‹ die berufstätige Frau anspreche. »Sie richtet sich an die konventionelle Hausfrau aus dem Mittelstand. Ich meine nicht ungebildet. Sie ist die einzige Zeitschrift, die in jeder Ausgabe fünf Geschichten, Belletristik, bringt. Tenor: und wenn sie nicht gestorben sind ... Der Mann kehrt zu seiner Frau zurück. ›Woman's Era‹ steht ganz auf der Seite der Frau. Die Frau kann nichts falsch machen. Sie ist immer gut. Sie kann Großmutter oder Ehefrau oder Schwiegermutter sein; sie ist immer gut. Selbst wenn der Ehemann Alkoholiker ist, hilft die Frau in der Geschichte ihm durch ihren guten Charakter, trocken zu werden. Für die Zeitschrift ist es völlig einerlei, warum der Mann zur Flasche gegriffen hat. Diesen Aspekt rühren sie nicht an. Die Situationen sind aus dem Leben gegriffen. Die Leserin kann sich mit jeder einzelnen Situation identifizieren. Die Geschichten in ›Femina‹ und ›Eve's Weekly‹ in den fünfziger Jahren waren dagegen sicher sehr abgehoben.«

Ich sagte, daß die Geschichten in ›Woman's Era‹ mir wie Fabeln vorkämen und nicht wie Kurzgeschichten.

Nandini sagte: »Sie sind schlecht geschrieben. Ich kann überhaupt nicht begreifen, wieso die Zeitschrift trotz solch einer schlechten Präsentation und Aufmachung eine so große Leserschaft hat.«

War es das Element der Belehrung? Lasen Frauen die Zeitschrift, weil sie einfachen, grundsätzlichen Rat suchten?

»Die Geschichten sollen unterhalten. Die Leserin erkennt, daß es sich um eine Situation handelt, in die sie geraten könnte. Schwiegermutter- und Schwiegertochter-Probleme. Oder der Junge, der im Ausland studiert. Er ist mit einem Mädchen in Indien verlobt oder verheiratet und hat im Ausland Affären, doch schließlich kehrt er zu seiner Frau zurück, und danach leben sie glücklich bis zum Ende ihrer Tage. ›Woman's Era‹ befaßt sich nicht mit sozialen Problemen. Sie befassen sich mit *persönlichen* Problemen. Die Herausgeber wissen, was sie tun.«

Wir unterhielten uns über den Artikel von der »Brautschau«. Bei manchen hatte er Anstoß erregt. Viele Leute redeten darüber, und vom journalistischen Standpunkt aus mußte der Artikel als Erfolg gelten.

Nandini sagte: »Ich würde die Brautschau verurteilen. Aber sie tun das nicht. Der Artikel hat den Untertitel ›Ein positiver Blick auf den Brauch‹. Und dann haben sie solche Fotos dazu.«

Ein gestelltes Farbfoto, das die obere Hälfte der ersten Seite des Artikels einnahm, zeigte ein Mädchen, das einer Besuchergruppe Tee auf einem Tablett serviert. Das Zimmer auf dem Foto war klein und eng (vielleicht einer der in Indien üblichen knapp über drei mal drei Meter großen Räume), und zwischen den Möbeln war so gut wie überhaupt kein Platz: eine dreiteilige Polstergarnitur, ein Kaffeetisch und ein Beistelltisch mit einer großen Lampe und Ringelblumen in einem irdenen Topf. Vier Besucher saßen auf dem Sofa; und zwei Besucherinnen starrten angestrengt auf das Mädchen, das mit dem Teetablett dort stand, in einem neuen Sari, das Haar frisch zurechtgemacht, ziemlich unglücklich in die Kamera schauend.

Nandini hatte nicht wie ich den Blick des Außenseiters. Sie sah nichts Lustiges in dem Foto; ihre Gefühle galten ganz und gar dem jungen Mädchen. »Es ist abscheulich. Am Ende des Artikels sagen sie, ein Treffen zwischen Jungen und Mädchen sei ratsam – sie sagen nicht, es sei notwendig –, und sie bringen so ein Foto von einem Jungen und einem Mädchen, die sich an einem Tisch gegenüber sitzen, sich aber nicht anschauen und nicht miteinander reden. ›Sei ehrerbietig und liebevoll‹ lautet eine Zwischenüberschrift.« Sie las aus dem Artikel vor: »›Die Schwestern und Nichten und Neffen des Jungen sollten freundlich und liebevoll behandelt werden.‹ « Was sie las, brachte sie auf. Sie sagte: »Wenn ein Bataillon dich inspizieren will, stehst du nicht stramm. Du wirst nicht gekauft. In dem Artikel versuchen sie, einen liberalen Schritt nach vorn zu tun. Doch die Argumente, die den Brauch rechtfertigen, sind so stark, daß der liberale Schritt vergebens ist. Sie wenden sich nicht an die neue Frau. Sie wenden sich an die traditionelle Frau.

Meine Schwester ist gebildet, aber sie ist eine arrangierte Ehe eingegangen. Sie hatte sich nicht in jemanden verliebt, und dann kam dieses Angebot von diesen Leuten. Also fragten meine Eltern sie. Es gab nicht diese Zurschaustellung. Sie traf den jungen Mann einfach. Er ist Kapitän in der Handelsmarine. Sie mochten einander.«

»Leiden denn die Leserinnen von ›Woman's Era‹, wenn sie etwas wie diese Brautschau mitmachen müssen?«

»Sie sind darauf eingestellt, daß sie all dies mitmachen müssen. Manche Frauen finden es eine Tortur, aber sie müssen es mitmachen. Ganz gleich, wie gebildet oder reich eine Frau ist,

500

sie sagt immer: ›Letzten Endes würde ich gerne heiraten und Kinder bekommen.‹ Aber es gibt auch Frauen, die ›Savvy‹ akzeptieren. Es gibt jetzt diese beiden Richtungen, und diese beiden Zeitschriften lassen ›Femina‹ und ›Eve's Weekly‹ weit hinter sich.

Wenn man sich die Werbung anguckt, findet man in ›Woman's Era‹ und ›Femina‹ Lebensmittel und gewisse Kosmetika, aber nicht eine Hautlotion für den Winter, von der 200 Milliliter 50 Rupien kosten. So etwas würde in ›Savvy‹ stehen. Indien ist kein leichter Markt. Er muß gründlich erforscht werden.«

Auf meiner Reise kaufte ich von Zeit zu Zeit eine Nummer von ›Woman's Era‹, und meine Hochachtung für ihre journalistische und gesellschaftliche Leistung stieg. Ich bekam das Gefühl, daß sie ihren Erfolg verdiente. Ich kam zu der Überzeugung, daß ihr Verdienst genau das war, was Gulshan Ewing erwähnt hatte: sie schüchterte ihre Leserinnen nicht ein.

Ein wiederkehrendes Thema der Geschichten war, daß eine Frau – gewöhnlich eine junge Braut – entdeckte, daß sie sich ihrer armen Verwandten nicht schämen mußte. Und ›Woman's Era‹ beschämte ihre Leserinnen nie. In ihren Geschichten, Rezepten, Fotos von Inneneinrichtungen (wie dem von dem beengten kleinen Zimmer, das den Artikel über die Brautschau illustrierte) berücksichtigte sie die Lebensbedingungen ihrer Leserinnen; und nie ging sie über diese Bedingungen hinaus. Vielleicht hatte diese Anerkennung an sich schon etwas Glanzvolles; vielleicht fanden Frauen jener Gruppe in keiner anderen Form – weder im Kino noch im Fernsehen – diese Anerkennung.

Mit der Anerkennung ging immer Bestätigung einher. Man konnte sagen, Bestätigung sei das hervorstechendste Merkmal in ›Woman's Era‹. In den Geschichten (deren Themen gewöhnlich mit Familienliebe zu tun hatten) erwiesen sich die Leute immer als besser und menschlicher, als sie schienen. Und auch die belehrenden oder beratenden Artikel enthielten Bestätigung. Hier wurde nichts für selbstverständlich gehalten. ›Woman's Era‹ bringt einem alles darüber bei, wie man einen Besuch abstattet: Gehe nicht unangemeldet, lasse deine Kinder nichts anfassen, lasse sie nicht in schmutzigen Schuhen auf Sofa und Polster der Gastgeber springen. In einer anderen Nummer sagt ›Woman's Era‹ – sozusagen den Spieß umdrehend –, wie man unerwarteten Besuch behandelt: Nicht sofort nach der Ankunft, aber irgendwann während des Besuchs kann man ihnen einen Tip geben, indem man taktvoll sagt, ›Hätte ich gewußt, daß ihr vorbeikommt, hätte ich für mehr Annehmlichkeiten gesorgt und unseren Zeitplan darauf eingestellt.‹ Wenn der Gast nicht besonders dickfellig ist, müßte das reichen, ihm klarzumachen, was dahinter steckt.«

›Woman's Era‹ bringt einem bei, wie man einen Brief schreibt: Nimm kein zerknittertes oder fleckiges Blatt, reiße kein Blatt aus dem Schulheft deiner Tochter, gebrauche keine großen Worte, schreibe nicht nur über dich selbst, klatsche nicht die Briefmarken über den ganzen Umschlag. Die Zeitschrift bringt einem sogar bei, wie man ins Kino geht: Nimm kein Essen mit, kommentiere nicht die Handlung, nimm nicht dein Baby mit und spaziere mit ihm auf dem Gang auf und ab, wenn es zu weinen beginnt.

Leute, die diese Ratschläge nicht brauchen, brauchen ›Woman's Era‹ nicht. Und die Leute, die die Ratschläge brauchen, werden nie zurechtgewiesen oder lächerlich gemacht. Über die Fehler wird nie als Fehler der Leserinnen geschrieben. Es sind immer die Fehler anderer oder Fehler, die die Leserin vielleicht beobachtet hat; immer gibt es eine Geschichte oder eine Fabel, um die Zurechtweisung zu mildern. ›Woman's Era‹ lädt ihre Leserinnen in eine besondere, gemeinsam erfahrene Welt ein. Der redaktionelle Ton ist diktiert von Mitgefühl, beinahe Liebe.

Und als ich den Herausgeber, Vishwa Nath, kennenlernte, merkte ich, daß dieser Ton ziemlich genau seine Vorstellung von einer Mission wiedergab.

Er war zweiundsiebzig und hatte immer noch die führende Position in seinem Druckerei- und Verlagsunternehmen inne. Er war mittelgroß, forsch, ohne ein Gran Fett, sah kühl und geschäftstüchtig aus in seiner weißen Hose und dem kurzärmeligen Hemd – indisches Handgesponnenes, aber das hätte ich nicht erkannt, wenn er es mir nicht gesagt hätte.

Er machte den Eindruck, als sei er nicht gewohnt, über sich selbst zu reden. Er erzählte keine persönlichen Anekdoten und zog keine moralischen Lehren aus seiner Erfahrung. Er war immer noch öffentlich aktiv; er war immer noch von Ideen fasziniert; er war von seiner Arbeit in Anspruch genommen, und das ließ ihn um sich schauen. Er liebte die Idee, die hinter Zeitschriften steckte; er liebte alles, was mit Drucken zu tun hatte. Er war stolz auf die neuen Heidelberger im Erdgeschoß. Gleichzeitig bewahrte er gerade wegen seiner Liebe zum Drucken in einem durch Gitter abgetrennten Raum im oberen Stockwerk Schubladen und Kästen mit beweglichen Lettern in Hindi und Englisch von früher.

Seine Familie hatte 1911 in Delhi erstmals eine Druckerpresse aufgestellt. Deshalb hatte er im Druckereigeschäft etwas wie eine Ahnengalerie. Wie auf anderen Gebieten waren die Fähigkeiten, die nach der Unabhängigkeit bei Indern so üppig zu blühen schienen, über ein bis zwei Generationen herangereift. Seine Familie war seit vierhundert Jahren in Delhi, doch er konnte sie nur bis zu seinem Urgroßvater zurückverfolgen, in dessen Haus er 1916 geboren worden war und bis 1934 gelebt hatte. Dieser Urgroßvater war kurz vor dem Aufstand, vielleicht 1854, geboren worden; er hatte die Geschichte erzählt, daß die Familie während der britischen Belagerung und Plünderung Delhis 1857 ihr Haus aufgegeben hatte.

Es gab noch einen sichtbaren Beweis für diesen Vorfahren. Irgendwann nach 1870 war er von einem britischen Lexikographen, Dr. Fallon, angestellt worden. Dr. Fallon bereitete ein Hindi-Urdu-Englisch Wörterbuch vor; und Vishwa Naths Vorfahre war mit Dr. Fallon kreuz und quer durch Nordindien gereist, um die Worte und Redewendungen aufzuzeichnen, die sie hörten.

Hinten in Vishwa Naths Räumen, in seinem Büro, stand auf einem Unterschrank ein Bücherschrank mit Glastüren, der bis zur Decke reichte. Dr. Fallons Wörterbuch – neu gebunden – stand auf einem Bord in jenem Bücherschrank. Es war 1200 Seiten dick, die Seiten beinahe im Quartoformat, rund fünfundzwanzig mal siebzehn Zentimeter: ›A New Hindustani-English Dictionary, With Illustrations from Hindustani Literature and Folk-Lore‹, von Dr. S. W. Fallon, verlegt 1879 bei Trubner & Co., London, und E. J. Lazarus & Co., Benares. Jede Eintragung erschien in drei Sprachen, in drei

Schriften; die Aussprache des Hindi- oder Urduwortes war in englischer Lautschrift wiedergegeben.

Nur zwanzig Jahre nach William Howard Russells Reise hatte es also diese andere Reise eines Engländers gegeben, durch zum Teil dieselben Gegenden, und war diese andere Arbeit geleistet worden, die unmöglich adäquat belohnt worden war. Und dort, in Dr. Fallons Vorwort, stand die Danksagung an Vishwa Naths gelehrten Vorfahren: »Munshi Thakur Das aus Delhi«.

Tatsächlich kaufte Thakur Das rund dreißig Jahre später die Rechte an dem Wörterbuch von Dr. Fallon. Er hatte die Absicht, das Buch neu herauszugeben. Das war einer der Gründe, warum er 1911 eine Druckerpresse kaufte – im Krönungsjahr des Königs und Kaisers George V., wie Vishwa Nath sagte: dem Jahr, in dem die Hauptstadt Britisch-Indiens von Kalkutta verlegt und der Grundstein für Neu-Delhi gelegt wurde. Doch Thakur Das gab das Wörterbuch nicht neu heraus. Er starb, kurz nachdem er die Druckerpresse gekauft hatte. Vishwa Naths Großvater mußte sich dann darum kümmern, daß die Presse aufgebaut und kommerziell genutzt wurde. Das Wörterbuch hätte sehr schwere Arbeit bedeutet; und die Herstellung hätte sich nicht ausgezahlt. Vishwa Nath sagte: »Jeder einzelne Buchstabe, in Hindi, Englisch und Urdu, hätte mit der Hand gesetzt werden müssen. Also machte die Presse andere Sachen, um in Gang zu bleiben.« Das Wörterbuch wurde zurückgestellt und überlebte in der Familie nur in jenem einen Exemplar im Bücherschrank in Vishwa Naths Büro.

Vishwa Nath sagte: »Das Copyright ist jetzt abgelaufen, und es gibt Gerüchte, daß jemand ein Reprint herausgebracht hat.«

Vishwa Naths Großvater starb bei der Grippe-Epidemie 1917. Dann übernahmen sein Vater und Großonkel die Druckerei. Es war eine orthodoxe Hindu-Familie. »Eine Großfamilie, die zusammen lebte und zusammen arbeitete.« Aber es gab Spannungen. »Die Familie spaltete sich. Um 1939 war die Druckerei beinahe am Ende. Ich hätte gerne in der Druckerei gearbeitet, aber ich merkte, daß sie zerstritten waren. Deshalb blieb ich draußen und machte eine Ausbildung als Wirtschaftsprüfer. Ich habe diesen Beruf aber nie ausgeübt. Ich fing eine neue Druckerei an, alleine, ohne die Familie. Mit 22.«

Ich fragte ihn, wie Delhi damals war.

»Gemächlich, vor dem Krieg. Sechs Monate im Jahr schlief die Stadt. Die indische Regierung ging von April bis September immer nach Simla – das war der Sommerexodus. Neu-Delhi war beinahe völlig verlassen. Man legte sich auf die faule Haut, schlief tagsüber und ging alles mit Ruhe an.«

Politik? Gandhi?

»Ich begann mich 1930 dafür zu interessieren.« Damals war er vierzehn. »Ich wollte ins Gefängnis, aber ich war minderjährig. Sie wollten mich nicht verhaften. Das war zur Zeit des Salzmarsches. Gandhi war berühmt für seine aufsehenerregenden Unternehmungen. Ich nenne sie Bravourstücke. Der Salzmarsch war ein Bravourstück, aber er war notwendig. Wir hatten keine Waffen. Er ging in die Dörfer und stachelte die Massen auf. Der Salzmarsch elektrisierte tatsächlich das ganze Land. Ich erinnere mich, daß wir an dem Tag, an dem Gandhi den Ort Dandi am Meer erreichte, in unserer Straße in Delhi Salz aus einem brackigen Brunnen gewannen, und wir sagten, ›Wir haben das Salzgesetz gebrochen‹. Seit dem Tag der Salzgewinnung trage ich *khadi*, Handgesponnenes. Immer noch.

Zur Zeit des Salzmarsches hatten wir jeden Tag Demonstrationen. Zum ersten Mal verließen Frauen das Haus, legten in Delhi und überall in Nordindien den Purdah ab. Manche unserer Verwandten legten es darauf an, verhaftet zu werden. Mein Onkel saß sechs Monate im Gefängnis; später wurde er Minister in der Regierung Nehru.«

Zu der Zeit – »Das ganze Land brodelte« – kam ihm auch die Idee, Verleger zu werden. Er las gern; er gab sein ganzes Taschengeld für Bücher und Zeitschriften aus.

»Ich ging immer in die Druckerei und setzte mit der Hand – aus Spaß. Mein Vater liebte das Drucken und ich auch. Als ich in der achten Klasse war, mit elf, hatte ich schon beschlossen, daß ich Zeitschriften veröffentlichen würde.«

Ich hatte das Gefühl, er sprach für mich. Im kolonialen Trinidad hatte ich in ungefähr dem gleichen Alter – größtenteils durch meinen Vater, einen Journalisten – eine Liebe für alles Gedruckte entwickelt, die Form der Buchstaben, die Vielzahl der Schriftarten, ein Staunen über die Art und Weise, wie Worte sich verwandelten, wenn Handschrift zur Druckschrift wurde. Aus Liebe zu diesem Vorgang hatte ich beschlossen, Schriftsteller zu werden, mit einer vielleicht weniger klaren Vorstellung davon, worüber ich schreiben sollte, als Vishwa Nath sie – in dem brodelnden Indien der 30er Jahre – von den Zeitschriften hatte, die er veröffentlichen würde.

Wir unterhielten uns eine Weile übers Drucken. Ich erkundigte mich nach Hindi-Schriftarten. Ich mochte sie sehr gern. Sie sahen kräftig und elegant und logisch aus und schienen gleichzeitig der Handschrift zu entsprechen. Ich fragte Vishwa Nath, ob er wisse, wer die erste Hindi-Druckschrift entworfen habe. Ich war mir sicher, daß der Schriftkünstler aus Indien kam. Offensichtlich hatte ich mich geirrt.

»Man schickte Entwürfe von Indien nach England. Die Devanagari-Schrift« – die Hindi-Schrift, die sich aus dem Sanskrit entwickelte – »wurde drüben geschnitten. Alle Lettern, die wir benutzten – für Fallons Wörterbuch, für überhaupt alles –, wurden aus England importiert. Die Devanagari-Lettern wurden bis in die zwanziger Jahre, als man Schriftgießereien in Indien eröffnete, aus England importiert. Das Papier, das wir benutzten, wurde importiert. Die Maschinen wurden importiert. Die Druckerschwärze wurde importiert. Erst als Gandhi mit der Swadeshibewegung anfing – der Bewegung, in Indien hergestellte Waren zu benutzen –, gab es Bestrebungen, Produkte in Indien herzustellen.«

Dennoch gab es eine Seite des Imperialismus, die anerkannt werden mußte. »Eigentlich haben wir diesen britischen Offizieren und Männern und Gelehrten viel zu verdanken, die so tief in unsere Literatur eindrangen und die Texte übersetzten, die die Brahmanen nicht aus ihren exklusiven Kreisen herauslassen wollten.« An dieser Einstellung gegen die Brahmanen hielt Vishwa Nath fest; das ließ ihm immer noch das Herz bluten und trieb ihn immer noch an. Aber stets kam auch der Profi durch, und er sprach mit der Begeisterung eines Druckers von der Hindi-Druckschrift.

»Die Sanskrit-Schrift ist im Grunde eine Schreibschrift. Sie hat Oberlängen und Unterlängen. Die Buchstaben dehnen sich nach rechts und links aus, und es gibt viele Ligaturen. Es war wirklich eine tolle Leistung, diese Schrift in beweglichen Lettern herzustellen. Im Englischen gibt es sechsundzwanzig Buchstaben und zwei Abteilungen, obere und untere. In Setze-

reien gab es buchstäblich zwei Kästen, einen mit den Groß-
buchstaben und einen mit den kleinen. Wenn man Hindi setzt,
muß man vier Setzkästen haben.« Für die Ligaturen, die Halb-
buchstaben, die Vokalindikatoren. Er zeichnete einen Plan auf
ein Blatt Papier und sagte: »Nein, man braucht fünf bis sechs
Kästen.«

Zwei Räume entfernt von seinem Büro – die Räume zu dieser
Zeit des Abends leer, die Tische aufgeräumt, die vielen Stühle
unbesetzt – verwahrte er die Schubladen mit alten Lettern. Er
zog ein paar Schubladen heraus und zeigte sie: die Druckfor-
men waren noch gesetzt, die beweglichen Lettern an den Kan-
ten abgenutzt, glänzend. Von einer Galerie hier oben konnte
man auf die Heidelberger im Erdgeschoß und die Stapel be-
druckter Blätter hinuntersehen. Es roch nach Druckerschwärze
und warmem Papier.

In seinem weißen Handgesponnenen, behende durch die leeren Räume schreitend, war er – auch ohne die Ehrerbietung von
Angestellten, die seinen Status unterstrichen hätte – ganz der
Besitzer, der Mann, der wußte, wo alles war, weil er dafür gesorgt hatte, daß es war, wie es war.

Als wir wieder in seinem großen Büro waren – der große
Schreibtisch, der braungepolsterte Drehstuhl, der Bücherschrank mit Glastüren, der bis zur Decke reichte, die Bücher auf
den Borden, die Archivexemplare seiner Zeitschriften, die
schwarze Shiva-Statue auf der Anrichte, ein altes Exemplar der
amerikanischen ›Cosmopolitan‹: all die vielfältigen Attribute
seiner Persönlichkeit –, redete er von Geschichte und seiner
zwanghaften anti-brahmanischen Haltung.

»Als ich jung war, hatte die Freiheitsbewegung ihren Höhepunkt erreicht. Wir waren seit Jahrhunderten Sklaven gewesen,
und als die Unabhängigkeitsbewegung begann, brauchten wir
etwas Belebendes – daß wir nicht so schlecht waren, wie die Briten immer behaupteten. Um Selbstachtung zu erringen, kamen
wir auf den Gedanken, daß wir eine uralte Zivilisation hatten –
da ist natürlich etwas Wahres dran. Aber sie hatte auch ihre
Schwächen, und diese Schwächen hatten uns für so lange Zeit
zu Sklaven gemacht.

Als ich 1939 meine Druckerei aufmachte – und kurz danach
begann, meine Zeitschriften herauszubringen –, fing ich an, un-

sere alten Schriften zu lesen. Ich wollte für mich herausfinden, wie groß oder großartig unsere Zivilisation war. Und als ich Einblick in unsere klassische Literatur gewann, merkte ich, daß uns etwas Lebenswichtiges fehlte. Je mehr ich mich mit den Schriften beschäftigte, desto mehr änderte sich meine Meinung – und dann fing diese Sache an.« Die Sache: der reformatorische Anstrich seiner Zeitschriften.

»Die Hindu-Religion ist ein Konglomerat von Glaubensrichtungen, fünfhundert Religionen oder Glaubensrichtungen. Wir hatten von Anfang an reformatorische Bewegungen. Von Anbeginn unserer Zivilisation an hatten wir reformatorische Bewegungen gegen Orthodoxie. Leider ist jede reformatorische Bewegung in eine Sekte zerfallen – die Lingayats, die Arya Samaji, alle. Buddha rebellierte. Mahavir, der Stifter des Jainismus, rebellierte. Guru Nanak, der Stifter des Sikhismus, rebellierte. Eine lange Liste. Sie rebellierten und zerfielen in Sekten und wurden so orthodox wie die Orthodoxen vor ihnen. Deshalb zog ich kein safrangelbes Gewand an und nahm nicht an diesen Konferenzen teil oder predigte in der Öffentlichkeit. Ich veröffentliche meine Zeitschriften.«

Seine erste Zeitschrift, ›Caravan‹, kam 1941 in englischer Sprache heraus. 1945 begann er mit ›Sarita‹, für Frauen, auf Hindi. Beide Zeitschriften hatten eine Auflagenhöhe von ungefähr 15 000.

»Für jene Zeit eine ziemlich hohe Auflage. Als ich eine Serie von Artikeln veröffentlichte, daß streunende Kühe getötet werden sollten, verursachte das einen großen Aufruhr. Es gab Demonstrationen. In der ganzen Stadt hingen Plakate. Das war so um 1950.«

Doch in ›Woman's Era‹ war nicht viel von Rebellion zu spüren. Manche Leute hielten sie sogar für eine konservative Zeitschrift.

Er sagte: »In ›Woman's Era‹ ist nichts Rebellisches. Das ist in ›Sarita‹, unserer Hindi-Zeitschrift, die dreimal soviel verkauft wird wie ›Woman's Era‹. ›Woman's Era‹ befaßt sich mehr mit sozialen Angelegenheiten. Sie ist pädagogisch. Bringt den Frauen die einfachen Dinge bei, mit denen sich sonst niemand abgibt.«

Er hatte eine andere Vorstellung von sozialen Angelegenheiten als Nandini. Sie hatte behauptet, die Zeitschrift befasse sich eher mit persönlichen Situationen als mit sozialen Problemen. Ihr unterschiedlicher Wortgebrauch rührte von unterschiedlichen Weltsichten, unterschiedlichen Voraussetzungen und unterschiedlichem Bildungsniveau her. Und Vishwa Nath hatte seine eigene Vorstellung von Rebellion.

»In ›Sarita‹ legen wir volles Rohr los, predigen gegen Götter und Göttinnen, sogar Gott selbst. Letzten Monat hatten wir in ›Woman's Era‹ einen Artikel ›Gebete züchten Egoismus und Speichelleckerei‹.«

Er zog ein Archivexemplar aus dem Bücherschrank und zeigte mir den Artikel. Ich dachte, daß nur ›Woman's Era‹ einen solch radikalen Titel nehmen könnte. Er war jedoch eine zutreffende Beschreibung des Artikels, der gegen die Gebetspraktiken von Menschen aller Glaubensrichtungen zu Felde zog. Der Artikel war durchsetzt mit Vishwa Naths Zorn auf die indische Geschichte. Menschen, die sich vor Gott erniedrigten, stand in dem Artikel, könnten sich auch vor einem Despoten erniedrigen. Dieser Beiklang von historischem Urteil, diese Erwähnung eines Despoten schienen den Artikel dem zeitgenössischen Umfeld zu entrücken, ihm einen antiken Anstrich zu geben und ihn trotz seiner Leidenschaft und Kühnheit und den zeitgenössischen Fotos als merkwürdig moderat darzustellen, nicht so sehr als Religionskritik denn als Kritik dummer Individuen, die versuchten, einen Vertrag mit Gott zu schließen.

War er ein religiöser Mensch? Nur ein religiöser Mensch, dachte ich, konnte so von Religion besessen sein. Nur jemand, der wahrhaft dem Hinduismus zugeneigt war, konnte soviel Zeit mit schwierigen spekulativen Hindu-Texten verbracht haben. Ich erinnerte mich an Chidananda Das Gupta in Shantiniketan: obwohl kein Theist, hatte Chidananda, der nur ein paar Jahre jünger war als Vishwa Nath, als er sich halb aus dem Geschäftsleben zurückgezogen hatte, eine »erneute Neigung« verspürt, die Upanishaden zu lesen und hatte sie höchst durchgeistigt und lohnend gefunden.

Vishwa Nath sagte: »Ich bin überhaupt kein religiöser Mensch.« Die Upanishaden? »Wortspielerei. Die Upanishaden sind bloß eine Wortspielerei. Atman, Brahman – die ganze Übung soll bloß beweisen, daß Atman Teil von Brahman ist und

Brahman Atman ist. Manche sagen ja, manche sagen nein, manche sagen, es ist beides. Die Hindu-Philosophen verbringen ihr Leben mit Haarspaltereien.«

Der tanzende Shiva stand als Kunstwerk in seinem Büro, nicht als angebetetes Götterbild.

»Für mich ist Religion der größte Fluch der Menschheit. Sie hat mehr Leute umgebracht, mehr Besitz vernichtet als alles andere. Selbst heute – Nordirland, der Mittlere Osten. Hindus, Moslems, Sikhs, in Indien bekämpfen alle einander. Nicht die Prostitution ist das älteste Gewerbe der Welt, sondern die Priesterschaft.«

Und doch trug Vishwa Naths Ikonoklasmus auch so etwas wie sein Gegenteil in sich: ein Engagement für die Familie. In Indien war dieses Engagement so etwas wie ein Wunsch, die alte gesellschaftliche Ordnung zu bewahren; und vielleicht entstand es wie der Ikonoklasmus aus einem persönlichen Bedürfnis. Dieser scheinbare Widerspruch lag ›Woman's Era‹ zugrunde.

Vishwa Nath sagte: »Die Familie ist der Angelpunkt der Zivilisation. Ich lege Wert darauf, daß die Familie gestärkt, nicht zerstört wird. Die Frauenbewegung trägt viel Schuld am Auseinanderfallen der Familie.«

Er sah sich als Mensch, der nicht nur von Gandhi und der Unabhängigkeitsbewegung, sondern auch von seiner familiären Vergangenheit geprägt war. Vielleicht hatte er mit seiner familiären Vergangenheit, den Familiengeschichten von der Belagerung und Plünderung Delhis zur Zeit des Aufstands und mit seiner Kenntnis der indischen Geschichte, der Invasionen und Grausamkeiten, die ihn zum Weinen bringen konnten, der Ausraubung und Zerstörung der großen Hindu-Tempel in Nordindien durch die moslemischen Eroberer – vielleicht hatte er eine Angst vor Chaos, die jüngere Leute – die ihn nur als Konservativen sahen – nicht hatten.

Ein Grund, warum er ›Woman's Era‹ – schon der Name war eine Entgegnung auf Woman's Lib – aufgezogen hatte, war der Kampf um die Unantastbarkeit der Familie. Es war wichtig, eine solche Zeitung in Englisch zu haben.

»Ich mußte Frauen erreichen, die nicht Hindi lesen. Die Englisch lesenden, Englisch sprechenden Leute kontrollieren in diesem Land alles. Diese ganze feministische Frauenbewegung wird von Englisch sprechenden Leuten angeführt. In Hindi oder anderen indischen Sprachen findet man so etwas nicht oft.«

Nandini hatte von ›Woman's Era‹ gesagt: »Die Herausgeber wissen, was sie tun.« Die Worte hatten darauf schließen lassen, daß die Leute, die die Zeitschrift in Indiens professionellem und vom Wettbewerb diktierten Zeitschriftengeschäft leiteten, irgendeine »Recherche« durchgeführt hatten, wie etwa die Marktforschung, die die Macher von ›Savvy‹ angeblich betrieben hatten. Doch Vishwa Nath, hatte ich das Gefühl, arbeitete instinktiv; auch noch so viel Recherche hätte nicht zu diesem Konzept führen können.

Das Konzept für ›Woman's Era‹ konnte nicht kopiert werden, weil die Persönlichkeit des Herausgebers mit all ihren Zwiespältigkeiten nicht kopiert werden konnte: den Tränen um die Vergangenheit, dem Ikonoklasmus, der Angst vor wiederkehrendem Chaos, dem starken nationalistischen Gefühl, dem Handgesponnenen, der alles überragenden Liebe zum Drukken, die von dem Vorfahren vererbt worden war, der keine zwanzig Jahre nach dem Aufstand an Dr. Fallons Wörterbuch mitgearbeitet hatte und dem alltäglichen Indien, das er kannte, mit einer neuen Gelehrsamkeit begegnet war.

Zu Beginn, nach der Unabhängigkeit, waren Frauenzeitschriften (wie Nandini gesagt hatte) eine geborgte Idee gewesen, die nur einige wenige Privilegierte angesprochen hatte. Nun war ›Woman's Era‹ Ausdruck einer viel niedriger angesetzten rein indischen Gesellschaftsordnung. Sie bot Frauen, die gerade erst ins öffentliche Leben traten, Frauen, deren Leben ein dichtes Gewebe aus Ritual und vorgegebenen Beziehungen war und die nicht rebellieren oder träumen wollten, Belehrung und Bestätigung und eine subtile Umwandlung der schwierigen Realität.

Dieses Konzept konnte nicht kopiert oder übertragen werden. Vishwa Nath selbst hatte versucht, das Konzept von ›Woman's Era‹ auf eine Publikumszeitschrift, ›Alive‹, anzuwenden. ›Alive‹ hatte kein Publikum gefunden. Was in der abgeschlossenen, abgetrennten Welt einer Frau Sinn ergab, wirkte in der Publikumszeitschrift verschroben und belanglos.

8

Der Schatten des Gurus

Sich der Geschichte bewußt zu werden hieß aufhören, nach dem Instinkt zu leben. Es hieß, sich und seine Gemeinschaft so zu sehen, wie die Außenwelt einen sah; und es hieß auch, eine Art Wut kennenzulernen. Indien war nun voll von dieser Wut. Es hatte ein allgemeines Erwachen gegeben. Doch jeder erwachte in seiner Gruppe oder Gemeinschaft; jede Gruppe hielt sich in ihrem Bewußtwerdungsprozeß für einzigartig; und jede Gruppe versuchte, die eigene Wut von der Wut anderer Gruppen getrennt zu halten.

Jeden Tag standen in den Zeitungen unkommentierte offizielle Angaben zu Zwischenfällen im Punjab; so und so viele von Sikh-Terroristen umgebracht; so und so viele verhaftet, weil sie Terroristen Unterschlupf gewährt hatten; so und so viele Terroristen von der Polizei getötet; so und so viele »Eindringlinge« von jenseits der pakistanischen Grenze getötet.

In den breiten Straßen und im Kreisverkehr Neu-Delhis wurde man an die Unruhen im Norden erinnert. Nachts gab es Straßensperren. An manchen Stellen standen unter den Bäumen Sandsäcke, Gewehre und Polizisten. In manchen Vierteln stand alle hundert Meter ein Polizist. In der Stadt, die Vishwa Naths Erinnerung nach in seiner Kindheit leer und schläfrig gewesen war (und in der die Bäume wohl kaum mehr als Schößlinge gewesen waren: immer noch erst ein Traum von einem neuen Delhi), hatte der Terrorismus diesen neuen und effektiven Polizeiapparat auf den Plan gerufen.

Die britischen Truppen, die der Korrespondent William Howard Russell bei der Belagerung Lucknows gesehen hatte, hatten hauptsächlich aus Scottish Highlanders und Sikhs bestanden. Keine zehn Jahre davor waren die Sikhs von der Sepoy-Armee der Briten geschlagen worden. Beim Aufstand nun standen die Sikhs – die immer noch genauso ihrem Instinkt nach lebten wie andere Inder, immer noch die inneren Kriege Indiens kämpften, so gut wie keine Vorstellung von der ausländischen Imperialmacht hatten, der sie dienten – auf der Seite der Briten.

Während des Angriffs auf Lucknow machte ein Vorfall Russell, der ein robuster Mann war und so abgebrüht, daß er Geschmack am Krieg fand, ganz krank. Einer der Paläste Lucknows – das »gelbe Haus« an der Rennbahn – wurde von Sikh-Soldaten angegriffen. Die Verteidiger wehrten sich mutig; irgendwann einmal erschossen sie einen britischen Offizier der Sikhs. Als klar war, daß die Verteidiger entschlossen waren, bis zum Ende zu kämpfen, zog man die angreifenden Soldaten zurück, fuhr Artillerie auf und sprengte das gelbe Haus mit Geschossen und Granaten in die Luft. Die Verteidiger seien tapfere Männer gewesen, sagte Russell; man hätte sie in Balladen besingen sollen. Doch in Lucknow wurde ihnen keine Gnade zuteil. Die, die den Granatbeschuß überlebt hatten, wurden von den Sikhs mit Bajonetten niedergestochen und schnell getötet – alle bis auf einen. Aus irgendeinem Grund wurde dieser Mann an den Füßen herausgezogen, mit dem Bajonett in Gesicht und Brust gestochen und dann auf einen Scheiterhaufen gelegt. Der Gefolterte kämpfte; halb verbrannt gelang es ihm, sich zu erheben und zu fliehen zu versuchen; doch die Sikhs hielten ihn mit den Bajonetten im Feuer, bis er tot war. In einer Fußnote hielt Russell fest – typisch für ihn –, daß er ein paar Tage später die verkohlten Knochen auf der Erde liegen gesehen habe.

Später wurde Russell erzählt, daß die Sikhs während des Krieges im Punjab alle Gefangenen, die sie machten, verstümmelten. Daß sie diesen Mann, der – möglicherweise – ihren Offizier getötet hatte, mit dem Bajonett aufspießten und verbrannten, war also vielleicht nicht mehr als üblich bei ihnen. Vielleicht gehörte es zur Barbarei des Landes; oder einfach zur Barbarei des Krieges. Russell liebte den Krieg, aber er machte sich keine Illusionen darüber. »Man kann Krieg nach den ritterlichsten Prinzipien führen«, schrieb er, »und er hat doch immer etwas von Mord an sich.«

Hinter der Gewalttätigkeit der Sikhs bei der Schlacht von Lucknow mochte der Wunsch gesteckt haben, es den »Pandys« zu zeigen, die vor weniger als zehn Jahren zu ihrer Niederlage beigetragen hatten. Es mochte auch der allgemeine Wunsch gewesen sein, es den Moslems zu zeigen. Und es fügte sich ins historische Muster, daß die Sikhs halfen, die Macht der Moslems in Lucknow und Delhi zu brechen, denn die Sikh-Religion war um 1500 aus den Qualen geboren worden, die die Hindus durch die moslemische Verfolgung erlitten – ungefähr zur selben Zeit wie Kolumbus' letzte Reise in die neue Welt.

In der hinduistischen Religion hätten immer Menschen gegen die brahmanische Orthodoxie rebelliert, hatte Vishwa Nath gesagt; und jeder, der rebelliert hatte, hatte eine Sekte mit eigenen starren, unumstößlichen Regeln gegründet. Buddha hatte rebelliert; Guru Nanak, der erste Guru der Sikhs, hatte rebelliert. Zweitausend Jahre lagen zwischen den Rebellionen, und sie hatten verschiedene Ursachen gehabt. Buddhas Rebellion war durch sein Meditieren über die Vergänglichkeit des Fleisches angeregt worden. Guru Nanaks Rebellion oder Abspaltung war durch die Schrecken der moslemischen Invasion hervorgerufen worden – Schrecken, deren Ende zu jener Zeit unabsehbar waren.

Guru Nanak hatte die quietistische Erleuchtung, daß es einen mittleren Weg gebe: daß es keinen Hindu und keinen Moslem gebe, sondern daß die Glauben vereint werden könnten. Der Islam hatte jedoch seine festgesetzten Glaubensartikel, seine festgesetzten, allgegenwärtigen Vorschriften – dort war kein Platz für Spekulationen und Kompromisse, wie Nanak sie erwog. Das vollständige islamische »Gesetz« konnte jederzeit geltend gemacht werden; und hundert Jahre später, zur Zeit des fünften Guru der Sikhs, begannen die Verfolgungen und Martyrien durch die *Moguln*. Knapp hundert Jahre danach, zur Zeit des zehnten und letzten Gurus, bekam die Religion ihre endgültige Form und bekamen die Sikhs ihre charakteristische Erscheinung: das Haar durfte nicht geschnitten und mußte in einen Turban gesteckt werden, es mußte so etwas wie eine Unterhose, ein Stahlarmreifen und ein Messer getragen werden – so daß ein Mann durch diese intimen persönlichen Embleme jeden Tag daran erinnert wurde, was er war.

Als die Macht der Moguln in der ersten Hälfte des 18. Jahrhunderts niederging, wuchs die Macht und Anzahl der Sikhs. In der Zeit zwischen dem Zerfall des Mogulreiches und dem Kommen der Briten gab es im verwüsteten Norden Indiens kurz das Sikh-Königreich von Ranjit Singh. Dieses Königreich besiegten die Briten 1849 mit Hilfe von »Pandy«. Doch mit dieser Niederlage ging keine große Erniedrigung einher; man könnte sogar sagen, durch diese Niederlage kamen die Sikhs voran.

Die Briten hatten im allgemeinen auf dem Zenit ihres Imperiums für alle Inder nur Mißachtung übrig. Selbst 1858, zur Zeit des Aufstands, beobachtete Russell diese herabsetzende Haltung der Briten gegenüber den Sikh-Soldaten, die auf ihrer Seite kämpften. Doch dadurch, daß sie Britisch-Indien einverleibt wurden, gewannen die Sikhs ungeheuer viele Vorteile. Ihnen wurde ein Jahrhundert Entwicklung geschenkt. Ohne die Verbindung mit den Briten wäre Nordwestindien – vorausgesetzt, es hätte keine regionalen oder religiösen Kriege mehr gegeben – wahrscheinlich nichts anderes gewesen als der Iran, bis das Öl kam, oder Afghanistan: arm, despotisch beherrscht, intellektuell benachteiligt: fünfzig oder sechzig oder mehr Jahre hinter dem Rest der Welt herhinkend.

Die Unabhängigkeit und Teilung Indiens 1947 fügte den Sikhs Schaden zu; Millionen mußten Pakistan verlassen. Doch wie nach ihrer Niederlage durch die Briten erholten sie sich schnell. Mit der wachsenden Wirtschaft eines industrialisierten unabhängigen Indiens, mit einem riesigen Land, in dem sie ihre Talente entfalten konnten, erreichten die Sikhs viel; sie erreichten mehr denn je zuvor. Sie wurden die wohlhabendste große Gruppe des Landes; sie gehörten auf jedem Feld zu den führenden Köpfen. Und dann, gegen Ende der siebziger Jahre, wurde ihre Politik, immer sektiererisch, auf Sippen bedacht und streitsüchtig, mit einem Sikh-Fundamentalismus durchsetzt, der von einem jungen Mann einfacher, dörflicher Herkunft gepredigt wurde, einem Mann, der im Jahr der Teilung geboren war. Damit begann die Kette von Ereignissen, die zu der täglichen Spalte mit Nachrichten über Terroristen in den Zeitungen führen sollte; und den khakibekleideten, bewaffneten Polizisten in den grünen Straßen Neu-Delhis.

Seit hundertfünfzig Jahren oder länger kannte das hinduistische Indien – als Reaktion auf die neue Wissenschaft, die mit den Briten zu ihm gekommen war – reformerische Bewegungen. Seit hundertfünfzig Jahren gab es eine bemerkenswerte Reihe von Führern und Lehrern und weisen Männern, die von keinem anderen Land Asiens übertroffen wurde. Das hatte zu

Indiens allmählicher Anpassung an die Außenwelt und zu seiner intellektuellen Lebendigkeit am Ende des 20. Jahrhunderts geführt: zu einer freien Presse, einer Verfassung, einer Achtung vor Gesetz und Institutionen, Vorstellungen von Moral, gutem Benehmen und intellektueller Verantwortung, ganz unabhängig von den Anforderungen der Religion. Bei einer so kleinen Gruppe wie den Sikhs, bei denen charakteristische Kleidung und Aussehen wichtig waren, konnte es dieses innere intellektuelle Leben nicht geben; nicht einmal die Vorstellung von einem solchen Leben war möglich. Mit dem zehnten Guru hatte die Religion ihre endgültige Form erreicht, und er hatte die Linie der Gurus als beendet erklärt. Solch eine Religion konnte nicht reformiert werden; jede Reform würde sie zerstören. Ein neuer Lehrer konnte die festgeschriebenen Gesetze nur neu formulieren und versuchen, alten Eifer neu zu wecken. So kam es, daß Indiens fortschrittlichste Gruppe von einem Dorflehrer in eine einfachere Vergangenheit zurückgerufen werden konnte.

Der Name des Predigers war Bhindranwale, nach dem Namen seines Dorfes. Sein Vorname war Jarnail; das war angeblich eine Verballhornung des englischen Wortes für »General«. Bei seinem ersten Auftreten wurde er von den Politikern der Kongreßpartei in Delhi ermutigt, die ihn dazu benutzen wollten, ihre Rivalen im Staat aus dem Weg zu räumen. Dies schien ihn auf den Geschmack an politischer Macht gebracht zu haben. Das Wort, das – von Bewunderern und Kritikern gleichermaßen – für Bhindranwale in dieser Inkarnation am häufigsten benutzt wird, ist »Monster«. Der heilige Mann wurde ein Monster. Er bezog – besetzte im wahrsten Sinne des Wortes – den Goldenen Tempel von Amritsar, das größte Heiligtum der Sikhs, erbaut vom fünften Guru (der mehr oder weniger ein Zeitgenosse Shakespeares war). Er befestigte den Tempel, machte sich die Immunität der heiligen Stätte zunutze; und erklärte mit einer mittelalterlichen Vorstellung vom Maß aller Dinge, vielleicht der Vorstellung eines Dorfbewohners von einer Dorffehde, dem Staat den Krieg. Um Bhindranwale und dem Glauben zu dienen, zogen nun Männer mit dem Auftrag aus, Hindus zu töten. Sie hielten Busse an und töteten die Fahrgäste darin. Sie fuhren in Beifahrerwagen von Motorrollern und schossen Menschen auf den Straßen nieder. Der dadurch hervorgerufene Schock und Schmerz bestätigte die Terroristen wohl in ihrer Vorstellung von Macht, bestätigte sie wohl in ihrer Phantasie, daß nur ihnen das Handeln offenstehe und über allen anderen – wie in einem Märchen – ein Bann liege und sie lähme.

Schließlich stürmte die Armee den Tempel. Sie fand ihn besser befestigt, als sie erwartet hatte. Eine Nacht und einen Tag wurde gekämpft, und es gab viele Todesopfer unter Soldaten, Verteidigern und Tempelpilgern. Sowohl Hindus als auch Sikhs bedauerten die Schändung der heiligen Stätte; auch Hindus beteten dort. Später sollten Polizeibeamte beweisen, daß es noch eine andere, sauberere Art gegeben hätte, den Tempel zu isolieren. Doch damals schien das Einschreiten der Armee, wenn auch plump, die einzige Möglichkeit zu sein, um mit einer neuartigen Situation fertig zu werden: einer mörderischen Verschwörung, die aus dem Allerheiligsten einer heiligen Stätte betrieben wurde.

Der Schaden war angerichtet. Schritt um Schritt entfaltete sich dann die Tragödie. Um die Entweihung zu rächen, wurde Mrs. Ghandi von einigen ihrer Sikh-Leibwächter ermordet. Und wieder war es, als hätten die Männer, die den Mord planten, nicht richtig begriffen, daß ihre Tat Folgen haben würde, daß sie ihre Gemeinschaft dadurch in Gefahr bringen würden: Sikhs lebten überall in Indien verstreut. Nach dem Mord gab es Unruhen. Die schlimmsten in Delhi, wo Hunderte starben. Die terroristischen Zwischenfälle im Punjab, an der Grenze zu Pakistan, waren die Nachglut dieses großen Feuers von 1984.

Für die meisten Menschen war, was im Punjab geschehen war, eine reine Tragödie und nicht leicht nachzuvollziehen. Von außen sah es aus, als hätten die Sikhs diese Tragödie selbst über sich gebracht, aus ihrem großen Erfolg im unabhängigen Indien Leid gemacht. Es war, als habe die Gemeinschaft ein intellektuelles oder emotionales Manko, als habe sich aus ihrem schnellen, stetigen Aufstieg im letzten Jahrhundert ein Ungleichgewicht zwischen ihren materiellen Errungenschaften und ihrem Innenleben entwickelt, so daß sie, obwohl in einer Hinsicht so abenteuerlustig und vorwärtsschauend, in anderer doch den Wurzeln ihres Staates und ländlichen Ursprungs verbunden blieb.

Auf der Strecke nach Chandigarh ging der Reifen meines Mietwagens kaputt. Es war nicht nur einfach ein Platter. Der abgenutzte, oft runderneuerte Reifen hatte einen Riß, der sich über die halbe Decke zog. Chandigarh lag über drei Stunden entfernt, und die anderen Reifen sahen auch nicht gerade gut aus. Es kam nicht in Frage, ein Risiko auf sich zu nehmen; der defekte Reifen mußte geflickt werden, ehe wir weiterfuhren. Es fand sich aber Hilfe in der Nähe. Nur ein kurzes Stück die Straße hinunter war ein Punjabi-Fernfahrerstop – wir konnten ihn von da sehen, wo wir waren –, und nachdem wir den Reifen gewechselt hatten, fuhren wir dorthin.

Der Fernfahrerstop war ein staubiger Hof mit Ziegelschuppen an drei Seiten. Einige Schuppen hatten Wände, einige waren offen. Eine Reklame für Apollo-Reifen, an eine Wand genagelt, gab dem ganzen einen vertrauenerweckenden Anstrich von Technik. Nach hinten und zu beiden Seiten vom Hof waren Felder mit reifem Weizen; entlang einer Seite verlief ein Graben, in dem schwärzliches Wasser stand. Fahrer mit und ohne Turbane saßen auf Flechtbetten über dem Staub in dem offenen Schuppen und tranken Tee. Der Tee wurde in einer offenen Küche hinten zubereitet (viel blauer Rauch über schwarzen irdenen Feuerstellen) und von zwei kleinen Kellnern in langen Hosen und sehr schmutzigen (vielleicht nie mehr zu reinigenden) indischen Hemden mit langen Schößen serviert.

Während der Fahrer meines Mietwagens das Rad mit dem geplatzten Reifen auswuchtete, dröhnte und röhrte der Verkehr vorbei, der braune Qualm von Auspuffen ohne Auspufftöpfe vermischte sich mit Staub vom Straßenrand. In dem geplatzten Reifen befand sich überraschenderweise ein Schlauch. Seit Jahren hatte ich so etwas nicht mehr gesehen. Über diesen Schlauch hockte sich dann der Fahrer, ein Sikh ohne Turban, mit dem Mann von der Werkstatt, und nachdem sie den Schlauch aufgepumpt hatten, zogen sie ihn in einer roten Plastikschüssel durch Wasser. (In einer anderen roten Plastikschüssel auf einem Hocker vor dem Küchenschuppen wurden Glasbecher und schwere Porzellantassen eingeweicht.) Das Loch im Schlauch wurde gefunden, die Stelle abgetrocknet und abgefeilt, ein wenig Gummilösung aufgetragen und ein Gummiflicken aufgeklebt. Die Prozedur versetzte mich in meine

Kindheit zurück; sie ließ mich daran denken, wie wir immer Fahrradreifen geflickt hatten; ich hatte gedacht, das sei für immer aus meinem Leben verschwunden.

Der Fahrer und der Mann von der Werkstatt traten von der ölverschmierten Ziegelsteinplattform herunter, auf der sie an dem Reifen gearbeitet hatten, und wählten aus einer kleinen Sammlung einen Reifen aus, der so abgenutzt war, daß man ihn schließlich weggeworfen hatte. Aus diesem Reifen schnitten sie zwei Stücke, eins aus dem dünnen Teil des Reifens, das andere aus dem dickeren. Beide Stücke wurden dann eingepaßt, wo der Reifen geplatzt war; der geflickte Schlauch, rosa und in sich zusammengesunken und schlapp, wurde ebenfalls eingesetzt; und dann hämmerten und klopften der Fahrer und der Mechaniker das Ganze irgendwie zusammen, pumpten den Reifen auf und titschten ihn ein paarmal professionell über die ölgeschwärzte Erde. Schließlich wandte Bhupinder, der Fahrer, eher durch den Zwischenfall befriedigt als gereizt, die Schnauze des Autos Richtung Chandigarh, und wir hielten nicht mehr an, bis wir dort waren.

Alle möglichen Fahrzeuge waren unterwegs: Busse, Lastwagen mit hoch aufgetürmten Ladungen, vollgepackte dreirädrige Taxibusse mit ungefähr zwanzig Insassen (ich zählte sie), Maultierkarren, Traktoren mit Anhänger. Manche Anhänger transportierten sehr breite Ladungen in Sackleinen verpackten Strohs oder quergelegte Baumstämme, so daß sie viel mehr Raum auf der Straße einnahmen, als man aus der Ferne dachte. Es schien keinerlei Ladungsbeschränkung zu geben. Man war wohl der Meinung, daß Metall, weil es Metall war, alles aushalten könne, was man daraufpackte. Viele Fahrräder transportierten zwei oder drei Menschen: den eigentlichen Fahrer, jemanden auf der Querstange und jemanden auf dem Gepäckträger. Ein Motorroller konnte eine fünfköpfige Familie befördern: der Vater auf dem Hauptsattel, ein Kind zwischen den Armen, ein anderes Kind hinter ihm, das seine Taille umklammerte, die Mutter mit dem Baby hinten auf dem Gepäckträger.

In Indien hatte man immer dieses Gefühl von Gedränge, von Fahrzeugen und Dienstleistungsbetrieben, die bis an die Grenzen der Belastbarkeit genutzt wurden: die Züge und Flugzeuge verkehrten nie häufig genug, die Straßen waren nie breit genug, brauchten immer noch zwei oder drei oder vier Spuren mehr. Die überladenen Lastwagen fuhren oft so dicht auf wie die Waggons eines Güterzuges; und manchmal – es schien von der Laune der Fahrer abzuhängen oder davon, wohin sie jeweils gerade wollten – kamen Autos und Karren aus der falschen Richtung. Hupen von Motorrollern und Autos und Lastwagen ertönten ständig, selten jedoch böse. Es klang mehr wie eine Feier, beispielsweise ein Hochzeitszug.

Chandigarh war, als ich die Stadt 1962 zum ersten Mal sah, funkelnagelneu. Es war als Hauptstadt des damaligen Staates Punjab erbaut worden. 1962 war es eine leere Stadt, die eine noch künstliche Atmosphäre hatte. Sie war voller Touristen aus dem Punjab, die in den modernen Betontürmen hinauf- und herunterliefen, die Le Corbusier für das Staatsparlament, das Staatsgericht und das Sekretariat gebaut hatte. Jetzt war die Stadt voll, zugebaut. Die beiden Staaten, in die Punjab sich gespalten hatte, zankten sich darum.

Le Corbusiers unverputzte Betontürme sahen nach siebenundzwanzig Jahren in der Sonne, dem Monsun und dem Winter des unteren Himalaya im Punjab schmutzig und verkommen aus und erwiesen sich nun als ziemlich schlichte Konstruktionen mit einem oberflächlichen Glanzlicht: megalomanische Architektur: Menschen reduziert zu Einheiten, Individualität nur dem Architekten vorbehalten, der seine Farbvorstellungen in einem aufgeblähten Wandgemälde à la Miro an einem einzigen Gebäude zum Ausdruck brachte. Seine Ikonographie brachte er mit einer riesigen Hand in einer sich weit erstreckenden Fläche aus Betonpflastersteinen zum Ausdruck, wo man es im Winter und Sommer und während des Monsuns wahrscheinlich nicht aushalten konnte. Indien hatte schon wieder einen Außenseiter ermutigt, sich selbst ein Denkmal zu setzen.

Jetzt wuchs Gras zwischen den Pflastersteinen. Abends bewachten bewaffnete Polizisten die Gebäude; Besucher wurden verscheucht. Die Einwohner von Chandigarh gingen nachmittags, einer natürlicheren indischen Neigung folgend, am See spazieren, weit weg von den entsetzlichen öffentlichen Gebäuden. Die Stadt, um die die Menschen sich stritten, war ohne Zentrum und Herz.

Doch die Luft war frisch. Es war noch kühl; abends war es

kalt. Der Hotelgarten war voller Blumen und die kurz gemähten Rasenflächen, jeden Tag mit einem dicken Schlauch getränkt, waren leuchtend grün.

Gurtej Singh war berühmt, da er als Sikh beim Indian Administrative Service – der höchsten indischen Behörde – seinen Rücktritt eingereicht hatte, weil er sich so für die Sache der Sikhs engagierte. Er wurde mir als jemand dargestellt, der mir die Entfremdung der Sikhs verständlich machen konnte. An einer Reihe von Morgen kam er, nachdem er seine sechzehnjährige Tochter nach Chandigarh zur Schule gebracht hatte, ins Hotel, und wir unterhielten uns. Damals wußte ich nicht, daß er Bhindranwale gekannt hatte; daß er nach dem Sturm der Armee auf den Goldenen Tempel im Juni 1984 vier Jahre in den Untergrund gegangen war; daß er wegen Aufwiegelung zum Aufruhr angeklagt worden war und praktisch immer noch unter Bewährung stand.

Er war einundvierzig, groß, etwas über ein Meter achtzig, schlank, mit düster und durchdringend blickenden Augen. Er war sorgfältig gekleidet, in Pastellfarben. Sein Benehmen wie auch sein Körperbau hatten etwas Elegantes – nichts von dem gefräßigen Sikh oder Punjabi. Man konnte sich kaum vorstellen, daß er aus einer Bauernfamilie vom Dorf kam und der erste in seiner Familie war, der eine formelle Schulbildung erhalten hatte.

Als er das erste Mal kam, wollte er darüber sprechen, wie wichtig Wasser war. Der Punjab hing vom Wasser seiner Flüsse ab; er wollte sein Wasser nicht mit anderen Staaten teilen. Seit 1947, sagte Gurtej, seien mehr Leute im Streit über Wasser gestorben als bei den Unruhen nach der Teilung. »Das Wasserproblem ist der Kernpunkt der ganzen Sache.«

Doch über Wasser konnte ich von vielen anderen etwas hören. Ich hatte auch das Gefühl, daß es eine Vereinfachung sei, etwas, das man bei einem ersten Treffen gut anbieten könne. Der Fundamentalismus und die Entfremdung hatten sicherlich auch andere Ursachen; und bei diesem ersten Treffen mit Gurtej interessierte mich mehr, wie er zu seinen religiösen Vorstellungen gekommen war.

Die erste Vorstellung davon, sagte er, habe er von seinem

Großvater bekommen. Von seinem Großvater habe er auch die Vorstellung von »Vornehmheit« bekommen.

»Wir haben nicht viele Rituale. Mein Großvater lehrte mich die einfachste Form des Gebets. Es ist bloß ein einfaches Gebet für das Wohlergehen der ganzen Welt. Es dauerte zwischen einer halben und einer Dreiviertelstunde. Jeden Morgen stand meine Großmutter auf, um die täglich anfallenden Hausarbeiten zu erledigen – dazu gehörte auch das Buttern –, und bei der Arbeit wiederholte sie die Gebete in einem fort. Sie war nicht gebildet, und sie erinnerte sich nur an die Dinge, die sie gehört hatte, die einfachsten Verse aus den Schriften.

Sie stand um vier auf. Wenn sie aufgestanden war, konnte ich nicht mehr schlafen, und daher interessierte ich mich allmählich für ihre Gebete. Mein Großvater betete zeremonieller. Er wusch sich morgens und setzte sich mit dem heiligen Buch in der Hand hin. Wir hatten eine kleine Ausgabe, mit den täglichen Gebeten, und die trug er immer bei sich. Das letzte war die *ardas*, die Schlußformel des Gebets, das Bittgebet.

Meine Eltern wohnten in einem anderen Dorf. In diesem Dorf gab es keine Schule, deshalb hatten sie mich in das Dorf meiner Großeltern geschickt, wo wir eine Schule direkt neben dem Haus hatten. Diese Schule besuchte ich, bis ich groß genug war, um nach Dehra Dun ins Internat zu gehen.«

Ich wollte mehr über die »Vornehmheit« des Großvaters hören.

Gurtej dachte nach. Er begann sich zu erinnern; seine durchdringend blickenden Augen wurden weich. »Er zog sich immer korrekt an, mit sauberer Kleidung und einem weißen Turban. Er hatte immer eine Uhr bei sich. Er war sich der Zeit bewußt, was sonst niemand im Dorf war. Er war ein fortschrittlicher Mann. Er war der erste, der sich ein Radio anschaffte, der erste, der sich im Dorf einen Jeep kaufte. Und er führte täglich Tagebuch. Er kannte einen Heiligen, der ihm beibrachte, wie man Medizin gegen Schlangenbisse machte. Die machte er gewissenhaft jedes Jahr vor Beginn der Regenzeit, und er verteilte sie in den Nachbardörfern. Immer wenn irgendwo jemand von einer Schlange gebissen worden war, kamen die Leute und baten um diese Medizin.

Manchmal ritt ich mit ihm auf einem Kamel in die Marktstadt.

Wenn wir an einem Platz vorbeikamen, an dem immer die Dorfältesten saßen, forderte er mich auf, sie laut zu grüßen. Und ich hörte ihn nie jemanden anbrüllen. Wenn er ganz schlecht von einem Menschen dachte, sagte er ›*Dusht!*‹ – ›Schlimmer Mann!‹ –, und dann wußten wir, daß er sehr böse war.

Er gab mir und seinem Sohn – meinem Onkel – Taschengeld, weil er wollte, daß wir selbständig waren und nicht wegen irgend etwas von ihm abhingen. Er half jedem, der kam. Er war der einzige, der ein Pferdefuhrwerk hatte, und wenn Leute es brauchten – für eine Hochzeit oder um ins Krankenhaus zu fahren –, lieh er es ihnen. Er war überall geachtet. Er war einer der wohlhabenderen Bauern.«

Aus diesem beschützten Leben wurde Gurtej gerissen, als er ins weit entfernte Dehra Dun ins Internat geschickt wurde. »Ich war in einer anderen Kultur, und ich muß im Herzen eine große Sehnsucht gehabt haben, Verbindung zu meinem Land zu haben, zu meiner Kultur, zu meinem Volk. Ich begann, die Gedichte von Sohan Singh Seetal zu lesen. Er ist ein Dichter und Schriftsteller. Er lebt immer noch in Ludhiana. Die Bücher, die ich damals las, waren Balladen, die sich mit der Geschichte der Sikhs zur Zeit der Moguln und der Briten befaßten.

Ich erinnere mich noch an einige Gedichte – sie waren erfüllt vom Leiden meines Volkes. Ein Gedicht handelte von dem Befehl zum allgemeinen Massaker, den zwei oder drei Mogul-Gouverneure gaben – daß jeder Sikh niedergemacht werden sollte. Und von den Müttern, denen die Kinder weggerissen wurden, um in Stücke geschlagen zu werden. Die Jungen wurden ermordet. Frauen wurden eingekerkert und gefoltert. Die Folterung der Gefährten des neunten Gurus – das war 1675. Sie wurden vor seinen Augen getötet. Einer wurde bei lebendigem Leibe verbrannt. Das war in Delhi, im Chandni Chowk. Ein anderer wurde bei lebendigem Leibe zersägt – in eine Holzkiste gesteckt und in zwei Hälften gesägt. Da können Sie die Hilflosigkeit und Not der Leute zu dieser Zeit sehen. Sie hatten nichts Böses getan. Sie folgten bloß Gott nach ihrer Erkenntnis.«

Seine Augen verschleierten sich. Es fiel ihm schwer, die Einzelheiten des körperlichen Schmerzes zu ertragen, den er doch hervorhob. Dann bezog er, was er dargestellt hatte – das beinahe mythische Leiden, auch wenn es wirkliche, überlieferte Daten hatte –, auf die Probleme der Gegenwart.

»Bewußt oder unbewußt versucht ein Sikh ständig, eine solche Situation abzuwenden.« Religiöse Verfolgung. »Und genau das hat mich dazu gebracht, den Aufstand für Gerechtigkeit im Punjab zu unterstützen. Es war eine emotionale Identifikation mit meinem Volk – in der Zeit des Punjabi Suba, 1957 bis 1960.« Damals waren die Sikhs für einen Punjabi sprechenden Staat eingetreten: Gurtej war 1957 zehn Jahre alt. »Die Vernunftgründe kamen später. Ich erinnere mich, daß die Hindus, kaum daß sich Punjabi Suba gebildet hatte, begannen, dagegen zu agitieren. Sie verbrannten einen Gurdwara« – einen Sikh-Tempel – »in Karnal. Sie griffen einen Gurdwara in Delhi an. Leute wurden gesteinigt. Und überall in den Städten des Punjabs gab es Tumulte.«

Das gegenwärtige Leiden war also mit vergangenem Leiden verbunden. Die heroische Vergangenheit adelte die Prüfungen der Gegenwart oder gab ihnen zumindest eine andere Qualität.

Gurtej sagte: »Der fünfte Guru starb auf dem Scheiterhaufen.« 1606, auf Befehl des Kaisers Jehangir, Akbars Sohn. Der fünfte Guru, der den Glauben organisiert und den Goldenen Tempel gegründet hatte. »Der beste Mensch, den ich mir vorstellen kann, ist der Guru« – der Singular oder der Sammelbegriff wird von den Sikhs für alle zehn Gurus benutzt –, »und ich glaube, daß sie ganz ehrlich das Wohl aller Menschen im Sinn hatten. Warum sollten sie so leiden?«

»Haben Sie Ihren Großvater gefragt? Haben Sie mit ihm über die Frage des Leidens gesprochen?«

»Ich kann mich nicht erinnern, daß ich ihn gefragt hätte. Ich glaube, zum ersten Mal sprach ich 1965/66 mit Sardar Kapur Singh über diese Dinge.«

Dieser Mann, Kapur Singh, war Gurtej wichtig. Er wurde 1911 in eine Bauernfamilie hineingeboren. Ein begabter und ungewöhnlicher Mann, schloß er seine Ausbildung in Cambridge ab und erlangte die Aufnahme in den Indian Civil Service, den I.C.S., den britischen Vorläufer des Indian Administrative Service. Doch nach der Unabhängigkeit 1947 gab es irgendein Problem wegen Geld, das für Flüchtlinge bestimmt war, und auch ein Problem wegen eines Autokaufs von einem ins Ausland Abgewanderten, und Kapur Singh wurde aus dem Dienst entlassen. Kapur Singh behauptete, er sei ungerechterweise entlassen worden, und man könnte sagen, daß Kapur Singh den Rest seines Lebens damit verbrachte, seinen Fall immer wieder aufzurollen; er mischte sein Leid mit der regionalen Politik der Sikhs, dem Schreiben von Gedichten und dem Schreiben schwieriger Bücher über die Sikh-Religion. Dieser Mann wurde Gurtejs Mentor. Er öffnete Gurtej die Augen für die Lage der Sikhs in Indien.

Ich fragte, ob es Gurtej, ehe er Kapur Singh 1965 (als Gurtej achtzehn war) kennenlernte, je aufgefallen sei, daß er als Sikh diskriminiert werde. Er sagte ja; er erinnere sich, daß einmal, als er in einer Schlange stand, um eine Eisenbahnfahrkarte zu kaufen, der Schalterbeamte grob zu ihm gewesen sei.

»Als Sie sich zu Beginn Ihrer Bekanntschaft unterhielten, was hat Kapur Singh Ihnen da über Leiden erzählt?«

»Er erklärte mir, daß es einen ewigen Kampf zwischen Gut und Böse gebe, die Gurus durch ihr Leiden nur bewiesen hätten, daß die Menschen sich mit guten Anliegen identifizieren sollten. Er sagte immer, das Maß des Menschen sei das Verantwortungsgefühl, das er habe. Das sei das einzig Wichtige am Menschen. Sonst sei es eine tierische Existenz. Und er sagte, der einzige Weg zum Heil sei, der Menschheit zu dienen. Und Sardar Kapur Singhs Worte wirkten überzeugend, weil er so viel gelitten hatte und nichts bereute.«

So war Gurtej zu einer Vorstellung von der Sikh-Religion gelangt: einer besonderen Vorstellung von den Gurus, einer besonderen Vorstellung vom Gott der Sikhs.

Von Guru Nanak, dem ersten Guru, der die Erleuchtung gehabt hatte, daß es keinen Hindu und keinen Moslem gebe, sagte Gurtej: »Ich sehe ihn als Menschen, der sich des Leidens seines Volkes bewußt ist und das tiefe Bedürfnis hat, die Situation zu verändern.« Er sah Nanak nicht einfach als weiteren Rebell gegen den Hinduismus. »Er ist kein Reformer, er ist kein Philosoph, er ist kein Dichter – auch wenn er sich in Gedichten ausgedrückt hat. Er ist ein Prophet Gottes.« Diese Vorstellung vom Propheten – eine moslemische Vorstellung, eine christliche

Vorstellung – wurde nicht von jedem Sikh geteilt. Doch Gurtej blieb fest. »Im Denken der Sikhs gibt es keinen Zweifel. Wir sehen alle Gurus als *einen einzigen* an.« Dieser Darstellung nach hatten die Sikhs im Laufe der ersten zweihundert Jahre ihrer Geschichte eine Linie von zehn gottgesandten Propheten.

Warum wurde das Leiden so hervorgehoben? Wie konnte ein Gläubiger tagtäglich mit dieser Vorstellung von Leiden leben?

Gurtej sagte: »Das Leiden wird deshalb so betont. Die Welt ist kein glücklicher Ort zum Leben, und das Unglück muß abgeschafft werden. Es gibt nur zwei Möglichkeiten. Entweder läßt man jemand anders leiden, oder man leidet selbst. Und ich denke, ein Mann Gottes muß leiden, anstatt jemand anders leiden zu lassen. Ich halte mich für einen Mann Gottes. Das bin ich immer gewesen und hoffe, es immer zu bleiben. Allein schon die Idee, das Heil zu erlangen, indem man der Menschheit dient, ist auf dem Subkontinent ungewöhnlich. Bei den anderen Religionen hier liegt der Nachdruck auf Askese, Entsagung, persönlicher Rettung. In kritischen Zeiten in meinem Leben habe ich gemerkt, daß ich mich in bestimmten Dingen gerne entscheiden würde, wie der Guru entschieden hätte.«

Diese Vorstellung vom Propheten der Sikhs ging einher mit einer speziellen Gottesvorstellung. »Für Sikhs ist er die Quelle aller Tugenden, ein lebender Gott, der sich durch seine Propheten manifestiert. Wenn Sie mich fragen, welcher Prophet dem Guru am nächsten steht, würde ich sagen, Mohammed. Unsere Auffassung unterscheidet sich nur in einer Hinsicht vom Islam: das dominierende Element unserer Vorstellung von einem göttlichen Wesen ist Gerechtigkeit und Güte. Der islamische Gott kommt mir ein wenig streng vor – wenn Sie sehen, welche Strafe die Abtrünnigen aus den Händen Mohammeds empfingen. Und wenn Sie sehen, wie sich in islamischen Staaten die Herrschermacht manifestiert, dann ist immer ein Element der Grausamkeit, etwas von Unterdrückung dabei. Wir sehen Gott als Befreier. Ranjit Singh hat das Sikh-Königreich vierzig Jahre lang regiert, und er hat nie jemanden zum Tode verurteilt. Dies ist, meine ich, der Geist des Sikhismus. Dies ist unsere Auffassung von Gott als Güte.«

Ich sagte: »Solch einen Gottesbegriff gibt es im Hinduismus nicht.«

»Im Hinduismus ist alles gewalttätig. Sehen Sie Devi mit den um den Hals geschlungenen Totenköpfen? Wenn Sie mich fragen, dann ist der Hinduismus die gewalttätigste aller Religionen.«

Vor ein paar Jahren hatte ich in England im Radio einmal – als Bhindranwale und der Sikh-Fundamentalismus und die Befestigung des Goldenen Tempels noch in ferner Zukunft lagen und ich wenig darüber wußte – ein Interview mit Bhindranwale im Goldenen Tempel gehört. Der Sikhismus, hatte Bhindranwale gesagt, sei eine Offenbarungsreligion; die Sikhs seien Anhänger des Buches. Damals hatte es mich verblüfft, daß versucht wurde, den Sikhismus mit dem Christentum gleichzusetzen; ihn von seinen spekulativen hinduistischen Aspekten zu lösen und sogar von seinem Leitgedanken der Errettung als Vereinigung mit Gott und Freiheit von der Seelenwanderung. Ich hatte Bhindranwales Erklärung für den Versuch eines intellektuell sehr fernen Mannes gehalten, sein Anliegen einem ausländischen Interviewer näherzubringen.

Deshalb wollte ich nun von Gurtej Genaueres über seine Vorstellung vom Propheten hören.

Er sagte: »Wenn wir uns in darwinistischen Vorstellungen von der Evolution festfahren und annehmen, daß sich alles aus etwas anderem entwickelt, können wir nicht von Anfang an ein fertiges Produkt erkennen. Und genau das tun die Propheten: sie präsentieren einem ein fertiges Produkt.«

Aus seiner Sprache und Bildern (»darwinistisch«, »Produkt«) schloß ich, daß seine Ideen ausgefeilt und einstudiert waren; und ich hatte das Gefühl, daß sein Mentor, Kapur Singh, ihn möglicherweise auf diesen Weg gebracht hatte.

Eine der Broschüren, die Gurtej mir gab, hieß »Prozeß gegen einen Sikh-Beamten im säkularen Indien«. Es war die englische Übersetzung eines Berichtes von Kapur Singh über seinen Kampf um Gerechtigkeit nach seiner Entlassung aus dem Indian Civil Service, die »dreißig Jahre Verfolgung durch die Staatsbehörden, ohne Einkommen und ohne Arbeit«.

Die Geschichte, wie sie in der Broschüre präsentiert wurde, war bruchstückhaft und schwer nachvollziehbar; außerdem war die Übersetzung schlecht und das primitiv gedruckte Büchlein voller Druckfehler. Aber es sah so aus, als sei er entlassen worden, weil er Regierungsgelder veruntreut hatte, die für Flüchtlinge aus Pakistan nach der Unabhängigkeit bestimmt waren. 1949 wurde er vom Dienst suspendiert und nach einer Untersuchung des Ministeriums vom Gerichtspräsidenten des Punjab entlassen. Kapur Singhs Verteidigung ging dahin, daß er das Geld, um das es ging, den Flüchtlingen gegeben habe, es aber unter den Umständen der Teilung weder für möglich noch weise gehalten habe, von Flüchtlingen, die nicht identifiziert werden konnten und keinen festen Wohnsitz hatten, Quittungen zu verlangen. Die Regierung selbst, sagte er, habe Anweisung erteilt, »beschwerliche Formalitäten« wie das Einfordern von Quittungen im Umgang mit Flüchtlingen außer acht zu lassen.

Ein Thema seiner Broschüre war, daß die Anklage der Veruntreuung erst gegen ihn erhoben worden sei, nachdem er gegen eine Anordnung protestiert habe, die 1947 an alle stellvertretenden Regierungskommissare im Punjab gegangen sei, nämlich daß »die Sikhs im allgemeinen … als krimineller Stamm behandelt werden müssen. Sie müssen mit solcher Strenge behandelt werden, ja sogar erschossen werden, damit sie zur politischen Realität erwachen.« Nehru selbst habe hinter dieser Anweisung gestanden. (Nehru habe auch hinter einer Anweisung gestanden, von der Kapur Singh 1954 von einem Sikh-Major in der Armee gehört hatte, nämlich daß Sikhs in der Armee ständig bedroht, terrorisiert, beleidigt und unterjocht werden sollten.) Nehru sei von »zwanghaft bösartigen, verderbten Hindus und Sikhs«, die übertriebene Geschichten über Kapur Singhs sikhorientierte Politik erzählt hätten, gegen Kapur Singh aufgehetzt worden. Das Ergebnis war, daß Nehru und sein Innenminister »nur eine Gelegenheit suchten, um mich zu liquidieren«.

Die Untersuchung des Ministeriums wegen der Verleumdungsanklage gegen Kapur Singh wurde vom Gerichtspräsidenten des Punjab durchgeführt, der Engländer war – das war 1950, gerade drei Jahre nach der Unabhängigkeit. Er entschied, daß Kapur Singh schuldig sei. »Die britische Regierung wurde gebeten, den Gerichtspräsidenten in Anerkennung seiner wertvollen Dienste für das Volk des Punjab während seiner Amtszeit zu adeln. Folglich wurde er von der Königin geadelt. Die längste

Zeit als Gerichtspräsident verbrachte er mit der Untersuchung gegen mich.«

Was Kapur Singh betraf: »Ich wurde aus dem Staatsdienst entlassen und mußte zwölf Jahre lang von einer amtlichen Stelle zur anderen laufen.« Er brachte seinen Fall vor die Kommission für den öffentlichen Dienst und danach vor den Obersten Gerichtshof. »Ich mußte vier weitere Jahre von einer amtlichen Stelle zur anderen laufen... Dann begann ich, in Übereinstimmung mit den erhabenen Worten des Gurus ›Die höchste Erprobung der Wahrheit ist, im Kampf dafür zu sterben‹, eine regelrechte juristische Schlacht zu schlagen. Ich beantragte beim Staatsgericht in Chandigarh eine gerichtliche Verfügung gegen die Willkür der Regierung.«

Vor ein paar Monaten hatte mir in Bangalore im Süden Prakash, der Minister, beim Frühstück von einem seiner morgendlichen Bittsteller erzählt. Dieser Mann, ein Beamter vom Dorf, der angeklagt war, einen Teil der Grundsteuer, die er eintrieb, veruntreut zu haben, war vom Dienst suspendiert worden; und er war die ganze Nacht mit einem Bus gefahren, um in der Morgendämmerung vor Prakashs Tür zu warten und den Minister um Hilfe zu bitten. Prakash hatte den Mann sieben Minuten gesprochen, hatte gesagt, daß die behördliche Untersuchung ihren Lauf nehmen müsse; und dann mußte der Mann die zweihundert Meilen in sein Dorf zurückfahren. Es schien ungerecht, für so wenig so weit zu reisen. Doch Prakash hatte in seiner witzigen Art geschildert, daß jemand wie jener suspendierte Beamte nach ein oder zwei tränenreichen Tagen, voll Angst angesichts seiner Situation, in der Vorstellung von *karma*, Schicksal, sozusagen eine neue Fügung erblicken könne, wieder ruhig und klarsichtig würde und, von seiner Vorstellung vom Schicksal unterstützt, den Rest seines Lebens einem aktiven Rechtsstreit für die Sache widmen könne, die ihm so plötzlich gewährt worden war.

Kapur Singh hatte eine andere religiöse Stütze. » ›A-Religiosität ist die Wurzel allen Übels‹, lautet unser altes Sprichwort«, schrieb er in seiner Broschüre. Und in seinem langen juristischen Kampf war er durch das Beispiel der von den *Moguln* verfolgten Sikh-Gurus sowohl getröstet als auch ermutigt worden. Er begann, seine eigene Verfolgung als »das Schicksal eines

Sikh nach der Machtübernahme der Hindus« zu sehen. Als sein Fall vor dem Obersten Gerichtshof verhandelt wurde, erzählte sein Anwalt ihm eines Tages (der Bericht steckt voller Gerüchte dieser Art): »Überall um mich herum höre ich, wie erzählt wird, es sei notwendig, Kapur Singh völlig zu zermürben, um die Sikhs im Zaum zu halten und ihn, ganz gleich, was Gesetz und Vorschriften besagen, aus dem Weg zu räumen.« Als sein Antrag auf einstweilige Verfügung vor dem Staatsgericht in Chandigarh verhandelt wurde, hörte er eines Tages zufällig in einem Geschäft einen der Richter zum Ladeninhaber sagen: »Er ist ein gefährlicher Sikh – eine giftige Schlange.«

Sein Leiden verband ihn mit den verfolgten kriegerischen Gurus der Mogulzeit, und ihr Leiden hatte zu seiner gegenwärtigen politischen Zwangslage geführt. Im 17. und 18. Jahrhundert hatten Mogul-Gouverneure und -Generäle »Guru Arjun einkerkern und nach unsäglicher Folter hinrichten lassen, sich verschworen, um Guru Hargobind zu töten, versucht, Guru Harkrishan aus dem Weg zu räumen, Guru Teg Bahadur köpfen zu lassen, die kleinen Söhne von Guru Gobind Singh lebendig einmauern zu lassen, dem zehnten Meister eine tödliche Wunde beigebracht, sich das Reichsedikt für den Völkermord an den Sikhs ausgedacht, verantwortlich gezeichnet für das Abschlachten von Banda Singh Bahadur und seinen Gefährten, den großen Holocaust vorbereitet und im 19. Jahrhundert den Jehad gegen die politische Macht der Sikhs. Letzten Endes kulminierten ihre Aktivitäten in... der Schaffung Pakistans.« Die Litanei religiöser Schmerzen verknüpfte sich also mit Geschichte und zeitgenössischer Politik und Kapur Singhs persönlichem Leidensweg. Die Identifizierung war komplett: »Der Mogulkönig Bahadur Shah hatte befohlen: Die Gefolgsleute von Nanak [sollten] hingerichtet werden, sowie man ihrer ansichtig werde. Ich, ein erklärter Sikh, fiel diesem Mogul-Firman zum Opfer.«

Es war, als beschwöre der Glaube diese Identifizierung mit den Qualen der Gurus herauf; und als wecke diese Identifizierung im Gläubigen das Gefühl von Ungerechtigkeit und Verfolgung und vielleicht sogar den Wunsch, verfolgt zu werden.

Was ich aus dieser Broschüre nie erraten hätte – was ich aus einem anderen Buch Kapur Singhs erfuhr, das Gurtej mir später gab –, war, daß Kapur Singh, so besessen er von seinem Fall gewesen war, im unabhängigen Indien ein erfülltes und fruchtbares Leben geführt hatte. Er hatte geschrieben; er war Professor für Religion an einem Sikh-College in Bombay gewesen; und er war in der Politik des Punjab aktiv gewesen, sowohl als Mitglied des Staatsparlaments als auch des Zentralparlaments in Delhi.

Er und Gurtej lernten sich 1965 kennen. Kapur Singh war vierundfünfzig und in Chandigarh ziemlich berühmt. Gurtej war achtzehn, Student an der Universität der Stadt. Die beiden Männer kamen sich nahe. Kapur Singh begann seine Briefe an Gurtej mit »Mein lieber Sohn«. Er vermachte Gurtej seine Bücher und Papiere.

Einer der Titel, die Kapur Singh sein eigen nannte, war »Dekorierter Nationalprofessor für Sikhismus«. Gurtej bezeichnete sich auf seiner Visitenkarte als »Professor für Sikhismus«. Einwandfrei hegte Gurtej den Wunsch, Kapur Singh zu ehren; und nachdem ich die Broschüre Kapur Singhs gelesen hatte, die Gurtej mir gegeben hatte, fragte ich mich, ob Gurtej bei seiner eigenen Laufbahn im Indian Administrative Service nicht Kapur Singhs Märtyrertum in jener Funktion vor rund dreißig Jahren vor Augen stand.

Kapur Singh war entlassen worden, doch er sagte, im Grunde habe er für ein Prinzip gekämpft, indem er sich gegen eine anti-Sikh Anordnung gewandt hatte. Gurtej, 1970 in den Staatsdienst eingetreten, war 1982 ebenfalls aus prinzipiellen Gründen ausgeschieden. Es habe ihn, sagte er, gestört, den Zwecken der Justiz zu dienen. »Man kann dem Staat nur so lange dienen, wie der Staat gerecht bleibt.« Im Punjab hatten 1977, während Mrs. Ghandis Ausnahmezustand, seine Zweifel zugenommen. »Ich sehe, wie mein Volk von einer amtlichen Stelle zur anderen läuft. Es wird gedemütigt, auch wenn es das nicht so empfindet. Es hat das Gefühl, das sei in diesem Lande normal.«

Über seinen Regierungsdienst begannen wir zu reden, als er das zweite Mal ins Hotel kam, wieder frühmorgens, als der kurzgemähte Rasen des Hotels an manchen Stellen, mit dem dicken Schlauch gewässert, glänzte und die Blumenbeete noch im Schatten lagen.

1969, mit zweiundzwanzig, hatte er geheiratet. Es war eine arrangierte Ehe mit einer Ortsansässigen. Im folgenden Jahr trat er in den indischen Polizeidienst ein. In der Schule – in Dehra Dun, weit weg von zu Hause – war er auf diese Laufbahn gekommen: eine ziemliche Veränderung für jemanden, der bäuerlicher Herkunft war. Ein Freund von ihm war der Sohn eines Beamten im Indian Administrative Service; das hatte Gurtej auf den Gedanken gebracht. Dann hörte er eines Tages jemanden sagen, daß die einzigen Laufbahnen, die etwas wert seien, die beim Indian Administrative Service und der Polizei seien. Also hatte er die Aufnahmeprüfung gemacht. »Ich habe mich nicht extra vorbereitet. Ich habe bloß fleißig studiert. Nach meinem M.A. in Geschichte habe ich das Examen für den Indischen Polizeidienst gemacht.« Er kam durch; nur eine Handvoll Leute wurden jedes Jahr aufgenommen.

Im nächsten Jahr wechselte er zum I.A.S. Und nach all dem, was geschehen war, schätzte er diesen Dienst immer noch. »Es war eine gute Dienststelle, und wenn ich Lust haben sollte, in der Verwaltung zu dienen, wäre das der Dienst, in den ich gerne einträte.«

Der I.A.S. war zuständig für ganz Indien. Und Gurtejs erster Posten war im Süden, im Staat Andhra. Er wurde beinahe sofort desillusioniert.

»Ich kam einem Todesfall aufgrund von Mißhandlung im Polizeigewahrsam auf die Spur. Und anstatt, daß der betreffende Polizeibeamte bestraft wurde, wurde er befördert – damit er der Bestrafung entging. Der Getötete war ein kleiner Bauer; seine Frau kam mir sehr arm vor. Ich war Polizeibeamter mit richterlicher Befugnis im Unterbezirk. Für einen solchen Beamten ist es Pflicht, im Fall eines Todes in Polizeigewahrsam eine Untersuchung einzuleiten. Mir wurde gesagt, ich solle die Sache einstellen – sie war seit drei Jahren anhängig.«

Doch er konnte die Sache nicht einstellen, und der Fall beunruhigte ihn jetzt noch. »Nach achtzehn Jahren erinnere ich mich noch an die Namen der Leute. Es war ein armseliger Fall. Ich fühlte mich sehr schlecht deswegen. Die Frau war aus dem Bezirk verjagt worden, damit sie nicht gegen die Polizei aussagen konnte. Zwischen dem Mann – dem Toten – und einem Grundbesitzer des Dorfes hatte es Streit gegeben. Der Mann war dem Grundbesitzer wahrscheinlich ein Dorn im Auge gewesen. Leute wie er haben nicht genug Selbstvertrauen, um einen Grundbesitzer anzugreifen.«

Ich fragte Gurtej, warum er nach dieser Erfahrung noch im Dienst geblieben sei.

»Ich dachte, es käme eine Zeit, in der ich mehr tun könne. Doch diese Zeit kam nie. Mir wurde langsam klar, daß die Korruption im Verwaltungsapparat Fuß gefaßt hat und Menschen eigentlich Schachfiguren sind. Wenn Politiker sich für einen Fall interessieren, wenn sie ein wohlfeiles Interesse haben, ist es unmöglich, dagegen vorzugehen.

Im selben Jahr, 1971, starb eine ganze Familie in Andhra Pradesh den Hungerstod. Es war in einem Unterbezirk, der Landsteuern zahlen mußte. Es gab eine Anfrage im Parlament. Ich wurde aufgefordert, den Fall zu untersuchen. Später nahm der Distriktmagistrat mit mir Verbindung auf, um zu fragen, was ich von dem Fall halte. Ich sagte, es sei Tod durch Verhungern. Der Beamte, der auch die Steuern einzog, sagte: ›Nein, nein, das können wir nicht schreiben. Das stiftet Unruhe. Das gibt eine schlechte Presse im Ausland.‹« Und wie so oft bei Gurtej trieb der Gedanke an Leid ihm die Tränen in die düster blickenden Augen. »Es war eine sehr arme Familie. Der alte Mann starb zuerst. Sie hatten überhaupt kein Einkommen. Niemand gab ihnen Essen. Und dann starb die Frau; und dann starben die Kinder. Harijans, Kastenlose. Der Fall wurde mir weggenommen.«

»Aber Sie sagten doch, der I.A.S. sei eine gute Dienststelle gewesen. Gab es nicht auch etwas Gutes?«

»Es gab Gutes. Ich war in dem Programm für Dürregebiete. Wir versuchten, Hilfsmaßnahmen für die Bevölkerung in Dürregebieten durchzuführen. Wir sorgten für Brunnen, Bewässerungsquellen. Das war etwas Gutes. Obwohl ich auch da wieder auf Probleme stieß. Mit der *zilla parishad*, dem Bezirksrat. Das ist ein gewähltes Gremium, und der Vorsitzende wollte alle kleineren Bewässerungsaufträge an seine Verwandten vergeben. Dieser Verwandte vermittelte sie unter der Hand weiter und verdiente Geld als Subunternehmer. Der Vorsitzende hatte großen Einfluß in der Verwaltung. Aber ich half ihm nicht. Er rief mich zu einer Sitzung der Zilla Parishad. Doch diesmal funktionierte das demokratische Verfahren – sehr ungewöhnlich. Die anderen gewählten Mitglieder unterstützten mich und wiesen den Vorsitzenden der Zilla Parishad zurecht, weil er einen aufrechten Beamten behelligte.«

Selbst das söhnte Gurtej nicht mit dem Verwaltungsdienst aus. Doch war Politik nicht die Kunst des Möglichen? Und konnte das nicht mit noch größerem Nachdruck vom Staatsdienst gesagt werden? Gab es – wenn man von dem ausging, was er gesagt hatte – nicht die Absicht, alles besser zu machen und dem Volk zu dienen?

Gurtej sah es nicht so. Er war mit den allerhöchsten Erwartungen in den Dienst eingetreten; sie ließen keine weltliche Sicht oder Kompromisse zu. Er sagte: »Ich bin doch kein käuflicher Diener. Ich diene dem Gesetz, der Verfassung des Landes. Warum sollte ich mich den Launen eines korrupten Mannes beugen? Wenn man als Beamter nicht unparteiisch handeln kann, hat es keinen Sinn, im Dienst zu bleiben. Auch für die Selbstachtung ist es wichtig, daß man das Gefühl hat, daß man tut, was richtig ist.«

Obwohl er im Süden in weiter Ferne war, hielt er die Verbindung zu Kapur Singh aufrecht. 1974 legte er seinen formellen Eid als Sikh ab und vollzog den Ritus, den der zehnte Guru festgelegt hatte. Er nahm *amrit*, den geweihten Nektar, eine Mischung aus Zucker und Wasser, die mit einem zweischneidigen Schwert gerührt wurde. Nicht jeder Sikh machte diese Zeremonie mit und legte sein formelles Gelübde ab.

Gurtej sagte: »Bis dahin hatte ich Zweifel, ob die Zeremonie notwendig sei. Der Sikhismus ist Gedanken verpflichtet; Rituale haben darin keinen Platz. Ich war allen Lehrsätzen der Religion gefolgt, hatte jedoch noch nicht rituell Amrit getrunken. Sardar Kapur Singh sagte, man müsse die formelle Zeremonie mitmachen, um kundzutun, daß man sich öffentlich bindet.«

Die eigentliche Zeremonie wurde im Punjab durchgeführt, wo er einen zweimonatigen Urlaub verbrachte. Sie wurde in der Stadt Anandpur durchgeführt, wo der zehnte Guru, Guru Gobind Singh, 1699 die ersten Sikhs getauft hatte.

Gurtej sagte: »Der Amrit wurde mit dem Schwert Alis gerührt.«

Das machte mich stutzig. Meinte er den Ali der moslemischen Schiiten, den Vetter und Schwiegersohn des Propheten Mohammed?

Genau den meinte er. Er sagte: »Der Kalif.«

Wie hatte dieses Schwert mehr als tausend Jahre überdauert? Wie war es in den Besitz Guru Gobind Singhs gelangt?

»Der Mogulkaiser Bahadur Shah hat es ihm geschenkt.«

Auch in dieser Version des Sikh-Glaubens, die Gurtej gerade darlegte, gab es also wieder eine Wendung zum Islam, einen Aspekt, der nicht zum Hinduismus, nicht zu Indien gehörte, eine Loslösung des Glaubens vom Land seiner Herkunft.

»Während dieser Zeit in Andhra Pradesh setzte ich meine Studien über den Sikhismus fort. 1975 schrieb ich einen Artikel über das Martyrium des neunten Gurus. Er wurde vom Kaiser Aurangzeb in Delhi, im Chandni Chowk, enthauptet. Dann schrieb ich ein paar Artikel für die ›Enzyklopädie des Sikhismus‹.«

Seine Frau, »die einen doppelten akademischen Abschluß hatte«, ermunterte ihn bei seinen Studien und seinem Schreiben. Gemeinsam besuchten sie wichtige Sikh-Tempel im Süden. »Jedes Jahr fuhren wir zu dem Gurdwara, der zum Andenken an den zehnten Guru an der Stelle errichtet wurde, an der er verbrannt worden war.« Der zehnte Guru war 1708 gestorben. Getötet, heißt es, von einem seiner eigenen moslemischen Gefolgsleute. Der Guru war in den Süden gereist – die Episode war zweideutig –, um Kaiser Aurangzebs Nachfolger in einem Thronfolgekrieg beizustehen.

1977, als er dreißig war und sechs Jahre im Süden verbracht hatte, fuhr Gurtej in den Punjab zurück. Sein Vater war krank, er hatte die Parkinsonsche Krankheit und würde bald sterben. Es war noch in der Zeit von Mrs. Gandhis Ausnahmezustand, und die politische Partei der Sikhs wiegelte die Leute dagegen auf. Die Erhebung ging vom Goldenen Tempel aus.

»Es nagte einfach an den Leuten, daß sie nicht frei waren. Es ist nichts dagegen zu sagen, daß man sich nach der Decke strekken und leben muß wie ein Tier, aber das Leben hat mehr zu bieten. Wir haben in Indien zwei völlig gegensätzliche Vorstellungen von Regierung und Politik. Die Vorstellung der Hindus geht dahin, daß die Regierung jedwedes Recht haben muß zu tun, was sie will. Deshalb werden die Verletzungen der Verfassung von jedem hingenommen. Die Vorstellung der Hindus geht dahin, daß alles, was die Regierung tut, Gesetz ist. Sie ist für Diktaturen anfälliger. Die Vorstellung der Sikhs geht dahin, daß Gott der einzig wahre Herrscher ist und Regierungen unter der Bedingung, daß sie gerecht sind, das Mandat zur Regierung haben. Ich war sehr froh, daß mein Volk sich dieser Mißachtung von Gesetz und Verfassung während des Ausnahmezustandes widersetzte.«

Gurtej kehrte nicht nach Andhra Pradesh zurück. »1979 trat ich in den Regierungsdienst des Punjab ein – eine Versetzung vom I.A.S., der mich sozusagen auslieh – und arbeitete dort bis 1980. Das war eine gute Erfahrung. Ich kannte den Chefminister. Er war kein Gauner. Wir entwickelten ein umfassendes Verfahren, bestimmte Machthoheiten zu dezentralisieren. Das war gut für die Demokratie.«

Zu der Zeit begann er auch, sich politisch aktiv zu betätigen. »Bhindranwale kündigte sich an.« Das war der fundamentalistische Erweckungsprediger, der das »Monster« der Sikh-Politik werden sollte. »Seit dem 13. April 1978« – der 13. April ist ein Datum, das in der Geschichte der Sikhs immer wieder auftaucht: es ist das Datum des Erntefestes und als Datum großer Ereignisse ausersehen: die ersten Sikhs wurden an diesem Datum vom zehnten Guru getauft – »seit dem 13. April 1978 war er über Nacht berühmt. Er war ein junger Mann, erst vor kurzem Leiter eines Seminars geworden.« Die direkte Ursache für Bhindranwales Ruhm war eine Auseinandersetzung mit einer Sikh-Sekte, die die Nirankaris genannt wurde. »Die Nirankaris sind so alt wie die Unabhängigkeit. Sie bildeten eine Reformbewegung, die Ende des 19. Jahrhunderts im Sikhismus ihren Ausgang nahm. Und dann übernahm ein gewisser Buta Singh die Bewegung, und er wurde von der Regierung unterstützt, um eine Spaltung der Sikh-Gemeinschaft herbeizuführen.« Aus dem Bericht ging nicht einwandfrei hervor, ob die Regierung, die die Nirankaris unterstützte, die britisch-indische Regierung oder die Regierung des unabhängigen Indiens war. »Bei einer Demonstration gegen die Nirankaris am 13. April 1978 wurden dreizehn Anhänger von Bhindranwale erschossen.«

In dieser aufgeheizten Atmosphäre begann Gurtej mit seiner politischen Arbeit. Er begann, Sant Longowal bei der Lösung des Wasserproblems im Punjab zu helfen. Longowal war ein weiterer religiöser Führer; er sollte 1985 ermordet werden, im Jahr nachdem Bhindranwale und viele andere bei dem Armee-einsatz im Goldenen Tempel getötet worden waren.

Gurtej sagte, um seine Verbindung zu Sant Longowal zu erklären: »Die Idee hinter dem Sikhismus ist der Dienst an der Menschheit. Und hier war ein Repräsentant meines Volkes, der mich aufforderte, ihm in der Agitation zur Seite zu stehen. Jeder muß zuerst seinem Volk und dadurch der Menschheit dienen.«

1982 schied er aus dem I.A.S. aus. »Meine Entsendung war vorüber, und es gab Probleme wegen eines Vortrags, den ich über das Sikh-Problem gehalten hatte. Ich hatte das Gefühl, daß die Leute mich nicht im Dienst wollten. Ich glaube, die Verwaltung hatte etwas gegen meine religiösen Aktivitäten.«

Am Tag zuvor hatte er mir erzählt, daß er in dem Internat in Dehra Dun, fern der heimischen Atmosphäre, Balladen über das Leiden »meines Volkes« gelesen hatte; und daß Kapur Singh später mit ihm über die Verfolgung der Sikhs gesprochen hatte. Das schien mir keine ausreichende Erklärung für seine Entwicklung zu sein. Deshalb verfiel ich jetzt darauf, ihn noch einmal nach seiner Kindheit zu fragen.

Wie hatte seine Familie von diesem Internat in Dehra Dun gehört? Wurde er allein hingeschickt, oder gingen andere Jungen aus dem Dorf mit ihm?

»Wir gingen zu dritt. Ein Bruder und ein Vetter und ich. Jemand aus dem Dorf meines Großvaters war bereits dort. Die Schule wurde von den Irish Brothers, dem Orden des Heiligen Patrick, geführt.«

»Wie oft kamen Sie nach Hause?«

»Wir kamen nur in den Ferien nach Hause. Das war mir eine Lehre. Ich werde meine Kinder nie ins Internat schicken.«

»Wann gingen Sie?«

»1951. Von 1951 bis 1961.«

»Aber 1951 waren Sie gerade erst vier Jahre alt.«

»Jeden Tag saß ich abends im Bett und betete, daß das Schuljahr sofort zu Ende gehe. Wir durften alle sechs Monate einmal einen Monat oder so nach Hause fahren.«

Ein Exilierter im Alter von vier bis vierzehn: also waren die Erinnerungen, von denen er am Tag zuvor gesprochen hatte, die

Kamelritte mit seinem Großvater, der so vornehm war mit seinen sauberen Kleidern und dem weißen Turban und der Uhr, und der Pferdewagen und die Herstellung des Schlangenserums zu Beginn der Regenzeit – also waren all diese Erinnerungen wahrscheinlich wie Erinnerungen an ein verlorenes Leben im Paradies, weit weg von Indien, dessen er sich im Verlauf der zehn Jahre in Dehra Dun wahrscheinlich bewußt geworden war.

Es fiel mir auch ein – aber erst zwei oder drei Monate später –, daß Gurtej an dieser irisch-katholischen Schule, wo ein Schulabschnitt jeweils sechs Monate dauerte und er zehn ganze Jahre das Vorbild der Irish Brothers vor Augen hatte, und das in den fünfziger Jahren, kurz nach der Kolonialzeit, rund zehn Jahre ehe die Hippies und andere ein vergeistigtes und romantisches Indien entdeckten –, daß Gurtej in dieser zehn Jahre währenden Einsamkeit wohl eine Ahnung von der größeren Ernsthaftigkeit oder Modernität einer Offenbarungsreligion bekommen haben mochte und auch den Wunsch, seinen eigenen Glauben mit dieser nicht-indischen Magie auszustatten.

Doch diese Idee mit der Offenbarungsreligion kam mir erst sehr viel später; ich konnte sie Gurtej nicht mitteilen. Damals war ich zu sehr mit der Vorstellung von dem vierjährigen Kind befaßt, das von zu Hause fortgeschickt wurde.

Wie war er zurechtgekommen? Meinte er, daß er aus der Trennung und der Einsamkeit etwas gewonnen hatte?

Er sagte: »Ich glaube, wenn ich nicht im Internat gewesen wäre, wäre ich nicht in der Lage gewesen, die grundlegende Natur der Dinge einzuschätzen und hätte nie versucht zu analysieren, warum bestimmte Dinge funktionieren, wie sie es tun.«

Ich bat ihn, über die Veränderungen zu reden, die es mittlerweile in dem Dorf, das er kannte, gegeben hatte.

»Es hat eine Revolution gegeben. Haltungen haben sich geändert – erst einmal gegenüber dem System der Großfamilie. Landwirtschaftliche Verhältnisse haben sich geändert. Mein Großvater väterlicherseits hatte einmal rund 3000 Morgen Land. Jedes Jahr kaufte er etwas dazu.«

Ihm fiel etwas ein. Er unterbrach sich und setzte wie in Klammern hinzu: »Und dennoch war mein Vater kein gebildeter Mann. Er besuchte die Schule bis zur vierten Klasse. Mein

Großvater« – die vornehme Gestalt aus Gurtejs Kindheit – »glaubte nicht an Schulbildung. Als ich meinen Magister machte, hörte ich eines Tages meinen Großvater, den väterlicherseits, zu meinem Vater sagen: ›Warum nimmst du den Jungen nicht von der Schule?‹ Er glaubte, ich gehe immer noch auf die höhere Schule. Und mein Vater, der es nicht an der notwendigen Hochachtung fehlen lassen wollte, sagte: ›Was kann ich tun? Er hört einfach nicht auf mich.‹« Und zum ersten Mal, seit wir uns kannten, lachte Gurtej.

»Meinen Großvater *beunruhigte* es, wenn er mich lesen sah. Er sagte, ich läse ständig. Ich war der erste in der Familie, der kein Bauer war, und vielleicht der erste in der Familie mit Hochschulabschluß. In meinem Dorf gibt es jetzt sechzehn Leute, die einen M.A. haben. Als ich geboren wurde, gab es nur einen – und er hatte einen B.A. und war Lehrer. Die Leute befassen sich nun sehr mit dem, was geschieht. Sie sind verrückt nach Schulbildung. Die Leute zahlen Unsummen, um ihre Kinder auf bessere Schulen zu schicken.«

Er kam auf das Thema der 3000 Morgen seines Großvaters zurück. »Heute gibt es niemanden mehr mit so viel Land. Der Besitz ist aufgeteilt worden. Intensiver Anbau mit Hochertragssorten. Das ist eine Revolution. Manchmal habe ich meinen Großvater auf dem Feld besucht, ihm sein Mittagessen und manchmal Buttermilch gebracht – er mochte Buttermilch sehr gern. Die landwirtschaftlichen Methoden, die ich damals sah, gibt es heute überhaupt nicht mehr. Geerntet wurde im April. In den meisten Teilen des Landes hatte man nur eine Ernte im Jahr. Der April war ein sehr heißer Monat. Mein Großvater nahm ungefähr 40 Hilfskräfte, gab ihnen Sicheln, und gegen vier Uhr morgens gingen sie aufs Feld hinaus, um die Hitze zu vermeiden. Sie schnitten bis elf – eine lange Reihe von Leuten, die im Feld hockte und eifrig arbeitete, die Halme in der linken Hand hielt, mit der rechten schnitt und sich wie in einem Wettbewerb weiterbewegte.«

Nach Gurtej, dem Theoretiker, dem Mann mit religiösen und historischen Vorstellungen, schien das ein anderer Mensch zu sein.

»Das Ernten war wie eine Feier. Am Nachmittag ruhten die Schnitter sich aus und arbeiteten dann noch einmal am Abend, von halb fünf bis halb sieben oder sieben. Jetzt ist so etwas in keinem Dorf mehr zu sehen. Niemand steht mehr um vier Uhr morgens auf, um aufs Feld zu gehen. Ich glaube, die Anschaffung von Maschinen hat Einstellung und Leben geändert. Dadurch haben die Menschen die Ausbildung bekommen, die notwendig ist, um mit solch komplizierten Maschinen umzugehen, und in dem Maße sind sie moderner geworden. Das ist wiederum eine der Ursachen für das Problem im Punjab, das die Hindus in anderen Gegenden nicht verstehen.«

Ich sagte, daß, was er da über Maschinen sage, auch für andere Teile Indiens gelte, sowohl Dörfer als auch Städte. Es sei eine Erscheinungsform der industriellen Revolution in Indien.

Er schien zuzustimmen, doch dann fuhr er fort: »Der Ackerbauer kommt sehr früh im Leben mit verschiedenen Seiten der Verwaltung in Berührung. Wegen des Wassers versteht er die Hierarchie der Beamten. Wegen der Saat lernt er die Universitäten kennen. Er versteht die Arbeitsweise der Regierung viel besser als der Stadtbewohner.«

Er kam noch einmal auf das Thema der Veränderung. »Wir hatten immer Teilpächter. Das ist vorbei. Man hängt nicht mehr im gleichen Maße von Arbeitskräften ab. Während der Ernte sah man früher abends überall, wie die Sicheln geschärft wurden. Der arme Zimmermann war die ganze Nacht damit beschäftigt, weil die Sicheln am nächsten Morgen wieder gebraucht wurden. Heute gibt es in meinem Dorf mehrere Leute, die die neuen landwirtschaftlichen Geräte herstellen und reparieren. In kleinen Städten im Punjab hat man jetzt zu beiden Seiten der Straße eine lange Reihe von Reparaturwerkstätten.«

Ihm fiel noch etwas ein, was sich geändert hatte. »Niemand im Dorf wird mehr in Naturalien bezahlt. Und dann die Lage der Harijans, der Kastenlosen. Auch die hat sich geändert. Eines Tages, als ich noch klein war, trank ich einmal Wasser aus einem Brunnen im Dorf. Ich wußte nicht, daß es der Brunnen der Kastenlosen war. Mein Onkel erlaubte mir nicht, ins Haus zu kommen. Ich mußte am Eingang sitzen, und der Dorf-*granthi* – der Vorleser der Sikh-Schriften – wurde gerufen, und er gab mir Wasser, um mich von meiner Untat zu reinigen. Heute beschäftigt derselbe Onkel Harijans in seiner Küche. Sie kochen für ihn.

Das hat sich im Punjab ereignet. Aber das wird so im ganzen Land werden. Die Haltung der Menschen wird sich überall ändern, und sie werden immer mehr von ihrer Regierung erwarten. Die Regierung verschlechtert sich rapide. Sie wird die Erwartung der Leute nicht mehr erfüllen können, und deshalb sehe ich eine tiefgreifende Spaltung im Land. Absolutes Chaos. Unsere Regierung ist eine Art Mafia geworden – der Politiker, der Regierungsangestellte und der Händler, keiner von ihnen stellt noch ein Produkt her. Sie werden in Konflikt mit den Produzenten geraten.«

Gurtej gab mir Kopien einiger Vorträge, die er zum Problem des Punjab und der Sikh-Frage geschrieben hatte. Einer der Vorträge, geschrieben für ein Universitätsseminar Anfang 1982, war vielleicht der, der ihn in Konflikt mit der Verwaltung gebracht hatte. Er hieß »Die Genesis des Sikh-Problems in Indien«. Er erinnerte mich an Kapur Singhs Schriften; er war akademisch im Ton, mit langen Sätzen und komplizierten Wörtern und Zitaten aus den Sikh-Schriften in den Fußnoten. Sein Hauptanliegen war es, daß der Glauben und die Ideologie der Sikhs vom Hinduismus losgelöst wurden; dann ging es darum, daß der Punjab geographisch und kulturell eher zum Mittleren Osten als zu Indien gehörte. Der große Feind des Sikhismus und des Sikh-Reiches von Ranjit Singh war – wieder einmal – der Brahmanismus gewesen.

»Ohne auf etwas zurückgreifen zu können als unerschütterlichen Glauben an den Guru, bauten die Sikhs ein Reich auf dem Fundament auf, das der Guru gelegt hatte. Sie hißten die Safranflagge« – Safran war auch die Farbe der Shiv Sena in Bombay, die Stoff dieser Farbe auf die Wandverkleidung in der Stadtverwaltung von Bombay drapierte und mit gekreuzten Schwertern dekorierte – »im Herzland der gewohnheitsmäßigen Invasoren, demütigten die Macht China und unterwarfen den Gottkönig von Tibet. Dann machten sie sich daran, Indien von den Engländern zu befreien.« Doch ihre Pläne wurden vereitelt. »Die brahmanisch orientierten Kräfte innerhalb und außerhalb des Punjab schlossen sich zusammen, um die Sikhs niederzumachen, die alleine die frühe Befreiung Indiens verhießen.«

Neben seinen idyllischen Erinnerungen an das Dorf seines Großvaters, die Verzauberung durch Ernten und Feste, gab es also noch diesen anderen Traum von Ruhm, der auf Ranjit Singhs kurzlebigem Königreich im 19. Jahrhundert beruhte. Es war eine parteiische Sicht. Aber das stand zu erwarten; überall in Indien modelten Menschen, zu Geschichte und neuem Wissen über ihren Platz in der Ordnung der Dinge erwachend, Geschichte entsprechend ihren Bedürfnissen um.

Unerwartet bei Gurtejs Bericht von seinem Leben und Glauben war, wieviel er als selbstverständlich hinnahm. Die Verfassung, das Gesetz, die Ausbildungsstätten, der Staatsdienst mit seiner hohen Meinung von seiner Rolle als Hüter der Menschenrechte und Verbesserer des Lebensstandardes, die Investition in industrielle und landwirtschaftliche Veränderungen während vier Jahrzehnten – bei Gurtejs Bericht waren all diese Dinge, die Indien von vielen seiner Nachbarn unterschied, einfach da. Es wurde nicht anerkannt, daß Generationen von Reformern und Weisen – die sich weigerten, sich den verzweifelten elenden Lebensbedingungen zu unterwerfen – diese Dinge geschaffen hatten, die Gurtej bei seinem Aufstieg aus dem Dorf geholfen hatten.

Mit seinen idyllischen Erinnerungen, seinem Traum vom Ruhm der Sikhs ging seine Vorstellung von religiöser Reinheit einher. Diese Vorstellung wandte er auf die Angelegenheiten der Menschen an und lehnte deshalb ab, was er vorfand. Wie Papu, der Jaina-Börsenmakler in Bombay, der am Rand des großen Slums Dharavi wohnte und von der Vorstellung sozialen Umsturzes verfolgt wurde, hatte auch Gurtej eine Vision von kommendem Chaos. Papu hatte sich nach der bußfertigen Art der Jainas guten Werken zugewandt. Gurtej hatte sich der Heilspolitik zugewandt. Das hatte es auch in anderen Religionen gegeben, wenn sie fundamentalistisch wurden; es drohte, das Chaos voranzutreiben, das Gurtej fürchtete.

Getauft zu werden bedeutete, Nektar, Amrit, zu trinken. Der Goldene Tempel war Amritsar, die Quelle des Nektars. Es hieß, hier sei ein Teich gewesen, den der erste Guru gekannt habe. Heilige Stätten haben gewöhnlich eine Geschichte; es hieß auch, daß der Ort in einer Fassung des Ramayana erwähnt werde und Buddha mehr als zweitausend Jahre vor Guru Nanak die besondere Atmosphäre der Stätte des Goldenen Tempels erkannt habe. Kaiser Akbar, der große Mogul, schenkte das Gelände dem vierten Guru, und mit dem Bau des ersten Tempels wurde 1589, ein Jahr nach der Spanischen Armada, vom fünften Guru begonnen. Im Chaos des 18. Jahrhunderts wurde der Tempel von den Moslems stark zerstört. Der Sikh-Herrscher Ranjit Singh baute ihn im 19. Jahrhundert wieder auf. Er gab dem zentralen Tempel seine mit Blattgold überzogene Kuppel. Dieser Goldüberzug, der sich in dem künstlichen See widerspiegelt, hat eine zauberhafte Wirkung. Trotz der Schlachtenspuren der vergangenen Jahre vermittelt der Tempel noch eine heiter gelassene Atmosphäre.

Bhindranwale suchte 1982 im Goldenen Tempel Zuflucht, und er verwandelte ihn in eine Festung und Domäne. Er war fünfunddreißig. Vier Jahre vorher war er bloß Prediger und Leiter eines Sikh-Seminars gewesen; nun war er Politiker und Krieger. Außerdem war er ein Geächteter: im Laufe seines Rachefeldzugs gegen die Sekte der Nirankari, die er als Häretiker betrachtete, war er des Mordes beschuldigt worden.

Er war ein Verfechter des reinen Glaubens; er wurde verfolgt; er bot seinen Gefolgsleuten Kampf im Namen des Glaubens. Er verkörperte so viele Sikh-Tugenden, wie ein Mann nur besitzen konnte. Er und seine Gefolgsleute kontrollierten den Tempel. Die Gewehre wurden aus Pakistan eingeschmuggelt. Vom Tempel aus wurden Morde und Bombenanschläge und Banküberfälle geplant. Nicht alles geschah mit Bhindranwales Wissen; es gab sicher eine Reihe von unabhängigen Aktionen: die Saat für das Chaos war ja dort gelegt worden. Der Tempel bot Zuflucht; er war das sichere Haus. Er war äußerlich nicht von der Stadt isoliert; die Altstadt reichte direkt bis an seine Mauern. Gewehre und Menschen konnten problemlos herein- und herauskommen.

In dieser Atmosphäre wurden einige der guten und poetischen Vorstellungen und Konzepte des Sikhismus verdreht. Eine dieser Vorstellungen war die Vorstellung von *seva* oder Dienst. Als der Terror zum Ausdruck des Glaubens wurde, änderte sich die Vorstellung von Seva.

Dies ist die Zeugenaussage eines Mannes: »Inderjit war ein treuer Anhänger von Bhindranwale. Er war in den Mord an Sandhu verwickelt. Inderjit kam immer zum Darbar Sahib, dem

Goldenen Tempel, und bat Bhindranwale um irgendeine Seva. Er war auch zu mir gekommen und hatte seine Dienste für eine Aktion angeboten. Weil ich ihn kaum kannte und er allein kam, traute ich ihm nicht. Er war in der Tat ein sehr verdächtig aussehender Typ. Er hatte mit einigen Leuten Freundschaft geschlossen, die den Goldenen Tempel ab und zu verließen, um terroristische Anschläge zu verüben. Zwei Tage nach der Ermordung Sandhus kam Inderjit zum Darbar Sahib. Durch sein auffälliges Verhalten und prahlerisches Gerede machte er klar, daß er an Sandhus Ermordung beteiligt gewesen war und daß er stolz darauf war.« Sandhu war, um die Wahrheit zu sagen, Inderjits nächster Nachbar. Inderjits Dienst oder Seva bestand darin, der siebenköpfigen Mörderbande Informationen über das Kommen und Gehen seines Nachbarn zu geben. Nachbarschaftliche Gefühle hatten in dieser Glaubensauffassung keinen Platz.

Bhindranwales Militärberater im Tempel war Shabeg Singh. Er war Generalmajor in der Armee gewesen und hatte im Bangladesh-Krieg 1971 mit Auszeichnung gedient. Dann war etwas schiefgelaufen: er wurde wegen Veruntreuung in Unehren aus der Armee entlassen, durfte aber seinen Rang behalten. Rache war seine Religion geworden; Bhindranwales Sache war die seine geworden.

Der eben zitierte Zeuge erzählte auch die Geschichte, welche Vorbereitungen getroffen wurden, um sich mit dem Staat anzulegen: »Weil die Ereignisse sich in schnellem Tempo entwickelten, erkannte man, daß der Polizeiangriff auf den Goldenen Tempel unmittelbar bevorstand. Es wurde beschlossen, die Sikh-Jugend zu mobilisieren… Der Beschluß wurde im März/April 1984 gefaßt. Sikh-Jugendliche kamen zu dem Zweck in Gruppen zwischen dreißig und fünfzig zum Goldenen Tempel. Auf dem Parkplatz des Ram Dass Langar« – eine der Küchen des Tempels – »wurden Holztrennwände errichtet, um Jugendliche unterzubringen. In einem der Räume erteilte Shabeg Singh ihnen theoretischen Unterricht im Umgang mit Schußwaffen. Er und manchmal auch einige von uns führten sie vor… Diesen Gruppen wurden flammende Predigten gehalten… Die Gruppen blieben zwischen zwei und drei Tagen. Insgesamt wurden so ungefähr acht- bis zehntausend Jugendliche erreicht.«

So erlangte Bhindranwale politische Macht, und er hätte viel-

544

leicht noch mächtiger werden können, wenn er mehr Zeit gehabt hätte. Doch die unabhängigen terroristischen Anschläge hielten an, und im Juni 1984 griff die Armee ein. Die Armee hatte die Stärke der Verteidiger unterschätzt; rund hundert Soldaten starben. Das war aber nicht das Ende. Bhindranwales Gefolgsleute und andere besetzten den Tempel erneut und machten ihn wieder zu einem Stützpunkt für Terroristen. 1986 griff die Polizei erneut ein, und auch danach kamen die Terroristen wieder. Im Mai 1988 machte die Polizei, was sie von Anfang an hätte machen sollen: sie stellte Wasser und Strom ab und belagerte die Terroristen im Tempel. Viele Terroristen hielten das zentrale Heiligtum mit der Goldkuppel inmitten des Teiches besetzt. Scharfschützen der Polizei außerhalb des Tempels schossen auf die, die versuchten, Wasser aus dem Teich zu holen. Es war Sommer im Punjab und sehr heiß. Beinahe zweihundert Terroristen ergaben sich. Während der Belagerung war der zentrale Tempel von den Terroristen entweiht, als Latrine benutzt worden. Anderswo im Tempel entdeckte man Leichen von Menschen, die vor dem Polizeieinsatz von den Terroristen getötet worden waren.

Die Männer, die den zentralen Tempel entweiht hatten, hatten nicht bis zum Ende gekämpft. Ein Sikh-Journalist, der die Belagerung beobachtet hatte, war schockiert über die Kapitulation. Er war mit einer anderen Vorstellung davon aufgewachsen, wie sich ein guter Sikh benahm. Dieses Bild war schon von einigen der terroristischen Anschläge beeinträchtigt worden. Er hatte nicht geglaubt, daß Menschen seines Glaubens Frauen und Kinder töten würden. Anfangs hatte er geglaubt, die Behörden hätten diese Geschichten erfunden. Es gab auch Leute, die weiterhin glaubten, daß die Männer, die sich während der Belagerung des Tempels ergeben hatten, gar keine Sikhs waren. In einem Pamphlet, geschrieben von einem Armeeoffizier im Ruhestand, hieß es, die Männer seien »von der Regierung unterstützte… Kriminelle…, denen man Aussehen und Erscheinung von Sikhs gegeben und grundlegende Elemente der Sikh-Traditionen beigebracht hat«.

Eine Sikh-Identität aufzubauen, war ein immer wiederkehrendes Anliegen der Sikhs. Religion war die Grundlage dieser Identität; Religion sorgte für die gefühlsmäßige Motivation. Aber das heißt auch, daß die Sache der Sikhs Leuten anvertraut war, die nicht repräsentativ für die Errungenschaften der Sikhs waren, sondern mindestens eine Generation zurück.

Bhindranwale hatte den größten Teil seines Lebens in einem Seminar in der Provinzstadt Mehta Chowk, nicht weit von Amritsar verbracht.

Wenn man zur Stadt hereinkam, standen zu beiden Seiten der Straße kleine Läden in kahlen Lehmhöfen. Ein Laden trug dieses Schild, wie es hier steht: UNIVERSELES BESCHÄFTIGUNGSBURO *Überseeische Arbeiterberatung*. Um die Stadt herum waren Felder mit reifem Zwergweizen, der in ein paar Tagen geerntet werden mußte. Es gab auch Felder mit Senf und Felder mit einer hellgrünen Fettpflanze, die als Viehfutter angebaut wurde. Reihen von Eukalyptusbäumen markierten die Grenzen zwischen den Feldern und durchzogen das äußerst flache Land mit grünen vertikalen Linien: eine Reihe Eukalyptus neben der anderen bis zum Horizont ließ an manchen Stellen an waldiges Gelände denken.

Die Felder reichten direkt bis ans Seminar. Das flache Land, das sich unter einem gewölbten Himmel bis zum Horizont erstreckte, schien grenzenlos; doch jeder Quadratzentimeter landwirtschaftlich nutzbarer Erde war kostbar. Der Gurdwara oder Tempel, der zum Seminar gehörte, hatte weiße Mauern und eine Kuppel im Mogulstil, wie sie alle Sikh-Gurdwaras zur Erinnerung an den Ursprung des organisierten Glaubens in der Mogulzeit haben. Die Kuppel sah sinnentleert aus; sie betonte die Gewöhnlichkeit des indischen Betonblocks, den sie krönte. Die Fensterrahmen des weißen Blocks waren blau hervorgehoben. Die Haupthalle des Gurdwara war ganz schlicht, ausgestattet mit Deckenventilatoren mit großen Blättern und einer breiten Galerie mit Geländer. Farbige Glasscheiben in den Türen waren das einzig bewußt Schmückende.

Das Seminargebäude war genauso schlicht. Im oberen Stockwerk empfing der oberste Prediger Besucher in einem Betonraum, der bis auf zwei Betten kahl war. Es gebe keine Gewehre mehr im Seminar, sagte er; und sie nähmen jetzt nur noch Kinder auf. Einige dieser Kinder, Jungen, kamen in das Zimmer, um zu gucken. Sie trugen das blaue Seminaristengewand, das bis zur Mitte des Schienbeins reichte. Es war ein strahlender Tag, warm; in dem kahlen Raum ließen die schweigenden, blau gewandeten Jungen, die kamen, um die Besucher anzuschauen, einen an die Langeweile der Kindheit denken, erinnerten an sehr lange, leere Tage. Auch die Vorstellung von Schutzraum und Zufluchtsort kam einem in den Sinn. Viele dieser Kinder kamen aus anderen indischen Staaten; manche – Einzelgänger, Wanderer – schienen zum Sikhismus konvertiert zu sein und Bruderschaft und Schutz im Seminar gefunden zu haben. Diese Vorstellung von Willkommensein und Sicherheit wurde noch verstärkt, als ein großer Junge im blauen Gewand einen Krug mit warmer Milch brachte und sie den Besuchern in Aluminiumschalen servierte.

Der oberste Prediger sagte, er sei ins Seminar gekommen, als er ungefähr so alt war wie die Jungen im Raum. Er habe sein Elternhaus verlassen, um im Seminar zu bleiben: das war vor über zwanzig Jahren gewesen.

Ähnlich war auch Bhindranwale ins Seminar gekommen. Er war mit vier oder fünf gekommen. Fünfundzwanzig Jahre später war er Leiter des Seminars geworden; und fünf Jahre danach – nachdem er sich mit den Häretikern unter den Sikhs angelegt hatte – war er zum Goldenen Tempel weitergezogen. Dort war er zwei Jahre später gestorben.

Er kam aus einer Bauernfamilie, war einer von neun Söhnen und ins Seminar geschickt worden, weil seine Familie nicht alle Kinder ernähren konnte. Was konnte er schon von der Welt gewußt haben? Welche Vorstellung würde er von Städten oder Gebäuden oder dem Staat gehabt haben? An diesen Dorfstraßen, die zwischen den üppigen Feldern entlangliefen, standen niedrige, staubige rote Ziegelsteingebäude mit primitiven Anbauten, manche mit Lehmwänden, manche mit Strohdächern auf krummen Stangen aus Baumästen. Auf Hausdächern trocknete Stroh. Läden standen in offenen, ungepflasterten Höfen.

Nach fünfundzwanzig Jahren im Seminar begann er, Leute auf den wahren Weg, den reinen Weg zurückzurufen. Er zog aus, um zu predigen. Er wurde bekannt. Ein Mann hatte ihn 1977 – ein Jahr, ehe er so berühmt wurde – in der Stadt Gayanagar in Rajasthan predigen gehört. 3000, vielleicht 5000 Leute seien gekommen, um den jungen Prediger aus Mehta Chowk zu hören, und Bhindranwale habe ungefähr 45 Minuten zu ihnen gesprochen. »Er hielt sie ganz im Bann, weil er die Sprache des kleinen Mannes sprach.« Worüber sprach er? »Er forderte die Leute auf, nicht zu trinken. Er sagte: ›Trinken schadet euch, und ihr fühlt euch schuldig. Jeder will wie sein Vater sein. Der Vater aller Sikhs ist Guru Gobind Singh. Deshalb sollte ein Sikh langes Haar tragen und keine Laster haben.‹ Es gab viele Hinweise auf die heiligen Schriften.«

In diesem Glauben fiel den Menschen, wenn die Welt ihnen zuviel wurde, die Religion des zehnten Gurus, Guru Gobind Singhs, die Religion der Gesten und Symbole leichter als die Philosophie und Poesie des ersten Gurus. Es war leichter, zu dem formalen Taufglauben Guru Gobind Singhs zurückzukehren, zu all den Dingen, die den Gläubigen vom Rest der Welt unterschieden. Religion wurde zur Identifizierung mit dem Leiden und der Verfolgung der späteren Gurus: dem Aufruf zum Kampf.

Der Glaube mußte ständig belebt werden, und vor Bhindranwale hatte es schon andere fundamentalistische oder Erweckungsprediger gegeben. Randhir Singh war einer davon. Die Bewegung, die er in den zwanziger Jahren dieses Jahrhunderts begründet hatte, war immer noch wichtig, hatte immer noch eine Gefolgschaft, konnte immer noch Menschen gegen Häretiker und den Feind in den Krieg senden. Der Kopf der Bewegung war jetzt Ram Singh, ein kleiner dunkler Mann von zweiundsiebzig, der Major der Luftwaffe gewesen war.

Über den Begründer der Bewegung sagt er: »Er war erleuchtet. Seine Haut war dunkel, aber als er erleuchtet wurde, begann er zu glühen. Er konnte die Zukunft sehen und alles, was in der Vergangenheit geschehen war. Seine Haut glühte mehr als die englischer Menschen. Er hatte rosige Wangen – das Licht ging von seinen Wangen aus. Er wurde erleuchtet, als er sechsundzwanzig war. Er rebellierte gegen die britische Regierung. Das war die Verschwörung von Lahore 1920. Er wurde zu lebenslänglichem Gefängnis verurteilt.

Im Gefängnis fragte ihn eines Tages ein Pater: ›Sie sehen so gesund aus. Sie müssen gutes Essen haben.‹ Sant Randhir Singh sagte zu dem Pater: ›Ich habe das schlechteste Essen.‹ Der Pater sagte: ›Sie sehen so glücklich aus. Ist jemand bei Ihnen, oder sind Sie allein?‹ Der Sant sagte: ›Ich bin nie allein.‹ Der Gefängniswärter sagte zu dem Pater: ›Der Mann lügt. Wir legen nie zwei Gefangene zusammen.‹ Also fragte der Pater den Sant noch einmal: ›Wer ist bei Ihnen?‹ Und der Sant sagte: ›Der Allmächtige.‹

Als der Sant in den dreißiger Jahren entlassen wurde – nach sechzehn Jahren im Gefängnis –, verbrachte er sein Leben damit, religiöse Verse zu singen und zu lesen und anderen Amrit zu spenden.«

Ich fragte Major Ram Singh: »Warum ist Amrit notwendig?«

Er sagte: »Gott ist in uns verborgen. Er ist nur ein Name – in jedem Menschen. Erst wenn man Amrit trinkt, wird man sich dessen bewußt – der Name kommt einem automatisch auf die Zunge.«

Er begann einen kleinen Vortrag über Amrit. »Es ist eine Mischung aus reinem Wasser und weißem Zucker. Der Zucker wird aus weißem Zucker und doppelkohlensaurem Natron hergestellt. Er wird erhitzt, so daß er quillt und schäumt und, wenn er steif geworden ist, kleine Zuckerlaibe bildet. Die werden in Eisenbehältern mit dem Wasser vermischt, und dann wird ein zweischneidiges Schwert vorwärts und rückwärts durch die Mischung gezogen. Das wurde vom zehnten Guru, Guru Gobind Singh, eingeführt. Man gibt Amrit, um den Empfänger unsterblich zu machen. Eisen ist ein magnetisches Metall. In dem Eisenbehälter, in dem man den Amrit mischt, hat man die größte Konzentration magnetischer Kraftfelder. Wenn ein Leiter sich durch ein magnetisches Kraftfeld bewegt, bekommt man eine elektromagnetische Kraft. Das gibt den Zuckerlaiben und dem Wasser Energie und löst das Eisen darin bis auf einen gewissen Restgrad auf. Deshalb ist es auch ein klein wenig ein eisenhaltiges Stärkungsmittel.«

Wir unterhielten uns in seinem Wohnzimmer. Auf dem Boden lag ein Teppich und auf dem Tisch in der Mitte eine Tischdecke, und auf Hängeregalen stand Nippes: eine Uhr, eine kleine Statue von einem sich aufbäumenden Pferd, ein Porzellankrug, ein farbiger Schnappschuß von einem Kind, ein kleiner silberner Zierteller (ein Souvenir aus London) und einige kleine gemalte Blumenbilder. Major Ram Singh war 1916 geboren worden. Sein Vater war Bauer gewesen und hatte sich sehr angestrengt, um seinem Sohn eine Schulbildung zukommen zu lassen. Ram Singh trat zur Zeit der Briten, 1939, in die Luftwaffe ein. 1957 hatte er Amrit getrunken.

Warum hatte er das Bedürfnis danach verspürt? Hatte es eine persönliche Krise gegeben? Er verneinte das. Er habe Bücher von Sant Randhir Singh gelesen, und er habe entdeckt, daß er ohne Amrit nicht zu Gott kommen könne.

Er sprach deutlich. Ich spürte, daß er freundlich sein wollte. Er hatte Ton und Benehmen eines friedfertigen Menschen. Er trug ein lohfarbenes Kostüm, mit einer milchschokoladenfarbenen Strickjacke. Er trug etwas, was für mich eher wie ein Stirnband aussah als ein richtiger Turban; es war safranfarben. Das Messer, eins der fünf Embleme des Sikhismus, hing in einer Scheide an einem breiten, schwarzen, quer über die Brust laufenden Band, das ihn weniger wie einen Krieger denn wie einen Busschaffner aussehen ließ. Sein Bart war gelblich grau.

Die Bewegung zielte darauf ab, reine Sikhs hervorzubringen, und Amrit war nötig. »Wenn man Amrit getrunken hat, ißt man kein Essen, das nicht von *amritdharis* zubereitet wird.« Menschen, die Amrit getrunken haben. »Das hilft, die fünf Laster unter Kontrolle zu halten: Lüsternheit, Zorn, Habsucht, Selbstsucht, Familienbindungen.«

Das hatte wahrscheinlich auch die Idee der Bruderschaft geschaffen. War das der Grund, weshalb einige Angehörige der Bewegung der Regierung verdächtig geworden waren?

Er sagte, sie hätten Probleme mit einer reformistischen Sikh-Gruppe, die an lebende Gurus glaubte: sie glaubten, daß die Linie der Gurus nicht 1708 mit dem Tod des zehnten Gurus endete. Sie bildeten eine kleine Gruppe, seien jedoch ein ständiger großer Störfaktor. 1978 sei jemand aus seiner Bewegung von Leuten aus dieser Gruppe umgebracht worden, und einige Angehörige der Bewegung seien daraufhin in den Untergrund gegangen.

Doch er sprach wie jemand, für den Gewalt nicht in Frage kam. Sein Leben war ganz und gar seinem Glauben gewidmet. Um Mitternacht stand er auf – sein Tag begann. Dann badete er und betete bis vier. Von vier bis halb sechs las er aus den heiligen Schriften der Sikhs. Dann schlief er bis halb neun. Das war sein

Leben. Das war das Leben, das er mit dem reinen Glauben angenommen hatte, als er einundvierzig war. Es hatte ihm zweifelsohne Frieden gebracht.

Kurz ehe wir gingen, kam sein Sohn herein. Er war ein gutaussehender Mann mit hellen Augen. Er hatte Kinderlähmung überstanden und war Arzt. Er hatte ein liebes Gesicht; er strahlte Sanftheit aus; er hatte die ganze heitere Gelassenheit seines Vaters. Er stand im Regierungsdienst; er sagte lächelnd, daß sie gerade streikten. Den silbernen Zierteller auf dem Hängebord, das Souvenir aus London, hatte er von einer Reise nach England mitgebracht.

Die Terroristen lebten nun nur für den Mord, die Vorstellung von Feind und Verräter, Groll und Klage, als brächte das ihren Glauben vollkommen zum Ausdruck. Den meisten von ihnen konnte man einen gewaltsamen Tod voraussagen. Die Polizei war nicht untätig oder unfähig. Doch solange sie frei waren, lebten sie hektisch, zogen immer wieder zum Töten aus. Jeden Tag geschahen sieben oder acht Morde, die meisten von ihnen bloße Meldungen in dem zwei Tage später gedruckten offiziellen Bericht. Nur über außergewöhnliche Ereignisse wurde detailliert berichtet.

Das war der Fall, als eine Bande binnen einer halben Stunde sechs Mitglieder einer Familie in einem Dorf ungefähr zehn Meilen von Mehta Chowk umgebracht hatte. Die beiden älteren Söhne der Familie waren getötet worden; der Vater und die Mutter, die Großmutter und ein Vetter. Alle Getöteten waren gläubige Amritdharis. Der älteste Sohn, um den es der Bande hauptsächlich ging, war ein Gefährte Bhindranwales gewesen. Doch eine Nachricht, die die Bande in dem Raum hinterlassen hatte, in dem vier der Morde verübt worden waren – die Nachricht war blutbefleckt, als sie gefunden wurde –, besagte, daß die Mörder zur »Bhindranwale Tiger Force« gehörten.

Das nordindische Dorf ist oft ein Gewirr schmaler rechtwinkliger Gassen zwischen glatten oder von Luftschlitzen durchbrochenen Hauswänden. Jaspal, wo die Morde stattgefunden hatten, war offener, einfacher angelegt, auf beiden Seiten einer geraden Hauptstraße oder Gasse errichtet. Es war ein Dorf mit achtzig Häusern, ein Anhängsel eines größeren Dorfes in der

Nähe. Vor acht Jahren hatten einige der wohlhabenderen Bewohner jenes Dorfes begonnen, ihre Bauernhäuser in Jaspal auf großen rechteckigen Grundstücken zu jeder Seite der Hauptgasse zu bauen.

Als wir am Nachmittag eintrafen, waren die Menschen, die am Rand des Dorfes arbeiteten, mißtrauisch. Wir – Fremde, die in einem normalen Mietwagen kamen – hätten alles sein können, Polizisten oder Terroristen: beides bedeutete Ärger. Sie sahen noch finsterer auf ihre Arbeit und taten beinahe so, als sähen sie uns nicht. Es war merkwürdig, daß kein Polizist oder Beamter im Dorf war und es weniger als achtundvierzig Stunden nach den Mordtaten wieder sich selbst überlassen war.

Die Hauptgasse war breit, mit Ziegeln gepflastert und kreuz und quer mit elektrischen Leitungen überspannt. Die Wände der Bauernhäuser zu beiden Seiten waren dünn und niedrig, manche aus einfachen Ziegeln, manche verputzt und rosa oder gelb gestrichen. Auf einem offenen Platz unter einem großen Baum waren kurze Pfähle oder Stäbe, um Büffel anzupflocken, und ein hoher Hügel aus zusammengekehrtem getrocknetem Büffelmist. An verschiedenen Stellen entlang der Gasse standen – als diene die Gasse manchen Dorfbewohnern als Büffelpferch – flache, leere, hochgestellte Karren mit Gummireifen und Büffel und Futtertröge und Haufen oder Pyramiden aus Dung zum Verbrennen. Das Dorf endete, wo die gepflasterte Straße endete. Hinter der Gasse – die nun halb im Nachmittagsschatten lag und staubig war, wo nicht frischer Dung lag – führte ein schmalerer Lehmpfad in vollem Sonnenschein durch sehr helle Felder mit Senf und reifem Weizen, umgeben von krummen Strommasten und hohen Eukalyptusbäumen mit hellgrünen herunterhängenden Blättern.

Wir mußten nicht fragen, wo das Trauerhaus war. Ungefähr fünfzehn Frauen mit bedeckten Köpfen saßen auf einer Decke in dem breiten Tor. Das Tor war minzgrün gestrichen, mit Rauten in verschiedenen Farben entlang der Pfosten. Die beiden großen metallgerahmten Torflügel standen offen: ein schmiedeeisernes Muster im oberen Teil, Wellblechplatten auf einem gekreuzten Metallrahmen unten, die sich daraus ergebenden Dreiecke gelb und weiß und blau gestrichen und rot umrandet. Am anderen Ende des Bauernhofes – die länglichen Blätter der jungen Eukalyptusbäume warfen kaum Schatten – saßen die Männer im Freien auf dem Boden, die meisten von ihnen mit weißen Turbanen, die ausgezogenen Schuhe um sie herum verstreut, ein Flechtbett in der Nähe. Die Büffel waren in ihren Unterständen an der niedrigen Ziegelmauer, über die vor zwei Nächten die Bande gesprungen war. So geschützt vorne, mit Metall und Wellblech; so offen hinten, zu den Feldern hin.

Wir wurden in das Bauernhaus nebenan gebracht. Es sah viel reicher aus. Der Hof war nicht aus festgestampfter Erde, sondern mit Ziegeln gepflastert wie die Gasse. Es war eines der wenigen Häuser in Jaspal mit einem oberen Stockwerk. Dieses obere Stockwerk war über dem Eingang. Es war mit einem abgestuften Muster aus schwarzen, weißen, grünen und gelben Fliesen dekoriert, und an den Ecken war um des Effekts willen ein regelmäßiges Muster aus halb vorstehenden Ziegeln. Der Anhänger im Hof konnte an einen Traktor angekuppelt werden: er trug die geheimnisvoll preisenden Worte, die an allen indischen Lastwagen hinten stehen: OK TATA. Und in einer Ecke des Hofes war so etwas wie ein Blumengarten: Sonnenblumen, Bougainvillea, Brunnenkresse, Pflanzen, die das Licht liebten.

Wir saßen auf Flechtbetten in dem offenen, hellen Raum links vom Eingang. Die Ziegeldecke, die gleichzeitig der Fußboden des oberen Raumes war, ruhte auf Holzbalken, die auf stählernen Querbalken lagen. Die Betonpfosten waren mit vertieften oder hervortretenden Schnitzwerkleisten ausgekehlt und in vielen Farben gestrichen – hier wirkte etwas von den Säulen in den Hindu-Tempeln vor den moslemischen Invasionen nach. Alles in diesem Hof sprach von der Freude des Besitzers an seinem Eigentum.

Nach und nach kamen Leute zu uns. Sie setzten sich auf die Flechtbetten, mit dem Rücken zum Licht, oder lehnten sich gegen die gestrichenen Pfosten. Die Punjabi-Tracht – in Delhi und anderswo elegant – war hier noch die einfache bäuerliche Kleidung, die schmutzige und schmierige Kleidung von Leuten, deren Leben eng mit ihrem Vieh verbunden war. Eine kräftige Frau in den Dreißigern in einem graugrün geblümten Anzug, der an den Knöcheln dreckig war, kam mit einem Kind auf der Hüfte herein und setzte sich auf das Flechtbett. Die Augen der Frau waren vom Weinen geschwollen, beinahe geschlossen.

Das Kind, das jetzt auf ihrem Schoß saß und sich an sie klammerte, war der siebenjährige Sohn ihres ältesten Bruders. Der Junge war im Raum gewesen, als sein Vater getötet wurde; er war von der Salve der AK 47 nur verschont geblieben, weil ein anderer Bruder sich mit ihm unter einem Bett verborgen hatte. Der Junge war noch wie betäubt, konnte aber von Zeit zu Zeit Interesse für die Fremden aufbringen; gelegentlich, während die Leute sich unterhielten, traten ihm Tränen in die Augen. Man hatte ihn in einen sauberen hellbraunen Anzug gesteckt und ihm das Haar oben auf dem Kopf zu einem Knoten gedreht.

Der Onkel, der ihn gerettet hatte, war ein gutaussehender schlanker Mann von dreiundzwanzig. Er hatte sich für das Ereignis, all diese Besucher, sorgfältig gekleidet: ein blauer Turban, ein flottes schwarz und grau kariertes Hemd. Er begann von den Geschehnissen zu erzählen; während er das tat, kam eine Kusine und lehnte unbefangen den Kopf an seine Schulter.

Der bäuerliche Alltag ging weiter. Die Büffel kamen durch das vordere Tor nach Hause. Die schweren Ketten, die sie mitschleppten, klapperten dumpf auf dem gepflasterten Hof, und die Hufe trommelten hohl. Auch die Höflichkeiten wurden im Dorf nicht vergessen: den Besuchern wurde Wasser gebracht und dann Tee.

Der Mann in dem schwarz und grau karierten Hemd hieß Joga. Was er sagte, wurde von den Journalisten, die mich begleiteten, für mich übersetzt und am nächsten Tag von Avinash Singh, einem Korrespondenten der ›Hindustan Times‹, veröffentlicht.

Die Familie habe zu Abend gegessen, sagte Joga, und mehrere von ihnen hätten in dem Haus auf der Wohnseite des Hofes gesessen. (Die gegenüberliegende Seite war für das Vieh oder die Büffel.) Einige von ihnen hätten »Tee geschlürft«. Kurz nach neun habe es eine Bewegung auf dem Hof gegeben, und jemand habe von draußen gerufen: »Der, der aus Jodhpur gekommen ist und sich als religiöser Mann ausgibt – der soll herauskommen.«

Joga habe zuerst gemeint, ein paar Dorfbewohner riefen, doch dann habe der Ton der Stimmen ihn zu der Überzeugung kommen lassen, daß es »die Jungs«, »die Singhs«, seien. »Die Singhs«: das Wort war hier nicht einfach ein anderes Wort für Sikhs. Es bedeutete Sikhs, die ihren Taufgelöbnissen treu waren; und in diesen Dörfern bezeichnete man damit mittlerweile die Männer aus der einen oder anderen Terrorbande. »Singhs« war das Wort, das Joga am häufigsten für die Männer gebrauchte, die in jener Nacht gekommen waren. Das andere Wort, das er gebrauchte, war *atwadi*, »Terroristen«. Nur einmal sagte er *munde*, »die Jungs«.

Joga hatte Butas Sohn auf dem Schoß gehalten. Sobald ihm klar geworden war, daß die Männer, die gekommen waren, Singhs waren, verbarg er sich mit dem Kind unter dem Bett.

Buta, der älteste Bruder, ging zur Tür. Die Männer draußen hatten nach dem Mann gerufen, der »aus Jodhpur« gekommen war. Jodhpur hatte eine Bedeutung: Buta war mit zweihundert oder dreihundert anderen des Terrorismus Verdächtigen über vier Jahre im Fort von Jodhpur in Haft gehalten worden, von Juni 1984 bis September 1988 – bis vor acht Monaten. Buta war festgehalten worden, weil er zur Zeit der Armeeaktion im Goldenen Tempel gewesen und als religiöser Gefolgsmann Bhindranwales bekannt war. Buta gab zu, daß er das sei; aber er sagte, er sei kein Terrorist. Er sei an dem Tag im Goldenen Tempel gewesen, sagte er, weil er ein Milchopfer zum Jahrestag des Märtyrertums des sechsten Gurus darbringen wollte, der auf Befehl des Kaisers Jehangir 1606 hingerichtet worden war.

Dieser Mann, der erst zweiunddreißig war, doch bereits viele leidvolle Jahre hinter sich hatte, dessen Leben bereits zerstört war, ging hin, stellte sich an die Tür und sah den vielen vermummten Männern im Hof entgegen.

Der Anführer sagte: »Wer ist Buta Singh?«

»Ich bin Buta Singh.«

»Komm mit. Wir brauchen dich. Wir sind gekommen, um dich zu holen.« Und der Sprecher sagte zu einem seiner Singhs: »Bindet ihm die Hände.«

Ein paar Männer wollten Buta bei den Armen packen. Er sagte: »Ich will nicht, ich will nicht.« Es gab ein Handgemenge, und zwei Singhs schossen. Eine Kugel traf Buta direkt unter den Rippen rechts, und er fiel rücklings ins Zimmer. Butas Mutter warf sich auf ihren Sohn und rief den Männern zu: »Bitte nicht töten!« Butas Bruder Jarnail und Butas Frau Balwinder warfen sich auch auf Buta. Die Singhs zogen Balwinder an den Haaren von ihrem Mann weg und feuerten wieder mit ihren AK 47. Buta war noch nicht tot gewesen, doch jetzt wurde er getötet, zusammen mit seiner Mutter und seinem Bruder. Butas Großmutter wurde verwundet und sollte paar Tage später sterben.

Butas Vater kam aus dem Zimmer vorne im Hof, zur Straße hin, gelaufen. Er lief über den Hof, auf die Männer mit den Gewehren zu. Er versuchte, sich eins der Gewehre zu schnappen. Er wurde mit einem Schuß in den Kopf getötet.

Danach liefen die Singhs – es waren acht oder neun – durch das Tor auf die Hauptgasse des Dorfes. Gegenüber, ein wenig nach rechts war das Haus von Natha Singh, Butas Onkel, einem Vetter ersten Grades seines Vaters. Sie wollten Natha Singh. Als ihnen das Vordertor von Nathas Haus nicht geöffnet wurde, gingen sie hinten herum, kletterten über die niedrige Mauer und riefen nach ihm. Natha hatte fünf Kinder; das älteste, ein vierzehnjähriges Mädchen, hatte Kinderlähmung gehabt.

Natha kam heraus, als er gerufen wurde. Die Bande führte ihn auf die Gasse und forderte ihn auf, sie mit dem Traktor zum Haus von Baldev zu fahren. Sie wollten auch Baldev haben. Sie hatten ihm etwas vorzuwerfen: Baldev, sagten sie, sei ein Amritdhari, doch Baldev habe seine Gelübde gebrochen, weil er mit einem Tempelpriester in der Stadt Jalandhar in Verbindung gestanden habe. Sie fanden Baldev nicht, als sie zu seinem Haus kamen, das ganz am Ende der Gasse an den Feldern lag. Baldev hatte die Schüsse gehört und war weggelaufen; er hatte schon vorher Drohbriefe wegen seiner religiösen Praktiken bekommen. Also fuhren sie mit Natha im Traktor zurück und in der Gasse, direkt vor seinem Haus, erschossen sie Natha Singh.

Die Singhs waren eine halbe Stunde im Dorf gewesen, nicht länger. Dann waren sie verschwunden. Erst acht Stunden später, gegen halb sechs morgens hatte ein Familienmitglied den Zettel gefunden, den die Terroristen hinterlassen hatten – nun blutbefleckt und schwer zu lesen. Die Nachricht besagte, Buta Singh und Natha Singh seien getötet worden, weil sie für den zwei Monate zurückliegenden Tod zweier Terroristen einen halben Kilometer vom Dorf entfernt verantwortlich gewesen seien. Auf den Kopf eines der damals getöteten Terroristen war ein Preis von 30 000 Rupien ausgesetzt.

Die Polizei sagte, die betreffende Bande habe gewollt, daß Buta sich ihnen anschließe. Als Mann, der Bhindranwale bis

1984 nahegestanden hatte, hätte Buta der Gruppe »Glaubwürdigkeit« gegeben.

Die Dorfbewohner erzählten noch eine andere Geschichte. Kurz nach seiner Freilassung aus Jodhpur habe Buta – der in der Haft ein B.A.-Examen gemacht hatte – sich um die Fahrerlaubnis für einen Minibus bemüht. Das gehöre zum Rehabilitierungsplan der Regierung für Leute wie Buta. Eines Tages sei Buta in die Stadt Jalandhar gefahren, um sich um seine Erlaubnis zu kümmern. Er sei nicht um die Zeit nach Hause gekommen, die er angegeben hatte. Die Leute im Dorf stellten Nachforschungen an und fanden heraus, daß Buta von einer Einheit der Bundespolizei in Jalandhar verhaftet worden war. Er wurde neun Tage in Haft gehalten.

Buta erzählte nie jemandem, warum er verhaftet worden oder was in den neun Tagen Haft geschehen war. Sie wußten bloß, daß Buta sehr verängstigt war, als er zurückkam, und nie mehr allein sein wollte, wenn er das Dorf verließ – zum Röhrenbrunnen oder zum örtlichen Markt ging. (Manche sagten, Buta habe Angst, wieder von der Polizei festgenommen zu werden. Doch schien dies nicht logisch zu sein. Buta hätte von der Polizei mitgenommen werden können, ob er in Begleitung war oder nicht. Den Meuchelmörder einer Bande dagegen hätte ein Begleiter abschrecken können.)

Schließlich gingen wir nach nebenan, zum Trauerhaus, schlängelten uns an den Frauen vorbei, die in der Einfahrt saßen. Sie klagten nicht mehr; sie saßen wie die Männer in dem sonnenbeschienenen Hof stumm da – die länglichen Eukalyptusblätter spendeten keinen Schatten, die Sonne schien sogar die Blätter mit einem Glitzern zu umfangen. Die verputzte Mauer des Wohnhauses zum Hof hin war rosa gestrichen, die durchbrochenen Belüftungssteine aus Beton über Türen und Fenstern waren minzgrün wie die Eingangswand: Mittelmeerfarben. Die Türen und Fenster und die senkrechten Eisenstangen vor den Fenstern waren in einem dunkleren Grün gehalten.

Die Schlafzimmer waren vorne im Haus, zu jeder Seite des Tors. Die Türen öffneten sich in den Hof, und die hintere Wand (mit eisenvergitterten Fenstern) war gleichzeitig die Mauer zur Gasse. Zur Linken gab es zwei Räume. Sie würden nicht nur als Schlafzimmer benutzt, sagte mir Avinash, sondern auch als

Vorratsraum für Weizen und Reis in Jutesäcken. Buta Singhs Vater hatte in dem Zimmer zur Hofecke geschlafen; von dort war er herausgelaufen.

Das Schlafzimmer rechts vom Tor war der Hauptraum des Bauernhauses. Dort schliefen Buta Singh und seine Frau. Es war auch das Wohnzimmer. Im Augenblick standen keine Stühle darin. Die Stühle und der Tisch in der Mitte, sagte Avinash, seien entfernt worden, weil man gewußt habe, daß nach dem Mord Besucher kommen würden. Zwei Betten standen nebeneinander. Das Bettzeug war zerwühlt. Neben Blechtruhen und Kommoden gab es noch ein zusätzliches Bett. Auf einem Regal stand ein Souvenir vom Goldenen Tempel, und an der Wand hingen religiöse Sikh-Kalender. In der Volkskunst der Sikhs werden die Gurus immer so dargestellt, daß die Pupillen halb unter dem oberen Lid verschwunden sind und man mehr Weiß als gewöhnlich im Augapfel sieht; die Augen so wiederzugeben, deutet Blindheit und innere Erleuchtung an. In diesem Raum hinterließen die Bilder einen ungewöhnlichen Eindruck.

Es gab ein Foto von Butas Schwiegervater und eines von Buta selbst: ein gelehrt aussehender junger Mann mit Brille. Die Gelehrsamkeit und die Brille waren überraschend in dieser bäuerlichen und dörflichen Umgebung; vielleicht hatte Buta das gelehrtenhafte Aussehen künstlich erzeugt; mit größter Wahrscheinlichkeit war er der erste Mann in seiner Familie, der eine höhere Schulbildung erhalten hatte. Butas Frau, Balwinder, war die einzige im Dorf mit einem akademischen Abschluß; und zweifelsohne hatte ihr Vorbild Buta dazu gebracht, in der Haft in Jodhpur seinen B.A. zu machen.

Zwei oder drei Generationen – nicht nur von Arbeit, sondern auch von politischer Ermutigung, von politischer Sicherheit, von landwirtschaftlicher Entwicklung, von nationalem Wirtschaftswachstum – hatten Butas Familie zu dem gemacht, was sie war. Zwei oder drei Generationen hatten zum Beginn einer intellektuellen Neigung bei Buta Singh geführt. Weil er zu Wissen erwacht war, würde er mit besonderer Klarheit erkannt haben, woher er kam. Vorstellungen von Ungerechtigkeit und Unrecht würden ihm leichter gefallen sein als die Vorstellung von der stetigen Bewegung der Generationen; und der Fundamentalismus von jemandem wie Bhindranwale würde ihm wie eine

Antwort auf jedes emotionale Bedürfnis, wie ein Programm vorgekommen sein: er adelte das Klagen und die Vorstellung, verfolgt zu sein, er bot Geschichte wie ein Bild von betrogenem Ruhm und für die Gegenwart das Doppelthema von Feind und Erlösung. Diese Idee hatte ihn in die Falle gelockt und mitgerissen.

Die Polizei sagte, er sei getötet worden, weil er sich geweigert habe, sich der Bande anzuschließen. Die Nachricht, die die Singhs hinterlassen hatten, besagte, er sei für den Tod zweier wichtiger Terroristen durch Polizeikugeln verantwortlich. Vielleicht war an beiden Erklärungen etwas Wahres. Es gehörte zu der verfahrenen Situation, daß Männer um der Sache willen an Blut gewöhnt werden mußten und, einmal an Blut gewöhnt, nicht mehr davon loskamen. Er mußte gelitten haben. Jeder sagte, er sei ein sehr religiöser Mann gewesen. Er hatte religiöse Fibeln für seine beiden kleinen Söhne gekauft; er ging zweimal am Tag zum Beten in den Gurdwara. Solche Ergebenheit! Anfangs hatte sie vielleicht einem emotionalen und intellektuellen Bedürfnis entsprochen; später war sie vielleicht ein bloßes Beten um Schutz geworden.

Im Zimmer nebenan war das Ende für ihn gekommen. Das Zimmer lag seitlich zum Hof. Es schaute nach Süden. Die Tür stand offen; doch gegen die grelle Helligkeit des dunggepflasterten Hofes und die sonnenbeschienene rosa gekalkte Wand sah der Eingang sehr dunkel aus. Drinnen glänzten im Schatten Messing- und Stahltöpfe auf Regalen. Auf dem Fußboden waren, wo Buta und seine Familie hingestürzt waren, Linien in den Boden gekratzt. Nicht mehr als zweiundvierzig Stunden waren seitdem vergangen. Doch die Linien waren vielleicht von den Leuten gemacht worden, die zum Gucken gekommen waren. Die Nachricht der Mörder war, als sie gefunden wurde, in Blut getränkt. Jetzt war der Boden schwarz vor Fliegen, die sich kaum rührten.

Erst drei Tage vor dem Mord, erzählte Avinash mir später, habe Buta Singhs Frau, die Akademikerin, im Nachbardorf eine englische Schule aufgemacht. Das habe sie schon lange tun wollen. »Ich dachte, mein Traum hätte sich erfüllt«, erzählte sie Avinash. »Ich wußte nicht, daß die Rückkehr meines Mannes aus Jodhpur Verderben über die Familie bringen würde.«

Auf der anderen Seite der Gasse war das Haus von Natha Singh, Butas Onkel. Seine Frau konnte nicht lesen. Sie hatte fünf Kinder, das Älteste davon behindert. Sie sagte zu Avinash: »Ich weiß nicht, was ich tun soll. Meine Welt ist zerstört.«

Als wir hinausgingen, brachen erneut die Klagen für Natha Singh aus. Jetzt saßen die Frauen zur Rechten des minzgrünen Tors mit dem bunten Rautenmuster und warfen sich an der Stelle auf die Erde, an der Natha getötet worden war, als er mit dem Traktor von Baldevs Haus zurückkam. Zu beiden Seiten der mit Kuhfladen übersäten Gasse ging das bäuerliche Leben weiter: Büffel senkten die Köpfe in die Tröge, die neben der Gasse an den Hauswänden standen. Diese Tiere aufs Feld zu führen, sie zurückzubringen, sie zu melken oder aus dem Geschirr zu nehmen, sie zu füttern, in den Stall zu bringen – diese Dinge bestimmten Rhythmus und Ablauf des Tages und wurden befolgt wie Religion.

Zwei weitere Männer aus dem Dorf waren in Jodhpur in Haft gehalten worden. Während die Frauen klagten und die Büffel fraßen, hörten wir die Geschichte eines Mannes. Genau an dem Tag, an dem Ranjit in Jodhpur freigelassen worden war, wurde sein Bruder getötet. Ranjit sagte nicht, wer seinen Bruder getötet hatte; dies ließ darauf schließen, daß »die Jungs« seinen Bruder getötet hatten. Die Leiche seines Bruders war zwanzig Kilometer von Amritsar entfernt gefunden worden – nicht weit von unserem Aufenthaltsort. Und so kam es, daß an dem Tag, an dem Ranjit nach viereinhalb Jahren in Jodhpur heimkehrte, auch der Leichnam seines Bruders nach Hause gebracht wurde. Das war vor gerade einem Monat gewesen.

Wie konnten sie so ruhig von Leid und Schmerz reden? Bis zu einem gewissen Grad waren sie durch den Glauben darauf vorbereitet; aber eigentlich konnten sie so reden, weil viele Hunderte wie sie gelitten hatten. Avinash sagte, er und andere Korrespondenten hätten über 50 Massenmorde gesehen wie den, von dem wir an dem Nachmittag gehört hatten. Genau vor einem Jahr und einer Woche seien 18 Mitglieder einer Sippe aus Rajasthan, von denen die Hälfte Sikhs waren, getötet worden. Die AK 47 sei eine reine Mordwaffe. Sie könne ein Magazin mit 32 Kugeln in zweieinhalb Sekunden leeren; die Kugeln stöben in alle Richtungen und könnten in zweieinhalb Sekunden jeden in einem Zimmer töten. An einem Abend seien in einem Vorort von Amritsar 26 Menschen getötet worden, einschließlich eines 30 Tage alten kleinen Mädchens und eines neunzigjährigen Familienoberhauptes.

Wir fuhren über Nebenstraßen und Dorfstraßen zurück nach Amritsar und betrachteten das reiche, wohlbestellte Land. Es war noch Nachmittag und hell, noch sicher. Nach einer Weile hatten wir das Gefühl, wir hätten uns verfahren. Wir waren auf einer Lehmstraße zwischen bewässerten Feldern. Wir sahen zwei Männer auf einem Fahrrad, einer trat in die Pedale, einer saß auf dem Gepäckträger. Der Mann auf dem Gepäckträger saß elegant im Damensitz, die Füße zusammen, aber er ließ sie nicht baumeln oder einfach herabhängen. Seine Schuhe waren dicht nebeneinander hochgehoben, wie über dem Staub. Als wir anhielten, um nach dem Weg zu fragen, rutschte er mit einer geübten Bewegung herunter und erbot sich, mit uns zu kommen, um uns zur Straße nach Amritsar zu bringen.

Er sah so gut aus, wie seine Haltung auf dem Fahrrad es angedeutet hatte. Er war ein Sikh mit getrimmtem Bart. Der getrimmte Bart hatte eine Bedeutung: er bedeutete, daß der Mann noch nicht Amrit getrunken hatte. Er hatte von Buta Singhs Tod und den anderen Morden gehört, und er meinte, es sei schrecklich. Er selbst gehörte keiner der rein politischen Gruppen der Sikhs an. Er war ein kleiner Geschäftsmann, und er hielt sich für erfolgreich. Er genoß seinen Erfolg. Er habe ein Haus gebaut, sagte er, mit Toilette und Wasserspülung und allem. Er habe vier Lakh, 16 000 Pfund, für dieses Haus ausgegeben. Doch nun überlegte er, ob er vielleicht sein Haus aufgeben und die Gegend verlassen müsse. Er habe noch nicht Amrit getrunken, und er habe es auch nicht vor. Er glaube nicht, daß er nach den strengen Amritdhari-Vorschriften leben könne, und er wolle nicht wie andere Leute in Konflikt mit den Jungs geraten.

In der Auflistung der Qualen und Martyrien der Gründer-Gurus des Sikhismus nimmt das Einmauern der beiden Söhne des zehnten Gurus bei lebendigem Leib einen besonderen Platz ein. Die Geschichte – mit ihrem Anklang an König Johann und Richard III. – hat etwas von einem Mythos.

Der Mann, der die Hinrichtung der Kinder – Jungen im Alter

von neun und zehn – anordnet, ist der Mogul-Gouverneur der Stadt Sirhind. Nur ein einziger Mensch erhebt Einspruch gegen die Grausamkeit: ein moslemischer Edelmann afghanischer Herkunft, der Nawab von Malerkotla. Dann bittet er darum, daß die Leichen mit allen Ehren eingeäschert werden: Moslems werden beerdigt, Sikhs und Hindus verbrannt. Der Gouverneur sagt: »Gut. Wir gewähren Euch eine Einäscherungsstätte. Aber sie darf nur so groß sein wie die Fläche, die Ihr mit Goldmünzen bedeckt.« Der Nawab willigt ein. Er legt einen Teil seines Schatzes auf den Boden, und dort werden die beiden Leichen verbrannt. So werden zwei heilige Stätten geschaffen: der Ort, an dem die Jungen eingemauert, und der Ort, an dem sie eingeäschert wurden. Und des Jahrestags des Martyriums wird mit einer rituellen Prozession von der einen Stätte zur anderen gedacht.

Wo es keinen Sinn für Geschichte gibt, können Mythen in einem Zeitraum entstehen, der gleich vor der Erinnerung unserer Väter oder Großväter liegt, gleich vor der Erinnerung von Zeitzeugen. Die Geschichte von den eingemauerten Kindern hätte sich vor 2000 oder 200 oder 100 Jahren zugetragen haben können. In Wirklichkeit kann man die Ereignisse datieren. Der zehnte Guru gab Amrit, taufte die ersten Sikhs und schloß die Sikhs 1699 in der Stadt Anandpur zu einem militanten Kampfbund zusammen. Zwei Jahre später wurde er von den Mogultruppen in der Stadt belagert. Die Belagerung dauerte drei Jahre. Der Guru entkam mit zweien seiner Söhne; doch die Mutter des Gurus und seine beiden anderen Söhne wurden gefangengenommen. Sie wurden nach Sirhind gebracht. 1710 fiel Sirhind an die Sikhs.

Ereignisse, die datiert und analysiert und in einer angemessenen Distanz von der Gegenwart angesiedelt werden können, können einem auch irgendwann sehr fern vorkommen; sie können verblassen. Mythen sind frisch; sie verlieren ihre Kraft nie. Obwohl die Sikhs 1762 in Malerkotla von einer afghanischen Invasionsarmee massakriert wurden, passierte bei der Teilung Indiens und dem Bevölkerungsaustausch zwischen Indien und Pakistan 1947 – der Flucht von Moslems nach Pakistan und der von Sikhs und Hindus aus Pakistan – in Malerkotla keinem Moslem etwas wegen des afghanischen Edelmanns, der die Einäscherungsstätte der beiden Söhne des zehnten Gurus mit Goldmünzen ausgelegt hatte. In den sechziger Jahren dieses Jahrhunderts stellte die politische Partei der Sikhs, der Akali Dal, den Nawab von Malerkotla als Kandidaten auf, und er gewann die Stimmen der Sikh-Wählerschaft bei drei Wahlen.

Mir wurde das von Amarinder Singh erzählt. Amarinder war das Oberhaupt des Hauses Patiala. Inoffiziell war er – weil die Prinzentitel abgeschafft und den Prinzen die Sonderrechte aberkannt wurden – der Maharaja von Patiala. Alle Sikhs sind »Singhs«; mit dem gemeinsamen Familiennamen sollten Unterschiede in Kaste und Rang ausgeglichen werden. Das Ideal ist geblieben, doch beinahe von Anfang an erhoben sich Sikh-Anführer, und Patiala war einer ihrer größten. Nachdem Sirhind – wo die beiden Jungen eingemauert worden waren – Patiala-Gebiet einverleibt worden war, wurde es Familientradition, des Märtyrertods der Söhne des Gurus mit einer rituellen Prozession zu gedenken.

»Sirhind war der Sitz des Mogul-Gouverneurs. Als die Sikhs schließlich das Fort eroberten, war nichts mehr da. Kein Sikh-Emblem hatte überlebt. Die Moguln hatten alles zerstört. Man machte die Stätte ausfindig, wo die Jungen eingemauert worden waren, und der erste Gurdwara wurde gebaut. Er wurde später neu erbaut. Den Neubau errichtete Anfang der fünfziger Jahre mein Vater. Es war Tradition, daß an jedem Jahrestag der Guru Granth Sahib von dem Ort, an dem die Kinder eingemauert worden waren, auf einer Bahre an den Ort der Einäscherung getragen wurde.« Eine nachgestellte Beerdigungsprozession, bei der das heilige Buch der Sikhs – wie es der zehnte Guru endgültig festgelegt hatte – an Stelle der beiden Söhne des Gurus trat. »Das ging so bis in die sechziger Jahre, als die Akali-Partei die Aufsicht über den Gurdwara und die Zeremonie übernahm.«

Die Familie war dem Glauben besonders verpflichtet. »Wir sind die einzige Familie, die zweimal vom Guru gesegnet wurde.« Amarinder benutzte die Kollektivform des Wortes »Guru«, wie Sikhs das oft tun. Das erste Mal wurde die Familie vom sechsten Guru, Hargobind (1601–1644), gesegnet, der den weinenden Sohn tröstete: »Warum weint er? Seine Pferde werden Wasser aus dem Fluß Jamuna trinken.« Auf diese

Weise sagte der Guru vorher, daß das Patiala-Gebiet sich schließlich bis zu jenem Fluß erstrecken würde.

Ein späterer Vorfahre gehörte zu denen, die vom zehnten Guru getauft wurden. An diesen Vorfahren wandte der zehnte Guru sich bei der Schlacht von Chamkaur, kurz nach der Katastrophe von Anandpur, schriftlich um Hilfe.

»Der Guru war im Fort von Mogul-Truppen umzingelt, doch es gelang ihm, eine Botschaft hinauszuschmuggeln. In dem Brief schreibt er: ›Mein Heim ist dein Heim. Und ich bin in Gefahr. Komm!‹ Doch als mein Vorfahre eintraf, war die Schlacht geschlagen.« In dieser Schlacht starben die beiden anderen Söhne des Gurus. »Das war die erste Generation des Khalsa.« Später, als der Guru auf dem Weg nach Süden war, wo er 1708 starb (zwei Jahre, ehe es den Sikhs gelang, Sirhind zu erobern), machte er eine Weissagung über die Patiala-Familie und die Größe, die ihr Staat letztendlich erlangen würde.

Der Brief des Gurus aus Chamkaur war der Familie besonders kostbar. Diesem Brief hatte Amarinders Vater oder Großvater das gegenwärtige Familienmotto der Patiala entnommen: »Mein Haus ist dein Haus.« Das frühere Motto war gewesen »Himmelslicht unsere Sicht«; auf altem Patiala-Geschirr war es immer noch zu sehen.

Auf dem Dach des Palastes war ein Gurdwara. Der einzige Gegenstand, den die Sikhs verehren, ist ihr heiliges Buch, das über die Jahre von den verschiedenen Gurus zusammengetragen wurde und schließlich den Status eines Gurus erhielt. Doch in diesem Gurdwara gab es auch Reliquien des zehnten Gurus. Nachdem ich mir die Hände gewaschen und den Kopf bedeckt hatte, wurden mir einige dieser Reliquien gezeigt: ein Schwert des Gurus in seiner samtbezogenen Scheide; ein paar Speere; ein Brief, der an und für sich von einem Sekretär oder Schreiber niedergeschrieben worden sein mußte.

Auf dem Dach des Palastes alte Frömmigkeit: Die historischen Ereignisse von vor dreihundert Jahren waren in Religion aufgegangen (der zehnte Guru starb zwei Jahre nach der Geburt Benjamin Franklins). Der Palast selbst zeugte von jüngeren Veränderungen. Es war ein neuer Palast, in den fünfziger Jahren gebaut, prächtig, aber ohne die orientalischen Motive, mit denen der europäische Architekt des Maharaja von Mysore 1912 den

Stadtpalast von Mysore überhäuft hatte. Der neue Patiala-Palast glich einem großartigen europäischen Landhaus, war von der Atmosphäre her international oder neutral, machte sich architektonisch das indische Klima zunutze und verwandelte es in eine Annehmlichkeit. In den verschiedenen Empfangsräumen standen signierte Fotos, wie der Besucher sie in anderen Ländern am Tag der offenen Tür in Schlössern sieht. Doch hier vermittelten die Fotos – von Herrschern – eine sich verändernde Welt, eine sich verändernde Sicht, ein sich entwickelndes Indien: der Kaiser, Victor Emmanuel, die belgische Königsfamilie, Tito, Nehru, Indira Gandhi.

Es gab viele Bilder, die meisten von ihnen offenbar in Europa gekauft; doch nur wenige waren bedeutend. Kurz vor der britischen Zeit hatte sich einmal eine Schule der Sikh-Malerei herausgebildet. Die Werke dieser Schule bestanden aus kleinformatigen Papierarbeiten, es handelte sich um eine private, höfische Kunst, meistens Erinnerungen an Gesichter. Die Blätter wurden in Alben gesammelt oder in Bündel gerollt und in Palastbibliotheken aufbewahrt. Geschmack oder Urteilskraft hatte sich nicht auf die Kunst Europas übertragen, größere Ölgemälde, die an Wänden zur Schau gestellt werden sollten und einem Zweck dienten, der wahrscheinlich nicht immer klar gewesen war. Deshalb hatten Amarinders Vater und Großvater, obwohl Geld im Überfluß vorhanden war, weder alte Meister noch irgendwelche namhaften zeitgenössischen Maler gekauft.

Das auffallendste Gemälde war ein überlebensgroßes Porträt, das Amarinders Vater in ganzer Körpergröße zeigte. Die Maharajas von Patiala waren berühmt für ihren hohen Wuchs. Der Raja von Patiala, den William Howard Russell 1858 in Patiala traf, war über ein Meter achtzig groß und von schwerem Körperbau. Die übertriebene Größe von Amarinders Vater mit seiner königlichen Haltung auf dem Gemälde ergab einen monumentalen und atemberaubenden Effekt. Dazu paßte ein großes Salongemälde, das über dem breiten Treppenaufgang hing und die Feier zum Silberjubiläum des Königs und Kaisers George V. in London 1935 zeigte, mit Amarinders Großvater und anderen indischen Prinzen, auffallend viele aus Kashmir und Bikaner, neben dem Prinz von

Wales, dem zukünftigen George VI., seiner Gemahlin Elizabeth und ihren Töchtern Elizabeth und Margaret.

Amarinder sagte: »Mein Großvater war durch und durch ein Autokrat. Er kam mit neun Jahren auf den Thron. Unumschränkter Herrscher wurde er mit achtzehn, 1907. Von 1907 bis 1938 war er unumschränkter Herrscher. Er brachte Patiala auf Vordermann. Er stellte sich eine fähige Mannschaft zusammen, um den Staat zu führen. Er war ein Mäzen für Sport und Musik. Aber er war ein Autokrat.«

Seine Vorstellung von dem, was er sich schuldig war, zeigte sich in dem Palast, in dem er gelebt hatte: im alten Patiala-Palast auf der anderen Seite der Stadt Patiala.

»Der Palast hatte 1000 Zimmer und 400 Morgen Land. Jetzt ist eine Sporthochschule darin. Vom Zimmer meines Vaters bis zu meinem war es eine dreiviertel Meile. Wir haben das eines Tages wirklich ausgemessen, alle Schritte gezählt. Der Palast war viel zu groß. Deshalb baute mein Vater in den fünfziger Jahren diesen hier. Er ist immer noch riesig, aber damals, nach dem alten Palast, schien es der Familie, als sei sie ein wenig beengt.«

Und vor diesem alten Palast – einem jener indischen Paläste, die die Vorstellung vom überbordenden Reichtum der Maharajas zur Zeit des britischen Raj begründeten – hatte es das Fort von Patiala gegeben.

»Das alte Fort wurde gebraucht, wenn gekämpft werden mußte. Es gibt einen Turm, von dem aus man schießen konnte.«

Mit dem Bau des Forts wurde 1714 begonnen, dort, wo die Einsiedelei eines moslemischen Fakirs oder heiligen Mannes gewesen war. Das Feuer des Fakirs wurde in das Fort getragen, und seitdem war das Feuer nie mehr ausgegangen.

In diesem Fort hatten 1858 der damalige Maharaja (oder Raja) von Patiala und seine Höflinge, alle in ihren besten Kleidern und Juwelen, William Howard Russell feierlich empfangen und einem bedeutenden Repräsentanten der alles überragenden und nun triumphierenden indischen Macht Ehre erwiesen. Es ist unwahrscheinlich, daß der Raja von Patiala Russells Auftrag begriffen hatte, aber er wußte sicher, daß Russells Meinung eine Rolle spielte, und er tat, was er konnte, um einen guten Eindruck zu machen. Er kam Russell vom Fort aus auf seinem prächtig herausgeputzten Elefanten ein Stück des Wegs entgegen. Er bot auch Russell einen Elefanten an, und er bot ihm förmlich Hilfe an – das ganze Ritual von Höflichkeit und Willkommen, wie in einer Pantomime.

Das Fort war nun halb verfallen. Es lag im Basarviertel der Innenstadt von Patiala, und in ganzen Straßen, oder großen Abschnitten davon, wurden Schuhe oder bestimmte Gerichte oder bestickte Gewänder verkauft – Spezialitäten von Patiala. Der erste Hof, in den Russell auf seinem Elefanten gekommen war, wurde nun von manchen als Pissoir benutzt. Ein Haus, das zu einer späteren Zeit für wichtige Besucher gebaut worden war, ein Haus mit klassischen Säulen, verfiel. Obdachlose Hausbesetzer logierten dort; und jemand hatte mit Kreide ungelenk UNSICHER geschrieben.

Drinnen wurde das Fort rasch zu einem Irrgarten schmaler Höfe und Gänge und Treppen. Es gab einen kleinen Garten im Mogul-Stil, nach all dem Ziegelstein und Gips zur Rast einladend, obwohl er halb verfallen war. Ende des 19. und Anfang des 20. Jahrhunderts waren Vorstellungen von Eleganz aus Großbritannien und Europa nach Patiala gekommen. Im 18. Jahrhundert sorgte der Mogul für die Eleganz. In den Anleihen der Sikhs beim feindlichen Mogul im 18. Jahrhundert liegt jedoch eine Ironie: heute, nachdem die Mogul-Macht längst entschwunden ist, lebt die dekorierte Mogul-Kuppel des 18. Jahrhunderts in dem Sikh-Gurdwara weiter, für die Andachtsstätte der Sikhs ein Emblem, wie der Turm für die christliche Kirche.

Abgesehen von diesem Garten war das Fort ganz zugebaut, ganz gepflastert; keine Erde war zu sehen. Gänge, Höfe, Terrassen, Dächer: zerbröselnde Ziegel und Gips, vergänglicher als Holz. Hier und da gab es kleine, bedrückende, überreich verzierte düstere Räume mit dunklen Spiegeln an den Wänden und geschnitzten Decken. Hier und da war eine Decke eingefallen, und man konnte sehen, daß in den Dörfern, wie etwa in den Bauernhäusern im Dorf Jaspal, die Ziegeldecken genauso gebaut wurden – die Ziegel hochkant auf Holzbalken gesetzt –, wie sie für die Rajas und Herrscher gebaut wurden. Es war unmöglich, das alte Fort zu restaurieren oder zu erhalten: es lag in der Natur dieser Ziegel zu zerbröseln. Ein solcher Palast konnte nur bestehen, solange er bewohnt war. Hier und da verstärkten zaghafte Restaurierungsversuche – mit Beton ausgebesserte

Stellen, weiß gekalkt – das Gefühl, daß das Fort viele Male umgebaut, Raum um Raum bis an seine Grenzen erweitert und dann schließlich aufgegeben worden war.

In manchen Räumen oben wurden trotz des Verfalls die religiösen Riten, die mit der Gründung der Stadt und des Forts von Patiala zu tun hatten und die moslemische und hinduistische und sikhistische Frömmigkeit vermischten, weiter durchgeführt. Hier mußte man die Schuhe ausziehen, weil der Ort noch heilig war. Das Feuer des moslemischen Fakirs, das in das ursprüngliche Fort von 1714 getragen worden war, wurde immer noch unterhalten: es war eins der Wunder von Patiala. Für dieses Feuer wurde nur Eiche genommen, und die Asche wurde angeboten, um ein heiliges Zeichen zu machen (eine Hindu-Sitte). In einem Nebenraum wurden Hindu-Bilder von Krishna und Kali gehütet. In einem anderen Raum, der auf eine Dachterrasse hinausführte, rezitierte ein dunkelhäutiger Vorleser aus dem heiligen Buch der Sikhs, während ein barfüßiger Wärter einen Federwisch über die heiligen Bücher schwenkte, die mit sehr feinen Seidentüchern bedeckt waren. Es gab also ganz oben in dem verlassenen Fort genauso wie ganz oben in dem zeitgenössischen Palast eine Erinnerung an die Anfänge der Sippen- oder Familiengeschichte.

Anfang des 18. Jahrhunderts mußte für den Klan alles auf Messers Schneide gestanden haben. Doch die Mogul-Macht ging unter; die afghanischen Invasionen und Raubüberfälle hörten auf; die Sikhs kamen zu ihrem Recht. Der Staat Patiala hatte am Ende ein Gebiet von rund 1500 Quadratkilometern. Ein gut Teil davon kam Anfang des 19. Jahrhunderts dazu.

»Um 1830 beschlossen die Gurkhas, die gesamte Gebirgskette für sich zu beanspruchen. 1830 rückten sie an und griffen unsere Hügel an. Alle Rajas aus den Bergen taten sich zusammen und baten um Hilfe, und wir schickten unsere Soldaten. Der Krieg dauerte sechs Monate. Die Gurkhas wurden geschlagen. Der Kopf des nepalesischen Generals hing am Tor von Patiala, bis er zerfiel.«

Patiala hatte sich nie mit dem großen Sikh-Herrscher, Ranjit Singh, vertragen. »Als Ranjit Singh drohte, schloß Patiala einen Vertrag mit den Briten. In den Kriegen zwischen Engländern und Sikhs blieb Patiala neutral.« Sogar noch ehe die Sikhs 1849 geschlagen wurden, rekrutierten die Briten zwei Bataillone Sikh-Freischärler. Als acht Jahre später der Aufstand ausbrach, hielt Patiala an seinem Vertrag mit den Briten fest. Diese Unterstützung war von entscheidender Bedeutung; ohne sie wären die Briten in Nordindien vielleicht besiegt worden.

»In unserem Familienarchiv gibt es einen Brief vom letzten Mogul-Herrscher, Bahadur Shah. In unserem Archiv verwahren wir die persönlichen Dokumente von Herrschern; die anderen sind an den Staat gegangen. Wir haben im Palast einen Bibliothekar, der das Archiv betreut. Die Aufständischen bedrängten Bahadur Shah, ihr nomineller Herrscher zu sein, und er schrieb Briefe an alle indischen Staaten, in denen er um ihre Unterstützung bat. Doch zu dieser Zeit umfaßte sein Gebiet nicht einmal Delhi. Sein Gebiet war buchstäblich nur das Rote Fort. Der Brief war auf englisch, sehr blumig, wahrscheinlich von einem Schreiber geschrieben. Die Rolle war über einen halben Meter lang. Doch wir hatten diesen Verteidigungsvertrag auf Gegenseitigkeit mit den Briten, und daran mußten wir uns halten.«

Im Juni 1858, als der Aufstand mehr oder weniger unterdrückt war, ging William Howard Russell »mit einer Gruppe« ins Rote Fort in Delhi, um sich den geschlagenen Herrscher anzuschauen. Das Rote Fort war von britischen Soldaten und Gurkhas (wie die Sikhs als Ersatz für die Soldaten aus anderen aufständischen Gemeinschaften rekrutiert) besetzt. Der Herrscher hockte in einem leeren Flur, der von einer kleinen Dachterrasse abging. Er war ein kleiner, verwelkter Mann von zweiundachtzig, barfüßig, mit einer schmutzigen Musselintunika und einer Schädelkappe aus dünnem Batist. Er übergab sich in ein Messingbecken; Russell fragte nicht wieso. Der alte Mann war innerlich weit weg von den Leuten, die gekommen waren, um ihn anzustarren. Er pflegte zu dichten, und er hatte, sagte Russell, ein oder zwei Tage zuvor ein Gedicht verfaßt, mit Hilfe eines verkohlten Stockes ordentlich ein paar Zeilen an die Wand seines Gefängnisses geschrieben. Das erregte nicht Russells Verwunderung oder Mitleid, nur Spott. Es kam ihm nie in den Sinn herauszufinden, was die Worte bedeuteten.

Die Briten in Indien redeten damals davon, die Jama Masjid in Delhi zu sprengen, so wie früher jemand davon geredet hatte, das Taj Mahal zu zerstören und den Marmor zu verkaufen. Selbst der Raja von Patiala war den Briten verdächtig geworden, und Russell hörte Beschwerden, daß der Raja mit dem Kaiser Bahadur Shah in Verbindung gestanden habe.

Aus dem, was Amarinder sagte, klang heraus, daß an der Geschichte etwas Wahres sei. Er sagte: »Ein Bruder des Maharaja mochte Bahadur Shah sehr gerne, weil er ein Dichter war. Und er ging hin, um dem Herrscher Hilfe anzubieten. Nach dem Aufstand kam der Bruder nach Patiala zurück, und da verlangten die Briten, daß er ihnen überstellt würde. Patiala weigerte sich, und die Briten konnten nicht darauf bestehen, weil so wenige loyale Herrscher übriggeblieben waren.

Also wurde ein Kompromiß geschlossen. Der Bruder des Maharaja verließ Patiala. Und schließlich entsagte er der Welt, lebte erst in Rishikesh im Himalaya, einem Hindu-Zentrum der Gelehrsamkeit und Wallfahrt, und zog Anfang des Jahrhunderts in den Süden nach Bangalore.« Bangalore war im Fürstenstaat Mysore, etwas entfernt von der britischen Gerichtsbarkeit. »Dort starb er in den fünfziger Jahren, weit über hundert Jahre alt. Er war ein Lehrer und so etwas wie ein Sadhu geworden. Seine Frau blieb im alten Fort von Patiala wohnen. Es war eine Kinderheirat gewesen. Sie war als Kind ins Fort gekommen und wurde von ihrem Mann allein gelassen, als sie neun war. Und sie blieb bis in die dreißiger Jahre im Fort wohnen, weil sie sich weigerte wegzugehen. Sie hatte nie etwas außerhalb des Forts gesehen. Zu jener Zeit herrschte strikter Pardah. Sie hatte nie ein Auto gesehen, nie einen Zug, Menschen außerhalb des Palastes, einen Wald, ein Feld. Mein Großvater wollte, daß sie Ausfahrten unternahm. Er beharrte inständig darauf, und – es muß Anfang der dreißiger oder Ende der zwanziger Jahre gewesen sein – er zwang sie, mit ihm im Auto auszufahren, um die Dinge zu sehen, die sie nie zuvor gesehen hatte. Solange sie im Fort lebte, weigerte sie sich, sich von jemandem Wasser aus dem Brunnen holen zu lassen. Sie wollte das mühsame Leben leben, das ihr Mann ihrer Meinung nach ertrug.«

Es fiel schwer, diese Geschichte zu glauben. Angenommen, der Bruder des Raja von Patiala war sechzehn, als er Bahadur Shah seine Hilfe anbot, dann mußte er 1840 oder 1841 geboren sein. Wenn er in den fünfziger Jahren dieses Jahrhunderts gestorben war, hätte er zum Zeitpunkt seines Todes über hundertzehn Jahre alt sein müssen. Und seine Kinderbraut wäre im Alter von ungefähr neunzig gestorben. Auf jeden Fall barg die Geschichte, wie Amarinder sie erzählte, viele der großen Verwandlungen, die Indien zwischen Aufstand und Unabhängigkeit durchgemacht hatte. Die Lebensspanne jener Leute umfaßte nicht nur die Verwandlung der Sikhs von ungehobelten Grenzbewohnern zu Bauern und Geschäftsleuten; sie enthielt auch die Verwandlung ihrer Herrscher von kriegerischen Häuptlingen zu Maharajas im Stil des Raj.

Amarinder sagte mit einer wegwerfenden Handbewegung: »Mein Großvater hätte dies nicht *verstehen* können.« Und mit »dies« meinte Amarinder Unabhängigkeit, Parlament, allgemeines Wahlrecht. »Wissen Sie, mein Großvater hielt meinen Großvater mütterlicherseits gefangen und die Familie neun Jahre von Amritsar fern, weil er ein Mitglied des Praja Mandal war. So nannten die Leute, die im Freiheitskampf engagiert waren, den Kongreß in den Fürstenstaaten. Mein Großvater mütterlicherseits war aber auch ein Mann von Charakter. Er gab nicht klein bei. Das ganze konfiszierte Vermögen der Familie wurde erst zurückgegeben, als meine Eltern heirateten.«

Zwei Generationen lagen zwischen dem mit Schmuck behangenen Herrscher, den William Howard Russell 1858 im Fort von Patiala gesehen hatte, und dem Maharaja, der von 1907 bis 1938 als unumschränkter Herrscher im Motibagh-Palast mit seinen tausend Räumen regierte. Eine Rolle ergab sich aus der anderen: die Verbindung zu den Briten vergrößerte den Ruhm des Herrschers. Für Amarinders Vater sah das ganz anders aus.

»Mein Vater hatte ein schweres Leben. Er übernahm die Macht 1938, als sein Vater starb. Er war fünfundzwanzig. 1939 kam der Krieg, und von 1945 an hatten wir die Unabhängigkeitsbewegung. Mein Vater war Vorsitzender der Fürstenkammer. Er lebte also mit großer Unsicherheit. Bei der Unabhängigkeit war er der erste, der das Beitrittsabkommen unterschrieb, und Patiala ging in den Punjab-Staaten auf. Für meinen Vater persönlich war das ein Abstieg. Vom Herrscher wurde er zum Gouverneur eines Staates. Patiala wurde als mögliche Hauptstadt für den indischen Teil des Punjab in Betracht gezogen. Doch der Chefminister damals verhinderte das. Er meinte, daß

Patiala dann immer Einfluß in den Staatsangelegenheiten haben würde und brütete deshalb die Idee aus, in Chandigarh eine funkelnagelneue Stadt zu bauen. Und 1958 verband sich der Staatenbund Punjab mit dem Punjab, und mein Vater wurde ein *Niemand.*« Er kandidierte für das Staatsparlament des Punjab, aber er mochte keine Politik. Er wurde Botschafter; es milderte seinen Schmerz nicht. »Er war ein introvertierter Mensch. Er behielt seine Probleme für sich. Als er 1974 starb – er war erst einundsechzig –, sagten die Ärzte, er habe das Herz eines Fünfundachtzigjährigen.«

Amarinder selbst hatte keine Probleme, sich anzupassen. Er war 1942 geboren; er war fünf, als die Unabhängigkeit kam. »Ich bin in einer modernen Umgebung aufgezogen worden.« Es gab eine Erziehung im Palast: ein englisches Kindermädchen, eine deutsche Kindergärtnerin und Unterricht von »einem großen Meister« in den Schriften, Legenden und der Volkskunst der Sikhs. Es gab auch eine Schulausbildung außerhalb des Palastes, in Grundschulen in Simla und Kasauli, in einer berühmten indischen Public School und dann in der indischen Militärakademie in Dehra Dun. Er trat in die Armee ein, meldete sich für das älteste Sikh-Regiment, das direkt aus den beiden Bataillonen hervorgegangen war, die 1846 in Patiala aufgestellt worden waren. Er liebte das Soldatenleben und hätte gern eine Armeelaufbahn eingeschlagen. Aber er mußte die Armee verlassen, um sich um die Familienangelegenheiten zu kümmern. Später »wuchs er in die Politik hinein« – übte vielleicht einige der Fähigkeiten aus, die seine Vorfahren im 18. Jahrhundert in den Anfangstagen des Staates Patiala an den Tag gelegt hatten.

Dann tauchte der Prediger Bhindranwale auf. Es gab eine Terrorismuskrise; und die Armee, die Amarinder liebte, erhielt den Befehl, gegen den Tempel zu ziehen, der ihm heilig war.

»Als es hart auf hart kam, konnte ich nicht dreihundert Jahre Geschichte ungeschehen machen. Es waren die Sikhs, die Patiala gemacht hatten. Die beiden Gurus haben uns gesegnet. Ich mußte zu unserem Volk stehen.«

Als ich nach Chandigarh zurückkam, sah ich Gurtej wieder. Damals erzählte er mir – was vermutlich allgemein bekannt war –, daß er nach der Operation Bluestar, dem Codenamen für den

Armee-Einsatz auf den Goldenen Tempel, über vier Jahre in den Untergrund gegangen war. Zum ersten Mal erzählte er Einzelheiten von Bhindranwale. Kapur Singh, der entlassene Indian Civil Service-Beamte, war Gurtejs erster Held und Mentor gewesen; Bhindranwale war der zweite.

»Er war immer ein religiöser Mensch. Bis zum Schluß. Er war der Sohn eines Kleinbauern im Bezirk Faridkot. Der Bezirk war nach Farid benannt, einem moslemischen Sufi-Heiligen des 13. Jahrhunderts; seine Verse stehen in unserem heiligen Buch. Bhindranwale wurde 1947 geboren. Er war einer von neun Söhnen. Er war der Sohn einer zweiten Frau. Der Vater hatte sieben Söhne von der ersten und zwei Söhne von der zweiten Frau. Der Vater konnte nicht alle Söhne ernähren, und schon früh, mit vier oder fünf, wurde Bhindranwale ins Seminar geschickt.«

Auch Gurtej war 1947 geboren. Auch er wurde mit vier oder fünf ins Internat geschickt. Und auch er kam aus einer Bauernfamilie, wenn auch sein Großvater, mit 3000 Morgen, reich gewesen war.

»Der Vater hatte nur wenig Land, und damals gab es keine intensive Feldbewirtschaftung. Ein Sohn ging zur Armee; er ist nun Unteroffizier im Ruhestand. Ein anderer Sohn ging nach Dubai und ist jetzt wieder da, wohlhabend, Bauer. Auch andere betreiben Landwirtschaft.

Bhindranwale verbrachte alle seine Jahre im Seminar, und bis 1976 hörten wir nie etwas von ihm. Damals war er schon verheiratet und hatte zwei Söhne. Seine Frau war sicher im Dorf geblieben; es war eine arrangierte Ehe. Bhindranwale war als beschaulicher Mensch bekannt, den die Welt um ihn herum nicht kümmerte. Manchmal arbeitete er auf den Feldern der Familie, und er war auch als tüchtiger Arbeiter bekannt. Die Ernte beginnt am 13. April. Das ist eine sehr heiße Zeit; die Sonne brennt vom Himmel. Bhindranwale fing frühmorgens an zu schneiden und blieb bis zum Abend dabei, ohne Essen oder Trinken. Er war ein sehr willensstarker Mensch. Das erzählte mir einer seiner Brüder.«

Und nicht zum ersten Mal fiel Gurtej, als er über das Leben des Dorfes, das Leben auf den Feldern erzählte – unversehens – in einen lyrischen Ton.

»1977 starb der Direktor des Seminars. Er hatte Bhindranwale als Nachfolger ausersehen. Der Direktor des Seminars starb während der Kontroverse um die Nirankaris.« Die Nirankaris: für die einen reformerische Sikhs, für die anderen Häretiker. »Sein Vermächtnis an Bhindranwale war, daß er diesen Kampf fortführe.«

Im folgenden Jahr kam es am Tag des Frühlings- oder Erntefestes, einem wichtigen Tag im religiösen Kalender der Sikhs in Amritsar, zu einem Zusammenstoß zwischen den beiden Gruppen, und eine Reihe von Bhindranwales Anhängern wurde getötet. Durch dieses Ereignis wurde Bhindranwale eine bekannte Persönlichkeit.

Gurtej sagte: »Ich lernte ihn 1980 kennen. Der Hohe Priester, der mir 1974 Amrit gegeben hatte, war gestorben, und ich fuhr zu den letzten Riten in sein Dorf. Und dort lernte ich Bhindranwale kennen. Er war ein sehr wahrhaftiger Mensch, der zu seinem Wort stand. Er nahm nie etwas zurück, was er sagte. Er war ein Mann Gottes. Er hatte grenzenlosen Glauben an Gott. Wenn er Entscheidungen traf, befragte er nur sein Gewissen. Er führte das Leben eines Bettelmönches.

1980 wurde das Oberhaupt der Nirankaris in seinem Haus in Delhi getötet – genauso wie später Indira Gandhi –, und er wurde angeblich von jemandem getötet, der dort als Schreiner angestellt war. Die Arya Samaji-Presse gab Sant Bhindranwale die Schuld an dem Mord und forderte seine Verhaftung. Kurz darauf wurde das Oberhaupt der Arya Samaji-Presse in der Nähe von Jalandhar getötet, und in diesem Zusammenhang wurde ein Haftbefehl gegen den Sant erlassen.

Die Arya Samajis kontrollieren die Hindu-Presse im Punjab. Die Geschichte des Punjab in diesem Jahrhundert ist voller Kontroversen zwischen Arya Samajis und Sikhs, in denen es darum ging, daß die Arya Samajis die Identität der Sikhs angriffen. Zu Beginn dieses Jahrhunderts bekehrten die Arya Samajis in Hanlandhar öffentlich ein paar *chamar*« – unberührbare – »Sikhs wieder zum Hinduismus. Sie schnitten ihnen das Haar ab, flochten es zu einem Seil und verkauften das Seil bei einer öffentlichen Auktion. Dahinter steckte der Gedanke, den Sikhismus und die Sikhs lächerlich zu machen.

Zu der Zeit, da der Haftbefehl gegen den Sant erlassen wurde, predigte er in einem Dorf in Haryana. Die Nachricht erreichte ihn dort, vielleicht durch die Verwaltung von Haryana, die in ihrem Gebiet keine Probleme haben wollte. Die Punjabi-Polizei rückte an, nachdem der Sant abgereist war, und sie wurde so wütend, daß sie seine Busse verbrannte und seine heiligen Bücher vernichtete. Danach wurde seine Verhaftung in Mehta Chowk, im Seminar durchgesetzt. Eine große Menschenmenge hatte sich am Tag der Verhaftung dort versammelt. Nachdem er festgenommen worden war, appellierte er an die Leute, friedlich zu bleiben. Die Polizei verlegte sich aufs Schießen – sie beschoß die Stadt –, und vierunddreißig Leute wurden getötet. Die Polizei behauptete, sie sei mit Schwertern angegriffen worden.

Diese drei Dinge brachten ihn auf: daß seine Busse und heiligen Bücher verbrannt, seine Anhänger umgebracht worden waren und er als Verschwörer angeklagt wurde. Er blieb ein paar Monate im Gefängnis. Dann wurde er ohne Auflagen freigelassen. 1982 zog er in den Goldenen Tempel. Die Begleitumstände waren die folgenden. Zwei oder mehr seiner Gefolgsleute waren verhaftet worden. Und dann waren die Leute, die er entsandt hatte, um darauf zu achten, daß diese Männer Rechtsschutz genossen, selbst verhaftet worden. Zu dem Zeitpunkt beschloß er, zum Aufruhr aufzurufen.

Er war ein großer Mann, über ein Meter achtzig, so groß wie ich, und dünn. Ein sehr aufrichtiger Mann, freimütig. Er hatte sehr einfache Lebensgewohnheiten. Er aß sehr wenig. Darin war er ganz anders als Sardar Kapur Singh, der gerne aß. Er hatte einen messerscharfen Verstand. Man konnte alles mit ihm diskutieren. Er wußte beispielsweise, daß ich Fleisch aß, aber es war ihm gleichgültig. Er forderte mich nie auf, das Fleischessen aufzugeben. Einmal stritt ich lange mit ihm darüber, ob es den Grundsätzen des Sikhismus entsprach, Fleisch zu essen oder nicht. Das war im Januar 1983 im Akal Takht im Goldenen Tempel. Die Diskussion dauerte zwei Stunden. Er sagte immer wieder aufgeräumt zu mir: ›Beweise mir, daß es den Grundsätzen des Sikhismus entspricht, Fleisch zu essen, dann verputze ich eineinhalb Kilo im Handumdrehen.‹

Er rief uns öfters zu Diskussionen zusammen, manchmal bloß, um Abschnitte im heiligen Buch zu interpretieren. Das Seminar unterstützte die traditionelle Interpretation. Die Seminarinterpretation steht dem hinduistischen Verständnis des

heiligen Buches näher und ist ganz in Hindu-Terminologie ab-
gefaßt. Die meisten Beispiele entstammen der Hindu-Mytholo-
gie. Ich habe immer die jüngere, wissenschaftliche Interpretation unterstützt, die um 1960 begründet wurde.«

Ich fragte nach dieser wissenschaftlichen Interpretation.

»Sie stammt von Sahib Singh – die Interpretation des heiligen
Buches in Übereinstimmung mit der Grammatik der Sprache.
Er war ein gottesfürchtiger Mann, ein Lehrer.«

Diese Erklärung – ich schrieb sie nieder, ohne sie ganz zu verstehen und dachte erst viele Wochen später darüber nach – warf
ein wenig Licht auf einen schwierigen Satz auf der ersten Seite
von Kapur Singhs Broschüre, ›Prozeß gegen einen Sikh-Beamten im säkularen Indien‹: »Die Grundlage von Grammatik und
Sprache bilden bestimmte metaphysische Postulate, kulturelle
Muster und menschliche Neigungen, deren logische Demonstration vielleicht nicht möglich ist, ohne deren Annahme aber
weder Grammatik noch Sprache richtig studiert oder begriffen
werden können…«

Und ich fragte mich, ob bei diesen religiösen Diskussionen im
Goldenen Tempel nicht Kapur Singhs Vorstellungen durch
Gurtej zu Bhindranwale vorgedrungen sein und ihn ermutigt
haben könnten, sich, als die Krise im Goldenen Tempel sich zu-
spitzte, gegen seine Seminarausbildung zu stellen und dem Ra-
diokorrespondenten der BBC zu sagen, daß Sikhs nicht wie
Hindus, sondern eher wie Juden und Moslems und Christen
seien, Anhänger eines Propheten und eines Buches.

In diesem Interview sagte Bhindranwale auch – auf englisch,
mit vor Leidenschaft brüchiger Stimme –, daß Sikhs in Indien
solcher Repression ausgesetzt seien, daß sie »einen Becher Blut
geben« müßten, um einen Becher Wasser zu bekommen. Diese
Art Übertreibung von einem religiösen Führer hatte mich verblüfft; doch damals hatte ich mich noch nicht näher mit den
Vorstellungen der Sikhs von der Qual und dem Schmerz ihrer
Gurus befaßt.

Was Gurtej jetzt weiter erzählte, vermittelte mir eine Vorstellung von Bhindranwales Geistesverfassung in der stickigen Ker-
keratmosphäre des Goldenen Tempels in den letzten Tagen.

Gurtej sagte: »Am meisten fesselten ihn die Persönlichkeit
und die Opfer von Guru Gobind Singh. Die letzten Tage von

Guru Gobind Singh kannte er in- und auswendig. Er erinnerte sich, was der Guru jeden Tag tat. Er lebte es wirklich nach. Wenn man ihn an einem bestimmten Tag im Dezember traf, sagte er: ›An diesem Tag tat der Guru dieses und jenes.‹ Er erinnerte sich sogar an die Zeit des Tages. Es war wirklich bemerkenswert. Er schaute auf die Uhr und sagte: ›In zwei Stunden machte der Guru seine Söhne für die Schlacht bereit.‹ Und so weiter. Im Dezember begannen die Leiden des Gurus, weil er in diesem Monat sein Fort in Anandpur Sahib verließ.« Anandpur: die Stadt, wo die Mutter des Gurus und die beiden jungen Söhne des Gurus – die später eingemauert werden sollten – von den Moguln gefangengenommen wurden.

Im Goldenen Tempel eingeschlossen, mußte Bhindranwale begonnen haben, sich wie der in Anandpur belagerte zehnte Guru vorzukommen.

Gurtej sagte: »Die Leute gingen nicht zu ihm, um über Geschichte oder das heilige Buch zu reden. Seine Angehörigen besuchten ihn kaum. Wenn sie kamen, kamen sie als Gläubige. Er hatte in dieser Zeit keine Zeit für seine Familie.

Ich besuchte ihn einmal im Monat im Tempel. Nie weniger als zwei Stunden. Wir verstanden uns irgendwie. Einmal sagte er: ›Du solltest mich öfter besuchen kommen.‹ Ich sagte: ›Ich habe meine Familie zu versorgen.‹ Er sagte: ›Wie viele Kinder hast du?‹ Ich sagte: ›Zwei.‹ Er sagte: ›Auch ich habe zwei Kinder. Gott sorgt für die Kinder.‹ Und er zitierte einen Abschnitt aus dem Buch über Zugvögel, die ihren Nachwuchs zurücklassen. Er sagte: ›Sie fliegen Tausende von Meilen, und Gott erhält sie.‹ «

Ich fragte Gurtej nach den Morden, die in Bhindranwales Namen verübt wurden, und den Morden, die er angeblich befohlen hatte.

»Das waren erfundene Geschichten. Er sollte dadurch diffamiert werden.«

Nach der Operation Bluestar – dem Armeeangriff auf den Tempel, bei dem Bhindranwale und viele seiner Anhänger und auch viele Soldaten umgekommen waren – wurde offiziell bekanntgegeben, daß Gurtej zu den Todesopfern gehörte. Das alarmierte Gurtej. »Gegen mich lag eine Anklage wegen Volksaufhetzung im Zusammenhang mit einem Büchlein über Menschenrechte für die Sikhs vor. Mich für tot zu erklären hieß, daß die Soldaten Anweisung hatten, mich zu eliminieren.« Also ging Gurtej in den Untergrund und hielt sich über vier Jahre lang versteckt.

»Auch im ›Indian Express‹ erschien ein Nachruf. Insgesamt war er schmeichelhaft. Doch es stand darin, daß ich nicht mit Moslems äße – was völlig falsch ist. Ich schrieb einen Brief an den ›Indian Express‹ und sagte: ›Soll doch ein Moslem ein schmackhaftes vegetarisches Mahl bereiten und mich einladen.‹ « Es ging nicht um das vegetarische Essen. Gurtej war kein Vegetarier. »Aber ich esse kein Fleisch, das auf moslemische oder jüdische Weise geschlachtet ist. Es ist ein Gebot des zehnten Gurus, wenn wir Amrit trinken. Solche religiösen Tabus haben oft eine tiefere Bedeutung.«

Der Nachruf im ›Express‹ zielte allerdings darauf ab, daß Gurtej sich strikt an seine Sikh-Gelübde hielt. Kapur Singh hatte ein dickes Buch über die Bedeutung der Sikh-Gelübde geschrieben; Gurtej hatte mir ein Exemplar des Buches gegeben. Und nun – die Geschichte seines Lebens im Untergrund nach Operation Bluestar beiseite schiebend – erzählte er eine Geschichte, um zu erklären, warum der zehnte Guru seinen Anhängern Beziehungen mit moslemischen Frauen verboten hatte.

»Eine Geschichte in einem unserer Sikh-Lehrbücher, ›Die Grundlagen des Sikhismus‹ von Sewa Dass, handelt von einer Person, die Anfang des 18. Jahrhunderts unter Zwang zum Islam konvertierte. Er ging zum Guru, der der Gemeinde vorstand, und sagte: ›Ich wurde mit Gewalt bekehrt.‹ ›Wie wurdest du bekehrt?‹ ›Ich wurde gezwungen, Rindfleisch zu essen.‹ ›Das macht dich nicht zum Moslem.‹ ›Ich wurde beschnitten.‹ ›Das kann niemanden zum Moslem machen.‹ ›Ich wurde gezwungen, den Kalma zu wiederholen.‹ ›Das ist der Name Gottes. Das macht dich nicht zum Moslem.‹ Jemand in der Gemeinde war überrascht. Er fragte den Guru: ›Wie wird man dann zum Moslem?‹ Und der Guru sagte: ›Indem man eine moslemische Frau heiratet oder ähnliche Beziehungen zu ihr hat.‹ Der tiefere Sinn ist, daß die Ehe ein freiwilliger Akt ist. ›Erst wenn man *akzeptiert*, daß man ein Moslem ist, wird man zum Moslem.‹ So tröstete der Guru den Mann.«

So wie jede Geschichte von Martyrium, zeugte auch diese Geschichte aus den letzten Jahren des letzten Gurus von der Verfolgung und Not und Mißachtung, aus der die militärische Sikh-Bruderschaft geboren wurde. Wenn Gurtej auch nicht darauf hinauswollte: in seiner Interpretation war der Sikhismus eine Religion der Prophetie und Offenbarung.

Als ich ihn fragte, was ihm während seiner Zeit im Untergrund eine Stütze gewesen sei, sagte er: »Ich dachte, daß ich mit meinem Volk litt. Das war ein weiterer Trost: es war die Zeit, in der ich mich am stärksten den Schriften zuwandte. Das Hauptthema der Schriften ist, daß man auf eine Weise in der Welt lebt, die gottgefällig ist. Und ich glaube, das habe ich getan. Ich habe viel gelesen und geschrieben. Meine Zeit im Untergrund war lehrreich. Man konnte über die Natur der Dinge nachsinnen.«

»Das haben Sie auch über Ihr katholisches Internat gesagt, Ihre Schulzeit weit weg von zu Hause. War Ihre Zeit im Untergrund also wie eine Wiederholung Ihrer Kindheit?«

Gurtej sagte: »Ich weiß nicht, ob Charakter Schicksal ist oder Schicksal etwas ganz für sich ist. Aber es ergeben sich Dinge, die einen in bestimmte Situationen bringen, daß man sich in eine bestimmte Richtung entwickelt.«

Schmerz während dieser Zeit im Untergrund hatte ihm der Tod Kapur Singhs im Alter von fünfundsiebzig Jahren verursacht. Gurtej hatte Kapur Singh zwanzig Jahre lang gekannt und geliebt. Über die Streitsucht, die Gurtej bei ihrem ersten Treffen irritiert hatte, lächelte er nun, wie er über andere Marotten des Mannes lächelte: seine Vorliebe für Essen, seine Leidenschaft für Eiskrem. Er konnte ein Pfund auf einmal essen. Er sagte immer zu Gurtej: »Du mußt Eis essen. Es ist gut für die Leber.«

Gurtej sagte: »Er war ein ziemlich untersetzter Mann, nicht sehr groß, mit einer dickrandigen Brille. Er hatte immer ein oder zwei Stifte bei sich, sah ganz und gar aus wie ein Gelehrter, mit einem Buch und einer Zeitschrift unter dem Arm.«

Kapur Singh hatte den Kummer über seine Entlassung aus dem I.C.S. wegen Veruntreuung beinahe vierzig Jahre mit sich herumgetragen; er hatte ihn immer lebendiggehalten. Der Kummer hatte Gurtej nicht ermüdet oder zweifeln lassen. Er sagte: »Die Vorstellung von Ungerechtigkeit steckt in jedem Sikh.« Und er war immer noch bereit, gerade für diese Seite von Kapur

Singhs Fall einzutreten. Gurtej war wie ein Mitglied von Kapur Singhs Familie geworden; es betrübte ihn, daß er am Ende nicht bei dem alten Mann sein konnte.

»Schließlich konnte ich eine Art Schutz des Staatsgerichts bekommen. Ich hatte mich an das Staatsgericht gewandt und dargelegt, daß die Anklage wegen Volksaufhetzung gegen mich falsch sei und die Regierung mich nur gefügig machen und mir in der Tat schaden wolle. Das Gericht gewährte mir sieben Tage Zeit, vor dem Gericht zu erscheinen, meine Petition zu unterschreiben und um Freilassung gegen Kaution zu bitten. Und das tat ich. Theoretisch bin ich immer noch auf Bewährung.«

Deshalb hatte Gurtej auch vor ein paar Monaten Kapur Singhs Bruder besuchen können, der im Sterben lag. Die Familie, sagte Gurtej, gehöre zu einer Sekte von Sikhs, die seit den Tagen des ersten Gurus traditionell Bettelmönche und Lehrer geworden seien – und das war vielleicht auch ein Grund für Gurtejs Bewunderung für Kapur Singh.

»Sein Vater war ein kleiner Landbesitzer – ungefähr zwanzig Morgen oder so. Der andere Sohn war völlig ungebildet. Er blieb sein Leben lang Bauer – während Kapur Singh in Cambridge studierte. Dafür bekam der jüngere Sohn zehn Morgen mehr Land. Der jüngere Bruder lag auf dem Sterbebett, als ich ihn letztes Jahr sah, und er beschwerte sich, daß Kapur Singhs Angehörige versuchten, ihm diese zusätzlichen zehn Morgen zu entreißen.«

Gurtej, Kapur Singh, Bhindranwale: sie alle waren Männer aus Bauernfamilien. Große Ereignisse hatten sie gefordert; doch unter all den Leidenschaften – für Glauben und Reinheit – gab es Grundlegendes, das die Menschen noch mehr fordern konnte: eine Sorge um zehn Morgen Land, die sie noch auf dem Sterbebett bewegte.

Sanjeev Gaur, der Korrespondent für den ›Indian Express‹ in Amritsar, wurde eines Tages im Februar 1984 direkt vor dem Goldenen Tempel überfallen und niedergestochen.

»In Amritsar gab es einen alten Taschendieb, der ein politischer Aktivist geworden war, zuerst für Indira Gandhis Kongreßpartei und dann als Mitglied der All-India Sikh Students Federation. Über diesen Taschendieb schrieb ich eine Geschichte für den ›Express‹. An dem Tag, an dem die Geschichte veröffentlicht wurde, ging ich in den Goldenen Tempel, und der Mann schaute mich sehr hinterhältig an. Mein Informant sagte mir, ich solle achtgeben.

Vierzehn Tage später wurde ich von zwei Jungen niedergestochen, von denen einer einen safranfarbenen Turban trug. Sie fragten nach meinem Vornamen, und dann begannen sie, auf mich einzuschlagen. Sie stachen mich fünfmal in den Oberschenkel. Und ich hörte eine Stimme sagen: ›Schleppt ihn rein.‹ Ich dachte, dies sei das Ende, denn ich hatte im vergangenen Monat über die Entdeckung von fünf Leichen berichtet, die in Jutesäcke verpackt in den Gossen des Goldenen Tempels lagen. Die Leute waren von Terroristen im Tempel umgebracht worden. Die Getöteten waren meistens Sikhs, die von den Terroristen verdächtigt wurden, Polizeispitzel zu sein.

Die beiden Männer, die mich angegriffen hatten, ließen mich liegen. Ich machte mich auf den Weg ins Krankenhaus. Leute schauten mich an. Blut quoll mir aus der Hose. Die Leute, die mich anschauten, konnten nichts tun. Hätten sie mir geholfen, hätten sie den Zorn der Terroristen auf sich gezogen. Und dann bat ich einen Fahrradrikscha-Wallah – es gibt jede Menge vor dem Goldenen Tempel –, mich zu einem Arzt zu bringen, und dann halfen zwei Sikhs mir. Später erfuhr ich, daß die beiden Männer, die mir geholfen hatten, Kommunisten waren.

Aber ich sollte auch erwähnen, daß Bhindranwale den Überfall verurteilte. Er erklärte ein paar Journalisten, er glaube nicht an Dolche – er glaube an Gewehre. Und zwei seiner wichtigsten Helfer riefen mich zu Hause an, um ihr Bedauern zu äußern. Sie sagten, sie ständen nicht hinter dem Angriff.

Dann versetzte meine Zeitung mich in den Osten, unter falschem Vorwand, um meiner Sicherheit willen.«

Dalip, ein anderer Reporter, erzählte mir, was sich zutrug, nachdem der Goldene Tempel von Bhindranwale besetzt worden war.

»Die Leute hörten auf, in den Goldenen Tempel zu gehen. Meine Nachbarn zu beiden Seiten hörten auf hinzugehen, obwohl sie es eigentlich wollten. Die Leute ärgerten sich über das, was im Tempel geschah, doch die politische Partei der Sikhs verurteilte die Entweihung des Tempels durch Bhindranwale und seine Gewehre nie. Die politische Partei der Sikhs agitierte gemeinsam mit Bhindranwale vom Goldenen Tempel aus, und sie hatten Angst vor ihm. Er war ein Mörder. Ob Hindu oder Sikh, das war ihm gleich – wenn man sich ihm einmal widersetzt hatte, stand man auf der Abschußliste.

Ich war einmal dabei, als er einen Mord befahl. Ich saß in Zimmer 47 im dritten Stock des Guru Nanak Niwas. Dies war eins der Rasthäuser im Tempel, wo er mit seinen Gefolgsleuten wohnte. Rundherum saßen Bewaffnete, acht, zehn Männer. Das war Mitte 1983. Plötzlich kam ein Mann herein. Er war ein Sikh mittleren Alters, in Hemd und Pyjama, und er sah finster drein. Sein Haar war abgeschnitten und sein Bart war schief geschnitten. Er fing an zu Bhindranwale zu sprechen: ›Santji, das hat mir Bishu Ram, ein Polizeiinspektor, angetan. Er hat mich auf die Wache gebracht und mich geschändet. Er hat mir Haare und Bart abgeschnitten.‹

Bhindranwale forderte sofort einen seiner Gehilfen auf, alle Einzelheiten zu notieren. Rund fünfzehn Tage später wurde dieser Bishu Ram, Vorsteher einer Polizeiwache, erschossen.

Die zweite Möglichkeit vorzugehen und Morde zu befehlen, war, die Namen der Menschen, deren Tod er wollte, öffentlich zu verkünden. Das tat er vom 19. Juli 1982 bis zum Juni 1984. Er hielt eine Rede. Immer gegen Mrs. Gandhi, Giani Zail Singh (den indischen Präsidenten) und Darbara Singh, den Chefminister des Punjab. Und er sagte, diesen Leuten müsse eine Lektion erteilt werden, weil sie den Sikhs Schaden zugefügt hätten. Danach hetzte er gegen irgendwelche örtlichen Polizeibeamte. Und viele der Menschen, deren Namen er aussprach, wurden später umgebracht. Bachan Singh, ein hochrangiger Polizeibeamter in Amritsar, wurde zusammen mit seiner Frau und Tochter getötet.

Ich redete immer mit Sikhs. Doch im großen und ganzen trauten Sikhs sich nicht, die Ereignisse im Goldenen Tempel zu verurteilen. Sie gaben Neu Delhi die Schuld – alles wurde von Neu Delhi verursacht. Nie kritisierten sie Bhindranwale und seine Männer. Wenn Terroristen getötet wurden, waren die Sikhs immer sehr erregt – sie sprachen von Hinterhalten. Wenn die Terroristen unschuldige Leute töteten, habe ich nie gehört, daß meine Nachbarn Bedauern äußerten.«

Dalip hatte Sikh-Verbindungen; das erklärte seine Leidenschaft ein wenig.

Ich sagte: »Jemand, der die Sikhs gut kennt, hat mir erzählt, daß Bhindranwale und seine Anhänger irgendwie komisch guckten. Sie hätten die Augen verstörter Menschen gehabt. Meinen Sie, es war eine Art von Gruppenwahnsinn?«

»Es ist die Angst der Minderheiten, der Verfolgungswahn, der Todeswunsch. Der Sikhismus ist eine neue Religion. Sie hat große Generäle und große Sportler hervorgebracht. Aber sie hat keine großen religiösen Denker hervorgebracht, die die Religion stärken könnten. Nachdem Guru Gobind Singh 1699 den Khalsa ins Leben rief, hat sich nichts mehr getan. Seit 1699 hat sie keine großen Denker mehr hervorgebracht.

Es ist Wahnsinn, es ist Fanatismus. Man kann es nicht wirklich erklären. Es ist die Tragödie der Sikh-Religion, daß ein Mann wie Bhindranwale nach der Unabhängigkeit als der wichtigste Sikh-Führer seit Guru Gobind Singh galt. Zu Lebzeiten wurde er von vielen Sikhs der elfte Guru genannt. Und eigentlich war er ein Produkt von Mrs. Gandhi. Sie hat ihn aufgebaut, um gegen die Partei der Sikhs, die Akalis, zu kämpfen.«

»Wie kommt es, daß gebildete Menschen Bhindranwale unterstützt haben?«

»Aus Enttäuschung.«

»Wann haben Sie selbst ihn zum ersten Mal gesehen?«

»Am 24. Juli 1982. Im Goldenen Tempel. Im berühmten Zimmer 47. Ich wurde von seiner Leibwache durchsucht. Gewehre wurden im Tempel zum ersten Mal 1982 gesehen, und das ist eine Verdrehung der Religion.

Er traf am 20. Juli 1982 im Goldenen Tempel ein. Er verließ ihn am 6. Juni 1984 als Toter. Den Sikhs, der Religion der Sikhs, hat er am meisten geschadet. Er hat dem Punjab geschadet, und er hat Indien geschadet.

Seine Helfer fragten mich aus, und als ich ihnen sagte, ich sei Journalist, lächelten sie und freuten sich und begleiteten mich sofort hinein.

Ich grüßte ihn. Er saß auf einem Flechtbett, und er war gut angezogen, trug so ein langes weißes Baumwollgewand, das ihm bis zu den Knien reichte, und diesen blauen Turban. Von einem Gürtel um die Taille hing sein Revolver. Er hatte zornige Augen.

Sie fragten nach den Augen. Er sah dünn und hungrig aus, der Typ Mensch, der gefährlich ist. Er sagte: ›Wer bist du?‹ Sehr diktatorisch. Ich sagte: ›Ich bin ein Journalist.‹ Ich teilte ihm den Namen der Wochenzeitung mit, für die ich arbeitete, und ich erwähnte auch, daß ich Korrespondent für eine kanadische Zeitung sei. ›Willst du mich interviewen?‹ ›Nein, ich bin nur für *darshan* gekommen.‹ «

Darshan bietet ein heiliger Mann, wenn er sich zeigt: Nur durch den Anblick, den Darshan des heiligen Mannes, bekommt der Gläubige schon seinen Segen.

»Er war sehr geschmeichelt. Er lächelte, und er lachte. Als ich eintrat, war er sehr ernst gewesen.

Ich traf eine alte Dame an, die ihm zwei Päckchen Geldscheine überreichte und außerdem einen oder zwei ihrer goldenen Ringe abzog und ihm schenkte. Hinter der alten Dame stand ein alter Mann, von dem ich später erfuhr, daß es General Shabeg Singh war.« Generalmajor Shabeg Singh: mit Mitte fünfzig wegen Veruntreuung in Unehren entlassen, spielte er nun Bhindranwales Militärberater.

»Shabeg war dünn, mittelgroß, sehr hell, trug eine Brille, einen wallenden Bart, weiß, weißen Pyjama und Kurta. Er lächelte. Ich gab ihm die Hand. Er sagte: ›Ich bin General Shabeg Singh. Ich habe im Bangladesh-Krieg die Mukti Bahini angeführt.‹ Ich sagte: ›Sir, Sie sind General. Wie sind Sie zu Bhindranwale gekommen?‹ Ich brauchte Material für eine farbige Geschichte – mein erster Tag in Amritsar. Seine Antwort war: ›Ich sehe Durchgeistigung in seinen Augen. Er ist wie Guru Gobind Singh.‹

Ich kam traurig aus dem Goldenen Tempel, fragte mich nach dem Schicksal der Gemeinschaft, fragte mich, was die Antwort des Generals, der Vergleich von Bhindranwale mit Guru Gobind Singh bedeuten sollte. Ich war sehr traurig, als ich mich an die Schreibmaschine setzte. Denn ich war nicht von Bhindranwale beeindruckt. Ich wußte, daß er nicht Guru Gobind Singh war. Ich wußte, daß Indira Gandhi ihn für den Kongreß benutzte, um der rivalisierenden Akali-Partei im Punjab zu schaden. Er war ein durchschnittlicher Mensch, dem Größe aufgebürdet worden war. Warum sollte die Gemeinschaft ihn akzeptieren? Warum sollte General Shabeg Singh ihn nicht als

Menschen beurteilen? Warum ließen die Leute sich von seinen zornigen Blicken und den bewaffneten Männern um ihn herum beeindrucken? Er war kein Intellektueller, kein Denker, und er war kein frommer Mann.«

Dalip meinte vermutlich, daß Bhindranwale nicht wirklich ein Mann Gottes gewesen sei. Aber was waren die auffälligen religiösen Seiten des Mannes? Es mußte viele gegeben haben.

»Er war Vegetarier, er liebte Musik. Jeden Morgen um drei ging er zum Teich des Goldenen Tempels und hörte der Musik zu, die die blinden Musiker im Hauptheiligtum spielten. Sie spielen Harmonium und rezitieren aus den Schriften. Diese Musik ist besänftigend, göttlich – und ich rechne es ihm an, daß er dazugehören wollte. Man spürt die Gegenwart Gottes, wenn diese Musik in der Stille gespielt wird und keine Menschen da sind. Das machte er jeden Morgen eine Stunde lang. Und er war nicht hinter Frauen her.«

Das vegetarische Leben, die Liebe zur Musik, das frühe Aufstehen, die sexuelle Enthaltsamkeit trafen in diesem Bericht zusammen und vermittelten eine Vorstellung von der nüchternen Strenge des Mannes, der anfangs die Leute so beeindruckt hatte, wenn er auszog, um zu predigen, und die Leute drängte, wie ihr Vater, der Guru, zu sein.

Dalip sagte: »Er machte aus sich ein Monster.« Monster: das war das Wort, mit dem die Leute den Mann später bezeichneten. »Er begann zu glauben, er würde das Land oder Khalistan beherrschen. Er wollte etwas beherrschen. Er akzeptierte das Kompliment, wenn die Leute ihm sagten, er sei wie Guru Gobind Singh. Unbewußt begann Bhindranwale sich einzubilden, Guru Gobind Singh zu sein – eine Reinkarnation des zehnten Gurus.

Ich möchte Ihnen noch zwei Eindrücke von ihm schildern. Der erste stammt von Mitte 1983. Ein Kollege bei einer indischen Tageszeitung brachte eine große Geschichte, die besagte, daß Naxaliten in Bhindranwales Lager eingedrungen seien. Ich überprüfte die Geschichte meines Kollegen, fand heraus, daß sie stimmte, und erweiterte sie noch mit Nachforschungen aus eigenen Quellen. Bhindranwale haßte die Geschichte in der Tageszeitung, doch das erfuhr ich erst später. Am Tag nachdem meine Geschichte erschienen war, besuchte ich Bhindranwale.

Das tat ich oft, wenn etwas von mir über ihn gedruckt worden war.

Derselbe Raum im Tempel. Zimmer 47. Jetzt darf ich die Tür öffnen und gelassen hineingehen – jeder kennt mich jetzt. Ich nahm einen Freund mit, jemanden von der medizinischen Fakultät. In dem Augenblick, in dem ich die Tür zu Zimmer 47 öffnete, sah ich den denkbar zornigsten Ausdruck in seinen blutunterlaufenen Augen. Seine Augen wurden rot, wenn er zornig war, und das war er oft. Und ich verstand die Botschaft. Acht oder neun seiner bewaffneten Bewunderer waren im Zimmer, und zwei Journalisten interviewten ihn.

Er begann mich anzubrüllen, in ungehobeltem Punjabi, so laut er nur konnte: ›Wie kannst du es wagen, mich mit Dieben und Schurken und Lumpen zu vergleichen?‹ Dafür hielt er nämlich die Naxaliten. Drei Minuten lang brüllte er mich so an, und dann befahl er einem seiner Männer, die Zeitschrift mit meiner Geschichte zu bringen. Und ich, der Korrespondent der Zeitschrift, stand vor ihm wie ein Schulkind, das dem Lehrer nicht gehorcht hatte. Ich konnte kein Wort herausbringen – solche Angst hatte ich: ich konnte die Gewehre um mich herum sehen, und ich wußte, daß er mich töten konnte, wenn er wollte.

Die Zeitschrift wurde gebracht. Er gab sie mir. Er hatte sich etwas beruhigt, aber er war immer noch sehr zornig. Er forderte mich auf, was ich geschrieben hatte, ins Pujabi zu übersetzen. Ich machte geltend, daß ich nicht aus dem Englischen ins Punjabi übersetzen könne. Er beruhigte sich weiter. Und dann gab er mir zu meiner Verblüffung – mir wurde klar, wie gerissen er war – ein Zeichen von seinem Flechtbett – ich stand keinen Meter von ihm entfernt –, näherzukommen.

Er wollte, daß ich näher zu ihm herankam, und als ich mich ihm näherte, zog er meinen Kopf herunter und flüsterte mir ins Ohr. ›Du bist mir wie ein jüngerer Bruder‹, flüsterte er auf Punjabi, ›und trotzdem schreibst du gegen mich.‹

Der Besuch war beendet, und ich verließ mit meinem Freund, dem Mann von der medizinischen Fakultät, den Raum. Er hatte Bhindranwale sehen wollen und mich gebeten, ihn mitzunehmen, weil ich als Journalist freien Zugang zu Zimmer 47 hatte. Ich entschuldigte mich bei meinem Freund für die Schockbehandlung.

Danach sah ich Bhindranwale ein paar Tage lang nicht. Ich fühlte mich sehr unbehaglich. Ich wußte nicht, wie ich über ihn berichten sollte. Ich wußte, daß man ihm gegenüber kritisch sein mußte, aber es war sehr schwer, in Amritsar zu sitzen und ihn anzugreifen. Ein paar Monate lang verhielt ich mich ruhig.

Doch die Zeitschrift wollte Geschichten, und im Oktober 1983 schrieb ich eine Geschichte des Inhalts, daß Bhindranwale an Beliebtheit verliere und ihn nicht mehr viele Leute besuchen kämen. Die Zeitschrift brachte es groß heraus: ›Der Sant isoliert‹, zwei ganze Seiten mit einem großen Foto von dem großen Mann in seinem weißen Baumwollgewand, halb lächelnd, halb düster blickend. Und wie gewöhnlich besuchte ich ihn, nachdem die Geschichte erschienen war.

Er ging auf der Terrasse des Rasthauses des Guru Nanak Niwas spazieren. Nicht viele Leute waren da – vierzig, fünfzig, zum größten Teil Anhänger. Er begann, mit mir auf und ab zu gehen. Offensichtlich wußte er nichts von der Geschichte. Das war das letzte Mal, daß ich mich freundschaftlich mit ihm unterhielt. Am nächsten Tag besuchte ich ihn wieder, als Dolmetscher eines kanadischen Fernsehteams. Mittlerweile hatte er von der Geschichte erfahren, und in aller Öffentlichkeit sagte er mir auf der Terrasse des Guru Nanak Niwas, auf der er am Tag zuvor allein mit mir spazierengegangen war, daß ich nicht mehr lange leben würde, wenn ich nicht aufhöre, gegen ihn zu schreiben. Er sagte das auf Punjabi, in symbolischer Sprache. *Sannu uppar charana anda hai.* ›Wir wissen, wie wir dich nach oben befördern.‹

Danach besuchte ich Bhindranwale nicht mehr. Ich schrieb nicht mehr über ihn. Ich brachte keine kritische Geschichte mehr. Ich hatte Angst. Am 23. Dezember 1983 zog er vom Guru Nanak Niwas in den Akal Takht, vom Rasthaus in eine heilige Stätte. Ich suchte ihn mit einigen Lokaljournalisten dort auf. Er saß auf dem Fußboden – fünfzig, sechzig Leute waren bei ihm. Ein paar Früchte und Süßigkeiten lagen herum. Er gab mir etwas Süßes und eine Banane, und er machte eine sarkastische Bemerkung, an die ich mich nicht erinnere. Offensichtlich mochte er mich nicht mehr. Ein paar Wochen später wurde ein Kollege vor dem Tempel niedergestochen. Das hatte nichts mit Bhindranwale zu tun, doch in der Atmosphäre der Angst kam niemand dem Angegriffenen zu Hilfe. Die Leute standen bloß da und schauten zu, wie er blutete. Ich bat meine Zeitung, mich zu versetzen.«

So wie Gurtej, wenn er von den Feldern und der Ernte sprach, lyrisch wurde, so hatte meiner Meinung nach Dalip, als er von der morgendlichen Musik im Goldenen Tempel sprach, mit besonderer Ehrerbietung von der Weihe der alten Stätte gesprochen. Ich fragte, wie sehr ihn die Operation Bluestar, der Armee-Einsatz gegen den Tempel, schockiert habe.

»Bluestar an sich hat mich nicht schockiert. Schockierend war die Art und Weise, wie es geschah. Es war eine sehr schlechte Operation. Ich meine, Bhindranwale und seine Männer hätten auch leicht ohne Blutvergießen festgenommen werden können. Mir taten die dreiundneunzig Soldaten leid, die getötet wurden. Sie suchten sich so einen schlechten Tag aus, um Bhindranwale zu fangen. Und sie kriegten ihn noch nicht einmal.«

Er wurde am 6. Juni getötet; auch General Shabeg wurde getötet. Vielen anderen, die bei ihm waren, gelang es, den Tempel vor dem Armee-Einsatz zu verlassen. Sie überlebten.

Kuldip gehörte zu denen, die bis zum Ende bei Bhindranwale gewesen waren, aber irgendwie überlebt hatten. Er lebte schon seit fünf Jahren im Untergrund. »Es ist ein hartes Leben, ein asketisches Leben, man muß von einem Ort zum anderen ziehen. Die Polizei findet immer heraus, wo man ist, und dann muß man sich davonmachen.« Er war in der All-India Sikh Students Federation: ein merkwürdiger Name, denn die Gruppe war für ihre Neigung zur Gewalt bekannt, und ihre Prominenten waren nicht wirklich jung und konnten nur im weitesten Sinn als Studenten angesehen werden.

Kuldip war ungefähr fünfzig, aber er sah älter aus. Sein Gesicht war zerfurcht von Falten und hatte dazu noch ein Netzwerk dünner Sorgenlinien, die vom Druck eines Lebens auf der Flucht, von einem inneren Druck zeugten. Er war von Kopf bis Fuß in fahle Farben gekleidet – sein Turban war vom hellsten Braun –, als wolle er keine Aufmerksamkeit auf sich ziehen. Diese Farben, das zerfurchte Gesicht und die kleinen, stillen Augen ließen auf eine tiefere Zurückgezogenheit schließen.

Er kam eine Stunde früher als abgemacht, und er kam direkt in mein Hotelzimmer. Er mußte warten, während ich ein langes Telefongespräch führte. Das schien ihm nichts auszumachen. Er saß still im Sessel, und ich konnte kaum glauben, daß der in gedämpfte Farben gekleidete Mann, der da im Hotelzimmer saß, der »Aktivist« war, als den man ihn mir beschrieben hatte. Es ging mir sogar durch den Sinn, daß er vielleicht von der Polizei war. Als wir unsere Unterhaltung begannen, fragte ich ihn nach seinem Leben auf der Flucht.

Er sagte: »So viele Leute, die bei mir waren, sind zu Tode gefoltert und getötet worden. Hunderte sind in Hinterhalten umgebracht worden. Sie werden für die Freiheit der menschlichen Rasse getötet.«

Die Freiheit der menschlichen Rasse?

Er meinte, was er sagte. Die gegenwärtige Sikh-Bewegung beabsichtige, »der politischen und gesellschaftlichen Ungerechtigkeit der Welt ein Ende zu machen«. Das Ziel sei »politische Macht, geführt von den religiösen Prinzipien der Sikhs und der religiösen Kraft der Sikhs«. Das höchste Ziel sei »ein weltweites religiöses System, ein weltweites geistiges System, weltweite humanistische Werte«.

»Dies hier im Punjab ist bloß ein mikrokosmisches Experiment. Zur Zeit des Königreiches von Ranjit Singh haben wir dieses Experiment im Punjab schon einmal durchgeführt. Wir möchten gerne das Sikh-System jener Zeit zurückerlangen, das Sikh-System des 19. Jahrhunderts vor der Annexion des Punjab durch die Engländer. Und wir möchten dieses System auf die ganze Welt übertragen.«

Auf diese Sprache war ich nicht vorbereitet. Vielleicht war er doch ein Student oder einer gewesen und von der Sprache und den Ansichten von jemandem wie Kapur Singh beeinflußt.

Wie definierte er das Sikh-System des 19. Jahrhunderts?

»Ein säkulares System, auch ein sozialistisches System, ein sozialistisches System des Sikhismus. Die Hauptsache ist, daß das religiöse und politische System der Sikhs mit dem Sozialismus einhergeht. Religion und Spiritualität sind im Grunde untrennbar Teil der menschlichen Persönlichkeit. Gleichermaßen ist der Trieb, zu herrschen, politische Macht zu haben Teil der menschlichen Persönlichkeit. Das ist bei Tieren, bei Vögeln genauso. Warum nicht bei Menschen? Tiere haben ihre Führer, die Vögel haben ihre Führer. Gleichermaßen will der Khalsa (die Bruderschaft der Sikhs, wie Guru Gobind Singh sie 1699 begründete) die Welt führen, weil er die untrennbaren Elemente dieser Führungskraft von Natur aus hat.«

Er meinte, dieses Ziel würde in zehn oder fünfzehn Jahren erreicht werden. Im Augenblick laufe der Kampf schlecht. »Es gibt keine Disziplin. Es gibt keine zentrale Führungskraft. Wir haben die Kontrolle verloren, und jetzt neigt sich alles zugunsten der Regierung. Manche dieser anti-sozialen Elemente sind halbreligiöse Menschen, die von der emotionalen Erscheinungsform der Bewegung angezogen werden. Sie sind nicht wirklich belesen, und sie haben keine Achtung vor den wirklich belesenen und gebildeten Menschen, weil die wirklich belesenen Menschen nichts davon halten, ziellos Menschen zu töten. Zweifelsohne stecken auch ein paar Regierungsagenten dahinter, und den Sikhs wird die Schuld zugeschoben. Doch unsere Gruppe« – die Sikh Students Federation – »hat vergleichsweise wenige schlechte Elemente.«

Er war in einem Teil des Punjab geboren, der bei der Teilung 1947 an Pakistan gefallen war. »Meine Urgroßväter waren Generäle in der Armee von Ranjit Singh. Meine Vorfahren kämpften in beiden Anglo-Sikh-Kriegen, 1843 und 1849. Einer war Befehlshaber über dreihundert Mann und der andere auch. Gegen 1900 konvertierte die halbe Familie zum Islam. Sie verliebten sich in Moslem-Mädchen und konvertierten. Unsere Eltern fühlten sich sehr schlecht deswegen.« 1947 kam der Sikh-Teil der Familie nach Indien, in einen Teil des indischen Punjab, der später dem Staat Haryana zugeschlagen wurde. Sie hatten dort ungefähr achtzig Morgen Land. »Ein Zehntel von dem, was wir in Pakistan hatten. Das war der Preis unseres Opfers für die Freiheit.«

Ich fragte, ob das Land bewässert gewesen sei. Über Wasser wurde im Punjab so viel geredet: Es herrschte solche Verbitterung darüber (obwohl der Punjab selbst grüne üppige Felder hatte), daß das Wasser der Flüsse des Punjab in andere Staaten ging.

»Bewässert war es, aber nicht sehr fruchtbar.« Ein Bruder bewirtschaftete das Land der Familie; einer war Lehrer geworden, ein anderer wollte Rechtsanwalt werden. Das war typisch für die Sikhs: Alle Angehörigen der Mittelschicht, die ich kennenlernte, hatten noch Verbindung zum Land, und viele konnten sich leicht in die alten bäuerlichen Gefühle zurückversetzen. »Mittlerweile haben wir uns an Haryana gewöhnt«, sagte Kuldip. »Aber wir sind nicht gerade wohlhabend. Wir leben von der Hand in den Mund.«

Ich fragte ihn nach seiner Laufbahn.

»Ganz früher wollte ich Ingenieur werden, einfach weil ich das Wort ›Ingenieur‹ so liebte. Doch ich versagte in Mathematik. Dann wollte ich Dozent für Chemie oder Physik werden. Das Leben eines Dozenten kam mir sehr leicht, sehr friedlich vor.«

Ich verstand ihn. Seine Worte versetzten mich zurück zu meinen eigenen Anfängen, meinen eigenen Unsicherheiten, als das Leben der Universität mir (ich war erst der zweite in meiner Familie, der auf die Universität ging) friedlich und geschützt vorkam und ich meine Zeit dort verlängern wollte.

Kuldip sagte: »Aber ich versagte auch dort. Ich bekam schlechte Noten. Damals war ich fünfundzwanzig. Ich unterrichtete angewandte Naturwissenschaften an einem College. Dann wollte ich Rechtsanwalt werden, aber das lag mir nicht. Dann wurde ich von der englischen Literatur angezogen. Ich war mittlerweile dreißig. Das Literaturstudium faszinierte mich. Ich machte einen M.A. in englischer Literatur an einer Universität. Das dauerte zwei Jahre. Ich bekam einen Job als Dozent für Englisch an einem College.«

»Wovon haben Sie gelebt, als Sie so lange studierten?«

»Erst gaben meine Eltern mir Geld.« Dies mußten Erträge aus dem Land gewesen sein. »Dann sorgte ich für mich selbst, und dann unterstützte ich eine Zeitlang meinen jüngeren Bruder.«

Seit ein paar Jahren, seit er Mitte zwanzig war, stand er in Verbindung mit einem bekannten heiligen Mann, der für ihn sein »verehrter Vater« war. »Ich hörte ihm immer zu. Auch andere Leute waren um ihn herum. Das war in der Stadt Sirsa. Dann zog mich das Studium der Religion an. Doch das Studium der Literatur gefiel mir besser als das Studium der Religion. Literatur ist real. Religion ist obskur. Die Gurus der Sikhs betrieben das Studium der Religion wie das Studium der Literatur.« Damit wollte er wohl sagen, daß die heiligen Schriften der Sikhs wie Literatur seien: die wichtigen Gurus waren gleichzeitig auch Dichter.

Als er beinahe vierzig war, bekam er ein Forschungsstipendium an einem College-Institut. Damals fühlte er sich erstmals von Politik und dann von Bhindranwales Bewegung angesprochen. »Er versprach, die gesamten Kosten für die englische Tageszeitung zu tragen, die wir in Chandigarh gründen wollten.«

Als ich Dalip gefragt hatte, was seiner Meinung nach die Leute an Bhindranwale anzog, hatte er gesagt: »Frustration.« Ich hatte nicht genau begriffen, was er meinte. Doch durch das, was Kuldip mir von seiner verschlungenen, immer noch nicht endgültig geregelten Laufbahn erzählte, die in Sprüngen und Schüben verlief, begann ich diese Männer aus bäuerlichen Gemeinschaften, die von dem einen Leben abgeschnitten und in der neuen Welt noch ohne Überzeugung oder Berufung waren, ein wenig besser zu verstehen.

Ich fragte ihn: »Was hat Sie an Bhindranwale angezogen?«

»Seine faszinierende Persönlichkeit.«

»Meinen Sie, er hatte zornige Augen?«

»Nein, einen durchgeistigten Blick. Natürlich hatte er den Zorn eines Löwen – wenn er zornig wurde. Bis zur Operation Bluestar war die Bewegung sehr wohl unter Kontrolle, und das beunruhigte die Regierung.«

»War er ein Tyrann? Wollte er ein Herrscher sein?«

»Er war kein Tyrann. Er folgte den Prinzipien des Gurus. Die Gurus befahlen, den Feind in der Schlacht zu töten. Aber so sollte ich es nicht ausdrücken. Die Gurus hatten keinen Feind: die Feindschaft wurde ihnen aufgezwungen. Gleichermaßen wurde diesem Mann die Feindschaft aufgezwungen.«

Was war mit den Waffenlagern im Goldenen Tempel? Widersprachen die nicht der Religion?

»Im Sikhismus spricht nichts gegen Gewehre in den Gurdwaras, vorausgesetzt, sie werden nicht ungerecht eingesetzt. Guru Gobind Singh personifizierte manchmal Gott den Allmächtigen mit mystischen Waffennamen. Es gibt sehr viele Verse, in denen er die Macht der Waffen preist, wie er Gott den Allmächtigen preist.«

»Ich habe gehört, Bhindranwale habe allmählich geglaubt, er sei Guru Gobind Singh.«

»Manchmal rief er bei Versammlungen die Taten des Gurus ins Gedächtnis. Er war dem Guru geistesverwandt. In der Sikh-Religion heißt es, daß jeder, der wahrhaft den Geboten des Gurus folgt, dem Guru so nahekommt, daß er eins mit dem Guru und der Guru eins mit ihm wird.«

Er erzählte mir von Bhindranwales letzten Tagen.

»Ich lebte vom 29. März 1984 bis zum 6. Juni 1984 bei ihm im Tempel. Ich sah ihn zuletzt am 5. Juni. Abends. Wir redeten über die Situation. Er war gefaßt. Er flößte mir Mut ein. Jeder dort war auf alles vorbereitet. General Shabeg stand draußen. Er schickte mich zu Santji.

Ich erinnere mich an die letzten Worte Shabegs: ›Der beste Ort zum Sterben ist der bedeutendste Ort deiner Religion oder ein Ort, der mit deinen Vorfahren verbunden ist.‹ Und weiter sagte er: ›Für den Ort, an dem wir stehen, gilt beides. Deshalb ist es am besten, hier zu sterben.‹ Wir waren im Akal Takht.« Dem Ratsgebäude des Goldenen Tempels, man könnte sagen: dem Stiftshaus. »Essen vom Langar« – der gemeinschaftlichen Küche des Tempels: die gemeinschaftliche Küche in einer Kultstätte ist eine wichtige Vorstellung im Sikhismus – »zu bringen, war sehr schwer. Deshalb brachten Leute das Essen über die Tempelmauer, über die Dächer der Nachbarhäuser. Das ging nur einen Tag so. Wir hatten reichlich geröstete Channa« – Kichererbsen – »und die wurden an uns verteilt. Wir hatten Wasservorräte in Eimern.

Vier von uns standen auf Posten hinter den beiden Flaggen auf dem ersten Stock. Niemand hatte Angst. Wir waren alle glücklich. Kirtan wurde zelebriert.« Das Singen der Hymnen in dem mit der Goldkuppel gekrönten zentralen Tempel im Teich. »Und sie sangen einen Doppelvers: ›Niemand kann einen Menschen töten, dessen Beschützer Gott allmächtig ist.‹ *Jisda sahib sakha hoi usnu mar sake na koi.* Das spornte uns an.«

»Wußten Sie etwas von den Leichen in den Abflüssen?«

»Davon wußte ich nichts.«

»Empört es Sie jetzt?«

»Nein. In der Liebe und im Krieg ist alles erlaubt.«

Er wurde auf einmal unruhig und sagte, er müsse gehen. Er

sagte, er würde mich in ein paar Tagen in Delhi anrufen. Ich begleitete ihn die Treppe hinunter. Er ging nicht zur Hotelrezeption. Er bog scharf ab und ging vorne am Rasen an den Blumenbeeten vorbei, schritt über einen niedrigen Bordstein in die Auffahrt und ging aus dem Hoteltor.

Einen oder zwei Tage später teilte die Polizei mit, daß in Delhi mit einer Reihe von terroristischen Bombenattentaten zu rechnen sei. Das gab dem, was Kuldip mir von seinem Umherziehen erzählt hatte, eine neue Wendung, wenn es mir auch weiterhin schwerfiel, den Mann mit dem zerfurchten Gesicht und den niedergeschlagenen Augen, der so still in meinem Zimmer gesessen hatte, mit Gewalttaten in Verbindung zu bringen.

Zu Beginn meiner Zeit in Chandigarh hatte Gurtej, als ich ihn gefragt hatte, warum im Sikhismus solcher Nachdruck auf das Leiden gelegt werde, gesagt: »Die Welt ist für viele ein unglücklicher Ort, und es (das Unglück) muß ausgemerzt werden. Es gibt nur zwei Möglichkeiten. Entweder man läßt jemanden leiden, oder man leidet selbst.«

An dem Tag, den Kuldip genannt hatte, rief die Telefonistin meines Hotels in Delhi mich im Zimmer an und sagte: »Da ist ein Mann am Telefon, der mit Ihnen sprechen, aber nicht seinen Namen nennen möchte.« Ehe ich mich entscheiden konnte, was ich tun sollte, hatte der Anrufer eingehängt. Er rief nicht noch einmal an; ich hörte nie wieder etwas von Kuldip. In gewisser Weise war ich erleichtert; denn die Nachricht von den Bombenattentaten hatte mich – wie die Leute im Dorf Jaspal und anderen Dörfern – in eine Zwangslage gebracht.

9

Das Haus am See

Rückkehr nach Indien

Indien war voller Besucher; ihre Zahl stieg mit jedem Jahr. In allen großen Städten, die ich besuchte – außer Amritsar und Lucknow –, waren die Hotels überfüllt: Messe folgte auf Messe, ein öffentliches oder festliches Ereignis auf das andere, ausländische Delegationen verschiedenster Art folgten einander auf dem Fuße.

Das Indien, das ich 1962 besucht hatte, war ein völlig anderes gewesen. Es war noch kein Land, in dem viele Leute Geschäfte machen wollten. Es war noch kein Land, in das Touristen fahren wollten. Es gab erst wenige Hotels mit einigermaßen hohem Standard, und die lagen weit auseinander. Außerhalb der großen Zentren war das Reisen beschwerlich. An manchen Orten verbrachte man die Nacht in einem Bahnhofswarteraum; an manchen übernachtete man, wenn man die dafür erforderliche behördliche Genehmigung hatte, in einem »Dak Bungalow«, einem Posthaus. Der schöne Name suggerierte altmodisches Reisen und altmodische Aufwartung. Doch wenn man zu dem in der prallen Sonne liegenden, von Schimmel befallenen Kolonialbungalow kam, in dessen sandigem Hof vielleicht ein paar Zinnien oder dünnstengelige Rosen oder nicht erwähnenswerte Zierbüsche standen, mußte man nach dem Hausmeister rufen, bis schließlich ein barfüßiger, zerlumpter Kerl erschien und einem anbot, in der Küche seiner eigenen Bleibe Essen für einen mitzukochen, das, wenn es kam, wahrscheinlich nach Holzfeuer oder den Kuhfladen roch, über denen es zubereitet worden war. In dem karg möblierten Schlafzimmer roch das rauh genoppte »Bettzeug« gewöhnlich nach dem brackigen oder gekippten Seifenwasser, in dem es gewaschen worden war; der Fußboden knirschte sandig und kiesig unter den Füßen; das Moskitonetz hatte Risse und Löcher; die Belüftungsschlitze oben an der Wand gaben einem das Gefühl, man sei ausgesetzt und ungeschützt. Die Nacht konnte einem sehr lang vorkommen.

Das Indien, das ich 1962 besucht hatte, war wie ein weit entferntes Land gewesen, ein Land, das eine lange Reise lohnte. Und – beinahe wie William Howard Russell gut hundert Jahre zuvor, war ich mit Bahn und Schiff aus London gekommen: Eisenbahn bis Venedig; Schiff nach Athen; Schiff nach Alexandria; Schiff nach Karachi und Bombay. Zwölf Jahre vorher war ich von der Insel Trinidad nach London gereist. Dort war ich als Enkel und Urenkel von Arbeitsemigranten aus Indien mit eigenen Vorstellungen von der Entfernung aufgewachsen, die mich von Indien trennte. Ich war zu weit weg, um noch dazuzugehören. Ich kannte die Rituale, aber konnte nicht daran teilnehmen; ich hörte die Sprache, aber konnte nur den einfachen Worten folgen. Doch ich war nahe genug, um die Leidenschaften zu verstehen; und nahe genug, um zu fühlen, daß mein eigenes Schicksal mit dem Schicksal der Menschen des Landes verbunden war. Das Indien meiner Phantasie und meines Herzens war unwiederbringlich verloren.

Das Land an sich existierte. Dahin konnte ich reisen; das hatte ich immer gewollt. Doch auf dieser ersten Reise war ich ein ängstlicher Reisender.

Ich hatte vorgehabt, ein Jahr in Indien zu verbringen; und – auch wenn ich noch keine klare Vorstellung von dem Buch hatte – gehofft, mich für einen Teil des Jahres irgendwo niederzulassen und zu schreiben. Irgendwann im Februar kam ich in Bombay an. Anfang April fuhr ich gen Norden nach Kashmir: Zug bis Delhi; Nachtzug bis Pathankot; und dann mit dem Bus einen Tag und einen Morgen (mit einer Pause während der Nacht: Mondschein auf den terrassierten Reisfeldern von Banihal) hoch in die Berge und hinunter ins Tal von Kashmir.

Ich logierte in einem düsteren, von Schimmel befallenen Hotel in der Stadt. In seinen Räumen hatte man keine Ahnung von der Umgebung, keinen Blick auf See oder Berge oder frischen Schnee; man hatte nur einen Ausblick auf den Wirrwarr der städtischen Hinterhöfe. Ich konnte mir nicht vorstellen, daß ich dort drei oder vier Monate bleiben würde. Es gab zwar die Hausboote auf dem See, Überbleibsel des Raj. Doch die gut ausgestatteten – die weißen Barkassen auf dem Wasser waren wie ein Spiegelbild des frischen Schnees auf den dunklen Bergen ringsherum – waren zu teuer für mich. Das waren die mit dem guten Porzellan und den handgeschnitzten alten Möbeln und den altmodischen englischen Speisekarten (und hier und da auch noch Fotos und manchmal Empfehlungen englischer Gäste von vor dreißig Jahren – vor der Unabhängigkeit, vor dem Krieg). Die kleineren Hausboote waren schäbig. Doch selbst wenn ich mir die besseren hätte leisten können, glaubte ich nicht, daß ich in einem Raum auf einem Hausboot hätte schreiben und leben können. Es wäre einengend gewesen, nicht hinauslaufen zu können, wenn man wollte; ich hätte das als eine Art Gefängnis empfunden.

Nach der langen Reise gen Norden sah es eigentlich so aus, als sei Kashmir nicht das richtige für mich. Doch dann, am zweiten oder dritten Tag, den ich damit verbracht hatte, nach einer guten Unterkunft zu suchen, ließ ich mich von einem kleinen Mann mit einem großen blauen Jackett und einer schwarzen Pelzkappe zu einem Hotel mit, wie er sagte, eigenem Garten direkt am See führen.

Es war kaum zu glauben, aber es war, wie Ali Mohammed, der Mann mit der schwarzen Kappe, gesagt hatte. Ich sollte ihn noch sehr gut kennenlernen. Viele Wochen lang sah ich ihn, wie er morgens und abends seinen Stützpunkt, das Hotel, verließ, mit seinem großen Fahrrad ein Boot bestieg, zum Uferboulevard gerudert wurde und dann zum Busbahnhof oder dem Fremdenverkehrsamt oder sonst einem Ort radelte, wo er vielleicht einen Besucher gewinnen konnte, wie er mich gewonnen hatte. Und das, obwohl er kein offensiver oder gesprächiger, sondern eher ein scheuer, stiller Mensch war, der nichts lieber mochte, als mit seinen Freunden in der Hotelküche hinten im Garten eine *hukkah* zu rauchen.

Das Hotel war wie ein kleines Haus. Es hieß Hotel Liward – so wurde das Wort ausgesprochen, und so behielt ich es in Erinnerung. Es hatte zwei Stockwerke und ein steiles Wellblechdach. Es stand in einem Garten am See, nicht einem der schwimmenden Gärten – dicke Matten aus Algen und Erde, die man abschleppen konnte –, sondern auf einem festen Grund-

stück. Ich mietete ein Schlafzimmer im oberen Stock an einem
Ende des Hauses. Dieser Teil des Hauses war gerade für die Saison gebaut worden – das Liward wurde alle paar Jahre erweitert –, und so wie das Haus angelegt war, hatte dieses Schlafzimmer kein direktes Nachbarzimmer. Es hatte Fenster nach zwei
Seiten, mit Blick über den See und die Berge und den Schnee.
Es hatte ein eigenes nagelneues Badezimmer. Badezimmer und
Schlafzimmer rochen angenehm nach neuem Holz und neuem
Beton. Der kleine Aufenthaltsraum des Hotels lag direkt neben
dem Schlafzimmer; ich mietete auch ihn, so daß ich beinahe sagen konnte, ich hätte einen eigenen kleinen Flügel im Liward.

Das war ein außerordentliches Glück für mich. Das Liward,
meine Zeit in Kashmir, wurde ein Hort der Ruhe in meinem indischen Jahr, ein Hort der Ruhe für einen ängstlichen Reisenden wie mich; und vielleicht versetzte es mich überhaupt in die
Lage, mein indisches Abenteuer zu Ende zu bringen. Ich hatte
mich in London losgerissen und mein ganzes Geld in diese indische Reise gesteckt; es wäre schwer gewesen, wenn sie nicht zu
einem Ergebnis geführt und ich sie nicht durchgehalten hätte.

Ich blieb über vier Monate im Liward. Ich lernte alle kennen,
die in dem Küchenschuppen hinten im Garten arbeiteten und
rauchten. Ali Mohammed – am Anfang so wichtig – wurde bald
eine Gestalt im Hintergrund. Das Hotel gehörte Mr. Butt, doch
er konnte kein Englisch; wir verständigten uns nur durch Lächeln und Gesten. Mr. Butts rechte Hand war Abdul Aziz. Er
konnte weder lesen noch schreiben. Doch er hatte ein ausge-
prägtes soziales Gespür und konnte Gesichter und Situationen
deuten; er hatte ein erstaunliches Erinnerungsvermögen und
sprach ein idiomatisches Englisch, das er nur durchs Hören mitbekommen hatte. Mit Aziz hatte ich in diesen vier Monaten im
Liward am meisten zu tun. Mit Aziz machte ich meine Ausflüge
in die höher gelegenen Täler. Aziz und Mr. Butt planten zur Zeit
der großen Pilgerfahrt im August meine Expedition zur Höhle
von Amarnath; und Aziz kam mit mir, um den Begleittrupp im
Auge zu behalten, den sie für mich angeheuert hatten.

Und ich schrieb mein Buch. Was eine bloße Idee gewesen
war, ein Impuls, eine Reihe von Überlegungen, was mir zu Beginn des Schreibens unwirklich vorgekommen war, begann ein
eigenes Leben anzunehmen und in dem Zimmer mit den zwei

Aussichten eine eigene Macht auszuüben. Auch das hatte zur Behaglichkeit und Bestätigung dieser Zeit gehört, dieses Gefühl, daß ein Buch Tag um Tag wuchs. Aziz und Mr. Butt hatten mir einen Tisch zum Schreiben aufgebaut. Sie hatten mir auch eine Tischlampe gegeben.

Im nächsten Jahr, in einem bedrückenden möblierten Apartment in Südlondon, begann ich mein Buch über Indien zu schreiben. Ich hatte vorgehabt, eines zu schreiben, doch nach den ersten Wochen hatte ich die Idee allmählich aufgegeben. Reiseberichte waren etwas Neues für mich, und ich wußte nicht, wie ich den Handlungsfaden für ein Buch über Indien finden konnte: Ich war zu überwältigt von dem Elend, das ich gesehen hatte. Ich hatte kein Tagebuch geführt, wenige zusammenhängende Notizen gemacht. Doch das Geld war ausgegeben, und ein Buch mußte geschrieben werden. Ganze zwei oder drei Monate nach meiner Rückkehr begann ich zu schreiben. Beim Schreiben wurde das Zwischenspiel Kashmir, was es im Jahr zuvor in Indien gewesen war: ein Hort der Ruhe. Ich rief mir die tagtäglichen Ereignisse wieder ins Gedächtnis und fand einen Handlungsfaden, wo es damals scheinbar keinen gegeben hatte.

Als das Buch fertig war – ich die Erinnerungen geordnet, einen Handlungsfaden gefunden, die indischen Gefühle erkannt und niedergeschrieben hatte –, begannen die Einzelheiten zu verblassen. Es kam die Zeit, da ich das Buch nicht mehr las. Kashmir und das Hotel Liward – und Mr. Butt und Aziz – blieben Schemen, eine Erinnerung an eine Zeit, in der alles gut gegangen war. Danach stand es mir jederzeit frei, wieder nach Kashmir zu fahren. Flugreisen hatten die Welt vereinfacht, hatten den Umgang mit Teilen unserer Vergangenheit vereinfacht. Manchmal schrieben mir Leute über das Hotel; jemand schickte mir ein Foto, um die Veränderungen zu dokumentieren, die das Gebäude durchgemacht hatte. Doch ich hatte nie das Bedürfnis verspürt zurückzukehren.

Diesmal kehrte ich zurück. Ich flog. So sah ich den Flughafen, den ich vor siebenundzwanzig Jahren nicht gesehen hatte und in dessen Nähe ich nicht einmal gekommen war. Auf dem Flughafen von Delhi hatte es wegen der Lage im Punjab strenge Sicherheitsvorkehrungen gegeben. Auch in Srinagar gab es eine

Sicherheitskontrolle: im Tal von Kashmir herrschte Unruhe. Auch 1962 hatte Unruhe geherrscht. Doch überall in Indien lebten die Menschen nun mehr oder weniger angespannt und hatten eine andere Haltung zur Autorität.

Die Straße in die Stadt wurde ausgebaut. Sie führte an vielen großen neuen Häusern vorbei; diese Art privaten Reichtums hatte ich 1962 nicht gesehen. Das Stadtzentrum war so schlammfarben und mittelalterlich, wie ich es in Erinnerung hatte: als seien alle Farben Kashmirs, jede für sich so lebhaft wie die Farben in einem Tuschkasten, ineinandergelaufen und hätten eine Wirkung von Matsch und Schlamm erzeugt. Ziegel und Holz alter Gebäude oder Gebäude, die alt aussahen – waren schlammfarben. Schlammfarben waren auch die Straßen, der Farbton der mannigfaltigen Kleider der Leute; und schlammfarben – mit hier und da einem grünen Algenfleck oder einer Algenkruste – war der angeschwollene, an den Ufern steil abfallende Fluß, der durch die Stadt lief. Ein Arm oder Kanal dieses Flusses war mit kleinen, ungestrichenen, dicht beieinanderliegenden Hausbooten überfüllt: dort waren die Hausboote einwandfrei als Slum zu erkennen, kleine schwimmende Häuser, für immer am Ufer vertäut, jedes mit einem Klosett am Ufer.

Erinnerung rührte sich angesichts der graubraunen Farbe der Hausboote; doch das Gefühl von Masse und Beengtheit war neu. In Erinnerung kam mir auch, daß mir 1962 jemand erzählt hatte, daß Inder zur Zeit der Briten (obwohl Kashmir ein Fürstenstaat mit einem eigenen Herrscher war) nicht auf dem *Bund*, der Hauptstraße der Stadt, gehen durften. Das lag nun weit zurück. Die kashmirisch-indische Stadt hatte ihre Grenzen gesprengt und zog sich weit den Uferboulevard hinunter. Diese neue Ansiedlung hatte nicht die Farbe von Schlamm. Sie war ein lärmender indischer Basar aus Beton, Glas und frischer Farbe, Hotels, Läden und Schildern. Und direkt gegenüber, auf einem Teil des Sees, wo 1962 bloß Wasser gewesen war, lag eine lange Reihe von Touristenhausbooten, jedes Haus mit einem Schild: die Kashmiris und die Besucher scheinbar aufgereiht und einander gegenüber wie zwei Sportmannschaften, die Besucher in ihren Hausbooten eingeklemmt, ohne Bewegungs- und Manövrierfähigkeit, die Kashmiris behend und flink am Ufer, bereit, mit der landenden Gruppe fertig zu werden. Ihre fliegenden Händler paddelten auf dem See herum und tauchten mit ihren flachen Booten, die selbst in die kleinste Öffnung vordringen konnten, aus dem Nichts auf. Entlang des Uferboulevards herrschte hier ein Gedröhn menschlicher Stimmen wie in einem Markt oder Basar.

Am andern Ende des Uferboulevards und ein gutes Stück hinter dieser neuen Ansiedlung war das Palace Hotel in seinem Park. Diesmal wohnte ich dort. Das Hotel war der Sommerpalast des Maharajas von Kashmir gewesen. Es war ein großes, aber schlichtes Gebäude aus den dreißiger Jahren dieses Jahrhunderts, flach und tief, weit von See und Straße zurückgesetzt. Die Apfelbäume, die der vorletzte Maharaja gepflanzt hatte, standen in Blüte; desgleichen die Mandelbäume. Nach den Schlammfarben der Stadt waren die Farben hier vom frischesten Frühlingsgrün.

Ich kannte den Palast noch als Palast. 1962 hatte Karan Singh, der Maharaja, dort gewohnt; seine offizielle Stellung im Staat war die eines Gouverneurs gewesen, *sadr-i-riyasat*; und ich war mehr als einmal zum Essen in den Palast eingeladen worden. Einmal war ich in einem Tonga, einem von einem Pferd gezogenen Wagen, hingefahren. Das Pferd hatte sich rutschend die lange, steile Auffahrt hinaufgemüht. Ich hätte schneller zu Fuß gehen können. Ich fand es absurd, in dem Tonga zu sitzen, aber ich wußte nicht, was ich tun sollte. Die ganze Prozedur war den Angestellten, die zusahen, unwürdig erschienen: sie waren schließlich in einem Jeep gekommen, um mich zu retten.

An die Eingangshalle oder die Räume des Palastes hatte ich keine Erinnerung mehr. Der Teppich im Gang unten war abgenutzt. Oben, vor meinem Zimmer, roch es nach Küchendünsten; und durch eine Trennwand aus Beton konnte man die Personalunterkünfte sehen. Mein Zimmer war groß; die Möbel paßten nicht richtig; der grob gewebte Teppich war knallgrün. Kein Gefühl von Pracht oder Komfort oder Urlaub: in der frühlingsfeuchten Luft nur das Gefühl, daß es mit dem Haus bergab ging, daß mittlerweile zu viele Dinge in Ordnung gebracht werden mußten, daß das Haus für uns, die wir dort wohnten, zu groß war, daß es gerade für die Saison aufgemacht worden war und Sommer und Urlaubsleben brauchte, das es wegen der religiösen und politischen Unruhen im Tal vielleicht nie bekommen würde.

Der Park, auf den die Fenster hinausführten, war jedoch gut gepflegt. Das Gras war kurz geschnitten, die beiden großen Bäume waren frisch gestutzt, die kunstvoll angelegten Blumenbeete leuchtend bunt. Zwei japanische Mädchen in Jeans, die sich gegenseitig fotografierten, posierten vor den roten Tulpen und kicherten schrill. Dahinter und tiefer liegend, waren durch die frischen Frühlingstriebe die neuen Sprößlinge der Pappeln und zarten, lindgrünen Zweige der Weiden der See zu sehen. Auf den Berggipfeln in der Ferne lag frischer Schnee. Es war eine privilegierte, einem Palast gemäße Aussicht: die neuen Gebäude am Seeufer zur Rechten, die Terrassierung des unteren Bergabhangs, die Hausbootreihen zur Linken waren vom Fenster aus nicht zu sehen.

Irgendwo links war das Liward Hotel. Und dahin fuhr ich sehr bald, weil ich den Augenblick nicht hinauszögern wollte. Ich nahm ein Hoteltaxi. Es hatte eine Minimaltaxe. Für diesen Preis hätte ich zwei- oder dreimal soweit fahren können, wie ich tatsächlich fuhr; ich hätte sogar gehen können. Alte Gereiztheiten Kashmirs wurden in mir wach und begannen, die Jahre ineinander zu schieben.

Von der Menschenmenge, die ich vor mir auf dem Boulevard sah, irritiert, durch das neue Gedränge auf dem See unfähig, abzuschätzen, wo das Liward wohl wäre, stieg ich zu früh aus, an der falschen Anlegestelle, und ließ mich von dem verantwortlichen Bootsführer in ein Gefeilsche über den Fahrpreis zum Liward verwickeln. Der Bootsführer hatte die Größe eines Kindes; und unter seinem braunen Gewand hatte er auch den Körperbau eines Kindes. Bleiche, fleckige Haut, stellenweise entfärbt; ein leichenhaftes kleines Gesicht auf dünnem Hals; helles Haar, glänzende Augen. Sein Aussehen zeugte von der Mangelernährung des Winters; doch seine Augen wie seine feilschende Stimme waren wuterfüllt. So jemanden hatte ich 1962 nicht an der Anlegestelle gesehen; aber auch die Menschenmasse und das menschliche Getöse hatte es nicht gegeben.

Wir einigten uns auf 25 Rupien für die Überfahrt zum Liward, ein Pfund: viel zu viel, fünfmal zuviel.

Das Wasser des Sees, das ich durch die Finger strömen ließ,

war kühl. Und trotz des ganzen Verkehrs hatte der See noch seine frühlingshafte Frische. Er war voller kleiner Fische, die zu beobachten eine Freude war, und die Pflanzen am Boden des Sees schwankten träge in der Strömung. (Später, im Hochsommer, würde das Wasser trübe werden.) Wo 1962 alles offen gewesen war, gab es jetzt eine lange Reihe von Hausbooten, jedes mit Schild und Treppe; und manche Boote schienen durch einen mit Geländer versehenen, auf Stützen ruhenden Holzsteg verbunden zu sein.

Wir ruderten daran vorbei; hielten auf einen Wasserweg mit Geschäftsbooten und Dienstleistungsbooten zu. Und bald – die Überfahrt war gewiß keine 25 Rupien wert – war das Leeward erreicht, die Schreibweise auf seinem großen Schild genau so korrigiert. Nicht die bescheidene Hütte mit dem Garten am See, in der ich gelebt hatte, sondern ein Etablissement, das selbst in dem neuen kommerziellen Wirrwarr hervorstach: solide, mit Betonmauern, vielen Flügeln, vielen Giebeln.

Das Foto vom Leeward, das mir vor ein paar Jahren geschickt worden war, hatte ein zweistöckiges Gebäude gezeigt. Ich hatte das Gefühl, daß das Dach seitdem angehoben und ein drittes Stockwerk hinzugefügt worden war. Die Giebel waren an den unteren Enden merkwürdig erweitert, dicker und beinahe gebogen wie Hockeyschläger. Mit dem steilen Zeltdach sah das fast tibetisch oder japanisch aus.

Ich erinnerte mich an flache Lotosblätter auf dem See neben dem Garten des Leeward. Ein paar waren noch da. Aber sie waren nicht so auffällig wie das hohe Gras, das um den Landesteg herum wuchs und in dem sich der Abfall verfing. Das Hotel hatte immer an einer Kreuzung von Wasserwegen gestanden; aber nun war es, als sei aus dem Wohngebiet ein Geschäftsviertel geworden. Hausbootläden, an schartigen Überbleibseln schwarzer Inselchen vertäut, Läden aus Bauholz und Wellblech auf Stelzen und Emporia – staatliche Kunstgewerbeläden – schauten dem Leeward von allen Wasserwegen entgegen. Das Leeward hatte seinen eigenen Krämerladen in einer Ecke, mit einer großen Wandreklame; daneben stand ein Emporium für Leder und Wollwaren aus Kashmir.

Vom Landungssteg führte ein mit Geländer versehener Pfad durch zwei rechteckige Gartenstücke. Das war (abgesehen von der Badewanne in einer Ecke, die als Blumenkübel diente) ein wenig wie der Garten, den ich kannte. Aber es war unmöglich, das Gelände zu rekonstruieren, herauszufinden, wo mein Wohnzimmer gewesen war und wo das Schlafzimmer mit den zwei Aussichten. Die Hotelinsel, das Grundstück an sich, mußte vergrößert worden sein.

An einem Ende des Gebäudes, gegenüber von den Hotelläden, war das Büro, ein kleiner Raum mit weißen Wänden und Glasfenstern. Eine hohe Theke; ein braunes Schlüsselbrett; ein Kalender an der Wand; aufgeblätterte Touristenbroschüren über Kashmir. Plakate von Mekka: die Kaaba und eine Kuppel. In dem alten Leeward hatte es keine Dekorationen mit diesem religiösen Anspruch gegeben. Offenbar hatte jemand die Pilgerfahrt nach Mekka gemacht und wollte seine Verbundenheit zeigen.

Im Büro war niemand. Ein kleiner Junge, der draußen herumlungerte, schien mit dem Hotel zu tun zu haben. Ich schickte ihn auf die Suche nach Aziz oder Mr. Butt. Mr. Butt kam. Ich mußte kaum warten. Nach siebenundzwanzig Jahren war es so einfach. Er hatte einen weißen Kinnbart, den Bart eines Mannes, der die Pilgerfahrt gemacht hat. In einer Menschenmenge hätte ich ihn vielleicht nicht entdeckt. Aber hier in seiner Umgebung war er sofort wiederzuerkennen: die Pelzkappe, die dunklen Farben, die er gern trug, die Brille mit den dicken Gläsern, der schlanke Körperbau.

Er benahm sich wie jemand, der überhaupt nicht überrascht war. Wir waren in der Tat beide wie Bühnenschauspieler, die diesen Augenblick geprobt hatten. 1962 habe das Hotel 9 Zimmer gehabt, sagte er; nun gebe es 45. Der Übernachtungspreis betrage nun 125 Rupien pro Nacht, 5 Pfund, 8 Dollar, einschließlich Bettzeug und heißem Wasser. Er wußte genau, wie lange ich 1962 im Hotel gewohnt hatte. Ich mußte ihn nicht fragen; er brachte es mir in Erinnerung. Ich war 4 Monate und 15 Tage geblieben. So wie Schreiben, das Ordnen von Ereignissen und Gefühlen, mir half, die Dinge in den Griff zu bekommen, sozusagen klar Schiff zu machen, so schien es Mr. Butt zu helfen, die Dinge abzuheften und in ein Muster zu pressen, wenn er sie mit Zahlen versah, die richtigen Zahlen fand.

Nach den Neuigkeiten über das Hotel, die er mir sehr schnell erzählt hatte, war das Wichtigste, was er mir zu sagen hatte, daß er nach Mekka gepilgert sei. Dann kam seine Gesundheit. »Aber ich bin gut, Sir.« Und um es zu beweisen, nahm er meine Hand und drückte sie fest.

Ich fragte, wie alt er sei. Er hatte Mühe, die Zahlen zu übersetzen. Zuerst sagte er 86, dann 76, dann 66. Vielleicht war er 66; dann wäre er 1962 39 gewesen, ein Jahr unter 40 – das wäre mir damals alt vorgekommen.

Er erzählte mir von den anderen. Ali Mohammed, der mich an diesem Glückstag zu ihm gebracht hatte, sei weggegangen. Der *khansamah*, der Koch, innerlich zerrissen und launisch, der im Kochhaus und den Dienstbotenunterkünften hinten im Garten für alle möglichen Krisen gesorgt hatte, sei gestorben. Doch Aziz sei noch da, und wie. Im Augenblick sei er zu Hause; er würde nachmittags wieder ins Hotel kommen.

Ich sagte, ich würde gegen vier zurückkommen, um Aziz zu sehen. Sprache – oder das Fehlen einer gemeinsamen Sprache – stand wie schon früher zwischen Mr. Butt und mir. Als wir die Sprache, die uns gemeinsam war, erschöpft hatten, hatten wir auch die Themen erschöpft, über die wir sprechen konnten. Und ich nahm das Boot über den See zurück zu der Anlegestelle und dem kleinen Mann mit den zornigen Augen.

Am Ufer war ein Hügel, der als Shankaracharya Hill bekannt war. Darauf stand ein Hindu-Tempel; 1962 zahlte Karan Singh für den Brahmanen dort. Oft spazierte ich nachmittags den Hügel hinauf. Ich lernte den Brahmanen kennen. Er war ein aufgeräumter Einsiedler mit einer Wollmütze. Wenn es regnete oder neblig oder kalt war, hielt er sich auf kashmirische Weise warm, indem er unter einer Decke ein kleines tönernes Kohlebecken mit brennender Holzkohle umfaßte. So viel Neues war aufzunehmen gewesen: erst jetzt – als ich durch den widerhallenden Basarlärm von See und Boulevard zur Anlegestelle zurück fuhr – sah ich, daß auf dem kleinen Hügel neben dem Shankaracharya ein großer Fernsehsendemast stand; und ich fragte mich, was aus dem Tempel und dem Brahmanen geworden war.

Gegen vier fuhr ich zum Leeward zurück. Wieder mit dem Taxi vom Palace Hotel; wieder mit dem Boot für 25 Rupien. Ein kleiner gutaussehender junger Mann wartete im Büro auf mich. Er trug eine ärmellose, blaue, wattierte Weste aus einem synthetischen Material, so flott wie sein Haarschnitt. Er sagte, er sei »Azizas« Sohn – »Aziza« sagte er: das war, wenn ich mich recht erinnerte, die Koseform von Aziz.

Aziz' Sohn! Er war achtzehn. Er war Student an einem College in Srinagar. Er wollte Wirtschaftsprüfer werden. Wirtschaftsprüfer! Doch bei all der emsigen Geschäftigkeit auf dem See und in der Stadt bestand natürlich Nachfrage danach.

Und Aziz erschien, trat aus dem Gang, aus dem am Morgen Mr. Butt erschienen war. Mr. Butt war schlank geblieben; Aziz war in die Breite gegangen und hatte einen kleinen Bauch und ein rundes Gesicht bekommen. Er trug viele Kleidungsstücke: eine lose Hose, ein langes Hemd, einen Pullover, der sich über dem Bauch straff spannte, eine Art Weste (die eigentlich nur den Rücken bedeckte) ohne Knöpfe und ein Jackett aus leichtem und dünnem Material mit ausgestelltem Schößchen. Merkwürdigerweise machte sein Umfang kaum einen Unterschied: er blieb der Mann, den ich kannte. Er hatte immer noch die Energie, den leichten Schritt, den neutralen Ausdruck, die abschätzende Intelligenz, das leichte Blinzeln, als sei er kurzsichtig.

Was für Neuigkeiten? Nun ja, sagte er, der Junge – er meinte seinen gutaussehenden Sohn – habe Arzt werden wollen. Aber das hätten sie ihm ausgeredet. Es gehe nichts über das Hotelgewerbe. Und Mr. Butt, der sich uns anschloß, gluckerte und plapperte Aziz nach, das sei das beste Gewerbe.

Ich fragte Aziz nach Mr. Butts Pelzkappe. In meinem früheren Buch hatte ich einmal die Wirkung von schwerem Regen auf den Pelz beschrieben: nachdem ich diese Worte gefunden und sie nie wieder vergessen hatte, war mir die Kappe immer im Gedächtnis geblieben. Nun fragte ich mich, ob die Kappe wie Mr. Butts weißer Bart eine religiöse Bedeutung habe; oder ob sie bedeute, daß Mr. Butt einer bestimmten Sippe angehöre.

Aziz sagte: »Sie können tausend Rupien für diese Kappe zahlen.«

Damit schien es sich zu haben. Erst da fiel mir auf, daß Aziz selbst eine Pelzkappe trug; und dann sagte mir die Erinnerung – in einem Dutzend lebhafter Bilder –, daß Aziz immer eine Pelzkappe getragen hatte, daß die Kappe Teil seiner Erscheinung gewesen war und ich ihn nur einmal barhäuptig gesehen hatte – bei irgendeinem Schabernack in der Küche, nach dem er lachend und zerzaust in den Garten gelaufen war. Doch für seine Kappe hatte ich keine Worte finden müssen; sie hatte für mich keine Bedeutung erlangt.

Ich erzählte Aziz von meinem Ärger an der Anlegestelle und der Gebühr von 25 Rupien. Der Fährmann wartete mit seinem Boot, um mich zurückzubringen. Aziz winkte und rief den Fährmann herbei. Ich hatte das Gefühl, der Fährmann wollte nicht gerufen werden: er tat so, als höre er nicht.

Aziz selbst schien den Fährmann zu vergessen. Er holte eine Schachtel mit Fotos hervor, und er und Mr. Butt begannen, alte Fotos zu suchen. Sie fanden eins vom Hotel im Jahr 1962, das den Garten und mein Wohnzimmer zeigte. Und sie fanden ein weiteres, ein überbelichtetes, vom Personal damals. Mr. Butt war da und Aziz; und Ali Mohammed, schwerfällig und ernst, der nun weggegangen war; und der tote *khansamah*. Der *khansamah* war groß und eigentlich schön, mit einem zerquälteren Gesicht, als ich in Erinnerung hatte. Vielleicht waren seine Wutanfälle nicht nur auf sein Temperament zurückzuführen gewesen; vielleicht war er manchmal krank gewesen und hatte unter Schmerzen gelitten.

In der alten Gruppe waren nicht mehr als fünf oder sechs Leute gewesen. Nun hatte das Hotel zwanzig Angestellte, und es gab sogar einen Manager.

Was machte Aziz dann?

Aziz' Sohn sagte: »Er ist der Oberbefehlshaber.« Und Mr. Butt, der das verstand, lächelte.

Ich fragte Aziz nach Mr. Butts Gesundheit. Mr. Butt hatte am Morgen angedeutet, daß er nicht ganz gesund sei. Aziz sagte, Mr. Butt dürfe nicht rauchen, aber er rauche heimlich seine Hukkah; er könne es nicht aufgeben. Und ohne auch nur die Andeutung eines Lächelns machte Mr. Butt eine resignierte Geste der Hilflosigkeit.

Ich erinnerte Aziz an den Fährmann und die Überfahrt für 25 Rupien.

Aziz sagte: »Sie haben heute morgen 25 Rupien bezahlt?«

Und als ich das bejahte, schaute er ernst drein, wie ein Arzt, der auf ein schlimmes und unerwartetes Symptom stößt. Doch dann war er wie ein Arzt bereit zu tun, was er konnte. Er rief den Fährmann noch einmal herüber, und diesmal kam er. Aziz und

Mr. Butt redeten mit ihm. Später sagte Aziz, er habe dem Fährmann gesagt, daß ich ein alter Freund des Hotels sei, kein »Drei-Tage-Tourist«. Und mehr als einmal während des Gesprächs mit dem Fährmann sagte Mr. Butt: »Vier Monate und fünfzehn Tage.« Am Ende lächelte der Fährmann, und Aziz sagte, ich solle ihm geben, was ich wolle. Ich meinte, das reiche nicht. Das wußte Aziz; er schlug vor, daß ich 15 Rupien bezahlte.

Die Erinnerung hatte in mir das Bild von einem ausgelassenen, barhäuptigen Aziz im Garten des alten Leeward hervorgerufen – bereits damals eine seltene Ausgelassenheit und bei dem würdevollen, erfolgreichen Mann vor mir kaum vorstellbar. Wie alt war er damals gewesen? Für mich war er zu der Zeit ein reifer, altersloser Mann gewesen.

»Wie alt sind Sie, Aziz?«

»Achtundvierzig, fünfzig.«

Das war bei weitem zu jung. Aber er schien es nicht zu wissen; und vielleicht konnte er es nicht wissen, weil er nicht lesen und schreiben konnte, sondern nur von seinem Gedächtnis abhing und seiner Fähigkeit, Ereignisse im eigenen Leben zu Ereignissen draußen in Beziehung zu setzen.

Wir redeten über die Pilgerfahrt in den Himalaya, zur Höhle von Amarnath, die sie unter Aziz' Kommando für mich arrangiert hatten, mit Maultiertreibern, Zeltebauern und einem Koch. Nun flögen Hubschrauber nach Amarnath, sagte Aziz; und es gebe ungeheuer viele Pilger, vier Lakh, fünf Lakh, 400 000, 500 000.

Aziz sagte: »Erinnern Sie sich noch an *ghora-wallah*?«

Er sprach von einem Maultiertreiber in der Gruppe. Ich hatte sicher über ihn geschrieben; die Einzelheiten würden in meinem Buch stehen; doch der Mann selbst und Ereignisse, die mit ihm zu tun hatten, waren mir entfallen. Aziz aber erinnerte sich, und dann kam mir eine Erinnerung an einen Maultiertreiber, der uns hoch oben an einem Paß verlassen hatte und vorher schuld daran gewesen war, daß ein Teil unseres Gepäcks einen Bergabhang hinuntergerollt war – und Aziz hatte es zurückholen müssen.

1962 hätte ich mich im Anschluß an die Reise nach Amarnath gerne noch ein paar Tage oben im Himalaya aufgehalten, mit dem Leeward-Team und der ganzen Ausrüstung. Doch das hatte Aziz nicht gewollt. Er hatte mich eilends nach Srinagar zurückgetrieben, zu einer weiteren – moslemischen – religiösen Feier. In der Hazratbal-Moschee am anderen Ende des Sees befand sich eine berühmte Reliquie, ein Haar aus dem Bart des Propheten. Es wurde einmal im Jahr ausgestellt, und deswegen brannte Aziz darauf zurückzukehren.

Er mochte große religiöse Feierlichkeiten, eine Vermischung von Glauben und Volksvergnügen und Festtag; und jetzt kam er mit der Neuigkeit heraus, daß er wie Mr. Butt nach Mekka gepilgert sei. Er sei zweimal da gewesen. Die Pilgerfahrt dauere drei Monate. Die indische Regierung erledige die Reiseorganisation. Erst fahre man nach Jeddah; und dann nehme man Taxis und Busse nach Mekka. Zwischen Jeddah und Mekka gebe es überall Toiletten. Es sei nicht wie Amarnath. In Mekka sei alles sauber. Er sprach wie ein Mann des Glaubens; er sprach auch wie ein Mann, der über Hotels und Verpflegung Bescheid weiß.

Zwei Pilgerfahrten nach Mekka: das setzte Geld, Freizeit, Erfolg in beträchtlichem Umfang voraus. Das hätte ich Aziz 1962 nicht vorausgesagt. Und eigentlich war es wirklich außergewöhnlich, daß Aziz und Mr. Butt mit ihren verschiedenen Begabungen und Charakteren die ganze Zeit über so zusammengearbeitet haben sollten. Sie hatten einander unterstützt; Mr. Butt hatte Aziz gewähren lassen; und das Geschäft hatte eine Aufwärtsentwicklung genommen, wie sie es sich nie hätten vorstellen können.

Ich fragte Aziz nach den Ziergiebeln auf dem Hotel.

Er sagte: »Ein Stil, ein Stil. Sie sollten einmal die neuen Häuser hier sehen.«

Er hatte mir eine Geschichte über mein Buch zu erzählen. Als das Buch herauskam, war das Hotel vom Verkehrsamt angerufen worden. Die Leute sagten, was sie über das Leeward gelesen hätten, gefalle ihnen nicht. Sie hätten gelesen, daß Hotelgäste ihre Kleider zum Trocknen auf dem Rasen des Leeward ausbreiteten und Kleider aus den Fenstern hingen. Das gefiel dem Verkehrsamt nicht. Aziz sagte, er habe dem Mann von der Regierung äußerst fest sagen müssen: »Sie *verstehen* das Buch nicht.« Eine alte Auseinandersetzung, aber einwandfrei eine Auseinandersetzung: Aziz erzählte die Geschichte zweimal.

Erfolg; doch der See war überfüllt. Ganz Indien sei überfüllt, sagte Aziz, als sei dies etwas, mit dem die Menschen heutzutage leben müßten. Vor vierzig Jahren hätte man das Wasser aus dem See trinken können (und ich erinnerte mich, daß selbst 1962 die Leute auf Ausflugsbooten Wasser aus dem See schöpften, um den besonderen kashmirischen Tee zu kochen). Nun, sagte Aziz, und Mr. Butt schüttelte bestätigend den Kopf, liefen die Abwässer mancher Hausboote direkt in den See.

Dann, ganz abrupt – wie um die Stille oder Gedämpftheit des Treffens und die fehlende Gastfreundschaft zu erklären – erklärte Aziz mir, daß Ramadan sei. Sie sollten eigentlich nicht viel reden. Um 7 Uhr 10 am Abend würden sie ihr Fasten unterbrechen.

Aziz' Sohn, Nazir, fuhr mit mir im Boot zurück bis zum Uferboulevard. Er sagte, Mr. Butt habe ihm und anderen erzählt, wie ich mit ihnen draußen im Garten gesessen und die Hukkah geraucht habe. Ich erinnerte mich daran. Der Rauch des grob geschnittenen kashmirischen Tabaks, der so angenehm, verführerisch roch, hatte sich in Kehle und Lunge als stark und würgend herausgestellt, stärker als jeder Tabak, den ich je probiert hatte, weil der heiße Holzkohle- und Tabakrauch von dem Wasser im Ballon der Hukkah kaum gekühlt wurde.

Ich konnte nicht glauben, daß jemand im Leeward heute noch Zeit für diese vergnüglichen Dinge haben würde. Die Stimmung war anders. Der See hier war zu dicht besiedelt, zu geschäftig.

Von See und Boulevard und Anlegestelle kam nun spätnachmittägliches Lärmen. Eine verstärkte, bebende, enervierende Stimme gehörte dazu. Es war die verstärkte Stimme eines Mullah in der Moschee am Boulevard – mir neu, diese Moschee, ein schlichtes kleines Gebäude, Teil der neuen Ansiedlung, die sich unter dem Shankaracharya-Hügel viele Häuser tief am Boulevard entlangzog. Gerade die Schlichtheit der Moschee schien von dem dringenden Bedürfnis der neuen Ansiedlergruppe am See zu zeugen.

Aziz hatte nach seinem Gespräch mit dem Fährmann gesagt, ich solle 15 Rupien für die Überfahrt zahlen. Der Fährmann selbst hatte gelächelt und den Eindruck erweckt, er würde sich mit allem zufriedengeben, was man ihm zu geben beschloß. Doch nicht dem Fährmann mußte ich das Geld geben, sondern dem kleinen Mann mit den zornigen Augen und der zornigen Stimme an der Anlegestelle; und er bestand rigoros auf 25 Rupien. Nazir, der zum Teil mit mir gekommen war, um mich vor dieser Forderung zu schützen, war verdutzt. Ich bemerkte jedoch, daß er sich nicht mit dem Mann an der Anlegestelle stritt; er bot einfach an, die zusätzlichen Rupien selbst zu zahlen. Der See hatte einwandfrei seine eigenen Regeln, verschiedene Territorien und Einflußsphären. Aziz' Verfügungen und die des Leeward galten hier nicht. Ich bezahlte das Verlangte. Und dann setzte Nazir mich rührend besorgt in ein Taxi und schickte mich ins Palace Hotel zurück.

Es blieb noch länger als eine Stunde hell. Der Anblick des Sees vom Hotelgarten lockte mich wieder hinaus. Ich ging zur Anlegestelle des Palace Hotels und mietete für eine halbe Stunde ein Boot. Kaum waren wir draußen, ruderten zwei kleine Kinder in einem eigenen Boot neben uns her und warfen Senfblumen in mein Boot. Diese Geste überraschte mich. Ich lächelte, die Kinder lächelten zurück und baten um *baksheesh.* Es waren vollkommene kleine Bettler: das Lächeln, das Jammern, die Aggression.

Und dann waren die Verkäufer an der Reihe. Einer nach dem anderen kamen sie und belagerten mein Boot. Einer sagte: »Wir machen es einer nach dem anderen.« Ich meinte, er scherze und kommentiere meine Situation; aber er sprach im Ernst. Und sie blieben bei mir, zwei auf der einen Seite, drei auf der anderen, so daß ich im Mittelpunkt eines kleinen Blumenmusters, eines Gänseblümchenmusters, aus Booten war. Sie zeigten ihre Waren im einzelnen vor: Safran, Edelsteine, billiger Schmuck und alle möglichen überflüssigen Dinge aus Pappmaché. Die Händlerboote wurden von kleinen Kindern gerudert. Die Händler selbst ruhten auf Polstern und Kissen und machten den Eindruck, als folgten sie einer der angenehmeren Beschäftigungen am See. Ein oder zwei waren vom Hals ab in Decken eingewikkelt; unter diesen Decken hatten sie wohl ihre kleinen Kohlebecken.

Nazir und ich machten einen Ausflug über den See. Wir hatten kaum vom Landesteg des Leeward abgestoßen – waren immer noch vor dem Hotel –, als schnell paddelnd die kleinen Bettlerkinder auftauchten, Senfblumenzweiglein in unser Boot warfen und in einem zischenden Wispern, zugleich unterwürfig und penetrant, sagten: »Baksheesh, Baksheesh.« Nazir gab jedem ein oder zwei Rupien. Er sagte: »Wenn Sie ihnen kein Geld geben, gehen sie nicht weg.« Mit den Händlern war er genauso feinfühlig und ließ unser Boot gerade so lange von ihnen aufhalten, um weder bei den Händlern noch mir Anstoß zu erregen.

Nachdem wir die lange Reihe von Hausbooten hinter uns gelassen hatten, waren wir in offenem Gewässer, und niemand kam mehr in unsere Nähe. Wir kamen am Seepavillon des Maharaja vorbei, an den ich mich erinnerte. Mir kam eine Erinnerung an einen pappelgesäumten Damm zwischen dem Uferboulevard und dem Seepavillon: jetzt gab es keinen Damm mehr.

1962 hatte ich in dem Pavillon einmal mit Karan Singh und seiner Frau Tee getrunken. Karan Singh interessierte sich sehr für das Gedankengut der Hindus, und bei diesem Tee hatten wir über Shankaracharya, den Hindu-Philosophen des 9. Jahrhunderts, gesprochen. Im Süden geboren, war er in seinem kurzen, zweiunddreißigjährigen Leben in alle vier Winkel Indiens gewandert (als Indien noch es selbst war, vor den Einbrüchen der Moslems), hatte gepredigt und religiöse Orden gestiftet, die immer noch existierten. Der Hügel neben dem See, auf dem wir waren, hieß nach dem Philosophen; Karan Singh hatte ein ganz persönliches Interesse an dem Tempel auf dem Gipfel.

Der Schauplatz für unsere Unterhaltung war spektakulär: der Pavillon, der See darum herum, die Berge, der pappelgesäumte Damm, die lange Auffahrt, die zwischen Obstplantagen und Gärten zum Palast hochführte. Ich fragte, wer das alles entworfen habe. Ich erwartete, den Namen eines Architekten zu hören. Karan Singh schaute sich um und sagte einfach: »Daddy.«

So war mir der Augenblick im Gedächtnis haften geblieben. Doch jetzt gab es keinen königlichen Damm mehr, keine hohen Pappeln, nur offenes Wasser, eine Brise, die an Kraft gewann, je weiter wir kamen und unser Boot gegen die dicken Stämme und den durchhängenden rostenden Stacheldraht um die Pavilloninsel trieb, deren Gebäude feucht und geschlossen aussahen, als erwarteten sie den Sommer und Menschen.

Nazir und der Bootsjunge stakten und zogen das Boot um die Pavilloninsel. Der See war noch kabbelig; doch hinter einem

Damm, durch den ein großes schwarzes Rohr führte, das Trinkwasser in die Stadt brachte, wurde er ruhig. In der Ferne war die Hazratbal-Moschee. Sie hatte eine weiße Kuppel und ein Minarett, und das Weiß hob sich von dem braunschwarzen Gewirr der zwei- und dreistöckigen Häuser ab.

Kuppel und Minarett waren neu. Hazratbal war eine einfache Moschee gewesen. Einmal, als die berühmte Reliquie von Hazratbal, ein Haar aus dem Bart des Propheten, verschwand, hatte es Unruhen in Srinagar gegeben. Ich fragte Nazir danach.

Er sagte: »Es wurde in Srinagar in einem Privathaus gefunden.« (Später erzählte mir jemand, daß eine Frau mit guten Beziehungen, die krank geworden war, den Wunsch geäußert habe, die Reliquie zu sehen und sie ihr gebracht worden sei.)

Nazir, der von diesem und jenem sprach, erzählte, daß er eine Brieffreundschaft mit einem englischen Mädchen habe, das im Leeward gewohnt habe. Sie schrieben sich einmal im Monat.

Mit unerwartetem Ernst und ungefragt sagte er: »Es liegt in Gottes Hand, ob ich ein Mädchen aus Kashmir oder aus dem Ausland heirate. Nur Gott kennt die Zukunft.« Auch diese Erwähnung Gottes war ernst, nicht sinnbildlich. Kashmirische Mädchen, sagte Nazir, seien nett, doch Ausländerinnen seien »erfahrener« – und ich fragte nicht, was er damit meinte.

Ich fragte ihn nach Religion. Er sagte, er gehe täglich in die Moschee. Er gehe alleine, ungefähr eine halbe Stunde, um für »alle« zu beten. Freitags ging er zweieinhalb Stunden, um mit allen anderen zu beten. Er sei seit seinem zehnten Lebensjahr so fromm.

Wir sahen Fischer in ihren niedrigen Booten stehen oder liegen, weit verstreut, still wie Schattenrisse gegen das offene helle Wasser. Wir bewegten uns langsam auf sie zu, ließen uns nach jedem Ruderschlag in dem glatten Wasser treiben: es war ein wunderbarer Augenblick der Ruhe, nur Minuten vom Trubel der Hausboote und Anlegestellen des Boulevards entfernt.

Ein Fischer warf ein kleines Netz, wo er vorher Köder ausgelegt hatte – eine Blechbüchse markierte die Stelle. Der Fischer benutzte, nachdem er das Netz ausgeworfen hatte, einen langen, gegabelten Stock, der im Netz befestigt war, um die Fische aufzuscheuchen, die sich in Schilf und Farn verbargen. Wenn die Fische aufstiegen, wurden sie in dem beschwerten Netz ge fangen; das Netz wurde an Bord gezogen, und die Fische wurden in einem abgedeckten, wassergefüllten Kasten im Rumpf des Bootes verwahrt. Zwei andere Männer jagten Fische mit Speeren: mit dem Speer in der Hand hockte jeder unterhalb des Randes seines niedrigen Bootes, ein dunkles Tuch über den Kopf gezogen, um die Fische unten besser durch das Wasser sehen zu können. So hockten sie minutenlang da, sahen aus wie kleine reglose Bündel am Rand eines Bootes, bis sie versuchten, mit dem Speer, der bis zum Augenblick des Stoßes völlig still gehalten wurde, einen Fisch aufzuspießen.

Vom offenen Wasser kamen wir in die Gärten, feste und schwimmende. Die festen Gärten waren am Rand mit Weiden bepflanzt, deren Wurzeln einen Käfig bildeten, der verhinderte, daß die Erde weggespült wurde. Nur ein paar hundert Meter entfernt vom See der Touristen und als gebe es nichts dazwischen, gab es dieses alte ländliche Leben der Seebewohner: Gräser und Farne wurden mit Hilfe eines gebogenen Stockes von ihren Wurzeln im Seegrund losgedreht und tropfend, vermischt mit schwarzem Seeschlamm, in die niedrigen Boote gehoben und dann als Düngemittel in die Gärten gebracht, wo alles zusammen, Gräser und Schlamm und Wasser, mit breiten Holzschaufeln abgeladen wurde.

Frauen arbeiteten hockend in Spinatbeeten, und Kinder arbeiteten mit ihnen, wie Kinder überall auf dem See mit den Erwachsenen arbeiteten, in Gärten und auf Booten. Die algenbedeckten Wasserwege zwischen den Gartenstreifen waren mit tiefhängenden Weiden gesäumt. Die Häuser waren aus Holz und blaßroten Ziegeln. Auf der einen Seite eines schmalen Grundstücks wuschen sich Leute; und auf der anderen benutzten junge Mädchen das Wasser, um Töpfe und Pfannen zu spülen. Männer, die sich im Schilf trafen, blieben in ihren Booten und redeten, wie sie es vielleicht auf der Straße getan hätten. Manche Männer und Jungen fischten mit Angel und Schnur. Ein Boot mit einem Mann, der Hüttenkäse verkaufte, kam vorbei. Langsam – Frauen und Mädchen ruderten ihre Boote selbst, fielen hier zwischen den Gärten mehr auf – kehrten wir auf die betriebsamen Hauptstraßen des Sees hinter den Hausbooten zurück.

Wir kamen an einer Siedlung zwischen Weiden vorbei, primitive Häuser aus staubigen roten Ziegeln in einem Holzrahmen. Eine Bude auf einer Plattform gut einen Meter über dem Wasser hatte ein großes Bild vom Ayatollah Khomeini (von dem seine Feinde im Iran sagten, daß er eigentlich Inder und aus Kashmir sei).

Nazir sagte flüsternd, mit einem Unterton von Ehrfurcht und Nervosität und Distanz, als spreche er von äußerst merkwürdigen Leuten: »Das sind alles Schiiten.«

So hatte Aziz 1962 von den Schiiten gesprochen. Er hatte von ihnen gesprochen, als seien sie anders als er; einmal hatte er sogar gesagt, Schiiten seien keine Moslems. Ich hatte damals nicht wirklich begriffen, was er meinte. Eines Nachmittags hatten mich, ohne daß ich eigentlich wußte, wohin wir fuhren, und nur ahnte, daß es sich um ein schiitisches Ereignis handelte, ein paar Leute aus dem Hotel in einem Boot mitgenommen, um die Muharram-Prozession in der Altstadt anzuschauen. Ich erinnerte mich an das Ereignis als eine Abfolge mittelalterlicher Bilder: ich erinnerte mich besonders an die bleichen, halb bedeckten Gesichter von Frauen, die von der Außenwelt ferngehalten wurden und die sich, eingerahmt von kleinen Holzfenstern, die blutigen Szenen der Selbstgeißelung unten anschauten.

Es war mir damals, als ich aus der ausgeglichenen Welt des Sees mit von Weiden überhangenen Wasserwegen und Lotos und Gemüsegärten auftauchte, schwergefallen zu glauben, worauf ich da so plötzlich stieß: blutige Leiber, blutgetränkte Kleider, Ketten, Peitschen, an denen Messer und Rasierklingen hingen, die ekstatischen, eingefallenen Gesichter der Feiernden und ihr beinahe arrogantes Betragen. Sie stießen die Leute beiseite, die ihnen in den Weg kamen. Ich war bereit zu glauben, was man mir damals sagte, daß nämlich viel von dem zur Schau gestellten Blut in Wirklichkeit Tierblut sei. Ich hatte nicht begriffen, wie stark das Ereignis religiös und historisch befrachtet war, welch unsterblichen Schmerz es auszudrücken suchte. Ich war nur erschreckt gewesen und froh, dem allen zu entkommen, froh, zu mir und dem, was ich kannte, zurückzukehren.

Nazir sagte, sein Vater habe ihm erzählt, daß ich mich über das Trommeln der Schiiten im Muharram beschwert habe. Und nun hatte ich das Gefühl, daß die Distanz, mit der Nazir (und sein Vater vor ihm) von den Schiiten sprach, ein gewisses Erstaunen darüber enthielt, daß die offenbar friedliebenden Seebewohner, an denen wir vorbeipaddelten, diese andere, ekstatische Seite hatten.

Es hatte sich bewölkt. Wolken zogen über die Berge auf die eine Seite des Sees. Ein starker Wind kam auf, als wir gerade aus einer Wasserstraße ins offene Wasser hinter den Hausbooten und dem Leeward Hotel einbogen. Er begann uns zurückzutreiben und drückte die Markise auf unserem Boot aus der Halterung. Der Wind stellte auch die dunkelrote oder rostfarbene Unterseite der flachen runden Lotosblätter auf und enthüllte, wo – zwischen dem Schilf und den hohen Gräsern und dem Abfall um Hausboote und Dienstleistungsboote – der Lotos war. Ich hatte den Lotos gesucht. Seine rosa Blüten brachen im Juni oder Juli auf; ich erinnerte mich an sie als eins der prachtvollsten Dinge auf dem See. Doch der Lotos war hier auch eine Ertragsfrucht: selbst in dem Sturm war ein Mann zu sehen, der Lotoswurzeln sammelte, sie mit einem speziellen Stock oder Werkzeug unter Wasser abbrach und ins Boot zog – ohne Ende, dieses Beladen und Entladen von Booten.

Während wir uns, auf dem Boot dahintreibend, mit unserer Markise abplagten, wurden wir von zwei Bettlerkindern »belagert«, die Senfblumenblüten warfen, ihr Boot dicht an unserem hielten und um Baksheesh bettelten.

Nazir vertrieb sie. Zum ersten Mal hörte ich ihn die Stimme heben; und sie respektierten seine Stimme. Er erklärte: »Sie kommen aus einer schlechten Familie.«

Vielleicht hatten sie irgendwie das Gesetz des Sees gebrochen. Sie waren hohlwangig und sehr klein, Hungerleider vom See (wie so viele andere), doch mit etwas Räuberischem und Verstörendem in der Hast, mit der sie dünnarmig, Wind und Regen gegenüber gleichgültig, auf uns zugerudert kamen, nachdem sie uns entdeckt hatten.

Die lange Reihe großer Touristenhausboote bot uns Schutz. Wir bewegten uns in ihrem Windschatten entlang des Holzstegs mit Geländer, der sie alle zu verbinden schien. Und dann legte der Wind sich, und wir bogen in den Hauptflußweg ein, zurück in das Gewirr von Geschäften und Schuppen auf Stützen oder Steinmauern, Dienstleistungsbooten mit Wänden aus altem Wellblech, Holz- und Wellblechkonstruktionen auf durchnäßten Schollen schwarzer, nahezu kahler Erde: J & K Unique Stores, Hersteller von Kashmir-Kunst und Kunstgewerbe; ein Krämerladen; eine Metzgerbude mit Limonadenkästen auf der hölzernen Plattform davor; das New Pundit Schal-Haus und das Mir Arts Emporium gegenüber dem Kunstgewerbe-Emporium und Krämerladen des Leeward und auf einem schmalen Versorgungsboot, das an seiner eigenen kleinen Insel festgemacht war, nebeneinander ein Pelz- und Lederwarengeschäft, ein Krämerladen und der Sunshine Friseursalon.

Und was man in dieser Gegend hören konnte, was auffällig wurde, als der Regen aufhörte, war wie in einem überdachten Markt das Gedröhn menschlicher Stimmen aus vielen Richtungen, das regelmäßig von Kindergeschrei durchbrochen wurde.

Es hieß, daß es nun zweitausend Hausboote auf dem See gebe. Jedes Hausboot brauchte ein Dienstleistungsboot oder einen zugehörigen Garten. Und die Leute sagten, daß der See, von dem jedermann auf dem See und in der Stadt lebte, der die Touristen anzog und der nicht sehr groß war, schrumpfe.

Nachmittags regnete es wieder. Wolken verbargen die Berge, und der See war nebelverhangen. Das Palace Hotel hatte eine stickige und dumpfe Atmosphäre. Es waren wenige Gäste da; die Touristensaison fing nicht gut an. Das Hotelpersonal, förmlich gekleidet, an Zahl den Gästen überlegen, war betrübt; die Förmlichkeit ihrer Uniform vergrößerte die trübe Stimmung noch. Die Harlekin-Bar war leer; sie schenkte keinen Alkohol aus. Es war eine große Bar, und es war keine Menschenmenge da, um ihre Schäbigkeit zu verbergen: der Teppich oder das teppichähnliche Material, das vor der Theke verlegt war, war stellenweise zerschlissen.

Eine moslemische sezessionistische Gruppe hatte in öffentlichen Einrichtungen in der Stadt Bomben gelegt. Die Gruppe hatte eine Reihe von Forderungen gestellt. Sie wollte keinen Alkohol im Staat haben; sie wollte den Freitag und nicht den Sonntag als Ruhetag haben; und sie wollte, daß nicht-kashmirische Einwohner ausgewiesen würden. Das Hotelpersonal hatte, während es darauf wartete, daß die Behörden etwas unternahmen, eine Versammlung abgehalten und beschlossen, Probleme zu vermeiden. Deshalb wurde in der Harlekin-Bar des Palace kein Alkohol ausgeschenkt, und deshalb wurde – bis einige japanische Besucher darauf bestanden – beim Essen im Speisesaal noch nicht einmal Bier serviert.

Am Nachmittag tauchte trotz des heftigen Regens ein islamischer heiliger Mann, ein *pir*, im Hotel auf, und das weckte das Haus auf. Der Pir war ein sehr kleiner, sehr dünner, dunkler Mann mit einer Art Bürstenschnitt. Er war um die sechzig. Er trug ein dunkelgraues Gewand, das ihm bis knapp über die zerbrechlich aussehenden Fußknöchel reichte, und er war barfuß. Er kam in einem dreirädrigen Kabinenroller zum Hotel, und als er ausstieg, trug er einen Knirps. Sechs Autos voller Menschen folgten dem Kabinenroller. Der Pir schien von Tobsucht ergriffen zu sein. Er begann zu brüllen, sowie er zur Rezeption kam. Brüllend, den Schirm schwenkend, den Arm einer ausländischen Touristin ergreifend, die er dann wieder losließ, tobte er den Gang hinunter und stieß oder schlug gegen alles, was ihm im Weg stand.

Das Personal unternahm nichts dagegen. Der Fluch des heiligen Mannes war zu fürchten. Sein Segen dagegen war erstrebenswert. Er konnte sich so benehmen, weil er heilig war und weil er, wie mir jemand sagte, in direkter Verbindung zu Gott stehe. Seine Bewegungen und Stimmungen waren nicht vorhersehbar; aber in diesem Augenblick, bei diesem außergewöhnlichen Besuch im Palace Hotel, war er einwandfrei in einem Zustand höchster Erleuchtung. Deshalb folgten ihm auch die sechs Autos. Trotz aller Risiken drängten die Leute sich, ihm in den Weg zu kommen. Ein Kellner erzählte mir, daß man, wenn man die Chance, ja das Glück habe, vor dem Pir zu sitzen, ihm nicht von den Problemen erzählen müsse, die man habe. Er wisse sofort Bescheid; und er beginne – natürlich nur, wenn man Glück habe – darüber zu reden.

Und dann war er weg, mit seinem Gewand und dem Schirm in dem Kabinenroller verschwunden, und die Autos preschten hinter ihm her und ließen das Hotelpersonal zurück, das wieder zu sich selbst finden mußte.

Um elf Minuten nach sieben – eine Minute später als am Tag zuvor – verkündeten die Rufe der Mullahs von den Moscheen um den See, daß die Sonne untergegangen sei und die Gläubigen ihr Fasten brechen könnten.

Religion, Glaube: das schien kein Ende zu nehmen, ihre Forderungen schienen kein Ende zu nehmen. Das schien zur Nervosität des überbevölkerten, überbeschützten Tals zu gehören.

Solange die Maharajas herrschten, waren die Gefühle der Hindus im Tal geschützt worden. Eine Kuh zu töten war beispielsweise ein kriminelles Vergehen, das mit verschärftem Arrest zu bestrafen war. Die Porträts der Maharajas, Karan Singhs Vorfahren, hingen noch im Haupttreppenhaus des Gebäudes hinter dem großen Speisesaal.

Manche der abgenutzten Teppiche im Hotel waren schon 1962 im Palast gewesen. Sie waren eigens angefertigt worden; eines Abends war darüber gesprochen worden. An einem der folgenden Abende war einem Gast die brennende Zigarette auf einen Teppich gefallen, über den wir gesprochen hatten, und hatte einen kleinen Sengflecken hinterlassen. Karan Singh war nicht zusammengezuckt, hatte weder beim Sprechen innegehalten noch durch einen Blick verraten, daß es ihn ärgerte oder ihm überhaupt aufgefallen war.

Seine Familie hatte hier über ein Jahrhundert geherrscht; sein fürstliches Verhalten war instinktiv. Auch war interessant für mich zu sehen, wie Herrscher mit alltäglichen Dingen fertig wurden. Eines Abends fuhren wir nach Srinagar ins Kino. Wir kamen spät hin und gingen früh weg, ehe die Lichter angingen; und dann rasten wir zum Palast zurück. Einmal fragte ich Karan Singhs Frau, ob sie je an Imbißständen anhielten, beispielsweise an Ständen mit gerösteten Maiskolben, wenn die Zeit dafür war. Sie sagte, das täten sie; und es sei üblich, daß sie mehr zahlten, als verlangt wurde – so daß ich mich selbst heute noch frage, ob durch diese Sitte vom Herrscher weniger oder mehr verlangt wurde als vom Untertan.

Ich wollte einen Schal kaufen und bat Aziz und Mr. Butt, mir zu helfen. Eines Morgens fuhr ich zum Leeward und schaute der Form halber – Nazir war bei mir – den Vorrat des Hotelladens durch. Es gab dort nichts, was mir gefiel, und dann führte Nazir mich – um auf Mr. Butts richtigen Schalhändler zu warten – in den Aufenthaltsraum des Leeward. Sie hatten alle gewollt, daß ich diesen Aufenthaltsraum sah; sie waren stolz darauf. Es war ein großer, in hellen Farben gehaltener Raum im oberen Stockwerk; er hatte hohe Schiebefenster aus Glas; und er schaute über die geschäftigen Wasserstraßen vor dem Hotel. Es gab ein Foto vom Goldenen Tempel – vielleicht eine politische Geste von jemandem. Es gab auch ein verblichenes Bild von einem kashmirischen Mädchen. Das Mädchen sei aus einer berühmten Sage, sagte Nazir; es sei arm, ein Bauernmädchen gewesen, doch durch seinen Gesang habe es das Herz eines Königs gewonnen.

Aziz kam in den Aufenthaltsraum hoch. Er bestellte Tee und trank eine Tasse mit mir. Unter gewissen Umständen durfte man im Ramadan Tee trinken: Mr. Butt beispielsweise, dem es gesundheitlich nicht gut ging, durfte Tee trinken. Aziz hatte ein paar Aufnahmen von sich in Mekka mitgebracht: fröhlich, das fromme Abenteuer genießend. Was für eine Freude am Leben er hatte!

Ich fragte ihn: »Aziz, erinnern Sie sich noch, wie oft ich 1962 zum Maharaja ging?«

Nach siebenundzwanzig Jahren wußte er das noch genau. Er sagte: »Sie gingen dreimal zum Essen hin. Einmal gingen Sie zum Tee.«

Dann fiel mir ein, ihn zu fragen, was ich ihn in all den Monaten, die wir zusammen verbracht hatten, nie gefragt hatte. Wo war er geboren? Er sagte hier, auf dem See. Sein Vater sei aus Kashmir und sein Großvater auch; er sei ein reiner Kashmiri. Sein Vater sei ein Geschäftsmann gewesen. Ein kleines Geschäft. Bis vor fünfzehn Jahren, sagte er, seien die Leute in Kashmir arm gewesen. Nun gehe es ihnen besser; nun »seien die Leute gut«, obwohl es – wie er und auch Nazir übereinstimmend sagten – so viele mehr gebe. Doch das, sagte Aziz und sprach nun als weitgereister Mann, sei auch das Problem von Bombay, Kalkutta, Delhi.

Ich fragte mich, warum ich Aziz 1962 so wenig ausgefragt hatte. Schüchternheit vielleicht; der Wunsch, nicht aufdringlich zu sein; doch vielleicht auch wegen meiner ererbten Vorstellung vom Schriftsteller: der Vorstellung vom Schriftsteller als Mensch mit einem Innenleben, als Mensch, der alles aus sich selbst herausholt und wie durch Zauberei das Äußere der Dinge deutet.

Aziz ging hinunter, und kurz danach sah ich das Boot des

Schalhändlers am Landesteg des Leeward. Der Händler kam allein herauf. Seine lose Pumphose aus dünner brauner Baumwolle war in dicke, hochgezogene Wollsocken gestopft. Er war mittleren Alters, schlank, mit scharfen und beeindruckenden Gesichtszügen. Mit einer schwarzen Persianerkappe (wie die Mr. Butts), seinen schwarzen Schuhen und dem schwarzen indischen Jackett mit langem Schoß, oben zugehakt (der oberste Haken war sichtbar), sah er eher wie ein Zentralasiate als wie ein Kashmiri aus. Er hieß Sharif.

Zwei Jungen vom See brachten seinen kleinen Blechkoffer hoch, trugen ihn wie eine Sänfte. Er zog die Schuhe aus, breitete unter den hohen Schiebefenstern ein Laken über den Teppich des Aufenthaltsraums des Leeward, nahm ein paar bestickte Tuniken aus dem Koffer, legte sie beiseite und holte dann ehrerbietig das kleine Bündel hervor, in dem in weiße Baumwolle eingeschlagen seine besseren Schals lagen. Ich hatte absolutes Vertrauen dazu, wie Mr. Butt diese Geschichte handhabe, und Mr. Sharifs Ehrerbietung für seine Waren bestätigte mich in meinem Gefühl. Das Material war gut, dünn, leicht, sehr warm, ließ aus gewissen Winkeln eine kleine Kräuselung im Gewebe erahnen. Er zog seine Pelzkappe ab, zeigte die Nadel, die oben im Kniff steckte und sagte – auf seine etwas entzündeten Augen deutend –, daß er mehr sei als nur ein Verkäufer. Er machte Schals.

Er wollte 8600 Rupien haben. Ich wollte einen besseren Preis. Er sagte 8500, und er blieb fest. Ich bat Nazir, Mr. Butt zu holen. Nazir machte sich pflichtschuldig auf den Weg die Treppe hinunter. Auf dem Treppenabsatz (mit Blick über das Wasser, auf das der Blick von meinem Schlafzimmer gegangen war: nun ein stehendes Gewässer mit all den neuen Gebäuden und Booten, ein Auffangbecken für Flaschen und Verpackungen und anderen Abfall) blieb Nazir stehen und rief mich. Er wollte wissen, wie es um mich stand – wie ernst ich es meinte. Er sagte, Mr. Butt kenne Mr. Sharif sehr gut und habe Mr. Sharif aufgetragen, mir gute Stücke zu zeigen und einen guten Preis zu machen.

Aziz tauchte wieder auf. Wir ließen Mr. Sharif oben und gingen ins Büro. Nazir brachte den Schal, der mir gefiel. Aziz befühlte ihn und sagte, er würde eine Garantie über zwei Jahre darauf geben: genau das hatte Mr. Sharif gesagt. Mr. Butt kam vom Vordergarten herein. Und dann kam Mr. Sharif selbst die

Treppe herunter. Es gab also ein allgemeines Treffen um den schokoladenbraunen Schal im Büro. Aziz sagte, 8500 sei zuviel. Mr. Sharif verneinte das. Aziz sagte, ich sei kein Drei-Tage-Tourist. Ohne etwas zu sagen, verließ Mr. Sharif das Büro und ging über den Marmorfußboden der Veranda zum Hotelladen. Ich meinte, man habe ihn irgendwie verletzt.

Doch Nazir sagte: »Er will beten.«

Mr. Sharif holte eine Matte aus dem Laden, legte sie direkt vor dem Büro auf die Marmorveranda und begann, sich im Regen zu verbeugen und zu beten. Im Büro diskutierten wir die Angelegenheit weiter.

Mr. Butt sagte, Mr. Sharif sei ein guter Mann. Sie seien zusammen nach Mekka gefahren. Nazir sagte, Mr. Sharif bete in der Moschee vor. Er sei nicht nur ein Mann mit Autorität, sondern auch ein Mann, der sein Wort halte.

Und Mr. Sharif verbeugte sich und betete, und der Regen pladderte nur ein paar Zentimeter vor ihm auf den weißen Marmor.

Aziz sagte: »Bieten Sie 7500.«

Und so einigte man sich. Anscheinend wurde das Angebot gemacht und angenommen, ohne daß ich einbezogen wurde. Mr. Sharif beendete seine Gebete, rollte die Matte zusammen, brachte die Matte in den Laden zurück, kam wieder ins Büro, nahm eine ein paar Wochen alte Zeitung in Urdu und begann, Mr. Butt (dessen Brillengläser nun sehr dick waren) daraus vorzulesen. Langsam faltete er, nachdem er mit dem Lesen fertig war, den Schal, der so fein war, daß man ihn durch einen Fingerring ziehen konnte; und dann wickelte er den gefalteten Schal mit ähnlicher Bedächtigkeit in eine Seite der Zeitung, aus der er vorgelesen hatte.

Während sich all dies abspielte, zeigte Aziz mir ein drittes Foto von seiner Reise nach Mekka, und ich fragte Mr. Butt, was ich ihn in all den Monaten 1962 nie gefragt hatte. Was hatte er getan, ehe er das Leeward aufgemacht hatte? Er sagte, er sei Bauunternehmer gewesen; er habe das Hotel 1959 mit fünf Zimmern angefangen. 30 Jahre später hatte das Hotel 45 Zimmer.

Viel Geld war ins Tal gekommen; viele Leute hatten sich sozial verbessert; es gab eine ganz neue, gebildete Generation. Doch ein Gutteil dieser Verbesserungen war vom Bevölkerungswachstum geschluckt worden.

Der neue Reichtum zeigte sich in der neuen mittelständischen Bebauung am Nordufer des Sees und dem unteren Hügelabhang mit dem Hari Parbat Fort. Gleichzeitig ging hinter den Hausbooten das unglaubliche alte Leben des Sees weiter (malerisch bei Sonnenschein, weniger so bei der Nässe und Kälte nach dem Regen); und der See war jetzt dichter besiedelt. Mehr Jungen denn je brüllten und wetteiferten an den Anlegestellen um Kunden. Der Effekt war, auch wenn der Schauplatz völlig anders war, der des moslemischen Gettos im alten Basar von Lucknow.

Ein älterer Lebensstil wiederum schien sich im Zentrum der Altstadt erhalten zu haben, wo kleine geschlossene Boote die Kanäle verstopften, wo die Läden aus Ziegel und Holz noch so waren, wie ich sie in Erinnerung hatte, und wo die Straßen nach dem Regen ganz schnell staubig wurden – vom Staub des getrockneten Schlamms. Am Rand dieser Altstadt gab es jedoch viele bedeutend aussehende neue Gebäude, darunter die Universität und ein Regierungsgebäude, das mit Viehzucht zu tun hatte. In den Dörfern dahinter herrschte dann wieder, als seien die beiden Lebensstile völlig unabhängig voneinander, die unvordenkliche alte Welt des Reisanbaus.

Auf kleinen, unter Wasser stehenden Feldern arbeiteten die Menschen mit bloßen Händen oder Holzpflügen. Die Häuser waren primitiv, über zwei oder mehr Stockwerke braunrote Ziegel zwischen vertikalen Holzpfosten. Die Satteldächer aus Wellblech waren an den Giebelseiten offen, und in diesem Raum (manchmal auch unter einem Giebelfenster im Dach) wurden Feuerholz, Stroh oder Getreide aufbewahrt. Wasser kam in vielen Kanälen die Hügelabhänge herunter; Weiden und Pappeln warfen kühle Schatten; und in nassen Höfen ergaben Flußsteine und Baumäste rohe und krumme Zäune. Und hier wie anderswo waren Holz und Ziegel und die Kleidung der Menschen schlammfarben.

Sogar in diesem jammervoll wirkenden Dorfleben – Leute, die auf der erhöhten Plattform ihres offenen Ladenverhaus saßen, in graubraune Decken oder Jutesäcke gehüllt – gab es Anzeichen von umfangreichen öffentlichen Arbeiten, als bedürfe es einer großen Anstrengung, um selbst diesen Lebensstil zu ermöglichen, um Strom zu liefern, eine Straße zu bauen, eine Transportmöglichkeit anzubieten. Und überall Kinder: sehr klein, in lächelnden Gruppen, an Zahl den Erwachsenen überlegen. Was einem im Gedächtnis blieb, waren die Kinder.

Ab einer gewissen Höhe sah es so aus, als lebten die Leute in baumlosem Schlamm. Es gab kleine gepflügte Grundstücke durchnäßter Erde um niedrige Häuser aus Stein oder Holz, vor denen die Leute am Rande des Schlamms saßen oder hockten. In sicherer Höhe über Schlamm und Wasser hingen Strohbündel an den Ästen oder in den Gabelungen vertrockneter oder sterbender Bäume. Selbst hier gab es Kinder, in losen, grauen oder braunen Gewändern, die sie wie kleine Erwachsene aussehen ließen und es aus der Ferne schwer machten, ihre Größe abzuschätzen.

Ich sah dies auf einer Fahrt nach Sonamarg mit Nazir. Sonamarg lag an der Straße nach Ladakh im Nordosten. Ich kannte es nicht; möglicherweise war die Straße 1962 nicht gut genug oder nicht für Besucher offen gewesen. Die Straße war im Winter gesperrt; sie war gerade für die Touristensaison geöffnet worden. Weiter oben verlief sie zwischen Schneemauern – die von unten schmolzen und kleine Höhlen und Schneeüberhänge schufen; und die gerade geräumte Asphaltoberfläche wurde von Rinnsalen aus Schmelzwasser aufgeschürft und aufgegraben.

In Sonamarg wurden wir von dünnen schreienden Jungen umringt, die uns auf Rodelschlitten die Schneeabhänge hinunter ziehen wollten. »30 Rupien, 30 Rupien.« Die Jungen trugen Mützen und hatten fleckige Haut. Den Straßenschildern nach schien Sonamarg eine Art Grenze zwischen Kashmir und Ladakh darzustellen. Es war nicht mehr als eine Ansammlung von Regierungshütten und Touristenunterkünften und Geschäften. Es gab keine Felder oder Häuser. Die Jungen mußten aus einem Dorf in der Nähe kommen.

Nazir hätte gerne gesehen, wenn ich eine Schlittenfahrt gemacht hätte, um etwas Ferienmäßiges zu tun und den Jungen ein bißchen Arbeit zu geben. Nazirs Vater war ein erfolgreicher Mann. Er selbst mit seinem ordentlichen Haarschnitt, seinen

Jeans und Turnschuhen, seinem dunkelblauen Anorak (ich erkundigte mich danach: er kam aus Taiwan und kostete 500 Rupien, 25 Pfund) war der Inbegriff eines jungen Mannes der Mittelschicht. Aber hier wie am See hatte er das Gefühl der Solidarität mit den kashmirischen Kindern.

Als wir zurückfuhren, zurück in das lieblichere Tal, und einen Begriff von seiner vergleichsweise begrenzten Größe bekamen, als wir rasch zu den Menschenmengen und kleinen Plätzen zurückkehrten (am Rand von Srinagar zeigte Nazir mir eine kleine Obstplantage, die Mr. Butt gehörte, aber wir hielten nicht an), hatte ich, wie schon an manchen Anlegestellen wieder das Gefühl, daß selbst in dieser Umgebung von Bergen und schneegespeisten Flüssen die Leute so eingeschlossen und eingesperrt waren wie in den schmalen Gassen des Ghettos von Lucknow.

Am nächsten Tag verabschiedete ich mich spätnachmittags im Leeward, ungefähr eine halbe Stunde, ehe das Fasten am Ramadantag zu Ende ging: verabschiedete mich von Mr. Butt, Aziz, dem Mann, der den Hotelladen leitete (von dem ich nichts gekauft hatte), und dem schlanken jungen Mann, der der Manager des Leeward war. Sie waren alle unten in dem kleinen weißen Büro mit den Glaswänden, mit dem Schlüsselbrett und dem Kalender und den zwei Plakaten von Mekka mit der Kaaba und einer goldenen Kuppel. Und kurz bevor ich wegging, fragten sie, bloß aus Höflichkeit, ob ich Tee wolle.

Mr. Butts letzte Neuigkeit – die Neuigkeit, die ich mit mir nehmen und an die ich mich erinnern sollte – war die Pilgerfahrt nach Mekka. Er sprach davon nicht wie von einer Sühne; er sprach davon wie von einer Freude und Erfüllung. Sie ließ ihn im Augenblick des Abschieds lächeln und lachen.

Mein letztes Gespräch mit Aziz drehte sich um Geld. Sein Sohn Nazir hatte viel Zeit mit mir verbracht und auf unseren Ausflügen manchmal sein eigenes Geld ausgegeben. Was wäre eine gute Entschädigung? Bezahlung komme nicht in Frage, sagte Aziz. Baksheesh sei etwas anderes: es könne eine Rupie sein, vier Pence, oder ein Lakh, 4000 Pfund. Das war mir nun überhaupt keine Hilfe, doch Aziz sagte nichts mehr dazu. Als ich eine Summe vorschlug, blieb Aziz' Gesicht undurchdringlich – und so verließ ich ihn.

Als wir mit dem Boot zum Boulevard zurückfuhren und spürten, wie das Ende des Ramadantages hereinbrach, gab ich Nazir, was ich ihm geben wollte. Er nahm, was ich bot, doch es war sofort klar, daß er das nur aus Höflichkeit tat. Sein Gesichtsausdruck änderte sich; er schaute weg. Ich hatte das Gefühl, ich hatte den Augenblick verdorben: Nazir hatte mich vielleicht, auch wenn er Touristisches mit mir unternommen hatte, als Freund behandelt. Ich fühlte wieder, aber jetzt schärfer, was ich von Anfang an gefühlt hatte: daß meine Beziehung zu Nazir, einem unerwartet gutaussehenden jungen Mann mit eigenen Vorstellungen von Eleganz und Persönlichkeit, auf jeden Fall komplizierter sein mußte als meine Beziehung zu seinem Vater.

Ich wollte den Augenblick retten. Ich sagte, ich habe die Geste aus Freundschaft zu ihm und Aziz und Mr. Butt gemacht. Das sagte ich zweimal. Er wurde weicher; irgendwie schien ihm klar zu werden, daß auch er etwas tun müsse, um den Augenblick zu retten – der so bald enden würde, an der Anlegestelle und vor dem Ruf zum Sonnenuntergang von den Moscheen.

Die Steifheit wich von ihm. Als wir die geschäftige Wasserstraße hinunterglitten, an dem kleinen Hausboot mit dem Leder- und Pelzwarengeschäft, dem Krämerladen und dem Sunshine Friseursalon vorbei, redeten wir über seine Ausbildung. In ein paar Monaten würde er sein Schulabgangszeugnis bekommen. Danach würde er zwei Jahre eine Höhere Handelsschule besuchen – sich auf seine Laufbahn als Wirtschaftsprüfer vorbereiten und, wie sein Vater und Mr. Butt hofften, sein Leben im Hotelgeschäft –, und dann würde er zur Universität gehen.

Vom kleinen Geschäft seines Großvaters auf dem See über die erfolgreiche Hotellaufbahn seines Vaters bis zu seiner eigenen Perspektive als Akademiker und Wirtschaftsprüfer – Schritt um Schritt hatte es eine Bewegung nach vorn gegeben. Würde sie anhalten?

Er war nie aus Kashmir herausgekommen. Im Augenblick waren das Tal und die Berge darum herum alles, was er von der Welt kannte. Er gehörte noch dazu. Siebenundzwanzig Jahre nachdem ich ihn kennengelernt hatte, war Aziz mehr oder weniger immer noch derselbe. So würde es bei Nazir nicht sein. Er hatte bereits Ahnung von einer Welt draußen. Durch den monatlichen Briefwechsel mit einem ausländischen Mädchen war ihm bereits die Idee von der Möglichkeit – immer in Allahs

Hand – einer ausländischen Heirat gekommen. In siebenundzwanzig Jahren – schwer vorstellbar für mich, in fortgeschritte-
nem mittleren Alter, dieser Zeitraum, diese Grenze im Schatten – würde Nazir nicht mehr derselbe sein. Neue Arten des Sehens und Fühlens würden auf ihn zukommen, und er würde
nicht mehr so zum Tal gehören wie jetzt.

Nach siebenundzwanzig Jahren war es mir einigermaßen gelungen, zurückzureisen, meine Nervosität vor Indien abzulegen
und die Dunkelheit aufzuheben, die mich von der Geschichte
meiner Vorväter trennte. William Howard Russell hatte 1858
ein riesiges Land beschrieben (und kommentiert), das selbst
fern der Schlachtfelder des Aufstandes im wahrsten Sinne des
Wortes in Trümmern lag. Ungefähr fünfundzwanzig Jahre später waren meine Vorfahren aus einer Gegend, durch die Russell
(mit soviel Stil wie möglich) gereist war, als vertraglich ver-
pflichtete Arbeitskräfte zu den Zuckerrohrplantagen Guyanas
und Trinidads aufgebrochen. Die Vorstellung von Verächtlich-
keit und Niederlage und Schande hatte mir in den Knochen gesessen. Diese Vorstellung hatte ich 1962 mit auf die langsame
Reise mit Zug und Schiff nach Indien mitgenommen; sie war die
Quelle meiner Nervosität. (Zu meiner Überraschung tauchte
diese Vorstellung auch beim Schreiben dieses Buches wieder
auf, als ich nämlich erstmals versuchte, William Howard Russells Tagebuch zu lesen, und merkte, daß ich das Buch, den
Mann und sogar seine große Begabung für Beschreibungen ablehnte.)
Was ich 1962 nicht verstanden oder als zu selbstverständlich
hingenommen hatte, war das Ausmaß, in dem das Land erneuert worden war; und sogar das Ausmaß, in dem Indien nach seinem ureigenen Mittelalter – nach den moslemischen Invasionen und den umfangreichen, wiederholten Verwüstungen des
Nordens, den wechselnden Reichen, den Kriegen, der Anarchie
des 18. Jahrhunderts – sich selbst wieder aufgebaut hatte. Der
Wiederaufbau Indiens im 20. Jahrhundert hatte Zeit gebraucht;
er konnte sogar als Glücksfall erscheinen. Es hatte viel geschehen müssen, um einen bengalischen Reformer wie Ram Mohun
Roy (geboren 1772) hervorzubringen; es hatte noch mehr geschehen müssen, um Gandhi (1869 geboren) hervorzubringen.

Der britische Friede nach dem Aufstand von 1857 kann als Glücksfall erscheinen. Es war eine Zeit intellektueller Erneuerung. Indien war auf den Weg eines neuen intellektuellen Lebens gebracht worden; es hatte neue Vorstellungen von seiner Geschichte und Zivilisation gewonnen; die Freiheitsbewegung reflektierte all dies und stellte sich als wahrhaftigste Art von Befreiung heraus.

In den rund 130 Jahren seit dem Aufstand – die letzten 90 Jahre des britischen Raj und die ersten 40 Jahre der Unabhängigkeit erscheinen immer mehr als Teil derselben historischen Periode – hat die Idee der Freiheit sich überall in Indien verbreitet. Die Unabhängigkeit wurde mehr oder weniger von den Leuten an der Spitze erreicht; die Freiheit, die sie brachte, ist tiefer gedrungen. Nun haben die Leute überall eine Vorstellung davon, wer sie sind und was sie sich schuldig sind. Dieser Prozeß beschleunigte sich mit der wirtschaftlichen Entwicklung nach der Unabhängigkeit; was 1962 verborgen oder nicht leicht zu sehen war, was vielleicht erst im Entstehen begriffen war, ist klarer und deutlicher geworden. Die Befreiung des Geistes, die Indien erlangt hat, konnte nicht nur als Erlösung kommen. In Indien mit seinen vielen übereinanderliegenden Schichten von Qual und Grausamkeit mußte sie als Verstörung kommen. Sie mußte als Zorn und Revolte kommen. Indien war nun ein Land mit einer Million kleiner Aufstände.

Eine Million Aufstände, getragen von zwanzig verschiedenen kommunalen Exzessen, sektiererischem Exzeß, religiösem Exzeß, regionalem Exzeß: die Anfänge von Selbstbewußtheit, die Anfänge eines intellektuellen Lebens wurden anscheinend bereits von alter Anarchie und Unordnung negiert. Doch nun gab es in Indien etwas, was es vor 200 Jahren nicht gegeben hatte: einen zentralen Willen, einen zentralen Intellekt, eine nationale Idee. Die indische Union war größer als die Summe ihrer Teile; und viele dieser Bewegungen, die aus einem Exzeß entstanden, stärkten den indischen Staat, beschrieben ihn als Quelle von Gesetz und Zivilisation und Vernunft. Die indische Union gab den Leuten eine zweite Chance, holte sie aus den Exzessen zurück, mit denen sie in einem anderen Jahrhundert oder (wie Nachbarländer bewiesen) unter anderen Umständen hätten leben müssen: dem zerstörerischen Chauvinismus der Shiv Sena, der Tyrannei vieler Arten von religiösem Fundamentalismus (in Indien waren Menschen immer bereit, der Religion ihren Schmerz aufzubürden), der Korruption der Filmstars und Rassenpolitik des Südens, der frommen marxistischen Faulheit und Nichtigkeit Bengalens.

Exzeß wurde nun in Indien als Exzeß empfunden. Außerdem halfen die Aufstände, die Kraft des allgemeinen intellektuellen Lebens und die Geschlossenheit und den Humanismus der Werte zu definieren, auf die alle Inder sich nun berufen konnten. Und – merkwürdige Ironie – man sollte die Aufstände nicht fortwünschen. Sie gehörten zum Beginn eines neuen Weges für viele Millionen, zu Indiens Wachstum, zu seiner Erneuerung.

Als ich nach Bombay zurückfuhr, nahm ich Verbindung mit Paritosh, dem Drehbuchautor, auf. Paritosh arbeitete im kommerziellen Kino, und er liebte den Film: das war seine Berufung, beinahe sein Glaube. Aber er machte sich nichts aus den Leuten, die in Indien Filme machten. Sie ließen ihn leiden; sie regten ihn auf; und er hatte seine Hochs und Tiefs.

Als ich ihn vor fünf Monaten kennenlernte, hatte er gerade eine schlimme Zeit hinter sich. In dieser Zeit hatte er Bombay und dem Filmen den Rücken gedreht und war in seine Heimatstadt Kalkutta gezogen, um sich auszuruhen und zu erholen. Doch dann – in dieser Zeit hatte er geheiratet – hatte er das Gefühl des Abgelehntseins überwunden und war nach Bombay zurückgekommen, um noch einmal von vorne anzufangen. Er lebte mitten in der Stadt in einem kahlen Einzimmerapartment. »Das ist mein einziger Raum unter der Sonne«, hatte er gesagt, die Arme hochgeworfen, zur Decke geschaut und den Raum sehr klein aussehen lassen. Doch er hatte Perspektiven: er war nach Bombay zurückgekommen, um mit einem einst erfolgreichen Produzenten, den er kannte, an einem Film zu arbeiten. Ab und zu trafen sie sich in einem Hotel in der Nachbarschaft und diskutierten das Drehbuch.

Paritosh war entschlossen, seinen Weg zu machen und sich durchzusetzen. Er sagte, er spüre, daß er Geld verdienen würde. Doch sein Vetter, der mich zu ihm gebracht und im Zimmer bei uns gesessen hatte, war pessimistischer. Paritoshs Naturell würde ihm dazwischenkommen; er würde sich mit jemandem streiten oder sonst etwas würde passieren; und Paritosh würde wieder da sein, wo er immer gewesen sei. Ich hörte dem Vetter zu, als wir durch die überfüllten Straßen an einem Markt vorbei zum Vorstadtbahnhof zurückgingen; und es hatte mich deprimiert, an den gutaussehenden Schriftsteller in seinem kahlen Zimmer zu denken. Nun, fünf Monate später, wollte ich wissen, was geschehen war.

Ich mußte keine Reise machen, um Paritosh zu sehen – keine überfüllte Stadtbahn, keine atemraubende Taxifahrt durch die braunen Abgase der Hochstraßen von Bombay. Er kam und trank einen Kaffee mit mir im Hotel. Er war ein vielbeschäftigter Mann; er hatte viel zu tun. Sein Gesicht war nun von der Freude erfüllt, die ihm seine Geschäftigkeit bereitete; die Zornesfalten waren geglättet.

Er hatte sein Drehbuch geschrieben. Und der Produzent hatte einen Finanzier gefunden. Sie hatten mit den Dreharbeiten anfangen und Verleihfirmen Muster der ersten Szenen zeigen können. Ein Verleih hatte den Film gekauft. Der Finanzier hatte seine Investition beinahe auf der Stelle zurückbekommen, und er hatte das Geld für einen zweiten Film aufgebracht – Paritosh sprudelte über vor Ideen. Paritosh hatte bereits sein Honorar für den ersten Film; es war beträchtlich; er hatte bereits eine größere Wohnung in einem besseren Viertel gekauft. In fünf Monaten hatte sein Glücksrad sich gedreht; so etwas war möglich im reichen, energischen, verkommenen Bombay; deshalb zog die Stadt ständig Menschen an.

An dem zweiten Film hatte er einen größeren finanziellen Anteil. Dieser Film, sagte Paritosh, solle mehr für ihn sein. Der erste, mit dem er seine Wohnung gekauft hatte, sei zwar kommerziell und populär – doch er benutzte die Worte nicht, um seine Arbeit zu kritisieren; er beschrieb nur eine spezielle Art Film.

Wovon handelte er? Was für eine Geschichte und was für Charaktere waren ihm durch den Kopf gegangen, als ich ihn in seinem kleinen Zimmer traf? Auf was für ein Material hatte er gesetzt? Der Film spielte in einem Slum in Bombay, einer der vielen Barackensiedlungen der Stadt. Der Held war ein junger Slumbewohner; ein Mann mit vielen Möglichkeiten, doch er wurde von einem Gangster verdorben. Ein kommerzieller

Film, aber aktuell und zugkräftig. (Auch spiegelte er, wie Erfundenes das oft tut, unbewußt die Notlage seines Schöpfers wider.)

Um den Film zu machen, sagte Paritosh, hätten sie einen eigenen Slum oder ihre eigene Barackenstadt bauen müssen. Aus rechtlichen Gründen hätten sie nichts Echtes nehmen dürfen. Sie hätten Fotos von verschiedenen echten Slums gemacht und daraus einen für Bombay typischen Slum zusammengebaut. Während der Film gedreht wurde, hätten sie alle in den verschiedenen Hütten des Drehorts gelebt. Erst am Tag zuvor, sagte Paritosh, hätten sie begonnen, den unechten Slum abzureißen, in dem sie viele Wochen gelebt hätten. Es habe ihm einen Stich versetzt.

Dezember 1988 – Februar 1990

dtv drei kontinente

Francis Bebey: Eine Liebe in Duala (11749)
Gioconda Belli: In der Farbe des Morgens (11565)
    Tochter des Vulkans (11678)
Ernesto Cardenal: Gebet für Marilyn Monroe (11912)
J. M. Coetzee: Im Herzen des Landes (11566)
Amma Darko: Der verkaufte Traum (11857)
Gamal al-Ghitani: Der safranische Fluch oder Wie Impotenz
    die Welt verbessert (11785)
Bessie Head: Die Schatzsammlerin (11639)
Nâzım Hikmet: Die Luft ist schwer wie Blei (11570)
    Eine Reise ohne Rückkehr (11776)
    Das schönste Meer ist das noch nicht befahrene (11937)
Ruth Prawer Jhabvala: Eine Witwe mit Geld (11569)
    Die Liebesheirat (11811)
Yasunari Kawabata: Handtellergeschichten (11621)
Yaşar Kemal: Anatolischer Reis (11803)
V. S. Naipaul: An der Biegung des großen Flusses (11694)
    Eine islamische Reise (11734)
    Indien (11890)
Jusuf Naoum: Die Kaffeehausgeschichten des Abu al Abed
    (11768)
Pablo Neruda: Aufenthalt auf Erden (11815)
    Der Große Gesang (11816)
    Liebesgedichte (11817)
    Letzte Gedichte (11818)
    Ich bekenne, ich habe gelebt (11819)
Alifa Rifaat: Erste Liebe – letzte Liebe (11586)
João Guimarães Rosa: Grande Sertão (11598)
Nawal El Saadawi: Hamidas Geschichte (11571)
    Eine Frau am Punkt Null (11714)
    Gott stirbt am Nil (11810)
    Der Sturz des Imam (11873)
Ghada Samman: Alptraum in Beirut (11567)
    Mit dem Taxi nach Beirut (11646)
José Mauro de Vasconcelos: Meine Brüder, der Wind und das
    Meer (11572)
    Wenn ich einmal groß bin (11736)

632

V. S. Naipaul
Das Rätsel der Ankunft

Ein Roman

Titel der Originalausgabe: *The Enigma of Arrival*
Aus dem Englischen von Karin Graf

Leinen

Das Rätsel der Ankunft ist der faszinierende Roman einer Selbstverwirklichung, die Geschichte eines Mannes, der sich in der Jugend ein hohes Ziel gesteckt hatte und es erreicht. In diesem kunstvoll komponierten Buch entsteht das Bild eines ungewöhnlichen Schriftstellers und zugleich das Bild der Landschaft, in der er lebt.

Kiepenheuer & Witsch

Carlos Fuentes

»Südlich eurer Grenze…erstreckt sich
ein Kontinent, der sich in voller revolutio-
närer Gärung befindet – ein Kontinent,
der die unermeßliche Reichtümer birgt und
der dennoch in einem solchen Elend
und solcher Trostlosigkeit lebt, wie ihr
sie nie gekannt habt…« Rede an die
Bürger der USA

**Carlos Fuentes:
Terra nostra
Roman**

»Revolutionen,
ketzerische Pas-
sionsgeschichte,
Tod, Auferstehung,
Reisen ohne Ziel,
Blut, Feuer, Perver-
sionen. Alte Welt,
Neue Welt, Andere
Welt… Ein faszinie-
rendes Werk und
sicher große Litera-
tur.«   (Die Welt)

dtv 10043

Lillian Beckwith
im dtv

»Wenn eine unerschrockene Britin sich in die Hebriden verliebt, kann sie bücherweise davon berichten. Wie Lillian Beckwith, die damit der urigen Inselwelt ein herrliches Denkmal setzt.« (Hörzu)

In der Einsamkeit der Hügel
Roman · dtv 11648

Eigentlich wollte »Becky« sich auf einer Farm in Kent erholen. Doch in letzter Minute kommt ein Brief von den Hebriden, der schon durch seine sprachliche Eigenart das Interesse der Lehrerin weckt. Aus der Erholungsreise wird ein Aufenthalt von vielen Jahren auf der »unglaublichen Insel«. – »Nur wer die Landschaft und die Bewohner der Inseln so intensiv kennengelernt hat, kann ein solches Buch schreiben. Die Marotten der Bewohner, deren Gastfreundlichkeit werden so liebevoll geschildert, daß es ein reines Lesevergnügen ist, ihren Wegen zu folgen.« (Hannoversche Allgemeine Zeitung)

Die See zum Frühstück
Roman · dtv 11820

»Sie werden nur Schafe zur Gesellschaft haben.« Diese Warnung hält Lillian Beckwith nicht davon ab, ein seit Jahren leerstehendes Cottage zu erwerben. Mit wahrer Begeisterung stürzt sich die »Aussteigerin« in die Renovierung ihres Besitzes und in das Leben einer Inselbewohnerin ...

Auf den Inseln auch anders
Roman · dtv 11891

»Miss Peckwitt«, die auf den Hebriden ihre zweite Heimat gefunden hat, führt ein Leben, das bestimmt ist von Winterstürmen, Sommermücken, launischen Brunnen und anspruchsvollen Kühen. Vor allem aber sind es die eigenwilligen Charaktere und besonderen Gepflogenheiten der Inselbewohner, die ihr Stoff zu immer neuen Geschichten liefern…

Alle Romane wurden ins Deutsche übertragen von Isabella Nadolny.

Jakob Wassermann im dtv

Caspar Hauser oder Die Trägheit des Herzens
Die Geschichte des rätselhaften Findlings, der im Jahre 1828 im Alter von etwa 17 Jahren aufgegriffen wurde und der kaum sprechen konnte, hat die Anteilnahme ganz Europas geweckt.
dtv 10192

Der Fall Maurizius
Leonhart Maurizius sitzt seit 19 Jahren in Haft, verurteilt wegen Mordes an seiner Frau. Der Oberstaatsanwalt zweifelt keinen Moment an der Rechtmäßigkeit des Urteils. Nicht so sein sechzehnjähriger Sohn Etzel...
dtv 10839

Das Gänsemännchen
Der junge Musiker Daniel Nothafft heiratet die in sich gekehrte Gertrud, muß aber schon bei der Hochzeit erkennen, daß seine Liebe ihrer lebenslustigen Schwester gilt.
dtv 11240

Christoph Columbus
Eine Biographie
Jakob Wassermanns psychologisch fundierte und glänzend recherchierte Darstellung der Lebensgeschichte von Christoph Columbus gilt bis heute als eine der besten Biographien, die je über den rätselhaften Amerika-Entdecker verfaßt wurde.
dtv 11504

Mein Weg als Deutscher und Jude
Wassermann »kam immer wieder auf das Grundproblem seines Lebens zurück«, schreibt Hilde Spiel. Von 1904 bis ins Jahr 1933 nutzte er jeden Anlaß, um es neu zu untersuchen, und die Summe seiner Überlegungen ist zugleich die Summe all dessen, was sich über jenen Weg als Deutscher und Jude aussagen läßt.
dtv 11867

Charles Bukowski
im dtv

Foto: Richard Robinson

**Gedichte die einer schrieb
bevor er im 8. Stockwerk aus
dem Fenster sprang**
dtv 1653

Faktotum
dtv 10104

Pittsburgh Phil & Co.
dtv 10156

Ein Profi
dtv 10188

**Das Schlimmste kommt noch
oder Fast eine Jugend**
dtv 10538

**Gedichte vom südlichen Ende
der Couch**
dtv 10581

Flinke Killer
dtv 10759

Nicht mit sechzig, Honey
dtv 10910

Das Liebesleben der Hyäne
dtv 11049

Pacific Telephone
dtv 11327

Hot Water Music
dtv 11462

Western Avenue
dtv 11541

Hollywood
dtv 11552

Die Girls im grünen Hotel
dtv 11731

Roter Mercedes
dtv 11780

Der Mann mit der Ledertasche
dtv 11878

Neeli Cherkovski:
**Das Leben des
Charles Bukowski**
dtv 11732

»Es ist wieder Zeit, Männer zu mögen.«

Margaret Atwood

MannsBilder
Von Frauen

MannsBilder
Von Männern

**MannsBilder
Von Frauen**
Originalausgabe
dtv 11720

»MannsBilder« – gesehen
von Frauen, zum Bei-
spiel von Isabel Allende,
Margaret Atwood,
Gioconda Belli, Benoîte
Groult, Elke Heidenreich,
Tama Janowitz, Elfriede
Jelinek, Erica Jong, Esther
Vilar, Christa Wolf u. a.

**MannsBilder
Von Männern**
Originalausgabe
dtv 11721

»MannsBilder« – gesehen
von Männern, zum Beispiel
von Madison Smartt Bell,
Robert Bly, Heinrich Böll,
Ernest Bornemann, Bruce
Chatwin, J. W. Goethe,
Sam Keene, Erich Loest,
Klaus Theweleit, Wolfram
von Eschenbach u. a.